Edmund Horst

Kriegsbilder von den Schlachtfeldern Böhmens und

Süddeutschlands,

sowie von Italiens Land und Seekämpfen im Jahre 1866

Edmund Horst

Kriegsbilder von den Schlachtfeldern Böhmens und Süddeutschlands,
sowie von Italiens Land und Seekämpfen im Jahre 1866

ISBN/EAN: 9783743332959

Hergestellt in Europa, USA, Kanada, Australien, Japan

Cover: Foto ©ninafisch / pixelio.de

Manufactured and distributed by brebook publishing software
(www.brebook.com)

Edmund Horst

Kriegsbilder von den Schlachtfeldern Böhmens und Süddeutschlands,

Kriegsbilder

von den Schlachtfeldern Böhmens und
Süddeutschlands,

sowie

von Italiens Land- und See-Kämpfen
im Jahre 1866.

Von
Edmund Horst.

Mit colorirten Abbildungen.

Dresden.
Verlag von H. G. Münchmeyer.

Sachsens Trauer.

Dem Andenken der gefallenen und verwundeten sächsischen Krieger
gewidmet.

———

Traure Muse! schweigt ihr heiter'n Klänge,
  Die dem Alltagsleben sonst geweiht!
Fernher tönen — hört Ihr's? — Grabgesänge,
  Und das Herz umfängt ein schweres Leid.
Viele, die nur erst vor wenig Wochen
Hoffnungsvoll vom Wiedersehn gesprochen,
  Liegen heut, von Todesnacht umhüllt,
  Dort auf Böhmens blutigem Gefild.

Bebend hebt die Hand den dunklen Schleier
  Der den blut'gen Schauplatz dort verdeckt,
Wo, so vielen Herzen lieb und theuer,
  Sachsens Söhne liegen hingestreckt.
Hier ein bleich Gesicht zum' ew'gen Schlummer,
Dem noch aufgeprägt des Scheidens Kummer;
  Dort verstümmelt, mit gebrochenem Blick,
  Leis' beklagend, ach! sein Mißgeschick.

Treu der Fahne, der sie zugeschworen,
  Folgten sie des Kriegsherrn ernstem Ruf;
Wähnten sich zum Werkzeug auserkoren,
  Das die Einheit Deutschlands neu erschuf! —
Aber in dem Wechsel der Geschicke
Unterlagen sie dem Waffenglücke,
  Das dem Feind, dem Bruderstamme, hold, —
  Der trotzdem den „Sachsen" Achtung zollt.

Ach, es waren schwere blut'ge Tage,
  Die uns künftig die Geschichte nennt,
Wo der Sachsen unheilvolle Lage
  Glühendheiß auf unserm Herzen brennt.
Gitschin! Königgrätz! wo unsrer Braven
Viele schon den Schlaf der Todten schlafen,
  Wo, die sich als Krieger grimmig feind,
  Nun Ein Grab zum Friedensschlummer eint.

Wohl, daß sie von dieser Erde Leiden
Nun erlöst in kühler Erde ruhn,
Und zu eines edlern Wirkens Freuden
Sich nun auf des Himmels Pforten thun.
Dankbar werden Euer wir gedenken,
Bis man uns auch wird zur Grube senken,
Bis das Feld, von Eurem Blut gedrängt,
Uns die Frucht erstrebter Freiheit bringt.

Eure Namen wird die Nachwelt kränzen
Mit dem Lorbeer der Unsterblichkeit,
Strahlend werdet Ihr als Helden glänzen
Noch in einer fernen beßern Zeit. —
Mögen Balsam finden jene Herzen,
Die, Euch eng verbunden, heiße Schmerzen
Fühlen, deren Auge Thränen weint —
Daß für sie des Trostes Sonne scheint! —

Doch, die Ihr fern im heißen Kampfgewühle
Oft schwer verwundet und dem Tode nah:
O tröstet Euch, daß wenn Ihr nicht am Ziele,
Das Vaterland Euch nicht als Sieger sah! —
Ihr habt gekämpft als Sachsens wackre Söhne
Bei des Geschosses grausenhaft Gedröhne;
Ihr habt's bezahlt mit Wunden, Blut und Schmerz —
Und darum schlägt Euch dankbar unser Herz.

O möge bald das blut'g Schauspiel enden,
Daß heim Ihr kehret zu dem Friedensherd,
Sich Groll und Haß in Bruderliebe wenden,
Ein solcher Sieg ist Lorbeerkränze werth.
Genug der Wunden sind ja schon geschlagen, —
Hört, hört Ihr Fürsten auf der Völker Klagen;
Hört der gefall'nen Brüder Schmerzgeschrei,
Daß es für Euch die „Friedensmahnung" sei! —

Dresden, Mitte Juli 1866.   E. H.

Die fortwährende Uneinigkeit und Zerrissenheit im deutschen Vaterlande, welche ihren Sitz hauptsächlich im Schoße des deutschen Bundestages hatte, verhinderte in wichtigen politischen Fragen ein einmüthiges Zusammengehen. Oesterreich und Preußen, als die beiden deutschen Großmächte, betrachteten sich in ihrer Machtstellung gegenseitig mit scheelen Augen als Rivalen, während die Gruppe der Mittelstaaten durch das zähe Festhalten der einzelnen Vertreter an Sonderinteressen in vielen Dingen ein gemeinsames Handeln wo nicht unmöglich, so doch sehr schwierig machte. Wie wenig Achtung sich der deutsche Bund in der Volksmeinung erworben hatte, ist männiglich bekannt, sein uneiniges Handeln war sprüchwörtlich geworden. Am deutlichsten zeigte sich die Verschiedenheit der Gesinnung und des Handelns in den Angelegenheiten der Elbherzogthümer Schleswig-Holstein. Freilich trugen Oesterreich und Preußen ebensogut zur Verschleppung dieser deutschen Sache bei, als die Mittel- und Kleinstaaten. Denn während es den Letzteren hauptsächlich darum zu thun war, den beiden Ländertheilen in der Person des Prinzen Friedrich von Augustenburg einen selbstständigen Herrscher zu geben und die Zahl der Dynastien noch um eine zu vermehren, ward in Preußen die Annexionslust nach Schleswig-Holstein rege, weil es durch dessen Besitz einen Stützpunkt an der Ostsee zu erlangen hoffte. Um aber doch nicht eigenmächtig in dieser Sache zu handeln und dadurch bei Oesterreich Mißtrauen zu wecken, mußte es dasselbe zu bewegen suchen, mit ihm gemeinschaftliche Sache zu machen. Im December 1864 kam die Execution gegen Holstein zum Beschluß, der auch bald nachher der Antrag auf Occupation Schleswigs hinzugefügt ward.

Jedoch war man am Bunde in der Minorität für diesen Antrag, die Majorität verweigerte ihren Beitritt dazu, weil die von Oesterreich und Preußen beantragte Maßregel nicht im Interesse des von ihr protegirten Augustenburgers geschah.

Nunmehr beschlossen die beiden Großmächte die Sache auf ihre eigene Faust vorzunehmen, trotz allem Protest der meisten Mittel- und Kleinstaaten. Sie drohten Dänemark mit kriegerischen Maßregeln, wenn es nicht die Verfassung bezüglich der Herzogthümer ändern wollte, und als dies Verlangen zurückgewiesen wurde, besetzten die vereinigten österreichisch-preußischen Truppen Schleswig Ende Januar 1864 und bereiteten sich zum Kriege vor, welcher auch bald zum Ausbruch kam, da Dänemark nicht dahin zu bringen war, die verlangten Zugeständnisse zu machen und die Unabhängigkeit der Herzogthümer anzuerkennen; denn es hoffte immer noch auf Englands und Schwedens Unterstützung, wenn es zum Aeußersten käme. Unterdeß stand die Executionsarmee, bestehend aus hannöverschen und sächsischen Bundestruppen, in Holstein, ohne sich natürlich am Kriege gegen Dänemark, das gleich von vornherein seine Truppen aus dem Herzogthume gezogen hatte, zu betheiligen. Nachdem der Krieg, wie vorauszusehen, für Dänemark bisher unglücklich abgelaufen war, wurde ein Waffenstillstand angenommen und die Alliirten hielten Schleswig-Holstein besetzt. Es sollte nunmehr auf Englands Betrieb eine Conferenz zusammentreten, zu der sich Oesterreich und Preußen geneigt erklärten; auch der Bund sollte dabei vertreten sein. Aber erst nach langem Hin- und Herzögern beschloß man, in der Person des sächsischen Staatsministers v. Beust einen Vertreter des Bundes in die Conferenz zu schicken. Diese Letztere blieb aber ohne Erfolg, es kam zu keiner Einigung; und da inmittelst der auf sechs Wochen ausgedehnte Waffenstillstand abgelaufen war, begann der Krieg mit Dänemark auf's Neue, bis derselbe zu Lande und zur See abermals zu Gunsten der Verbündeten ausgefallen war. Nun blieb freilich dem kleinen hartnäckigen Dänemark nichts weiter übrig, als Frieden zu suchen, und es begannen im Juli dieserhalb die Unterhandlungen in Wien, ohne Betheiligung des Bundestags.

Infolge verschiedener Reibungen zwischen den Executions- und Occupationstruppen kamen zu derselben Zeit zwischen preußischen und hannöverschen Soldaten in Rendsburg Excesse zum Ausbruch, wobei es blutige Köpfe setzte; zugleich besetzten preußische Truppen Rendsburg, was in den mittel- deutschen Staaten große Aufregung hervorbrachte. Der Stand der Dinge blieb aber vorläufig noch derselbe, bis zum Wie- ner Friedensschluß, am 30. October 1864. Die Landesver- sammlung bemühte sich, die Bestrebungen des Prinzen von Augustenburg als Herzog von Schleswig-Holstein anerkannt zu werden, zu unterstützen, aber die Alliirten und nament- lich Preußen war dieser Absicht keineswegs günstig, ohnge- achtet auch die Bevölkerung und die öffentliche Meinung sich großentheils für den Augustenburger erhob.

Es wurde nun zunächst der Rückmarsch der alliirten Truppen beschlossen, und ebenso die Zurückziehung der Exe- cutionstruppen aus Holstein von Preußen verlangt, da ihr längeres Verweilen daselbst zwecklos geworden sei. Aber erst nach Einholung des Bundesbeschlusses, welcher zustim- mend lautete, fand sich der Commandant der Executions truppen, Generalleutnant v. Hake, veranlaßt, mit denselben abzurücken.

Die gemeinschaftliche Angelegenheit in den Herzogthü- mern wurde bald zum Zankapfel für die Alliirten. Denn während sich Oesterreich geneigt zeigte, den Anträgen des Bundes: dem Augustenburger die Herzogthümer zur eigenen Verwaltung zu übergeben, zu entsprechen, verweigerte Preu- ßen, sich diesem Zugeständniß anzuschließen. Genug, es trat gar bald ein gespanntes Verhältniß zwischen den deutschen Großmächten ein, und die Absicht Preußens, sich seines Alliirten

als einer unbequemen Last zu entledigen, trat mehr und mehr
zu Tage. Endlich fand im August 1865 eine Zusammen-
kunft der beiden Monarchen, sowie der Minister v. Bismark
und von Mensdorff in Ischl und Salzburg statt, aus welcher am 14. August der Vertrag von Gastein hervorging.
Darnach trat Oesterreich das Herzogthum Lauenburg an
Preußen gegen eine Geldentschädigung ab. Oesterreich übernahm die Verwaltung Holsteins, Preußen die Verwaltung
Schleswigs. Der Kieler Hafen sollte als Bundeshafen bestimmt sein, doch Preußen das Vorrecht haben, das Commando daselbst zu führen und Marine-Etablissements einzurichten. Rendsburg sollte deutsche Bundesfestung werden —
Preußen behielt sich zwei Militärstraßen durch Holstein vor,
dann die Post- und Telegraphenverbindung mit Kiel und
Rendsburg — die Herzogthümer sollten dem Zollverein beitreten — Preußen die Berechtigung haben, den Nordsee-
kanal durch das holsteinische Gebiet zu führen u. s. w. Das
gemeinschaftliche Obercommando sollte spätestens den 15.
September aufgelöst werden, wenn die Räumung Holsteins
und Schleswigs von den betreffenden Truppen geschehen
wäre. Die Frage über die Aufnahme der Herzogthümer in
den deutschen Bund sollte weiteren Verhandlungen zur Entscheidung vorbehalten bleiben.

Für die nächste Zeit schien nun das Einvernehmen
zwischen den beiden Mächten wieder hergestellt, aber in der
öffentlichen Meinung rief dieser Vertrag verschiedene Beurtheilung hervor — man sah darin Preußen im Vortheil,
Oesterreich im Nachtheil. Die holsteinischen Stände prote-
stirten übrigens an den Bund gegen die Zerstückelung der
Herzogthümer und beantragten Einberufung der Landesvertretung.

Der am 15. Januar 1865 eröffnete preußische Landtag
gab Veranlassung zur Erneuerung der früheren Conflicte
zwischen Regierung und Ständekammer, denn die von Bismark vorgelesene Eröffnungsrede bezeichnete in scharfen Zügen

die Erwartungen der Regierung, aber in noch schneidender Weise erfolgte die Rede des zum Präsidenten ernannten Abgeordneten v. Grabow, welche große Sensation erregte. Schon am 22. Februar proklamirte der Ministerpräsident die Verlegung beider Häuser bis zum Schluß des Landtags. In Betreff der Herzogthümer versicherte Oesterreich wiederholt, daß es nie darein willigen werde, daß dieselben an Preußen gelangten, vielmehr sollten sie ein selbstständiger und unabhängiger Staat verbleiben. Im Holsteinischen hatten sich in zahlreich besuchten Versammlungen Bestrebungen kund gegeben, welche sich die Selbstständigkeit des Landes zum Ziele nahmen und derentwegen Preußen sich zu Reclamationen veranlaßt fand. Allein Oesterreich legte kein Gewicht darauf und verwies einfach auf die Vereinbarungen von Gastein. Dem entgegen erklärte Preußen, wenn die Herzogthümer unter eine nichtpreußische Souveränität kämen, würde es auf die Februarforderungen dringen und dieselben auch allenfalls mit Gewalt durchsetzen. Bald darauf erklärte der Minister v. Bismark die Gasteiner Convention für aufgelöst, Oesterreich dagegen den Herzog von Augustenburg als den bestberechtigten Erbprätendenten, an den es seine Rechte abzutreten bereit wäre. Und so begann denn schon damit der Riß, welcher die beiden Großmächte nur bald noch mehr von einander trennen sollte. Hin und wieder tauchten schon in preußischen Blättern Gerüchte auf, daß es zur Entscheidung der Waffen kommen würde, wenn Oesterreich den preußischen Ansichten sich nicht fügen und der Annexion der Herzogthümer entgegentreten sollte. In der That begannen auch auf beiden Seiten die Rüstungen, Anfangs geheim, aber bald ließ sich dies nicht mehr unter dem Schleier des Geheimnisses fortsetzen, und ob zwar jeder Theil seine Vorkehrungen als von dem gegnerischen Theil hervorgerufen bezeichnete, so wollte doch keines, weder Oesterreich noch Preußen, in seinen Rüstungen zuerst nachlassen. Oesterreich machte Anstalt, für Holstein die Landesvertretung zusammen

zu berufen, wogegen indeß Preußen protestirte und auch
wirklich zur Verhaftung des von Oesterreich bestätigten Land-
tagscommiffars ging, worauf auch zugleich die Besetzung
der Herzogthümer durch Hinzuziehung preußischer Truppen
erfolgte und die österreichischen Besatzungstruppen in ungleich schwächerer Anzahl sich aus Holstein zurückzogen.
Graf v. Bismarck trat nun gleichzeitig mit seinem Antrag
auf eine Bundesform und Einberufung eines deutschen Parlements, durch directe Wahlen geschaffen, hervor, was aber
zumeist mißtrauisch aufgenommen wurde. Gleichwohl wurden die Rüstungen jetzt offener betrieben, auch Sachsen
glaubte in dieser Beziehung nicht zurückbleiben zu dürfen
und auch in den süddeutschen Staaten gab sich eine militärische Regsamkeit kund, welche auf ernste Dinge hindeutete.
Zusammenkünfte von Staatsmännern der mittelstaatlichen
Regierungen in Augsburg und Bamberg fanden statt, wo
man sich zu einem gemeinschaftlichen Handeln einigte. Auf
eine an Sachsen gerichtete preußische Aufforderung um Erklärung wegen seiner Rüstungen und damit verbundener
Drohung, erfolgte eine Rechtfertigung des Herrn v. Beust,
unter Hinweis auf § XI der Bundesacte, zugleich aber
auch ein Antrag von dieser Seite an die Bundesversammlung in Frankfurt, wonach dieselbe ungesäumt beschließen
solle, die königlich preußische Regierung darum anzugehen,
daß durch geeignete Erklärung dem Bunde mit Rücksicht auf
Artikel XI der Bundesacte volle Beruhigung gewährt
werde.

Mitten in den kriegerischen Trubel und den diplomatischen Noten- und Depeschenwechsel, fiel ein Ereigniß, welches nach Befinden dem Schicksalsrad in Deutschland einen
andern Lauf geben konnte. Der Ministerpräsident Graf v.
Bismarck, dessen energisches Handeln die gegenwärtige Situation herbeigeführt hatte, wurde am 7. Mai auf seinem
Nachhausewege aus dem Ministerialgebäude auf offener
Straße in Berlin von einem jungen Manne meuchelmörde-

risch angefallen; es wurden aus einem Revolver mehrere
Schüsse auf den Ministerpräsidenten abgefeuert; glücklicherweise ohne zu schaden. Der Entschlossenheit des Grafen gelang es, den Attentäter selbst zu ergreifen und ihn in Sicherheit bringen zu lassen. Derselbe hieß Blind-Cohen, war ein
Stiefsohn des Flüchtlings Blind in London und nach Berlin
gekommen, um, wie er in der Untersuchung erklärte, „Deutschland von einem Manne zu befreien, der durch seine Handlungsweise Unglück über dasselbe zu bringen trachte." Aber
noch während der Untersuchung fand Blind Gelegenheit,
sich mit einem bei sich versteckt gehaltenen Messer derart in
den Hals zu verwunden, daß er am folgenden Morgen seinen Geist aufgab und damit die unsinnige That des über-
spannten jungen Mannes, der übrigens im besten Rufe stand,
sühnte. Ein Glück für den Angegriffenen war der Umstand
gewesen, daß derselbe seinen Ueberzieher über die Schulter
geworfen und so das Durchdringen der Kugel abgeschwächt
hatte.

Dieser Zwischenfall änderte sonach nichts in den politischen Zuständen Deutschlands, vielmehr wechselten nach wie
vor Depeschen und Anträge, Beschuldigungen und Rechtfer-
tigungen, oder wie das Heer diplomatischer Noten heißen
mag. Als endlich auch dieser Born vergeblich erschöpft
war, wurden in der Bundestagssitzung vom 19. Mai von
den Regierungen Baiern, Würtemberg, Baden, Großherzogthum Hessen, Nassau, Sachsen-Weimar, Sachsen-Coburg-
Gotha und Sachsen-Meiningen folgender Antrag eingebracht:

„Hohe Bundesversammlung wolle an alle diejenigen
Bundesglieder, welche militärische, über den Friedensstand hinausgehende Maßnahmen oder Rüstungen hätten, das Ersuchen richten, in der nächsten Sitzung der
Bundesversammlung zu erklären, ob und unter welchen
Voraussetzungen sie bereit seien, gleichzeitig und zwar
von einem in der Bundesversammlung zu vereinbaren-

den Tage an die Zurückführung ihrer Streitkräfte auf den Friedensstand anzuordnen."

Das Königreich Sachsen gab hierzu noch folgende Erklärung ab:

„Der Gesandte sei angewiesen, Namens seiner hohen Regierung dem eben vernommenen Antrage allenthalben beizustimmen und zugleich zu erklären, daß die königliche Regierung bereit sei, ihre Streitkräfte auf den Friedensfuß zurück zu führen, sobald unter den hohen Regierungen von Oesterreich und Preußen Einigung wegen gegenseitiger Abrüstung erfolgt sei."

Unterdeß war der Zusammentritt des europäischen Congresses in Paris betrieben worden, und alle Mächte, außer Oesterreich, hatten sich dafür erklärt. Dieses wollte die Frage über den Besitzstand Venetiens nicht in die Discussion gezogen wissen, und wie wir später erfahren, scheiterte der beabsichtigte Congreß an der Nichtbetheiligung Oesterreichs.

Die militärische Macht desselben wurde auf nahezu 800,000 Mann angegeben, eine Zahl, die sie im Jahre 1859 nicht erreichte. Von dieser waren ungefähr 600,000 Mann bestimmt in's Feld zu ziehen, wovon 350,000 Mann gegen Preußen und 250,000 Mann gegen Italien verwendet werden sollten. Die Truppen, welche unter dem Oberbefehl des Feldzeugmeisters Benedeck die Nordarmee bildeten, vollendeten ihren Aufmarsch binnen wenigen Tagen der böhmisch-mährischen Grenze entlang. Zur Sicherung des eigenen Landes sollte alles vorbereitet sein. Die Festungen Krakau, Olmütz, Königgrätz, Josephstadt und Theresienstadt waren armirt und hatten zum großen Theile neue Werke erhalten, welche das Befestigungssystem ergänzten. Selbst die Deckung Wiens hatte die Vorsicht des Oberkommandanten nicht aus den Augen gelassen, indem er die Anlage eines Brückenkopfes bei Floridsburg anordnete, theils um die beiden Brücken vor Vernichtung durch feindliche Streifparteien zu schützen und theils um eventuellen Falles eine Armee aufzunehmen.

Aber auch Preußen und Italien hatten ihre Kräfte ange= spannt, um vereint eine Uebermacht Oesterreich entgegenstellen zu können. Bezüglich der ersteren Macht behauptete man damals, daß durch Einziehung des ersten und zweiten Auf= gebots das Heer auf 700,000 Mann zu bringen sei. Allein man hätte sich bald von der Unausführbarkeit dieser Maß= regel überzeugt, und daher wäre die Mannschaft des zweiten Aufgebots nicht hinzugezogen worden. Immerhin könnte aber Preußen eine Armee von 450,000 Mann in's Feld stellen.

Was Italien anlangte, so konnte dies nach den letzten Ausweisen kaum 200,000 Mann zusammenbringen, die sich in fünf Armeecorps entlang des Po, von Pavia bis zum abriatischen Meere vertheilten. Im höchsten Falle konnten noch 100,000 Mann im Laufe des Krieges dazu kommen.

Darnach schien es freilich, als ob Oesterreich auch ohne Verbündete seinen Feinden vollkommen gewachsen wäre. Einen Vortheil glaubte es noch außerdem für sich zu haben, daß es seine Kräfte concentrirt halten konnte, während der Feind die seinigen verzetteln mußte, um zum Angriff zu schreiten. Preußen hatte jetzt eine Armeefront inne, die fast hundert Meilen ausgedehnt war, durch die mannichfaltigsten Terrain= hindernisse und fremde Länder von einander getrennt. Ita= lien hingegen hatte im Vormarsch gegen das venetianische Befestigungssystem solche Hindernisse zu gewärtigen, die einen geschlossenen Angriff fast unmöglich machte.

Der am 19. Mai in der Bundestagssitzung gestellte Antrag der obengenannten Staaten hatte einstimmige An= nahme gefunden. Preußen erklärte dabei, in der nächsten Sitzung die Bedingungen für seine Abrüstungen mitzuthei= len, wiederholte dabei immer wieder das Vorgehen Oester= reichs und Sachsens bezüglich seiner Rüstungen und bezeich= nete auch die Haltung Würtembergs als eine feindselige.

Es hob hervor, daß es durch seinen Antrag auf Einberufung eines Parlements seine Friedensliebe bethätigte, und halte auch jetzt noch dessen schleunige Berufung für das einzige Mittel, den Krieg zu verhindern, gegen den sich die Stimme des Volkes überall erhebe.

Oesterreich und Sachsen gaben hierauf gegen die wider sie vorgebrachten Beschuldigungen zurückweisende Erklärungen ab, sowie ersteres sich Anfangs Juni über den fraglichen Bundesbeschluß dahin ausließ, daß das kaiserliche Kabinet in der Elbherzogthümerfrage in seinen Zugeständnissen an Preußen so weit gegangen sei, als es die Würde Oesterreichs, seine angestammte Stellung in Deutschland und das Recht und die Verfassung des deutschen Bundes nur irgend gestatteten. Das Berliner Kabinet habe dagegen nicht nur unberechtigte Forderungen aufgestellt, sondern diese auch selbst mit gewaltsamen Mitteln durchzusetzen sich angeschickt. So wie Preußen bald nach dem Wiener Friedensschlusse die Räumung Holsteins durch die Bundestruppen eigenmächtig zu erzwingen gedroht habe, wolle es auch Oesterreich gegenüber die schließliche Lösung als bloße Machtfrage behandeln und sei selbst von dem Entschlusse nicht zurückgetreten, sich auf die Hilfe auswärtiger Gegner des Kaiserstaates zu stützen. Von zwei Seiten gefährdet, habe sich Oesterreich in Vertheidigungszustand gesetzt, um das Seinige zu behaupten. Das sei die Veranlassung zu den Rüstungen Oesterreichs gewesen. Aus der Veranlassung hierzu ergäben sich von selbst die Voraussetzungen, unter welchen Oesterreich die Rückkehr zum Friedensstande beschließen könnte. Was die militairischen Vorkehrungen gegen Italien betreffe, so könnten diese hier nicht in Betracht kommen. Was aber die Heeresaufstellung gegen Preußen anlangte, so würde das kaiserliche Kabinet bereit sein, sie rückgängig zu machen, sobald Oesterreich weder auf eigenem Gebiete, noch in Holstein, noch auf dem Gebiete seiner Bundesgenossen einen Angriff von Seiten Preußens zu besorgen hätte, und ihm gegen die Wiederkehr der entstandenen Kriegsgefahr Sicherheit gegeben würde. Diese Sicherheit sei insbesondere dadurch bedingt, daß die holsteinische Frage nicht nach Willkühr Preußens, sondern nach Recht und Uebereinkunft, nach der Stimme des Landes und im Einklange mit dem Landesrecht der Herzogthümer ihre Lösung erhalte. Die kaiserliche Regierung zeigte daher zugleich an, daß sie ihre Bemühungen, einen definitiven bundesgemäßen Abschluß der Herzogthümerfrage durch ein Einverständniß mit Preußen vorzubereiten, als vereitelt betrachte, und daß sie in dieser gemeinsamen deutschen Angelegenheit alles Weitere den Entschließungen des Bundes anheim stelle. Gleichzeitig habe sie den kaiserlichen Statthalter in Holstein beauftragt, die holsteinische Ständeversammlung einzuberufen.

Hiergegen erklärte sich Preußen bereit abzurüsten, sobald der Bund Oesterreich und Sachsen zur Abrüstung auffordere und Sicherheit von dieser Seite biete. Wenn hierzu der Bund außer Stande sei und eine Bundesreform versagt werde, so müßte es seine Entschließung auf die Ueberzeugung gründen, daß der Bund seiner Aufgabe in seiner jetzigen Gestalt nicht gewachsen sei.

Oesterreich hatte bereits die Einberufung der holsteinischen Stände nach Itzehoe veranlaßt, und darin schon erblickte das preußische Kabinet einen Bruch des Gasteiner Vertrags. Es richtete deshalb einen Protest nach Wien, zugleich auch eine Depesche an seine Bevollmächtigten bei den auswärtigen Regierungen, worin es Oesterreich der Provocation zum Kriege beschuldigte und ihm die Absicht unterschob: es wolle durch preußische Contributionen seiner derangirten finanziellen Lage aufhelfen, oder durch einen ehrenvollen Bankerott sich Hilfe verschaffen.

Daß damit die beiden Gegner bereits in das Stadium gegenseitiger Erbitterung getreten waren, ist nicht zu verkennen.

An den Protest Bismarks sich nicht kehrend, sollte der Zusammentritt der holsteinischen Stände am 11. Juni geschehen; so lautete das Decret des General v. Gablenz. Die nächste Folge davon war, daß General v. Manteuffel Befehl erhielt, sofort preußische Truppen in Holstein einrücken zu laffen. Dies geschah denn auch gleichzeitig mit der Aufforderung an Gablenz, eine gemeinsame Regierung für Schleswig-Holstein einzurichten. Um darauf einzugehen, waren die Dinge schon viel zu weit vorgeschritten. Die schwache österreichische Besatzung, Brigade Kalik, konnte der überlegenen preußischen Gewalt keinen entsprechenden Widerstand entgegenstellen, und es wurde dieselbe auf Befehl der österreichischen Regierung über Hamburg und Hannover zurückgezogen. Das Zusammentreten der holsteinischen Stände unterblieb und Prinz Friedrich von Augustenburg begab sich aus dem Lande. Die preußische Regierung setzte hierauf in dem Herrn v. Scheel-Plessen einen Oberpräsidenten von Schleswig-Holstein ein.

Damit war diese Angelegenheit vor der Hand erledigt.

In der außerordentlichen Bundestagssitzung am 11. Juni zeigte der österreichische Gesandte an, daß Preußen durch den Einmarsch seiner Truppen den Vertrag von Gastein gebrochen und den Bundesfrieden gestört habe; zur Herstellung desselben trage es darauf an, daß die gesammte Bundesarmee innerhalb 14 Tagen mobilisirt werde, um dann binnen 24 Stunden ausmarschiren zu können. Wegen des Oberbefehls möge alsbald Beschluß gefaßt werden. Gegen alle sonstige Gewohnheit wurde nun auf schleunigste Beschlußfassung gedrungen, und von der Majorität der 14. Juni zu der definitiven Abstimmung dieses Antrags festgestellt. Aber ehe noch diese Frist herankam, erließ Bismark seinen schon vorbereiteten Reformvorschlag an die deutschen Regierungen, wonach pro primo Oesterreich und das Königreich der Niederlande als nicht zum Bunde gehörig zu rechnen seien — mit einem Worte, Oesterreich sollte aus dem selben hinausgeworfen werden. Die nächsten Punkte betrafen das Parlement, die gemeinsamen Angelegenheiten Deutschlands, die Bundesgewalt. Die Landmacht sollte in 2 Bundesheere getheilt werden, in eine Nord- und eine Südarmee, unter preußischer und bairischer Führung im Krieg und Frieden. Die Beziehungen des Bundes zu den deutschen Landestheilen des österreichischen Kaiserstaates, sollten späterer Vereinbarung vorbehalten bleiben.

In diesem Bismar'schen Reformantrage ging die Hauptfrage dahin: ob, wenn sich bei der drohenden Kriegsgefahr die Bundesverhältnisse lösten, die Bundesgenossen geneigt wären, mit Preußen einen neuen Bund auf der mitgetheilten Grundlage zu errichten. — Diese Anfrage fand bei vielen Regierungen beifällige Aufnahme.

Als nun der Tag der Abstimmung über den österreichischen Antrag herankam, protestirte der preußische Gesandte gegen jede geschäftliche Behandlung des Antrags, weil er ganz bundeswidrig sei. Es ward aber doch abgestimmt, und es ergab sich, daß 8 Stimmen für und 7 Stimmen gegen den österreichischen Antrag waren.

Nach Verkündigung des Abstimmungsresultats durch den österreichischen Präsidialgesandten erklärte der preußische Bundesgesandte, daß, da der Antrag Oesterreichs im Widerspruch zur Bundesverfassung stehe, so müsse derselbe als Bundesbruch betrachtet werden. Preußen betrachte diesen nunmehr als vollzogen und den Bund für aufgelöst. Doch wolle es die nationalen Grundlagen deshalb nicht als zerstört betrachten und erkläre sich bereit, auf Grund seines Reformentwurfs vom 10. Juni, einen neuen Bund mit denjenigen Regierungen zu schließen, welche dazu geneigt wären. Schließlich protestirte er gegen jede Verwendung von Bundesgeldern ohne Preußens Zustimmung und verließ dann die Versammlung.

Somit hatte denn der deutsche Bund von 1815 zu leben aufgehört und die Uneinigkeit zwischen seinen Gliedern war an dem Punkte zur offenen Kriegserklärung angelangt, die eisernen Würfel waren gefallen.

Das erste, was nunmehr erfolgte, war, daß Preußen an Hannover, Sachsen und Kurhessen, als die drei an seinem Machtgebiete liegenden Staaten, die Aufforderung ergehen ließ, ihre Truppen sofort auf den Friedensstand vom 1. März zurückzuversetzen und sich dem neuen preußischen Bunde vom 10. Juni anzuschließen. Wenn die aufgeforderten Regierungen binnen zwölf Stunden ihre Zustimmung erklärten, so wollte ihnen Preußen ihre Souveränitätsrechte garantiren; — andernfalls sollte der Krieg erklärt sein.

Aber sämmtliche drei Regierungen lehnten ab, und noch am Abend des 15. Juni traf die Kriegserklärung Preußens an dieselben ein und schon am 16. Juni setzten sich die Preußen gegen die als feindlich betrachteten Länder in Marsch. An Oesterreich war keine Kriegserklärung erlassen worden, vielmehr waren die Corpscommandanten angewiesen, bei den österreichischen Vorposten durch Parlamentäre verkündigen zu lassen, daß der König von Preußen die Erklärung und Forderung Oesterreichs zu Frankfurt am 11. Juni als eine an Preußen gerichtete Kriegserklärung ansehe. Dagegen erfolgte am 20. Juni eine formelle Kriegserklärung Italiens an Oesterreich.

Betrachten wir uns zuvörderst die verschiedenen Streitkräfte, welche bei der demnächst zu beginnenden blutigen Action mit zur Verwendung kommen sollten.

Die österreichische Armee, nach dem Urtheile militärischer Sachverständiger, ist unzweifelhaft von oben bis unten kriegserfahrener, als die gegnerischen Armeen. Ihre Kriegsstärke besteht in 507,000 Mann mit 1369 Geschützen, jedoch für die Operationen im freien Felde würde Oesterreich ungefähr 340,000 Mann Infanterie und Cavalerie mit 1000 Feld- und Gebirgsgeschützen aufstellen können.

Die preußische Armee kann, einschließlich der Landwehr des ersten Aufgebots, 380,000 Mann Infanterie,

37,000 Reiter und mindestens 864 Geschütze in's Feld stellen; es hat sonach gegen Oesterreich noch ein numerisches Uebergewicht.

Von den bei den bevorstehenden Kriegsoperationen in Betracht kommenden Truppen der Mittel- und Kleinstaaten zu Gunsten Oesterreichs, ergiebt sich eine Gesammtzahl von 156,000 Mann mit 368 Kanonen, wovon auf Baiern allein 63,000 Mann mit 144 Geschützen gerechnet wurden; in wieweit diese aber zur Verwendung gekommen sind, werden wir weiterhin sehen.

Endlich werfen wir noch einen Blick auf die italienischen Streitkräfte zu Lande; da ergiebt sich die Zahl von etwa 240,000 Combattanten oder streitbare Mannschaften mit 480 Feldgeschützen.

Nachdem wir so eine allgemeine Uebersicht über die verschiedenen, hier in Frage kommenden, Streitkräfte gewonnen haben, erwägen wir erst noch einige besondere Verhältnisse der kriegführenden Parteien. Angenommen, daß nach unsern früheren Angaben die Gesammt-Land-Macht Oesterreichs sich auf 507,000 Mann mit 1369 Geschützen und die seiner deutschen Verbündeten auf 156,000 Mann mit 144 Geschützen belief, so stellte sich ihm Preußen mit seinen deutschen Verbündeten auf 461,000 Mann mit 950 Kanonen im Norden und Italien mit 243,000 Mann und 480 Geschützen im Süden entgegen. Oesterreich hatte den Vortheil, in der Mitte zwischen seinen Gegnern zu stehen, und so auf der einen Linie zu operiren, es hatte aber auch die meisten deutschen Staaten für sich und vermochte sie zu schützen, — nicht so Preußen, einfach wegen seiner geographischen Lage. Oesterreich vermochte sich daher, ohne seine eigenen Interessen zu verletzen, zum Schutzherrn der Kleinstaaten aufwerfen. Das deutsche Volk selbst aber war zumeist für Oesterreich gestimmt, was allerdings die preußische innere Politik seit 1848 selbst verschuldet hatte. Wenn, wie schon erwähnt, die österreichische Macht eine erprobte,

kriegserfahrene ist, so kann es sich nur um die oberste
Führung handeln. Wie es damit bestellt war, werden wir
weiterhin sehen.

Die Vortheile auf der preußischen und italienischen
Seite sind die, daß die Kraft jedes dieser beiden Länder einheitlicher ist, als die des Gegners. Was Preußen anlangt, so
hat dasselbe ein finanzielles Uebergewicht über Oesterreich.
Im Laufe der Zeit müssen die deutschen Völker begreifen,
daß sie zwar für ihre Regierungen, aber nichts für sich selbst
etwas von Oesterreich, für sich selbst nur von Preußen etwas
erwarten können.

Nach diesen Betrachtungen wenden wir uns zu den an
Preußen grenzenden Staaten, und bleiben da zunächst beim
Königreich Sachsen stehen, dessen Situation wir seit dem
eigentlichen Beginn seiner kriegerischen Rüstungen ins Auge
fassen. In Folge der von der sächsischen Regierung ange-
ordneten Kriegsbereitschaft trafen vom 7. Mai an sämmtliche
Urlauber und Kriegsreservisten in ihren Garnisonplätzen ein.
In der Hauptstadt selbst entwickelte sich um diese Zeit ein
sehr lebendiges Bild. Das Einkleiden der ankommenden
Mannschaften, der Hin- und Hermarsch einzelner Truppenkörper in größeren und kleineren Abtheilungen, das Rasseln
der Geschütze, Munitions-, Proviant- und Fouragewagen
durch die Straßen und über die beiden Elbbrücken, erfüllte
die bereits erregten Gemüther mit banger Ahnung und Erwartung. Daß in solchen kritischen Momenten der Mensch
leicht zu Unbesonnenheiten und Ueberstürzungen geneigt ist,
gab sich durch mancherlei oft lächerliche Vorkommnisse kund.
So wurde plötzlich das Gerücht ausgesprengt, es dürfe kein
Salz mehr aus dem Preußischen nach Sachsen; es werde
daher in allernächster Zeit Salzmangel eintreten. Dieser
Wahn fand denn auch gläubige Anhänger in höhern und
niedern Schichten, und die Menschen beeilten sich nun, Salz-
vorräthe anzuschaffen. Die Salzverkaufsstellen wurden förmlich vom Volke belagert, trotzdem daß es noch Vernünftige

genug gab, die es sich angelegen sein ließen, der bestürzten und gedankenlosen Menge begreiflich zu machen, daß man mit solchen Willkührlichkeiten die Feindseligkeiten gegen ein Land nicht zu beginnen pflege, und daß zudem in der Salz= frage ein contractliches Verhältniß zwischen Sachsen und Preußen bestehe, das nicht beliebig von einer oder der andern Seite aufgelöst werden könne; übrigens sei der Kriegsfall noch gar nicht eingetreten. Wäre auch wirklich eine Salzsperre von Preußen her eine Thatsache, so würde Sachsen seinen Bedarf unbeschränkt aus Oesterreich beziehen können. Aber genug, in diesem wie in manchem andern Falle, ist die Menge leicht geneigt, die unglaubwürdigsten Gerüchte für wahr zu halten und, wie man zu sagen pflegt, den Kopf zu verlieren. Gleichzeitig trat auch gegen fast alle kleineren Werthpapiere, in= wie ausländische, großes Mißtrauen ein: man wollte sie entweder gar nicht, oder doch mit bedeuten= dem Verlust annehmen, während schon längst alle größeren Staatspapiere, Actien 2c., in mehr oder weniger schlechtem Cours standen. Die Furchtsamen im Publikum hatten denn auch nichts Eiligeres zu thun, als sich solcher Werthpapiere, wenn auch mit Verlust, zu entledigen. Kaufleute und Händ= ler machten sich diese Panique zu Nutze und manipulirten eine Zeitlang zu ihrem eigenen Vortheil.

Die inmittelst organisirten und herangezogenen Trup= penkörper wurden anfänglich zumeist in der Umgegend von Dresden einquartirt, die angekauften Pferde für die Artillerie und den Train übernommen und einexercirt, die noch feh= lende Equipirung der Mannschaften schleunigst in Stand ge= setzt und überhaupt etwa vorhandenem Mangel in irgend welcher Beziehung mit Beschleunigung abgeholfen. Es ist eine bekannte Thatsache, daß das gesammte sächsische Mili= tair vollständig und gut ausgerüstet seinen Ausmarsch ent= gegensehen konnte.

Wie ein Alp lastete die Ungewißheit der politischen Si= tuation auf der ganzen Bevölkerung des Landes; alle Ge=

fchäfte ftockten, überall beforgte Geſichter und der Ausruf hörbar: „Wenn es nur bald zu einer Entſcheidung gekommen wäre; dieſe Ungewißheit iſt peinlicher und ſtörender, als die thatſächliche Gewißheit auch des Schlimmſten!" Dieſe und ähnliche Aeußerungen konnte man aus Jedermanns Munde vernehmen.

Am 28. Mai war die Eröffnung des ſächſiſchen außerordentlichen Landtags durch den König erfolgt.

Er hatte darin geſagt, daß die Verwickelungen zwiſchen den deutſchen Großmächten Deutſchland mit einem blutigen inneren Kampfe bedrohten. Nun wolle er nicht für einen der ſtreitenden Theile Partei nehmen und Verbindungen eingehen, ſondern nur auf Erhaltung des bundesverfaſſungsmäßigen Landfriedens hinzuwirken und die Streitfragen auf bundesrechtlichem Wege der Entſcheidung zuzuführen ſuchen. Zu dieſem Zwecke habe er ſich in Vereinigung mit mehreren deutſchen Regierungen, Baiern an der Spitze, dieſer Aufgabe zu unterziehen geſucht.

Dazu wäre es unerläßlich, einige Vorkehrungen zu treffen, um die Wehrkraft des Landes unverſehrt dem Bunde zur Verfügung ſtellen zu können.

Wegen dieſer Vorkehrungen mit militäriſchen Maßregeln bedroht, habe der König den Bund in verſöhnlichem und friedlichem Sinne um ſeine Vermittelung angegangen, aber nunmehr auch zugleich ſein Heer unter die Waffen gerufen, um von keinem unvorhergeſehenen Angriffe überraſcht werden zu können, denn auch der Mindermächtige würde ſich entehren, wenn er unberechtigten Drohungen nicht mit männlichem Muthe entgegenträte.

Dieſe Stelle wurde mit langandauerndem lebhaften Beifall begrüßt.

Weiter fuhr dann der König in ſeiner Thronrede fort:

„Mit rühmlicher Bereitwilligkeit ſind Beurlaubte und Kriegsreserviſten auf Meinen Ruf zu den Fahnen geeilt und mit voller Zuverſicht erwarte Ich von Ihnen, Meine

Herren Stände, von Ihrem bewährten patriotischen Sinn, daß Sie den unaufschieblichen Verwendungen Ihre Billigung und Meiner Regierung diejenigen finanziellen Ermächtigungen ertheilen werden, welche die Lage der Dinge und vor Allem der bedrohte Zustand unsers Handels und Gewerbsfleißes erheischt.

„Noch ist indeß die Hoffnung einer friedlichen Lösung nicht aufzugeben und meine Bemühungen werden unausgesetzt auf Erreichung eines so heilsamen Zieles gerichtet sein.

„Meiner oft bethätigten Ueberzeugung gemäß werde Ich auch mit Freuden bereit sein, zu einer, den wahren Bedürfnissen Deutschlands entsprechenden, auf dem Wege des Rechts und unter Theilnahme von Vertretern der Nation ins Leben zu rufenden Reform der Bundesverfassung die Hand zu bieten.

„Das Zustandekommen eines solchen Werkes, für das auch gegenseitige Opfer nicht zu scheuen sind, wird uns am Besten gegen die Rückkehr so trauriger Verhältnisse schützen.

„Stark durch die Liebe und Treue Meines Volkes, in dem Bewußtsein, durch keine feindliche Gesinnung herausgefordert zu haben, sondern nur mit Beharrlichkeit für das Recht eines deutschen Volksstammes und Fürstenhauses eingetreten zu sein, gehe Ich getrost den Wechselfällen des Schicksals entgegen und vertraue auf den Schutz des Allerhöchsten in einer gerechten Sache.“

Beide Kammern erklärten in der ersten Sitzung, daß, da das Vaterland in Gefahr sei, die Regierung wohlgethan, weil, wie jetzt, so große Interessen auf dem Spiele ständen, die Stimme des Landes zu hören. Der Präsident der zweiten Kammer sprach sich dahin aus: es müsse, jedoch ohne Schädigung der deutschen und sächsischen Interessen, gelingen, den Frieden zu erhalten, möge dazu jeder Theil das Seinige beitragen und sich der schweren Verantwortlichkeit vor Gott und den Menschen bewußt bleiben, welche denjenigen treffen,

welcher ohne Noth Blutvergießen und die Gräuel eines Bru-
derkriegs verschuldete. Es sei jetzt die Aufgabe der Stände,
in patriotischer einträchtiger Weise ihre Aufgabe schnell und
glücklich zu lösen.

Die königlichen Worte, welche vom Throne zu ihnen
geredet wurden, zeigten ihnen den Weg, was sie in diesem
Zustande der Gefahr zu thun hätten, um als getreue Stände
ihre Pflicht zu erfüllen; sie seien der Stern, welcher ihnen
auf der Bahn voranleuchtete; das unzertrennliche Wohl des
Königs und des Vaterlandes sei ihr Wahlspruch. Mit
frohem Muthe folgten sie den Schritten.ihres Königs und
den Männern seines Vertrauens, den Räthen seiner Krone.

Die hierauf zu machenden Vorlagen wurden in über-
einstimmender Weise zwischen Regierung und Ständekammern
erledigt und die von der ersteren bereits gethanen Schritte
behufs der Interessen Sachsens in dem ausgebrochenen Conflicte gutgeheißen, auch der Antrag auf Bewilligung der erforderlichen Geldmittel einstimmig angenommen.

Als Hauptanträge figurirten:

1) Die Regierung möge mit aller Energie dahin wirken, daß die Anordnung der Wahlen zum deutschen
Parlamente auf Grund allgemeiner und directer
Wahl, womöglich nach dem Reichswahlgesetz vom
29. März 1849, in ganz Deutschland noch im Laufe
dieses Monats erfolge und die Einberufung des
Parlaments in möglichst kurzer Zeit geschehe.

2) Zur Bestreitung des durch die gegenwärtigen politischen Verwickelungen nöthig gewordenen außerordentlichen Aufwandes bis zur Höhe von 4,650,000
Thaler aus den verfügbaren, nach Befinden durch
besondere Creditmaßregeln zu verstärkenden Kassen-
beständen möchten die Kammern ihre Zustimmung
geben.

In Baiern, Würtemberg und Baden waren ebenfalls
außerordentliche Landtage einberufen, die mit den politischen

Rittmeister Klein. General stabsoberst
Ordonanzoffizier. v. Zauber.

Feldmarschalllieuth. Generaladjut
Erzherzog Wilhelm. Obwst Kriz

Generalsstabs Oberstlieutnant. Feldmarschall Freih. Generalmajor
v. Tegethoff v. Henikstein v. Krismanic

Feldzeugmeister Ritter v. Benedek
u. sein Stab.

und finanziellen Fragen der Gegenwart sich beschäftigten, und wobei die von den Regierungen gemachten Vorlagen bei den Vertretern des Landes ohne Schwierigkeit Genehmigung fanden. In der Conferenzfrage war Seitens Preußens und des Bundes die Beschickung nach Paris ausgesprochen worden, mit dem Vorbehalte, daß den Fragen bezüglich Holsteins und der Bundesreform ihr rein deutscher Charakter bewahrt bleibe.

Oesterreichs Erklärung, den Congreßvorschlag betreffend, ging am 1. Juni durch seine Gesandten nach Paris, Petersburg und London und wies im Wesentlichen darauf hin, daß seine Theilnahme daran nur dann zu erwarten sei, wenn keine der Mächte ein Sonderinteresse zum Nachtheil der allgemeinen Ruhe verfolge; daß keinem der eingeladenen Staaten eine territoriale Vergrößerung oder ein Machtzuwachs in Aussicht gestellt, und endlich die italienische Frage nicht mit in die Verhandlungen hineingezogen werde. Auf diese Voraussetzungen Oesterreichs glaubte Frankreich nicht eingehen zu können, und daher außer Stande zu sein, seiner Einladung weitere Folge zu geben.

Damit war denn die beabsichtigte Conferenz unmöglich geworden.

In der Elbherzogthümerfrage erklärte Oesterreich am Bunde, daß es in seinen Zugeständnissen an Preußen so weit gegangen sei, als es seine Würde und Stellung in Deutschland und das Recht und die Verfassung des deutschen Bundes nur irgend gestatteten. Erst dadurch, daß Preußen die Räumung Holsteins durch die Bundestruppen eigenmächtig habe erzwingen wollen, und die Lösung als eine bloße Machtfrage zu behandeln keinen Anstand genommen, wobei es sogar die Hilfe eines Gegners des Kaiserstaats nicht verschmäht, habe Oesterreich, doppelt gefährdet, sich in Vertheidigungsstand gesetzt. Die Rüstungen gegen Italien kämen hier nicht in Betracht. Es werde aber seine Rüstungen gegen Preußen rückgängig machen, wenn es weder auf seinem eignen Gebiete, noch in Holstein, oder auf dem Gebiete seiner Bundesgenossen einen Angriff Preußens zu besorgen hätte. Auch möchte die schleswig-holsteinische Frage nach Recht und Gesetz, nicht nach den einseitigen Ansprüchen Preußens zur Entscheidung kommen. Oesterreich wolle daher alles Weitere dieser gemeinsamen deutschen Angelegenheit den Beschlüssen des Bundes anheimgeben. Gleichzeitig sei der kaiserliche Statthalter mit Einberufung der holsteinischen Ständeversammlung beauftragt.

Preußen erklärte sich hierauf zur Abrüstung geneigt, sobald Oesterreich und Sachsen vom Bunde aufgefordert würden, ein Gleiches zu thun und Garantie dafür geboten werde. Könnte dies jedoch der Bund nicht bewirken, so nehme Preußen an, daß er seiner Aufgabe jetzt nicht gewachsen sei und daß es daher nach seinen eigenen Entschließungen handeln müsse.

Die von Oesterreich an die auswärtigen Regierungen erlassene Circulardepesche motivirte die Uebertragung der schleswig-holsteinischen Angelegenheit an den deutschen Bund. Graf Bismark richtete ebenfalls eine Depesche an die auswärtigen Gesandten Preußens, worin er die Versuche, sich mit Oesterreich zu verständigen, sowie die weiteren Friedensbemühungen, als erfolglos darstellte.

Nachdem in einer am 5. Juni in Altona abgehaltenen Volksversammlung von 3000 Köpfen Oesterreich für seine Erklärung am Bunde gedankt worden war, berief, wie schon angedeutet, der österreichische Statthalter v. Gablenz die Ständeversammlung auf den 11. Juni ein; gleichzeitig erklärten aber auch die drei neutralen Großmächte, daß durch diesen Schritt die Conferenz unmöglich gemacht worden, und als gescheitert zu betrachten sei.

Gegen die österreichische Kundgebung erließ der preußische Commissar v. Manteuffel am 6. Juni eine Depesche, worin es hieß, daß durch die Erklärung am Bunde und die Einberufung der Stände die Gasteiner Convention als gebrochen zu betrachten sei. Preußen werde nunmehr auch Truppen in Holstein einrücken lassen, jedoch nur in solche Orte, welche von Oesterreichern nicht besetzt wären. Dabei hoffe er immer noch auf eine friedliche Verständigung der beiden Souveräne. — Gleichzeitig erklärte der preußische Gesandte in Wien dem Grafen Mensdorff, daß durch den Bruch des Gasteiner Vertrags die beiden Mächte auf den Wiener Vertrag zurückgeführt seien, der seine europäische Geltung bewahre. Preußen sei entschlossen, sein von Oesterreich in Holstein verletztes Recht mit allen Mitteln zu behaupten.

Gegen die angedrohte Besetzung Holsteins durch Preußen protestirte der österreichische Statthalter und begab sich von Kiel nach Altona, nachdem er die mit Preußen vereinigte österreichische Besatzung in Rendsburg herausgezogen hatte. Zugleich erließ er eine öffentliche Bekanntmachung an die Bevölkerung Holsteins, worin er gegen den Gewaltschritt Preußens protestirte. Hierauf concentrirten sich die noch nicht 4000 Mann zählenden österreichischen Truppen bei Altona, woselbst auch der Erbprinz von Augustenburg eintraf.

Die zeitherige Besatzung von Mainz, Frankfurt und Rastatt wurde, um Conflicte zu vermeiden, auf Baierns Antrag durch andere Bundestruppen besetzt. Baiern und Baden wurden damit beauftragt. — Nach Schluß des Landtags in Würtemberg erfolgte die Mobilisirung, während Baiern in den Kammern erklärte, es werde freudig zustimmen, wenn Oesterreich und Preußen wegen Einberufung eines deutschen Parlaments einig seien, mit einer Macht werde es sich nicht einlassen, weil das die Zerreißung Deutschlands sei. Der Grundsatz der Regierung sei: Erhaltung des Friedens, keine Neutralität, Bekämpfung Dessen, der den Frieden breche, gleichviel wer zuerst angreife. Die Elbherzogthümerfrage sei nur auf dem Bundeswege lösbar.

In Wien betrachtete man das Einrücken der Preußen

in Holstein nicht als Kriegsfall, weil ein Krieg unter Bundesgliedern rechtlich unmöglich sei, dagegen erachtete man nach Art. 19 der Bundesacte den Bund für verpflichtet, den gestörten Bundesfrieden wiederherzustellen.

Am 10. Juni traf Generalleutnant v. Manteuffel in Itzehoe ein, wohin auch bereits mehrere von dem Statthalter v. Gablenz einberufene Ständemitglieder eingetroffen waren. In einer von Rendsburg aus ergangenen Proclamation erkannte v. Manteuffel die ruhige und besonnene Haltung der Holsteiner beim Einmarsch der preußischen Truppen, befahl aber die Schließung sämmtlicher politischer Vereine, und suspendirte das Erscheinen der ohne Concession herausgegebenen politischen Blätter bis zur gesetzlichen Einhaltung derselben. Die vom österreichischen Statthalter am 15. October 1864 eingesetzte holsteinische Landesregierung wurde aufgelöst, der Baron von Scheel-Plessen übernahm als Oberpräsident der Herzogthümer die Leitung sämmtlicher Geschäfte der Civilverwaltung. Dreißig Mitglieder der Ständekammer beschlossen, am andern Tage den Versuch zu machen, in den Ständesaal zu bringen, aber noch in derselben Nacht wurde der Regierungscommissar Lesser arretirt und nach Rendsburg transportirt, jedoch am nächsten Tage wieder freigelassen.

Es erfolgte nunmehr der Rückzug der österreichischen Brigade Kalik, und vom 11. bis 12. Juni gingen sämmtliche Oesterreicher unter Benutzung der Eisenbahn über Altona nach Harburg zu ab. Am 12. Juni rückten die Preußen in Altona ein.

In der am 11. abgehaltenen außerordentlichen Bundestagssitzung machte Oesterreich von den in den letztvergangenen Tagen stattgehabten Vorgängen in Holstein Anzeige und erklärte das Verfahren Preußens als Bruch des Wiener und Gasteiner Vertrags. Während Oesterreich den Bundesgesetzen getreu geblieben, habe Preußen einen Act der Willkühr und Selbsthülfe unternommen, wogegen die Bundes-

verfammlung einzufchreiten die Verpflichtung habe. Es be=
antrage daher die fchleunige Mobilmachung des ganzen Bun=
desheers. Die Abstimmung darüber folle nächsten Donners=
tag geschehen. Graf Bismark widerfprach Tags darauf in
einer Depefche an den Bundestag dem österreichifchen Mo=
bilifirungsantrage und erklärte, daß die Betheiligten durch
deffen Annahme rein aus dem Bundesverhältniß treten und
einen Act der Feindfeligkeit gegen Preußen begehen würden.
Es würde die Zuftimmung hierzu von Preußen als eine
felbftftändige Kriegserklärung jedes der einzelnen Staaten
gleichgeachtet werden. Unmittelbar darauf erfolgte in 10
Punkten die Auffstellung der Reformvorschläge Preußens zur
Umgestaltung des bisherigen deutfchen Bundes. Am näm=
lichen Tage erhielt der preußifche Gefandte in Wien unver=
langt feine Päffe zugefchickt und war fomit der fernere
diplomatifche Verkehr der beiden deutfchen Großmächte auf=
gehoben. In Sachfen wurde am 14. Juni der Landtag ge=
fchloffen und von Hannover auf Preußens Antrag der
Durchzug einer Militärabtheilung aus den Elbherzogthümern
nach Westphalen und in die Provinz Sachfen verweigert.
Baiern lehnte den preußifchen Reformantrag ab, fowie die
Ausfchließung Oefterreichs aus dem Bunde.

Als von entfcheidenden Folgen war die Bundestags=
fitzung am 14. Juni. In derfelben wurde mit 9 gegen 7
Stimmen die Mobilifirung des 7., 8., 9. und 10. Bundes=
armeecorps befchloffen, wogegen der Gefandte Preußens fchon
bei der Umfrage gegen den bundeswidrigen Antrag prote=
ftirte, eine längere Erklärung darüber abgab und alsdann
den Sitzungsfaal verließ. Der Bundespräfident erklärte un=
ter Hinweis auf den Bundesvertrag und die Wiener Schluß=
acte, daß der Bund ein unauflösbarer Verein fei, aus wel=
chem auszuscheiden keinem Mitgliede freiftehe. In diefem
Sinne fchloß fich die Bundesverfammlung dem feierlichen
Protefte an. Die Majorität von 9 Stimmen für den öfter=
reichifchen Antrag beftand in Oefterreich, Baiern, Sachfen,

Würtemberg, Hannover, Großherzogthum Hessen, Kurhessen, Nassau und die 16. Curie.

Wie wir später sehen werden, hatte der deutsche Bund mit dieser Beschlußfassung sein eigenes Todesurtheil unterschrieben, auch zugleich den Krieg heraufbeschworen. Das Nächste, was nach dem Bundesbeschluß vom 14. Juni geschah, war, daß der preußische Gesandte in Dresden am 15. früh dem Ministerpräsident v. Beust eine Depesche überreichte, deren wesentlicher Inhalt dahin lautete: ob der König von Sachsen geneigt sei, 1) seine Truppen sofort auf den Friedensstand vom 1. März l. Js. zurückzuführen; 2) ob Sachsen der Berufung des deutschen Parlaments zustimmen und die Wahlen dazu ausschreiben wolle, sobald es von Preußen geschehe, und 3) daß im bejahenden Falle Letzteres das Gebiet des Königs von Sachsen und seine Souveränitätsrechte gewährleisten zu wollen sich verpflichte.

Wolle aber die königlich sächsische Regierung auf ein solches Bündniß nicht eingehen, so fände sich der König von Preußen in die Nothwendigkeit versetzt, das Königreich Sachsen als im Kriegszustand gegen Preußen befindlich zu erachten und demgemäß zu handeln. Die Antwort darauf solle binen 12 Stunden zu erfolgen haben. Aehnliche Aufforderungen ergingen auch zu gleicher Zeit nach Hannover und Kurhessen.

Die Antwort darauf war von sämmtlichen drei Regierungen eine ablehnende, worauf am 15. Abends von Preußen die Kriegserklärung erfolgte.

———

Sachsen hatte diesen Fall wohl vorausgesehen; die ganze Armee in und um Dresden concentrirt, rückte, wohlausgerüstet und in vortrefflicher muthvoller Haltung, ihren Kriegsherrn König Johann und dessen bewährte Söhne, namentlich den Kronprinz Albert, der schon im Jahre 1849 in Schleswig-Holstein sich Lorbeeren gepflückt hatte, und Prinz Georg an der Spitze, aus der Residenz, um ein Zusammentreffen mit dem vordringenden weit überlegenen Feinde zu verhindern und überhaupt Sachsen frei zu halten von den Gräueln eines blutigen Krieges. Mit bangen Gefühlen und düstern Ahnungen sahen Dresdens Bewohner und die der Umgegend, welche Letztere zahlreich herbeigeeilt waren, die scheidenden Landeskinder in die Ferne ziehen. Anfänglich war man der Meinung, und diese gründete sich auf die früher abgegebene Versicherung von hoher und höchster Stelle, daß die sächsische Armee sich nach Baiern zurückziehen und mit den Bundestruppen daselbst vereinigen würde. Um so größer war die Bestürzung der sächsischen Bevölkerung, als man erfuhr, die Armee ziehe sich nach der sächsisch-böhmischen Grenze zurück. Was konnte da der Zweck anders sein, als sich mit den Oesterreichern zu vereinigen? Hatte sich der ursprüngliche Kriegsplan geändert? Erwartete man nicht das sofortige Einrücken oder doch Vorrücken eines österreichischen Armeecorps an die Grenze, während die sächsische Armee ihre Verbindung mit der Südarmee herzustellen suchte? Diese Fragen beschäftigten das Publikum in den ersten Tagen und erhielt es in beständiger Aufregung. Gerüchte über Gerüchte kreuzten sich. Bald sollten die Baiern über das Voigtland hereinbrechen, bald die Vorposten der österreichischen Armee auf sächsischem Boden stehen, ja viele wollten sie schon in nächster Nähe gesehen haben. Aber nur zu bald erfuhr man mit unwiderlegbarer Bestimmtheit, daß das 8. preußische Armeecorps, die sogenannte Elbarmee, unter dem General Herwarth v. Bittenfeld, am 16. Juni früh die preußische Grenze überschritten habe und von Mühlberg aus nach Strehla und weiter vorgerückt sei. Dieselbe stand im südöstlichen Theil der Provinz Sachsen zwischen Torgau und Eilenburg. In der Nacht vom 15. Juni hatten sächsische Pionniere die Eisenbahnbrücke bei Riesa in Brand gesteckt und die Elbbrücke bei Meißen gesprengt. Der sächsische Staatsschatz und das Eisenbahnmaterial hatte man bereits in Sicherheit gebracht. Außer der verwittweten Königin Marie und der Prinzessin Amalie hatten sämmtliche Glieder der königlichen Familie Dresden verlassen. Eine große Anzahl Fremde, welche auf längere oder kürzere Zeit ihren Wohnsitz in der mit reichen Kunstschätzen ausgestatteten sächsischen Residenz und wegen ihrer reizenden Umgebung genommen hatten, machten sich schleunigst auf, Stadt und Land zu verlassen, angesichts der drohenden Kriegsgefahren. Da aber der Eisenbahnverkehr bereits unterbrochen war, so hielt es schwer, von hier fortzukommen. Es wurden daher eine Menge Pferde und Wagen in Bewegung gesetzt, um die besorgten Reisenden weiter zu schaffen. Dagegen konnte man auf allen Eingängen zur Stadt massenhafte Einwanderungen von benachbarten Landbewohnern wahrnehmen, welche mit Sack und Pack einzogen und in Dresden größere Sicherheit zu finden hofften.

Am 16. Juni früh, nachdem Tags vorher der Ausmarsch der sächsischen Armee bis auf einige kleine Kommando's, welche später nachrückten, stattgefunden hatte, sammelten sich an den sämmtlichen Anschlagsäulen und verschiedenen Straßenecken Gruppen von Personen aller Stände und jedes Alters und Geschlechts, um die dort angebrachten, mit großer Schrift gedruckten Placate zu lesen. Das zunächst in die Augen fallende war von Sr. Majestät dem Könige von Sachsen selbst unterzeichnet und lautete:

„An Meine treuen Sachsen!

„Ein ungerechtfertigter Angriff nöthigt Mich, die Waffen zu ergreifen!

„Sachsen! Weil wir treu zur Sache des Rechtes eines Bruderstammes standen, weil wir fest hielten an dem Band, welches das große deutsche Vaterland umschlingt, weil wir bundeswidrigen Forderungen uns nicht fügten, werden wir feindlich behandelt.

„Wie schmerzlich auch die Opfer sein mögen, die das Schicksal uns auflegen wird, laßt uns muthig zum Kampfe gehen für die heilige Sache!

„Zwar sind wir gering an Zahl, aber Gott ist den Schwachen mächtig, die auf ihn trauen, und der Beistand des ganzen bundestreuen Deutschlands wird uns nicht ausbleiben.

„Bin Ich auch für den Augenblick genöthigt, der Uebermacht zu weichen und Mich von Euch zu trennen, so bleibe ich doch in der Mitte Meines tapfern Heeres, wo Ich Mich immer noch in Sachsen fühlen werde, und hoffe, wenn der Himmel unsre Waffen segnet, bald zu Euch zurückzukehren.

„Fest vertraue Ich auf Eure Treue und Liebe. Wie wir in guten Stunden zusammengehalten haben, so werden wir auch in den Stunden der Prüfung zusammenstehen; vertrauet auch Ihr auf Mich, deren Wohl das Ziel Meines Strebens war und bleibt.

„Mit Gott für das Recht! Das sei unser Wahlspruch.

Dresden, den 16. Juni 1866.

Johann.“

Dieser Ansprache folgten noch mehrere andere, von der neueingesetzten Landescommission unterzeichnet. Auch von Seiten der Einquartirungsbehörde wurden die Bewohner Dresdens auf nahe bevorstehende Einquartirung vorbereitet. Während der Abwesenheit des Militärs hatten sich die Militär-, Turn- und Schützenvereine zur Uebernahme der Wachtposten an den öffentlichen Gebäuden erboten.

Während nun das von Bittenfeld'sche Corps in drei Colonnen die sächsische Grenze überschritt, rückte Prinz Friedrich Karl über Löbau auf Dresden vor. Die Städte Meißen und Bautzen wurden am 17. Juni Abends besetzt. Endlich, am 18. Juni, Mittags halb 12 Uhr, ertönte in

Dresden plötzlich von allen Seiten der Ruf: Die Preußen
kommen! Und in der That zeigten sich bald mehrere Abtheilungen Husaren, welche zunächst vor dem Hofpostamts-
gebäude, sowie an mehreren Straßen Posto faßten, und die
Augustusbrücke besetzten. Etwa 2 Stunden später erfolgte
der Durchmarsch von Infanterie, Jägern, Artillerie- und Munitionscolonnen und am späten Nachmittag langte der Commandeur Herwarth v. Bittenfeld mit seinem Stabe und dem
Gros der Armee in Dresden an, mit ihm zugleich der als
preußischer Civilcommissar für Sachsen bestellte Landrath v.
Wurmb aus Weißenfels. Bereits waren die Post und der
Telegraph, sowie die öffentlichen Kassen in die Hände der
Preußen übergegangen, und bald las man auch an einem
öffentlichen Anschlage folgende Proclamation:

„Sachsen! Ich rücke in Euer Land ein; nicht aber
als Euer Feind, denn ich weiß, daß Eure Sympathien
nicht zusammenfallen mit den Bestrebungen Eurer Regierung. Sie ist es gewesen, die nicht eher geruht hat,
als bis aus dem Bündniß von Oesterreich und Preußen die Feindschaft beider entstanden; sie allein ist die
Veranlassung, daß Euer schönes Land zunächst der
Schauplatz des Krieges werden wird. Aber meine Truppen werden Euch in demselben Maße als Freunde,
gleichwie Einwohner unseres eigenen Landes behandeln,
als Ihr uns entgegenkommen und bereit sein werdet,
die nicht zu vermeidenden Lasten des Krieges willig zu
tragen. In Eurer Hand wird es liegen, die Leiden des
Krieges zu mildern, und die Bestrebungen zu vereiteln,
die so gern ein Gefühl von Feindseligkeit den verwand-
ten Volksstämmen einimpfen möchten. Der k. preuß.
General der Infanterie und commandirender General,
Herwarth v. Bittenfeld.“

Die Hauptstadt Dresden wimmelte förmlich von Truppen aller Waffengattungen, die theils in den Kasernen, theils
bei der Bevölkerung einquartirt wurden; auch in die Um-

gegend wurden viele Truppen verlegt. Es waren zumeist
Rheinländer und Westphalen, durchgehends gebildete um-
gängliche Leute, die keineswegs mit soldatischer Rohheit auftraten und daher das Trübe der Lage von Dresdens Be-
wohnerschaft einigermaßen milderten.

Aber schon in der Nacht vom 19. Juni wurden die
Truppen alarmirt; das Gerücht ging, der Feind sei in der
Nähe. Beim böhmischen Bahnhof kampirten die ausgerück-
ten Mannschaften, und obschon die Nacht ruhig vorüberge-
gangen war, schien man der Sache doch nicht recht zu trauen;
ja es ging das beängstigende Gerücht, die Stadt würde
bombardirt werden. Die Bewohner im sogenannten englischen Viertel waren in großer Besorgniß hierüber und ver-
sorgten sich mit Wasservorräthen, um bei einem etwa ent-
stehenden Brande löschen zu können. Am andern Morgen
erfolgten weitere Truppen-Durchmärsche über die Marien-
brücke nach Bautzen zu. Nachdem die beim böhmischen
Bahnhof gelagerten Truppen bis Abends 6 Uhr daselbst
verweilt hatten, wurde zum Aufbruch commandirt und mit
klingendem Spiel marschirten sie durch die Altstadt über die
Augustusbrücke in gleicher Richtung wie die Durchzüge am
Morgen.

Noch in derselben Woche begann der Schanzenbau um
die Stadt und die Vorbereitungen zur Sprengung beider
Elbbrücken für den Fall, daß ein Rückzug erforderlich werden
sollte. Der Eisenbahn- und Postverkehr war ebenfalls unterbrochen, letzterer nur theilweise im Gange und ohne Verantwortlichkeit der Behörde in Betreff prompter Beförderung
der aufgegebenen Poststücke, Briefe und Gelder.

Die Anwesenheit des commandirenden Generals des
k. preußischen Elbcorps, Herwarths von Bittenfeld, dauerte
in Dresden nur bis zum 21. Juni; an seiner Stelle langte
Generalleutnant v. d. Mülbe daselbst an und übernahm das
Obercommando. Ebenso machten die am 18. und die fol-

genden Tage eingerückten Truppen den Neuankommenden, worunter sich viel Landwehr befand, Platz.

Große Bestürzung verursachte die am 20. Juni ohne Oberbefehl ausgeführte Fouragirung an Lebensmitteln bei den Dresdner Kaufleuten, Fleischern, Bäckern, Schankwirthen und Victualienhändlern, von denen die dazu kommandirten Soldaten alle Vorräthe, zwar zumeist gegen Quittung, in Empfang nahmen und an einige kleinere Truppencorps ab= lieferten, welche, wie man sagte, schon lange vergeblich auf Proviant gewartet hatten.

Ueberhaupt waren die preußischen Truppenmärsche, ab= gesehen von ihrer fabelhaften Ausdehnung, schon durch die fortwährende Sonnenhitze, welche namentlich in der zwei= ten Hälfte des Monats Juni herrschte, äußerst beschwerlich, so daß es nicht Wunder nimmt, wenn zuweilen Mann= schaften und Pferde der Anstrengung erlagen; bei Letzteren kam es vor, daß am Morgen eines stattgefundenen Bivouaks bei Dresden vier Pferde todt zurückgelassen werden mußten.

In Leipzig rückten am 17. Juni die ersten preußischen Truppen ein. Eine aus der Gegend von Wurzen kommende Dragonerpatrouille ritt schon in früher Morgenstunde durch Volkmarsdorf, Anger und Reudnitz bis an die Grenze des städtischen Weichbilds, um, wie es schien, lediglich sich da= rüber Gewißheit zu verschaffen, ob fremde Truppen, nament= lich Baiern, dort oder in der Nähe lägen. Abends nach 8 Uhr kam abermals eine Dragonerpatrouille, aus derselben Gegend herkommend, auf demselben Wege herein, diesmal aber bis in die Dresdner Straße der Stadt (am Johannis= kirchhofe), zog abermals Erkundigungen in Bezug auf et= waige Anwesenheit fremder Truppen ein und kehrte ohne .....ren Aufenthalt nach ihrem Standorte zurück. — Am ...... noch vor 4 Uhr, bewegte sich eine lange Reihe ... begleitet von 125 Mann preußischer In= ... nach der Stadt herein, nach dem baierschen Bahnhofe und fuhren von dort nach Altenburg weiter. Das preußische Commando übernahm die Telegraphenleitung und die Kasse der Eisenbahn; der Betrieb auf der letztern ward vollständig eingestellt. In der Stadt wurde die Kasse der Post mit Beschlag belegt; die Kasse des Polizeiamtes entging, weil die letztere Behörde eine städtische ist, dem gleichen Schicksale. Dem Rathe und dem Polizeiamte wurde offiziell mitgetheilt, daß der k. preußische Hauptmann v. Knesebeck als Stadtcommandant von Leipzig installirt sei. Vormittags kurz nach ¼ 12 Uhr rückte das zweite Bataillon des 4. k. preußischen Garderegiments in der Stärke von 1000 Mann (es befand sich auch Landwehr darunter) unter dem Befehl des Oberstleutnants v. d. Osten daselbst ein und zog durch die Dresdner Straße, den Grimmaschen Steinweg über den Augustusplatz, die Schillerstraße und Schloßgasse nach dem Schlosse Pleißenburg. Das Bataillon war Tags vorher aus Torgau aufgebrochen und hatte in Eilenburg übernachtet, von wo es am Morgen über Taucha nach Leipzig rückte. Schlag 12 Uhr fuhr der letzte, dem Bataillon folgende Wagen in den Schloßhof ein. Die Truppen hatten den Befehl, vor der Hand in Leipzig zu bleiben und namentlich auch die sächsisch-baiersche Bahn zu überwachen.

General v. Glyzinsky, zum Kommandanten von Leipzig ernannt, traf am 22. Juni daselbst ein.

Am 18. Juni, Nachmittags 4 Uhr, waren auch in Chemnitz zwei preußische Dragoner erschienen und hatten gemeldet, daß eine Schwadron Cavalerie, welche in Röhrsdorf gelegen, dort einrücken werde. Dieselben verließen dann die Stadt wieder und nahmen den Weg zurück, auf dem sie gekommen. Um Mitternacht besetzten die preußischen Truppen den Bahnhof. Tausende von Menschen waren in dessen Nähe. Das Volk war natürlich sehr erregt: man hörte mehrfaches Lärmen und undeutliches Schreien. Bürgermeister Müller hielt eine Ansprache an die versammelte

Menge, mahnte zur Ruhe und warnte vor Insulten der preußischen Krieger.

Seit dem 14. Juni konnte man in Berlin eine erhöhte militärische Bewegung wahrnehmen. Lange Trotzzüge der einzelnen Regimenter bewegten sich durch Straßen, Regimenter aus der Umgegend kamen in die Stadt und eilten auf den anhaltischen Bahnhof, und so ging es die ganze Nacht hindurch und den ganzen Tag über ohne Aufhören, es wurden bewaffnete Truppen nach dem Westen befördert. Die Stadt lebte unter dem Eindrucke dieser Ereignisse in einer fortwährenden Aufregung, welche durch Gerüchte aller Art erhöht wurden. 400 Fuhrwerke waren bereits requirirt, um zur Disposition der in Berlin und in der Umgegend aufgestellten Truppen zu dienen.

Aus den Elbherzogthümern wurden die preußischen Truppen ununterbrochen zurückgezogen.

Die kurhessische Ständeversammlung hatte mit Stimmenmehrheit beschlossen, die Regierung zu veranlassen, entgegen ihrer Abstimmung beim Bundestage, unverzüglich zu der vom ganzen Lande gutgeheißenen neutralen Haltung zurückzukehren und die Mobilisirung der Truppen nicht auszuüben. So lange nicht nachgewiesen werde, daß der Zweck Mobilisirung dem Landesinteresse völlig entspreche, werde die Ständeversammlung die Gelder hierzu ablehnen. Der Ständeausschuß widersetzte sich entschieden der Abführung des Haus- und Staatsschatzes. Der Kurfürst blieb auf Schloß Wilhelmshöhe.

Die Residenz Kassel wurde am 18. Juni von den Preußen besetzt und ein nochmaliger Versuch des mit Auftrag versehenen Generals v. Röder gemacht, eine Verständigung mit dem Kurfürsten herbeizuführen. Aber der Letztere wies alle Vorschläge zurück. Der preußische Kommandant, General von Beyer, suspendirte daher die Autorität des Kurfürsten, enthob die Minister ihrer Functionen und untersagte ihnen jede Amtshandlung. Als der letzte Versuch,

den Kurfürsten zur Nachgiebigkeit zu veranlassen, fehlge-
schlagen war, begab sich derselbe am 23. Juni unter preußischer Bedeckung nach Stettin, um vorerst dort seinen Aufenthalt zu nehmen.

Das bei Wetzlar stehende preußische Corps des Generals von Beyer marschirte am 17. Juni über Gießen durch
das darmstädtische Gebiet und traf in Kurhessen auf dem
Marsche zur Hauptstadt Abends in Marburg ein; eine kleine
Abtheilung rückte nach Fulda vor. General v. Beyer erließ
einen Aufruf mit der Ansprache: „Hessische Brüder!" Den
sämmtlichen hessischen Truppen war es gelungen, ihren Rückzug über Bibra und Fulda nach Hanau zu bewerkstelligen,
ehe die preußischen Truppen dies hindern konnten. Der
Thronfolger Prinz Friedrich befand sich fortwährend bei den
Truppen. Der Kurfürst selbst war am 19. in Hanau eingetroffen. Die Zahl der kurhessischen Truppen, welche in
und um Hanau concentrirt waren, wurde auf 15,000 angegeben. Prinz Friedrich Wilhelm von Hessen wurde vom
Kurfürsten zum Oberbefehlshaber der kurhessischen Armee
ernannt.

Das Kriegsmanifest des Kaisers von Oesterreich: „An
meine Völker" und die Proklamation des Königs von Preußen: „An mein Volk" werden die Leser im Anhange abgedruckt finden.

Seitens Italien erfolgte die Kriegserklärung an Oesterreich, datirt „Hauptquartier Cremona, am 20. Juni. General Lamarmora an den Erzherzog Albrecht." Gleichzeitig
erfolgte auch ein Manifest des Königs Victor Emanuel an
die Italiener (s. Anhang).

Sachsen war inmittelst in Kriegszustand versetzt worden. Das Militärgouvernement hatte jetzt Generalleutnant
v. d. Mülbe übernommen. Die Ablieferungen der Waffen
war eine der ersten Anordnungen. Theils wegen renitenten
Verhaltens, theils der Spionage verdächtig, wurden der Geh.

Regierungsrath Häpe, Polizeidirector Schwauß und Polizeirath Pickart in Dresden aus dem Lande verwiesen.

Das Verhalten Hannovers hatte in Berlin einen sehr üblen Eindruck gemacht, um so mehr, als es noch am 14. Juni eine äußerst friedliche Gesinnung für Preußen an den Tag gelegt hätte. Allein schon zwei Tage später wurden auf Befehl des Königs von Hannover die Eisenbahnschienen auf den Linien nach Minden und Braunschweig abgebrochen und das Militär bei Göttingen concentrirt.

Der Magistrat von Hannover begab sich am 15. Juni noch spät Nachts zum Könige, ihm die Bitte vortragend, das Land nicht zu verlassen und Vorkehrung zu treffen, daß dem Lande der Frieden bewahrt werde. Der König erklärte jedoch im Beisein der Königin und des Kronprinzen, daß Preußen Forderungen gestellt habe, welche geeignet wären, das Königreich zu mediatisiren, die Selbstständigkeit der Krone, des Landes und jedes Einzelnen zu vernichten. Da er außer Stande sei, die Hauptstadt gegen die Uebermacht zu vertheidigen, so vereinige er seine Truppen in den südlichen Provinzen und hoffe, sich dort zu halten. So schwer ihm dieser Schritt sei, so vermöge er doch als Christ, Monarch und Welf nicht anders. Die Königin erklärte mit bewegter Stimme und Thränen im Auge, daß sie unter dem Schutze ihrer Bürger hier bleiben wolle. Gegen 3 Uhr Morgens fuhr der König nebst dem Kronprinzen ab.

General von Falckenstein rückte am 16. Juni von Minden her mit der 13. Division in das Königreich Hannover ein. General v. Manteuffel mit der aus Schleswig durch Holstein herbeigezogenen Division ging bei Harburg an's linke Elbufer und überfiel da zunächst die kleine hannöversche Festung Stade. Die Besatzung hatten sich dessen nicht versehen und wurde erst von einem hannöverschen Reiterposten alarmirt. Die Preußen folgten zwar dem Letzteren auf dem Fuße nach, fanden aber beim Herankommen das Thor schon geschlossen. Die sie begleitenden Matrosen brachen es jedoch auf und die Infanterie drang in die Stadt ein. Hier kam es zu einigem Kugelwechsel mit einzelnen Abtheilungen der Hannoveraner, als aber der Kommandant von Stade auf dem Platze erschien, ward eine Kapitulation abgeschlossen. Die Preußen fanden in Stade ein reiches Kriegsmaterial, viele Kanonen, 14,000 neue gezogene Gewehre, 2000 Zentner Pulver, eine Million Patronen und noch vieles Andere. Nach diesem Handstreich rückte General von Manteuffel mit seiner Hauptmacht auf Lüneburg zu. Dort angekommen, führte er am 19. zwei Bataillone des 25. Regiments auf der Eisenbahn nach Hannover, wo sich das Corps des Generals Vogel von Falckenstein mit ihnen vereinigte. Es kam nun jetzt darauf an, das bei Göttingen liegende hannoversche Truppencorps, 19,000 Mann stark, zu erreichen, welches die Absicht zeigte, nach Süden durchzubrechen, um sich dort mit den Baiern zu vereinigen, die sich bei Bamberg und Bayreuth aufgestellt hatten. Anfangs verschanzten sie sich bei Göttingen und verpallisabirten die Stadt, aber dann marschirten sie fächerförmig ab, um zwischen Weimar und Eisenach zu entkommen. Allenfalls hätten sie in zwei Gewaltmärschen Eisenach oder Gotha erreichen können, und hätten sie nicht zu lange gezögert, so trafen sie auf keinen Widerstand. Aber auch der preußische General v. Beyer marschirte am 21. in der Richtung nach Göttingen ab und ließ die Eisenbahn bei Melsungen zerstören, wodurch den Hannoveranern die Hoffnung geraubt ward, nach Kassel und Hersfeld zu den Kurhessen zu gelangen. Die Contingente von Schwarzburg-Sondershausen und Coburg-Gotha, Letztere unter Führung ihres Herzogs, suchten ebenfalls den Durchmarsch der Hannoveraner zu verhindern, und auch ein erheblicher Theil der Erfurter Besatzung mit 12 Geschützen begab sich mit Extrazügen nach Eisenach. Die Werrabahn wurde von den Pionnieren unbrauchbar gemacht und mit Truppen besetzt. Auch ein Bataillon des 4. preußischen Garderegiments, von Leipzig

kommend, stieß hinzu. So waren die Preußen von allen
Seiten alarmirt.

Die Hannoveraner wendeten sich über Reinhausen und
Duderstedt auf das preußische Gebiet und kamen am 22.
in Heiligenstadt an, besetzten es, sowie am 23. Groß-Got-
tern. Beim Vorschieben der Avantgarde gegen Erfurt und
gegen die Eisenbahn zwischen Eisenach und Gotha überzeugten sie sich, daß diese Linie besetzt sei. Es erschien nun am
23. der hannoversche General Jakoby, um wegen der hannoverschen Armee zu unterhandeln, und auch von Berlin kam
Generalleutnant v. Alvensleben, um mit dem König Georg
zu unterhandeln, allein alle Bemühungen blieben fruchtlos,
denn der König verlangte für seine Armee freien Abzug
nach Baiern, um dieselbe an der Seite Oesterreichs gegen
Italien kämpfen zu lassen.

Preußischerseits ging man auf diese Forderung nicht ein,
dagegen verlangte man blos Garantie, daß die hannöverschen
Truppen während der Dauer eines Jahres sich jeder Theilnahme an den Feindseligkeiten gegen Preußen entäußerten.
Aber auch diese Bedingung wies König Georg zurück. Er
verlangte überdies vom Herzog von Coburg, daß er mit dem
General von Alvensleben weiter verhandeln wolle. Es
wurde denn auch ein Waffenstillstand vom 24. bis zum 25.
Juni, früh 8 Uhr, bewilligt, bis dahin sollte sich der König
über die Annahme der preußischen Kapitulationsbedingungen erklären. Im Verfahren gegen die hannoverschen Truppen wurde von der preußischen Regierung sowohl, wie von den
Kommandeuren die äußerste Rücksicht geübt, der König Georg
wiederholt aufgefordert, es nicht zu nutzlosem Blutvergießen
kommen zu lassen, und ihm zweimal eine 24stündige Frist
für die Annahme der preußischen Anerbietungen gestellt, aber
vergeblich. Selbst ein von seiner Gemahlin, der Königin,
ihm überbrachter Brief, mit der Bitte, nachzugeben, unterstützt
von dem Kronprinzen, änderte den Sinn des Königs nicht.
Sonach begannen am 26. früh die Feindseligkeiten wieder.

Die Hannoveraner, durch die preußischen Truppen verhindert nach Süden zu marschiren, suchten sich durch forcirte Märsche von Mühlhausen nach Sondershausen zu wenden, denn auch die Richtung nach Göttingen war ihnen versperrt.

Weder von Baiern, noch vom 8. Bundesarmeecorps zeigte sich eine Hilfe, und selbst als der mit Auftrag ver- sehene hannoversche Geschichtsschreiber Dr. Ono Klopp aus dem Hauptquartier in Langensalza abreiste und sich nach einem längeren Aufenthalte in Lichtenfels nach Bamberg ins baiersche Hauptquartier begeben hatte und dort mit dem General v. d. Tann und dem Prinzen Karl Unterredungen pflog, kam es doch zu keinem Entschluß, weil auf die nach verschiedenen Seiten hin abgegangenen Anfragen über die Verhältnisse der hannoverschen Armee unbestimmte Antworten eingingen. Baierscherseits glaubte man an eine Capitulation der hannoverschen Armee, trotz der Gegenbehauptung des Dr. Klopp. Auf die Frage des Prinzen Karl, wie stark denn die hannoversche Armee sei, erhielt er die Antwort: 19,000 Mann. Darauf meinte derselbe: „Mit 19,000 Mann schlägt man sich durch!“ Trotzdem man also im baierschen Haupt- quartier über den Bestand, die Stellung und den Aufent- halt der hannoverschen Armee genau unterrichtet war, unter- ließ man doch ein rasches, energisches Handeln.

Noch während des Waffenstillstandes hatten die Hanno- veraner die preußische Aufstellungslinie zu durchbrechen ver- sucht. Die Avantgarde, unter General Flies, brachte die Nachhut der auf Tennstedt abziehenden Hannoveraner zum Stehen. Die Preußen waren 6—8000 Mann stark, mithin der Feind um das Doppelte überlegen. Gegen Mittag ent- wickelte sich der Kampf. Einem preußischen Leutnant, wel- cher mehrere Brüder in der hannoverschen Armee hatte, war es gelungen, das Vertrauen mehrerer preußischer Offiziere zu gewinnen, bei denen er die Stellung und Stärke der Avant- garde ausforschte; er erfuhr auch außerdem, daß der comman- dirende General Vogel von Falckenstein den Befehl gegeben

habe, es solle erst angegriffen werden, wenn er von drei
Seiten mit seinem Corps herangerückt sei; drei schnell hinter-
einander folgende Kanonenschüsse sollten das Zeichen zum
Angriff geben. Dies verrieth der genannte preußische Offi-
zier an die Hannoveraner, worauf diese drei Kanonenschüsse
lösten und General v. Flies zum Angriff vorging, in der
Meinung, daß er das ganze Armeecorps hinter sich habe.
Ohne diesen Verrath hätte sich wahrscheinlich die hannoversche
Armee ohne Blutvergießen ergeben müssen.

Am 21. Juni trafen die ersten Nachrichten vom Einmarsch der hannoverschen Truppen auf preußisches Gebiet
ein. Früh hatten sie ihren Einzug in Heiligenstadt gehalten, die Kassen mit Beschlag belegt und große Lieferungen
an Hafer, Heu, Brod, Rauchfleisch ꝛc. gefordert. Mit banger Erwartung sahen die Bewohner von Langensalza und
Umgegend der kommenden Dinge entgegen. Langensalza
selbst ist eine freundliche Stadt von etwa 9000 Einwohnern
und liegt zwischen Erfurt, Gotha, Eisenach und Mühlhausen mitten inne. Die ganze Gegend war von preußischen
Truppen entblößt und stand so dem Feinde hilflos gegenüber. In dieser Bedrängniß war es ein Hoffnungsschimmer,
als unter Rittmeister Wydenbrink eine Schwadron Dragoner
einrückte, um die Stellung der Hannoveraner zu erforschen
und zugleich eine Vorpostenkette nach Gotha zu bilden. Mit
Freuden wurden die Dragoner empfangen und bewirthet
und für den Augenblick alle Sorge vergessen. Aber schon
wenige Stunden darauf wurden einige dieser Tapfern von den
vorrückenden Hannoveranern zusammengehauen, als sie einen
Vorposten von 9 Mann auf der ersten Anhöhe von Langensalza nach Gotha zu, bei dem Dorfe Hennigsleben, aufgestellt hatten.

Den Anfang zu den nachherigen blutigen Auftritten
machte die Arretur eines hannoverschen Offiziers, welcher an
dem vor der Stadt gelegenen Postgebäude den Telegraphen-
draht durchgehauen und bei dieser Arbeit von der städtischen

Behörde festgenommen worden war. Der zurückkehrende
Kutscher des gefangenen Offiziers hatte aber einer ihm be-
gegnenden Abtheilung Dragoner und Husaren Mittheilung
von dem Geschehenen gemacht, worauf diese mit geladenen
Karabinern und gezogenen Säbeln der Stadt zusprengte,
mit wüthenden Geberden und Flüchen vor's Rathhaus kam,
um das Stadtoberhaupt für die veranlaßte Arretur zur
Rechenschaft zu ziehen. Doch wurde diese ernste Sache noch
gütlich beigelegt und die erschöpften Feinde bewirthet.

Nunmehr wurde aber in der Stadt anbefohlen, sich auf
eine Einquartierung von mindestens 10,000 Mann einzurichten
und für Verpflegung zu sorgen, was denn große Furcht und
Bestürzung und ein Laufen und Rennen hervorbrachte, denn
solche Gewaltscenen, wie eben stattgefunden, war man in
der stillbürgerlichen Stadt nicht gewöhnt. Beim Einzug des
Königs von Hannover konnte man bemerken, wie sein Schimmel von einem nebenher reitenden Adjutanten an der Leine geführt wurde. Der sonst stattliche Mann bot so keineswegs das
Bild eines Schlachtenführers. Im Schützenhause wurde von
dem Könige, dem Minister, dem Kronprinzen, und dem zahlreichen Gefolge Quartier genommen. Der österreichische Gesandte
befand sich immer an seiner Seite und wiederholte während
der Unterhaltung oftmals die Worte: „Majestät, um keinen
Preis unterschreiben Sie, Ihre Ehre als Welfe duldet keine
Unterwerfung, und mein Herr und Kaiser schützt Sie!“ Dem
entgegen flehte der besser unterrichtete und heller sehende
Kronprinz seinen königlichen Vater vergebens um Nachgiebigkeit an.

Zwei bis drei Stunden lang dauerte der Durchzug der
hannoverschen Armee in und durch die Stadt, zu Fuß, zu
Pferde und Wagen. In Langensalza selbst verblieben vielleicht 8—10,000 Mann und mußten Quartier finden.

Am nächstfolgenden Morgen nahm die ganze hannoversche Macht in der Nähe der Stadt Stellung, während

die Unterhandlungen noch weiter gepflogen wurden; aber man war auf Schlimmes vorbereitet und suchte sich daher möglichst gut zu decken. Die feindliche Macht war in der That imposant, die sämmtliche Artillerie und der stundenlange Troß von Gepäck-, Fourage- und unzähligen andern Wagen, außerdem der königliche Marstall von beinahe 200 Pferden.

Welcher Art die von Preußen gestellten Bedingungen waren, haben wir schon erwähnt. Gleichwohl rückten während der Capitulationsverhandlungen die hannoverschen Truppen vor bis Mechterstedt am Fuße des Hörselgebirges und versuchten den Durchbruch und die Vereinigung mit der baierschen Armee, welche inzwischen bis Meiningen, ja bis zum hessischen Dorfe Brotterode vorgedrungen war, wo sie aber von den preußischen und gothaischen Truppen zurückgetrieben wurde. Noch an dem nämlichen Vormittage zogen sich die hannoverschen Truppen theilweise wieder zurück, ohne zu einem Kampfe gekommen zu sein, während ein großer Theil nach Eisenach zu marschirte. Langensalza erhielt seine Einquartierung wieder, und Jeder suchte das ihm behagte Quartier wieder auf. Aber die Gemüther der Soldaten waren nicht mehr mit so friedlichen Gesinnungen erfüllt. Die Glühhitze des Tages, die animirenden Aeußerungen der Offiziere und die Mittheilung, daß die Preußen das Ernst-August-Denkmal in Hannover zerstört, und die prächtige Herrenhäuser-Allee umgehauen hätten, hatten sie allgemein empört und zur Wuth entflammt. Später erwies sich diese Nachricht freilich ganz grundlos. Sie riefen: „Nun nehmen und geben wir keinen Pardon, wenn es zum Kampfe kommt. Wir haben's uns geschworen und die Hand darauf gegeben. Der Napoleon hat unsere vaterländischen Denkmale geschont, die Preußen nicht, denen wir doch gar nichts gethan. Nun mag's werden wie's will."

Trotz des abgeschlossenen Waffenstillstandes versuchten einzelne Abtheilungen der Hannoveraner am Abend des 24. Juni zwischen Eisenach und Gotha durchzubrechen, wurden

aber von dem preußischen Garderegiment zu Fuß daran verhindert, wobei sie mehrere Verwundete zurückließen, die Preußen aber ohne Verwundete wegkamen.

Als nun am 26. Juni nochmals ein höherer preußischer
Offizier erschien und Namens des Königs von Preußen dem
König Georg ein Bündniß anbot und im Fall der Annahme
ehrenvolle Rückkehr sämmtlicher Truppen zusagte, ließ sich
der vom Glanz der Krone geblendete Fürst nicht darauf ein.
Merkwürdigerweise verweigerte er jede weitere Erklärung bis
nach Genuß des heiligen Abendmahls. Der Gesandte zog
sich nun zurück und der Hofprediger Niemann wurde nun
zum Könige befohlen. Der König stellte ihm nun die Frage,
ob es Gottes Wille sein könne, daß er den vierhundertjäh-
rigen Rechten seiner Krone entsage, um einer Gefahr zu entgehen? Der Hofprediger erwiderte hierauf: Wenn durch die
Entsagung Pflichten verletzt würden, besonders solche Pflichten, die ein Fürst gegen sein Land und Volk zu beobachten
habe, dann dürfe sie nicht stattfinden. Habe aber der König
blos persönlichen Vortheilen zu entsagen, um dem Lande zu
nützen, oder es vor Schaden zu bewahren, dann müsse er
sich fügen, so schwer ihm dies auch werde. Diese Erklärung
schien jedoch dem Könige mißfällig zu sein; denn er ließ
gleich nachher den preußischen Gesandten wieder zu sich bescheiden und sagte ihm, er möge thun, was er nicht lassen
könne, worauf denn das Ultimatum übergeben wurde.

Am Sonntag früh ging der König in Langensalza zur
Kirche, doch waren bei der Aufregung und Befürchtung nur
wenig Andächtige, der Prediger, ein Geistlicher vom Lande,
aber gar nicht erschienen. So vertrat denn ein Geistlicher
der Stadt den Gottesdienst, wobei der König große Andacht
an den Tag legte. Der Prediger flehte inbrünstig zum
Himmel, die Herzen der Fürsten mit Gedanken des Friedens
und der Versöhnung zu erfüllen, und auch ihren Völkern
die Friedenspalme zu reichen, aber in dem Herzen des
Königs Georg fand diese Mahnung keinen empfänglichen

Boden. Beim Herausgehen aus der Kirche gefiel ihm das
Hoch eines Bürgers, in welches auch die Menge einstimmte.
Sein Antlitz zeigte ein holdseliges Lächeln, er grüßte dan-
kend nach allen Seiten und sagte mit bewegter Stimme zu
den Seinen: „Es sind doch gute Leute, die Langensalzaer.
Schont mir Langensalza!"

Aber die Verhandlungen zwischen dem König und dem
preußischen Generaladjutanten v. Alvensleben kamen zu keinem Abschluß. Der König und seine Umgebung hoffte
immer noch auf die Hilfe der Baiern und vertrauten ihrer
eigenen Stärke. Zudem kannten sie durch Spione die
Schwäche der um Gotha und Eisenach lagernden preußischen
und koburg-gothaischen Truppen, und während sie wiederholte
Versuche machten, durchzubrechen, hielten sie die Friedensverhandlungen hin und forderten freien Abzug nach Baiern.
Aber die zähe Geduld Preußens hatte jetzt ein Ende, und
so beschloß es denn, dem König Georg den ganzen Ernst
der Lage zu zeigen.

Der 27. Juni war ein für das sämmtliche preußische
Kriegsheer angeordneter Bettag. Die Stadtbewohner hatten
ihre Festkleider angelegt, um in frommer Stimmung in's Got-
teshaus zu wallen. Niemand ahnte etwas Unheilvolles. Da
vernahm man plötzlich von den Hennigsleber Höhen her,
nach Gotha zu, die ersten Kanonenschüsse. Nicht lange, so
mehrten und näherten sich dieselben von Süden her, und
Alles eilte seiner Wohnung zu, um Werthsachen, Betten,
Wäsche rc. bei dem zu befürchtenden Straßenkampf in Sicherheit zu bringen. Die einquartirten Soldaten und die vor
der Stadt im Bivouak liegenden, waren gerade beim Frühstück versammelt, als plötzlich zum Sammeln und Ausrücken
geblasen wurde. Im Nu war Alles marschfertig und bald
sah man nur noch wenig Hannoveraner innerhalb der Stadt,
aber diese wurden von heransprengenden preußischen Husaren
zu Gefangenen gemacht.

Die Hannoveraner hatten sich am sogenannten Gothaischen Gatter festgesetzt und die auf dem Wege nach Gotha
zu stehenden Truppen zogen sich vor der andrängenden Macht
ohne längern Widerstand auf und um die Stadt zurück und
gingen nach Osten zu, um sich später um und auf dem
Kirchberge bei dem Dorfe Merxleben, unweit Langensalza
zu postiren. Zwei Schützenzüge des coburg-gothaischen Con-
tingents, unter Hauptmann v. Schauroth und Leutnant
Seeber, nahmen mit gefälltem Bajonnet und Hurrah den
ersten Eingang und einen vollen Proviantwagen nebst Bedeckung. Nun verließen die Hannoveraner auf dieser Seite
die Stadt gänzlich und faßten am Jüdenhügel Posto, welcher
von dem inzwischen wieder vereinigten ganzen ersten Bataillon
Gotha-Coburger erstürmt und behauptet wurde. Ein anderes
Bataillon derselben marschirte durch die Stadt, um die Hannoveraner hier herauszutreiben. Ohne Widerstand konnten
sie sich, mit den Preußen vereinigt, hinter dem Schützenhause
weg bis zu den Pappeln bei dem „Böhmen" (Vergnügungs-
garten und Haus der Stadt Langensalza) hinziehen und begannen von hier aus einen neuen Angriff.

Die preußischen Geschütze rückten unterdeß heran und
postirten sich auf dem Jüdenhügel, einer etwa hundert Fuß
hohen Anhöhe (zwanzig Minuten weit, der Merxleber Höhe
schief gegenüber). Der ganze Höhenzug östlich von Langensalza nach Sondershausen zu, und zwar die Strecke von
dem Dorfe Kirchheilingen nach Sundhausen zu bis zu dem
Dorfe Klettstädt und Merxleben war mit hannöverschen Truppen besetzt. Ihre Geschütze und Infanteriemassen standen
auf dem Merxleber Kirchberge und hatten die Höhen von
Klettstädt inne, eine ausgezeichnet günstige, von Langensalza
aus beinahe unangreifbare Stellung. Der Merxleber Berg
ist eine nach der Unstrut und Salza steil abfallende Anhöhe
von mehreren hundert Fuß, geschützt auf der Vorderseite
von dem tiefen und breiten neuen Separationsgraben, der
sogenannten neuen Unstrut, dann von der alten oder eigent-

lichen Unſtrut und der Salza mit ihren hohen abſchüſſigen Ufern. Im Hintergrunde iſt die Stellung durch das Dorf ſelbſt und durch unzählige Baumgruppen, Gräben mit Waſſer und Gebüſch geſchützt, und weiter darüber hinaus liegen die nahen Klettſtädter Höhen, für Artilleriemaſſen ganz vorzüglich geeignet.

In Betracht der ausgezeichneten geſicherten feindlichen Stellung, der um mehr als das Doppelte überlegenen Streitmacht, der zahlreichen mit überflüſſigem Schießbedarf ausgeſtatteten Artillerie und der vorzüglichen zahlreichen Cavalerie, war es wirklich zum Erſtaunen, wie ein acht- bis neuntauſend Mann ſtarkes Häuflein mit nur ſechszehn Kanonen und ein paar Schwadron Cavalerie einen Angriff unternehmen, ſiegreich vordringen, das Gefecht nach einem mehrſtündigen Marſche gegen einen ſehr tapfern Feind in ſengender Sonnenhitze mit Bravour fortſetzen und endlich, als bei der großen Uebermacht des Feindes ein Sieg unmöglich ſchien, ſich unter immerwährenden Kämpfen geordnet zurückziehen konnte. An der Spitze der tapfern preußiſchen Truppen befand ſich der General von Flies und Seckendorf; Obriſt Fahbeck und Oberſtleutnant v. Weſternhagen befehligten die coburg-gothaiſchen Bataillone. Letztgenannter wurde im Kampfe tödtlich verwundet und ſtarb nach einigen Tagen an ſeinen Wunden.

Anfangs ſtand die preußiſche Infanterie hinter dem Jüdenhügel und wurde durch denſelben gedeckt, dann aber rückte ſie vor und beſetzte das buſchige Wäldchen an dem Schwefelbade, in der Mitte von Merzleben und dem Jüdenhofe gelegen; die Hannoveraner ſtanden ihnen gegenüber und das Kleingewehrfeuer entlud ſich in nächſter Nähe auf einer großen Wieſe und im Hölzchen. Dreimal wurden die Hannoveraner durch die Unſtrut und Salza getrieben und kehrten dreimal zurück. Die preußiſchen Zündnadelgewehre richteten große Verheerungen in den Reihen der Feinde an, aber auch unter den Preußen ſammelte der Tod reiche Beute. Die feindliche Artillerie von 46 Geſchützen auf der Merzlebener

Höhe, sehr vortheilhaft aufgestellt und gut bedient, spie Tod und Verderben und machte gleich anfangs zwei Geschütze der Preußen unfähig. Ein einziger glücklicher Schuß der Hannoveraner tödtete fast die ganze Bespannung derselben, drei Pferden waren die Köpfe abgerissen, wie abgeschlachteten Tauben, freilich in großartiger schrecklicher Weise. Die sechszehn preußischen Geschütze, unter denen sich auch alte abgenutzte Festungsgeschütze befanden, feuerten schneller als die hannoverschen, vielleicht um die Minderzahl durch Schnelligkeit zu ersetzen. Am hartnäckigsten wüthete der Kampf in der Nähe der Kallenberg'schen Oelmühle bis zum Schwefelbade. Ein harter Zusammenstoß war der Angriff der Cambridge-Dragoner auf ein Bataillon Gothaer, welches aufgefordert sich zu ergeben, den Feind mit Hurrah und vernichtenden Salven empfing, so daß hier der Tod eine reiche Ernte hielt. Doch auch die Gothaer wurden arg mitgenommen. Auch die preußischen Abtheilungen hatten viel zu leiden von dem feindlichen Artilleriefeuer und beim Einhauen der an Zahl und vorzüglichen Pferden weit überlegenen Reiterei. Dies empfand besonders das elfte schlesische Grenadierregiment.

Preußischerseits standen überhaupt im Feuer: das 11. Linien-Infanterie-Regiment, zwei Bataillone vom 25., ein Ersatz-Bataillon vom 71., dann die beiden Bataillone Coburg-Gotha, sonst nur noch Landwehr, und zwar zwanziger, zweiunddreißiger und siebenundzwanziger, Landwehrhusaren und Dragoner, überhaupt sehr wenig Cavalerie, so wie die Ersatz-Escadron des zehnten Linien-Husaren-Regiments, endlich einige Batterien vom 7. Feld- und eine vom 4. Festungs-Artillerieregiment. Die Coburg-Gothaer waren zumeist blutjunge Leute, gingen aber mit großer Unerschrockenheit in's Gefecht. Sie sangen und scherzten, während die Granaten links und rechts einschlugen. Der tapfere Herzog, der zwar kein Commando hatte, war immer in ihrer Nähe, und mitten im Kugelregen feuerte er sie zum Widerstande

an. Mancher von ihnen fiel oder kehrte später als Krüppel
heim.

Mit gleichem Muthe benahmen sich die Turner von
Gotha, Mühlhausen und Langensalza. Mit augenscheinlicher
Lebensgefahr betraten sie, während der Kampf von allen
Seiten entbrannte und die Geschosse Tod und Verderben in
die Reihen des Gegners sandten, das Schlachtfeld, um die
Verwundeten in Sicherheit zu bringen und beim Verbande
hilfreiche Hand zu leisten. Ungeachtet der verzehrenden
Sonnenhitze hielten sie aus, oft selbst der Ohnmacht nahe,
in ihrem freiwilligen Liebesdienst, mitunter blutjunge Leute,
die der drohende Tod nicht zurückzuschrecken vermochte. Sie
setzten ihr Liebeswerk die ganze Nacht hindurch fort, und
am andern Tage suchten sie die Verlorenen und Verschmach-
tenden im hohen Getreide, in den Gräbern, oder hinter den
Hecken auf, um sie in die Lazarethe zu schaffen.

Das Füsilierbataillon des 20. Landwehr-Regiments,
meist aus Berlinern bestehend, schlug sich mit ausgezeichneter
Tapferkeit. Als es sich am ungestümen Vorrücken plötzlich
von hannöverscher Cavalerie umringt sah, formirte es schnell
ein Quarré. Der kommandirende General der Reiterei her-
ansprengend, forderte den preußischen Bataillons-Commandeur
auf, sich zu ergeben; aber da donnerte ihm der hundert-
stimmige Ruf entgegen: „Die Berliner Landwehr ergiebt sich
nicht!" Und als nun die feindlichen Reiterschaaren von allen
Seiten heransprengten, glaubte man nicht anders, als das
ganze Bataillon müßte zusammengehauen werden. Aber es
stand mit eiserner Ruhe und als die Pferde bis auf zwanzig
Schritte heran waren, gab das Quarré wohlgezielte Salven,
und als sich der weiße Pulverrauch verzogen hatte, sah man
ringsumher Roß und Mann niedergestreckt, entweder todt
oder im Blute sich wälzend. Auch später noch waren die
Zwanziger heftigem Kartätschenfeuer ausgesetzt, aber trotzdem
machte sich der Berliner Humor auch in dieser ernsten Situa-

tion geltend, denn sie animirten sich gegenseitig in den komischsten Ausdrücken.

Die Geschichte hat der Nachwelt viele einzelne Züge von Aufopferung und heroischem Muthe aufbewahrt, von denen wir diejenigen hier anführen, welche von Augenzeugen herrühren.

Dem Leutnant Stichling wurde von einem Bombenbruchstück das halbe Gesicht zerrissen, er war auf der Stelle todt. Hauptmann Asper vom 4. Festungsartillerie-Regiment kommandirte die Ausfallbatterie siebenpfündige Haubitzen und schoß vortrefflich. Seine Granaten schlugen sichtbar in die feindlichen Colonnen ein und richteten große Verheerungen an. — Leutnant Hupfeld von demselben Regiment stand auf dem rechten Flügel isolirt, die kleine Infanteriebedeckung die er hatte, war theils todt, theils verwundet, er selbst hatte eine Attaque nach der andern abzuschlagen und selbst Bombenfeuer aushalten müssen. Da kamen die Cambridge-Dragoner herangesprengt, einen letzten Versuch zu wagen, die Geschosse zu nehmen. Hupfeld empfing sie mit vier Kartätschenschüssen, welche die meisten aus den Satteln warfen oder zurückjagten. Nur der Rittmeister William von Einem mit mehreren Dragonern setzte mitten zwischen die preußischen Kanonen und hieb Alles nieder, was sich ihm in den Weg stellte. Der Kanonier Rudloff, ein Veteran aus Schleswig, dessen Brust mehrere Orden schmückten, blutete bereits aus vielen Wunden, aber er hat sich vorgenommen, sein Geschütz bis zum letzten Athemzuge zu vertheidigen. Grimmig stürzte er sich mit einem Satze auf den feindlichen Offizier, parirte alle seine Hiebe und stieß ihm sein scharfes Faschinenmesser bis ans Heft in die Seite, daß der tapfere Offizier lautlos aus dem Sattel sank, ein Märtyrer der hannöverschen Waffenehre. Die anderen in die Batterie eingedrungenen Dragoner wurden gleichfalls niedergemacht. Leutnant Hupfeld sieht mit Schmerzen, daß die Protzen seiner Kanonen zerschossen und zerbrochen sind, die Stränge durchgehauen und durchgeschnitten, die meisten seiner Pferde erschossen sind und was das Allerschlimmste, die Munition zu Ende ist. Schon nahen wieder feindliche Colonnen heran, schon schlagen die Kugeln hannöverscher Gardejäger in die Batterie, er befiehlt mit schwerem Herzen den Rückzug. Die Artilleristen warfen sich auf die erbeuteten feindlichen Pferde, nahmen alle eignen leicht verwundeten Pferde, die nur irgend fortkommen konnten, und ritten zurück.

Mitten im dichtesten Kugelregen stand ein preußisches Geschütz, dessen Kanoniere die hannöverschen Shrapnels weggerafft hatten, nur der Artillerie-Leutnant v. Hochwächter harrte noch aus. Da entschloß er sich, das Geschütz aus der hannöverschen Schußlinie zu bringen. Etwa einhundert Schritte hinter der Kanone standen die Zugpferde. Während nun der Leutnant auf sie zueilt, schlägt eine feindliche Kugel dicht beim Gespanne ein und reißt die Pferde nieder. Noch weiter zurück sah Hochwächter einige ledige Handpferde stehen, in raschem Sprunge war er an der Stelle, sprengte mit ihnen zurück, spannte sie, von den feindlichen Kugeln umschwirrt, vor das Geschütz und fuhr dieses selbst unversehrt von der gefährlichen Stelle hinweg und in Sicherheit.

Das ganze Gefecht wurde eigentlich mit Compagnie-Colonnen geführt und ist überhaupt ein Schützengefecht zu nennen. Dadurch erklärte es sich auch, daß einige Soldaten von ihren Truppentheilen abgekommen waren und sich andern anschlossen. Es zeigte sich hierbei, wie der Geist der Zusammengehörigkeit und Kameradschaft eine ganze Armee durchweht. Rheinländer und Schlesier unterstützten sich gegenseitig wacker; der eine erkannte in dem anderen gern den besseren Schützen an, indem er ihm sein Gewehr reichte und das abgeschossene wieder lud, damit der bessere Schütze keine Zeit mit Laden verlöre. Gegenseitig reichte man sich Erquickungen, die Verwundeten fanden in den Soldaten aller Provinzen die eifrigsten Helfer. So war das Quarré des Oberst-Leutnants des Barres ein Gemisch von Soldaten

Verlag v. B & Vereschwager

Schlacht von Königgrätz.

aller Bataillone, die sich da an einander angeschlossen hatten und im Gefecht zusammenstanden. Dieses Quarré war
es, welches die Attaque der ausgezeichneten hannoverschen
Cavalerie zurückgeschlagen hatte. Denn als der Commandeur der hannoverschen Kürassire dem Oberstleutnant des
Barres den Degen abforderte, erwiederte dieser, daß er ihn
nicht entbehren könne. Dieselbe Ruhe des Führers bewahrte
das Quarré selbst. Die feindlichen Reiter sprengten nun
zur Attaque vor, aber ehe sie herankamen, erhielten sie drei
Salven; nur wenige vermochten wieder umzukehren, die
meisten waren gefallen. Unbelästigt setzte nun das Quarré
seinen Rückzug fort. Ein Aehnliches trug sich bei dem viel
kleineren Quarré des 11. Regiments unter dem Hauptmann
von Rosenberg zu. Dieses Quarré hatte sich noch nicht sammeln können, als schon die feindliche Cavalerie durch die sich
Sammelnden hindurchritt; dennoch formirte sich dasselbe.
Der Hauptmann wurde zum Ergeben aufgefordert, aber er
erwiderte ruhig, daß er erst mit seinen Leuten sprechen müsse.
Die feindliche Schwadron attaquirte, der Rittmeister sprengte
mit Todesverachtung in das Quarré, fiel aber gleichzeitig
von acht Kugeln durchbohrt vom Pferde; seine Schwadron
erhielt in nächster Nähe eine volle Salve, die in ihre Reihen
vernichtend einschlug. Die Attaque war abgeschlagen.

_Von allen Seiten ließen die Schützenzüge ihr verhee-
rendes Feuer spielen, und namentlich das Zündnadelgewehr
zeigte seine vernichtende Kraft, aber auch die Hannoveraner
mit ihren Geschützen, die Granaten und Kartätschen warfen,
lichteten mörderisch die Reihen der Preußen, besonders
waren auch das Gothaische Bataillon und der Rest des Co-
burgischen, welche die Geschütze deckten, dem heftigsten Granatfeuer ausgesetzt. Der Angriff der Preußen mißlang,
aber er wurde von den Hannoveranern nicht benutzt, indem
sie nicht selbst zum Angriff übergingen. Beim Versuch ihrer
Cavalerie, über die Brücke von Merxleben vorzudringen,
war die Lage hinderlich, so günstig sie der Vertheidigung

gewesen war, denn das Kartätschenfeuer warf Alles nieder, und ganze Schwadronen geriethen in Verwirrung, machten Kehrt, wobei mancher Reiter in den Fluß stürzte. Aber endlich gelang es den Hannoveranern, von Thamsbrück und Nägelstädt aus vorzudringen und den Feind mit Ueberflügelung zu bedrohen. Die Preußen waren nunmehr zum Rückzug ge-nöthigt; eilig, aber in Ordnung, gewannen sie die Hennigs-leber Höhen, wo zwei Quarré's noch einmal mit Cavalerie in Gefechte geriethen und ihr bedeutende Verluste beibrachten. Zwar nahmen die Hannoveraner noch zwei Compagnien Landwehr gefangen, aber die Verfolgung ließ bald nach und es gelang, auf der Höhe von Warza eine feste Stellung ein-zunehmen.

So endete das entsetzliche Blutbad jener etwa sieben-stündigen mörderischen Schlacht bei Langensalza, in welcher die hannoversche Armee mit staunenswerther Opferwilligkeit und todesmuthiger Erbitterung, wenn auch erfolglos, gegen die Bravour der Preußen kämpfte. In dieser kurzen Zeit waren nahe an 4000 Menschen gefallen, todt und verwun-det. Das Schlachtfeld bot einen schauerlichen Anblick dar, durch die vielen Menschen- und Pferdeleichen; das Blut war in Strömen geflossen und hatte förmliche Lachen gebildet, die Jammerlaute und das Hilfsgeschrei Schwerverwundeter schnitt tief in's Herz. Thränen des Mitleids und der über-wältigten Gefühle sah man von Denen weinen, denen viel-leicht schon lange keine Zähre entfallen war.

Der König Georg, welcher während der Schlacht seinen Aufenthalt in der Pfarre zu Thamsbrück genommen hatte, schritt noch an demselben Tage mit nassen Augen über das Schlachtfeld, ihm zur Seite der Kronprinz, die Hände rin-gend. Der Anblick dieser grausigen Menschenschlächterei machte auch den Abgehärtesten erblassen.

Aber man sah auch sofort helfende Arme und mitleidige Herzen aus der Nähe und Ferne sich der schönen Pflicht-erfüllung hingeben, die Leidenden zu verbinden und in die

Lazarethe unterzubringen. Aerzte, Bürger und Turner waren
opferfreudig und thätig und selbst das sonst furchtsame Frauen-
geschlecht wagte sich auf die grauenvolle Stätte oder in die
Lazarethe, um Wunden zu verbinden, Labung zu spenden,
Thränen und Seufzer zu stillen. Die herbeigeeilten Aerzte
aus der Umgegend lagen bei der drückenden Gewitterschwüle
ihrem schweren Berufe ob, unterfuchten und verbanden,
nahmen Amputationen an Armen und Beinen vor, wobei
sie im Blute förmlich wateten. Tag und Nacht saßen mitleidige Frauen und Jungfrauen an den Strohlagern der
Verwundeten, Freund und Feind Labung und Trost spendend.
Die Schwestern aus den westfälischen Klöstern und die Frauen
des Johanniter-Ordens unterrichteten und belehrten eine Anzahl in Krankendienst genommene Frauen aus dem Arbeiter-
stande und in wenigen Tagen befanden sich die armen Verwundeten auf saubere in Bettstellen befindliche Matrazen
gebettet, mit reiner Wäsche und allem Nothwendigen reichlich
versehen. Denn nicht nur aus Gotha, Mühlhausen, Erfurt,
Nordhausen, sondern auch aus Hannover selbst waren ganze
Wagenladungen mit Betten, Leinwand, Charpie, Wein,
Fruchtsäften und Eßwaaren aller Art gekommen.

Die Hannoveraner kehrten am Abend des 27. Juni
nach Langensalza zurück, nachdem sie sich so heldenmüthig
geschlagen hatten und nun gänzlich ermattet zur Verfolgung
des Feindes außer Stande waren. General v. Flies hatte
die Nachhut der auf Tennstädt abziehenden Hannoveraner
mit Energie angegriffen, die Höhen von Langensalza erstürmt
und den Feind mit Verlust zurückgeworfen. Als das auf
Tennstädt abziehende Gros der Hannoveraner sich dadurch in
seinem Rücken ernstlich bedroht sah, machte es Front und
entwickelte seine gesammten Streitkräfte gegen die Truppen
des Generals Flies. Dieser, einem dreifach stärkeren Feinde
gegenüber, beschloß, die genommene Position zu räumen und
zog sich daher mit seinen Truppen in Ordnung zurück.

Die zurückkehrenden Hannoveraner waren dem Verschmachten nahe und nahmen die ihnen gereichte Labung mit großem Danke an.

Am nächsten Tage, den 28. Juni, wurden wegen einer Capitulation neue Verhandlungen angeknüpft und zwar dieses Mal mit Erfolg. Die Generäle v. Manteuffel und v. Goeben standen mit 18,000 Mann frischer Truppen und 82 Geschützen in dem nahen Mühlhausen und nun sahen sich die Hannoveraner von allen Seiten eingeschlossen. Unter andern Umständen und bei einiger Nachgiebigkeit des Königs von Hannover hätte man seine Truppen mit allen Ehren ziehen lassen — aber jetzt ging das nicht mehr. Sie hatten zwar einen augenblicklichen Sieg errungen und hätten bei richtiger Führung leicht durchbrechen können, aber jetzt waren sie erschöpft, die Pferde ruinirt, die Mannschaften zum Tode ermattet. So ergab sich denn am 29. Juni die hannoversche Armee dem preußischen Commandirenden. Mit Rücksicht auf die frühere Waffenbrüderschaft und das tapfere Verhalten der beklagenswerthen Truppen wurden dieselben einfach entwaffnet und unter dem Versprechen, nicht mehr gegen Preußen zu dienen, in ihre Heimath entlassen. Die Offiziere behielten ihre Waffen, Pferde und Gepäck. Dennoch ging ein lautes Murren und eine tiefe Erbitterung durch die Reihen des hannoverschen Heeres, dessen Rolle nunmehr ausgespielt war. Und als sie Alle nun abmarschirten, ohne klingendes Spiel, ohne Wehr und Waffen, selbst ohne Mäntel und Käppi's, da sah man die ergreifendste Scene des tragischen Kriegszugs. Einzelne Offiziere wendeten sich ab, und eine zornige Schamröthe überflog ihr Gesicht; andere knirschten mit den Zähnen, andere konnten sich der Thränen nicht erwehren und man sagte, daß einer sogar im Uebermaß des Schmerzes mit eigener Hand seinem Leben ein Ende gemacht habe. Den Soldaten der Artillerie und Cavalerie mit ihren prächtigen Geschützen, Waffen und Pferden wurde es schwer und Mancher weinte bei der Ablieferung seines treuen Rosses bittere Zähren und verwünschte diesen Tag

des Unglücks. Mit Knittel, Stock und Quersack zogen sie
am 29. und 30. Juni in ihre Heimath ab mit Danksagungen
gegen ihre Pfleger und Quartiergeber.

Nach dem Auszuge eines Berichts des Professors Dr.
Gurlt, datirt Langensalza, den 30. Juni, lagen aus dem
Gefecht bei Langensalza vom 27. Juni Verwundete: in
Langensalza 290 Preußen, 509 Hannoveraner, in Summa
799; Offiziere: 5 preußische, 2 gothaische, 35 hannöversche,
zusammen 42; auf dem Bade im Ganzen 115; in Merxleben: 1 Preuße, 79 Hannoveraner, zusammen 80; in Kirchheilingen: 3 Preußen, 260—270 Hannoveraner. Am 28.
fand die Beerdigung der Todten statt, theils auf dem Gottes-
acker zu Merxleben, theils auf freiem Felde, bei der Lieb-
frauenkirche und auch auf dem Friedhofe von Langensalza.
Jeden Morgen und Abend wirbelten die gedämpften Trommeln der preußischen Tamboure den schauerlichen Todten-
marsch und hinterdrein folgten ganze Gruppen von Särgen
mit den Opfern des Ehrgeizes und der Verblendung eines
Königs. Sie wurden, ob Freund, ob Feind, mit allen militärischen Ehren begraben.

Preußische Offiziere und Soldaten versicherten, eine solche
Feuertaufe hätten sie selbst bei Düppel und Alsen nicht zu
bestehen gehabt. Bei dieser Gelegenheit erwies es sich auch,
daß die drei Loth schweren hannoverschen Flintenkugeln
schmerzliche und sehr schwer heilende Wunden hervorbrachten,
während die glatten runden Kugeln der Zündnadelgewehre
das Fleisch scharf durchschnitten, sich leicht und fast schmerz-
los herausdrücken ließen und schnellere Heilung zuließen, als
bei jenen.

Endlich, durch die Erklärung der hannoverschen Generäle,
daß ein fortgesetzter Kampf nutzlos sein werde, weil die
Armee, nunmehr von allen Seiten eingeschlossen, sich nicht
durchzuschlagen vermöchte, fand sich König Georg bewogen,
die preußischerseits gestellten Kapitulationsbedingungen an-

zunehmen, die mit Rücksicht auf die tapfere Haltung der hannoverschen Truppen so gestellt waren:

a) Se. Majestät der König von Hannover mit Sr. königl. Hoheit dem Kronprinzen und beliebig auszuwählendem Gefolge nehmen ihren Aufenthalt nach freier Wahl außerhalb des Königreichs Hannover. Sr. Majestät Privatvermögen bleibt zu dessen Verfügung.

b) Offiziere und Beamte der hannoverschen Armee versprechen auf Ehrenwort, gegen Preußen nicht zu dienen, behalten Waffen, Gepäck und Pferde, sowie demnächst Gehalt und Competenzen und treten der preußischen Administration des Königreichs Hannover gegenüber in dieselben Rechte und Ansprüche, welche ihnen bisher der königlich hannoverschen Regierung gegenüber zustanden.

c) Unteroffiziere und Gemeine in der königlich hannoverschen Armee liefern Waffen, Pferde und Munition an die von Sr. Majestät dem König von Hannover zu bestimmenden Offiziere und Beamten und begeben sich in den von Preußen zu bestimmenden Echelons mittelst Eisenbahn in ihre Heimath mit dem Versprechen, gegen Preußen nicht zu dienen.

d) Waffen, Pferde und sonstiges Kriegsmaterial der hannoverschen Armee werden von besagten Offizieren und Beamten an preußische Commissäre übergeben.

Vor seinem Weggange erließ der König Georg noch folgende Proclamation an sein Kriegsheer:

I. „An Meinen Generalleutnant v. Arentsschild, commandirenden General Meiner im Felde befindlichen Truppen. Hauptquartier Langensalza, 27. Juni 1866. Indem Ich Ihnen, Mein Generalleutnant v. Arentsschild, Meine warme Anerkennung für die Führung Meiner Armee in der heutigen Schlacht, der Ich den Namen der Schlacht von Langensalza beilege, ausspreche und dem Stabe, den Generälen, den Commandeuren der einzelnen Abtheilungen, sowie überhaupt dem ganzen Offiziercorps Meiner Armee für das schöne Beispiel,

mit welchem Sie in der Schlacht vorangegangen, Meinen
innigen Dank bezeige, befehle ich Ihnen, folgenden Erlaß
an Meine Armee bekannt zu machen:

„Hauptquartier Langensalza, 27. Juni 1866. Ihr, Mein
tapferes Kriegsheer, habt mit einer in der Geschichte beispiellosen Begeisterung und mit einer noch nie dagewesenen
Willigkeit Euch auf Meinen Ruf und freiwillig in den südlichen Provinzen Meines Königreichs, ja selbst, als Ich bereits von Meinem Sohne, dem Kronprinzen, begleitet, an
der Spitze von Euch nach dem südlichen Deutschland zog,
noch auf dem Marsche um Eure Fahnen versammelt, um
die heiligsten Rechte Meiner Krone und die Selbstständigkeit
und Unabhängigkeit unsers theuern Vaterlandes zu bewahren,
und heute habt Ihr, in Meiner und Meines theuern Sohnes
und Thronfolgers Gegenwart, mit dem Heldenmuthe Eurer
Väter kämpfend, unter dem gnädigen Beistande des Allmächtigen für unsere gemeinsame geheiligte Sache an dem Schlacht-
tage zu Langensalza einen glänzenden Sieg erfochten. Die
Namen der todesmuthig gefallenen Opfer werden in unsrer
Geschichte in unauslöschlichen Zügen prangen, und unser
göttlicher Heiland wird ihnen dort oben den himmlischen
Lohn dafür verleihen. Erheben wir vereinigt die Hände zu
dem dreieinigen Gott, ihn für unsern Sieg zu loben und
zu preisen, und empfanget Ihr treuen Krieger alle den nie
erlöschenden Dank Eures Königs, der mit Seinem ganzen
Hause und Euch dem Herrn, um Jesu Christi willen, an-
fleht, unsrer Sache, welche die seinige, weil sie die Sache
der Gerechtigkeit, seinen Segen zu verleihen. Georg V., Rex."

II. „Nachdem am gestrigen Tage, 27. Juni, Meine
ruhmreiche Armee ein neues unverwelkliches Reis in den
Lorbeerkranz geflochten, welcher ihre Fahnen schmückt, hat
Mir der commandirende General, Generalleutnant v. Arentsschild, und mit ihm die sämmtlichen Brigadiers auf ihre
militärische Ehre und ihr Gewissen erklärt, daß Meine sämmtlichen Truppen wegen der gehabten Anstrengungen und wegen

der verschossenen Munition nicht mehr kampffähig seien, ja
daß dieselben wegen der Erschöpfung ihrer Kräfte nicht im
Stande seien, zu marschiren. Zu gleicher Zeit haben der
Generalleutnant v. Arentsschild und sämmtliche Brigadiers
Mir erklärt, daß es unmöglich sei, Lebensmittel für die
Truppen auf länger als einen Tag herbeizuschaffen. Da
nun heute der commandirende General, Generalleutnant v.
Arentsschild, ferner die Anzeige gemacht hat, er habe sich
überzeugt, daß von allen Seiten sehr bedeutende und Meiner
Armee bei Weitem überlegene Truppenmassen heranrückten,
so habe ich in landesväterlicher Sorge für Meine in der
Armee die Waffen tragenden Landeskinder es nicht verantworten zu können geglaubt, das Blut meiner treuen und
tapfern Soldaten in einem Kampfe vergießen zu lassen, der
nach der auf Ehre und Gewissen erklärten Ueberzeugung
Meiner Generäle im gegenwärtigen Augenblicke ein völlig
erfolgloser sein müßte. Ich habe deshalb den Generalleutnant v. Arentsschild beauftragt, eine militärische Capitulation
abzuschließen, indem eine überwältigende Uebermacht sich gegenüber befindet. Schwere Tage hat die unerforschliche Zu-
lassung Gottes wie über Mich, Mein Haus und Mein Königreich, so auch über Meine Armee verhängt; die Gerechtigkeit
des Allmächtigen bleibt Unsere Hoffnung, und mit Stolz
kann jeder Meiner Krieger auf die Tage des Unglücks zurückblicken, denn um so heller strahlt in ihnen die Ehre und
der Ruhm der hannöverschen Waffen. Ich habe mit Meinem
theuern Sohne, dem Kronprinzen, bis zum letzten Augenblicke das Loos Meiner Armee getheilt und werde es stets
bezeugen und ihr nie vergessen, daß sie des Ruhms der
Vergangenheit sich auch in der Gegenwart werth gezeigt
hat. Die Zukunft befehle Ich voll gläubiger Zuversicht in
die Hand des allmächtigen und gerechten Gottes. Langensalza, 28. Juni 1866. Georg V., Rex."

Am Tage des Treffens ward dem Rittmeister v. Klenck
eine Tochter geboren; der König übernahm freiwillig Pathen-

stelle und wählte für den Täufling die Namen „Friederike Langensalza“, welche auch so in das Kirchenbuch eingetragen wurden.

Wie mörderisch der Kampf gewesen, davon zeugen verschiedene Episoden. Eine preußische Batterie war auf einer Anhöhe bei Langensalza aufgestellt und das erste Bataillon auf die beiden Flügel gerückt, wo es in heftigem Granatfeuer stand, die Granatsplitter verursachten mehrfache schwere und leichte Verwundungen. Die 1. und 4. Compagnie sollte die Batterie auf dem rechten Flügel decken, während die 2. und 3. Compagnie zur Unterstützung des zweiten Bataillons, welches gegen Merxleben vorgeschickt war, um durch Schützenfeuer die rechts und links des Dorfes stehenden Batterien zu vertreiben, abgeschickt wurde, um die hannöverschen Schützen zu vertreiben, welche in dessen rechter Flanke an der Unstrut lagen. Im Laufschritt eilten diese Compagnien unter einem heftigen Granat- und Shrapnellfeuer vor. Der Leutnant Thwissen vom Landwehr-Regiment Nr. 25 wurde schwer im Unterleibe verwundet. Dem Fähnrich Sonnenberg die rechte Hand, mit welcher er die Bataillonsfahne trug, durch einen Granatsplitter zerschmettert, gleichzeitig ihm auch die linke Schulter durchschossen; außerdem fielen noch viele Soldaten an der Spitze dieser beiden Compagnien. Aber dies konnte sie nicht aufhalten, sie erreichten die südlich von Merxleben an der Chaussee gelegene Mühle in dem Augenblicke, als die 7. und 8. Compagnie zur Unterstützung der 5. und 6. Compagnie vorgeschickt wurden. Diese Mühle war in dem Moment, wo sich mehrere Compagnien dahinter befanden, ein willkommnes Ziel für die feindliche Artillerie, die Gebäude wurden fast in Trümmer geschossen, die Chaussee, welche die Compagnien passiren mußten, bestrichen beständig Shrapnells, man sah auf derselben lauter kleine Staubwölkchen tanzen, welche durch die dem Auge unsichtbare Kugeln erzeugt wurden. Es war, als ob Feuerschlünde ihre tödtliche Geschosse auf

diesen Punkt der preußischen Action schleuderten und als ob
es gar kein Ende nehmen wolle. Dieses mörderische Feuer
vermochte jedoch den unerschrockenen 25ern keinen Einhalt
gebieten.

In der Hitze des Gefechts kämpften sogar Freunde
gegen Freunde, von der Aehnlichkeit beiderseitiger Uniformen
getäuscht. In einem Einzelgefecht zwischen preußischen Land-
wehr-Husaren und hannoverschen Dragonern sprengten zwei
Reiter schnurstracks dem preußischen Zugführer zu. Der
vordere, ein Preuße von der Ersatz-Husaren-Escadron, schien
von dem hinteren, den man für einen rothuniformirten
Hannoveraner hielt, verfolgt zu werden. Flugs zuckte der
Zugführer seinen Säbel und spaltete dem vermeintlichen
Feinde die Stirn. Mit dem gellenden Ruf: „Herr Rittmeister, das hab' ich nicht verdient!" stürzte der Unglückliche von seinem Schimmel, der wie sein Reiter von Blut
überströmt war. „Mein Gott, Richter, bist Du es?" riefen
die nahen Kameraden dem Gefallenen zu, der von den Feinden hart zersetzt und zurückgedrängt worden war. Die blutenden Wunden hatten seine blaue Uniform geröthet und
sein Gesicht unkenntlich gemacht. Er konnte nicht mehr antworten und hörte es nicht, als der Rittmeister tief erschüttert ihm zurief: „Für Dein Weib und Deine Kinder will
ich sorgen." Das Gefecht drängte vorwärts. Richter ward
in die Todtenliste eingetragen. Nach mehreren Tagen aber
fand man ihn im Lazareth zu Langensalza, wohin die Hannoveraner den Schwerblessirten gerettet hatten. Wider alles
Erwarten lebte er noch und wird hoffentlich wieder hergestellt werden, obgleich er den blutigen Denkzettel an die
Langensalzaer Schlacht lebenslang mit sich tragen wird.

Ein zurückkehrender Preuße zeigte seine zersetzte Montur
und sein zerstochenes Lederzeug, acht Kugeln hatten ihn ge-
streift und keine einzige verletzt. Er meinte: „Ach, wenn alle
Kugeln und alle Hiebe getroffen hätten, so wäre kein Einziger davon gekommen, hüben wie drüben."

Am 17. Juni erließ der Kaiser von Oesterreich von Wien aus eine Kriegsproclamation, die sich im Anhange ausführlich abgedruckt findet. Diese Ansprache war an seine „Völker" gerichtet, denn bekanntlich sind von den 35 Millionen zählenden Einwohnern der österreichischen Kronländer nur etwa 8 Millionen Deutsche, die übrigen sind Ungarn, Czechen, Italiener ꝛc. Daß Letztere keine großen Sympathien für Deutschland hegten, demselben vielmehr feindlich gesinnt waren, dafür liefert die ältere wie die neuere Geschichte mehrfache Beispiele.

Auch König Wilhelm von Preußen erließ einen „Aufruf" an sein Volk und auch diesen findet der Leser im Anhange ausführlich mitgetheilt.

Auf den 18. Juni war vom König ein allgemeiner Buß- und Bettag für Preußen angeordnet.

Die preußische Armee nahm am 20. Juni folgende Hauptstellung ein: Der rechte Flügel, die Elbarmee und das Reservecorps — 2½ Armeecorps — in Sachsen auf dem linken Elbufer, das Centrum, die I. Armee — 3 Armeecorps und ein zusammengesetztes Reserve-Cavalerie-Corps — auf dem rechten Elbufer in Sachsen und Schlesien auf der Linie Bautzen-Zittau-Görlitz; der linke Flügel, die II. Armee — 4 Armeecorps — in Schlesien, und zwar das 1. Corps bei Landshut, das 5. und 6. Corps bei Neiße und das Garde-Corps als Reserve bei Brieg. Die mit der Grenze fast gleichmäßig laufende Eisenbahn Dresden-Görlitz-Liegnitz-Frankenstein sicherte und erleichterte die Verbindung auf der ganzen Linie und machte es möglich, erforderlichen Falles auch größere Truppenmassen auf einem entfernten Punkte schnell zu concentriren.

Die österreichische Armee hatte sich in Böhmen und Mähren längs der gleichmäßig mit der Grenze laufenden Prerau-Pardubitz-Reichenberger Eisenbahn mehr zusammengezogen und bei Krakau nur ein kleines Corps von 6000 Mann zurückgelassen; ebenso befand sich auf dem linken

Elbufer ein Corps, welches sich auf Theresienstadt und
Prag stützte. Die Hauptkräfte waren zwischen Olmütz, das
zu einem befestigten Lager erweitert worden war, Königs=
grätz und Josephstadt aufgestellt, so daß es den Anschein
hatte, als wolle Benedek mit einem kräftigen Angriffstoß
nach Schlesien, gegen Neiße oder direct gegen Breslau den
Krieg eröffnen. Für die weitere Vereinigung aller Streit=
kräfte war die Gegend von Gitschin im nördlichen Böhmen
als Sammelpunkt bezeichnet worden. Um dahin zu ge=
langen, war es die Aufgabe der schlesischen Armee, Ange=
sichts der feindlichen Hauptmacht aus dem Gebirge hervor=
zubrechen. Diese Aufgabe löste die Armee des Kronprinzen.
Die Feindseligkeiten begannen damit, daß am 18. Juni
Abends eine österreichische Patrouille bei Guhrau die
Grenze überschritt und auf die dort stehende preußische
Streifwache Feuer gab. An der Grenze standen 4000
Oesterreicher in Colonnen aufmarschirt. Auch bei Klinge=
beutel wurde ein zur Recognoscirung vorgeschickter Ulanen=
Offizier auf preußischem Gebiete durch österreichische Husaren
mit Carabinerschüssen begrüßt.

Ulanen= und Dragonerpatrouillen hatten zwar schon
seit dem 6. Juni von dem nahen Schlesien aus die böh=
mische Grenze abgesucht und später durch Doppelposten und
Patrouillen dieselbe scharf beobachtet, am 18. jedoch rückte
in Messersdorf, Grenzdorf und Hernsdorf das ganze 64.
Regiment ein; am 20. rückte Alles wieder aus und es
erschien als Ablösung das 60. Regiment. Vom 23. früh
an erfolgte der Durchmarsch sämmtlicher in der Nähe be=
findlichen Truppen des 3. Armeecorps, Infanterie, Cavalerie
und Artillerie, nebst den Garde=Dragonern, die bei Straß=
berg die Grenze überschritten. Gleichzeitig erfolgte der
Grenzübergang von Schwerta aus über Böhmisch=Heiners=
dorf und über Schreiberhau und Neuwelt, Alles in der
Richtung nach Reichenberg zu. An der Grenze hielten die
Commandeure eine kurze kräftige Ansprache an ihre Truppen,

worauf, nachdem das Laden der Feuerwaffen geschehen
war, mit einem begeisterten weithinschallenden Hurrah das
Ueberschreiten der Grenze erfolgte. Es war dies in der
That ein feierlicher Augenblick. Bald stieß man in den
Wäldern auf geflüchtete Bewohner des feindlichen Landes,
die mit ihrem Vieh und ihren Habseligkeiten betroffen wurden;
die von Furcht eingenommenen Leute überzeugten sich bald,
daß sie in den anrückenden Preußen keine Kannibalen zu
befürchten hatten. Eine Colonne rückte durch Neustadt
sofort nach Friedland, um sich der Straße nach Reichenberg
und Zittau zu versichern.

Dem preußischen Operationsplane zufolge sollte die ganze
7½ Armeecorps starke Hauptarmee, in 4 Hauptcolonnen
zusammengezogen, in Böhmen einbrechen, die österreichische
Nordarmee aufsuchen und schlagen. Die II. (schlesische)
Armee sollte in zwei Colonnen, jede zu 2 Armeecorps,
aus der Grafschaft Glatz bei Nachod und in der Einsen-
kung zwischen dem Glatzer- und Riesengebirge bei Liebau
und Braunau herauskommen und gegen die obere Elbe
und Josephstadt vordringen, die I. Armee vor Zittau und
Marklissa über Reichenberg längs der Eisenbahn gegen die
Iser vorrücken, die Elbarmee auf dem rechten Flügel von
Dresden über Neustadt und Rumburg vorgehen, die rechte
Flanke decken und sich mit der I. Armee an der Iser vereinigen. Hiernach konnten, wenn Benedek sich mit voller
Macht auf den einen vordringenden Theil warf, demselben
sowohl im Osten als auch im Norden 4 Armeecorps ent-
gegengestellt werden, wogegen er bei zu weitem Vorgehen
Flanke und Rücken Preis geben mußte. Von den preußi-
schen Armeen mußte Behufs einer Vereinigung in Böhmen
die von Norden her einrückende I. und Elbarmee erst
12—14 Meilen südlich vordringen, bevor sie in gleiche
Höhe mit der vordringenden II. Armee gelangen konnte.
Aus diesem Grunde und um auch das bei Weitem schwie-
rigere Vorrücken der schlesischen Armee zu erleichtern, war

bestimmt, daß der Prinz Friedrich Karl und General von
Bittenfeld die böhmische Grenze 3 Tage früher überschreiten
sollten, als der Kronprinz. Diese Zeit benutzte der Letzte,
um den Feind in Ungewißheit über die Punkte seines Vor=
marsches zu erhalten. Am 22. ließ er, um den Feind zu
täuschen, das 6. Armeecorps von Neiße und Ottenachau in
2 Colonnen in südlicher Richtung über die Grenze nach
Zuckmantel und Freiwaldau, angeblich als Avantgarde des
übrigen Corps, vorrücken, während die bei Neiße und
Münsterberg stehenden Corps — das 5. und Gardecorps
— sich dahinter rechts bewegten, um in westlicher Richtung
durch die Grafschaft Glatz nach Böhmen vorzubrechen.
Das 5. Corps sollte auf der Straße über Glatz und Rein=
erz gegen Nachod vordringen, das 6. Corps, sobald es
seine Demonstrationen beendet, demselben als Reserve
folgen. Das Gardecorps wurde gleichfalls über Glatz,
dann aber die Nebenstraße über Wünschelburg dirigirt und
sollte bei Braunau hervorbrechen, um die Verbindung mit
dem von Liebau gegen Trautenau marschirenden I. Armee=
corps aufzusuchen und demselben als Reserve zu dienen.

Hier lassen wir einige Berichte über die Vorereignisse,
vom 21. Juni an, folgen, wie sie unmittelbar darnach zur
Veröffentlichung kamen.

Ratibor, 22. Juni. Krakau, der Hauptwaffenplatz
der Oesterreicher im polnisch=österreichischen Antheil, ver=
mittelt durch die Kaiser=Ferdinands=Nordbahn die Verbin=
bung mit Prag, Olmütz, Wien. Es wird daher leicht,
Truppen von Krakau mittelst der Eisenbahn schnell nach
Oesterr.=Schlesien und Böhmen zu werfen. Diese leichte
und schnelle Beförderung zu inhibiren, liegt im diesseitigen In=
teresse, weshalb schon längst das Augenmerk auf die österrei=
chische Eisenbahngrenzstation Oberberg gerichtet und die
Zerstörung der Gleise, Weichen, Wasserkrähne, sowie
der Telegraphenleitung daselbst beabsichtigt war. Zur Aus=
führung dieses Planes wurde ein Detachement Infanterie

von circa 130 Mann beordert, die sich zu dieser Expedition durchgehends freiwillig gemeldet hatten. Mit musterhafter Ruhe und Ordnung ging das Commando unter Leitung des Premierleutnants Unger gestern Abend gegen 10 Uhr mittelst Extrazuges nach Desterr.-Oderberg ab und führte den Auftrag vollständig aus, brachte auch 3 Gefangene von der österreichischen Finanzwacht mit, welche bei der Annäherung unsrer Truppen auf dieselben Feuer gegeben haben sollen.

Ratibor, 23. Juni. Gestern Abend zwischen 10 und 11 Uhr wurde die Grenz-Oderbrücke bei Oderberg durch preußische Pionniere zersprengt. Ebenso sind durch preußische Detachements mehrere Brücken in der Gegend von Pruchna, auf der Strecke der Kaiser-Ferdinands-Nordbahn nach Krakau zu, zerstört worden.

Ziegenhals, 22. Juni. Die Vorposten an der Grenze wechselten gestern einige Schüsse. Es fiel unsrer-seits ein Dragoner, österreichischerseits ein Husar vom Palffy-Regiment (angeblich Offizier). Heute Morgen 6 Uhr überschritten die hier lagernden Truppen die österreichische Grenze nach Zuckmantel und Freiwaldau. Die Husaren-besatzung von Zuckmantel wurde nach einigen gewech-selten Schüssen zurückgeworfen. Die Truppen kamen um 10 Uhr zurück. — Die nach Freiwaldau vorrückenden Truppen trafen den Feind bei Sandhübel und warfen ihn zurück. Der Telegraph von Zuckmantel nach Freiwaldau wurde zerstört. Die Truppen kehrten gegen $^1/_2$12 Uhr zurück. Unsrerseits fiel bei Zuckmantel ein Dragoner. Die Oesterreicher hatten 5 bis 6 Todte, 4 Pferde wurden als Beute mitgebracht. Von den nach Freiwaldau zu abge-rückten Truppen wurde nur einem Dragoner die Helmspitze abgeschossen.

Neisse, 22. Juni. Soeben erfahre ich, daß eine starke preußische Streifpatrouille heute früh das österreichische Grenzstädtchen Zuckmantel eingenommen und die dortige schwache Besatzung, bestehend aus ungarischen Husaren, in die Flucht getrieben hat. Wie verlautet, sind fünf Husaren gefallen. Das österreichische Militär hat sich in das Ge= birge zurückgezogen, wohin ihm wohl schwerlich ein preu= ßisches Corps folgen wird. Die Grenze wird unsrerseits streng bewacht, um einem etwaigen Vordringen des Geg= ners Hindernisse in den Weg zu legen.

Von der böhmischen Grenze wird gemeldet: Der von der I. Armee abgesandte Offizier, welcher dem öster= reichischen Obergeneral die Notificationen überbringen sollte, daß Preußen den auf Veranlassung Oesterreichs am 16. b. in Frankfurt gefaßten Beschluß als Kriegserklärung betrachte, ist von österreichischen Posten mit Gewehrschüssen empfangen worden. Der von General v. Herwarth abge= sandte Offizier brachte dagegen die Nachricht, die öster= reichischen Abtheilungen hätten nach Uebergabe der oben erwähnten Notificationen wegen Beginn der Feindseligkeiten erst nach rückwärts durch den Telegraphen angefragt. Die Spitzen der Armee trafen beim weitern Vormarsch nur auf Detachements von Radetzky=Husaren, welche sich zurück= zogen. Einige österreichische Husaren wurden von Patrouillen des 10. Husarenregiments als Gefangene eingebracht.

Reichenberg (in Böhmen), 24. Juni Mittags. Gestern Abend haben kleine Scharmützel zwischen Abtheilungen des Magdeburg'schen Husarenregiments Nr. 10 und des Brandenburg'schen Dragonerregiments Nr. 2 mit einigen Schwadronen der österreichischen Regimenter Radetzkyhusa= ren Nr. 5 und Liechtensteinhusaren Nr. 9 stattgefunden. Heute Vormittag stieß die 4. Schwadron des thüring'schen Ulanenregiments Nr. 6 auf eine Abtheilung Liechtenstein= husaren Nr. 9. Die diesseitigen Verluste waren bei beiden Gelegenheiten gering. Major v. Guretzki und Leutnant v. Haugwitz sind leicht verwundet. Dem Feinde wurden meh= rere Gefangene abgenommen.

Nach den Wiener Blättern ist — wie wir aus der

„Nat.-Ztg." ersehen — auch bereits die Elbarmee unter General Herwarth v. Bittenfeld in Bewegung. Aus Nesterschitz vom 23. Juni bringt die Wiener „Presse" folgende Depesche: „Die Preußen rückten gestern gegen Bodenbach vor, wurden jedoch im raschen Vordringen durch starke Verhaue und Straßenabtragungen gehemmt. Die Minen bei Märzdorf wurden gesprengt, die Kettenbrücke bei Bodenbach und Tetschen abgebrochen. Nachmittags 5 Uhr war der Feind in Bodenbach noch nicht eingetroffen. Die riesenhaften Verhaue vermögen ihn mehr als 12 Stunden aufzuhalten. Die Festung Königstein in Sachsen wurde vom Feinde umgangen. Der Feind hat gestern um 3 Uhr Nachmittags das Zollgebäude in Schandau besetzt, in der österreichischen Kasse aber nichts vorgefunden. Abends sind die Preußen bei Herrnskretschen gesehen worden.

Ueber die Thätigkeit des Detachemens Stolberg bringt eine zuverlässige Parstellung der Vorgänge, über welche bisher viele, theils ungenaue, theils zusammenhangslose Mittheilungen in die Oeffentlichkeit gelangt sind, amtlichen Bericht:

„Vor Beginn der Feindseligkeiten war auf Befehl des königl. Obercommandos der zweiten Armee, die Grenze scharf zu bewachen, die Dislocation der diesseitigen Truppen derartig getroffen, daß innerhalb zwei Stunden das Detachement, in und um Nikolai concentrirt, ein Gefecht annehmen konnte. Starke Vorposten waren bei Myslowitz und Berun vorgeschoben, um die Przemzaübergänge zu bewachen. Die südliche Landesgrenze von Woblau bis zur Oder beobachtete ein Eclaireurcorps von 10 Offizieren und 40 ausgesuchten Pferden der sechsten Landwehrcavaleriebrigade. Am 21. Juni Nachmittags wurde die Kriegserklärung in Oswiencim überreicht. Am selben Tage gingen, behufs Ausführung des Befehls des königl. Obercommandos, die Eisenbahn zwischen Oderberg und Oswiencim zu zerstören, 1 Compagnie Infanterie, 1 Compagnie

Jäger und 1 Abtheilung Pionniere auf 65 Wagen nach Sohrau, wohin schon früher von Orzesche aus 2 Schwadronen beordert waren. Von Sohrau rückten genannte Truppen am 22. ¹/₂5 Uhr früh gegen die österreichische Grenze nach Pilgramsdorf aus, mit dem Vorhaben, den Eisenbahnviaduct bei Pruchna zu sprengen. Als die Infanterie, die Jäger und die Pionniere dort angekommen waren, ging die Avantgarde, 1 Zug Jäger und 1 Zug Infanterie, vor, durchsuchte den an der Eisenbahn liegenden Wald, überschritt die Eisenbahn und klärte das jenseitige Terrain auf. Nachdem die Pionniere 2 Pulversäcke à 5 Ctr. unter dem Bogen des Viaducts aufgestellt hatten, wurden diese angezündet. Die erste Explosion zeigte sich als erfolglos, bei der zweiten erhielt der eine Pfeiler einen Sprung von ca. 4 Zoll Breite von oben bis unten, so daß die Brücke für die nächste Zeit als unfahrbar betrachtet werden kann. Zugleich wurden von Patrouillen 2 Holzbrücken in Brand gesteckt, die Telegraphenstangen und Drähte zerstört und die Schienen an verschiedenen Stellen aufgerissen. Das Detachement verließ hierauf Pilgramsdorf und ward in derselben Weise, wie es gekommen, zurückbefördert. Infolge des Eingangs der Depesche vom königlichen Obercommando, welche den Abzug der schlesischen Armee nach Westen mittheilte, fand am 25. eine Besprechung der Generäle Graf zu Stolberg und v. Knobelsdorff in Rendza statt. Dieselbe führte zu dem Uebereinkommen, 3 Schwadronen Husaren gegen 2 Compagnien Füsiliere und 2 gezogene Geschütze auszutauschen. Letztere Truppen trafen am Abend des 25. in Nikolai ein. Am 25. und 26. fanden österreichische Recognoscirungen unter specieller Führung des Generals Trentinaglia gegen Zabrzeg und Neuberun statt, welche allein den Zweck hatten, den Bahnhof von Neuberun, die Zollhäuser und das Dorf Zabrzeg muthwillig zu demoliren, resp. abzubrennen, was einen Schaden von etwa 20,000 Thlr. verursachte. Um sich durch eine gewaltsame Recognoscirung

von der Stärke des in Oswiencim stehenden Feindes zu
überzeugen, war bereits am Morgen des 26. die am 27.
ausgeführte Unternehmung beschlossen, als am Nachmittag
des nämlichen Tages der Befehl vom königlichen Obercom=
mando .einging, Unternehmungen ins feindliche Gebiet zu
machen. Nach dem Gefecht wurde Leutnant v. b. Necke
als Parlamentär zum General Trentinaglia nach Oswien=
cim geschickt, um die Auslieferung unsrer Todten zu bean=
tragen, was jedoch mit dem Versprechen abgelehnt ward,
ihnen ein ehrenvolles Begräbniß zu bestellen. Da man
am 28. einen Angriff des verstärkten Feindes auf Nikolai
erwarten konnte, so wurde dem Generalmajor v. Knobels=
dorff die militärische Situation des diesseitigen Detachements
telegraphisch mitgetheilt und der General noch am Abend
desselben Tages dadurch veranlaßt, sich mit dem Detache=
ment des Grafen Stolberg in Nikolai zu vereinigen. Ein
ernstlicher Angriff des Feindes erfolgte jedoch nicht, und
beschränkte sich dieser auf Demonstrationen gegen die Vor=
posten bei Altberun und Myslowitz. Infolge eines durch
Parlamentäre überbrachten Briefes des Generals Trenti=
naglia, welcher die Beerdigung unsrer Todten notificirte,
die Auslieferung des Dr. Friedländer aber verweigerte,
wurde Leutnant v. Witzleben als Parlamentär nach Os=
wiencim und Chrzanoff entsendet. Derselbe überreichte dem
General Trentinaglia ein Schreiben, das in Bezug auf die
verweigerte Auslieferung wie folgt lautete: „In Betreff
des Dr. Friedländer erlaube ich mir Ew. Excellenz mit=
zutheilen, daß derselbe auf speciellen Befehl seines Regi=
mentscommandeurs auf dem Schlachtfelde zurückgeblieben
ist, um den gefallenen österreichischen Ulanen den dringend
nöthigen ersten ärztlichen Beistand zu leisten. Dies geschah
in der Erwartung, daß der 2c. Friedländer als neutrale
Person angesehen werden würde, und in der Befolgung
eines Befehls Sr. Majestät des Königs, meines erhabenen
Herrn, nach welchem die preußischen Truppen gemäß den

in der Genfer Convention von 1864 stipulirten Grundsätzen
zu verfahren haben, wenn auch Se. Majestät der Kaiser
von Oesterreich dieser Convention noch nicht beigetreten
sei." Eine Antwort hierauf ist bisher nicht erfolgt. In=
zwischen hatte der Feind am 28. Abends die Stellung bei
Oswienczin verlassen, die Eisenbahnbrücke bei Breschkowitz
und die Uebergänge bei Chelm zerstört und sich nach
Chrzanoff zurückgezogen. Da nunmehr kein feindlicher An=
griff unmittelbar zu gewärtigen stand, ging Generalmajor
v. Knobelsdorff am 30. mit seinen Truppen nach Ratibor
zurück. Da behufs Formirung der vierten Bataillone auf
Grund der allerhöchsten Cabinetsordre vom 25. d. M. zwei
Bataillone der Landwehr nach Breslau und Neisse am
30. Juni abgingen, der Abmarsch der übrigen Bataillone
der Brigade v. Gillhausen zu gleichem Zweck bevorstand
und eine feindliche Invasion bei Myslowitz seiten der bei
Chrzanoff concentrirten 6000—7000 Mann starken Oester=
reicher durch die Landwehrcavaleriebrigade und die Jäger=
compagnie nicht verhindert werden konnte, marschirten am
2. Juli die letzten Truppen nach Pleß, um durch Expedi=
tionen nach Kenty, Biala, Bilitz, Skotschau, Teschen und
Umgegend die auf der Kaiserstraße gehenden Transporte
aufzuheben und für die in Zabrzeg verübten Gewaltthätigkei=
ten Repressalien zu üben."

Prinz Friedrich Karl, einen großen Theil der I. Armee
zusammenziehend, brach am 22. Juni von Görlitz auf und
dirigirte ihn auf den beiden durch Zittau und Seidenberg
führenden Straßen gegen die böhmische Grenze. Der
Generalstab verließ Görlitz am nämlichen Nachmittag gegen
3 Uhr und ging auf einer mit marschirenden Truppen und
Militärfuhrwerk erfüllten Straße bis zu diesem Dorfe
vor. Die Straße von Görlitz war bedeckt mit einem fast
ununterbrochenen Strome von Infanterie=Regimentern,
Batterien, Cavalerieabtheilungen, Militärwagen und einer
langen Linie requirirter Fuhrwerke aus der Umgegend,

während eine dicke Staubwolke, die zur Linken eine halbe Stunde entfernt aufstieg, zeigte, daß eine gleich starke Heersäule auf der Seidenberger Straße vorwärts drang. Trotz Hitze und Staub, welcher letztere in dichten Wolken die Marschcolonnen einhüllte, schritt die Mannschaft ohne Zeichen der Ermüdung vorwärts. Das 9. Regiment zog mit klingendem Spiel und in geschlossenen Colonnen vorbei, als ob es eben im Begriff stünde, den Marsch anzutreten, wenn nicht der Staub auf den Röcken das Gegentheil bewiesen hätte. Auf der Chaussee von Görlitz nach Zittau konnten vier Wagen neben einander fahren, aber trotzdem gab es keine Verwirrung. Das Trainfuhrwerk mußte sich auf einer Seite der Straße halten, damit die andere für die Truppen frei blieb. Die Stimmung der Soldaten war eine gehobene, denn jeder Schritt brachte sie dem Feinde näher und sie waren kampfmuthig. Unterwegs tauschten sie freundliche Worte mit dem am Wege arbeitenden Landvolke, denn die in sächsischen Dörfern einquartiert gewesenen Preußen hatten mit ihren Quartiergebern in gutem Einverständniß gelebt. Die Getreidefelder wurden die ganze Straße entlang nicht von den marschirenden Truppen betreten, und wenn Halt gemacht wurde, lagerten sich die Mannschaften, im Fall Getreide am Wege stand, auf dem schmalen Grasrain an den Chausseegräben. Mit Rücksicht auf die Feldbesitzer wurden gewöhnlich die Märsche so eingerichtet, daß auf abgemähten Wiesen länger Rast gehalten wurde, wo das nachwachsende Gras den erhitzten Füßen angenehme Kühlung gewährte. Dabei war der Gesundheitszustand ein vorzüglicher.

Am 23. Juni sollte die erste preußische Armee die böhmische Grenze überschreiten. Gleich nach Tagesanbruch traten die Truppen in Reihe und Glied, um die mehrstündige Entfernung bis da in zu erreichen. Bald nach der siebenten Morgenstunde waren sie dem Ziele nahe; sie formirten Colonnen und der Höchstkommandirende, der um

6 Uhr von Hirschfeld aufgebrochen war, langte kurz vor 8
Uhr an der Grenze an und nahm am Zollhause seine
Stellung, um die Truppen vorüber marschiren zu sehen.
Bald nachher erfolgte der Uebergang über die Grenze, zu=
nächst von die Avantgarde bildenden Ulanen, dann folgte
unter lautem Hurrah die Infanterie. Gut ausgerüstet und
in froher Stimmung betrat die Armee des Feindes Boden
und ·enthusiastische Ausrufe begrüßten den Commandiren=
den. Genau acht Tage vorher war die nämliche Armee
kampfbereit in Sachsen eingezogen, hatte dasselbe occupirt
und war jetzt im Begriff, in Böhmen einzurücken. Aber
die Marschleistungen waren auch ganz unerhört von Trup=
pen, die zum ersten Male in's Feld ziehen. So legte das
5. pommersche Regiment drei Tage hintereinander jeden
Tag zwanzig Wegstunden zurück und war dann wieder
in der Marschlinie, Mannschaft und Pferde in gutem
Stande. Wie in Sachsen, so wurde auch in Böhmen das
Privateigenthum respectirt. Anfangs blickten die Dorfbe=
wohner mißtrauisch aus der Ferne auf ihre nordischen
Landsleute, kamen aber bald näher und standen bald auf
freundschaftlichem Fuß mit den Soldaten.

Die Armee des Pri- zen Karl verfolgte auf böhmischem
Gebiet die Eisenbahn, welche nach Pardubitz führt und Ol=
mütz mit Prag verbindet. Zu gleicher Zeit drang die zweite
Armee unter dem Kronprinzen durch die schlesischen Engpässe
nach Böhmen. Der österreichische Oberfeldherr war nun ge=
nöthigt, ihnen einen thatkräftigen Widerstand entgegen zu setzen.

Der Armeebefehl des Feldzeugmeisters Benedek lautete:

„Hauptquartier Olmütz, am 17. Juni 1866.‟

„Se. Majestät der Kaiser verkündet mit dem Manifest
vom heutigen Tage Seinen treuen Völkern, daß alle An=
strengungen, den Frieden zu erhalten, vergeblich waren,
daß Er gezwungen ist. für die Ehre, für die Unabhängig=
keit und Machtstellung Oesterreichs und Seiner edeln Bundes=
genossen zum Schwerte zu greifen.

„Die Ungewißheit, die auf uns gelastet, ist somit behoben, unsre Soldatenherzen dürfen höher schlagen, zu den Waffen ruft unser allergnädigster Kriegsherr, und mit Gottesvertrauen gehen wir nunmehr einem gerechten und heiligen Kriege entgegen.

„Wohlan denn, Soldaten! unsre erhabenste Aufgabe beginnt.

„Mit freudiger Hingebung und Schnelligkeit habt Ihr Euch — von nah und fern — der Deutsche wie der Ungar, der Slawe wie der Italiener — unter des Kaisers Fahnen geschaart; sie sind nun aufs Neue entfaltet zum Kampfe für Sein gutes Recht, für Oesterreichs heiligste Interessen, für unsers Vaterlandes höchste Güter: — und Ihr werdet diese Fahnen unter allen Umständen hoch und ruhmvoll halten, Ihr werdet mit Gottes Hilfe sie zum Siege tragen! Zu den Waffen also! — Wie Ihr mit mir daran seid, Soldaten! was ich für Euch fühle, was ich von Euch fordere und erwarte, das wißt Ihr; setze Jeder nun seine besten Kräfte ein, damit wir das höchste Vertrauen unsers schwergeprüften vielgeliebten Kaisers und Herrn mit jubelndem Todesmuthe rechtfertigen, damit ich Euch bald freudig zurufen könne: „„Ihr habt Euch wacker gehalten, wie es Oesterreichs Söhnen ziemt, — das Vaterland ist stolz auf Euch — der Kaiser ist mit Euch zufrieden!"" Benedek, Feldmarschalleutnant."

Ein Wiener Blatt bemerkt damals dazu: „Dies der Wortlaut des Armeebefehls, der von preußischen Blättern in beispielloser, wahrhaft unerhörter Weise gefälscht veröffentlicht wurde ... Wir hegen die feste Ueberzeugung, daß die Empfindung des Abscheues, welche ein solches Treiben hervorruft, von jedem redlich Denkenden getheilt werden muß ... Ein solches Machwerk konnte nicht aus dem Hauptquartier eines Feldherrn hervorgehen, der auch im Feinde den Soldaten ehrt und dem es nie beifallen wird, die gegenüberstehenden Kräfte selbst zu unterschätzen oder mit so lügenhaften Vorspiegelungen bei der ihm unterstehenden Armee eine so unrichtige Beurtheilung geltend zu machen. Die k. k. Armee kennt ihren Feind und kann nicht zweifeln, daß sie es mit einem mächtigen Gegner zu thun haben wird." Diesem Armeebefehl folgte der vom 19., nach dem Einmarsch der sächsischen Armee in Böhmen, und lautet: „Hauptquartier Olmütz, 19. Juni 1866. Das Armeecorps Sr. Majestät des Königs Johann von Sachsen steht auf österreichischem Boden, und ich begrüße hiermit in Ehrfurcht Sachsens erlauchten Kronprinzen Albert, den ritterlichen Führer dieses Corps, und rufe ihm, sowie den Braven allen; die unter seinem Befehle stehen, das herzlichste „Willkommen" zu. In Treue und Hingebung für König und Vaterland hat das Armeecorps seine Heimath freiwillig ohne Schwertstreich verlassen, um vereint mit uns einzustehen für das Recht und die Unabhängigkeit Sachsens und Deutschlands — es hat seinem heiligen Pflichtgefühle ein schweres, schmerzliches Opfer gebracht; aber mit hohem Stolze kann es auf seine Fahnen blicken; doppelter Glanz umstrahlt sie, der der Treue und der Ehre; freudig begrüßt sie Oesterreichs Kaiser, Volk und Heer! Willkommen also, tapfere Waffenbrüder im kaiserlichen Feldlager! — Schon nahen auch die andern treuen Bundes- und Waffengefährten, und so wollen wir denn Alle wie Brüder zusammengehen auch in Kampf und Tod, wetteifernd in Gottvertrauen, Ausdauer und Hingebung, in Muth und Tapferkeit, durchdrungen von der stolzen Ueberzeugung, daß wir mit vereinten Kräften den Sieg für unsre gerechte, heilige Sache erringen müssen und erringen werden, so wahr uns Gott helfe! Benedek, Feldzeugmeister m. p."

Am 22. und 23. Juni ging die preußische Armee zum Angriff über. Die zweite Armee rückte in der Richtung von Neiße vor. Der erste Zusammenstoß erfolgte mit österreichischen Husaren zwischen Ziegenhals und Freiwaldau, wobei das Zündnadelgewehr schon Proben seiner Trefflich-

keit ablegte und die schlesischen Füsiliere einem Reiterangriff
gegenüber ihre Unerschrockenheit zeigten.

Unterdeß rückte die erste Armee über Zittau bei Böhmisch=
Ebersdorf mit Gesang uud Hurrah ein und marschirte nach
Reichenberg zu. Die Elbarmee unter Herwarth von Bitten=
feld kam gleichzeitig von Dresden her und rückte vom
rechten Elbufer in Böhmen ein, ihren Marsch über Böhmisch=
Leipa nehmend.

Der Kronprinz befand sich am 21. mit seinem Stabe
in Ottomachau und beobachtete vom Schloßthurme aus das
Vorrücken der preußischen Heeressäule gegen die österreichische
Grenze. An demselben Tage erschien folgender Armeebefehl:

Soldaten der zweiten Armee! Ihr habt die Worte
unsers Königs und Kriegsherrn vernommen! Die Bemühungen
Sr. Majestät, dem Lande den Frieden zu erhalten, waren
vergeblich. Mit schwerem Herzen, aber stark im Vertrauen
auf die Hingebung und Tapferkeit seiner Armee, ist der
König entschlossen, zu kämpfen für die Ehre und die Un=
abhängigkeit Preußens, wie für die machtvolle Neugestaltung
Deutschlands. Durch die Gnade und das Vertrauen meines
königlichen Vaters an Eure Spitze gestellt, bin ich stolz
darauf, als der erste Diener unsers Königs mit Euch Gut
und Blut einzusetzen für die heiligsten Güter unsers Vater=
landes. Soldaten! Zum ersten Male seit über 50 Jahren
steht unserm Heere ein ebenbürtiger Feind gegenüber. Ver=
traut auf Eure Kraft, auf unsre bewährten vorzüglichen
Waffen und denket, daß es gilt, denselben Feind zu besiegen,
den einst unser größter König mit einem kleinem Heere schlug.
Und nun vorwärts mit der alten preußischen Losung: Mit
Gott für König und Vaterland! Hauptquartier Neiße, den
20. Juni 1866. Der Oberbefehlshaber der zweiten Armee:
Friedrich Wilhelm, Kronprinz, General der Infanterie und
Militärgouverneur der Provinz Schlesien.

Diesem Armeebefehle reiht sich zugleich derjenige vom
Prinzen Friedrich Karl an; er lautet:

„Hauptquartier Görlitz, den 22. Juni 1866.

„Soldaten! Das treulose und bundesbrüchige Öster=
reich hat ohne Kriegserklärung schon seit einiger Zeit die
preußischen Grenzen in Oberschlesien nicht respectirt. Ich
hätte also ebenfalls ohne Kriegserklärung die böhmische
Grenze überschreiten dürfen. Ich habe es nicht gethan.
Heute habe ich eine betreffende Kundgebung übergeben
lassen und heute betreten wir das feindliche Gebiet, um
unser eigenes Land zu schonen. Unser Anfang sei mit
Gott! Auf ihn laßt uns unsere Sache stellen, der die
Herzen der Menschen lenkt, der die Schicksale der Völker
und den Ausgang der Schlachten entscheidet. Wie in der
heiligen Schrift geschrieben steht: „Laßt Eure Herzen zu
Gott schlagen und Eure Fäuste auf den Feind!" In diesem
Kriege handelt es sich — Ihr wißt es — um Preußens
heiligste Güter und um das Fortbestehen unsers theuern
Preußens. Der Feind will es ausgesprochenermaßen zer=
stückeln und erniedrigen. Die Ströme von Blut, welche
Eure und meine Väter unter Friedrich dem Großen und
in den Befreiungskriegen, und die wir jüngst bei Düppel und
auf Alsen dahin gegeben haben, sollen sie umsonst ver=
gossen sein? — Nimmermehr! Wir wollen Preußen er=
halten, wie es ist, und durch Siege kräftiger und mäch=
tiger machen. Wir werden uns unsrer Väter würdig
zeigen. Wir bauen auf den Gott unsrer Väter, der in
uns mächtig sein und Preußens Waffen segnen wolle. Und
nun vorwärts mit unserm alten Schlachtrufe: „Mit Gott
für König und Vaterland! Es lebe der König!"

Der General der Cavalerie Friedrich Karl."

Feldzeugmeister Benedeck hatte sein Hauptquartier nach
Böhmisch=Trübau und später nach Josephstadt verlegt und
das I. Armeecorps (Clam=Gallas), zu welchem auch die
sächsische Armee und die aus Holstein zurückgekehrte Brigade
Kalik stieß, wodurch dasselbe auf eine Stärke von 56,000
bis 60,000 Mann gebracht wurde, nordwärts gesandt, um

die Iferlinie und die Eisenbahn von Turnau nach Prag zu halten, während er gegen Osten 4 Armeecorps, das 6. 10., 8. und 4., in der Umgebung von Josephstadt aufstellte, um die aus Schlesien hervorbrechenden preußischen Corps wieder in die engen und beschwerlichen Gebirgspässe zurück= zuwerfen. Wäre ihm dies gelungen, so hätte er alsdann freie Hand behalten, das Corps des Generals Clam zu verstärken und gegen die Uebermacht der Armee des Prinzen Karl zu entwickeln.

Die Armee des Kronprinzen operirte am 27. und 28. Juni in der schlesischen Grafschaft Glatz, im Bezirk von Braunau, der sich wie ein Zipfel nach Schlesien hinunter zieht und von beiden Seiten von preußischem Gebiet einge= schlossen ist. Die Preußen waren nun westlich bei Liebau und östlich bei Nachod vorgegangen, hatten den Braunauer District abgeschnitten und die Straße nach Josephstadt zu erreichen gesucht, was ihnen auch am 28. gelungen war; denn durch die Einnahme von Skalitz hatte das 5. Armee= corps den Uebergang auf das rechte Ufer der Aupa ge= wonnen und sich die Straße nach Josephstadt geöffnet. Durch diesen Sieg wurde die Absicht der Oesterreicher, das Gardecorps und das 5. Armeecorps zu trennen, vereitelt; im Gegentheil hatten beide ihre Vereinigung in der Gegend von Skalitz zu Stande gebracht, während der Kronprinz seine Rechte dem Prinzen Friedrich Karl reichte. Dieser ging sehr rasch vor.

Wie erwähnt, marschirte der Kronprinz auf zwei Wegen in Böhmen ein und zwar theils von Glatz her über Reinerz, Lewin und Nachod, so wie über Neurode und Braunau, theils auf der Landshuter Straße bei Liebau. General v. Steinmetz mit dem 5. Armeecorps (General v. Mutius mit dem 6. Armeecorps als Rückenhalt) ging unmittelbar west= lich vor, das 1. Armeecorps des Generals v. Bonin von Nord nach Süd, das eine auf Skalitz, das andere auf Trautenau.

6

Ueber die erste Waffenthat des v. Steinmetz'schen Armeecorps gewährt der Bericht des Kronprinzen einen klaren Einblick:

„Reinerz, 27. Juni 1866. Ew. königl. Majestät melde ich alleruntertänigst über die Ereignisse des heutigen Tages Folgendes: General v. Steinmetz hatte bereits am Nachmittag des 26. seine Avantgarde unter Generalmajor v. Löwenfeldt gegen Nachod vorgeschoben, und dieser sich nach leichtem Gefecht in den Besitz des Defilés gesetzt, welches von den Oesterreichern mit Zurücklassung von 18 Todten geräumt wurde. Die Avantgarde schob ihre Vortruppen in der Richtung auf Skalitz vor. Heute früh $1/2$10 Uhr wurde diese Avantgarde von zwei Brigaden und 6 österreichischen Corps, denen eine dritte als Soutien folgte, mit zahlreicher Artillerie lebhaft angegriffen. Gleichzeitig erschien die schwere Cavaleriedivision des Prinzen Holstein. Durch die Anstrengungen der Avantgarde, welche langsam fechtend zurückging, wurde für das Gros des Corps die Zeit gewonnen, aus dem schwierigen Defilé heraus die vorliegenden Höhen zu erreichen. In diesem Moment traf ich aus Braunau rechtzeitig beim Corps ein. Die Truppen wurden sofort bei ihrem Eintreffen zur Festhaltung der nächsten Höhen vorgeworfen, die Division Kirchbach rechts, die Division Löwenfeldt links. Die gesammte Artillerie, 90 Geschütze, wurde in die Gefechtslinie vorgezogen, wogegen der Feind sich durch die letzte Brigade des 6. Corps und dessen Reserveartillerie verstärkte. Das Vordringen des Feindes kam sehr bald zum Stehen, und es konnte, sobald der Aufmarsch unsers Corps, welches noch ein Infanterieregiment in Reserve behielt, vollendet war, zur energischen Offensive übergegangen werden. Der General v. Wnuck warf mit einer glänzenden Attaque des 1. Ulanen- und 8. Dragonerregiments, wobei es zum heftigsten Handgemenge kam, die feindliche Kürassierbrigade des Prinzen Solms über den Haufen. Jedes Regiment nahm eine feindliche

Standarte. General v. Wnuck, Oberst v. Treskow und Oberstleutnant v. Wichmann, die Commandeure beider Regimenter, trugen ehrenvolle Wunden davon. Die Infanterie, deren Feuergefecht von glänzender Wirkung gewesen war, ging an verschiedenen Stellen mit dem Bayonnet zum Angriff vor und setzte sich in den Besitz der vorliegenden Waldparcellen und Oertlichkeiten. Die Fahne des 3. Bataillons Deutschmeister fiel dabei in unsre Hände. Gegen 3. Uhr waren sämmtliche feindliche Truppen auf dem Rückzuge, begleitet von dem Feuer unsrer Geschütze. Einer Abtheilung des 1. Ulanenregiments gelang es, zwei feindliche Geschütze zu nehmen; drei andere blieben bei dem eiligen Rückzuge stehen. Die Cavalerie, unterstützt durch einige Infanterie, ging zur vorläufigen Verfolgung vor, während die gegen Abend herangezogene Brigade des 6. Corps die Avantgarde übernahm. Gegen 6 Uhr, nachdem ich fast alle im Gefecht gewesenen Truppen auf dem Schlachtfelde gesehen und ihnen im Namen Eurer königl. Majestät die allerhöchste Anerkennung ausgesprochen hatte, kehrte ich nach Nachod zurück. Der Kampf des heutigen Tages gereicht dem General v. Steinmetz und dem 5. Armeecorps zur Ehre. Ich kann nicht genug des Lobes über die außergewöhnliche Ruhe der jungen Truppen sagen. Alle Waffen haben in Erfüllung ihrer Schuldigkeit rühmlichst gewetteifert. Das Zündnadelgewehr hat bedeutende Verheerungen angerichtet, und alle feindlichen Angriffe, die mit großer Bravour unternommen wurden, scheitern lassen. Die Artillerie hat in dem anfangs bedeutend überlegenen feindlichen Geschützfeuer eine seltene Ausdauer bewiesen, und die Cavalerie hat sich der so gerühmten österreichischen Reiterei überlegen gezeigt."

„Oesterreichischer Seits waren 28 Bataillone im Gefecht, von welchen sämmtlich Gefangene in unsere Hände gefallen sind. Das 5. Corps hatte dagegen nur 22 Bataillone vorzuführen, von denen jedoch die in Reserve gehaltenen

nur in Granatfeuer gekommen sind. Der glänzende Er=
folg des heutigen Tages ist mit verhältnißmäßig geringen
Verlusten erkauft worden. Ich schätze, nach Allem, was
ich gesehen habe, denselben zwischen 500—600 Mann; wobei
eine sehr bedeutende Anzahl unserer braven Offiziere. Außer
den bereits angeführten ist von höhern Offizieren der Ma=
jor v. Natzmer vom 8. Dragonerregiment todt, der General=
major von Ollech und der Oberst v. Walther, Comman=
deur des 46. Regiments, verwundet. Der Verlust des
Feindes ist dagegen sehr bedeutend. Ueber 2000 Ge=
fangene sind in unseren Händen; die Todten lagen an
manchen Stellen massenhaft, so daß ich den Gesammtver=
lust über 4000 Mann schätze. Erbeutet wurden die bereits
erwähnten 5 Geschütze, 1 Fahne und 2 Standarten. Ich
werde Eurer königlichen Majestät nicht verfehlen, die
Detailrelationen und speciellen Verlustlisten, wie die Namen
Derer, welche Gelegenheit hatten, sich besonders auszuzeich=
nen, so bald als möglich allerunterthänigst zu überreichen.

gez. Friedrich Wilhelm, Kronprinz,
General der Infanterie und Oberbefehlshaber
der II. Armee."

Der Verfasser läßt zunächst die verschiedenen Berichte,
welche unmittelbar nach den kriegerischen Ereignissen ver=
öffentlicht wurden und einander ergänzen sollen, hier folgen.
Sie umfassen die Gefechte bei Nachod, Skaliß, Schweine=
schädel, Königinhof, Trautenau, Münchengräß, Gitschin und
Königgräß.

Reinerz, 29. Juni, 3 Uhr früh. General v. Stein=
metz mit dem 5. Armeecorps hat nach neuem blutigen
Siege Skaliß genommen. Die Truppen hatten den Erz=
herzog Leopold mit dem 6. und 8. österreichischen Corps
gegenüber. Unsere Truppen haben sich mit großer Bravour
geschlagen, mehrere Trophäen erobert, zahlreiche Gefangene
gemacht.

Se. königl. Hoheit der Kronprinz meldet, daß das

Gardecorps am 28. gegen entschiedene Uebermacht der Oesterreicher siegend über Trautenau und Pilnikau vordrang. Das Corps des österreichischen Generals Gablenz ist vollständig geschlagen und hat 3000—4000 Todte und Verwundete, mehrere Tausend Gefangene, Geschütze und Material aller Art in großer Zahl verloren. Nur die vollständige Ermattung der Unsrigen, welche gegen 1000 Mann verloren, hinderte die vollständige Vernichtung des Feindes.

Reinerz, 27. Juni. Nachdem gestern und heute unabsehbare Züge von Truppen aller Waffengattungen vom 5. und 6. Armeecorps hier durch nach Böhmen auf Josephstadt zu gegangen, ist es nach eben eingegangenen Nachrichten, nachdem gestern noch die Grenze bei Nachod überschritten worden, zwischen dem letztgenannten Orte und Skalitz bei Josephstadt heute Nachmittag zu einem sehr hitzigen Reitergefecht gekommen. Oberst v. Treskow und sein Adjutant Graf Reichenbach vom 1. Ulanenregiment, so wie ein Stabsoffizier und sein Adjutant von den 4. Dragonern, sind verwundet und erstere Beide wurden hier als Verwundete eingebracht. Das Reitergefecht hat zwischen dem 1. preuß. Ulanen und 4. Dragonerregiment einerseits und österreichischen Kürassieren, Husaren und Artillerie andererseits stattgefunden. Von beiden Seiten viele Verwundete; doch sind die Oesterreicher zurückgeschlagen worden.

Nachricht über die Einnahme von Königinhof durch eine Brigade des Gardecorps: Am 28. sind die Oesterreicher bei Skalitz mit ungeheuern Verlusten geschlagen worden. Die Spitzen der österreichischen Armee stehen zwischen Königinhof und Josephstadt, unsre Truppen vor Königinhof, das unsre Garde gestern mit dem Bayonet genommen hat. Vom Hauptquartier ging ich bis an unsre Vorposten, und kam dort an, als gerade 2 Bataillone unsers 1. Garderegiments zu Fuß, 2 Bataillone vom Gardefüsilier- und 1 Bataillon vom Regiment Augusta (4. Garde-Gren.-Reg.) die Höhen zwischen Königinhof und Josephstadt im Sturm nahmen. Die Einnahme von Königinhof geschah Freitag Mittag. Die Stadt war von 6000 Oesterreichern besetzt. Unsere Avantgarde (bestehend aus dem 1. Bataillon des Gardefüsilierregiments und 2 Compagnien Gardejäger, zu= sammen 1400 Mann) rückte um Mittag vor, und ohne sich zu besinnen, stürzten 'sich unsre Truppen" auf die Stadt. Ein mörderisches Feuer empfing sie, aber eine einzige Salve trieb die Oesterreicher nach dem Mittelpunkt der Stadt."

Als am 25. Abends der Paß von Nachod ohne Schwierigkeit genommen war, schien es keines großen Kampfes zu bedürfen, um aus den Engpässen herauskommen zu können. Aber von überlegenen Kräften angegriffen, mußte sich die Avantgarde anfänglich zurückziehen, bis es den preußischen Bataillonen gelang, zu beiden Seiten des Weges vorzugehen, die Anhöhe und ein Wäldchen zu be= setzen. Von hier aus arbeitete das Zündnadelgewehr mit verheerender Gewalt.

Aus Reinerz berichtet ein Telegramm: Täglich kommen viele Hundert Verwundete hier an und werden nach einem Verbinden weiter befördert. Obwohl 520 Betten vorhanden, so mangelt es doch. Ich bitte um Leinwandtücher, zwei Ellen breit, fünf Ellen lang, Choco= lade, Citronen, Wein, Essig, Compots, so wie um Aerzte und Krankenpfleger. Prinz Biron, Etappen=Commandant von Reinerz. —

Die erste in Berlin angelangte Siegesnachricht brachte einen außerordentlichen Jubel hervor. Das Volk versam= melte sich in Massen vor dem königlichen Schloß und brachte dem Könige jubelnde Vivats.

Die Ansprache, welche der König vom Balcon des Schlosses an die Volksmenge hielt, lautet: „Ich weiß, Ihr Patriotismus kommt vom Herzen, darum thut er meinem Herzen wohl. Gott verlieh unseren tapferen Ar= meen den Sieg; doch ist dies nur der Anfang, Schweres bleibt noch zu vollbringen. Wie allezeit bei unseren Fahnen

Adjutant.
Artillerieofficier.
Infanterie-Officier. Stabsofficier Ungarischer Husar. Kürassier. Dragoner. Jäger
Dragoner Officier. Uhlan. Deutscher Husar. Deutsch u. ungarische
Infanterie.

K. Koestreich. Militair.

Verlag v. H.O. Weinzheimer.

der Sieg gewesen, wird mit Gottes Hilfe auch diesmal die Zukunft unser sein. Mit dieser Hoffnung gehe ich morgen zur Armee."

Berlin, 1 Juli. Einer Bürgerdeputation, welche Sr. Majestät eine Adresse überreichte, eröffnete der König Folgendes: „Meine Herren, es freut mich doppelt, daß gerade von der Stadt Berlin, von der ich immer wußte, daß sie einen guten Fonds besitzt, diese Ovation mir dargebracht wird. Ich mache Sie darauf aufmerksam, daß das, was wir bis jetzt gethan haben, nur erst der Eingang ist; welches der Ausgang sein wird, können wir Alle nicht wissen. Jedenfalls können wir uns auf einen langen Krieg gefaßt machen. Was wir seit fünfzig Jahren gewünscht und angestrebt haben, wird jetzt erfüllt werden. Wenn wir auch keine Einigkeit Deutschlands erzielen, so wird es doch eine Einheit sein, die wir zu Stande bringen. Wir haben fünfzig Jahre des Friedens genossen, wir werden auch die Drangsale des Krieges zu ertragen wissen. Ihnen, im Namen der Bürgerschaft, spreche ich das Vertrauen aus, daß, während ich bei der Armee sein werde, die Bürgerschaft mir die Treue bewahren wird, die sie mir jetzt durch Sie kund giebt."

Aus Braunau, 30. Juni (unweit Trautenau in Böhmen) wird geschrieben: Gestern rückte die Proviantcolonne des Gardecorps hier ein und fuhr ihre Wagen auf dem Marktplatze auf, um eine Stunde zu füttern. Im Augenblick hatten sich mehrere Menschen als Neugierige um sie versammelt. Man betrachtete wiederum die unbekannten Uniformen, trotzdem erst vor wenig Tagen die buntesten Uniformen den sonst stillen Ort belebten. Der Kaufmann Nowack begnügte sich jedoch damit nicht, sondern schimpfte: „Preußenpack" 2c. Kaum hatte er jedoch dies ausgesagt, so fielen auch die Fahrer der Colonne über ihn mit ihren Reitpeitschen derart her, daß, hätte er sich nicht in ein Haus geflüchtet, er unrettbar zu Mus gehauen worden wäre. Dreißig Trainsoldaten zogen blank und hieben nun

so lange in die schnell zugeworfene Thüre, bis sie aus ihren
Angeln ging. Sämmtliche Läden der Stadt wurden ge=
schlossen. Die Besatzung alarmirte, und nur mit Mühe
gelang es dem umsichtigen Benehmen des Commandanten,
Premierleutnants v. Richthofen, die Trainsoldaten von dem
Demoliren des Hauses abzuhalten. Das Haus wurde be=
setzt und untersucht; da flogen aus den obersten Fenstern
Steine auf die Truppen. Die Wuth derselben stieg dadurch
noch mehr. Im rechten Moment ließ jedoch der die Co=
lonne commandirende Offizier aufsitzen und verließ die Stadt,
um die wuthentbrannten Preußen zu beruhigen und einem
Gemetzel vorzubeugen. Nowack wurde nicht gefunden.
Leutnant v. Richthofen ließ daher den Bürgermeister und
die Frau des Nowack verhaften, sein Haus schließen und
sein Vermögen mit Beschlag belegen. Gegen Abend stellte
sich Nowack; die Frau und der Bürgermeister wurden ent=
lassen, er selbst aber heute mit Militärescorte nach Glatz
geschafft, woselbst er vor's Kriegsgericht gestellt werden
wird. Den glücklicherweise sich bei dem Exceß passiv ver=
haltenden Bürgern Braunau's ist es zuzuschreiben, daß die
Stadt nicht dadurch in namenloses Elend gebracht wurde.
Hätte nur ein Einziger für Nowack Partei genommen, so
erfolgte das schrecklichste Blutvergießen. Die Requisitionen
nach Wein, Leinwand, Vieh, Brod und Cigarren nehmen
noch fortwährend ihren Fortgang. Noch gegen Abend wur=
den wiederholt im Kloster, tief im Keller versteckt, hinter
geheimen Thüren 4000 Flaschen Tokayer und Malaga
vorgefunden. — Ein Commando vom Schweidner Land=
wehrbataillon 2. Aufgebots requirirt soeben Wagen und
fährt auf die Dörfer, um die dort vorhandenen Kühe,
Schafe und alles Brod, was sie vorfinden, mit Gewalt zu
requiriren. — Cigarren sind nicht mehr zu haben. Der
Wirth meines Hotels hat selbst seit drei Tagen nicht mehr
das Vergnügen des Rauchens, und selbst sein Wein (3000
Flaschen) ist schon der Armee nachgesandt. — Niemand

von den Bewohnern der Stadt darf dieselbe verlassen, niedergedrückt schleichen sie einher. Sie haben nicht die geringsten Sympathien für uns, weshalb leider Alles mit äußerster Strenge herbeigeschafft werden muß. — Den Kronprinzen von Preußen hat man bei seinem Durchmarsch am 27. sehr lieb gewonnen, denn allgemein gefiel seine Leutseligkeit. Bei seiner Suite befand sich Prinz Albrecht, (Sohn), der leider schwer verwundet von Politz nach Kamenz geschafft worden sein soll. — Die Nacht vom 28. zum 29. bivouakirten die königl. Prinzen selbst und schliefen auf Stroh. — Der Kronprinz war beim Anblick der ersten Verstümmelten tief bewegt und erschüttert. Man gab heute den beiderseitigen Verlust auf mehrere Tausende an, wobei ⅔ auf die Oesterreicher kommen, deren erste Reihen wie umgemäht zusammenstürzten. Es sind daher auf Feindes Seite mehr Todte, bei uns viel Verwundete. — Die vom Kampfplatz zurückkehrenden Fouragewagen mußten sich oft auf der Straße die Todten bei Seite legen, um vorüberfahren zu können. — Man sagt allgemein, daß, wenn das so fort geht, sich beide Armeen aufreiben!

Aus **Skalitz** (bei Nachod), 30. Juni, wird berichtet: Die blutigen Ereignisse überstürzen sich, und es ist selbst in der unmittelbarsten Nähe der Truppen schwer, auch nur einigermaßen einen Ueberblick über die sich ununterbrochen im Gang erhaltenden Operationen zu gewinnen. Das 5. und eine Brigade des 6. Armeecorps hatten blutige Arbeit am 28. Juni bei Skalitz. Der Feind, am Tage zuvor von den Höhen von Wisoky hierher vertrieben, wurde kühn angegriffen. Die Helden des vorigen Tages, die Westphalen vom 37., hatten die Ehre des Anfangs; es war ein schweres Werk, der Feind war stark und brav, und stundenlang stockte das mehr und mehr sich erweiternde Gefecht, es wurde zur Schlacht. Der österreichische General v. Ramming führte drei Brigaden und 3 Jägerbataillone nebst 2 Cavalerieregimentern und etwa 24 Geschütze in's

Feuer. Es fochten u. A. die Regimenter: Graf Gondrecourt, Salvator, Prinz von Preußen, Erzherzog Karl von Toscána, Ritter v. Frank (Kriegsminister) und Deutschmeister; ferner die Jägerbataillone 6., 17., 28. und die Windischgrätzdragoner nebst den Ferdinandküraffieren. Unfererseits hatten das 37., 58., 7. (Königsgrenadiere) und 38. Regiment, sowie die 5. Jäger die meiste Arbeit; das 6., 46. und 51. Regiment, sowie die Dragoner und Ulanen nicht minder. Das Dorf Skaliß gerieth in Brand und wurde erobert. Bis dahin war der ganze Kampf ein Siegesmarsch für uns, aber ein langsamer und blutiger, namentlich am Eisenbahndamm und auf der Chaussee stauten sich die Massen und es kam zum wüthendsten Handgemenge. Der Feind versuchte zweimal sich durch Barricadirungen daselbst zu halten, aber vergeblich. Eben so vergeblich sandte er seine Cavalerie gegen die preußischen Bataillone, und eben so vergeblich griff er zum Bayonnet. Ganze Rotten, sowie Generäle, Stabsoffiziere und Subalternoffiziere sanken nieder und die führerlofen Massen machten Kehrt oder wurden gefangen. Das Zündnadelgewehr bewährte seine staunenswerthe Ueberlegenheit. Die österreichischen Batterien donnerten herüber, aber sie trafen schlecht, indeß selbst die wenigen Treffer erzeugten große Verluste. Unfere Geschütze blieben ihnen keine Antwort schuldig und wirkten verheerend; nach Aussage der Gefangenen übrigens gingen auch viele unserer Geschosse zu weit. Am meisten Furcht hatten sie vor den hoch in der Luft plaßenden Granaten, die nur aus den glatten 12-Pfündern kommen konnten. — Erst gegen Abend war der Sieg glänzend errungen. Wohl an 4000 Gefangene sind gemacht, 8 Kanonen, 3 Munitionswagen und 3 Fahnen erbeutet worden. An Todten ließ der Feind nahe an 500, an Verwundeten wohl 700—800 zurück. Allein theuer war der Preis; die Gefangenen und die Trophäen abgerechnet, wird unfer Verlust nur wenig geringer sein. Noch liegen Todte und Verwundete auf dem

Schlachtfelde. In Nachob ist beinahe jedes Haus ein Lazareth, dessen traurige Bestimmung an einer weißen Fahne kenntlich ist. Der ziemlich große Markt ist vollständig gefüllt mit Proviantwagen und Pferden; rings um die Kirche lagern auf Stroh Hunderte von verwundeten und gesunden Gefangenen, an deren Fortschaffung man noch nicht hat denken können. In der Kirche und dem sehr hoch gelegenen, dem Fürsten von Schaumburg-Lippe gehörigen, Schlosse liegen andere Hunderte verwundeter Oesterreicher, von denen Viele erschütternde Wunden haben, Andere im Sterben liegen, Andere indeß weniger verletzt sind. Die blessirten Feinde ertragen ihr Loos mit resignirter Standhaftigkeit. Sie reden alle in Oesterreich existirenden Sprachen, sie kennen einander nicht, sie verstehen sich zum Theil nicht und kennen das Gefühl einer solchen Kameradschaft, wie sie aus unseren Reihen uns entgegen tritt, nicht. Wie nahe tritt uns das Loos dieser einsamen, verlassenen Krieger; doch bald wird sie die Gastfreundschaft ihrer Ueberwinder trösten und mit ihrem Schicksal aussöhnen. Schon jetzt sieht man Gruppen, gemischt aus beiderseitigen Armeen, die nothdürftig mit einander verkehren und ihre Erlebnisse von sich geben. Hier weist ein Landwehrmann einen ungarischen Corporal zu der gewünschten Straße, dort giebt ein Füsilier einem Verwundeten Feuer für die Pfeife, oder ein anderer instruirt einen kopfschüttelnden braunen Italiener im Gebrauche des Zündnadelgewehrs. Die preußischen Verwundeten liegen meist in Wisoky und Nachob, doch auch noch einige in Skalitz, während die Leichtverwundeten bereits nach Reinerz und Glatz dirigirt worden sind. Leider hat die Schlacht auch unsere Reihen gelichtet. Hunderte schlummern schon unter der Erde, oder leiden in den Lazarethen. Einige Regimenter haben schwer gelitten, einzelne Compagnien haben bis zu 80 und 85 Mann eingebüßt, so z. B. im 7. und 37. Regiment. Schwer verwundet ist der Oberst v. Witzleben vom 38. Regiment; geblieben der Oberstleutnant v. Wenkstern. Auch der Feind hat namentlich viel Offiziere verloren. Ein General, mehrere Obersten und viele Stabsoffiziere sind geblieben. Das Schlachtfeld, obwohl befreit von den allermeisten Todten und Verwundeten, gewährt noch jetzt einen traurigen Anblick. An 100 Pferdekörper verbreiten einen pestilenzialischen Geruch. Noch liegen einzelne Leichen gefallener Menschen auf dem Felde im Getreide oder im Chausseegraben. Mitten auf der Chaussee vor Skalitz gewährt eine Gruppe einen entsetzlichen Anblick: Ein kaiserlicher Artillerist liegt hier mit seinen beiden noch voll angeschirrten Pferden, die zerbrochene Deichsel des Geschützes noch zwischen ihnen, alle sind todt. Dem Menschen hat die preußische Granate den Kopf weggerissen, den Pferden Leib und Brust zerwühlt; nicht weit davon steht Geschütz und Protze. Eine Meile weit rechts und links der Chaussee liegen gefallene Pferde und einzelne Menschen, überall zerstörtes Material und Vorräthe.

Meldung des Generals v. Steinmetz.

„Breslau, 29. Juni, 1 Uhr 15 Min. früh. Euer Majestät melde ich am 28. Juni einen zweiten Sieg, heißer und blutiger wie am 27. Viel Verlust an Offizieren und Mannschaften, doch der Verlust des Feindes entschieden größer. Wieder einige Trophäen erobert; die Zahl noch ungewiß. Zahlreiche Gefangene gemacht. Skalitz ist in meinen Händen. Gegen mich, nach aufgefundenem Befehle Benedek's heute Erzherzog Leopold mit dem 6. und 8. Corps. Meine Truppen sind nach zwei Schlachten noch voller Muth und Freudigkeit. Sie brechen in lauten Jubel aus. Steinmetz.“

Die Zäune und die Gehöfte, die Bäume am Wege, die Häuser der verlassenen Dörfer selbst haben tüchtig gelitten. Ein Kirschwäldchen vor Skalitz trägt noch die Spuren des verheerenden Kartätschfeuers, das durch seine Bäume dahingefahren ist. Die Trümmer des halben Skalitz rauchen

noch. Der General von Steinmetz setzt seinen Siegeszug
fort. Gestern ist er auf Grablitz vorgerückt, um sich daselbst
mit den bei Trautenau vorgebrochenen Corps zu vereinigen,
während ihm heute das 6. Corps folgt. Dabei hat sich
vor Jaromierz das dritte Gefecht entsponnen. Der Feind
versuchte den Vormarsch des Generals vergeblich zu verhindern und verlor abermals nach einem dreistündigen Gefecht, wobei in der Gegend von Josephstadt ein großer
Brand entstand, 800 Gefangene, worunter auch einige
Haller-Husaren. (Grablitz liegt nordwestlich von Josephstadt auf dem Wege von Jaromierz nach Königinhof an
der oberen Elbe. Von Grablitz westlich bis Gitschin, wo
der Prinz Friedrich Karl zuletzt stand, beträgt die Entfernung etwa 5 Meilen. Der der Mitte der Linie Gitschin-
Grablitz vorgelegene Ort Horsitz, auf dem Wege von Gitschin nach Königgrätz, ist von Gitschin sowohl als von
Grablitz nur zwischen 2 und 3 Meilen entfernt.)

Nach dem Gefecht bei Skalitz, berichtete man
weiter, suchten einige preußische Militärärzte das
Schlachtfeld nach Verwundeten ab. In einem halb mit
Wasser gefüllten Graben fanden sie unter Andern einen
verwundeten österreichischen Fähnrich, dem sie ihre Hilfe
anboten und ihn herauszuziehen bemüht waren. Derselbe
bat aber inständigst, ihn liegen zu lassen, indem er versicherte, daß die Kühle des Wassers ihm die erwünschteste
Linderung seiner Schmerzen gewähre. Darauf gingen jene
weiter und wendeten sich den noch zahlreich vorhandenen
anderen Hilfsbedürftigen zu. Als sie aber nach einiger
Zeit zu dem Fähnrich zurückkehrten und ihn aus dem
Graben hervorzogen, war derselbe bereits eine Leiche.
Wie erstaunten sie aber, als sie fanden, daß unter ihm
seine Fahne verborgen lag, auf welcher er jedenfalls hatte
sterben wollen. — Das preußische Obercommando in Böhmen hat eine Ansprache an die Einwohner des Königreichs
Böhmen gerichtet, der wir Folgendes entnehmen: „Wenn

Ihr uns freundlich entgegenkommt, werdet Ihr uns nur
als Freunde und nicht als Feinde kennen lernen. Namentlich handelt Ihr thöricht, wenn Ihr aus Euern Wohnungen flieht und Ihr dieselben der Zerstörung Preis gebt.
Ihr thut besser, wenn Ihr die Soldaten freundlich erwartet
und wenn Ihr mit ihnen friedlich wegen der Lebensmittel unterhandelt, welche durchaus nothwendig sind. Die Militärbefehlshaber werden dann von Euch nichts mehr verlangen,
als was durchaus nöthig ist, und Euer Eigenthum schützen,
welches Ihr durch die Flucht dem Raube und der Plünderung preisgebt. Das Uebrige überlassen wir mit voller
Zuversicht dem Gott der Heerschaaren! Sollte unsere gerechte Sache obsiegen, dann dürfte sich vielleicht auch den
Böhmen und Mähren der Augenblick darbieten, in dem sie
ihre nationalen Wünsche, gleich den Ungarn, verwirklichen
können. Möge dann ein günstiger Stern ihr Glück auf
immerdar begründen."

Ueber das Gefecht der Brigade Horn bei Turnau
(am 26. Juni) wird der „Schl. Ztg." aus Görlitz berichtet:
Die Avantgarde der ersten Armee hatte sich früh von
Reichenberg aus nach Süden in Marsch gesetzt. Vor
Liebenau traf dieselbe auf eine größere feindliche Abtheilung,
welche eine Höhe, die unsre Truppen passiren mußten,
besetzt hielt. Der Feind mußte einem herzhaften Angriffe
weichen, und unsre Truppen verfolgten ihn bis über
Liebenau hinaus. Hinter Liebenau fanden sie jedoch eine
stark befestigte und besetzte Position, um welche sich ein
lebhafter Kampf entspann, bei dem unsrerseits 4 Regimenter Infanterie, darunter Nr. 31 und 71, das 4. Jägerbataillon, 3 Regimenter Cavalerie vom 3. Armeecorps,
worunter die Zietenhusaren, und 9 Batterien vom 4.
Artillerieregiment engagirt gewesen sind. Ferner wurde
erzählt, daß namentlich das 18. österreichische Jägerbataillon,
welches einen Versuch mit dem Benedek'schen Draufgehen
machte, durch das Feuer der Zündnadelgewehre fast voll-

ftändig aufgerieben worden ift. Das Refultat des Gefechts war die Eroberung der feindlichen Pofition. Das Ganze ift als eine Recognoscirung zu bezeichnen, welche ergeben hat, daß die erfte Armee im Angeficht des Feindes fteht und in der Lage ift, denfelben in den nächften Tagen zur Schlacht zu zwingen. Die Aufgabe des Prinzen Friedrich Karl dürfte es jetzt fein, die feindliche Stellung in der Mitte zu durchbrechen und fo zu verhindern, daß der Feind fich mit überlegner Macht auf den Kronprinzen oder das Herwarth'fche Corps wirft. Gelingt der Durchbruch, fo würde der rechte Flügel der Oefterreicher zwifchen die erfte Armee und die Armee des Kronprinzen und der linke Flügel zwifchen die erftere und die Herwarth'fche Armee kommen.

Verluftlifte der preußifchen Truppen der 1. Armee bei Turnau am 26. Juni: Diefelbe beftätigt die erfte amtliche Meldung, daß die Preußen einen Verluft von 9 Offizieren, 115 Mann an Todten und Verwundeten zu beklagen haben. Beigefügt find folgende Bemerkungen: „Ungefähr um das Achtfache fo groß find die Verlufte der Oefterreicher; in unfern Lazarethen kommen annähernd auf einen Preußen 5 Oefterreicher. Noch heute Nachmittag, nachdem bereits ein Theil der Gebliebenen beerbigt war, lagen ungefähr 80 gefallene Oefterreicher jenfeit Pobol. Am auffallendften aber ift die Zahl der Gefangenen! Obfchon keiner der Truppen= theile, die öfterreichifcherfeits in's Gefecht kamen, der italienifchen Nationalität angehört, wurden Tags darauf früh 7 Offiziere, 496 Mann von dem deutfchen Jäger= bataillon Nr. 18, von dem galizifchen Regiment Martini und von dem ungarifchen Regiment König von Preußen gefangen auf den Schloßhof zu Sichrow geführt."

Liebau, 27. Juni, Abends 9 Uhr. Heute früh um 3 Uhr rückten unfre Truppen aus ihren Bivouaks bei Liebau und Königshain über Goldenölfe, ferner die aus der Gegend bei Schömberg über Liebenau, Abersbach, Qualifch, Peters=

dorf, Paſchniß und über Albendorf, Petersdorf, Paſchniß.
Diejenigen, die um Neurode ꝛc. geſtanden haben, müſſen über
Braunau, Poliß, Weckelsdorf, ein Theil von hier über
Biſchoffſtein, Dreiborn, Wernersdorf, Radowenz, Qualiſch,
ein anderer Theil endlich über Weckelsdorf, Abersbach,
Qualiſch nach Trautenau marſchirt ſein. Factum iſt, daß
ein unausgeſeßtes Kanonenfeuer von früh ½11 Uhr bis
Abends ½6 Uhr in der Richtung nach Trautenau gehört
worden iſt, und daß ich daſſelbe anhaltend ſelbſt gehört habe. Erzählt wird, daß 2 Schwadronen der lithauiſchen Dragoner
durch die Stadt Trautenau geritten ſind, ohne daß ein
öſterreichiſcher Soldat ſichtbar geweſen. In Trautenau
ſoll den preuß. Dragonern mitgetheilt worden ſein, daß
in der Umgegend kein Militär ſtehe. Als darauf dieſe
2 Schwadronen preußiſcher Dragoner in der Richtung nach
Pilnikau weiter vorrückten, wurden ſie von 6 Schwadronen
öſterreichiſcher Cavalerie umzingelt, und mußten erſtere durch
Trautenau ſich zurückziehen. Während dieſes Rückzuges
durch die Stadt ſoll von den Bürgern aus den Fenſtern
von den Häuſern auf ſie geſchoſſen worden ſein, und wurde infolge
deſſen die Stadt von der preußiſchen Artillerie beſchoſſen,
und drehte ſich der Kampf noch um die Stadt Trautenau.

Leibau, 28. Juni. Soeben wurden von den im geſt-
rigen Gefechte bei Trautenau gemachten Gefangenen 6
Offiziere und 40 Gemeine hier durchgebracht, um über
Landshut, Bolkenhain, Jauer ꝛc. nach Glogau weiter transportirt zu werden. Hinter den militäriſchen Gefangenen
wurden auch die feſtgenommenen Bürger von Trautenau
eingebracht; unter ihnen der Bürgermeiſter Dr. jur. Roth,
der Bezirkshauptmann v. Heßendorf mit ſeinem Sohne und
der Gaſtwirth Starke. Alle vier waren gebunden und
mußten zu Fuß gehen, während die Offiziere auf einem
einſpännigen Karren transportirt wurden. Als die Gefangenen in die Nähe der Stadt kamen, erhob das Volk
ein lautes Schreien, Toben, Ziſchen und Schimpfen. Die

Soldaten hatten Mühe, die vier bürgerlichen Gefangenen zu schützen. Trotzdem wurden dieselben über die Köpfe der Soldaten hinweg, vorzugsweise der Bürgermeister und der Bezirkshauptmann, mit Knitteln geschlagen und angespien. Der Bürgermeister Roth ist eine stattliche, große, männliche Erscheinung, der Bezirkshauptmann v. Hetzendorf ein ältlicher Mann. Beide waren in Trautenau und im Bezirke geliebt und allgemein geachtet.

Wien, 30. Juni. Der amtliche Bericht über das Treffen bei Trautenau lautet: Der Commandant der Nordarmee an Se. Excellenz den ersten Generaladjutanten Sr. Majestät des Kaisers und der Armee, Feldmarschallleutnant Grafen Crenneville:

„Hauptquartier Josephstadt, am 28. Juni 1866. Im Nachhange zu meinem telegraphischen Berichte vom Abend des 27. bezüglich der Gefechte bei Podol und Skalitz beehre ich mich, Ew. Excellenz auch über jene Begebenheiten in Kenntniß zu setzen, welche im Laufe des 27. bei Trautenau verliefen. Die Meldung hierüber vom 10. Armeecorps langte heute um ½2 Uhr Morgens hier an. Um 6 Uhr Morgens des obengenannten Tages fand die Avantgarde, Brigade Oberst Mondel, des von Schurz in der Vorrückung begriffenen Armeecorps, Trautenau besetzt und schritt zum Angriff. Der Kampf war lebhaft und wurde nach und nach von allen Truppen des Armeecorps genährt. Nach Aussage der Gefangenen sollen es drei Brigaden des 1. Corps gewesen sein, die der Gegner zur Behauptung seiner Stellung nach und nach in's Gefecht warf. Nach heißem und blutigem Kampfe war um ¾9 Uhr Trautenau in unserer Gewalt, doch dauerte das Feuergefecht, obzwar schwach, noch zur Zeit der Absendung des Gefechtsberichts — 6 Uhr — fort. Nachdem sich das 10. Armeecorps so in der Stellung bei Trautenau festgesetzt hatte, erfuhr Feldmarschallleutnant Gablenz auf vertraulichem Wege, daß der Feind um 4 Uhr Nachmittags

Kriegsbilder. 4. Lief.   7

eine starke Brigade gegen Eipel entsendet habe, um ihn in
Flanke und Rücken zu bedrohen, und bezog hierauf, um
dem Feinde auch dort die Spitze zu bieten, unter Zurück=
lassung von nur einer Brigade zur Besetzung von Trautenau
selbst, mit den übrigen Theilen des Armeecorps die Po=
sition auf den Höhen unmittelbar südlich von Trautenau,
gegen welche Position der Feind keinen fernern Angriff
wagte."

Privat=Mittheilungen über die Gefechte bei Trautenau,
welche vollkommen bestätigen, daß die Oesterreicher am 27.
Juni Sieger waren, jedoch dem neuen Angriffe der Preußen
am 28. Juni weichen mußten: „Am 27. früh 3 Uhr
gingen wir über die österreichische Grenze und glaubten,
den Feind erst in der Gegend von Arnau (jenseit Traute=
nau, an der obern Elbe) zu finden. Die Fouriere und
ein Infanteriebataillon rückten mit Sang und Klang in
Trautenau ein. Der Bürgermeister kam ihnen devot ent=
gegen und erklärte sich zu jeder Dienstleistung bereit: Er
ließ der Mannschaft Wein und Bier auf den Markt tragen,
und die Leute gaben sich sorglos der Erholung hin. Mitt=
lerweile war ich auch auf den Markt gekommen. Da
wurde plötzlich aus allen Fenstern auf uns geschossen. Wir
waren in einer Falle, und nun hieß es „durchschlagen".
Auch die Bevölkerung nahm hinterlistig an dem Kampfe
Theil. Unter Verlusten erreichten wir den Ausgang und
stießen zu unserm heranrückenden Gros, welches sich nun
zum geordneten Angriffe auf Trautenau entwickelte. Die
Stellung der Oesterreicher war von Natur stark, dabei ge=
schickt benutzt und besetzt. Anfänglich hatten wir 12,000
Mann uns gegenüber, mit verhältnißmäßig starker Artillerie,
welche vorzüglich schoß. Um $\frac{1}{2}$9 Uhr Morgens begann
der Angriff. Unsere Zündnadelgewehre wirkten außerordent=
lich und Mittags waren wir Herren von Trautenau, nach=
dem Haus für Haus mit Sturm genommen war. Unsere
Pionniere bahnten den Weg in die Häuser, indem sie alle

Thüren einschlugen. So bekamen wir auch den Bürger=
meister und die übrigen verrätherischen Civilisten in unsere
Gewalt. Sie wurden gebunden und fortgebracht. Um
$1/_23$ Uhr rückten die Oesterreicher nach erhaltener Verstärk=
ung von Neuem vor. Nach heftigem Kampfe mußten wir
weichen, nahmen jedoch bis $1/_27$ Uhr Abends die Stadt
zum zweiten Male, die wir bis um 9 Uhr behaupteten.
Da kam Gablenz persönlich mit einem frischen Corps heran,
und wir waren genöthigt, die Stadt zum zweiten Male
zu räumen. Der Rückzug wurde in bester Ordnung an=
getreten und Nachts 2 Uhr rückten wir in ein Bivouac,
ohne einen Bissen im Magen zu haben. Als ich vom
Pferd stieg, fiel ich um und schlief 13 Stunden. — Am
28. blieben wir Sieger. Davon schreibe ich mehr. Das
Schlachtfeld gewährt einen furchtbaren Anblick. Viele
Freunde habe ich mit begraben."

Ratibor, 28. Juni. Bezüglich der gestern zwischen
Neuberun und Oswienczim stattgehabten Gefechte traf Nach=
mittags die Nachricht ein, daß die vor zwei Tagen hier
abgerückten beiden Compagnien des 3. oberschlesischen In=
fanterieregiments Nr. 62 arg gelitten haben. Ueber die
Zahl der Todten und Verwundeten gehen die Mittheilungen
so weit auseinander, daß ich besser jede Zahlenangabe un=
terlasse. Sicher war der Verlust ein beträchtlicher. Nach
amtlichen Mittheilungen sind: Leutnant Böge todt, Haupt=
mann v. Massow leicht, Hauptmann Graf Königsdorff
schwer verwundet. Bald nach dem Bekanntwerden der
traurigen Katastrophe wurden von hier mittelst Eisenbahn
Lazarethbedürfnisse in großer Anzahl nach Nikolai befördert.
— Lewin, 27. Juni. Gestern nahm das 5. Armeecorps
Nachod, und heute morgen hatte unsre Cavalerie ein Ge=
fecht bei Neustadt an der Mettau mit österreichischer Ca=
valerie, welche mit Verlust zurückgeschlagen wurde. Unsre
Cavalerie hat stark gelitten. Beutepferde sehr schöner Zucht
wurden nach Nachod gebracht.

Aus Oberschlesien, 1. Juli, schrieb man über das Gefecht bei Oswiecezim und Neuberun am 27. Juni: „Unter dem Befehle des Brigadecommandeurs Grafen Stolberg, Hauptquartier Pleß, ist ein sogenanntes fliegendes Corps von ca. 5000 Mann gebildet, welches eigentlich nur zum Schutz der schlesischen Grenzdistricte dienen sollte und deshalb außer mehreren Schwadronen Cavalerie, meistens Landwehr aus den in Oberschlesien einberufenen (angeblich 22) Compagnien der Landwehr zweiten Aufgebots besteht und sich an die im Nachbarkreise Ratibor zusammengezogene Brigade v. Knobelsdorf anlehnt. Beide Brigaden waren seit Beginn des Krieges nur damit beschäftigt gewesen, die unbesetzten österreichischen Bahnhöfe und hier und da einzelne Theile der jenseitigen Eisenbahn zu zerstören. Nachdem man nun erfahren, daß von Krakau her ein ansehnliches Corps an die diesseitige Grenze gerückt war, und nachdem von der Ratibor'schen Brigade die 10. und 11. Compagnie des 62. Infanterieregiments, sowie 2 Geschütze auf besondere Requisition zu dem Plesser Corps gestoßen waren, wollte der General Graf Stolberg von Neuberun aus es unternehmen, den jenseit der Weichsel liegenden österreichischen Bahnhof Oswiecezim zerstören zu lassen. Hierzu wurden 2 Compagnien zweiten Aufgebots, zum Theil Landsturm, zum Angriff in den Oswiecezimer Bahnhof vorgeschickt, welcher von zwei österreichischen, auf den Höhepunkten bestens postirten Batterien und 1 Corps Kaiserjäger besetzt war. Muthvoll gingen die alten Landwehrmänner über die hölzerne Brücke vor, wurden aber aus Oswiecezim wieder zurückgedrängt, da es sich fand, daß die Oesterreicher mit einem Corps von 9000 bis 12000 Mann an der Grenze standen. Beim Rückzug fanden unsre Compagnien die inmittelst vom Feinde angezündete Brücke brennend und mußten durch's Wasser zurückgehen. Bei dieser Action wurde man erst die Unzulänglichkeit der an die Landwehr verabreichten Bewaffnung inne: Sie hatte keine Zündnadel=, nicht einmal die Minié-, sondern nur die ältesten Percussionsgewehre. Die braven Compagnien folgten nunmehr den Traditionen der schlesischen Landwehr von der Katzbach, drehten die Gewehre um und gingen mit den Kolben gegen die österreichische Cavalerie vor. Inzwischen rückten die 2 Compagnien 62er in's Gefecht, gaben ihren Zündnadelgewehren Geltung und vernichteten 2 Schwadronen des Husarenregiments Grünne. Eine 3. Schwadron dieses renommirten Regiments wurde von einer preußischen Landwehrschwadron vollständig niedergehauen."

Münchengrätz, 28. Juni, Abends. Die Armee des Prinzen Friedrich Karl, vereint mit den Truppen des Generals v. Herwarth, haben am 28. ein glückliches Gefecht bestanden und Münchengrätz genommen. Die Preußen hatten auf einem überaus schwierigen Terrain zu kämpfen und den zähen Widerstand der Feinde zu überwinden, welche aus der Brigade Kalik und sächsischen Abtheilungen bestanden. Die Feinde zogen sich eilig über Fürstenbrück zurück. Ihre Verluste betragen mindestens 2000 Mann; die 7. preußische Division hat allein 600 Gefangene gemacht.

Münchengrätz, 28. Juni, 7 Uhr Abends. Prinz Friedrich Karl hat nach heißem Gefecht Münchengrätz genommen, die Oesterreicher zogen mit Verlust von 2000 Mann über Fürstenbrück zurück. Die Brigade Fransecki hat allein 600 Gefangene gemacht.

Görlitz, 29. Juni. Die Oesterreicher haben bei Münchengrätz mindestens 2000 Mann verloren. Von den Gefangenen hört man, daß sie zur Brigade Kalik gehören.

Aus dem Hauptquartier Münchengrätz, 28. Juni, Abends 10 Uhr. „Die Aufgabe der Armee bestand für heute darin, die Iserlinie zu überschreiten und in der Richtung auf Münchengrätz vorzudringen, eine Aufgabe, welche trotz der schwülen Hitze des Tages, die den Truppen das Marschiren unendlich erschwerte, glücklich gelöst worden ist. Die Kaiserlichen suchten das Vordringen der Arme

zu hindern, wurden indeß überall zurückgewiesen. Um
Münchengräß, bei welchem Orte die Oesterreicher die Brücke
verbrannt hatten, entspann sich gegen 9 Uhr ein heftiges
Gefecht, an dem Infanterie und Artillerie Theil nahm.
Die Wirkung unserer gezogenen Geschütze war eine sehr
gute. Ein feindlicher Munitionskarren flog in die Luft,
und unter dem Schuße dieses Geschützfeuers gelang es, bis
gegen Mittag eine neue Brücke zu schlagen. Die Oester=
reicher benußten auch heute das Terrain geschickt. So
fuhren sie gegen 10 Uhr Vormittags auf einem steil zum
Iserthale abfallenden Felsenplateau unerwartet eine Batterie
auf, die das Vordringen der Division Horn erschwerte.
Indeß gelang es der Division Franseck, sich dieses Plateau's
zu bemächtigen und nach einem Gefecht das Dorf Bossin
zu nehmen. Auch heute haben die Oesterreicher ungleich
größere Verluste gehabt, als wir. Die unsrigen werden
150 Mann im Ganzen nicht übersteigen, wogegen bis jetzt
allein gegen 1200 gefangene Oesterreicher eingebracht sind.
— Alle Ortschaften, die unsre Truppen passiren, sind von
den Einwohnern verlassen. In Münchengräß, einer Stadt
von vielleicht 4000 Einwohnern, haben wir nicht 50 Per=
sonen vorgefunden. Noch während unsre Truppen einrückten,
flohen Familien mit aller Habe. Die Brunnen sind fast
überall verschüttet und verdorben. Unsre Truppen haben
überall den besten Geist gezeigt. Die Truppentheile, die
uns gegenüber standen, gehörten dem 1. österreichischen
Corps, der Brigade Kalik und der Cavaleriedivision v.
Edelsheim an. Auch Sachsen wurden uns gegenüber wahr=
genommen."

    Die „Schl. Z." schreibt: „Benedek's Plan scheint sich
bereits zu entwickeln. Er wollte der Armee des Kronprinzen
das Eindringen in Böhmen unmittelbar verwehren, sie an
den Ausgängen der Pässe schlagen und sich dann mit ge=
sammelter Macht gegen die von Norden andringenden Heere
des Prinzen Friedrich Karl und des Generals Herwarth

wenden. Dem Letztern hat er deßhalb gar keinen, dem Prinzen nur einen schwachen Widerstand am Ausgange der Päsfe geleistet. Ihnen gegenüber sollte die Entscheidungs= schlacht geliefert werden. Zunächst mußte die kleine Ar= beit gegen die Armee des Kronprinzen gethan werden. Kleine Arbeit — den Maßstab der Schlachten angelegt — aber schwere und von unsrer Seite gute, tüchtige Arbeit. Der Kronprinz debouchirte in 4 Colonnen. Die südlichste, von ihm selbst geführt, bestand aus dem 5. und 6. Armee= corps. Sie ging durch die Grafschaft Glatz über Nachod. Dort hat sie den ersten glänzenden Sieg errungen. Zu= nächst vom 5. und 6. Armeecorps debouchirten über Braunau die Garden; Gablenz und sein Corps sind von dem nur theilweise vereinten Gardecorps, unter Verlust zahlreicher Gefangenen und Geschütze, „total" geschlagen worden. Nahe den Garden debouchirte weiter nordwärts das 1. Armeecorps. Wir wissen von seinem tapfern blutigen Ringen bei Trautenau gegen ein dreifach stärkeres Heer. Hat es der Uebermacht weichen müssen, so ist es durch die Garden degagirt und gerächt worden. Trautenau ist in unsrer Hand. — Der große Plan Benedek's ist also schon in den ersten Anfängen gescheitert, die Armee des Kron= prinzen ist in Böhmen. Nicht minder günstig sind die Nach= richten aus dem nördlichen Böhmen. Wir haben jetzt eine Armee in Böhmen. Prinz Friedrich Karl und General Herwarth haben sich vereinigt. Der Feind ist, nur 8 Meilen von Prag, bei Münchengrätz geschlagen und zieht sich in der Richtung auf die vom Kronprinzen gedrängten Corps zurück. Die Unsern werden ihn, wenn Gott uns kein Unglück sendet, bald so weit gedrängt haben, daß in der bevorstehenden Entscheidungsschlacht unsre drei Armeen zusammenwirken können. Es wird mehr vom Gegner ab= hängen, als von uns, wann diese Schlacht geschlagen werden soll." — Nach der zuverlässig erscheinenden Aussage eines aus dem österreichischen Lager kommenden Bewohners der

Umgegend von Liebenau, der mit den ganzen Verhältnissen vertraut ist, dürfte die österreichische Hauptmacht bei Prag stehen und dort den Zusammenstoß mit den preußischen Truppen erwarten. Die bisher stattgefundenen Gefechte wären demnach nur Neckereien gewesen, bestimmt, die Armee des Prinzen Friedrich Karl aufzuhalten und zu ermüden.

Der Pariser „Abend=Moniteur" schrieb in seinem Kriegsbülletin vom 29. über die Kämpfe in Böhmen vom 26. und 27. Juni: „Wir haben auf die große Linie, die Prag mit Olmütz in Verbindung setzt, aufmerksam gemacht, sowie auf den Nutzen, welchen der Marschall Benedek aus diesen Linien, welche sich in Josephstadt vereinen, gezogen hat. Die Absicht der beiden preußischen Armeen, welche jede einer Eisenbahnlinie folgte, mußte also die sein, unmittelbar bei Josephstadt sich zu vereinigen, indem sie sich wie ein Keil in die Mitte des Feindeslandes einrammten, Im Falle des Gelingens dieses Planes würden sie, immer der Eisenbahn folgend, mehr und mehr vordringen, bei Pardubitz die große Linie erreichen und rechts und links die Truppen Benedek's trennen, indem sie die für diesen General so wichtige Verbindungslinie durchschnitten. Daraus ersieht man die Wichtigkeit der soeben vorgefallenen Kämpfe. Für die Oesterreicher handelt es sich darum, Josephstadt gegen den Doppelangriff der Preußen zu schützen; Benedek hatte, wie es scheint, nicht den Plan, die Bergübergänge nach Böhmen zu vertheidigen; dann durfte er aber keinen Augenblick verlieren, um das furchtbare Vorgehen der feindlichen Truppen auf dem Gebiete des Kaiserreichs zu durchkreuzen." Jeder der beiden preußischen Armeen warf er eine energische Defensive entgegen; gegen den Prinzen Friedrich Karl zwischen Turnau und Münchengrätz, gegen den Kronprinzen zwischen Skalitz und Trautenau. Die Position von Skalitz scheint von besonderer Bedeutung erachtet zu sein. Die Preußen hielten auf sie zu, indem sie

Gefecht bei Jicin.

Verlag v. F. G. Münchmeyer.

von Norden über Trautenau, von Osten und Südosten über Nachod und Neustadt, wo sie in Verbindung mit der preußischen Herrschaft Glaß blieben, auf sie losgingen. Um sie zu bekämpfen, ging ein österreichisches Corps bis Trautenau vor, während andere Truppen von Nachod und Neustadt aus die Position von Skaliz den Preußen streitig machten. Wegen der Einzelnheiten verweisen wir unsre Leser auf die telegraphischen Depeschen. Bestätigen können wir nur, daß man sich gegenseitig mit großem Muthe jeden Fuß Erde streitig gemacht hat. Die Bewegung der beiden Armeen, deren Zweck die Vereinigung war, ist für den Augenblick zum Stillstand gebracht; indessen sind die Preußen bis jetzt nicht zum Rückzuge gezwungen worden. Die beiden Parteien schreiben sich auf den verschiedenen Punkten den Sieg zu; das Wesentlichste jedoch ist das strategische Resultat dieser Kämpfe. Die Frage ist, zu wissen, ob die Preußen ihre doppelte Bewegung wieder aufnehmen können, oder ob sie sich definitiv zurückziehen müssen. Es ist möglich, daß in der Umgegend von Josephstadt noch weitere Kämpfe nothwendig sind, um diese Frage zu entscheiden. Die Kämpfe an der Grenze Galiziens (bei Oswienczim) sind ohne Bedeutung. Die Preußen wollten wahrscheinlich dort nur eine Demonstration machen, um den Feind zu nöthigen, seine Kräfte zu zersplittern."

„Privattelegramme meldeten aus Prag, 27., 2 Uhr Nachmittags: Gestern Abend hat eine Schlacht zwischen Nordarmee und Preußen bei Münchengrätz begonnen. Eiserne Brigade und Sachsen zuerst im Feuer. Brückenzugänge über Iser nach Doppelsturm von Oesterreichern besetzt, Dorf Podol erstürmt, Feind zurückgeworfen. Schlacht dauert fort, ganzes erstes Armeecorps im Feuer. Viele Verwundete bereits in Prag.

„Gleichzeitig Gefecht seit heute Vormittag bei Nachod; die Preußen bei Skaliz zurückgeworfen, wo Cavalerie in

Action tritt. — Abends 6 Uhr. Die Preußen geschlagen, in vollem Rückzug. Sie haben Todte und Verwundete auf dem Platze gelassen."

Ein anderes zum Theil wahrheitswidriges Wiener Telegramm des „Frkf. Journals" lautete:

„Wien, 28. Juni, Morgens. An dem gestrigen Ge= fechte bei Münchengrätz nahmen die Sachsen mit Tapferkeit und Auszeichnung Theil. — Die Preußen verloren im Ge= fechte bei Skalitz viele Gefangene und achtzehn Kanonen. Nach der Schlacht erschien ein preußischer Major als Parlamentär bei Benedek und verlangte einen Waffen= stillstand, welcher aber verweigert wurde."

Am 27. v. M. schlug das fünfte preußische Armee= corps bei Nachod das österreichische Corps Ramming, nahm 2 Standarten, 1 Fahne, 8 Kanonen und 5000 Gefangene; am 28. Juni griff General Steinmetz mit seinem Corps wiederum an und schlug bei Skalitz das Corps Erzher= zog Leopold nebst drei Brigaden des Corps Festetics völlig, wobei er zwei Fahnen, 8 Geschütze und 3000 Gefangene erbeutete. Am 29. Juni schlug dasselbe 5. Armeecorps auf dem Marsche nach Königinhof ein frisches ihm gegen= übergestelltes österreichisches Corps, welches die Vereinigung des 5. und des Gardecorps verhindern wollte. Von den übrigen Colonnen der 2. Armee schlug am 28. auch das Gardecorps gleichzeitig mit dem erwähnten Gefecht des Generals v. Steinmetz das Corps des Generals Gablenz bei Trautenau nach hartem Kampfe in die Flucht, wobei 2 Fahnen und 8 Geschütze erbeutet und 5000 Gefangene gemacht wurden. Dadurch wurde dem 1. Armeecorps (Bonin), welches am Tage vorher auf seinem Vormarsch gegen Trautenau nicht ohne erhebliche Verluste durch das Gablenz'sche Corps aufgehalten worden war, der weitere Vormarsch ermöglicht. Am 29. wurde die feindliche Arriere= garde aus Königinhof vertrieben und das Hauptquartier

Sr. königlichen Hoheit des Kronprinzen am 1. Juli nach
Prausnitz verlegt. In den Kämpfen dieser Tage fanden
wiederholt glückliche Cavaleriegefechte statt, wobei sich be=
sonders das 8. Dragoner= und 1. Ulanenregiment auszeich=
neten und den Beweis der Ueberlegenheit der preußischen
Cavalerie über die österreichische lieferten. Durch die Be=
wegungen beider Armeen war am 29. Juni die Vereinigung
der gesammten preußischen Streitkräfte in Böhmen bewirkt,
und war nun bei der Nähe der österreichischen Armee, die
nach den für sie unglücklichen Gefechten der letzten Tage
unter Heranziehung der gegen Prag hin gestandenen Theile
des 1. Corps und der Sachsen sich bei Königgrätz concen=
trirte, ein entscheidender Zusammenstoß der Hauptkräfte
jeden Tag zu vermuthen. Nachdem am 30. Abends noch
von einer Brigade des Gardecorps (1. Garderegiment und
Gardefüsiliere) eine österreichische Brigade überfallen und
derselben 1 Fahne und 250 Gefangene abgenommen worden,
erfolgte am 3. Juli der Zusammenstoß der beiden Armeen
bei Königgrätz. Die österreichische Armee hatte eine Stel=
lung hinter der Bistritz eingenommen, aus der sie von den
Preußen nach einem Kampfe von 6 Uhr früh bis gegen
2 Uhr hinausgeworfen wurde. Die Verfolgung dauerte
bis in die Nacht, und das Resultat des Tages war ein
vollkommener Sieg, dessen Resultate bis heute nicht in
ihrer Vollständigkeit zu übersehen sind. Für den Augenblick
sind 120 Geschütze, 18,000 unverwundete Gefangene und
viele Trophäen die Früchte des blutigen Sieges.

Josephstadt, 27. Juni. Der heldenmüthige Ramming
hatte heute mit seinem tapferen Corps einen schweren
Kampf gegen einen doppelt überlegenen Feind zu bestehen.
Die Preußen standen à cheval der beiden von Skalitz nach
Nachod führenden Straßen. Unsere Truppen nahmen,
wie ich selbst sah, zwei Mal, trotz der furchtbaren Gegen=
wehr, die Position der Preußen. Wir hielten uns trotz
eines mit größter Vehemenz gegen unsern linken Flügel

gerichteten Artilleriefeuers in Skalitz. Unser 6. Corps er=
reichte, was es erreichen sollte. Die Preußen brachen gegen
3 Uhr den Kampf ab. Von den Preußen waren 2 Ar=
meecorps im Kampfe. Auf beiden Seiten sind die Ver=
luste sehr groß, namentlich an Offizieren. Am meisten soll
Keller=Infanterie und das 17. Jägerbataillon gelitten haben.
— Die Verwundeten kommen eben jetzt auf Wagen und
die Schwerverwundeten auf Tragen hier an. Die An=
stalten zu ihrer Aufnahme sind ausgezeichnet.

„Die Preußen befanden sich in der dreifachen Ueber=
macht von 80,000 Mann. Regiment Deutschmeister erlitt
besonders starke Verluste. Auch heute Kämpfe."

Vom Commando der Nordarmee: **Josephstadt**, 28.
Juni, 6 Uhr 40 Minuten Nachmittags. Am 28. bis 12
Uhr Mittags waren die Preußen in der Tags zuvor von
ihnen eingenommenen Stellung bei Wysokow. Um diese
Stunde entspann sich ein kurzer Artilleriekampf, wobei ich
mich persönlich von der außerordentlichen Treffähigkeit
unserer Achtpfünder, selbst auf eine Entfernung von 4500
Schritten überzeugte.

Aus **Trautenau**, vom 1. Juli. Die Resultate der drei=
tägigen Schlacht des 5. Corps (Steinmetz) sind nicht
hoch genug anzuschlagen: Am 27. stand dasselbe gegen
das österreichische 6. Corps Ramming. Ein aufgefangener
Brief des Letzteren an den Feldzeugmeister Benedek in
Josephstadt, enthielt die Bitte, ihm zwei frische Brigaden
zu senden, unter deren Schutz er bivouakiren könne, und
das Geständniß, daß er außer Stande sei, am nächsten
Tage zu schlagen. Die Kämpfe des 5. Corps am 28. und
29. gegen die Corps Erzherzog Leopold und Festetics
waren noch viel bedeutender. — Das 10. österreichische
Corps (Gablenz) ist durch die Garde völlig aufgelöst. Neben
dem Verluste an Mannschaften büßte der Feind 20 Ge=
schütze, 5 Fahnen und 2 Standarten ein.

Liebau, 27. Juni. Seit heute Morgen um 6 Uhr

bei Trautenau harter Kampf bis Mittag, um welche Zeit
die Preußen Vortheile errungen hatten. Es sind bereits
viele Opfer gefallen, von denen mehrere, u. A. ein Major
und mehrere Leutnants, hier eingebracht worden sind. Auch
soll ein General schwer verwundet sein. Oesterreicher sollen
in Massen das Schlachtfeld bedecken. Unsere Truppen sind
tief entrüstet über den Empfang, der ihnen in Trautenau
bereitet wurde. Aus den Fenstern und vom Thurme herab
wurden sie mit Schüssen empfangen, und zwar trugen die
Schützen bürgerliche Kleidung. —

Berlin, 3. Juli. Die Vereinigung der beiden Armeen
(des Kronprinzen und des Prinzen Friedrich Karl) in Böh=
men ist also infolge des glücklichen Sturmes der preußischen
Truppen gegen Gitschin als vollständig hergestellt zu be=
trachten. Damit ist ein Abschnitt im böhmischen Feldzuge
beendigt. — Ueber das Einrücken der preußischen Armee
in Böhmen entnehmen wir der „Bresl. Ztg." folgenden
Rückblick: General Herwarth, der bei Schluckenau und
Hainspach die böhmische Grenze überschritt, rückte von da
ab südöstlich, sich gleichzeitig dem Feinde und dem Prinzen
Friedrich Karl nähernd, über Rumburg auf der Straße
nach Münchengrätz vor. Er scheint erst bei Hühnerwasser
(zwei Meilen nordwestlich von Münchengrätz) auf feindliche
Vorposten gestoßen zu sein und bis zu seiner Vereinigung
mit dem Centrum kein nennenswerthes Gefecht bestanden
zu haben. Bekannt waren, wie die Wiener Zeitungen be=
zweisen, seine Bewegungen den Oesterreichern; die Möglich=
keit, ihm große Truppenmassen entgegen zu werfen, lag
vor; daß ihm kein Widerstand entgegengesetzt wurde, muß
also in der Absicht Benedek's gelegen haben. — Die Armee
des Prinzen Friedrich Karl (3., 4. u. 2. Armeecorps) hatte
bis hinter Reichenberg keinen Feind vor sich. Erst dicht
vor Turnau, dessen wichtige Lage wir schon hervorgehoben
haben, begann der österreichische Widerstand in einem Ar=
tilleriekampfe, und in der Nacht darauf überrumpelte die

preußische Division Horn die österreichische Brigade Po=
schacher. Von Turnau ab drangen der preußische rechte
Flügel und das Centrum auf der Chaussee nach Prag vor
und nahmen am 28. Juni Münchengräß, 7½ Meilen von
Prag, nicht ganz fünf Meilen von der Elblinie. — Die
schlesische Armee unter der Führung des Kronprinzen be=
wegte sich auf zwei Straßen vorwärts. Das 1. Armee=
corps ging vom Schweidnißer Hochlande gerade von Nord
nach Süd in der Richtung auf Josephstadt zu. Bis Trau=
tenau fand es am Dienstag keinen Feind, dann aber
wurden die österreichischen Corps übermächtig und drängten
die Preußen am Mittwoch bis Goldenöls (dicht an der
preußischen Grenze, an der Chaussee von Landshut) zurück.
Hier hielten sich unsere Truppen, bis die Garde von Brau=
nau her zur Unterstützung kam, die Oesterreicher (das 10.
Corps unter Gablenz) schlug und sie zurückwarf. — Die
schwierigste Aufgabe aber war, dem (aus der Westecke der
Grafschaft Glaß, mit dem 6. Corps als Rückhalt) vor=
dringenden 5. Armeecorps und General Steinmeß vorbe=
halten. Die amtlichen Berichte über das Vorgehen dieses
Corps auf der von Glaß aus gerade westlich gerichteten
Straße melden von drei Gefechten in der Gegend von
Nachod. Mit dem Siege am 28. v. M. hatte das Corps
Skaliß, in der Mitte der Straße von Nachod nach Joseph=
stadt, erreicht. — Aus diesen Vorgängen läßt sich schließen,
daß der österreichische Plan dahin ging, die Elbarmee auf
der Egerlinie, die Armee des Prinzen Friedrich Karl auf
der Eisenbahnlinie Turnau=Josephstadt festzuhalten und mit
Uebermacht die schlesische Armee zurückzuwerfen. Ein Sieg
hätte die Oesterreicher in den Rücken der preußischen Auf=
stellung von Glaß nach Neisse geführt und die Verbindungen
des preußischen Centrums mit der Oberlausiß und Schlesien
durchschnitten. Die Schwenkung des Generals Herwarth
und die Reihe preußischer Siege hat die Verbindung der
gesammten preußischen Streitkräfte ermöglicht, den Preußen

eine Uebermacht verschafft und somit einen österreichischer=
seits zu unternehmenden Versuch, die Quellgegend der Iser
und Elbe durch eine große Schlacht (bis jetzt stand nur
immer Corps und Corps gegenüber; im Verhältniß zu der
Stärke der Armeen sind die stattgehabten Kämpfe der Ar=
meen, trotz ihrer Erheblichkeit, nur als Gefechte zu bezeich=
nen) zu behaupten, unwahrscheinlich gemacht.

Die österreichische Nordarmee hat mörderische Gefechte
bei Gitschin geliefert, um die Vereinigung der beiden
preußischen Armeen zu verhindern. Die preußischen Zünd=
nadelgewehre haben große Verheerungen in den Reihen
der Oesterreicher angerichtet. Letztere sind, trotz ihrer großen
Anstrengungen, genöthigt worden, sich auf Königgrätz zurück=
zuziehen. Die Verluste sind ungeheuer. Die Ordre de bataille
ist geändert und die Concentration auf der Operations=
basis ist erfolgt; die Armee bereitet sich zur Schlacht. Man
versichert, daß die Regierung von Böhmen von Prag, das
bedroht ist, nach Pilsen verlegt werden wird.

Der Kampf begann wohl ³/₄ Meilen vor Gitschin und
zog sich an der Chaussee entlang auf die Stadt zu. Daran
betheiligt waren circa 27,000 Oesterreicher und Sachsen,
von den preußischen Truppen die 5. und 3. Division, d. h.
die Infanterieregimenter Nr. 48, 12. 18, 8 und 42, 2.
Königs=Grenadierregiment und 2. Jägerbataillon, sowie
4 Batterien von der 2. Artilleriebrigade. Diese Truppen
aber konnten nur allmälig in's Gefecht kommen, so daß
erzählt wird, daß das 2. Bataillon des Königs=Grenadier=
regiments eine Zeit lang allein zwei feindlichen Brigaden
gegenüber stand. Das 2. Jägerbataillon lag von 11 Uhr
Vormittags bis 7 Uhr Abends in beständigem Feuer.
Anfangs soll nur eine Batterie die preußischen Truppen
unterstützt haben. Die 48er kämpften von 4 Uhr Nach=
mittags bis Abends nach 9 Uhr und hatten viel Artillerie=
feuer auszuhalten. Sie haben deßhalb verhältnißmäßig
gelitten. Ihr Füsilierbataillon allein machte über 700 Ge=

fangene. Eine feste Position der Oesterreicher, wieder auf steilem Felsen, konnte erst nach drei Attacken genommen werden. Um 12 Uhr Abends wurde die Stadt selbst nach heftigem Kampfe genommen, eine schmale Gasse derselben erst nach viermaligem Sturm. Wesentlich betheiligt bei der Eroberung von Gitschin war das Füsilierbataillon des 48. Regiments. Die Verluste der Oesterreicher sind auf 5000 an Todten, Verwundeten und Gefangenen zu schätzen; die 5. preußische Division hat 1160 Mann, die 3. 680.

Daß der Sieg der Preußen bei Gitschin, am 29. Juni, erst nach sehr schweren Kämpfen errungen worden ist, davon giebt ein Bericht Zeugniß, welcher über die Theilnahme eines Bataillons des Grenadierregiments König Friedrich Wilhelm IV. an dem Gefecht von Nieder-Lochow mitgetheilt wird. Es heißt in demselben:

„Allmählich kamen wir dem Gefechtsfelde näher. Vor uns sahen wir die Blücher'schen Husaren an der Wald=Lisière an einer Anhöhe halten. Patrouillen jagten über's Feld, brachten Gefangene; Artillerie rückte an uns vorüber und deutlich unterschied man das Tirailleurfeuer und die Salven von den 42er Füsilieren. Die fünfte Brigade formirte sich nun südlich von der Sobotkaer und Gitschiner Straße vor Nieder=Lochow und wurde von Granaten be= grüßt, welche aber keinen Schaden thaten. Die Brigade avancirte, um von Südwesten den Feind anzugehen und ihn der fünften Division (was ich natürlich erst später erfahren) in die Arme zu werfen, als die Nachricht über= bracht wurde, daß die 42er Füsiliere, schon völlig aufge= rieben, sich nicht mehr lange in Nieder=Lochow halten könnten. Zur Unterstützung wurde das 2. Bataillon des Grenadier= regiments König Friedrich Wilhelm IV. beordert. Jetzt war kein Besinnen. Vorwärts rückte das Bataillon durch Dick und Dünn, Berg und Thal, den Kameraden zu Hülfe. Nur noch mit wenigen Füsilieren Nr. 42 hielt der Premier= Leutnant v. Gallwitz ein Gehöft besetzt, als wir eintrafen.

Das Gepäck wurde abgelegt, Schützen vorgezogen und hinter ihnen folgte das Bataillon zum Angriff. Ein furchtbares Gewehrfeuer empfing uns bei unserm Heraustreten; der Commandeur, Major v. b. Osten, stürzte zusammen, die Offiziere vor der Front und hinten ging das Bataillon tambour battant vor. Wir fühlten nur den Feind, weil wir in dem dicken Pulverdampf nichts erkennen konnten. Das Schießen wurde untersagt, da wir unsere Schützen vor uns glaubten, die sich aber mehr links zur Säuberung der Straße gezogen hatten. Bald war die Aufklärung da. Neue Schützen wurden vorgezogen, und vorwärts rückte das Bataillon, sich jeden Schritt erkämpfend. Furchtbar decimirt wurden wir aber und jeden Moment hörte man einen schwachen Aufschrei, oder sah einen Kameraden lautlos zusammenstürzen: zwei Drittel der Offiziere waren schon todt oder verwundet. Die Kräfte drohten schon, uns zu verlassen, die feindliche Uebermacht war zu groß; denn es standen uns nicht weniger als 5 feindliche Bataillone gegenüber; — als das Bataillon laut betete: „Vater hilf" — „Keine Schande" — „Sieg oder Tod!" Der Hauptmann Freiherr von Kaiserlingk, der mit der größten Ruhe und Umsicht das Bataillon führte, ergriff die Fahne, die Tamboure schlugen, Alles setzte die letzten Kräfte ein und mit Hurrah ging's wieder auf den Feind, der sich gefangen gab oder flüchtend auflöste. — Wir hatten die Brigade Kalik durchbrochen. — Endlos war der Jubel unserer Grenadiere, die wie die Löwen gefochten. Klein war nur noch unser Häuflein; Alles rief nach Patronen, um weiter vorgehen zu können. Drei leicht verwundete Offiziere, die sich dem Bataillon wieder angeschlossen, wurden mit nicht endenwollenden Hurrahs empfangen und vor Freude fast erdrückt. Andere Bataillone rückten nun an uns vorüber und nahmen die Verfolgung des Feindes auf. Wir sammelten nun unsere Grenadiere und marschirten auf Nieder-Lochow, um uns mit neuer Munition zu versehen, das

Gepäck zu holen und die Verwundeten aufzulesen. Meist fanden wir die Leute gefaßt, ja mancher rauchte schon seine Pfeife. Schwer sind unsere Verluste; 12 Offiziere 168 Mann todt und verwundet; es ist aber ein neues Reis in dem Lorbeerkranze unseres Regimentes."

In dem Kampe bei Gitschin am 29. Juni waren von den k. sächsischen Truppen engagirt: a) im Gefecht bei Diletz: die Brigade Kronprinz, das 1. Jägerbataillon, die Batterien Walther, Richter und Hering (Fußartillerie), die Division Krug v. Nidda und die dritte Schwabron des Gardereiterregiments; b) bei Johweck: das dritte Reiterregiment mit der Brigade Reitzenstein. Obwohl der Kampf bei Gitschin während der Nacht und nach einem forcirten Marsche stattfand, war die Haltung der sächsischen Truppen doch eine ausgezeichnete und muthige, trotz der ziemlich beträchtlichen Verluste der Brigade Kron=prinz, des Jägerbataillons und des dritten Reiterregiments. Der Gesammtverlust der Sachsen in diesem Kampfe beträgt an Todten, Verwundeten und Vermißten gegen 500 bis 600 Mann und 22 Offiziere. Von den Offizieren sind 8 todt, nämlich: Rittmeister v. Fabrice, die Infanterie=hauptleute Fickelscherer, v. Rex, Klette, v. Seckendorff I., Premierleutnant v. Göphardt, Leutnant v. Tümpling vom ersten Infanterie=Bataillon und Leutnant Baumgarten; verwundet wurden schwer: die Obersten v. Boxberg und Ludwiger, leichter: Major v. Sandersleben, die Infanterie hauptleute Verlohren, v. Meerheimb, v. Löben, Sube und Vollborn; die Oberleutnants Scheffel, Hoch, Bamberger, v. Könneritz (Letzterer vom dritten Reiterregiment), Oberleutnant Graf v. Holtzendorff vom ersten Jäger=bataillon und Portepeejunker Schreiber.

Im Gefecht bei Gitschin am 29. Juni war der preußische Verlust folgender: 5. Division 1500 Todte und Verwundete 3. Division 680 Todte und Verwundete.

Ueber das Gefecht wird noch berichtet: Gitschin bietet durch die Formation des Terrains der Vertheidigung große Vortheile. Eingeschnittene Wege, Alleen, Gräben, Teiche — namentlich in unmittelbarer Nähe der Stadt — eignen sich vortrefflich zur Postirung von Schützenlinien, und mag deshalb der Kampf ein so blutiger gewesen sein. Schrittweise mußten unsere Truppen das Terrain sich erobern, und schrittweise gingen die Oesterreicher und Sachsen zurück. Der Angriff erfolgte von Sobotka, Turnau und Semil aus, und es haben schon im Laufe des Vormittags (29. Juni) kleine Zusammenstöße stattgefunden Das eigentliche Gefecht begann indeß erst Nachmittag gegen 4 Uhr und währte bis um Mitternacht, — wo Gitschin, dem Anscheine nach eine Stadt von circa 8000 Einwohnern — genommen wurde. Viele Häuser tragen hier noch die Spuren des nächtlichen Kampfes, der in der Verwirrung des Rückzugs namentlich für die Oesterreicher und Sachsen ein heilloser gewesen sein mag. — Die Verluste der Oesterreicher belaufen sich mindestens auf 5000, die Gefangenen nicht gezählt, die in unsere Hände gefallen sind.

Ueber die Erstürmung von Gitschin wird Folgendes berichtet: Am meisten soll das 12. Grenadierregiment (Prinz Karl von Preußen) gelitten haben, von dem, wenn man den hier Ankommenden glauben darf, die meisten Offiziere gefallen sind. Fast alle Offiziere, nach denen sich heute Abend ein Offizier bei den Ankommenden erkundigte, wurden ihm als todt bezeichnet. Die Soldaten des 12. Regiments bemerkten mit Stolz, daß die Erstürmung von Gitschin die blutigste Waffenthat im jetzigen Kriege, am Geburtstage ihres Chefs, des Prinzen Karl von Preußen, erfolgt sei. Das 12. Regiment soll kolossale Verluste haben, besonders soll ein Bataillon fast vollständig aufgerieben sein, weil es sechs Bataillonen Oesterreichern, die aus gedeckter Stellung schossen, gegenüberstand.

Gitschin, 2. Juli. Vor Beginn des Feldzugs war

das Vertrauen auf unsere (preußische) Infanterie und Artillerie allgemein, während Laien und Sachkundige besorgten, daß unsere Cavalerie der sehr viel länger dienenden österreichischen nicht gewachsen sein werde. Um so erfreulicher sind die Erfolge, welche die preußische Cavalerie bisher bei jeder Begegnung mit der österreichischen davongetragen hat. Die berühmten österreichischen Husarenregimenter Radetzky, Liechtenstein, Nikolaus, König von Preußen, eben so wie die österreichischen Küraffiere, Palffyhusaren, Traniulanen, sind von unsern Regimentern, von welchen wir keins besonders hervorheben dürfen, bei jeder Begegnung vollständig über den Haufen geritten worden. Der große Ruf Edelsheims, seine Prahlereien, in wenig Tagen nach Berlin reiten zu wollen, sind zerronnen, ein Gegenstand des Spottes und der Erbitterung der eignen Landsleute geworden. — Der preußischen Infanterie gegenüber ist die österreichische in den letzten Tagen nicht mehr zum Stehen zu bringen gewesen. Ein Gefangener vom Regiment Khevenhüller nannte als seinen Truppentheil das ehemalige Regiment Khevenhüller, und erklärte auf weiteres Befragen, dasselbe existire nicht mehr, weil es entweder todt oder gefangen sei; dasselbe gilt buchstäblich von einzelnen Bataillonen von Ramming, Sigismund, Martini, König von Preußen, und namentlich vom 18. Jägerbataillon, von welchem die letzten 60 Ueberlebenden sich bei Gitschin ergaben. Die erste Division der Sachsen, die Brigade Kalik und das Clam'sche Corps sind einstweilen vollständig versprengt, und noch stündlich werden Gefangene von ihnen eingebracht. Zum Stehen haben diese Truppen, obschon sie bei der Ermüdung der Unsrigen nur von schwachen Abtheilungen verfolgt werden konnten, nicht mehr gebracht werden können. — Bei der Annäherung einzelner recognoscirender Offiziere an die Dörfer werden in letztern sofort die Glocken geläutet, als Signal zur Flucht der Oesterreicher nach der andern Seite hinaus. Die Disciplin der Oesterreicher lockert sich unter Umständen, die Italiener, zum Theil auch die Ungarn, ergeben sich mit großer Bereitwilligkeit, und haben als Gefangene den freundschaftlichsten Verkehr mit den Unsrigen. Die Italiener sind zwischen die böhmischen Truppen eingetheilt und werden von den Offizieren mit gespanntem Revolver in's Gefecht getrieben. Dem Vernehmen nach beabsichtigt die königliche (preußische) Regierung, die italienischen Gefangenen nach dem Königreich Italien zu schicken, und werden zur Organisirung der Depots italienische Offiziere bei der Armee erwartet. Am wenigsten hat von den österreichischen Corps bis jetzt dasjenige des Erzherzogs Ernst gelitten, welches deshalb zur Deckung des Rückzuges der kaiserlichen Armee bestimmt ist. Letzterer wird überhaupt ohne vollständige Auflösung der Armee nur dadurch ermöglicht, daß die Nähe der Festungen Josephstadt und Königgrätz und die starke Position, welche zwischen beiden von der Elbe gedeckt wird, der österreichischen Armee einen Zufluchtsort bieten. Die albernen Lügentelegramme, welche Oesterreich durch Reuter und andere Institute in die Welt schickt, sind nur geeignet, das Gewicht vorstehender amtlich constatirter Thatsachen zu erhöhen.

Gitschin, 2. Juli: Nachdem Se. Maj. der König heute früh 7 Uhr das Schloß Sichrow bei Turnau verlassen und sich, gefolgt von dem militärischen Personal des großen Hauptquartiers, mit Sr. k. Hoheit dem Prinzen Karl von Preußen über die Stadt Turnau nach der Stadt Gitschin begeben hatte, fand hier die Ankunft gegen 1/2 12 Uhr Mittags statt. Vor dem ersten Gasthause auf dem Marktplatze, wo Se. Majestät das Absteigequartier genommen, stand eine Compagnie des Grenadierregiments König Friedrich Wilhelm IV. (1. pommerschen) Nr. 2, mit der Fahne des 1. Bataillons und der Regimentsmusik aufmarschirt, um als Ehrenwache die Honneurs für Se. Majestät bei Allerhöchstdessen Ankunft im Bereich der kämpfenden Armee zu machen. Prinz Friedrich Karl k. Hoheit, in der

Uniform des brandenburg'schen Husarenregiments, Ziethen'sche Husaren Nr. 3, war aus dem Hauptquartier der 1. Armee weiter vorwärts, nach Gitschin hereingekommen, um seinen durchlauchtigsten Oheim zu empfangen, und fuhr auch durch die Stadt noch weiter dem königlichen Zuge entgegen. Eine Meile nördlich von Gitschin hatte am 29. das glänzende, aber blutige Gefecht begonnen, in dessen Folge die österreichischen Regimenter so bedeutend zurückgedrängt wurden, und Pferdecadaver, zerschossene Helme, Patrontaschen und Tornister, ja ganze Pyramiden österreichischer Gewehre, welche die Stelle bezeichneten, wo eine Abtheilung des Feindes das Gewehr gestreckt, ließen die Ausdehnung des Schlachtfeldes und die verheerenden Wirkungen des österreichischen Artilleriefeuers erkennen. In Libuhn waren eben so wie in den meisten umliegenden Dörfern und Gehöften Lazarethe für die große Zahl preußischer und österreichischer Verwundeter etablirt, die kaum dem ganzen Bedürfniß genügten. Als Se. Maj. der König beim Durchfahren durch Libuhn hörte, daß dort viele Offiziere, preußische, österreichische und sächsische lagen, befahl Allerhöchstderselbe, anzuhalten, und besuchte das Lazareth, in welchem auch der Sr. Majestät persönlich bekannte k. sächsische Oberst v. Borberg, schwer verwundet, sich theilnehmender Worte des Königs erfreute. Mit tiefem Bedauern sah Se. Majestät die Leiden seiner braven Soldaten, die auf's Neue bewiesen haben, daß sie Tod und Wunden nicht scheuen, wenn es gilt, die Zufriedenheit ihres königlichen Kriegsherrn zu erwerben. In Gitschin angekommen, ging Se. Majestät, gefolgt von den anwesenden Generälen, die Front der Compagnie des Grenadierregiments seines hochseligen Bruders entlang, welches sich in dem Gefechte am 29. so sehr ausgezeichnet, leider aber auch sehr ansehnliche Verluste zu erleiden gehabt hat. Bei der Begrüßung des Königs brach die Mannschaft in einen Hurrahruf aus, der unter präsentirtem Gewehr lange fortdauerte. Schon am Eingang der Stadt hatte sich der Magistrat und die Geistlichkeit der Stadt aufgestellt, um den König zu begrüßen, und war dem Wagen= zuge bis auf den Markt gefolgt, um eine Audienz bei Sr. Majestät zu erbitten, die auch gewährt wurde, nachdem die Generalität entlassen worden war. Gitschin sowohl wie andere Städte dieses Theiles von Böhmen hatten sich in hohem Grade unfreundlich gegen die preußischen und selbst gegen die eigenen kaiserlichen Truppen gezeigt, ja es war hier in Gitschin beim Einrücken der Preußen auf ein Commando aus den Fenstern geschossen worden, was die Bürger indessen auf die sächsischen Soldaten schoben, welche zu spät zur Hilfe für die sich zurückziehenden Oesterreicher gekommen waren, massirt auf dem Marktplatze gestanden hatten, um den heftigen Nachstoß der Preußen wenigstens etwas von den Oesterreichern abzuhalten. Von diesen sollen sich einzelne Soldaten in die Häuser gezogen haben, und als sie plötzlich Preußen in hellen Haufen erscheinen sahen, aus den Fenstern auf diese geschossen haben. Bei der Audienz wollte Se. Majestät diesen einen Fall nicht weiter untersuchen, da eben bei dem Abzuge der Sachsen eine Be= weisführung gar nicht möglich ist, äußerte sich aber: „Ich führe keinen Krieg gegen Ihre Nation, sondern nur gegen die Armeen, die Mir gegenüberstehen. Wollen die Ein= wohner sich aber ohne alle Veranlassung feindlich gegen Meine Truppen betragen, so werde Ich Mich zu Repressalien genöthigt sehen. Meine Truppen sind keine wilden Horden und verlangen nur das zum Leben unbedingt Nothwendige. Ihre Sorge ist es, ihnen keine Veranlassung zu gerechter Klage zu geben. Sagen Sie es den Einwohnern, daß Ich nicht gekommen bin, um Krieg gegen friedliche Bürger zu führen, sondern die Ehre Preußens gegen Verunglimpfung zu vertheidigen.“ — Bald darauf wurde die Proclamation bekannt, welche Se. Maj. der König aus Berlin vom 29. Juni datirt, also an demselben Tage, wo hier bei Gitschin so heftig gefochten wurde, an die Armee erlassen hat, die aber erst in Reichenberg gedruckt worden ist. Sie lautet: „Soldaten Meiner Armee! Ich begebe mich heute zu Euch, Meinen im Felde stehenden braven Truppen, und biete Euch meinen königlichen Gruß. In wenigen Tagen sind durch Eure Tapferkeit und Hingebung Resultate erfochten worden, welche sich würdig anreihen an die Großthaten unsrer Väter. Mit Stolz blicke Ich auf sämmtliche Abtheilungen meines treuen Heeres und sehe den nächsten Kriegsereignissen mit freudiger Zuversicht entgegen. Soldaten! Zahlreiche Feinde stehen gegen uns im Kampf. Laßt uns indeß auf Gott den Herrn, den Lenker aller Schlachten, und auf unsre gerechte Sache bauen, Er wird durch Eure Tapferkeit und Ausdauer die sieggewohnten preußischen Fahnen zu neuen Siegen führen. Berlin, 29. Juni 1866. Wilhelm."

Gitschin, 2. Juli, Mittags. Der König ist eben hier eingetroffen und vom Prinzen Friedrich Karl empfangen worden. Die Straße bis Gitschin trägt Spuren des heißen Kampfes, welcher bis in die Stadt fortgesetzt wurde. Der Feind ist während der Nacht ungeordnet entflohen. Die Bravour der Preußen ist unübertrefflich. Theile des Leibregiments schlugen ohne Quarreeformation wiederholte Cavalerie-Angriffe zurück. Das Hauptquartier des Prinzen Friedrich Karl ist über Gitschin hinaus verlegt, die wichtige Verbindung der ersten und zweiten Armee vollständig hergestellt. Die Einbringung von Gefangenen dauert fort, ihre Zahl beträgt bereits über 5000. Die österreichischen Regimenter König Hannover, Martini, Ramming sind fast ganz, das 8. Jägerbataillon ist ganz aufgerieben. — Der österreichische Gesammtverlust gegen die kronprinzliche Armee beträgt 25,000, gegen die Armee Friedrich Karls 15,000 Mann. Desertionen der Italiener werden immer häufiger. Die Flucht der Oesterreicher ist so eilig geworden, daß bei einer neunstündigen Recognoscirung keine Fühlung zu gewinnen war.

Am 3. Juli früh 7 Uhr stießen zwischen Horitz und Königgrätz die preußischen Armeen unter persönlicher Führung Sr. Majestät des Königs mit dem österreichisch-sächsischen Heere unter Führung des Höchstcommandirenden, Generalfeldzeugmeisters Benedek, zusammen. Hieraus ent= wickelte sich ein 12 Stunden hindurch in heißem Kampfe fortgeführte Schlacht, in welcher von feindlicher Seite die starke Position hinter der Bistritz mit großer Hartnäckigkeit 6 Stunden lang behauptet wurde. Unsern zum Theil aus weiter Entfernung pünktlich auf dem -Schlachtfelde ein- treffenden Colonnen gelang es endlich, die feindliche Stel= lung um 2 Uhr Mittags mit Sturm zu nehmen. Von nun an wurde der Feind in schneller Folge aus allen seinen Positionen geworfen. Abends 7 Uhr befanden sich die Reste der geschlagenen österreichischen Armee in vollem Rückzuge nach Süden. Der unter den Augen Sr. Majestät des Königs von den preußischen Waffen erfochtene Sieg ist ein vollständiger, wenn auch mit schweren Opfern er= kauft. Die Verluste des Feindes sind beträchtlich größer; seine Niederlage ist vollständig.

Berlin, 10. Juli. Die Schlacht bei Königgrätz war sehr blutig. Freilich hat es auch viele Opfer gekostet. Das Kurmärkische Dragoner-Regiment attackirte mit drei Schwa- dronen die Kürassier-Brigade Kuttenhofen, zum Glück kam ihnen das 1. Ulanen-Regiment zu Hilfe, und die Kürassier= Brigade wurde so vollständig geworfen, gerieth schließlich dem Ziethen'schen Husaren-Regiment in die Hände, wodurch sie nahezu aufgerieben wurde. Von einem ungarischen Husaren-Regimente kam plötzlich eine Schaar von vielleicht 100 Pferden angelaufen. Das Regiment hatte attackirt und so viele Husaren wurden heruntergeschossen. Von dem Momente ab, wo Alles vorging, sah das Ganze aus wie das Tableau eines Manövers, nur die Granaten paßten in das Bild nicht hinein. Se. Majestät der König expo- nirte sich oft zu sehr; eine Cavalerie-Attacke hat der König

fast ganz mitgemacht, und hinter ihm wurden durch eine
Granate 10 Mann und 15 Pferde vom 6. Kürassier=Re=
gimente theils getödtet, theils blessirt.

Wien, 6. Juli. „Gewiß befand sich die Residenz“,
so schreibt die „Presse“, „noch nie in einer so furchtbaren
Aufregung, als eben heute. Schon der zweite Tag ver=
geht, ohne daß man über das Schicksal unserer Nordarmee
irgend welche verläßliche Andeutungen hätte. Eine Unzahl
von zum Theil abenteuerlichen Gerüchten geht von Mund
zu Mund. Selbst an competenter Stelle herrscht völlige
Unklarheit über die Vorgänge seit der unglücklichen Schlacht
bei Königgräß. Feldmarschallleutnant Baron Ramming
soll die größten Anstrengungen gemacht haben, um mit
seinem auf beiläufig 17,000 Mann zusammengeschmolzenen
Corps den Rückzug zu decken, was ihm auch theilweise ge=
lang: Schon senkten sich die Schatten der Nacht über das
furchtbare Schauspiel, und noch immer jagte Cavalerie und
Artillerie durch die Reihen der todesmatten Infanterie auf
der Straße nach Hohenbruck. Man will den tapfern
Corps=Commandanten, Feldmarschallleutnant Gablenz, ent=
blößten Hauptes, mit pulvergeschwärzter Uniform, in dumpfer
Verzweiflung nach der verlorenen Schlacht dem anstürmen=
den Feinde entgegenreiten gesehen haben. Seit dieser Stunde
wird der tapfere General, wie es heißt, vermißt.

Feldlager vor Königgräß, 6. Juli. Die Schlacht
bei Sadowa brachte nach genauer Zählung 175 Kanonen,
1 vollständigen Pontontrain (von Eisen), 20 Proviant=
wagen, Feldpostwagen ꝛc., 17,300 Gefangene, viele tausend
Gewehre und gegen 200 Pferde in unseren Besitz. Bene=
dek's Plan ist somit vernichtet, und es fragt sich nur noch,
welchen neuen glücklicheren Plan er ausdenken wird. —
Augenzeugen erzählen, daß, nachdem von den Unseren die
letzte (fünfte) Position der Oesterreicher genommen war,
eine Flucht entstand, wie sie greulicher bei Belle=Alliance
nicht gewesen sein kann. Alles lief, ritt und fuhr durch=

einander, um so schleunig wie möglich bei Königgrätz über die Elbe zu kommen. Unsere vierte sechspfündige Batterie sandte den Fliehenden noch viele Granaten nach, weshalb die Flucht immer wilder sich gestaltete, so daß viele Bagage in den Händen unserer Truppen zurückblieb. Bis auf eine Höhe vor Königgrätz verfolgte die 11. Division den Feind und schlug hier ein Feldlager auf.

In der „N. Pr. Ztg." werden die Verluste, welche in der Schlacht bei Königgrätz die unter dem Befehle des Generals v. Herwarth stehende preußische Elbarmee erlitten hat, auf etwa 1800 Mann an Todten und Verwundeten, darunter 76 Offiziere, geschätzt. Von der Elbarme waren am 3. Juli besonders die Divisionen Canstein, Münster und Etzel am linken Flügel der Oesterreicher engagirt. Nach vorstehendem Maßstabe dürfte der Gesammtverlust der Preußen am 3. Juli an Verwundeten und Todten mit 10,000 Mann nicht zu hoch gegriffen sein, und da der Verlust der Oesterreicher voraussichtlich noch weit bedeutender ist, so wird die Ziffer der beiderseitigen Verluste an Todten und Verwundeten am 3. Juli wohl auf 25,000 angenommen werden können. Jedenfalls ist bei Königgrätz eine Schlacht ersten Ranges geschlagen worden.

— Nach dem Militärcorrespondenten der „Times" nahmen in der Schlacht bei Königgrätz Benedek und sein Stab ungefähr um 10 Uhr Vormittags ihre Stellung auf dem Hügel oberhalb Lippa. Um 11 Uhr 10 Minuten drangen preußische Verstärkungen vor. Um 11 Uhr 30 Minuten erhielt Windischgrätz Befehl, seine Cavalerie in die Ebene vorrücken zu lassen und sich zum Angriff vorzubereiten. Unmittelbar darauf befahl Benedek der Artillerie, sparsamer im Feuern zu sein, da sie ihre Munition erschöpfte. Um 11 Uhr 50 Min. erhielt der Prinz von Holstein Befehl, das Terrain zu untersuchen, über welches er bald darauf mit seiner Cavaleriedivision vorgehen sollte, und 5 Minuten später

traf die Meldung ein, daß das preußische 5. Armee=
corps auf unsrer Rechten vorrückte. Sofort wurde Be=
fehl gegeben, das Terrain zu halten, oder, wenn dies
unmöglich, daß der rechte Flügel zurückfallen sollte.
Bis hierher war Alles Kaltblütigkeit und Zuversicht.
Um 12 Uhr 10 Minuten ließ Gablenz sagen, seine
Munition drohe auszugehen, und bat um Zusendung
einiger Batterien von der Reserve. Benedek antwor=
tete kühl, indem er den Cigarrenrauch von sich blies,
er könnte ihm keine geben, warum hätte er (G.) so
viel Munition verschwendet. Doch bald schickte er 3
Achtpfünder ab. Um 12 Uhr 15 Minuten stand Lippa
in Flammen und es fand eine furchtbare Kanonade
längs der ganzen Linie statt. Um 1 Uhr 5 Minuten
galopirte der Stab fort, um die Position an der Rech=
ten zu besichtigen, wobei man durch das 6. Corps passirte.
Als die Mannschaften ihren Chef erblickten, stimmten sie
das Nationallied an und begrüßten ihn mit Zurufen.
Wir kehrten noch zur rechten Zeit nach unsrer ersten
Station zurück, um das 3. Corps im Thale vorrücken zu
sehen. Um 1 Uhr 30 Min. ging Alles gut, die Preußen
schienen sich zurückzuziehen. Der Stellvertreter des ver=
wundeten Grafen Festetic rückte vor und das zweite
Corps ihm nach zur Unterstützung. Diese Vorwitzigkeit
machte den Preußen Luft. Chlum hätte nicht sollen
ohne Vertheidigung gelassen werden. Um 2 Uhr 55 Min.
wurde Benedek benachrichtigt, es befänden sich Preußen
hinter ihm. Er galopirte mit seiner gewohnten Aufge=
regtheit an Ort und Stelle, um sie vertreiben zu lassen.
Er stürzte mit seinem ganzen Stabe zwischen Chlum und
die Truppen. Dem Prinzen Eszterhazy wurde das Pferd
erschossen, Graf Grünne verwundet u. s. w. Der Schlüssel
der Position befand sich in den Händen der Preußen.
Ueberall Bestürzung, nur Benedek ruhig. Es ist nicht
überraschend, daß das unerwartete Eintreffen der Preußen,

während man sich Sieger glaubte, Verwirrung erzeugte. Be=
nedek warf sich ins heißeste Feuer und er schien den Tod
zu suchen, aber er war dazu bestimmt, den Rückzug zu
führen. Um ¼5 Uhr war Alles in vollem Rückzuge und
vom Feinde schrecklich verfolgt. Der Stab war zerstreut,
Erzherzog Wilhelm verwundet, Benedek von seinem Stabe
getrennt. Niemand wußte, wo er war. Als wir in Kö=
niggrätz ankamen, war Benedek schon fort. Alles fühlte,
es sei nicht blos eine Schlacht, sondern ein Reich verloren.
Die Soldaten hatten keine Vorstellung von dem Allen.
Die Sachsen benahmen sich äußerst brav. Um 2
Uhr Nachts holten wir General Benedek zu Holiz ein.

— Dem Privatbriefe eines Augenzeugen der Schlacht
bei Königgrätz entnimmt die „Schl. Ztg." folgende
Stellen: „Es steht uns jedenfalls noch der heißeste Tag
bevor, und Preußen darf sich durch die bisher errungenen
Erfolge nicht etwa zu sicher machen lassen. Zu große
Illusionen wären so sicher unser Verderb, wie sie die
Oesterreicher verdorben haben. Der Feldzug wird für uns
immer gefahrvoller und kritischer. Bei dem Rückzug der
Oesterreicher durch die Defilén hat ein wahrhaftes Turnier
stattgefunden. Die Cavalerieattacken waren vortrefflich
und haben — warum das verschweigen? — die Tüchtigkeit
der österreichischen Reiterei wieder in ihr altes glänzendes
Licht gestellt. Oesterreichische Küraffiere haben unsre
Dragoner ordentlich verarbeitet, Alles mit haarscharfen
Hieben, denen die der Unsrigen nicht gleichkamen. Die 2.
Dragoner haben 125 Pferde dabei verloren. An Muth
thun es die preußischen Reiter ihnen aber mindestens gleich,
und alle Ehre unsern Uckermärkern, Pommern, Thüringern,
Schlesiern und wie sie Alle heißen mögen. Auf dem
Plateau, wo die österreichische Artillerie des Centrums und
besonders des rechten Flügels postirt war, lagen die Pferde
batterienweise erschossen, die Mannschaft desgleichen, daher

ein enormer Verlust an Geschützen. Das haben unsre Jäger gethan."

Beim k. preußischen Militärgouvernement ist das folgende Telegramm eingegangen: Berlin, Donnerstag, 5. Juli. Folgendes ist bis jetzt über einzelne Umstände und Resultate des glänzenden Sieges unserer Armee in der Schlacht bei Königgrätz (Sadowa) vom 3. Juli officiell bekannt geworden: Wir haben 18,000 bis 20,000 Gefangene, 120 Geschütze und 3 Fahnen genommen. Neue Gefangene werden noch immer zahlreich eingebracht. Die ganze feindliche Armee ist engagirt gewesen. –Wir haben Gefangene von allen österreichischen Corps. FZM. Benedek, welcher auch seinerseits einen Angriff an diesem Tage beabsichtigt hatte, commandirte selbst an Ort und Stelle. Als gegen 2 Uhr Nachmittags die Position hinter der Bistritz erstürmt war und die österreichisch-sächsische Armee den Rückzug antrat, setzte Se. Majestät der König Sich Allerhöchstselbst an die Spitze der verfolgenden Cavalerie. Die Erzherzöge Wilhelm und Joseph, sowie die österreichischen Corpscommandanten G. F. Thun und Graf Festetic wurden verwundet, General Fürst Windischgrätz verwundet und gefangen. Die Generalstabschefs Oberst Binder und Catty sind todt. Graf Clam-Gallas und Heinikstein sind in anderen Stellungen.

Trautenau, Mittwoch, 4. Juli. In der gestrigen Schlacht vor Königgrätz war die erste Armee unter dem Prinzen Friedrich Karl von Preußen bereits Morgens 8 Uhr allein engagirt und hatte gegen die große Uebermacht einen harten Stand, den sie mit allen Kräften durchfocht. Der zweiten, unter dem Befehl des Kronprinzen stehenden Armee, obwohl dem Schlachtfelde ziemlich fernstehend, gelang es durch die größte Anstrengung, rechtzeitig in die Schlacht einzugreifen. Dieselbe richtete ihren Angriff gegen den rechten Flügel des Feindes und gab den Ausschlag zu dem glänzenden Siege. Die Oesterreicher retirirten in der

Richtung auf Pardubitz zu. Wir haben unzählige Gefangene gemacht und eine große Anzahl Trophäen und Kanonen erobert. Der Verlust unsrer ersten Armee ist bedeutend, der der zweiten Armee .verhältnißmäßig gering gegenüber dem glänzenden Erfolge. Unsere Truppen begrüßten jubelnd den König und die beiden prinzlichen Armeecommandanten. Se. Majestät der König hat Sr. k. H. dem Kronprinzen auf dem Schlachtfelde den Orden pour le mérite umge= hängt. Feldmarschallleutnant von Gablenz unterhandelt wegen eines Waffenstillstandes.

Horzitz, Mittwoch, 4. Juli, Abends. In der gestrigen großen Schlacht sind auf Seiten der Oesterreicher 3 Erz= herzöge verwundet worden; der Corpscommandant Graf Festetitc hat ein Bein verloren, Corpscommandant Graf Thun einen Kopfschuß erhalten, Oberst Binder und ein · anderer Stabschef sind todt, die Fürsten Liechtenstein und Windischgrätz gefangen. Die Zahl der sonstigen Todten und Verwundeten ist beiderseitig noch unbekannt. Unver= wundete österreichische Gefangene sind bisher über 14,000 nebst 116 Geschützen eingebracht worden. — Feldmarschall= leutnant v. Gablenz ist als Parlamentär im preußischen Hauptquartier eingetroffen. — Die Zahl der gefangenen Oesterreicher wird auf 20,000 veranschlagt.

Es dürfte unseren Landsleuten nicht unwillkommen sein, den Ausspruch eines Augenzeugen über die Haltung der sächsischen Truppen bis zum Rückzug über die Elbe nach der Schlacht· bei Königgrätz und die gute Meinung zu hören, die sich selbst in dem tapfern preußischen Heere über dieselben herausgestellt hat. Die englische Zeitung „Evening Standard" bringt nachstehenden Brief eines preußischen Offiziers a. D.: „Mein Herr — Es ist sehr zu beklagen, daß die englischen Correspondenten im öster= reichischen Lager verfehlt haben, auch nur die geringste Notiz von dem tapfern Verhalten der kleinen sächsischen Armee während des jetzigen Feldzugs in Oesterreich zu nehmen, ja daß es fast scheint, als hielten sie die Sachsen theilweise für verantwortlich, hinsichtlich des Unsterns, welcher über Benedek's Armee bei Gitschin und Königgrätz gewaltet hat. Sie werden mir deshalb vielleicht einige Bemerkungen über die Rolle gestatten, welche die Sachsen bisher im österreichischen Feldzüge spielten und der hohen Meinung zu gedenken, die ihre preußischen Feinde sich über die militärische Wirksamkeit und Tapferkeit derselben einstimmig gebildet haben. Die sächsische Armee, ungefähr 28,000 Mann stark, zog sich auf dem linken Ufer der Elbe nach Böhmen zurück um sich mit der österreichischen Armee zu vereinigen, als die Preußen Mitte Juni in Sachsen einrückten. Nachdem die Preußen durch Sachsen und die Lausitz in Böhmen eingerückt waren, überschritten die Sachsen die Elbe unter ihrem Kronprinzen, vereinigten sich mit dem österreichischen 1. Armeecorps (Clam Gallas) und hatten das erste Zusammentreffen mit der preußischen Elbarmee bei Münchengrätz am 28. Juni. Hier zurückgedrängt, wurden sie am nächsten Tage, den 29. Juni, bei Gitschin wieder angegriffen, wo sie die Position von Dielez bis spät Abend gegen die preußische Division (Horn) vertheidigten, die zur Armee Friedrich Carl gehörte. Obgleich ihre Verluste beträchtlich waren, besonders nachdem sie genöthigt waren, das Dorf Dielez aufzugeben und sich jenseits Gitschin zurückzuziehen, hatten sie doch mit der größten Unerschrockenheit gekämpft und die preußischen Truppen waren einstimmig in dem Ausspruche: die Sachsen standen wie die Mauern. Es war bei dieser Gelegenheit, daß die sächsische Artillerie sehr geschult geführt, den Preußen große Verluste verursachte und sich der österreichischen weit überlegen zeigte, welche letztere durch die preußischen Batterien Fransecki's (Division Nr. 7) leicht zum Schweigen gebracht wurde. In der großen Schlacht bei Königgrätz (3. Juli) nahmen die Sachsen, ohngefähr 22,000 Mann stark, mit 58 Geschützen den linken Flügel der Oesterreicher ein, zu-

gleich mit dem 10. Armeecorps Gablenz, und dem 8.,
welches in Reserve gehalten wurde, da Benedek erwartete,
die Preußen würden versuchen, seinen linken Flügel zu
durchbrechen und die Verbindung mit Pardubitz abzuschneiden.
Die Sachsen, hinter dem Flusse Bistritz postirt, in und nahe
dem Dorfe Nechanitz, wurden durch das 8. preußische Armeecorps (Rheinische) mit großer Heftigkeit angegriffen, hielten
aber tapfer Stand bis Nachmittag, wo es Herwarth von
Bittenfeld gelang, in ihre Flanken zu fallen, während ungefähr zu derselben Zeit Benedek's rechter Flügel durch die
2. preußische Armee (Kronprinz) bei Chlum durchbrochen
wurde. Obgleich die Oesterreicher gänzlich zerstreut waren,
nahmen die Sachsen doch ihren Rückzug in guter Ordnung
gegen Pardubitz, wo sie die Elbe wieder überschritten,
ungefähr 4000 Mann und 1 Geschütz dem siegreichen
Feinde überlassend. Da ihre Reiterei noch nicht in Thätigkeit gewesen war, so waren sie im Stande, den Rückzug
der Oesterreicher nach der Festung Olmütz zu decken. Der
Zustand der letzteren nach der Schlacht war ein solcher,
daß der österreichische Befehlshaber kein zweites Gefecht
wagen konnte. Unter der Deckung der sächsischen Armee
und der österreichischen Brigade Rothkirch gelang es den
Oesterreichern, einen größeren Theil der Armee von Olmütz
durch die Karpathen und das Thal der Waag gegen die
Festung Comorn zu führen, während die Sachsen sich nach
Preßburg an der Donau zurückzogen, welchen Fluß sie vor
dem Gefecht Blumenau und dem Abschlusse des Waffenstillstandes (d. 22. Juli) überschritten. In der preußischen
Armee ist eine Meinung, daß die Sachsen die besten Truppen
gewesen seien, die ihnen im österreichischen Kriege gegenüber
gestanden, und daß ihre Infanterie die besten österreichischen
Regimenter übertroffen habe, solche wie Hessen und Belgien,
die einst die berühmte eiserne Brigade bildeten; in Wahrheit, die Sachsen waren das Corps d'élite in der vereinigten Armee. Die Artillerie feuerte mit großer Ruhe und

Präcision bei Gitschin, sowohl als bei Königgrätz, und nur
weit überlegene Kräfte brachten sie zum Schweigen; daß
der beste Geist die sächsische Artillerie beseelte, kann man
daraus abnehmen, daß sie ein einziges Geschütz zurück ließ,
während ihre österreichischen Kameraden bei Königgrätz allein
180 verloren. — Die sächsische Reiterei hatte keine Gelegenheit, in Action zu treten, doch wurde diese Truppe immer
für eine sehr gute gehalten und es liegt kein Grund vor,
zu bezweifeln, daß, hätte sich Gelegenheit geboten, sie Thaten
verrichtet haben würden, würdig ihrer Väter in dem blutigen
Kampfe bei Borodino 1812, wo das sächsische Regiment
Zastrow-Kürassiere die berühmten Rajewski-Schanzen im
Ansturm nahm, nachdem mehrfache Infanterie-Angriffe fehl-
geschlagen waren. Sie werden gütigst entschuldigen, mein
Herr, daß ich Ihren kostbaren Raum so sehr in Anspruch
genommen habe, einzig von dem Wunsche beseelt, einer
kleinen, aber tapfern Truppe Gerechtigkeit widerfahren zu
lassen, die durch unglückliche Umstände gezwungen, gegen
ihre eignen Landsleute zu kämpfen, ihre militärische Ehre
allerwärts bewahrte. Ein preußischer Offizier a. D.
Oesterreich. Wien, 4. Juli. Die Nachrichten von
der gestrigen Schlacht bei Königgrätz haben hier die höchste
Aufregung hervorgerufen. Die „Ostd. Post" schreibt: „In
dem Augenblicke, wo wir diese Zeilen niederschreiben, steht
das Schicksal der Monarchie auf dem Spiele. Bis gegen
4 Uhr scheint das Glück der Schlacht uns nicht abhold
gewesen zu sein. Die Positionen im Centrum des Feindes
wurden von uns mit aller Energie behauptet. Von diesem
Augenblicke an aber wendete sich das Schicksal. Die in
später Nacht uns zugehenden Telegramme und Privat-
nachrichten enthalten wir uns zu veröffentlichen. Wir zittern
es auszusprechen — aber Alles deutet darauf hin, daß
wir uns auf eine große Trauerbotschaft gefaßt machen
müssen. Noch in diesem Augenblicke wird mit Löwenmuth
gekämpft, aber das Wort erstarrt uns unter der Feder —

die Schlacht scheint verloren! Was die nächsten Tage uns bringen werden — wer will es sagen! In so düsteren Momenten soll Niemand es unternehmen, sich mit der Zukunft zu beschäftigen. Es gilt, mit Besonnenheit den Anforderungen des Augenblicks zu begegnen." Dann ergehen sich die Berichte in Anklagen gegen Baiern. — Wien, 4. Juli. Die Ankunft des Königs von Sachsen erfolgte, wie bereits gemeldet, heute Nachts um 1 Uhr auf dem Nordbahnhofe. Der Kaiser hatte sich zur Begrüßung desselben dorthin verfügt. Als der König aus dem Waggon gestiegen war, reichten sich die beiden Monarchen die Hände, umarmten und küßten sich. Herr von Beust, welcher mit demselben Zuge angekommen war, wurde von dem Kaiser gleichfalls durch einen herzlichen Händedruck begrüßt. Der König von Sachsen und Herr von Beust verfügten sich hierauf, von dem Kaiser begleitet, in den Hof-Wartesalon, wo sie noch eine ziemliche Weile im eifrigsten Gespräche verweilten. Sodann begaben sich dieselben nach der Hofburg, wo unmittelbar darauf noch während der Nacht eine Ministerconferenz unter dem Vorsitze des Kaisers stattfand, welcher auch der sächsische Staatsminister, Freiherr v. Beust, beiwohnte. — Der Gemeinderath beschloß am 6. Juli sich bei eintretender Gefahr in Permanenz und Wien als „offene Stadt" zu erklären. — Der Kardinal Fürst-Erzbischof von Schwarzenberg in Prag hat erklärt, daß er unter keinerlei Umständen die Stadt verlassen werde, ja selbst gesonnen sei, den feindlichen Truppen bei ihrer etwaigen Ankunft mit dem Bürgermeister entgegen zu gehen und für das Wohl der Stadt Fürsprache einzulegen. — Die „N. Fr. Ztg." schreibt u. A. in einem Leitartikel: „Welch' eine Nacht muß das gewesen sein in der Wiener Hofburg, die vom 3. auf den 4. Juli, wo Stunde auf Stunde die Unglücksbotschaften von Böhmen sich drängten, wo der Kaiser eine Kopflosigkeit seiner Generale nach der andern erfuhr, wo er seine glänzende Nordarmee Stück für Stück in Trümmer

9*

gehen sah! „Da fand er über sich den stärkeren Herrn,"
da lernte auch er, der Erbe einer Jahrhunderte langen
Reihe von Kaisern, sich beugen vor der Nothwendigkeit des
Geschicks! Welche Berathungen, Zweifel, Bedenken, und nach
einmal gefaßtem Entschluß welch' ein Drängen und Eilen
im telegraphischen Verkehr mit Paris. In zwölf Stunden
einen solchen Entschluß gefaßt, formulirt, verwirklicht!
Einen ereignißvolleren Tag kennt die Gegenwart nicht;
seine Geschichte, richtig und genau geschrieben, wird sich
lesen, wie der interessanteste Roman." — In dem Berichte,
welcher dem Kaiser über die Tragfähigkeit und Verwend=
barkeit des Zündnadelgewehres unterbreitet wurde, befindet
sich auch ein treffendes Wort des Erzherzogs Wilhelm
angeführt, welches lautet: „Das Zündnadelgewehr verhält
sich zum Jäger=Dornstutzen, wie die Stenographie zur
Kurrentschrift."

Oesterreich. Wien, 4. Juli. Die Generäle Clam=
Gallas, Henikstein und Krismanic sind verhaftet und sollen
vor ein Kriegsgericht gestellt werden, Benedek des Ober=
commando's enthoben sein. Ungeheure Verluste auf beiden
Seiten soll die Schlacht bei Königgrätz gekostet haben, auf
preußischer Seite 30,000 Mann. Erzherzog Wilhelm ist
am Kopf verwundet. Die neutralen Mächte haben Ver=
handlungen zum Einhalt des Blutvergießens begonnen.
Vorläufig sind Waffenstillstandsverhandlungen eingeleitet.
Graf Mensdorff ist in's Hauptquartier abgereist. — Die
„Wiener Abendpost" gab dem Schmerze über die Wendung
der Ereignisse, wie sie keine menschliche Voraussicht er=
warten ließ, Ausdruck. Sie sagt: „Um so erschütternder
lastet dieser Schmerz auf uns, als an der Spitze der Armee
ein Mann stand, der von dem vollsten Vertrauen der Be=
völkerung und des Heeres getragen wurde, dem der Kaiser
vorzugsweise wegen dieser Einmüthigkeit des öffentlichen
Urtheils in jeder Beziehung vollkommenste Freiheit seiner
Entschließungen und Handlungen gewährt hatte. Nicht

der mindeste bestimmende Einfluß wurde auf den Obercommandanten der Armee geübt; die Wahl seiner Untergebenen und seine Anordnungen hatten im Vorhinein die
Genehmigung des Kaisers. Hierdurch widerlegen sich alle
die Stimmen, welche von Beeinflussung des Feldherrn und
von Octroyirung gewisser Persönlichkeiten sprechen. An
maßgebender Stelle sind alle Einleitungen bereits getroffen,
um diejenigen Personen, denen ein specielles Verschulden
zur Last fällt, mit der verdienten Strafe zu treffen. Wir
vernehmen, daß die energischsten Schritte bereits geschehen
sind, welche sicher hoffen lassen, daß Dasjenige, was in
militärischer und politisch-diplomatischer Richtung noch
erreicht werden kann, auch bald und wirksam werde erreicht
werden." — Nach dem officiellen Bülletin Benedek's an
den Kaiser unterliegt es nicht dem geringsten Zweifel mehr,
daß die Schlacht bei Königgrätz eine vollständige und
folgenschwere Niederlage der Oesterreicher bedeutet. Die
ganze österreichische Armee und die Sachsen standen in
theilweise verschanzter Stellung bei Königgrätz. Anfangs
schien die Wendung der Schlacht den Oesterreichern nicht
ungünstig, da machten die Preußen einen, wie es scheint,
ganz unvermutheten Flankenangriff von Chlum (südöstlich
von Gitschin) aus, der die österreichische Armee in vollste
Déroute brachte. Sie zog sich flüchtend über die Elbe nach
Pardubitz zurück. Das österreichische Hauptquartier ist
bereits nach Hohenmauth (südöstlich von Pardubitz) verlegt.
Die Preußen fochten mit acht Armeecorps. Ob diese
Niederlage der Oesterreicher der preußischen Uebermacht,
der fehlerhaften Führung oder der Ueberlegenheit des
Zündnadelgewehrs oder allen diesen drei Factoren zuzuschreiben ist, wird sich bald herausstellen. In Wien selbst
scheint man die Ursache der Niederlage großentheils einer
mangelhaften Leitung zuzuschreiben, denn die „Wiener
Abendpost" spricht bereits von Bestrafung derjenigen Personen, denen ein specielles Verschulden zur Last fällt. Dies

ändert jedoch an der Sachlage nichts, die verzweifelt genug für Oesterreich ist. Die böhmische Landeshauptstadt Prag ist aufgegeben und wird von den Preußen bald in Besitz genommen werden. Damit ist viel verloren. Selbst die „N. fr. Pr." äußert sich darüber: „Wir können nicht verhehlen, daß wir den Verlust von Prag, ganz abgesehen von der moralischen Wirkung desselben, für einen folgenschweren ansehen müssen; damit fällt das bisher vom Gegner freie nordwestliche Böhmen in seine Hände, gewinnt er das Schienennetz, das ihn mit Sachsen und der Lausitz in Verbindung bringt, kann er längs der Moldau gegen das Donauthal, längs der böhmischen Westbahn gegen Baiern operiren; vor Allem aber hat er die directe Verbindungslinie zwischen der Bundesarmee und unserer Nordarmee abgeschnitten und einen festen Punkt gewonnen, der von ihm rücksichtslos vertheidigt, von den Oesterreichern aber nicht rücksichtslos angegriffen, beschossen und bombardirt werden kann." In Wien selbst scheint die größte Entmuthigung eingetreten zu sein und scheint man sich so ziemlich auf das Schlimmste gefaßt zu machen. Wenigstens deutet darauf der Passus in dem erwähnten Artikel der „Wiener Abendpost" vom 3. d. M.: „Wir vernehmen, daß die energischsten Schritte bereits geschehen sind, welche sicher hoffen lassen, daß Dasjenige, was in militärischer und politisch-diplomatischer Richtung noch erreicht werden kann, auch bald und wirksam werde erreicht werden." Dem gegenüber verschwindet fast die Wirkung der glorreichen Erfolge der Oesterreicher in Italien und der heute gemeldete Uebergang derselben über den Mincio in die Lombardei. Sie verschwindet um so mehr, da sich bekanntermaßen in dem preußisch-italienischen Vertrag Italien und Preußen gleichsam solidarisch verhaftbar gemacht und einseitige Transactionen ausgeschlossen haben.

Wien, 13. Juli. Eine wahre Panik hat seit der Schlacht bei Königgrätz in den weitesten Kreisen um sich gegriffen. Aus zahlreichen Orten Böhmen's und Mähren's treffen hier Berichte ein, nach welchen die Annäherung einer kleinen preußischen Abtheilung genügte, um fast die gesammte Einwohnerschaft, mit Hinterlassung der meisten Habe, zur wilden Flucht zu bewegen. Das Schlimmste aber ist, daß selbst die Orts= und Landesbehörden sich nicht nur von diesem Strome hinreißen lassen, sondern oft selbst das Signal zur allgemeinen Flucht geben. Als die ersten Nachrichten von der Flucht der Behörden in Böhmen hier anlangten, erwartete man allgemein einen Erlaß des Staats= ministers, in welchem allen Beamten, die ohne Befehl ihre Posten verlassen, mit sofortiger Entlassung gedroht würde. Es ist aber keine derartige Veröffentlichung erschienen, wie sich denn überhaupt gerade jetzt die Ministerien in doppelt geheimnißvolles Schweigen und ihr Thun in undurchdring= liche Schleier hüllen. Die Stimmung im Publikum über dieses Verhalten ist eine äußerst erbitterte, und man hört jetzt an öffentlichen Orten laute Aeußerungen, die zu anderen Zeiten sofortige Arretirung nach sich gezogen hätten. Auch die Blätter verlangen ganz unverhüllt die Entlassung des jetzigen Ministeriums und eine gründliche Aenderung des Regierungssystems, namentlich Beseitigung der clericalen Einflüsse, während dagegen die Clericalen selbst (am lautesten Pater Klingkowström in der Jesuitenkirche) überall schreien, die Ursache des Unglücks liege in dem weltlichen, sündlichen Treiben des österreichischen Volkes und darin, daß der Oberfeldherr der Nordarmee ein Protestant sei; die Preußen verdankten ihre Erfolge der Mitwirkung der Freimaurer, die auch in Oesterreich für sie thätig seien ꝛc. — In diplomatischen Kreisen hört man, daß Oesterreich nicht nur die von Preußen aufgestellten Waffenstillstandsbeding= ungen unbedingt verworfen, sondern auch die Friedens= grundlagen des Grafen Bismark als mit den Interessen und der Ehre Oesterreichs unvereinbar erklärt und seiner= seits diejenigen Punkte bezeichnet habe, um welche es sich

allein bei dem Friedensschlusse handeln könne. Die Ver=
handlungen dauern über Paris noch fort; man erwartet
aber von ihnen kein Resultat, vielmehr die energische Fort=
setzung des Kampfes unter dem Obercommando des bereits
hier eingetroffenen Erzherzogs Albrecht; die Nordarmee,
die sich bei Olmütz concentrirt, soll bereits wieder schlag=
fertig sein. An der Anfertigung von Hinterladungsgewehren
wird Tag und Nacht gearbeitet.

Wien, 6. Juli. Gestern Abend ist Graf Clam=Gallas
hier eingetroffen, wie es fast scheint, ohne das Schicksal
zu ahnen, dem er entgegen geht. Auf dem Nordbahnhofe
— so erzählt mir ein Augenzeuge — harrte seiner ein
Offizier der Adjutantur, zog drei versiegelte Schreiben her=
vor, prüfte beim Schein einer Gaslaterne die Adressen und
überreichte ihm sodann eines derselben. Der General er=
brach es, durchflog den Inhalt in sichtlicher Aufregung,
entgegnete aber, schnell gefaßt: „Ich stehe zur Verfügung,"
und ein bereithaltender Wagen nahm ihn auf. Sein Adju=
tant, Prinz Rohan, trennte sich auf dem Bahnhof von
ihm. — Die Verladung des Baarschatzes der National=
bank dürfte heute beendet werden. Es liegen vier Dampf=
schlepper bereit, die kostbare Fracht (126 Millionen Silber
im Gewicht von 140,000 Centnern) nach Comorn zu
bringen. — Wenn auch die Verluste der Nordarmee im
Einzelnen noch nicht zu übersehen sind, sie müssen enorm
sein, darin stimmen Alle überein, die unmittelbar vom
Schlachtfeld hierher gekommen. Es ist eine Déroute, wie
sie die Annalen der österreichischen Kriegsgeschichte kaum
je gekannt. An eine Vertheidigung der Elbe kann nicht
mehr gedacht werden. Die Trümmer einer der herrlichsten
Armeen, die je in's Feld gestellt worden, haben sich auf
der noch freien Straße nach Mähren gewendet, und unter
den Mauern von Olmütz mag es gelingen, Mittel und
Zeit zu finden, sie materiell und moralisch wieder zu kräf=
tigen. Inzwischen ist Wien, das verhehlt sich Niemand,

ernſtlich bedroht, und es wird bereits für alle Eventuali=
täten vorgeſorgt: Seit geſtern Morgen ſind zehn Locomo=
tiven unausgeſetzt in Thätigkeit, um das ſämmtliche Be=
triebsmaterial der Nordbahn mittels der Verbindungsbahn
auf die Südbahn überzuführen, und ſowohl die kaiſerliche
Schatzkammer, als die Nationalbank treffen Anſtalten —
in der Bankgaſſe ſtanden heute Morgen, das iſt Thatſache,
lange Reihen von Wagen mit Fäſſern, welche den Baar=
ſchatz der Bank aufzunehmen beſtimmt waren — eintretenden
Falles ſofort nach der ungariſchen Feſtung Comorn über=
ſiedeln zu können." —

Dem in der Schlacht bei Königgrätz verwundeten Prinzen
Anton von Hohenzollern iſt durch eine Kugel die linke
Knieſcheibe zerſchmettert und der Oberſchenkel durchbohrt
worden; außerdem hat er noch einen Schuß durch das
rechte Bein erhalten. Die Aerzte ſind der Anſicht, daß der
Verwundete nur noch durch eine Amputation des linken
Beines am Leben zu erhalten ſei.

Neu=Königgrätz an der Elbe, 5. Juli. (Soldatenbrief.)
Meinen letzten Brief ſchrieb ich auf dem Schlachtfelde. Heute
ſchreibe ich nach dem Einzuge in Neu=Königgrätz, nachdem
wir auf der eiligen Flucht des Feindes noch einen heftigen
Zuſammenſtoß gehabt hatten. In der Nacht zum 4., gleich
nach der ſiegreichen Schlacht, wurde Generalmarſch ge=
ſchlagen; unſer Bataillon war mit zwei Schwadronen
Gardehuſaren und zwei Batterien Garde=Artillerie auser=
ſehen, an der Verfolgung Theil zu nehmen und unſere er=
müdeten Kameraden abzulöſen. Dreißig Wagen ſtanden
für uns bereit. Mit Hurrahruf ſchwangen wir uns in
die bereitſtehenden Leiterwagen, und vorwärts ging es, an
den Ufern der Elbe entlang. Es war eine koſtbare Nacht.
Der Regen hatte vollſtändig aufgehört, die Wolken waren
am Himmel verſchwunden und die Sterne flimmerten ſo
hell und klar da oben und beſchienen die Todten und Ver=
wundeten, die auf allen Wegen zwiſchen Torniſtern und

Gewehren, Gepäck und Wagen, zerbrochenen Geschützen und todten Pferden umherlagen. Nur mit großer Vorsicht konnten wir unsern Marsch unternehmen, da versprengte Oesterreicher in der Nähe noch umherschwärmten und die Arrieregarde des Feindes in der Nähe war. Jedes Gebüsch vermeidend, kamen wir, etwa gegen 3 Uhr Morgens, an ein Wäldchen. Hundert Schritt vor demselben wurde Halt gemacht. Wir verließen die Wagen, und vierzig Mann von uns nebst zehn Husaren ritten nach rechts, nach dem Saume des Waldes. Alles schien still und ruhig, kein Baum, kein Zweig bewegte sich. Da plötzlich, als unsere Leute näher kamen, ein jäher, die Gegend weithin erhellender Blitz, ein Donnern und Rauschen, Brausen und Platzen in der Luft, dazwischen das Knattern des Gewehrfeuers. Eine ganz anständige Salve hatte uns empfangen. Schleunigst zogen wir uns zurück. Als wir in einigermaßen gesicherter Stellung waren, griff unsere Artillerie mit Entschiedenheit an. In kurzer Zeit brannten mehrere Bäume und bei der grellen Beleuchtung bemerkten wir, daß die Oesterreicher sich zurückzogen, um das Gros zu erreichen. Mit gefälltem Bayonnet gingen wir jetzt zum Sturm. Ein kurzer, aber hartnäckiger Widerstand wurde uns entgegengesetzt, dann aber trieben wir den Feind vor uns her und machten viele Gefangene, eroberten außerdem die am Rande des Waldes aufgestellten sechs Geschütze. Der Kampf hatte im Ganzen nur etwa eine Stunde gedauert und doch den Oesterreichern sehr viele Verluste beigebracht. Unsere Granaten hatten furchtbar aufgeräumt und ganze Reihen von ihnen niedergemäht. Schrecklich war der Anblick der wackeren Krieger, die sich, man muß es ihnen lassen, mit Löwenmuth geschlagen hatten. In den brechenden Augen lag noch ein gewisser Grad von Trotz und Heldenmuth. Die aufgehende Sonne beleuchtete die Gefallenen und das verwüstete Wäldchen. Links von uns brannten mehrere Dörfer und Kanonendonner hallte

Artillerie zu Fuss. Reitende Artillerie. Landwehr Uhlan. Gardeinfanterie. Dragoner. Füsailier. Kurassier. Jager. Tambour. Landwehr Landwehr Hussar. Hussar. Uhlan

K. preuss. Militair.

Verlag v. H. G. Münchmeyer

zu uns herüber. Der Feind erwiderte nur schwach das Geschützfeuer, er wurde immer entmuthigter und verzweifelter. In wilder Flucht warfen schließlich ganze Bataillone die Waffen fort und ergaben sich. Auf der Verfolgung stießen wir auf mehrere Bauern, die wenigstens zwanzig preußische und österreichische Soldaten, die hülflos und verwundet am Boden lagen, erst ermordet und dann ausgeplündert hatten. Wir ergriffen die Barbaren, und da gerade in der Nähe mehrere Bäume standen, so hängten wir in den Zweigen derselben die drei Leichenschänder auf, nachdem sie vorher noch von unseren empörten Leuten auf das übelste zugerichtet worden waren. Schrecklich war das Geheul der Elenden, als die hanfene Schlinge ihnen um den Hals gelegt wurde; mit Abscheu wandten wir uns von den Mördern ab. Nicht weit davon bemerkten wir einen Jungen. Derselbe machte soeben Anstalt, einem Oesterreicher die Uhr abzunehmen. Durch die ungeschickten Bewegungen des Knaben kam der Verwundete wieder zu sich. Er zog unbemerkt ein Pistol aus der Tasche und jagte dem jungen Taugenichts eine Kugel durch den Kopf, jedenfalls für uns Zeit ersparend, da sicherlich sonst unsere Leute dem Jungen den Garaus gemacht hätten.

Der Brief eines höhern Offiziers der 7. Division enthält Folgendes: Die Division Fransecki, fast in der Mitte der preußischen Schlachtreihe auf Königgrätz avancirend, stieß gegen 8 Uhr bei dem Dorfe Benatek ziemlich gleichzeitig mit der Division Horn auf den Feind. Das von der Artillerie in Brand geschossene Dorf wurde von der Avantgarde (das 27. Inf.=Regt., Füsilierbataillon 67. Regts. 1. 4pfündige Batterie) bald genommen. Sie drang rasch weiter gegen die waldigen, südlich Benatek von Maslowed nach Zistowetz sich hinziehenden Höhen vor, nahm diese, gefolgt vom 26., 66. und 67. Regiment, stieß aber bald in Front und beiden Flanken auf so bedeutende feindliche Streitkräfte, daß eine rückgängige Bewegung eintreten mußte. Auf's Neue vordringend und wieder zurückgeworfen, von mindestens sechs feindlichen wohl placirten Batterien von allen Seiten beschossen, vorwärts, rechts und links gegen die anrückenden Colonnen mit einzelnen Bataillonen und Compagnien vorgehend und wieder geworfen, wogte 4 Stunden lang hier ein Kampf, von dessen Heftigkeit nur Der einen Begriff hat, der nachher den mit Todten und Verwundeten buchstäblich bedeckten Boden gesehen, auf dem 75 Offiziere und 2300 Mann von uns und wohl das Doppelte dieser Zahl vom Feinde todt und verwundet niedersanken. Gegen 12 Uhr bis zu den, das Gefechtsfeld begrenzenden Höhen zurückgedrängt, ging der Ruf — so wörtlich — unsers Divisionscommandeurs durch die gelockerten Reihen: „Nicht mehr weiter zurück, hier sterben wir!" Es war eine bange, bange Stunde. Ich dachte ähnlich, wie Wellington bei Belle-Alliance: „Wollte Gott, es wäre Nacht, oder der Kronprinz käme." Die Nachricht, daß Se. k. Hoheit der Kronprinz in unserer linken Flanke im Anmarsch sei, von allen Bataillonen mit Hurrah erwidert, stellte die erschütterte Zuversicht unsrer braven Truppen vollständig wieder her. — In einem andern Briefe desselben Blattes heißt es: Das 3. Bataillon des Gardefüsilier-regiments hat die schwersten Verluste erlitten. Es ging mit 706 Mann in's Gefecht und kam mit 400 Mann daraus zurück.

Der Berichterstatter der „Times" sagt in seinem Berichte über die Schlacht bei Königgrätz: Die Oesterreicher hatten eine durch Teiche und Wälder wohl gedeckte Position und wußten dieselbe gut zu benutzen. Ihre Artillerie scheint ausgezeichnet gewesen zu sein. Sie warfen die anrückenden Preußen nieder und brachten ihnen schreckliche Verluste bei, während sie selbst fast unverletzt blieben. Nach dem Berichte unsers Correspondenten müssen wir das Urtheil fällen, daß die Preußen den Sieg des Tages nicht lediglich der Ueberlegenheit ihrer Waffen verdanken. Der Wald ober-

halb Sadowa konnte nur durch einen wirklichen harten
Kampf erstürmt werden. Die Oesterreicher wollten nicht
weichen, sondern warteten auf den Angriff. Das 27.
preußische Regiment ging etwa 3000 Mann stark mit 90
Offizieren vor und kam auf der andern Seite mit nur 2
Offizieren und 300 bis 400 Mann heraus; alle übrigen
waren todt oder verwundet.

„Aus dem Hauptquartier der ersten Armee (Prinz
Friedrich Karl) in Böhmen, den 4. Juli, Nachmittag 4 Uhr.
Benedek hatte mit der österreichischen Armee — 2., 4., 6.
und 8. Corps und den Sachsen — eine sehr feste Stellung
in und um Sadowa, hinter der 4—5 Fuß tiefen Bistritz, über
die nur eine einzige, von den Oesterreichern beherrschte,
hölzerne Brücke führte. Die umliegenden, mit zahlreicher
Artillerie besetzten Höhen dominirten das Terrain vollständig. Zum Angriff war die preußische Armee in
folgender Weise formirt: Im Centrum die 3., 4. und 8.
Division, mit der 5. und 6. als Reserve; auf dem linken
Flügel die 7. Division, auf dem rechten (den sächsischen
Truppen gegenüber, die den linken Flügel der österreichischen
Stellung bildeten) diejenigen Truppen des Generals v. Herwarth, welche bei der großen Entfernung herangezogen
werden konnten. Der Kampf wurde früh 6 Uhr durch
ein heftiges Artilleriefeuer, das namentlich von österreichischer
Seite von mörderischer Wirkung war, eröffnet. Die In-
fanteriecolonnen, die hierauf zum Angriff vorgezogen
wurden, hatten unter dem feindlichen Geschützfeuer und
von der hinter Verhauen und an den Lisièren der be-
waldeten Höhen liegenden österreichischen Infanterie furchtbar zu leiden, und blieb deshalb hier der Kampf lange
unentschieden. Der Feind, die Stärke seiner Position im
Centrum wohl kennend, warf sich deshalb mit aller Macht
auf seine bedrohten Flanken, und es war namentlich die
7. Division (Fransecki), die bei dem Dorfe Benatek entsetzliche Verluste erlitt, aber dennoch nach blutigem Kampfe

die vorliegenden Höhen einnahm. Auch auf dem rechten
Flügel ward lange kein Erfolg erzielt, denn die Sachsen
standen, nach Aussage unserer eigenen Leute, wie schon
bei Gitschin, gleich Mauern. Endlich gegen 2 Uhr Nach=
mittags langte der Kronprinz mit dem 1. Armeecorps und
dem Garbecorps, in der Richtung von Königinhof über
Horzinowes auf Lippa vorgehend, auf unserm linken Flügel
an, und dieser Moment elektrisirte unsere bis zum Tode
erschöpften Truppen (die schon seit 12 Uhr Nachts auf dem
Marsche, resp. im Gefecht waren) derart, daß sie den An=
griff mit neuem Muthe aufnahmen. Die kronprinzlichen
Truppen griffen sofort in das Gefecht mit ein (hauptsäch=
lich das Garbecorps) und die Oesterreicher fingen an zu
weichen, geschützt durch zahlreiche, rückwärts befindliche
Artilleriepositionen. Als die Unserigen das Plateau der
österreichischen Stellung erreicht hatten, wurden die Cava=
lerie und die reitende Artillerie zur Verfolgung des über
die Elbe zurückweichenden Feindes vorgezogen, und bereits
Abends 8 Uhr waren die jenseits der Elbe gelegenen
Höhen von preußischen Truppen besetzt, während die übri=
gen auf dem Schlachtfelde bivouakirten. Die 5. Division
übernahm die weitere Verfolgung im Verein mit der
Cavalerie."

Aus Wien wird über die Schlacht bei Königgrätz
(Sadowa) unterm 4. Juli telegraphirt: Benedek hat hier=
her gemeldet: „Nach einem glänzenden fünfstündigen
Kampfe in der Position bei Königgrätz ist es den Preußen
infolge der Begünstigung durch den Regen gelungen, sich
in Chlum festzusetzen. Da unsere Linien sohin durchschnitten
worden, so mußten wir uns zurückziehen. Der Rückzug
erfolgte langsam auf Parbubitz." Chlum, ein Dorf, liegt
etwa $1\frac{1}{2}$ Stunden nordwestlich von Königgrätz, eine halbe
Stunde südöstlich von Sadowa, zwischen der von Horzitz
nach Königgrätz führenden Hauptstraße und der Elbe.

Die Entfernung zwischen Königgrätz und Pardubitz beträgt nicht ganz 3 Meilen.

Feldmarschall-Obercommandant Benedek an den Kaiser: „Hohenmauth, 4. Juli, 3 Uhr Morgens. Nach mehr als fünfstündigem, brillantem Kampfe der ganzen Armee und der Sachsen in theilweise verschanzter Stellung von Königgrätz, mit dem Centrum in Lippa, gelang es den Feinden, sich unbemerkt in Chlum (Chlom) festzusetzen. Das Regenwetter hielt den Pulverdampf am Boden, so daß er eine bestimmte Aussicht unmöglich machte. Hierdurch gelang es dem Gegner, bei Chlum in unsere Stellung vorzudringen. Plötzlich und unvermuthet in Flanke und Rücken heftig beschossen, wankten die nächsten Truppen, und ungeachtet aller Anstrengungen konnte es nicht gelingen, dem Rückzuge Einhalt zu thun. Derselbe ging anfangs langsam vor sich, nahm jedoch an Eile zu, je mehr der Feind drängte, bis sich Alles über die Kriegsbrücken der Elbe, sowie nach Pardubitz zurückzog; der Verlust ist noch nicht zu übersehen, ist aber gewiß sehr bedeutend."

Wien, 6. Juli. Wer aus Erfahrung weiß, was es zu bedeuten hat, wenn eine Armee von einer Panik ergriffen wird, dürfte zu beurtheilen vermögen, weshalb man auch vor Königgrätz nicht gesiegt. Und diese Panik, sagen wir es offen heraus, hat seit den schweren Niederlagen an der sächsischen und der schlesischen Grenze unter unseren Soldaten leider Platz gegriffen. „Gegen die Zündnadelgewehre ist jeder Muth vergeblich, wir können uns nicht wie das Vieh abschlachten lassen," diese Worte hört man von allen Verwundeten ausrufen, welche in langen Zügen in wahrhaft herzzereißendem Zustande ankommen. Und wie sieht es auf der Prag-Wiener Bahn aus? Dieses grauenhafte Durcheinander, diese entsetzten Gesichter der zahllosen Flüchtlinge jeden Standes und Alters, die Haufen blutbefleckter, wimmernder Soldaten, dazwischen Gepäck, Kanonen, Kriegsmaterial, Pferde, Hornvieh und tausenderlei Dinge in unbeschreiblicher Verwirrung, dies Alles gewährt ein Schauerbild, welches uns mit eisiger Hand die Haare sträubt. Glauben Sie mir, in dieser Weise kann es nicht acht Tage mehr fortgehen; eine Katastrophe, ich weiß nicht welche, ist vor der Thüre. Um das Maß voll zu machen, erhielten wir heute auch von dem äußersten rechten Flügel der Nordarmee bei Krakau schlimme Nachrichten. Bei Chrzanow, einer Bahnstation zwischen Oswiencim und Krakau, ward die Brigade des Generals Trentinaglia, wie die officielle Depesche selbst sagt, von den Preußen überfallen, und die österreichische Brigade mußte sich fechtend nach Krakau zurückziehen. Wie das Alles für das arme, schwergeprüfte Oesterreich enden wird? — Gott mag's wissen! — Erkennt man endlich, daß die Preußen nebst ihren gefürchteten Zündnadelgewehren einen Alliirten unvergleichlichster Art in jener modernen Intelligenz besitzen, die, ein Erbstück ihrer besten Zeit, sich unverkennbar in ihrer sehr gewandten Kriegführung auch jetzt ausprägt?

Aus dem Feldlager vor Königsgrätz, 6. Juli. Gestern Nachmittag wurde seiten unserer Artillerie Königsgrätz beschossen und drei Häuser dadurch in Brand gesteckt. Die Oesterreicher sandten bald darauf einen Parlamentär, worauf das Feuern eingestellt wurde; dasselbe hat bis heute Nachmittag 4 Uhr noch nicht wieder begonnen. Unsere Avantgarde befindet sich bereits in Pardubitz und bewegt sich, indem sie Prag rechts liegen läßt, in der Richtung nach Wien weiter. — Die beiden Festungen Josephstadt und Königsgrätz bleiben von zwei Divisionen cernirt; doch ist es nicht unmöglich, daß das letztere von unserer Artillerie zusammengeschossen werden wird, da es von unserem erhöht liegenden Lager aus die prächtigste Zielscheibe bietet, wohingegen Josephstadt, mit hohen Wällen umgeben, nichts weiter dem Auge zeigt, als einen nackten Thurm. Beide Festungen sind durch die Elbe

ringsum unter Waſſer geſetzt. — 7. Juli. Die 11. Di=
viſion hatte bis geſtern Nachmittag vor Königgrätz bi=
vouakirt; um 5 Uhr Nachmittags begann von Neuem das
bereits eingeſtellte Bombardement, und da die Geſchoſſe
der Oeſterreicher das Lager erreichten, wurde daſſelbe ab=
gebrochen, und iſt nunmehr auch die 11. Diviſion in der
Richtung nach Parbubitz zu aufgebrochen.

Der militäriſche Correſpondent der „Times" ſchreibt
über die in der Schlacht von Königgrätz gemachten Er=
fahrungen über die Anwendung des Zündnadelgewehrs:
der größte Einwurf gegen die Waffe ſei immer die Be=
fürchtung geweſen, daß der Soldat ſeine Munition zu
ſchnell verſchießen und daß dann im entſcheidenden Momente
ein Erſatz derſelben nicht thunlich ſein möchte. In der
großen Schlacht von Königgrätz aber ſei von der Infan=
terie durchſchnittlich kaum eine Patrone pro Mann abge=
feuert worden und wenige einzelne Soldaten hätten neun=
zig Patronen, wenige über ſechzig verſchoſſen, während der
ganzen Dauer des Gefechtes. „Dieß beweiſt, daß die Sol=
daten gewöhnt werden können, ihr Feuer zu ſparen und
nur zur rechten Zeit zu ſchießen; denn die Bataillone hatten
niemals Mangel an Munition und die Mannſchaften immer
genug Patronen in der Taſche, welche ſie verſchoſſen haben
würden, wären ſie nicht gelehrt, ihre Kugeln für ent=
ſcheidende Momente aufzubewahren und keinen Schuß zu
feuern, als bei günſtiger Gelegenheit. Die gezogenen
Kanonen feuerten etwa durchſchnittlich 60 Schüſſe. Die
größte Zahl von Schüſſen, welche eine Kanone abgab, war
80. Die glatten Zwölfpfünder gaben nicht ganz ſo viele
Schüſſe ab. Die öſterreichiſchen Kanonen feuerten viel
mehr, aber ſie hatten zu Anfange des Gefechts eine freiere
Ausſicht auf die preußiſchen Kanonen, bevor dieſe die
Biſtritz überſchritten, ebenſo auch auf die Infanterie, als
dieſe den Abhang von Dub herabmarſchirte. Die Zahl
der getödteten und verwundeten Oeſterreicher in Verbindung

mit der verhältnißmäßig geringen Zahl der abgegebenen
Schüsse, beweist viel dafür, daß zerstörendes Feuer nicht
auf ferne Distanzen abgegeben wird, noch daß die Präci-
sionsgewehre die gefährlichsten in der Schlacht sind. Schnel-
les Feuern, wenn die Linien nahe zusammentreffen, scheint
das wirksamste zu sein. Die österreichische Büchse ist, glaube
ich, anerkannt dem preußischen Zündnadelgewehr an Güte
überlegen, sowohl was Genauigkeit des Zieles, als Tragweite betrifft. Die Oesterreicher scheinen auf größere
Distanzen ihr Feuer zu eröffnen, aber die dichten Haufen
von Gefallenen und Verwundeten, welche sie aus ihren
Linien verloren, und die in solchen Stellen, wo die Truppen nahe zusammen gekommen waren, alle dicht beisammen
lagen, gaben einen schrecklichen Beweis von der fürchter-
lichen Zerstörungskraft der schnell ladenden Waffe."

Besonders viel litt die Armee des Prinzen Friedrich
Karl von Preußen, welcher den Angriff des 3. Juli auf
Lippa einleitete und das Gefecht gegen unsern linken
Flügel soutenirte. Die Sachsen, welche auf unserm linken
Flügel vorgeschoben, bei Prim standen, hielten den Anprall wacker aus. Der Kronprinz von Preußen marschirte
mit seiner Armee auf unsern rechten Flügel los, welcher
durch die leichte Cavaleriedivision des Generalmajors
Fürsten Taxis, die sich auf Trotina — vorwärts Smirtitz
— stützte, aufgestellt war. Dieser Flankenangriff gab
Veranlassung zu einer Lücke zwischen dem dritten und
vierten Corps, welche von den Preußen so verhängnißvoll
für uns benutzt worden ist. Ein Waldstreifen, der vorwärts dieser Lücke sich über einen Hügelrücken zieht,
wurde von ihnen benutzt, um sich einzuschleichen. Eine
Divisionscolonne marschirte durch diese Waldparcelle und
aus ihr heraus im Rücken unserer Aufstellung auf einen
ziemlich steilen Hügelkopf los, welcher rechts, rückwärts
von Chlum, liegt und gute Uebersicht über das Schlacht-
terrain giebt. Es steht eine Kapelle auf dem Hügel, und

neben derselben hatte Feldzeugmeister Benedek mit seiner
Suite sich aufgestellt. Die Preußen, als sie im Rücken
unserer Aufstellung angekommen waren und sich aus dem
Waldrande heraus auf den Abhang zogen, welcher dem
beschriebenen Hügel gegenüber liegt, gaben sogleich das
Signal ihrer Anwesenheit. Sobald nämlich eine preußische
Abtheilung irgend einen Ort besetzt, wird daselbst von ihr
ein chemisches Präparat entzündet, welches einen weithin
sichtbaren, dicken, qualmigen Rauch verursacht und als
Signal dient, daß irgend ein Punkt von ihnen besetzt
sei. Zugleich mit dem Anzünden dieses Signalfeuers, auf
welches hin neue Abtheilungen der Preußen vorbrangen,
eröffneten sie ein mörderisches Kleingewehrfeuer auf unsern
Rücken, welchem sich bald ihre aus dem Walde debouchi-
renden Batterien anschlossen. Zwei Infanteriebataillone,
welche in der Nähe waren, als man die Umgehung gewahrte, wurden dem Feinde ohne Erfolg entgegenzuwerfen
versucht; in dem Maße, als er sich ausbreitete, verbreitete
sich auch die Kunde von dem Rückenangriff und die daraus folgende Verwirrung. Von den beiden Hängen,
welche von Prim und Problus einerseits und von Lippa,
Chlum und Wsestow andererseits in eine Mulde abfallen, strömten in diese Vertiefung Truppen aller Waffengattungen
zusammen; hier war es, wo wir durch das rasche Feuern
der Preußen die größten Verluste erlitten. Die Schiffbrücke bei Opatowice, zu welcher der Weg durch mehrere
kleine Ortschaften und über bedecktes Terrain führt,
wurde von vielen Truppentheilen nicht gefunden, was
neuen Aufenthalt und neue Verwirrung erzeugte; instinct-
mäßig drängten andere gegen Königgrätz, wo man die
Festung geschlossen fand; hätten die Preußen nicht selbst
einen so heißen Tag gehabt, dessen Entscheidung für uns
an einem Zufalle hing, hätten sie nicht so schweren Verlust erlitten, daß sie sich nicht fähig fanden zur Ver-

folgung, die Armee hätte einer Katastrophe kaum ent=
gehen können.

Nach amtlichen in Berlin eingegangenen Berichten
aus Pardubitz ist den Truppen der Elbarmee auf dem
Marsche zwischen Pardubitz und Prag in einer kaiserlichen
Tabakfabrik das Quantum von 38,000 Ctr. Tabak und
27 Millionen Cigarren in die Hände gefallen. Diese
Vorräthe sollen an die Armee vertheilt werden. Unsere
Colonnen sind in stetigem Vorrücken. — Die Zahl der in
der letzten Schlacht und infolge derselben genommenen
Geschütze beträgt jetzt 180. In den jüngsten Tagen ist
noch eine Colonne von 400 gefüllten Munitionswagen ge=
nommen worden.

Der „Schles. Ztg." schrieb man aus Chlumetz u. a.,
daß die der österreichischen Armee entrissenen Geschütze noch
in ungeheuern Parks auf dem Markte von Pardubitz und
theilweise selbst noch auf dem Schlachtfelde von Königgrätz,
bei Chlum und Sadowa, aufgefahren stehen. Die breiten
Blutlachen auf den Wahlstätten sind noch nicht völlig ge=
trocknet, sie sind trotz Regen und Sonnenschein auf dem
Felsgrund oder dem harten Lehmbruch noch überall sicht=
bar. Gräber ohne Zahl sind auf den Feldern aufgeschaufelt
und das ganze Land kann trotz der Tausende und Aber=
tausende von bereits fortgeführten Verwundeten gleichsam
nur als ein einziges Lazareth betrachtet werden. Letzten
Dienstag sind in Pardubitz zehn mit den Waffen in der
Hand ergriffene Bauern und Knechte standrechtlich erschossen
worden; Tags darauf hat in Skalitz eine gleiche Execution
stattgefunden. — Neun Einwohner aus Trautenau sind aus
dem Gefängniß zu Breslau entlassen worden, da sich gegen
sie belastende Momente nicht ergeben haben. Sie wurden
mit der Eisenbahn nach Pleß und von dort nach Nicolai
transportirt, wo ihre Entlassung erfolgte.

Aus Horzitz, 5. Juli (Hauptquartier Sr. Majestät
des Königs in Böhmen): Im Laufe des 4. und auch noch

heute stellte es sich heraus, daß die Schlacht bei Königgrätz sehr viel bedeutendere Resultate gehabt, als man am Abend nach derselben und erst beim Beginnen der Verfolgung hatte übersehen können. Die Zahl der Gefangenen ist in diesem Augenblick auf 19,000 Mann aller Waffen und Grade constatirt. Auch die Zahl der genommenen Geschütze scheint sich noch zu vermehren, denn man findet in Hohlwegen und auf Berghöhen stehengebliebene Kanonen, welche von dem sich zurückziehenden Feinde aufgegeben worden. Am schlagendsten spricht für die schweren Verluste der feindlichen Armee die gestern Nachmittag erfolgte Ankunft eines österreichischen Parlamentärs im Hauptquartier Sr. Majestät des Königs, und zwar in der Person des Feldmarschalllcutnants v. Gablenz, dessen Armeecorps schon vor dem entscheidenden Schlage am 3. die Schwere der preußischen Waffe hatte fühlen müssen. Se. Excellenz hatte sich bei den Vorposten der Armee Sr. k. Hoheit des Kronprinzen gemeldet und hatte von dem Obercommando derselben die Erlaubniß erhalten, sich in das Hauptquartier Sr. Majestät nach Horziß zu begeben, wo er, natürlich mit verbundenen Augen und von einem preußischen Offizier begleitet, eintraf, den Zweck seiner Sendung aber nicht sofort erfüllen konnte, da Se. Majestät der König sich nach Chlum in die Bivouaks der dort noch auf dem Schlachtfelde lagernden Truppen begeben hatte. Da die Rückkehr sich verzögerte, so wurde Baron von Gablenz Sr. Majestät auf der Chaussee nach Königgrätz entgegengefahren und fand auf der Chaussee zwischen Sadowa und Chlum eine Begegnung statt. Da Baron v. Gablenz die Augen verbunden hatte, so hielt Se. Majestät denselben für einen gefangenen und verwundeten österreichischen General, ließ anhalten und erkundigte sich nach der Wunde und dem Befinden desselben. Als die Meldung erfolgte, daß General v. Gablenz als Parlamentär gekommen sei, ließ Se. Majestät der König ihm das Tuch von den Augen nehmen und gab ihm Audienz, über deren Resultat jedoch nichts in das Publikum drang.

Vom nördlichen Kriegsschauplatze wurde aus österreichischer Feder vom 6. Juli geschrieben: Die Katastrophe, welche binnen 18 Tagen eine Armee von 300,000 Mann vernichtet und Oesterreich im Norden vollständig wehrlos gemacht hat, ist in politischer wie militärischer Beziehung von so zermalmender Wucht, daß selbst die stärksten Seelen, welche Zeugen dieses in der Geschichte beispiellosen Ereignisses waren, momentan wanken und dumpfer Verzweiflung sich hingeben mußten. Wenn Europa das ungeheure Elend sehen könnte, welches von den Schlachtfeldern Böhmens sich im weiten Bogen durch Mähren bis Wien erstreckt, so würden selbst die grimmigsten Feinde Oesterreichs durch die entsetzlichen Scenen gerührt werden müssen, welche täglich, ja stündlich sich dort abspiegeln. Längs der ganzen Nordbahn bis Wien liegen die Verwundeten haufenweise, dazwischen versprengte, todmüde Soldaten aller Waffengattungen, flüchtige Bewohner Böhmens, Gepäck, blutige zerrissene Uniformstücke, Geschütze, Wagen und Troß jeder Art. Von einer ausreichenden Pflege der Verwundeten kann unter solchen Umständen selbstverständlich keine Rede mehr sein; man leistet, was man leisten kann, aber das Unglück, welches stündlich furchtbarere Dimensionen annimmt, übersteigt die menschlichen Kräfte. Ueber die letzte Schlacht zwischen Königgrätz und Josephstadt gehen uns heute noch eine Reihe von Einzelheiten zu, welche leider bestätigen, daß die Nordarmee zu existiren aufgehört hat. Von den stolzen Bataillonen, welche vor 18 Tagen muthig und voll Siegeshoffnung in die Schlachtlinie rückten, sind heute nur noch einzelne Haufen, theilweise ohne Waffen und Führer, übrig, welche planlos umherirren und an nichts mehr denken, als sich vor der raschen Verfolgung des Feindes zu retten. Wo gegenwärtig das Hauptquartier der Nordarmee — oder ob überhaupt noch ein solches existirt — weiß Niemand. Wie Sie bereits wissen werden, sind die Spitzen desselben, d. h. der Generalstabschef FML. Henikstein und der Souschef Generalmajor Krismanic unter Escorte nach Wien geführt worden, um sich dort für ihre Thaten vor einem Kriegsgerichte zu verantworten. Die gestrigen Wiener Journale berichten bereits die dort erfolgte Ankunft der Verhafteten und zwar mit voller Namensangabe. Was den Feldmarschallleutnant Henikstein betrifft, so hatte Ihr Correspondent leider Gelegenheit, mit demselben in früherer Zeit in Italien zu verkehren. Nach verschiedenen Einblicken, welche mir damals in das Generalstabswesen Heniksteins gestattet waren, kann ich nicht behaupten, daß jenes mit Talent und Geschick geleitet gewesen, ja, Henikstein erinnert sich auch nicht gern seines gezebenen Wortes, das zumal im Munde eines Generals und Soldaten heilig sein muß. Es hat zwar wenig zur Sache, daß Henikstein ein Emporkömmling, ein getaufter Jude ist, aber merkwürdig bleibt, daß die Geschichte darüber schweigt, wie und wodurch dieser Mensch eine der wichtigsten Stellen in der Armee erklommen. — Während ich dies schreibe, kommen Jäger vom Kriegsschauplatze an, welche im Zustand vollständiger Erschöpfung vor meinem Fenster zu beiden Seiten der Straße sich auf die Erde werfen. Wer nur einigen militärischen Scharfblick besitzt, wird, wenn er diese Truppe, sowie überhaupt alle vom Schlachtfeld ankommenden Abtheilungen betrachtet, sofort erkennen, daß diese Leute, moralisch und physisch gebrochen, keinen ernsten Kampf mehr wagen können. Ich habe Ihnen schon von der Panik geschrieben, welche das Zündnadelgewehr unter unseren Soldaten verbreitet, und wir hören noch fortwährend über die furchtbare Wirkung dieser Waffe eine Menge die Niederlage unserer Armee motivirender Einzelheiten. So ist interessant, was unsere Cavalerieoffiziere über die Gefechtsmethode der preußischen Reiterei erzählen. Wo nämlich Cavalerie gegen Cavalerie stand, erwartete die preußische die Charge der österreichischen stehenden Fußes. Wenn die Oesterreicher auf fünfzig Schritte herangestürmt, erhielten sie aus den Zündnadel-Carabinern der preußischen Reiter stets eine volle Lage, welche jedes= mal die vordere Reihe der Oesterreicher niederstreckte und auch in der Tiefe des österreichischen Chocs große Lücken riß. Diesen Moment der Verwirrung benutzten die Preußen und stürzten sich blitzschnell mit dem Säbel auf die Oesterreicher, welche, durch die Haufen todter und ver= wundeter Pferde in ihren Bewegungen behindert, sich nicht wirksam vertheidigen konnten. Aber nicht allein das Zündnadelgewehr, sondern auch die gänzlich verfehlt ein= genommenen Positionen Seiten der Oesterreicher und die kopflose Angriffsweise ihrer Führer verschuldeten die rasch auf einander folgenden Niederlagen.

Horzitz, 3. Juli. (Soldatenbrief.) Noch höre ich den Donner der Geschütze, noch summt mir das Knattern des Gewehrfeuers, das Wirbeln der Trommeln, das Schmettern der Trompeten in den Ohren. Es war eine furchtbare, blutige Schlacht, die wir geschlagen und gewonnen haben. Heute früh, schon um 5 Uhr Morgens, begann die Blutarbeit, und noch jetzt am Abend ist der Kampf immer noch nicht beendet, die Verfolgung des Feindes hat noch nicht auf= gehört. Der Kanonendonner ist zwar schwächer geworden, aber ab und zu fällt noch ein Kanonenschuß und unter= bricht die fürchterliche Stille, die auf dem Schlachtfelde herrscht. Ich schreibe diese Zeilen auf dem erbeuteten Tor= nister eines gefallenen Oesterreichers, dem ein Vierpfünder beide Beine weggerissen hat. Ein schrecklicher Anblick. Neben mir, vor mir und hinter mir liegen die zerrissenen Körper meiner Kameraden und der Oesterreicher. Hier liegt ein Arm, dort ein Bein, eine dicke Blutmasse bedeckt den Boden, das Getreide ist zerstampft und in den Gräben liegt Leiche

an Leiche, diese von einer Kugel durchbohrt, jene hat noch
ein Bajonnet im Leibe stecken. Es ist ein schrecklicher, ent=
setzlicher Anblick. Ab und zu wird die schauerliche Stille
durch ein leises Wimmern oder durch den herzergreifenden
Ruf „Wasser! Wasser!" unterbrochen. Die blutige Schlacht
bei Königsgrätz wurde von der 7. Division der ersten (Kron=
prinz) Armee bei Sadowa aufgenommen. Die Oesterreicher
waren mit ihren sämmtlichen Armeecorps engagirt und mit
zahlreichem Geschütz versehen, welches namentlich zu beiden
Seiten auf der Straße nach Königgrätz aufgepflanzt war.
Das Feuer der Oesterreicher war entsetzlich. Ein wahrer
Feuerregen überschüttete die 7. Division, die lange Zeit der
ganzen feindlichen Armee die Spitze bot. Die ehernen Feuer=
schlünde spieen ihre Verderben bringenden Blitze auf unsere
braven Truppen, auf Wälder und Dörfer aus, die alsbald
in Flammen aufgingen. Die Luft dröhnte ordentlich von
dem Donner der Geschütze, von dem Knattern des Gewehr=
feuers und dem Wirbel der Trommeln wieder. Dichte Pulver=
dampfwolken umlagerten den Horizont und ließen kaum die
Freunde von den Feinden unterscheiden. Längere Zeit nä=
herten sich die Oesterreicher wieder Horzitz; der Kampf
schwankte länger im Centrum und auf dem rechten Flügel.
Da erschien der Kronprinz mit frischen Truppen. Bataillons=
weise, unter Hurrahruf eilten wir in's Gefecht. Die Oester=
reicher wurden auf dem rechten Flügel angegriffen. Nach
einigen furchtbar Verderben bringenden Gewehrsalben wurde
zum Bajonnet gegriffen, die Garde=Füsiliere und die Gre=
nadiere des ersten Garde=Regiments gingen zuerst in's Feuer.
Der Feind hatte eine feste Position in und bei dem hoch=
gelegenen Dorfe Lippa inne. Diese Position mußte genom=
men werden. Es war ein entsetzlicher Kampf; dreimal
griffen wir an, dreimal stürmten wir, und noch hatten wir
nichts gewonnen. Da hieß es noch einmal: Vorwärts, über
die blutenden und zuckenden Körper der Kameraden fort!
Wir wurden mit Kartätschen beschossen, ein wahrer Höllen=

regen war es, in den wir uns stürzten, aber wir wankten nicht. Lippa brannte; wir stürmten hinein in die brennenden und blitzespeienden Gassen des Dorfes. Ein schauerliches Handgemenge, ein Kampf Mann gegen Mann, wie er nicht toller bei Zorndorf und Kunnersdorf sein konnte, entspann sich. Wie gemäht stürzten die Oesterreicher, ganze Reihen von ihnen lagen blutend und zuckend am Boden. Der Sieg neigte sich auf unsere Seite, Gardereserven erschienen und verjagten vollends den Feind, der seine Waffen fortwarf und in schleunigster Flucht retirirte. Wir nahmen viele Kanonen, die Garde allein etwa fünfzig Stück, und mehrere Fahnen. Die letzte Batterie mußte noch erstürmt werden. Wir hielten zweimal das Kartätschenfeuer aus. Uns brachte dasselbe nur wenig Verlust, da wir uns niederwarfen, dann aber drangen wir in die Geschützlinie und schlugen die österreichischen Artilleristen mit dem Kolben nieder. Was nicht um Pardon bat, wurde niedergeschossen oder niedergeschlagen. Aber auch so Mancher sank von uns. Die österreichischen Artilleristen hieben mit ihren Wischern mit heldenmüthiger Todesverachtung um sich und schlugen manchen braven Kameraden zu Boden. Jetzt ergaben sich die Oesterreicher haufenweise; sie warfen die Waffen fort und baten um Pardon. Unsere Gewehre und Kanonen hatten den Feind furchtbar mitgenommen; an mehreren Plätzen lagen manchmal vierzig bis fünfzig auf einem Haufen, während die Verwundeten flehendlich ihre Hände ausstreckten und uns mit herzdurchbringender Stimme baten, sie von ihren Leiden zu befreien und sie todtzustechen. Ach, ein schrecklicher Anblick! Niemals werde ich wieder diese Stunden vergessen. Es ist auch für den stärksten Menschen, für das härteste Gemüth entsetzlich, eine lange Stunde ein Schlachtfeld zu sehen, Freund und Feind mit gräßlichen Wunden bedeckt und entstellt niedersinken zu sehen. Mehrere meiner Freunde sind gefallen. Ueber 4000 Gefangene wurden bereits im Laufe des Nachmittags an uns vorübergeführt. Das Schlachtfeld ist besäet mit Todten und Verwundeten. Uebermenschliche Anstrengungen haben wir zu machen, um die zerrissenen Körper der stillen Erde zu übergeben. Schmerzliche Opfer haben wir gehabt, fast sämmtliche Offiziere von unserem Bataillon sind gefallen. Wohl sehr natürlich, da wir es zuerst mit einer gewaltigen Uebermacht zu thun, und von zwei Seiten Granaten= und Kartätschenfeuer auszuhalten hatten. Als sich unser Ba= taillon, nachdem der Feind geflohen, gesammelt hatte, stimmten wir, wie unsere Väter und Vorfahren bei Beuthen, das Lied an: „Nun danket Alle Gott". Der Gesang war ergreifend und manche Thräne floß in den Bart des Kriegers und manchen stillen Gruß sandte er der Heimath zu. Wunder der Tapferkeit sind von einzelnen Leuten verrichtet, doch spare ich mir dies für ein andermal auf, denn ich bin müde und möchte nach den Anstrengungen des Tages ein= mal schlafen.

Die Betheiligung der sächsischen Armee.

Bevor wir den blutgedüngten Boden Oesterreichs ver= lassen, wo in fabelhaft kurzer Zeit die entscheidendsten Kämpfe ausgefochten worden waren, müssen wir noch einen Augenblick bei den wackeren Verbündeten des un= glücklichen Oesterreich, bei der kleinen, aber mannhaften sächsischen Armee, verweilen und dessen Betheiligung als Bundesgenosse in's Auge fassen. Oesterreich, der mächtige Kaiserstaat, mag immerhin stolz darauf sein, im Vereine mit dem kleinen bundesgetreuen Staate Sachsen das Schwert gegen das wohlgerüstete starke feindliche preußische Heer gezogen zu haben; und war auch der Sieg nicht auf Oesterreichs Seite, so wird es seinen kleinen, aber unver= zagten Verbündeten die Genugthuung sicher nicht versagen, daß er mit einer Ausdauer und Zähigkeit gefochten, die über alles Lob erhaben ist.

Wäre die gewaltige österreichische Armee in ihrer

militärischen Ausrüstung dieser kleinen Muster-Armee eben-
bürtig gewesen, hätte ein gleicher Geist der Hingebung für
die Sache, welche sie zu schützen im Begriff standen, vom
General bis zum Tambour herab, sie beseelt, wer weiß,
was dann die vorliegenden Blätter zu berichten haben
würden!

Genug, die Weltgeschichte wird künftig mehr als Ein
Blatt aufzuweisen haben, worauf die Waffenthaten der
sächsischen Armee in den Kämpfen von 1866 mit blutiger
Schrift verzeichnet stehen. Mit welch' leuchtendem Beispiele
die Offiziere, selbst die höhern, ihren Soldaten vorangegangen sind, beweist die große Zahl der in den verschiedenen
Treffen, namentlich bei Gitschin und Königgrätz, Gefallenen.
Vor Allen aber leuchtete ihr ritterlicher Führer, der Kronprinz Albert von Sachsen, durch seltene Besonnenheit und
echten Heldenmuth hervor. Erkennen ja die Feinde selbst
den hohen Werth der kleinen sächsischen Armee mit den
ehrendsten Worten an und versichern, daß, wenn alle ihre
Gegner so ausdauernd gekämpft hätten, sie einen sehr
schweren Stand bekommen haben würden und die Resultate
hier und da leicht andere hätten sein können.

Nach dem blutigen Gefecht bei Münchengrätz suchten
sich die Oesterreicher, von den Sachsen unterstützt, unter
fortwährendem wohlgezielten Feuer auf Gitschin zurückzuziehen, denn sie erkannten die Wichtigkeit des Platzes.
Man stritt sich hartnäckig um die letzte Stellung des Dorfes
Lochow, hinter welchem die letzte Vertiefung des Bodens
vor Gitschin sich befand, breiter und tiefer, als die anderen,
einen fließenden Bach im Hintergrunde, worüber eine
steinerne Brücke führte. Unterdeß war der Abend heraus-
gekommen und obschon die preußischen Zündnadelgewehre
die feindlichen Reihen bedeutend lichteten, ward doch auch
das österreichisch-sächsische Feuer gut unterhalten und die
Kanonen waren von gleicher Wirkung. Die platzenden
Bomben fügten den Pommern großen Schaden zu, weshalb

dieselben ungebulbig in's Thal hinabbrängen und auf der
Landstraße vorwärts stürmten. Der wüthende Anprall
wurde eine Zeit lang abgehalten, aber die Zahl der
Preußen wuchs mit jeder Minute. Festgeschlossen marschirten
sie nach Gitschin und suchten durch wohlgezielte Salven
den Feind aufzuhalten. Um Mitternacht erreichte die
Brigade des Generalmajors v. Winterfeld Gitschin, wo sich
ein heftiger Straßenkampf entspann. Die Vorhut rückte
in den engen dunklen Straßen ein und wurde plötzlich
von den Sachsen in der Front, so wie aus den Häusern
und Nebengassen beschossen. Ein unheimlicher Kampf auf
Tod und Leben entbrannte innerhalb der Stadt, für die
preußischen Truppen um so schwieriger, als sie durch die
sächsischen Hornisten getäuscht wurden, die preußische Horn=
signale bliesen und daher den Irrthum erregten, daß man
preußische Kameraden vor sich habe. Auch Zurufe der
Sachsen: Hier stehen Preußen! verwirrten die preußischen
Soldaten und lähmten ihre Kraft in der äußerst schwierigen
Lage, der sie sich in einer wildfremden, stockfinstern, engen
Stadt ausgesetzt sahen, worin der unbekannte Feind ebenso
rasch verschwand, als wieder auftauchte. Endlich gegen
Morgen machten sich die Preußen zu Herren der Stadt,
freilich nach empfindlichen Verlusten.

Bei einem zweiten Gefecht vor Gitschin, welches die
anrückenden Preußen von Turnau her zu bestehen hatten,
waren die drei Dörfer Podultz, Brada und Diletz nebst Wald
von österreichischen Truppen besetzt. Der Brababerg und
andere Punkte waren von Batterien gekrönt und hinter
den Hügeln stand Generalmajor von Edelsheim mit drei
Regimentern Husaren.

Der englische Berichterstatter bei der preußischen Armee
giebt folgende Schilderung: Sobald die Preußen in den
Bereich der Geschütze kamen, eröffneten die Oesterreicher ihr
Feuer, die preußischen Kanonen erwiederten, und Colonnen
rückten, von ihrer Artillerie gedeckt, vor, um die Stellung

anzugreifen. Das 8. und 48. Regiment zogen gegen das
Dorf Diletz, welches von dem 1., 2., 3. und 4. Bataillon
der Sachsen besetzt war. Das 12. und 18. Regiment
Preußen marschirte gegen das Dorf Podultz. Beide an=
greifende Colonnen waren einem scharfen Feuer ausgesetzt,
doch nach hartnäckigem Kampfe wurden beide Dörfer ge=
nommen. Podultz war durch eine Granate in Brand ge=
rathen und brannte noch, als die Preußen es besetzten.
General v. Edelsheim, der Commandant der österreichischen
Reiterei, griff mit tollkühnem Muthe das brennende Dorf
an, aber die Pferde wollten nicht in die Flammen, und
die preußische Infanterie schoß hinter den brennenden
Häusern unter die Reiter und tödtete viele.

Die österreichischen Truppen in Braba und die säch=
sischen in Diletz, waren durch die Wegnahme des Dorfes
Podultz von einander gänzlich getrennt, daher gerieth die
Besatzung von Braba großentheils in Gefangenschaft und
den Sachsen wurde der Rückzug erschwert, da General
Werder von Sobotka her immer kräftiger auf Gitschin
vordrängte und in der Niederung sich Sümpfe gebildet
hatten, welche kaum zu passiren waren, während Menschen
und Wagen die Straßen verstopften.

Der Verlust der Sachsen zwischen Diletz und Gitschin
war ungeheuer und der Boden mit Todten bedeckt. Auch
die Preußen litten sehr, aber sie kämpften außerordentlich
tapfer und eroberten mit vier Regimentern und der Hälfte
der Geschützzahl eine starke Position, von einer bedeutenden
Macht vertheidigt. Denn die Preußen hatten nur 16,000
Mann im Felde und die vereinigten Gegner wurden auf
30,000 Mann geschätzt.

Dieser in dem letzten Passus etwas zweifelhaften
Schilderung des englischen Berichterstatters wollen wir
einige begründete Zweifel entgegenstellen. Es ist bekannt,
daß die ganze, unter Befehl des Grafen Clam=Gallas be=
stehende Streitmacht kaum 60,000 Mann betrug. Davon

sind die Verluste aus den vorher vergangenen Tagen ab=
zuziehen, die zwar nicht ganz so hoch waren, wie jener
Berichterstatter angiebt, immerhin aber eine beträchtliche
Höhe erreichten. Vor Gitschin kamen aber auch nicht alle
Streitkräfte Clam=Gallas' in Action, befanden sich vielmehr
zum größern Theile in der weitern Umgegend hinter der
Stadt aufgestellt, um die Einschließung durch die Elbarmee
zu verhindern. So standen von dem sächsischen Corps
nur vier Bataillone im Gefecht und ihre Hauptstärke erhielt
viel zu spät den Befehl, dem hartbedrängten Gitschin zu
Hülfe zu eilen. Als sie sich aber in der Nacht der Stadt
näherte, erreichte sie eine Contreordre, weil der Rückzug
der ganzen Macht des Grafen Clam=Gallas bereits be=
schlossen war. Die nach Gitschin führende Straße zu ver=
theidigen, konnte nur den Zweck haben, den Vormarsch
der Preußen aufzuhalten, damit Benedek zur Aufstellung
der Nordarmee für eine Hauptschlacht Zeit gewann.
Gitschin und seine Umgebung gegen einen dreifach stärkeren
Feind lang zu halten, war ein Ding der Unmöglichkeit.
Durch einen besser organisirten Widerstand hätte freilich
Bedeutenderes geleistet werden können. Das Centrum
Podulz mußte verschanzt und besetzt sein, um seine Einnahme dem Feinde schwer zu machen. Nachdem dieser
Schlüsselpunkt durchbrochen war, blieb den Sachsen nichts
übrig, wollten sie nicht vollständig umzingelt und gefangen
werden, als Dileß zu verlassen. Weder die Sachsen, noch
die Besaßung von Braba, konnten sich ohne Verlust durch=
schlagen, um Gitschin zu erreichen; daß dies aber den vier
sächsischen Bataillonen, die am meisten ausgesetzt waren,
dennoch gelang, daß sie nur wenige Gefangene und kein
Geschütz verloren, und daß sie in Gitschin den Preußen
einen schlimmen Empfang bereiten konnten, ist ein Beweis
ihres hohen Muthes und ihrer geschickten Führung. Wenn
der englische Berichterstatter den Verlust der Oesterreicher
und Sachsen durch die Division von Tümpling an Todten,

Verwundeten und Gefangenen erlitten, auf zusammen
10,000 Mann schätzt, so müßten sie mehr als zwei
Drittheile ihrer bei Braba, Podulz und Dilez aufgestellten
Truppen eingebüßt haben. Da aber die Preußen auch
nicht ein Geschütz eroberten, so wird jeder Kriegskundige
leicht einsehen, daß in der Schilderung des genannten Berichterstatters übertriebene Angaben vorkommen.

Wie im Leben, so besonders im Kriege, hängt Alles
vom Erfolge ab. Letzterer war auf Preußens Seite und
durch zweckmäßige Vorbereitung, klugen Plan, geschickte
Leitung, vorzügliche Berathung, tapfere Ausführung, endlich
aber auch durch Ueberzahl wohl verdient worden.

Wenn der obengenannte Berichterstatter weiter erzählt,
daß das Feld bei Dilez noch dicht mit Verwundeten und
Todten besäet war, und daß hier die Preußen massenhafter
lagen, als bei Lochow, so ist dies ein rühmliches Zeugniß
für die Tapferkeit der Sachsen. „Die feindliche (österreichische)
Artillerie wüthete mit furchtbarer Wirkung unter den dichten
Colonnen der Angreifer, als diese vorgingen, dagegen war
der Boden zwischen Gitschin und Dilez mit zerbrochenen
Waffen, Tornistern, Czako's 2c. der Sachsen und Oesterreicher bedeckt, weil hier das Zündnadelgewehr mehr als
die Artillerie zur Geltung kam."

Ein Originalschreiben in der Wiener „Presse" sagt
in Betreff der Betheiligung des sächsischen Corps an dem
Treffen bei Gitschin: „Die sächsische Brigade „Kronprinz"
nebst dem 1. Jägerbataillon und den Batterien Walter,
Richter und Hering, die Division „Krug," die 3. Schwadron
der Gardereiter und die 3. Schwadron des 1. Reiterregiments waren im Gefecht um Dilez engagirt. Das
3. Reiterregiment und das 1. Bataillon der Leibbrigade
war mit der k. k. österreichischen Brigade Reitzenstein bei
Johawec. In der Nacht nahmen diese königl. sächsischen
Truppentheile an dem Gefecht bei Gitschin Theil. Die
übrigen sächsischen Truppen standen südlich von Gitschin

in Reserve. Nach den vorausgegangenen ungewöhnlichen
Anstrengungen bewährten die königl. sächsischen Truppen
ihre sehr gute und entschlossene Haltung bei ziemlichen
Verlusten. Diese letzteren belaufen sich bei der Brigade
„Kronprinz," dem 1. Jägerbataillon und dem 3. Reiterregiment auf beiläufig 5—600 Mann und 22 Offiziere,
unter welchen acht, als gefallen, aufgeführt sind.

Ohne die Angaben der am Kampfe betheiligt gewesenen
sächsischen Truppentheile genau feststellen zu wollen, hat
man den Sachsen das Zeugniß der Tapferkeit und des
festen Zusammenschlusses allgemein zu ertheilen. Ein
preußischer Offizier schrieb: „Die Sachsen haben furchtbar
gelitten, aber sie lagen ganz so, wie sie im Gliede gestanden,
zu Boden gestreckt."

Mehrseitig wird behauptet, daß König Johann von
Sachsen persönlich in Dileß anwesend war und durch
todesmuthige Ruhe in der Gefahr seinen Truppen ein
leuchtendes Beispiel gegeben habe, das jeden Soldaten
electrisirte.

Von dem vom Schlachtfelde in Böhmen wieder nach
Dresden zurückgekehrten Herrn Dr. Martini erhalten wir
heute noch folgende Mittheilung: „Der im gestrigen
„Dresdn. Journ." mitgetheilten Liste verwundeter sächsischer
Soldaten in den Lazarethen Böhmens, welche bei der
Menge der zerstreut liegenden Blessirten und bei der Kürze
unsers Aufenthalts natürlich auf Vollständigkeit keinen Anspruch machen kann, mögen namentlich zur Beruhigung für
die Angehörigen noch folgende Bemerkungen hinzugefügt
sein: Die Sanitätseinrichtungen der k. preußischen Armee,
welche ohne Unterschied der Nationalität allen Verwundeten in
gleicher Weise zu Gute kommen, verdienen die vollste Anerkennung. Es war — d. h. am achten Tage nach der
blutigen Schlacht bei Königgrätz — nirgends Mangel an
Aerzten; wir haben keinen Verwundeten gefunden, der un-
genügend oder etwa gar nicht verbunden gewesen wäre,

keinen — bei der großen Menge der jammervollsten
Leiden —, der über den Mangel ärztlicher Abwartung geklagt
hätte. Und wenn es vorgekommen, daß einzelne Verletzte
erst den dritten oder selbst den vierten Tag nach der
Schlacht den ersten Verband erhalten haben, so darf das
nicht Wunder nehmen, wenn man die meilenweite Ausdeh=
nung des Schlachtfeldes, die Tausende der Hülfsbedürftigen,
die zahlreichen, von ihren Bewohnern verlassenen und theil=
weise niedergebrannten Ortschaften bedenkt, in deren übrig
gebliebene Häuser, Scheunen und Ställe die Verwundeten
zunächst geschafft worden waren oder sich selbst hingeschleppt
hatten. Kein Vergleich mit dem Jammer und Elend bei
der Belagerung von Sebastopol oder in den ersten Wochen
nach der Schlacht von Solferino! Von Operateuren waren
die berühmtesten Namen gegenwärtig; wir nennen nur die
Professoren Langenbeck, Wilms, Busch. In dem, dem Gra=
fen Harrach gehörigen Schloß Hradeck, welches in wahr=
haft fürstlicher Weise eingerichtet ist, hatten die Verwundeten
theils in den Zimmern, theils im Rittersaal, in der Reit=
bahn, im Park zc. ein so vortreffliches Unterkommen ge=
funden, wie es ihnen anderwärts schwer geboten werden
kann. Es war fernerhin kein Mangel an Lazarethgehülfen
und Krankenpflegern; barmherzige Schwestern, die wir die
gefährlichsten Wunden mit Ruhe und Geschick verbinden
sahen, waren überall thätig. Täglich kam neuer Zuwachs.
Es war weiterhin kein nachtheiliger Mangel an Lagerge=
räthen, Hospitalutensilien, Wäsche, Verbandstücken, Medica=
menten zc., fortwährend trafen neue Zusendungen ein, wir
begegneten auf den steilen Straßen ganzen Wagenladungen
von eisernen Bettstellen, Strohmatratzen, Kopfpolstern, Un=
terschiebern zc. Die Transportmittel für die Verwundeten,
z. B. Bahren, zweirädrige Wagen zc. waren von der
neuesten und besten Construction. Endlich war kein Mangel,
an einzelnen Orten sogar Ueberfluß, an Erquickungs=,
Stärkungs= und Unterhaltungsmitteln für die Verwundeten.

Die Herren Johanniter, deren rascher barmherziger Werk=
thätigkeit das größte Lob und der aufrichtigste Dank ge=
zollt werden muß, sendeten nach allen Richtungen Wein,
Selterwasser, Cigarren, Tabak, eingemachte Früchte, Bücher,
Zeitschriften 2c.; auf den entlegensten Dörfern trafen wir
freiwillige Breslauer Studenten, die mit Blechkesseln voll
Himbeerwasser, mit Zwieback und Cigarren von einem Ver=
wundeten zum andern gingen. Der Berliner Hülfsverein
hatte ganze Packwagen voll „Liebesgaben" herbeigeschafft.
Die Trost und Hülfe spendenden Herzen und Hände mehr=
ten sich täglich, während die Zahl der Hülfsbedürftigen
selbst durch die Tag und Nacht fortdauernden Transporte,
theilweise auch durch Todesfälle, immer geringer wurde.
Auf den Bahnhöfen, wo die Verwundetentransporte längere
Zeit hielten und die Verbände zum Theil erneuert wurden,
theilten die Johanniter von Wagen zu Wagen Brod,
Schinken, Cigarren, Rothwein mit Wasser u. dgl. an Jeden
aus. Dazu noch die reichlichen Gaben der Privatwohl=
thätigkeit, die sich allerdings in den verarmten böhmischen
Ortschaften meist nur auf etwas Brod und einen frischen
Blumenstrauß beschränkten. — Wir meinen, daß gerade
in den schweren Drangsalen des Kriegs der Arzt meh
denn je über allen Parteien erhaben steht und neben seiner
angestrengten Berufsthätigkeit auch die ehrenvolle Pflicht
hat, das wahrhaft Gute und Bewährte frei und offen an=
zuerkennen, wo er es findet."

Aus dem Hauptquartier Horziß, 6. Juli, kam folgender
Bericht: Soeben werden die Vorbereitungen für die Ver=
legung des kgl. Hauptquartiers von hier nach der 7 Meilen
südlich vorliegenden, in jeder Beziehung höchst wichtigen
Stadt Pardubiß gemacht, wo dasselbe aber wahrscheinlich
erst sehr spät ankommen wird, da die Chaussee dahin,
namentlich in der Gegend des Schlachtfeldes bei Chlum,
von endlosem Proviant=, Munitions=, Lazareth= und
Telegraphenfuhrwerk bedeckt ist, so daß an einzelnen Stellen

ein fast unbesiegbarer Aufenthalt entsteht. Der Kanonendonner vor der Festung Königgräß hat heute Morgen wieder
begonnen, nachdem er gestern auf die Nachricht abgebrochen
worden war, die Festung wolle capituliren. Die von österreichischer Seite vorgeschlagenen Bedingungen scheinen aber
der. Art gewesen zu sein, daß nicht darauf eingegangen
werden konnte, das geht wenigstens aus der heute früh
wieder begonnenen Beschießung hervor, zu welcher 120
Geschüße von den verschiedenen, bereits drei Meilen über
Königgräß hinaus vorgedrungenen preußischen Armeecorps
versammelt worden sind. Ein Anerbieten des Commandanten
soll indessen angenommen worden sein. Er wollte nämlich
200 in der Festung befindliche gefangene Preußen freigeben,
wenn man gestatten wolle, 45 dort liegende, theils sehr
schwer verwundete, höhere österreichische Offiziere bis zur
österreichischen Armee zu geleiten, im Falle die Beschießung
wieder beginnen sollte. Se. Maj. der König hat überhaupt
befohlen, daß alle verwundete kaiserlichen Offiziere, welche
ihr Ehrenwort geben, nicht mehr in diesem Kriege gegen
Preußen fechten zu wollen, sich hinbegeben und heilen lassen
können, wo sie wollen. Auch unverwundeten, nur gefangenen
kaiserlichen Offizieren ist in einzelnen Fällen durch königliche
Gnade bei gleicher Abgabe des Ehrenworts die Freiheit
zugestanden worden. Die Zahl der eroberten Fahnen ist
nun auch festgestellt worden; sie beträgt 11, von denen
drei im Zimmer Sr. Maj. des Königs in hiesigem Schlosse
stehen. Prag hält man, wie es scheint, gar keiner besondern
Aufmerksamkeit werth. Wie es heißt, hat man nur einige
Gardelandwehrregimenter in die rechte Flanke der Armée
gegen Prag zur Beobachtung dieser allerdings wegen ihrer
directen Eisenbahnverbindung mit Sachsen wichtigen Stadt
vorgeschoben. Der Besitz von Prag würde indessen nicht
über den Besitz Böhmens entscheiden; dagegen die Ver-
treibung der kaiserlichen Armee aus Böhmen sehr bald den
Besitz der Hauptstadt nach sich ziehen. Das Hauptquartier

des Prinzen Friedrich Karl ist heute bereits in Prelauc, einem Städtchen an der Elbe, mit einer Brücke über diesen, hier von Ost nach West fließenden Fluß, gerade halben Weges zwischen Pardubitz und Elbeteinitz, von welcher letzten Stadt Prag westlich nur noch einen Tagemarsch entfernt ist. Durch den Besitz von Pardubitz sind die österreichischen Festungen Josephstadt und Königgrätz vollkommen isolirt, und kaum einer besondern Anstrengung werth, wenigstens wird ihre Beobachtung und Paralisirung die Operationen der Armee gewiß nicht aufhalten.

Das preußische Heer marschirt in zwei Richtungen gegen die Donau heran: auf der alten Reichsstraße, die von Prag nach Wien führt, ist der Feind bereits ziemlich nahe herangerückt, da, wie wir mit Bestimmtheit hören, preußische Vorposten bereits am 10. Juli Morgens in Znaim waren. Eine andere Abtheilung der preußischen Armee operirt gegen Budweis nach Oberösterreich zu. Es ist auf eine Theilung unserer Vertheidigungsmittel auf der langen Donaulinie abgesehen. Ungewiß, wo der Uebergang stattfinden wird, muß die österreichische Armee zunächst die Uebergänge bei Floridsdorf und bei Stein und Krems im Auge behalten. — Den Vorsitz in dem Kriegsgerichte, das auf Befehl des Kaisers zur Beurtheilung der Generale Graf Clam-Gallas, Frhr. von Henikstein und Krismanic zusammentritt, wird nicht, wie gesagt wurde, FML. von Heß, sondern FML. Nobili führen. Der „Wanderer" spricht übrigens (und gewiß mit Recht) für die Oeffentlichkeit der kriegsgerichtlichen Verhandlungen: „Sollte es sich, was noch durchaus nicht bewiesen, herausstellen, daß Graf Clam-Gallas, Baron Henikstein und General Krismanic wirklich nicht blos unglücklich, sondern auch schuldig sind, daß das Vaterland diese Männer für den Verlust jener Legionen, welche die Tage von Skalitz, Trautenau und Königgrätz gekostet haben, verantwortlich machen kann, dann mag die gerechte Strafe sie treffen, wo nicht — nicht. Aber öffentlich soll die Verhandlung sein, nicht zwischen vier Mauern, sondern im Angesichte von Himmel und Erde, vor ganz Europa soll es entschieden werden, wer die Schuld trägt, daß die größte Armee, die Oesterreich jemals hatte, vernichtet ist, und daß das Reich heute blutend und zerschmettert zu Boden liegt."

Der Times-Correspondent bei der preußischen Armee giebt einen langen, ausführlichen Bericht von dem Marsche nach Brünn, welchem wir folgende Schilderungen einiger interessanten Cavaleriegefechte entnehmen. „Die Monotonie des Marsches wurde durch ein lebhaftes Cavalerie-Scharmützel in der kleinen Stadt Saar unterbrochen; welche etwa 6 (englische) Meilen westlich von Neustadtl liegt. Gestern Abend (9. Juli) hielten die österreichischen Husaren vom Regiment Hessen-Kassel Saar besetzt. Die preußische Cavalerie sollte heute (10. Juli) bis Jamnny, eine Viertelstunde diesseits Saar, vorrücken, die Ulanen vom 11. Regiment bildeten deren Avantgarde. Die Oesterreicher beabsichtigten, sich heute nach Brünn zurückzuziehen, und die Husaren waren gerade im Begriffe, sich zur Inspection vor dem Abmarsche zu versammeln, als die ersten Patrouillen der preußischen Ulanen rasselnd in die Stadt sprengten. Die Oesterreicher kamen gerade aus den verschiedenen Häusern und Scheunen hervor, ritten nach dem Marktplatze oder führten ihre Pferde am Zügel, als sie durch irgend einen Fehler ihrer Vorposten überrascht wurden. Auf dem Marktplatze begann ein lebhaftes Gefecht. Die berühmte österreichische Cavalerie wurde von den etwas ermatteten preußischen Reitern angegriffen, und die Lanze kam in offenen Kampf mit dem Säbel. Die zuerst in die Stadt eingerittenen Soldaten waren zu schwach an Zahl, um anzugreifen; die Verzögerung hatte den Husaren Zeit gegeben, sich zu sammeln, und als die Ulanen ihre Verstärkungen herangezogen hatten, waren die Husaren bereits beinahe geformt. Die Ulanen bildeten eine Linie

Seeschlacht mit den Jtalienern und Oesterreichern.

quer über die Straße, gingen eine kurze Strecke im Schritt vor, dann eine Strecke im Trab, die Lanzen hoch mit den schwarz-weißen Fähnchen im Winde flatternd; aber wo sich die Straße zum Marktplatze erbreitert, erschallte ein kurzes, scharfes Commandowort, ein helles Trompetensignal, die Lanzenspitzen senkten sich, und die Pferde setzten sich in Galopp, die Reiter die Zügelhand tief, herabgebeugt auf die Pferde, die Lanzenschäfte in fester Hand, die Spitzen mit den flackernden Fähnchen in der Fronte hervorstarrend. So wie die Preußen im Galopp ansetzten, waren die Oesterreicher auch in Bewegung. Mit mehr lockerem Schluß und in rascherer Bewegung jagten sie heran, die blauen, gelbgestickten Pelze von der linken Schulter fliegend, den Schwertarm freilassend. Die Säbel hoch, bereit zum Hiebe, die kleinen sehnigen Gäule scharf im Schluß, kamen sie näher, gewandt und leicht, und stürzten sich auf die Preußen, als wollten sie über die Lanzenspitzen wegspringen. Die Ulanen wogten schwer zurück vor dem Anpralle, aber sie hielten ihn aus, drangen dann vor, nur im Schritt. Die Gegner parirten mit dem Säbel wohl die Lanze, konnten aber den Reiter nicht erreichen', bald auch war der Boden bedeckt mit niedergerittenen Pferden und Reitern, welche sich wieder zu erheben versuchten; entsattelte Husaren haschten nach ledigen Pferden, einzelne Linien sprengten zerstreut davon. Die Ulanenlinie blieb unge-brochen, aber die Husaren waren bald zerstreut; sie waren gegen die festere preußische Linie angeritten, wie eine Welle die gegen eine Klippe brandet, und wie eine solche zer-stäubt. In dem kurzen Moment, wo die Linien zusammen-stießen, war das Gedränge so dicht, daß Säbel und Lanze kaum gebraucht werden konnten. Die Preußen, stärkere und größere Männer, auf schwereren Pferden, brachten die kleinen Husaren und ihre leichteren Pferde durch die bloße Wucht und körperliche Kraft zum Weichen und aus dem Sattel, ja, oft war der Choc so stark, daß Roß und

Mann rückprallend, rasselnd auf den Boden rollten. Die Oesterreicher, welche im Sattel geblieben waren, fochten noch eine Zeit lang, um die Preußen zurückzuhalten, aber sie machten keine Wirkung auf die Ulanen, und die Enge des Weges ließ keinen Raum zum Zurückgehen auf die Reserven, um eine neue Charge zu machen. Die Preußen gingen ruhig vorwärts iu undurchbrechlicher Linie. Bald kam preußische Verstärkung nach, die Husaren retirirten; die Ulanen verfolgten sie aber nur bis zum Ausgange der Stadt, wo die leichteren Husaren entkamen. Ein österreichischer Offizier und 22 Mann wurden gefangen, 40 Pferde erbeutet. Einige der Gefangenen waren verwundet; mehrere Husaren und zwei oder drei Preußen blieben todt auf dem Platze.

Von einem Vorpostengefecht am nächsten Tage berichtet derselbe Correspondent: „Hier in Tischnowitz, einer kleinen Stadt an der Schwarzawa hatte österreichische Cavalerie ihre Position genommen. Der Weg zur Stadt geht gerade durch das Thal hin und kreuzt mittels hölzerner Brücken mehrfach den Strom, der hier etwa fünfzig Fuß breit ist. Als der Herzog von Mecklenburg mit der Avantgarde herankam, sah er, daß der Feind eine starke Macht von Reiterei in der Stadt hatte mit Artillerie in der Ebene darüber hinaus, wo er eine Position einnahm, die nicht umgangen werden konnte wegen der steilen Hügel an beiden Seiten. Aber die Oesterreicher hatten außer der Reiterei in der Stadt und diesseit derselben drei Schwabronen vorgeschoben, von welchen eine die Brücke im Centrum besetzt hielt und die zwei anderen links und rechts in die Kornfelder hinausgeworfen waren. Die Vorposten der preußischen Avantgarde waren gegen die Brücken vorgeritten und hatten die erste beinahe schon betreten, ehe sie den Feind bemerkten, und sahen, daß sie in beiden Flanken bedroht und die Cavalerie in der Front bereit war, auf sie zu chargiren. Diese preußische Avantgarde bestand aus Dragonern vom zweiten Garde-

Regiment. Die österreichische Schwabron waren Ulanen, und es schien, als ob hier das gestrige Gefecht in umgekehrter Weise wiederholt werden sollte. Aber der Lieutenant, welcher die schwachen preußischen Vorposten commandirte, ging ein wenig zurück, bis wo ihm eine leichte Erhebung des Bodens einigen Vortheil der Stellung versprach, und erwartete dort den Angriff, der auch bald erfolgte. Die Oesterreicher kamen schnell über die Brücke und bildeten eine Linie zum Chargiren, als eine Salve aus den Carabinern der Preußen sie plötzlich stutzen und innehalten machte; zu ihrer Ueberraschung wurden sie inne, daß ein Carabiner bei der Reiterei zu noch was Anderem, als zum bloßen Puffen, dienen könne. Die Preußen warteten aber nicht, um den Effect ihres Feuers zu beobachten, sie retirirten nochmals; die Oesterreicher chargirten abermals, und abermals brachte sie eine Salve zum Halten, und dies wiederholte sich noch zwei= oder dreimal, bis endlich die Masse der Dragoner herangekommen war. Nun griffen die Preußen ihrerseits an und die Oesterreicher gingen ihnen entgegen. Die österreichischen Ulanen schienen eine undurchdringliche Linie zu bilden, aber die Dragoner mit vorwärts ausgelegten Säbeln und die Pferde fest im Zügel, kamen stramm auf sie heran, ließen erst im letzten Moment ihre Pferde los und stürzten zwischen die Ulanen hinein. Ihr Major v. Schack fiel schwer verwundet, aber seine Leute gingen so dicht in den Feind, daß dessen Lanzen unbrauchbar wurden. Das Handgemenge dauerte nur einige Augenblicke, dann wandten die Ulanen und zogen sich in die Stadt zurück. Die Dragoner verfolgten, aber ihre Officiere hielten strenges Commando, sie kamen nicht aus der Ordnung. Als sie die Straße gewonnen hatten, wandten die Ulanen, aber die Preußen fielen wieder auf sie und drängten sie durch das bloße Gewicht der Pferde und die Kraft der Hiebe zurück. Das harte Gefecht dauerte lange. Die Reiter waren so dicht in einander gedrängt, daß sie kaum die Waffen gebrauchen konnten, sie rauften mit einander und suchten sich von den Pferden zu reißen; diese, erschreckt und wild gemacht, stampften, bäumten sich und schlugen aus. Die Wucht der Preußen aber überwog, sie drängten ihre Gegner nach dem weiteren Platze inmitten der Stadt zurück, wo ein Madonnenbild von hoher Säule auf den Kampf herunter sah. Hier wurde ein österreichischer Offizier von einem langen preußischen Dragoner mit solcher Macht aus dem Sattel geworfen, daß er am Postamente der Marienfäule sein Hirn verspritzte; ein anderer Oesterreicher wurde vom Griffe seines Gegners so gewaltig im Sattel hintenüber gedrückt, daß ihm der Rückgrat brach; die leich=teren österreichischen Reiter konnten überhaupt der größeren Gewalt nicht widerstehen, wandten sich und eilten zur Stadt hinaus, wo eine starke Macht von Cavalerie aufgezogen stand, mit einer Batterie reitender Artillerie. Diese übrigens ritt ab ohne Gefecht und die Artillerie ohne Schuß; letzteres läßt sich nur begreifen, wenn es wahr ist, was die Leute vom Orte sagten, es wäre keine Munition vorhanden gewesen.

Ein Besuch des Schlachtfeldes bei Sadowa. (Privatbrief). Greiffenberg, den 11. Juli 1866. Donnerstag den 5. fuhren wir mit drei vollgeladenen Fudern, je drei Mann Begleitung, nach dem Kampfplatz ab und zwar über. Reichenberg. In Turnau nahm uns ein Johanniter, Graf Mellenthin, in Beschlag und gab uns Weisung an den Johanniter=Commandeur Graf Stoll=berg in Horzitz. Daselbst langten wir Sonnabend Vor= mittag an und wurden nach den furchtbarsten Spitälern, Nechanitz, Prim, Chlum, Hradeck gewiesen. Den Jammer, das Elend, die entsetzlichen Verwundungen und alle grauen= haften Eindrücke, die furchtbare Verwüstung zu beschreiben, ist unmöglich. — Sämmtliche Bewohner fast sind ver= schwunden, was nicht mitgenommen werden konnte, wurde

zerstört, so daß der ganze besetzte Theil Böhmens gar
nichts liefert. In die Brunnen haben sie Mist geworfen,
so daß selbst Wasser oft weit hergeholt werden muß.
Alle Zufuhren müssen aus Preußen beschafft werden, so
daß sämmtliche Haupt= und Nebenwege mit Tausenden von
Fouragewagen bedeckt sind. Außer Fleisch (da Schlacht=
vieh der Armee immer folgt), Commisbrod, Verbandzeug
und mangelhafter Medicin ist in den Lazarethen nichts,
gar nichts. Wir waren die ersten, die diese Lazarethe besuchten und wurden von den armen verstümmelten Men=
schen und von den Aerzten als rettende Engel begrüßt.
Wir hatten uns glücklicher Weise auch mit einigen Fässern
Chlorkalk und mit einer großen Flasche Chloroform ver=
sehen, die wir an den verschiedenen Stellen vertheilten.
Weil letzterer ausgegangen war, hatten schon viele Ampu=
tationen ohne diesen gemacht werden müssen. Und ersterer
wird zur Vertilgung der mephitischen Ausdünstungen gebraucht. Wo noch ein Haus ganz geblieben ist, ist es mit
Verwundeten belegt, sie liegen aber auch in solchen, wo
oben das Dach und das Gebälk niedergeschossen und ge-
brannt ist, auf spärlichem Stroh mit einer wollenen Decke
zugedeckt, so daß Regen und Sonnenschein ungehindert einbringen. Zur Ehre Preußens kann ich aber sagen, daß
ich nirgends einen Unterschied gesehen habe. Wo die be=
deckten Räume voll gewesen waren, lagen die Neueinge-
troffenen in den unbedeckten, mochten es Preußen, Sachsen
oder Oesterreicher sein. — Stellen, wo 6—800, manchmal
bis 1200 Verwundete lagen, hatten nur 4—8 Aerzte und
10—25 Lazarethsoldaten. Die wenigen Einwohner, deren
man hatte habhaft werden können, mußten mit den ab-
kömmlichen Lazarethsoldaten die massenhaft umherliegenden
todten Menschen und Pferde verscharren und darum war
dieses Geschäft noch lange nicht beendet und veranlaßte
ganz unsägliche Gräuel. So waren am Freitag Nachmittag nach Chlum noch 27 Verwundete vollständig nackt

gebracht worden, die in einem dichten Gehölz zwischen den
Todten länger als dreimal 24 Stunden ohne Verband und
sonst etwas gelegen hatten. Die Erbitterung der preußischen Soldaten gegen die Böhmen, die die Leichen und
Verwundeten während der Nacht ausplündern, Kleidung,
Hemd, alles fortnehmen und die Verwundeten womöglich
erschlagen, ist colossal. Ein preußischer Offizier sagte uns:
„sollten sie zufällig solcher plündernder Bande begegnen,
so schießen sie ohne Weiteres mit dem Revolver unter
sie." Glücklicher Weise ist uns die Gelegenheit dazu nicht
geworden. Im Schlosse Prim, was noch gut erhalten
war, ließ uns der Stabsarzt für die Nacht vom Sonnabend
zum Sonntag drei Treppen hoch ein Zimmer einrichten.
Rechts und links von uns, auf dem Corridor vor der
Thür, lagen Verwundete. Man konnte an diesem Zimmer
die Siegesgewißheit der österreichischen Armee am Allerbesten
erkennen. Schloß Prim gehört dem K. K. Statthalter
Grafen Harrach und sein oberster Beamter, wie auf diversen
daliegenden Schreiben stand: „Sr. Hochwohlgeboren der K. K.
Statthalterei-Conzipist, Herr v. Riedl," hatte in diesen und
den nebenliegenden Zimmern gewohnt. Auf den theilweis kostbaren Möbeln lagen alle möglichen Herren- und Damentoiletten-
gegenstände, Crinolinen, Damenkleider, 2c., trotzdem, daß Herr
v. R., wie uns aus Briefen ersichtlich, Junggeselle war. Jagd-
gewehre, Hirsch- und Rehgeweihe, zierten mit diversen theils
freien Bildern die Wände; kurz, die Leute hatten an nichts
weniger gedacht, als daß es der preußischen Armee möglich
sein würde, die österreichische und sächsische aus den eingenommenen überaus günstigen Stellungen zu vertreiben. Die Preußen
mußten drei parallel, etwa je $\frac{1}{2}$ Stunde hinter einander
liegende und circa $2\frac{1}{4}$ Meilen breite Höhenzüge nehmen und
dabei jedesmal die zwischenliegenden freien Ebenen überschreiten; auf den Höhen hatte sich allemal die Artillerie verschanzt. Die sächsische Artillerie mit ihren gezogenen Kanonen
hat furchtbar unter den Preußen gewirthschaftet, unter 10

Verwundungen preußischerseits sind mindestens 8 von Gränatsplittern berürsacht. Das 26., 27. und 66. Regiment haben furchtbar gelitten. Das Füsilier-Bataillon des 27. Regiments, 1000 Mann, hat von Offizieren einen der jüngsten Lieutnants allein übrig behalten. In Horzitz erzählte mir ein Sergeant der 8. Compagnie des 27. Regiments, daß er gegen 2 Uhr Mittags zwei Unteroffiziere und 17 Mann hinter die Gefechtslinie geführt habe, die Trümmer von 250 Mann mit 4 Offizieren. Das 27. Regiment steht in Magdeburg und hat die oft in Leipzig bewunderte schöne Musik. Die feindliche Artillerie wirkte darum so furchtbar, weil sie in ihren Verschanzungen vollständig gedeckt stand und die genauesten Distancenmessungen hatte. An einzelnen Stellungen, z. B. dicht bei Prim, wo Hauptangriffe gewesen waren, war der Boden von den eingeschlagenen Granaten ꝛc. wie zerpflügt. Aus dem Park um Schloß Prim, der merkwürdiger Weise ziemlich wenig ruinirt war, und in dem nur da und dort in den Gebüschen einzelne Todte lagen, habe ich beifolgenden Granatensplitter, von einer sächsischen gezogenen Kanone herrührend, aufgehoben. Mit diesem Zeug und allerhand Militär-Effecten war der Boden stellenweise wie besäet. — Von der Fahrstraße mußte man erst durch einen großen Oeconomiehof nach dem Schloß, links standen Scheunen, Ställe u. s. w. und rechts war eine große Brennerei oder Brauerei gewesen, jedoch niedergebrannt, die Mauern standen noch. Hier hat die sächsische Leibbrigade furchtbar gelitten. Auf dem Hofe zerstreut, neben allerhand sächsischen Gewehren, Lederzeug u. s. w. lagen wenigstens 80—100 hellblaue Mützen (die Mannschaft war ohne Tschako in's Feuer gegangen) mit dem gelben Rande. Gegen 100 todte Sachsen sollten schon hinter den Gräbern in der Scheune liegen, und im Souterrain unter der früheren Brennerei lagen unter 17 Leichen noch 11 Sachsen von der Leibbrigade. — In einem Zimmer im Schloß lag mit

andern schwerverwundeten österreichischen und preußischen
Offizieren ein sächsischer Oberst-Lieutenant v. Metzradt aus
Chemnitz, durch den Unterleib geschossen. Er lag, als ich
bei ihm im Zimmer war, im Wundfieber, und verstand
nichts; jetzt ist er wahrscheinlich schon todt. Als wir am
Sonntag auf unserer Rückfahrt in Cerekwitz zufällig einen
bekannten Offizier fanden und ausstiegen, wurde aus dem
dortigen zum Lazareth eingerichteten Schloß eben die
Leiche eines Neffen des Grafen v. Bismarck, des Premier-
lieutenant Grafen Schulenburg, von den blauen Husaren,
die in Merseburg stehen, heruntergebracht. Er war ebenfalls durch den Unterleib geschossen. — Am gräßlichsten
sah es um und in dem kleinen Dorf Sadowa, wo das
österreichische Centrum gestanden hatte, aus. Die Stücken
von Pferden, Menschen, allerhand Gewehre, Tornister,
Kopfbedeckungen, Wagentrümmern, Granaten, Patronen
u. s. w. lagen buchstäblich an manchen Stellen haufenweise. Dazu ein Gestank, daß wir mit den mit Chlorkalk
bestreuten Taschentüchern vor Nase und Mund durchgefahren
sind. Auf der Hinreise am Freitag hatte ich ein uner-
wartetes Zusammentreffen. In einem Dorfe, wo aus
jedem Haus die weiße Johanniterfahne mit dem rothen
Kreuze (das Zeichen für Lazareth) gesteckt war, sehe ich
vor einem Haus, im Vorbeifahren, wo eine Apotheke
etablirt worden war, unter mehreren Militärs, den königl.
sächs. Hofarzt, Herrn Emil Dr. Brauer stehen. Er war
zu dem Zwecke anwesend, mehrere verwundete sächsische
Offiziere nach Dresden zu schaffen. Er kam von Turnau
und benutzte sehr gern die ihm von mir gebotene Gelegenheit, mit uns nach Gitschin zu fahren. —
Die Schlacht bei Königgrätz, oder wie sie eigentlich
heißen müßte, Schlacht bei Sadowa, wurde vom Prinzen
Friedrich Carl und General v. Herwarth am 3. d. M.
früh gegen halb 9 Uhr begonnen. Diese beiden preußischen Armeen würden durch die vereinigten, gesammten

österreichischen und sächsischen, viel stärkeren Armeen, die
die vorzüglichsten Terrainvortheile für sich hatten, zurück=
gedrängt, geschlagen oder wohl gar erdrückt worden sein.
Sachverständige sagen, daß bei der langen Gefechtslinie
der Preußen ein Ueberflügeln der beiden Enden und Durch=
brechen des Centrums schwerlich hätte verhütet werden
können. Der Kronprinz stand mit seiner Armee bis 4
Meilen entfernt und die Spitzen dieser Armee erschienen
trotz Geschwindmarsch erst um 12 Uhr auf dem Schlacht=
felde. Bis gegen 2, wo circa 45,000 Mann vom Kron=
prinzen zur Unterstützung der schon seit früh in Action be=
findlichen Truppen aufmarschirt waren, galt es preußischer=
seits, das Gefecht zu halten und den Platz zu behaupten
um jeden Preis, und daher die enormen Verluste der
Preußen, die man, wie ich glaube, mit 16—18000 Mann
Todte und Verwundete nicht zu hoch faßte. Mit den
45—50,000 Mann fiel der Kronprinz gegen 2 Uhr dem
Feinde in die Flanke des rechten Flügels und schob diesen
vor sich her, so daß 6 Uhr Abends der Rückzug der
Oesterreicher und Sachsen zur wilden Flucht wurde, die
denselben mindestens 25—30,000 Todte und Verwundete
gekostet hat und außer fast sämmtlichen gefangenen Ver=
wundeten noch über 20,000 gesunde Gefangene, ganze
Proviant= und Munitionscolonnen, die ich theilweise habe
stehen sehen, ebenso nach jetzt erschienenen amtlichen Nach=
richten 147 Stück Geschütze c. den Preußen überlieferte.
Etwa 7000 Gefangene, in Trupps von circa 1000 Mann,
begegneten uns auf der Hinreise fortwährend unterwegs,
es waren jedoch höchstens 400 Mann Sachsen dabei.
Als wir etwa 2 Meilen vor Gitschin die Pferde füttern
ließen, lagerte sich ein solcher Gefangenentransport an der=
selben Stelle. Es war zwischen den Begleitungsmann=
schaften und Gefangenen der gemüthlichste Verkehr, wir
gingen zwischen ihnen herum und kauften verschiedene
Kleinigkeiten. Ein schon ziemlich Bejahrter von der Leib=

brigabe, gegen ben ich meine Verwunderung ausfprach, daß er noch Gemeiner fei, antwortete mir: „Nu eben, ich habe mich ein paar Mal verkauft, biene fchon über's elfte Jahr und nun muß ich noch folch' Malheur haben." Sonft waren fie aber munter und nichts weniger als niederge= fchlagen. Ein Anderer frug mich, wie weit es wohl noch an die fächfifche Grenze wäre. Alle, Oefterreicher und Sachfen, waren böfe auf ihre höheren Offiziere, die es nicht verftanden hätten, fie zu führen, fonft wäre es anders gekommen, wie Einige fagten.

Ein Gefangenen=Lager. Aus Glogau vom 21. Juli fchreibt ein Correfpondent der „Schl. Ztg." über einen Befuch im Lager der 3500 Mann öfterreichifcher Kriegsgefan= genen zu Groß=Glogau: Auf dem großen Infanterie=Exercir= plaße zwifchen der Straße nach der Vorftadt und dem Empfangsgebäube der niederfchlefifchen Zweigbahn erhebt fich der in einem länglichen Quabrat errichtete hölzerne Bau, welcher auf drei Seiten gefchloffen ift und mit der vierten Seite fich an die fogenannte Galgenfchanze, welche armirt ift und von welcher zwei gezogene Gefchüße gegen das Lager gerichtet find, anlehnt. Die hölzernen Baracken find hoch, luftig, bequem und gegen eine jede Witterung gefchüßt; in ihnen befinden fich die Lagerftellen der Gefan= genen, vor berfelben find Bänke angebracht, kurz es ift für Alles geforgt, was ein Solbat beanfpruchen kann. Drei Thore führen zum Lager, fie find von Militär befeßt, der Eintritt ift nur den Offizieren der Garnifon und Denen, die mit einer Erlaubnißkarte des Feftungs=Commanbanten verfehen find, geftattet. Im Innern befindet fich ein ftarkes Wachtcommando von ungefähr 150 Mann, mit Zündnadel= gewehren verfehen. Hier fah ich Gefangene, die fich ihre Wäfche wufchen; dort wurden Montirungsfachen geflick= fchneibert, hier barbiert, dort frifirt. Dort promenirte ein Trupp im ernften Gefpräch, ein anderer Trupp war luftig und heiter, als ob ihnen die Gefangenfchaft eine angenehme

wäre. Alles war mit Tabakspfeifen bewaffnet, aus denen
edler Ohlauer gequalmt wurde. Bald hatte ich mich ver=
mittelst meiner gefüllten Cigarrentasche mit den Leuten
bekannt gemacht, die Conversation wurde schnell eine leb=
hafte und an mancher Stelle eine zutrauliche. Den
widrigsten Eindruck machten die Italiener und Galizier;
sie scheinen froh, den Strapazen und Gefahren des Krieges
entronnen zu sein. Die Ersteren schimpfen auf die öster=
reichische Kriegführung, Einrichtungen u. s. w., während
sie für Preußen schwärmen, ob aus Heuchelei oder Ueber=
zeugung, lassen wir dahingestellt sein. Die Galizier sehen
zerlumpt aus und sprechen in einem kriechenden Tone die
Besucher des Lagers um eine Gabe an. Die Czechen sind
verschlossen, der Nationalhaß, verbunden mit Rohheit und
zurückgehaltenem Rachegefühl, blickt aus ihrem' ganzen Ver=
halten hervor. Mit einem düstern, die Wuth kaum be=
kämpfenden Antlitz schauten sie mich an, meine freundlich=
sten Worte ohne eine jede Antwort lassend. Die deutschen
Böhmen, meist aus der Gegend von Teplitz, Karlsbad rc.,
sind treuherzige Menschen, die sich mit großer Theilnahme
nach den Schicksalen ihres Vaterlandes erkundigten und
denen man es ansehen konnte, wie weh ihnen um das
Herz ist. Am Imponirendsten finden wir die Ungarn;
militärisches Ehrgefühl und Accuratesse tritt mehr hervor,
als bei ihren Kameraden der anderen Nationalitäten.
Sie geben nur dem preußischen Zündnadelgewehr die
Schuld ihrer Niederlage und fügen sich, ohne widersetzlich
oder mürrisch zu sein, in ihr gegenwärtiges Schicksal. Ich
war bald von einem großen Trupp Ungarn umringt, die
von mir wissen wollten, wie es mit ihrem Kaiser stände
und ob in Ungarn die Revolution losgebrochen wäre.
Sie erzählten mir, daß ungarische und italienische Offiziere
sie gestern besucht und aufgefordert hätten, für die Be=
freiung Ungarns zu kämpfen. Proclamationen waren
vertheilt worden. Auf mein Ersuchen brachte man mir

eine solche Proclamation. Da sie jedoch in ungarischer
Sprache abgefaßt war, setzte sich ein Ungar neben mich
und dictirte die Uebersetzung mir in das Notizbuch. Die
Uebersetzung in's Deutsche lautet wörtlich: „Tapfere Krie=
ger! Das Vaterland hat das Vertrauen in mich gesetzt,
ich übernehme den Oberbefehl der ganzen ungarischen
Armee, als Führer spreche ich zu Euch! Unser armes
Vaterland ist nicht mehr verlassen! Die mächtigen Könige
von Preußen und Italien bieten uns hülfreiche Hand.
Zur Befreiung des bedrückten Vaterlandes eilen aus
Italien Garibaldi, gegen die Donau Türr, nach Sieben=
bürgen Bethlen und hier führe ich die tapfere Armee.
Kossuth Lajos (Ludwig) wird mit uns sein! So vereint
wollen und werden wir das Habsburg'sche Herrscherhaus
vertreiben, das unseres Vaterlandes Blut und Eigenthum
raubte, und neuerdings werden wir uns den Besitz des
Arpatslandes, das unser Eigenthum ist, sichern. In den
Jahren 1848 und 1849 haben wir uns ewigen Ruhm er=
worben, nun aber harrt unser der Lorbeer= und Ruhekranz,
wenn wir unser Vaterland befreien. Vorwärts also!
Drängt Euch um die ungarische Fahne; wo sie weht, ist
der Platz jedes Ungarn! Nur einige Tage entfernt liegen
die Triften des heiligen Vaterlandes, dahin führe ich Euch!
Eilen wir somit dahin, wo Eltern, Geschwister, Geliebte
mit offenen Armen uns erwarten. Wählet nun zwischen
einer elenden Gefangenschaft und der Ehre, ruhmvoll für
die Freiheit unseres Vaterlandes zu kämpfen. Es lebe das
Vaterland! Klapka, ungarischer General." Ich fand
die Stimmung der Ungarn in Bezug auf die Aufforderung
der aus Italien gekommenen Offiziere getheilt: während
ein Theil von der Proclamation enthusiasmirt war, schien
ein großer Theil entgegengesetzter Ansicht zu sein. Sie sagten
mir, daß sie den Eid, welchen sie dem Kaiser von Oester=
reich geschworen, nicht brechen könnten, und daß es über=
haupt fraglich erscheine, ob das Unternehmen in Ungarn

selbst Anklang finden wird; sie wollten noch abwarten, was sich ereignen würde. Es findet übrigens im Lager eine große Bewegung statt. Die Böhmen, Galizier, Italiener werden nach Posen gesendet, während hier täglich nur ungarische Gefangene aus anderen Festungen eintreffen. Aus dem hiesigen Lager werden alle Nationalitäten entfernt, nur Ungarn werden hier cernirt. Die aus Italien gekommenen Offiziere sind heute nach Neiße abgereist und sind der Hoffnung, daß die sämmtlichen ungarischen Gefangenen in zwei bis drei Tagen ihnen nach Neiße nachgesendet werden, wo sie solche in Empfang nehmen und in Neiße die Infanterie. und in Neustadt die Cavalerie organisiren wollen. Ob dies geschehen wird, möchten wir bezweifeln.

Es dürfte nicht uninteressant sein, demnächst auch eine Stimme zu vernehmen, die von österreichischer Seite kommt, die damalige Stimmung und die Verhältnisse daselbst wahrzunehmen, Gelegenheit und keinerlei Grund hatte, Partei zu ergreifen. Diese Schilderung kommt aus der Feder des Berichterstatters der „Times" bei der österreichischen Armee, und mag sie hier im Auszuge Platz finden.

Obgleich die Niederlage bei Königgrätz die Oesterreicher sehr niederdrückte und große Entmuthigung hervorrief, so waren doch Offiziere und Mannschaften zur Fortsetzung des Kampfes bereit, betrachteten daher die diplomatische Intervention keineswegs mit freundlichen Blicken. In der Armee existirten zwei Parteien: die eine für den Krieg, die andere für den Frieden. Die Erstere sagte: „Wir waren für den Krieg nicht fertig, Preußen dagegen war vollkommen vorbereitet und hatte seine Berechnungen und Pläne schon vor zwei Jahren vorbereitet. Unser Stab war schlecht organisirt, — der preußische profect; unsere Magazine waren leer, die preußischen mit neuen Vorräthen angefüllt. Preußen hat in ganz Deutschland Verbündete gewonnen oder Neutrale zermalmt, — wir haben die Einen wie die

Anderen verloren und besitzen kaum irgend einen zuver=
lässigen Freund, der für uns zu kämpfen im Stande wäre.*)
Wir sind nach der alten Methode bewaffnet und wurden
nach der alten Methode geführt; — Preußen ist mit einer
neuen furchtbaren Waffe in's Feld gerückt und mit einem
neuen System der Taktik, welches es zu dem speziellen
Zweck ersonnen hatte, um im Nothfalle dem Franzosen die
Stirn bieten und ihn besiegen zu können. Unsere Leute
haben das Vertrauen zu ihren Führern verloren und
unsere Führer sind alt und ihrer Aufgabe nicht gewachsen.
Die preußischen Truppen sind durch ihre Siege erhoben
und erregt und haben unbegrenztes Vertrauen zu sich selbst
und ihren Generalen. Ueberdies haben wir so viele Bau=
schaften und Kriegsmaterial, sowie Terrain im Felde ver=
loren, daß uns kaum Hoffnung zu einem glücklichen Erfolg
geblieben ist. Schließen wir also Frieden unter den
günstigsten Bedingungen, die wir erlangen können und
wenn wir alsdann den Frieden zur Vorbereitung auf den
Krieg so klug benutzen, wie es Preußen gethan, so wollen
wir, wenn wir nur erst darauf vorbereitet sind, Alles, was
wir jetzt verloren haben, in einem energischen und ent=
scheidenden Feldzuge wiedergewinnen, wie Preußen es
uns jetzt abgewonnen hat."

Die Kriegspartei in der Armee aber sagt ihrerseits:

„Jetzt oder nie müssen wir den Krieg fortsetzen. Nach
einer verlorenen Schlacht ist Oesterreich noch nicht zu
Grunde gerichtet. Wir können Königgrätz rächen und dem
Feinde eine Niederlage beibringen, welche entscheidender
sein wird, als sein Sieg es gewesen ist. Wir haben
60,000 Mann, die, aus Italien siegreich zurückgekehrt, das
glühende Verlangen hegen, sich mit den Preußen zu messen.
Unsere Artillerie hat nicht gelitten, unsere Cavalerie bildet

---

*) Da muß man sich der „sächsischen Treue und Aufopferung"
sehr oberflächlich eingedenk gewesen sein! D. B.

noch eine furchtbare Streitmacht und blickt mit Gering=
schätzung auf die preußische Reiterei. Unsere Infanterie
ist auf dem besten Wege, ihre frühere kampflustige Stim=
mung wieder zu gewinnen und wir können nun dem Feinde
ganz andere Truppen entgegenstellen, als die „knabenhaften
Soldaten,“ die er bei Skalitz und Gitschin besiegte. Wir
machen jetzt Hinterladungsgewehre; wir lernen von unserem
Feinde und wollen nicht länger ausschließlich auf unsere
Bayonnette und auf den persönlichen Kampf im Handge=
menge vertrauen. Können wir überdies durch die Fort=
setzung des Kriegs in eine schlimmere Lage kommen, als
diejenige ist, in welcher wir uns jetzt befinden? Die Preu=
ßen sprechen, als wäre Wien bereits in ihren Händen;
wird der Krieg jedoch fortgesetzt, so werden sie finden, daß
sie bis jetzt nur die ersten Züge des Spiels gewonnen
haben. Ein weiter Zwischenraum trennt sie von ihren Zu=
fuhren und der Basis ihrer Operationen. Wir haben, mit
einer einzigen Ausnahme, alle Eisenbahnen zu unserer Ver=
fügung. In ihren Armeen herrscht Krankheit, ihre Zu=
fuhren kommen unregelmäßig und ihre Offiziere und Mann=
schaften sehnen sich darnach, auf ihren Lorbeeren zu ruhen.
Wenn Ungarn freundlich behandelt wird, so können wir
Hunderttausende von Rekruten von dort herbeiziehen, und sogar
ohne Ungarn sind wir im Stande, die Reihen unserer
Armee zu füllen, während Preußen schon jetzt genöthigt
war, die zweite Landwehr=Reserve einzuberufen. Tüchtige
Generale werden auftauchen und sogar, wenn Alles gegen
uns gehen sollte, ist doch unsere Existenz eine politische
Nothwendigkeit und in der Stunde unserer höchsten Noth
werden Staaten, die sich jetzt fern halten oder gleichgültig
zusehen, sich veranlaßt finden, für uns einzuschreiten und
Oesterreich zu schützen. — Jedenfalls müssen wir den Ver=
such machen, ob die Armee vor Wien nicht das Urtheil
umzustoßen vermag, welches Europa über unsere Nieder=
lage bei Königgrätz gesprochen hat.“

Es waren die besten und tüchtigsten Offiziere, die
diese Argumente vorbrachten. Wer von diesen beiden
Parteien den Sieg davongetragen hat, wissen wir.

Der Referent der Vossischen Zeitung, Georg Hiltl, giebt
folgenden Bericht über die von ihm gemachten Wahrneh=
mungen nach der Schlacht bei Königgrätz:

Da, wo rechts von Horzitz nach Königgrätz ein Ge=
hölz, aus Tannen und jungen Birken bestehend, sich hin=
zieht, begannen die schrecklichen Merkmale vor uns zu er=
scheinen. Um dem Feinde das Eindringen zu erschweren,
haben die Oesterreicher Verhaue gemacht. Die längs der
Chaussee stehenden Obstbäume sind etwa vier Fuß über
der Wurzel umgehauen und umgeknickt, die Laubkronen
gewähren dadurch ein besonderes Hinderniß für die Vor=
bringenden, daß hiervon je zwei Bäume immer gegen=
einander gelegt worden, und da sie noch mit dem Stamme
zusammenhängen, ist das Wegräumen dieser Hindernisse
äußerst schwierig. Die meisten der kleinen Birken waren
bis zur Hälfte der Stämme abgehauen. Zwischen diesen
Stämmen lagen am Boden eine große Menge Waffen und
Uniformstücken. Da, wo sich die kleine Waldung gegen
das freie Feld hin abgrenzt, ist der Boden mit niedrigem
Buschwerke und Knieholze bestanden. Von hier an beginnt
das Grausen. Gleich hinter der Scheune erblickten wir
Haufen von Leichen österreichischer Soldaten. Die hier
Gefallenen sind durch das Feuer der Preußen getödtet
worden, welches gegen die im Gehölze und Buschwerke
postirt gewesenen Tirailleure gerichtet ward. Als später
die Colonnen nachrückten, mußte das Feuer wirksamer und
verheerender werden. Wir ließen den Wagen dicht am
Rande des Chausseegrabens halten, stiegen durch eine uns
bis an die Knöchel reichende Masse von zersetzten Unifor=
men, Papierschnitzeln, Lederzeug und Lappen auf das Feld,
um die Schonung zu besichtigen. Die ersten Gefallenen
bildeten eine liegende Gruppe von fünf Mann. Sie waren

augenscheinlich durch das Platzen einer Granate getödtet
und lagen radienförmig hingestreckt auf dem Wiesenboden.
Die Verwundungen, denen sie erlegen, waren grausig.
Hinter diesen Gefallenen lag eine Reihe stummer Genossen,
die, in ihrem Blute schwimmend, einen seltsam unheim=
lichen Anblick gewährten. Alle diese Leute lagen nämlich,
wie im Schlafe, auf dem Rücken, ihre Gesichtszüge waren
nicht verzerrt, aber die Arme und Hände hielten sie Alle
hoch empor gestreckt in die Luft. Betrachtete man die
Stellung dieser erstarrten Glieder, so konnte man leicht
erkennen, daß die Tödtung in dem Augenblicke stattgefun=
den hatte, wo der Gefallene sein Gewehr auf den Feind
anschlagen wollte.

Hinter diesen Vorposten der großen Armee von Todten
sah man die Gefallenen noch dichter bei einander liegen.
Zuweilen erblickte man vier bis fünf Leichen, welche eine
über der andern geschichtet waren. Es schien, daß an
dieser Stelle bereits ein Handgemenge stattgefunden hätte
denn viele der Leichen zeigten Bayonettstiche, auch fanden
wir hier preußische Todte, unter anderen einen Unteroffizier,
dem die Kugel beide Beine weggerissen hatte. Ein langer
Streifen Gefallener zog sich rechts von dieser Stelle bis
zum Fuße des Hügels hin, sämmtliche Körper lagen auf
dem Bauche und hatten Schüsse im Rücken, ein Beweis,
daß sie sich zur Flucht gewendet, auch konnte man an den
weggeworfenen Waffen und Tornistern deutlich erkennen,
wie die einstigen Träger derselben vor dem mörderischen
Feuer der Preußen in großer Unordnung gewichen waren.
Das Terrain, welches nun wellenförmig emporsteigt und
zuletzt hinter dem Dorfe Sadowa eine ziemlich steile Anhöhe
bildet, schien mit Gefallenen übersäet. Von einem kleinen
Hügel herab flatterte eine weiße Fahne, unter dieser er=
blickte man ein Brett, auf welchem die Worte: Verband=
Platz des ...., mit Kreide geschrieben, deutlich noch zu
lesen waren. Ein Paar zertrümmerte Protzkasten und

Proviantkarren bildeten wahrscheinlich den Schutz für diese
Stelle. Das Gras am Fuße der kleinen Anhöhe war an
vielen Stellen dunkelroth, fast schwarz gefärbt, und zer=
rissene Uniformstücke lagen umher, an einem kleinen Dorn=
busche hingen Kartuschen und daneben lag ein Rockärmel,
der am Ellenbogen zerschossen und blutig am Schulterende,
jedoch durch den Schnitt einer Scheere abgetrennt worden
war. Von dem Rücken dieses Hügels gewährte das
Leichenfeld einen seltsam schauerlichen Anblick. Die vielen
bunten und hellfarbigen Uniformen der Oesterreicher, ver=
mischt hier und da mit den dunklen Waffenröcken, welche
die Leiber der gefallenen Preußen bedeckten, rothe, weiße
und blaue Tuchfetzen größeren oder kleineren Umfanges
ließen die Masse, welche den Boden bedeckte, fast wie ein
ungeheures Kartenspiel erscheinen, dessen Blätter in wilder
Unordnung durch einander geworfen waren. Zuweilen
unterbrach ein großer schwarzer Punkt diese buntschillernde
Fläche: gefallene und erschossene Pferde, deren Beine gleich
kurzen Signalstangen in die Luft emporstarrten. Die Kante
der hohen Hügel war mit todten Pferden gekrönt, die sich
gegen den Horizont scharf absetzten, so daß man sie schon
aus weiter Ferne erblicken konnte. Ganz entsetzlich waren
die neben dem Schlachtfelde hinlaufenden Chausseegräben
anzusehen, die Todten lagen hier in langer Reihe Einer
hinter dem Andern; stellenweise hatte wohl ein Gedränge
oder ein Kampf in diesen kleinen Schluchten stattgehabt,
und dann konnte die Wuth, mit welcher gefochten worden,
auf den Gesichtszügen der Entseelten deutlich wahrgenommen
werden. Vielen sah man es an, daß sie lange gerungen,
bevor sich die Seele vom Körper trennte, die Stellungen
Vieler deuteten auf große Qualen, sie hatten im wüthenden
Schmerze sich gekrümmt, die Linke hielt das Gewehr um=
klammert, die Rechte preßte sich auf's Herz. Mehrere fand
ich am Boden liegend, halb das Haupt emporgereckt, die
Finger noch in die Haare gekrallt, welche sie sich offenbar

in stummer Verzweiflung gerauft hatten. Bei einem der armen Bursche lag ein Brief in italienischer Sprache; ob er Eigenthum des Erschossenen gewesen, oder nur zufällig dahin gekommen war, vermag ich nicht zu sagen, das Schreiben enthielt eine Geburtstagsgratulation, Namen und Adressen des Absenders und Empfängers waren deutlich angegeben. In der leeren Zündhutkartusche eines Infanteristen fand ich jedoch ein Schreiben der Mutter desselben. Sie schickte dem Sohne drei neue Halsbinden und empfahl ihn dem Schutze der Heiligen. Sonderbarer Weise hatte der gefallene Briefempfänger einen Schuß durch die Kehle, also auch durch die Binde, muthmaßlich eine der gesendeten, erhalten.

Wenn man weiter auf der Chaussee vorschreitet, zeigt sich linker Hand ein schmaler Graben, der ursprünglich zur Entwässerung der Wiesengründe gedient haben mag. Vor demselben lag eine unabsehbare Reihe gefallener Oesterreicher; ich kann nur sagen, daß der so oft vielleicht mißbrauchte Ausdruck: „reihenweise lagen die Todten" hier buchstäblich richtig angewendet werden konnte, die Leichen reihten sich genau dem Laufe des Grabens nach und es war, als sei eine Schaar bleierner Spielsoldaten aufgestellt und später umgestoßen worden, wo dann eine Figur die andere im Fallen umgestoßen hatte. Der Hornist dieser Leichencolonne war der Erste von der Chaussee aus. Diese Leiche ruhte in sitzender Stellung im Chausseegraben, der Rücken lehnte an einem zerbrochenen Baumstamme, der linke Arm hing über einen Ast gleichwie von einer Stuhllehne herab, die rechte Hand hielt das Signalhorn, der Kopf, ein wenig zur Seite geneigt, war noch mit dem Käppi bedeckt, die Augen geschlossen. Es schien, der Verendete habe sich in dem Graben niedergesetzt, zum Sterben ein bequemes Plätzchen gesucht und sei dann sanft eingeschlafen. Im ersten Augenblicke glaubten wir einen schwer Verwundeten zu sehen, der von Blutverlust er-

schöpft, sich an den Baumstamm gelehnt hatte. Die tödt=
liche Kugel war ihm durch den Unterleib gegangen. Was
den grausigen Eindruck dieser langen Reihe Gefallener
noch verstärkte, war die bekannte Augentäuschung, nach
welcher der Horizont mit dem Erdboden verbunden er=
scheint, die letzten Gefallenen lagen, wenn man aus der
Ferne auf sie hinblickte, gerade in dieser Linie und da=
durch dünkte Jedem die blutige Reihe bis in's Endlose
hinein sich zu verlängern. Hinter dem Graben steigt die
Fläche aufwärts. Es ist dieselbe Hügelkette, welche schon
oben erwähnt wurde, die von der Chaussee durchschnitten
wird. Hier waren die furchtbaren und überaus treff=
lichen Positionen der österreichischen Artillerie, zu deren
Verstärkung außerdem noch eine Verschanzung aufgeworfen
worden war.

Von diesem Logement aus schleuderten die Geschütze
unter die vordringenden Preußen den verderbenbringenden
Hagel von Granaten, Kartätschen und Vollkugeln. Von
der Schanze aus läßt sich die Gegend gut überschauen
und jeder Laie begreift, welch' ein blutiges Stück Arbeit
die Eroberung dieser Position gewesen ist. Hier war es,
wo einer der schönsten und erhabensten Momente in
Preußens Geschichte stattfand, der Moment, als nach har=
tem, blutigem Kampfe, dem er, sich jeder persönlichen
Gefahr aussetzend, als Führer seiner Truppen, der Vor=
derste im Feuer, bis zum Schlusse beigewohnt hatte, König
Wilhelm, von den siegreichen Soldaten umringt, mit dem
lautesten Jubel begrüßt wurde. Die Leute drängten sich
um den Kriegsherrn, sie küßten seine Hände, seinen Rock.
Auf den eroberten Geschützen standen sie, die Mützen oder
die Helme schwenkend; „hierher, Majestät, schauen Sie
nur," rief Alles, „hierher! bitte, bitte. Wir haben das
Geschütz genommen." „Sind Majestät zufrieden?" riefen
die Anderen, „Hurrah! es lebe der König," schallte es
von allen Seiten, als der König grüßend dankte. Es

waren große, schwere Stunden, welche man durchlebt,
durchkämpft hatte. Belle-Alliance war einen Tag lang
nach den Gefilden Böhmens verlegt worden. Wie einst
dort sehnsüchtig die Ankunft der rettenden Armee erwartet
wurde, so blickte mitten im Tosen der Schlacht manches
Auge in die Ferne, nach der Stelle, von welcher die Ar=
mee des Kronprinzen kommen mußte. Und als die Rauch=
wolken aufstiegen, als die Schüsse der Herbeieilenden
krachten, da bräch der Jubel wieder aus, da stürzten die
Schaaren des Prinzen Friedrich Karl, der kühne Führer
inmitten der Seinen, auf den Feind, und trotz rasender
Gegenwehr warfen die Preußen ihn in die Flucht, von
Stelle zu Stelle, von Hügel zu Hügel — durch das Blach=
feld, aus dem Gehölze über ebene und zerklüftete Strecken
raste die blutige Jagd, begleitet vom Schmettern der
Hörner, dem Hurrah= und Wehgeschrei der Kämpfer und
Fliehenden, dem Donner der Geschütze und dem Krachen
der Gewehre im Brande der Dörfer, die dem gewaltigen
Kampfe mit ihren blutrothen Flammen leuchteten.

Vor dem Logement der Oesterreicher schnitt ein tiefer
Hohlweg die Straße. Er führt, ein wenig ansteigend,
wieder zur Chaussee. Dieser Hohlweg ist eine derjenigen
Stellen, an denen große Dinge sich begeben haben, welche
bestimmt sind, das Alte umzumodeln, eine neue Strömung
hervorzurufen. Wenn von hier aus die Batterieen der
Oesterreicher nicht genommen worden wären? wenn die
mit größter Anstrengung und Beharrlichkeit vertheidigten
Positionen den Kräften der Preußen widerstanden? Die
österreichische Artillerie hat ihren alten Ruhm bewährt;
sie war es, die eine Zeit lang das siegreiche Vordringen
der Preußen aufhielt, und dennoch vermochte sie nicht die
Anstürmenden zu schrecken. Der Hohlweg giebt Zeugniß
dafür, wie wichtig dieses Stück Erde für den Erfolg des
Tages sein mußte. Wenn man von der Höhe der Loge=
ments in ihn hineinblickte am Tage nach der Schlacht,

dann gewahrte der Beschauer einen Knäuel, den zu ent-
wirren ein Augenglas benutzt werden mußte; durch dasselbe entdeckte man erst, daß dort unten Menschen lagen
— gefallene, zerschmetterte Menschen — — —. Die
nähere Schilderung möge mir erlassen werden. — Den
Abhang des Hügels bedecken wieder zahllose Waffen,
Bekleidungs= und sonstige Gegenstände aller Art. Außer
vielen zum Theil noch gefüllten Sprengstücken fanden wir
große Massen Patronen; auf dem Fußwege, den die Colonnen getreten hatten, lag eine zierliche Tasche mit
Bürste, Kamm und Spiegel; dabei eine noch ganz gefüllte
Flasche persischen Insectenpulvers; von diesem Artikel
fand sich überhaupt viel vor und es dürfte dies vielleicht
von dem geringen Vertrauen der österreichischen Krieger
auf die Reinlichkeit der Wohnungen ihrer böhmischen
Landesgenossen Zeugniß ablegen.

Je weiter ich die großen Todesfelder durchschritt, desto
schrecklicher wurden die Wahrnehmungen. Das Dorf Chlum
war der Schauplatz des erbittertsten Kampfes, den eine
Kriegsgeschichte aufgezeichnet haben mag. Eben so heiß
wurde bei Prim gefochten, wo die Sachsen sehr wacker
Stand hielten. Rückwärts von Chlum erhebt sich ein Hügelkopf, den eine Kapelle trennt; hier war die Stelle, wo der
österreichische Feldzeugmeister mit seinem Gefolge hielt, und
von wo aus das ganze Terrain sich gut überblicken läßt.
An dem Fuße der Abhänge von Prim und Problus, von
Lippa, Chlum und Wsestow ist gewaltig gestritten worden,
und an diesen Stellen haben, nach Aussage aller dabei betheiligt Gewesenen, die Oesterreicher den größten Verlust
durch das Schnellfeuer der Preußen erlitten; wenn man
den zerstampften, durchwühlten und durchrissenen Boden betrachtete, dann bedurfte es nur einer geringen Beihülfe der
Phantasie, um sich das Getümmel vorzustellen, welches
hier durch die Schluchten brauste. Am Tage nach der
Schlacht konnte man deutlich die Fußtapfen vieler Tausende

erblicken, die im Sande und Lehmboden abgedrückt waren; es war einigen derselben anzusehen, mit welcher Gewalt die Ringenden sich gegen einander gestemmt hatten. Gleich heftig, ein wüthendes Reitergefecht, war der Zusammenstoß bei Streritz, wo neumärkische Dragoner, Ulanen des 11. Regiments (Prinz Hohenlohe), 2 Escadrons Ziethen-Husaren, 1 Escadron des 2. Gardedragoner-Regiments mit den österreichischen Regimentern Prinz Karl von Preußen Kuirassiere und Wrangel-Kuirassiere in den Kampf geriethen. Dabei feuerten die Batterien des Generals von Lengsfeld und einige Bataillone des 49. Regiments formirten Quarré's. Bei diesem Treffen gerieth Prinz Karl von Preußen (Vater), der sich seltsamerweise hier seinem ihm in der österreichischen Armee gehörenden Regimente gegenüber befand, in die augenscheinlichste Lebensgefahr. Der Prinz und seine Begleiter arbeiteten sich mit dem Säbel in der Faust durch das Gedränge.

So einsam im Ganzen das mit stummen Zeugen über-säete Schlachtfeld war, erblickten wir doch an verschiedenen Stellen arbeitende Gruppen preußischer Soldaten. Sie verrichteten das Geschäft der Todtengräber oder schichteten Waffen und Tornister zusammen, die von dem Felde aufgelesen, zu großen Pyramiden gethürmt wurden. Waffenbedarfe ganzer Bataillone schichteten sie in dieser Weise aneinander; die Menge der Säbel, Flinten, Carabiner, Lanzen, Pistolen und Faschinenmesser war sinnverwirrend. Rechts von der Straße standen neun österreichische Geschütze in Position, die Besatzung lag zum Theil erschlagen daneben. Durch diese Haufen von Waffen und Gefallenen irrte heulend, in größter Unruhe, ein schönes Windspiel umher. Es schnoberte am Boden, hielt zuweilen vor einem Gebliebenen an, bellte dann laut, sprang empor und setzte seine Nachsuchungen fort, die vergeblich zu sein schienen, denn das arme Thier scharrte mit den Pfoten den Sand auf, als erfasse ihn die Verzweiflung, weil der geliebt

Herr nicht zu finden war. Endlich schoß es wie der Blitz über das Feld dahin und verschwand im Gebüsche.

Wir glaubten nunmehr, nach stundenlangem Umher= wandern, das Schrecklichste hinter uns zu haben — wir sollten bitter getäuscht werden. Hart an der Straße, hinter Wistuhn, steht eine Scheune. In diese waren Verwundete beider Armeen gebracht worden, um von hier aus in die Lazarethe geschafft zu werden. — Wie wäre eine Be= schreibung des Jammers möglich, der hier sich auf einem kleinen Raume, zwischen vier öden Mauern zusammen= gefunden hatte? Feder und Pinsel vermögen keine Schil= derung zu geben, man muß gesehen haben, wie das Scheusal „Krieg" rast, wie es mit seinen bluttriefenden Klauen die Menschheit umklammert und das sieht man schaudernd nur an einem Orte gleich dem, der sich hinter dem Dorfe Wistuhn an der Straße von Königgrätz befindet. Glücklich alle die Todten, welche das Feld des Kampfes draußen deckten — sie waren zu beneiden gegenüber den Unglücklichen, die in der Scheune lagen. Ein Lazareth bietet genug des Jammers, aber die Blessirten sind unter der Pflege der Aerzte, diese sorgen so viel und so gut sie es vermögen. Freund und Feind werden dem Schutze trefflicher Lazarethgehülfen übergeben, der Regen, der Wind, die Hitze, der Durst peinigen nicht den Dulder, aber ein Ort, wo die Verwundeten in der Eile untergebracht werden, ich möchte ihn ein „Depot für Blessirte" nennen, ein solcher Ort ist eine Stätte des höchsten menschlichen Elends — eine Hölle für die Gequälten.

Der erste Anblick, den wir nicht weit von diesem Jammerwinkel genossen, war ein verwundeter österreichischer Jäger, der auf allen Vieren über die Straße kroch, um in die Nähe eines Brunnens zu gelangen. Die Kugel hatte seinen Schenkel getroffen und ihm die Kraft zum Gehen genommen. Um das Gebäude selbst zog sich ein dichter Kreis Verwundeter. Sie waren auf Stroh noth=

bürftig gebettet. Ein Unteroffizier vom Khevenhüller-
Regiment bat mich, ihm den Mantel über die Beine zu
decken, welche durch den Wind gar sehr erkältet wurden,
er selbst vermochte sich nicht aufzurichten, da er außer
einer schweren Wunde am Fuße auch noch einen Schuß
durch die Hüfte erhalten hatte. Neben ihm lag vollständig
theilnahmlos ein schwerverwundeter Cavalerist, welchem
Regimente er angehörte, vermochte ich nicht zu erfahren,
denn er war nur mit einem Paar leinener Beinkleider und
einem schlechten Hemde versehen, während seine Füße in
schweren bespornten Stiefeln steckten, mitleidige Kameraden
— Preußen oder Oesterreicher — hatten ihm einen blauen
Kutschermantel übergeworfen. Er deutete durch Zeichen
an, wir möchten ihm den Kopf ein wenig höher legen. —
Mit einer Kanne, welche Wein und Wasser gemischt enthielt, begaben wir uns, fortwährend zwischen im Freien
liegenden Verwundeten umhergehend, in das Innere der
Scheune. Hier waren etwa sechshundert Mann nebeneinander auf Stroh gebettet. Die ersten Töne, welche
wir vernahmen, waren ein thierisches Schmatzen und dann
der bald lauter, bald leiser ausgestoßene Ruf: „Wasser!
Wasser!" — Der Durst und die Fliegen sind die schlimmsten Feinde der Verwundeten. Aus allen, rechts und links
von uns befindlichen Strohbündeln reckten sich nackt er-
hobene Arme mühsam empor, das Stroh raschelte, die
Köpfe mit ihren blutigen Binden starrten nach den Eintretenden, und als die Rufe und Geberden nach kurzer
Anstrengung wieder matt wurden oder aufhörten: vernahm
ich das Aechzen, Stöhnen und laute Beten dieser bemit-
leidenswerthen Versammlung. Zuweilen klang es wie
Heimchenzirpen durch den großen unwirthlichen Raum, dessen
Balkenwerk düster auf die Menge Elender herniederschaute,
dann unterbrachen fünf, zehn, zwanzig, dreißig laute
Schreie, von dem nagenden und stechenden Höllenschmerze
erpreßt, dieses Gewimmer. Da lagen sie neben einander,

die vor wenig Stunden noch so erbittert im Dampfe der Geschütze und des Feuergewehrs sich bekämpften. Preußen, Oesterreicher, Böhmen, Italiener — man hörte in allen Zungen klagen, bitten und verzweifeln. Die wilden Gesichter der Kroaten, Böhmen und Ungarn hatten, durch den Schmerz verzerrt, einen erschreckenden Ausdruck angenommen, diese Leute riefen im befehlshaberischen Tone nach Wasser. Die zur Aufsicht in dem Hause anwesenden preußischen Krankensoldaten erzählten uns, daß gar nicht genug Wasser zu beschaffen sei. „Leider," sagte der Eine, „ist der Brunnen drüben an der Straße von den Oesterreichern zugeschüttet und bis zum Dorfbrunnen ist eine gute halbe Stunde weit, aber wenn wir auch kübelweise Wasser holen könnten, wir würden die Gefäße im Nu geleert sehen, sie trinken unaufhörlich." Der Mann theilte uns mit, daß bereits eine Menge Verwundeter nach Horzitz und Gitschin, Trautenau u. s. w. geschafft wären, aber es sei noch kein Ende der Transporte abzusehen. Wir schenkten nun so viel von dem mitgebrachten Getränk aus, als wir eben besaßen. Wenn einer der Leute das Gefäß an den Mund gebracht hatte, umklammerte er es mit wahrhafter Wuth, die Lippen saugten sich am Rande fest, und diejenigen, die ihre zerschmetterten Arme oder Hände nicht zu gebrauchen vermochten, packten die Labung spendende Schaale mit den Zähnen. Schimpfworte und Drohungen wurden gegen den ausgestoßen, den sein lechzender Nachbar für bevorzugt hielt. Ein preußischer Unteroffizier litt gewaltig durch einen Schuß, der ihm die rechte Seite der Brust getroffen hatte. Er vermochte keine Bewegung zu vollführen und ebensowenig zu sprechen; da er seine Arme zu bewegen nicht im Stande war, hatte ein großer Fliegenschwarm sein Gesicht und die entblößte Brust bedeckt, was ihm unendliche Pein zu verursachen schien, denn seine übrigens sehr schönen Augen sprachen so beredt uns um Hülfe an, als hätte der Mund geklagt. Sobald er sah,

daß wir Getränke vertheilten, streckte er seine lederartig
zusammengeschrumpfte Zunge hervor, als Zeichen, daß er
um einen erquickenden Schluck bitte. Wir eilten zu ihm,
und während Einer von uns ihn tränkte, hielt ich seinen
Kopf, der an der rechten Seite eine starke Contusion
zeigte. Als er sich recht satt getrunken hatte, warf er
uns einen Blick des Dankes und der Freude zu, den wir
Alle gewiß nie vergessen werden, dann aber machte der
gute Kerl eine Bewegung mit den Augen nach seinem
Nebenmanne, einem Ungar; diese Pantomime drückte den
Wunsch aus: wir möchten doch den neben ihm Liegenden
bedenken. Einige Male konnten wir nur mühsam fortschreiten, denn wir fühlten uns bei den Füßen ergriffen.
Mehrere Hände hatten sich durch das Stroh gewühlt, um
unsere Beinkleider zu fassen, damit wir nicht ohne einen
Trunk gespendet zu haben die Scheune verlassen sollten.
So groß aber auch das Gefäß war, so sehr wir den Inhalt einzutheilen suchten — er nahm ein Ende und wir
verließen das schreckliche Lokal, wobei uns mindestens
hundert Stimmen nachwimmerten: „Sorgen Sie, daß
wir hier fortkommen.“ Ich fand diesen Wunsch schrecklich
bescheiden; nur Erlösung aus diesem Ort des Entsetzens!
Aber, wie ihn erfüllen? Alle Häuser lagen voll, alle
Aerzte waren beschäftigt mit dem Verbinden, Amputiren
und Pflegen der massenhaft eintreffenden Blessirten. Kir-
chen, Fabriken, Scheunen, Schul- und Pfarrhäuser lagen
voll, mitten im Freien waren Verbandplätze errichtet,
überall las man in schwarzer Schrift, mit Kohle an die
Hauswand oder mit Kreide an die Thür geschrieben, das
Wort „Lazareth“. So trefflich Alles in der preußischen
Armee auch eingerichtet war, wer hatte auf diese fürchterliche Masse gerechnet? man staunte betroffen selbst über
die verheerende Wirkung der Waffe, von Niemandem war
eine solche Niederlage des Feindes erwartet worden, die

Leistungen der Armeeärzte und ihrer Untergebenen streif=
ten fast an das Uebermenschliche.

Als wir zur Scheune hinaustraten und nach unserem
Wagen zu kommen suchten, näherte ich mich noch einmal
dem Unteroffizier vom Khevenhüller=Regiment. Er bat
mich bringend, für seine Wegführung zu sorgen, und reichte
mir die Hand. „Ich bin hart ausgeschmiert worden,“
sagte er leise, „aber wann i hier wegkomm', helf' ich mi
doch wieder auf und solche Leut' sollten's zuerst holen;
die Meisten hier — o Jesus, sind alle nix mehr werth.
Sehen's hier!“ Er zeigte auf den neben ihm liegenden
Cavaleristen, dieser war bereits eine Leiche, während
unseres Verweilens in der Scheune war er verschieden.
Wir verließen, als es bereits finster ward, diese Jammer=
höhle und warfen noch einen Blick auf die außerhalb
liegenden Blessirten, die nun von einer Pein erlöst wurden,
denn die Hitze wich dem hereindämmernden Abende; aber
als die Nacht erschien, trat der neue Gegner auf: die
Kälte. Wider diese waffneten sie sich durch Bedeckung
mit Sachen, deren Anblick ein wahrhaft komischer war.
Man sieht arme Teufel, welche die blaue Interims=
kappe der Oesterreicher über ihren zerschmetterten Arm ge=
zogen haben. Einer hat das Obertheil des Hutes irgend
welcher Marketenderin auf sein zerschlagenes Haupt ge=
stülpt, der Dritte trägt ein Infanteristen=Beinkleid, dazu
den Waffenrock eines preußischen Dragoners und einen
schwarzen Filzhut. Oft haben sie die Beine mit Stroh
umwickelt, durch dessen Halme das Blut sickert, die Haare
starren ihnen empor und fingerdicker Staub lagert auf
ihren Gesichtern. Erst ihre Ankunft im Lazareth befreit
sie von all' diesen Plagen. — Bei unserer Rückfahrt durch
Sadowa war die Dunkelheit vollständig hereingebrochen,
überall aber schimmerten Lichter an den Fenstern; die
meisten derselben leuchteten aus Kranken= und Lazareth=

zimmern. An der Wassermühle unterhalb Sadowa wurde
soeben eine neue Ladung Verwundeter vom Wagen herab-
genommen und über die schmale Brücke in das Haus getragen. Die meisten der in der Mühle befindlichen Blessirten waren Preußen, darunter der Lieutenant S., dem
man das linke Bein amputirt hatte. Als die Operation
vorüber war, die ihn zum Krüppel machen mußte, war
sein erstes Wort: „Wo stehen unsere Truppen? Ich hoffe
doch, sie sind vorwärts gedrungen." Ein anderer Verwundeter that nach seiner Amputirung die Frage: „Was
macht mein lieber Commandeur? er ist doch glücklich davon
gekommen?" In das schwarze Brot, welches man Leutnant
S. reichte, biß derselbe hinein und verzehrte es, als hätte
er das feinste Gebäck vor sich gehabt — und so muthig,
so ergeben sind sie alle, diese Männer, welche das harte
Loos traf, verwundet oder gar zerschmettert zu werden.
Für Erleichterungen und Erquickungen jeder Art zu sorgen,
sie damit zu versehen, das scheint mir dringendes Gebot,
denn so viel auch dafür gethan wird: es reicht immer noch
nicht aus. Die Genossen des Hilfs- und Centralvereins
reisen unermüdlich im Lande umher, aber oft genug können
sie beim redlichsten Willen nicht weiter. Wer nicht inmitten
der ungeheuren Bewegung war, kann sich keinen Begriff
von den Schwierigkeiten machen, die sich oft dem Fortkommen entgegenthürmen, und doch ist bei uns Alles trefflich geordnet. Man sehe auf die Leistungen der Feldpost,
der Telegraphen — wie staunenswerth greift Alles in-
einander, mit welcher Beharrlichkeit werden die dräuenden
Hindernisse beseitigt, das Beste gefördert und den entfernt
stehenden Kämpfern Grüße und Nachrichten der Lieben zuge-
sendet, und doch fehlt es hie und da, doch bleibt Manches zu
wünschen übrig; aber dessen ungeachtet wird jeder Preuße, der
Gelegenheit hatte, inmitten des Kriegsgetümmels diese verschiedenen Einrichtungen in ihrer großartigen Wirksamkeit
zu betrachten, mit gerechtem Stolze auf die Kraft unseres

13.*

Staates blicken, welche in das feindliche Land die wunder=
barsten und praktisch bewährtesten Mittel zur Hülfe,
Linderung und Verbindung mit dem Vaterlande hinüber=
trägt und sie gewissermaßen fast spielend im Bagagewagen
hinter der mächtigen Armee einherzieht.

Horzitz konnte nicht wieder erreicht werden, ohne daß
vorher die Feldpolizei unter Director Stieber dem Schlacht=
felde noch einen Besuch abgestattet' hätte. Es galt, die
vielfachen Marodeurs abzufangen, welche die Beraubung
der Todten zu ihrem Handwerke gemacht hatten. Dieser
Zug in der Finsterniß gehörte zu den unheimlichsten
Promenaden, welche überhaupt unternommen werden können.
Die Resultate der nächtlichen Streiferei waren bezüglich
der Aufgreifung solcher Leichenräuber gering, denn nur
einige Verdächtige wurden unter Androhung strengster
Strafen vom Felde gewiesen, aber die Nothwendigkeit der
Ueberwachung stellte sich um so dringender heraus, denn
man fand eine große Anzahl der Gefallenen bereits halb
entkleidet am Boden liegen. Einzelne Bauern sollen ganze
Mützen voll Taschenuhren, den Todten geraubt, vom Felde
geschleppt haben.

Matt und aufgeregt von all den furchtbaren Dingen,
die wir heute gesehen und gehört, erreichten wir endlich
Horzitz, dessen Nähe zahlreiche Bivouakfeuer uns ver=
kündeten."

Ein österreichischer Arzt beschreibt in einem Briefe d. d.
Königgrätz den 5. Juli den Rückzug der österreichischen
Truppen in gleicher Weise wie die preußischen Berichte. Er
sagt u. A.:

„Um 4 Uhr Nachmittags fingen unsere Truppen an,
zu retiriren, wir Aerzte waren noch vollauf beschäftigt
mit dem Verbinden der Verwundeten, deren Zahl einige
Hundert, noch der Abfertigung harrten; plötzlich sprengte
Cavalerie auf uns heran und stürmte neben und hinter
uns über Hügel und Felder, gleichzeitig mit dieser Artillerie

und Fuhrwesenswagen gegen Königgrätz zu. Viele Ca=
valeristen stürzten und wurden von den nachstürmenden
Pferden völlig zerstampft. Wagen fielen um und zer=
brücken die sich dazwischen drängenden Fußgänger. Wir
wurden vom Verbandplatze, der plötzlich verschwand, aus=
einandergeworfen, man rief uns zu: „Rettet Euch!" —
achttausend Reiter waren ohne Führer auseinandergejagt,
viele Verwundete mit sich führend. Inmitten dieses
Geschreies hörte man noch den Donner der Kanonen
und Granatsplitter fielen in unsere Massen. So wurden
wir von der Menge fortgedrückt, ohne zu wissen, wohin
und wo wir unser Ende finden; ich hatte mit dem
Leben abgeschlossen und hoffte nur noch von einem außer=
ordentlichen Zufall Rettung. Plötzlich hatten wir Wasser
vor uns, rechts einen Eisenbahndamm, links einen
Hohlweg, vollgestopft mit unseren schwerfälligen Re=
quisiten= und Verwundeten=Wagen und hinter uns noch
immer eine unabsehbare Schaar von Reitern; wir wateten
durch das Wasser, meine ärztlichen Collegen waren nicht
mehr an meiner Seite, ebenso die Krankenführer mit Aus=
nahme eines einzigen, welcher treu zu mir hielt. Plötzlich
kam Befehl, die Stränge der Pferde abzuschneiden, die Pferde
zu retten und die Wagen zurückzulassen. Wir Fußgänger
waren der Verzweiflung nahe, wir wateten wiederholt bis
über die Kniee durch Wässer, in der Angst, jeden Augen=
blick zu ertrinken oder niedergestoßen zu werden; endlich
gelangten wir an einen Bahnhof, der wieder ganz ver=
rammelt war. Viele durchbrachen die Verrammlung, die
Andern sprangen darüber hinweg; ich lief mit Tausenden
von Infanteristen hinterher; endlich kamen wir zur Elbe,
durchwateten sie, dann sprangen wir über Pallisaden,
gingen abermals bis an den Hals durch einen zweiten Fluß,
kletterten auf Anhöhen hinauf, sprangen über gefällte Bäume
und langten erschöpft um 1 Uhr Nachts in einem Wäldchen
an, wo wir vor Fieber und Erschöpfung niederfielen.

Einige meiner Leidensgefährten machten Feuer an und so lagen wir, uns am Feuer erwärmend, um wenigstens nicht vor Frost umzukommen. Um 3 Uhr marschirten wir, noch triefend vor Nässe; die Dörfer, die wir passirten, standen eer, keine Menschen, kein Vieh, keine Lebensmittel, nicht einmal Trinkwasser; die Menschen geflüchtet, das Vieh zersprengt, die Lebensmittel aufgezehrt …"

Nach der Schlacht bei Königgrätz wurde den preußischen Truppen ein Rasttag vergönnt, um nach den Anstrengungen der letzten Tage sich zu erholen. Die zweite Armee sollte am andern Tage zur Verfolgung des Feindes aufbrechen, die erste Armee geradeaus über Pardubitz und Chrudim vorgehen. Da man nicht wußte, wohin die österreichische Armee ihre Flucht genommen hatte, so konnten vorerst keine bestimmten Befehle gegeben werden; doch machten es die ersten Nachrichten glaublich, daß Benedek seine Armee nach Brünn dirigiren würde, um dort auf der geraden Linie nach Wien noch einen Halt zu gewinnen. Bald jedoch erfuhr man Genaueres darüber, als die Cavalerie der 2. Armee in schnellen Märschen Fühlung mit dem Feinde gewann, der sich bisher durch eilige Flucht der Beobachtung des Siegers entzogen hatte. Es gelang nämlich der verfolgenden Cavalerie, bei Mährisch-Trübau, eine österreichische Feldpost aufzuheben. Bei derselben fand man außer sehr interessanten Privatbriefen, die alle auf's Neue die furchtbare Niederlage der Oesterreicher bestätigten, die Befehle und Marschtableaux Benedek's in mehrfacher Ausfertigung für die verschiedenen Corps und Intendenten. Daraus war ersichtlich, daß die ganze Armee nach Olmütz gegangen war und daß nur das vollständig aufgelöste Corps und die Cavalerie-Division Prinz Holstein nach Brünn eilten. Nun hatten die Preußen freilich die genauesten Nachrichten und konnten darauf weiter bauen. Während die erste Armee auf Brünn dirigirt wurde, erhielt die 2. Armee die Aufgabe, sich Olmütz und der ganzen österreichischen Nord-

armee gegenüber aufzustellen. Unverweilt begannen die
Märsche, um diese Stellung einzunehmen und schon nach
einigen Tagen konnte die Cavalerie-Division durch einige
glückliche Attaquen einiger Züge des 2. Leib-Husaren-Re-
giments, welche sehr überlegene sächsische Cavalerie zurück-
warfen, sich Nachrichten vom Feinde verschaffen. Durch
diese ununterbrochene Reihe von Siegen war das ganze
nördliche Böhmen mit der Hauptstadt Prag nunmehr in
den Händen der Preußen. Am 6. Juli wurde Troppau
in Oesterreichisch-Schlesien von Preußen besetzt und des
Königs Hauptquartier nach Pardubitz verlegt. Am 8.
Juli wurde Prag von preußischen Truppen unter General
Rosenberg-Gruseczineki besetzt. Man kann denken, daß es
den Böhmen schmerzlich ankam, auf der alten Czechenburg,
dem Hradschin, die schwarzweiße Flagge wehen zu sehen.
120 Lokomotiven und 2000 Eisenbahnwagen fanden die
Preußen vor. Am 9. Juli wurde das Hauptquartier des
Königs, von Pardubitz nach Hohenmauth verlegt. Am
10. Juli überschritt die 1. Armee die mährische Grenze,
wobei ein Gefecht stattfand. Das Hauptquartier kam nach
Zwittau in Mähren. — Ein für die Preußen ebenfalls
siegreiches Gefecht fand am 11. Juli bei Tischlowitz zwischen
dem preußischen Dragoner-Regiment Nr. 2 und dem Herzog
Wilhelm von Mecklenburg, und österreichischen Ulanen. —
Brünn, die Hauptstadt Mährens, wurde am 12. Juli vom
Herzog Wilhelm von Mecklenburg besetzt. Prinz Friedrich
Karl zog noch an demselben Tage an der Spitze der
Division Manstein ein. Das königl. Hauptquartier kam
nun nach Czernahora, 3 Meilen vor Brünn. Am 13. langte
auch der König Wilhelm daselbst an und wurde von dem
Bischoff, dem Bürgermeister und den Spitzen der Stadt-
behörden empfangen, welche dem siegreichen Monarchen die
Schonung der Stadt empfahlen und eine milde Behandlung
der Stadt erbaten, wie sie die Bürgerschaft von einem
Fürsten erwarte, dessen Haus stets großmüthig gewesen sei

Des Königs Antwort hierauf war ohngefähr: „Ich bin nicht durch eigene Wahl und durch meinen Willen hier erschienen, sondern weil Ihr Monarch mich zum Kriege gezwungen hat. Deswegen führe ich auch keinen Krieg gegen die friedlichen Unterthanen, sondern gegen die Armee Ihres Souverain's. Bisher bin ich allerdings siegreich gewesen, und die Tapferkeit meiner Armee giebt mir das Vertrauen, daß ich es auch ferner sein werde. Ich habe sie in ungewöhnlich großer Zahl versammelt und hierher führen müssen, und es ist möglich, daß unter solchen Massen sich einzelne Fälle ereignen, die zu Beschwerden Veranlassung geben. Aber auch diese können vermieden werden, wenn Sie meinen braven Truppen bereitwillig mit Lieferung ihrer Lebensbedürfnisse entgegen kommen. Sagen Sie das Ihren Mitbürgern."

Die Einwohnerschaft kam der 45,000 Mann starken preußischen Einquartierung mit Freundlichkeit entgegen. Alle kaiserlichen Behörden hatten sich entfernt und die Kassen mitgenommen. Zum Kommandanten der Stadt wurde der General-Major v. Lengefeld, zum Polizeidirector den Chef der preußischen Armeepolizei Dr. Stiebe ernannt, welcher sofort Post, Telegraphenverbindung, Gefängnisse revidirte und die durch Entfernung der kaiserlichen Beamten unterbrochene Verwaltung wieder herstellte.

Die kaiserlichen Truppen hatten sich vor Annäherung der Preußen zurückgezogen. Die vom letzten Hauptquartier Czernahora einrückenden Fouriere hatten noch kaiserliche Ulanen unmittelbar vor sich. Auch Iglau gelangte bald in den Besitz der Preußen, worauf der Weitervormarsch gegen Znaym begann.

Am 14. Juli war ganz Mähren, bis auf Olmütz, von den Oesterreichern geräumt. Auch rückten die preußischen Truppen vor Troppau auch in's Oesterreichische hinein. Am 15. Juli nahm die Armee des Kronprinzen Stellung dicht vor Olmütz. Gleichzeitig wurde der ersten Armee eine Recognoscirung gegen Prerau befohlen. Die Brigade Malotke warf in einem glänzenden Gefecht die österreichische Brigade Rothkirch vom 8. österreichischen Corps aus ihrer festen Stellung bei Tobitschau, während es dem 5. Gre= nadier-Regimente gelang, eine andere Brigade, die aus Olmütz ausgefallen war, um die Brigade Rothkirch zu unterstützen, in einem heftigen Gefecht am Vorgehen zu hindern. Das 5. Kürassier-Regiment stieß bei Tobitschau auf zwei Batterien, die von einer Schwadron österreichischer Kürassiere und Infanterie gedeckt, ein heftiges Feuer gegen die preußische rechte Flanke unterhielten.

Die Kürassiere, nur 3 Schwadronen stark, mußten eine schmale Brücke passiren, die sie zwang, zu zweien ab= zubrechen. Jenseits formirten sie sich rasch und nahmen in einer brillanten Attaque sämmtliche 46 feindliche Ge= schütze, deren Bedeckung niedergemacht und die Bedienung gefangen genommen wurde. Durch diesen Sieg kam die Eisenbahn bis Lundenburg in den Besitz der Preußen. Hierdurch waren die noch bei Olmütz stehenden Oesterreicher von Wien abgeschnitten.

An demselben Tage kamen die Verhandlungen wegen einer dreitägigen Waffenruhe in Gang. Die österreichischen Vorschläge wurden aber nicht angenommen.

Lundenburg, welches am 16. Juli vom Prinzen Karl besetzt wurde, ist ein wichtiger Eisenbahn=Knotenpunkt, deshalb die Besetzung und Eroberung dieses Ortes für Preußen von großer Wichtigkeit. Am 17. rückten die Preußen im Erzherzogthum Oesterreich weiter vor, auch ward Prerau von der 2. Armee besetzt und am 18. Juli das königliche Hauptquartier nach Nicolsburg — 2 Meilen von Lunden= burg und 12 Meilen von Wien — verlegt.

Bevor wir die weiteren Operationen der preußischen Armee auf österreichischem Boden verfolgen, beobachten wir zunächst die kriegerischen Vorgänge im südwestlichen Theile von Deutschland. Gleichzeitig mit dem Gefecht bei Langen=

salza hatten sich am 26. Juni würtembergische Truppen
der Hohenzoller'schen Fürstenthümer bemächtigt, deren Beamtete sich bereits entfernt und die Kassengelder mit fort-
genommen hatten.

Während die baierische Armee unter dem Oberbefehl
des bejahrten Prinzen Karl stand, befehligte Prinz Alexander
von Hessen das 8. Bundesarmeecorps. Nachdem eine
Proclamation des Fürsten von Hohenzollern-Sigmaringen,
Generals der Infanterie, am 29. Juni an die „Bewohner
des Herzogthums Nassau" vorausgegangen war, erfolgte
das Einrücken der Preußen daselbst an drei verschiedenen
Stellen. Von Coblenz aus marschirte ein Bataillon nach
Ems, ein anderes nach Nieder- und Oberlahnstein. Dieses
drang bei Braubach und Merksburg vor, wo die dort befindlichen Vorräthe an Pulver, 70 Ctr., 2 Geschütze und
150 Gewehre, mit Beschlag gelegt und nach Coblenz geschafft wurden. Das dritte Bataillon war von Bacharach
aus in der Richtung von Wiesbaden vorgerückt. Die
baierische und Bundes-Armee betrug insgesammt etwa
90,000 Mann mit mehr als 250 Geschützen, wovon das
8. Bundesarmeecorps etwa nahe an 50,000 Mann mit
140 Geschützen zählte.

Die Main-Armee unter General Vogel v. Falkenstein,
etwa 50,000 Mann mit einigen 90 Geschützen hatte die
Aufgabe gegen den doppelstarken Feind zu operiren. Nachdem dieselbe Hanover unterworfen hatte, ging sie daran,
das rechte Mainufer vom Feinde frei zu machen. Diese
Aufgabe war allerdings keine geringe, in Betracht, daß
die Armee dem Feinde gegenüber bedeutend schwächer,
auch nicht eben gut ausgestattet war, wenig Reiterei, noch
viele glatte Geschütze, kein schweres Feldlazareth, keine
Brückentrains und keine Proviantcolonne hatte. Aber General Vogel v. Falkenstein war dieser Aufgabe gewachsen.
Unter seinem Befehl standen General v. Manteuffel, die
Division des General von Goeben und die des General-

Majors v. Begau. Bei Eisenach concentrirt, war ihr Vormarsch auf Fulda gerichtet. Das baierische Jägerbataillon stieß am 4. Juli Morgens mit seinen Vordertruppen in der Nähe von Armbach ganz unerwartet auf die preußischen Vorposten und es entspann sich bald ein kleines Gefecht.

Bezüglich des Gefechts bei Wiesenthal (Rosdorf) heißt es: „Am 4. Juli Morgens 5 Uhr erhielt die 26. Infanteriebrigade v. Wrangel in Dechsen den Befehl von Sr. Excellenz dem Generallieutnant v. Göben mit der gesammten Brigade über Oberalbe auf Dermbach vorzugehen, um der Brigade des Generals v. Kummer, 25. Brigade, welche Reidhartshausen angreifen sollte, als Soutien zu dienen. In Dermbach angekommen, wurde infolge der eingegangenen Meldung Nachstehendes angeordnet: Der Generalmajor sollte von seiner Brigade, mit der er auf Reidhartshausen vorging, zwei Bataillone unter dem Obersten Gellhorn zurücklassen, welche das Defilé von Lindenau zu besetzen hatten, während die 26. Brigade den Auftrag erhielt, Wiesenthal zu nehmen und die dort sich zeigenden starken feindlichen Kräfte von einem etwaigen Vorbringen abzuhalten. Infolge dessen wurde die Schwadron Wolter, 8. Husarenregiment, zur Aufklärung des Terrains vorgeschoben. Unmittelbar darauf folgte das Bataillon Rüstow, (2. Bataillon 15. Regtmens) in Compagniecolonnen längs der Chaussee nach Wiesenthal. Noch war die Höhe vor Wiesenthal nicht erreicht, als die Truppen mit Geschütz- und Gewehrfeuer empfangen wurden; der starke Regen verhinderte anfänglich jede Uebersicht, trotzdem blieb Alles im Avanciren und der Feind wurde nach dem verbarricadirten Wiesenthal hinein und nach den Höhen rechts hinaufgetrieben. Kurz vor Wiesenthal angekommen, hörte der Regen etwas auf und man sah, daß der Feind Wiesenthal zu räumen begann und am Fuße des Nebelberges mit vier Bataillonen, einer Batterie und einigen Schwadronen stand. Unsererseits war das 2. Bataillon 13. Regiments (Oberstleutnant v. Dürre) von Lindenau bereits vorgegangen und stand südlich Wiesenthal eben im Begriff, über die Wiesen zu debouchiren. Das Bataillon Rüstow ging am nördlichen Eingange des Dorfes über die Thalschlucht; das nunmehr herangekommene Bataillon Goßkow (2. Bataillon 55. Regiments) wurde nach der Mitte von Wiesenthat hineindirigirt, um eine Verbindung und Unterstützung der fechtenden Truppen herbeizuführen. Dem Obersten v. Gellhorn wurde das Commando über diese drei Bataillone übergeben, mit dem besondern Befehl, nicht zu weit vorzugehen, da es in der Intention Sr. Excellenz des Generalleutnants v. Göben lag, sich in dieser Richtung mehr defensiv zu halten. Gleichzeitig hiermit war die vierpfündige gezogene Batterie (Cöster) eiligst vorgeholt worden und von dem Commandanten der 26. Brigade auf den dicht nordwestlich liegenden Höhen von Wiesenthal aufgestellt, von wo aus sie eine vortreffliche Wirkung gegen die feindliche Aufstellung hatte. Die vier andern Bataillone der Brigade und die 12pfündige Batterte Ehnatten II. waren östlich der Pillersmühle als gemeinschaftliche Reserve aufgestellt, woselbst sich auch das 1. Bataillon 13. Regiments einfand. Bald wurden indeß die drei Reservebataillone 26. Brigade (1. u. Füsilierbataillon 55. Regiments) auf besondern Befehl Sr. Excelleuz dem General Kummer (25. Brigade) zur Unterstützung zugeführt, während die beiden Bataillone des 13. Regiments nunmehr unter Befehl der 25. Brigade traten. Es blieb also das Bataillon Borries (1. Bataillon 13. Regiments) und Bataillon Böcking (1. Bataillon 55. Regiments), sowie die 12pfündige Batterie zur Reserve, und wurden als solche in einer deckenden Stellung näher nach Wiesenthal nun herangezogen. Die ausgezeichnete Wirkung der vierpfündigen Batterie und das ungestüme Vordringen der Compagniecolonnen der vorgeschobenen Bataillone veranlaßte bald, daß drei Bataillone des Feindes sich vollständig auflösten und in die bewaldete Kuppe des Nebelberges hineinliefen. Das vierte Bataillon des Feindes ging nördlich, ebenfalls aufgelöst, in sehr beschleunigter Gangart um den Nebelberg herum; die feindliche Artillerie nahm gleichfalls eine mehr rückwärtige Stellung. Cavalerie verschwand ganz.

Unaufhaltsam drangen die diesseitigen Tirailleurschwärme dem weichenden Feinde nach und nahmen bald die Lisière des Waldes auf dem Nebelberge. Bald darauf erschienen zwei neue baiersche Bataillone mit verstärkter Artillerie, die von Norden her den Nebelberg wieder zu gewinnen suchten und bis an die Lisière vordrangen. Indem die ausgezeichnete Bravour der diesseits engagirten Truppen und das außerordentlich wirksame Feuer der 4pfündigen gezogenen Batterie, dem sich auch das Feuer der rasch vorgeholten 12pfündigen Batterie anschloß, ihren gewonnenen Platz fest behaupten konnte, wurden die Feinde zurückgetrieben. Nunmehr hörte man in nordöstlicher Richtung des Nebelberges Kanonen- und Gewehrfeuer, was diesseits allgemein die Vermuthung erregte, daß die Abtheilung von dem Corps Sr. Excellenz des Generals v. Manteuffel, welche — wie uns bekannt — von Lengsfeld aus vorgehen sollte, den Weg über Urnshausen und Bernshausen wohl eingeschlagen haben konnte und von da aus gegen Rosdorf vorgehend, in jenem Gebirgsthale in ein partielles Gefecht verwickelt sein könne. Späterhin ergab sich, daß der Kanonenschall davon herrührte, daß eine Batterie östlich Rosdorf die Kuppe des Nebelberges beschoß und der Wiederhall in den Bergen obenerwähnte Täuschung veranlaßt hatte. Um diese Abtheilung zu begagiren und überhaupt noch festern Fuß zu fassen, wurde der ganze Nebelberg genommen. Auf's Neue wurde vom Feinde wiederholter Angriff gegen denselben gemacht, indeß ebenso entschieden zurückgeschlagen, wie der vorige. Ein

nochmaliger Befehl von seiner Exc. v. Göben veranlaßte
die Brigade wiederholt, den Truppen bestimmt anzube-
fehlen, „Halt" zu machen und den bereits eingeleiteten
Angriff auf Rosdorf zu unterlassen, welcher allerdings
große Resultate hätte geben können. Die Abtheilungen
fingen darauf an auf Suhl sich allmählich abzuziehen, und
wurde das Bataillon von Böcking, 3 Schwadronen und
die 12pfündige Batterie durch das Dorf durchgeschoben,
nahmen daselbst eine Aufnahmestellung, wodurch der un-
gestörte Abzug der im Gefecht gewesenen Truppen und
das Zurückbringen der Verwundeten und Todten mit
Ruhe bewerkstelligt werden konnte. Als der Abzug fast
vollendet war, erschienen nördlich des Nebelberges wiederum
zwei Bataillone und ein Cavalerieregiment. Kaum jedoch
hatten die Truppen ihre flankirende Aufstellung nordöstlich
Wiesenthal genommen, als einige wohlgezielte Schüsse der
4pfündigen Batterie die Bataillone vollständig auseinander-
sprengten und das Cavalerieregiment eiligst verschwinden
ließ. Der weitere Abzug wurde vom Bataillon Böcking
in zweckmäßiger Art gedeckt und wurde vom Feinde nicht
mehr beunruhigt. Nach Aussage der Gefangenen hat die
Division des Generals Hartmann mit 10 Bataillonen, 2
Batterien und einem Cavalerieregiment der Brigade gegenüber gestanden. Die gemachten Gefangenen sind vom
4., 5. und 9. Regiment und einem Jägerbataillon. Die
Bravour der im Gefecht gewesenen Truppen kann nicht
genug gelobt und muß auch ganz besondere Anerkennung
der außerordentlichen Trefffähigkeit der 4pfündigen Batterie
hiermit ausgesprochen werden."

II. Ueber das Gefecht bei Kissingen. „Auf
dem Marsche von Waldfenster nach Kissingen am 10. Juli
hörte man bei Kissingen Kanonenfeuer, das von der Brigade Kummer herrührte, welche dort mit den Baiern engagirt war. Bei Schlimphof angekommen, ging der Befehl ein, zwei Bataillone über Poppenroth und Klaushoff

auf Kissingen zu dirigiren, welche zum Füsilierbataillon 15 von hier aus unter dem Commando des Obersten Freiherrn v. d. Goltz dahin abrückten und in ein selbstständiges Gefecht bei Friedrichshall verwickelt wurden. Als die 26. Brigade sich Kissingen näherte, erhielt sie den Befehl, auf den rechten Flügel der Brigade Kummer vorzugehen, und den Feind womöglich rechts zu überflügeln. Es wurde sofort das Terrain über Garitz hinaus durch eine Schwadron aufgeklärt. Das 1. Bataillon des 15. Regiments wurde demnach als Avantgarde direct auf den Altenberg zu dirigirt und die 4pfündige gezogene Batterie Cöster fuhr auf den nordwestlichen Abhang des Altenberges auf, von wo sie sofort mit gutem Erfolge in das Gefecht eingriff. Der Altenberg war theilweise vom 53. Regiment schon besetzt. Nachdem die 2. Compagnie des 1. Bataillons 15. Regiments (Hauptmann v. d. Busche) den Berg von feindlichen Schützen vollständig gesäubert hatte, wurde die Compagnie gegen eine südlich Kissingen liegende Saalbrücke dirigirt, welche vom Feinde zerstört war. Mit großer Mühe wurde diese soweit hergestellt, daß die Leute einzeln darüber passiren konnten. Hauptmann v. d. Busche überschritt zuerst die Brücke, ihm nach seine Compagnie, und einzeln lief Jeder nach der gegenüberliegenden Straße, vom feindlichen Feuer bedeutend belästigt. Dieser Compagnie folgte sofort die Compagnie unter Premierlieutnant v. d. Busche und demnächst die beiden andern Compagnien. Das Bataillon erreichte bald ein Gehölz südöstlich Kissingen. Es wurde dort eine Colonne gebildet und mit derselben in Verbindung mit dichten Tirailleurschwärmen gegen Kissingen vorgegangen. Diesem Bataillon folgten bald zwei Compagnien des Lipper Bataillons über die noch nicht hergestellte Brücke. Die beiden andern Compagnien des Bataillons wurden an der Chaussee zurückgehalten; als drittes Bataillon ging das 1. Bataillon 55. Regiments (Oberstlieutnant v. Böcking) über jene Brücke, so daß nun $2^1/_2$ Bataillone vom Süden her gegen Kissingen vordrangen und bald in ein heftiges Straßengefecht verwickelt wurden. Die andern Theile der Brigade (2 Compagnien Lippe und 2 Bataillone 55. Regiments) wurden nun auf dem rechten Saalufer auf der Chaussee bis an die Hauptbrücke bei Kissingen herange= zogen. Der Feind war aus Kissingen geworfen, setzte sich aber auf den östlichen Höhen zum zweiten Male und ein erneuter Kampf begann. Die 26. Brigade erhielt den Auftrag, die Berge südlich der Chausseen nach Nüblingen vom Feinde zu säubern, was vom Füsilier= und 2. Ba= taillon 55. Regiments nunmehr in erster Linie ausgeführt wurde. Das 1. Bataillon 55. Regiments, fast ganz in Tirailleurschwärmen aufgelöst, drang unaufhaltsam längs der Chaussee. Die andern Truppen folgten successive. Zwischen Winkels und Nüblingen erstarb das Gefecht. Das 19. Regiment unter Befehl des Generals v. Kum= mer ging noch weiter vor, nahm den Wald vor Nüb= lingen und setzte sich dort fest. Die Brigade erhielt Be= fehl, vor Winkels die Vorposten zu beziehen und Stellung aufzunehmen. Es war 4 Uhr Nachmittags. Am Abend griff der Feind mit einer frischen Division nochmals die Höhen diesseit Nüblingen an und wurde nach hartnäckigem Kampfe seiten der Brigade Wrangel zum Rückzuge ge= zwungen und die Vorposten vor Nüblingen auf der Höhe diesseits des Dorfes gegen 9 Uhr Abends etablirt."

III. Gefecht bei Winkels und Nüblingen. „Die 26. Brigade hatte eben begonnen, sich in den Bivouaks nordöstlich Winkels einzurichten, und das 2. Bataillon 55. Regiments war im Vorrücken begriffen, um die Vor= posten zu übernehmen und das 19. Regiment, welches für diese Nacht unter Befehl des Generals v. Wrangel gestellt war, abzulösen, als um $1/_27$ Uhr etwa die Meldung ein= ging, daß von Nüblingen her der Feind vorzugehen beab= sichtige. Sofort erhielt das Füsilierbataillon 55. Regiments,

die 12pfündige Batterie und die Schwadron des 8. Husaren=
regiments (Rittmeister v. Cranach) den Befehl, vorzugehen
und dem 19. Regiment zur Unterstützung zu dienen. Zwei
Compagnien des 55. Regiments wurden gleich Anfangs
rechts hinauf in die Berge entsandt und die Batterie und
Schwadron kamen im Trabe vor. Der General v. Wran=
gel begab sich zu den Vorposten, und als der Oberstleut=
nant v. Henning die bezüglichen Meldungen über die Auf=
stellung machte, erfolgen plötzlich von den nördlichen Höhen
Flintenschüsse in die dicht zusammengedrängten Colonnen
des 19. Regiments. Der Feind war von Norden her, wie
die Gefangenen aussagen, mit 9 frischen Bataillonen heran=
gerückt, hatte die nördlich der Chaussee liegenden Höhen
genommen und drängte rasch vor. Die Batterie und
Cavalerie gingen schnell zurück, ebenso das 19. Regiment.
Das eben anmarschirende Füsilierbataillon 55. Regiments
besetzte aber sofort ein Ravain und gab der rückgängigen
Bewegung vorerst einen Halt, mußte aber den überlegenen
feindlichen Kräften gegenüber auch sich nach und nach abziehen.
Es wurde nun auf den nächsten Höhen nordöstlich Winkels
eine Stellung genommen, worin die beiden Batterien auf=
gefahren wurden und das 1. Bataillon 55. Regiments
und das Bataillon Lippe die erste Aufstellung fanden.
Alle zurückkehrenden Truppen wurden in dieser Hauptstel=
lung eingefügt, und das Gefecht kam hier zum Stehen.
Nunmehr wurden 2 Compagnien Lippe und das ganze
2. Bataillon 55. Regiments in die Berge entsandt, südlich
der Chaussee; 2 Compagnien Lippe und 1 Bataillon
19. Regiments in die Berge nördlich der Chaussee, und
sobald diese Flankengruppen ihre Stellungen eingenommen
hatten, avancirte die ganze Brigade mit schlagenden Tam=
bours, trieb Alles vom Feinde vor sich her und eroberte,
allerdings mit großen Verlusten an Menschen, die vorige
Aufstellung wieder. Der Sturz von dem tödtlich verwun=
deten Pferde zwang den Brigadecommandanten, auf etwa

eine Stunde das Commando der Brigade dem Oberst
Stolz zu übergeben. Da die Truppen auf's Aeußerste erschöpft und die Reihen gewaltig gelichtet waren, wurde auf
Ansuchen höhern Orts, ein Bataillon vom 36. Regiment
vorbeordert zum Beziehen der Vorposten. Das 1. Bataillon 55. Regiments blieb als Unterstützung der Vorposten
hart vorn liegen, alles Andere rückte in's Bivouak. Die Verluste sind auf beiden Seiten sehr bedeutend, konnten aber
augenblicklich nicht gleich bestimmt festgestellt werden. Sehr
betrauert wird der Tod des Majors Rohdewald, Commandeur des Lippe'schen Bataillons." — —

Hier brechen wir ab, denn wir, die Herausgeber,
fühlen selbst, daß leider im damaligen Drange der Ereignisse die benutzten Zeitungsquellen nur ohne folgerich-
tigen Zusammenhang den Lesern vorgelegt werden konnten.
Ein kurzer Rückblick wird die Bewegungen der Heere, —
den Gang der Schlachten wesentlich erläutern. Scheuen
wir diesen nicht.

Durch den Bundesbeschluß vom 14. Juni war Preußen
aus dem Bunde getreten und erklärte den Krieg an alle
bundestreuen Regierungen, — d. h. an alle die, welche die
Mobilisirung gegen ersteres gut geheißen hatten. Natürlich
mußte der Bund sofort seine Gegenmaßregeln treffen, —
wie verspätet, ja verfehlt sie theilweise waren, lehrt die
kürzeste Vergangenheit.

Es gab eine Organisation des Bundesheeres, es gab
Bestimmungen wie viel Soldaten jedes einzelne Land zu
stellen hatte, — wie viele deren Reiter, Infanteristen, Artilleristen 2c. sein sollten — wie viele deren den leichten
oder schweren Truppen angehören mußten, — endlich wie
viele Kanonen zu stellen seien. Das war alles bis auf
das Kleinste berechnet, — ebenso bestimmt, aus welchen
Contingenten die verschiedenen Armeecorps zusammengesetzt
sein sollten, — wer sie aber zu befehligen hatte, war
späteren Bundesbeschlüssen vorbehalten. — Vorstehende

mag schon beweisen, daß diese ganze Bundesheerorgani=
sation beim ersten Sturm zusammenfiel, und nothwendig
zusammenfallen mußte. Das preußische Heer zählte 9 Armee=
corps, es waren dies geschlossene, nach jeder Rich=
tung hin zu gebrauchende Truppenkörper, die ihre Führer
kannten — die erblich nur ihrem Könige und Kriegsherrn
zu gehorchen hatten. — Aber die Truppen der anderen
Armeecorps von Nr. 8 an, hatten weder eine gemeinsame
Organisation, noch einen bestimmten Oberbefehlshaber und
im Uebrigen paßten die einzelnen Theile derselben nicht
zusammen; noch schlimmer aber war es, daß bei dem
Ausbruch des Krieges nicht einmal die einzelnen Armee=
corps zusammenstanden — und daß ein gemeinsamer
Operationsplan nicht vorhanden war. Die unausbleiblichen
Folgen waren, daß, als die Preußen den Krieg erklärten,
auch nicht eines der mittel= und kleinstaatlichen Contingente
vollständig kriegsbereit war, — mit Ausnahme des Heeres
des Königreichs Sachsen, — daß das Mobilisiren den ein=
zelnen Theilen des Bundesheeres viel Zeit raubte, eine
Zeit, welche die kriegsfertigen Preußen benutzten, um sie
zu überfallen, ehe jene vollständig marschfähig sich vereinigt
hatten. Dies geschah theilweise auch gar nicht, — denn
durch den Rückzug nach Oesterreich seiten der Sachsen, war
es ganz unmöglich, daß sich das 9. Bundesarmeecorps ver=
einigen konnte — welches aus diesen, den Churhessen und
Nassauern zusammengesetzt war.

Wir können nicht umhin, hier eine klare Dar=
stellung von dem Fehler zu geben, den Sachsen machte,
und zu sagen, daß die falschen Maßnahmen des Mi=
nisters von Beust, nicht nur für das eigne Land, sondern
auch für alle verbündeten Mittel= und Kleinstaaten verder=
benbringend waren.

Ganz naturgemäß mußte Minister von Beust, als er
sich für das Fortbestehen des Bundes erklärt hatte, auch
darnach streben, daß sich das Armeecorps, zu dem die

königl. sächsischen Truppen gehörten, vereinigte. Hierzu gab es zwei Wege — entweder Churhessen und Nassau rückten nach Sachsen oder an dessen Grenzen, oder die Sachsen gingen diesen entgegen. Da aber Nassau und Churhessen ebensowenig wie die Hannoveraner und Baiern vollständig kriegsbereit waren, so wäre es wohl das Beste gewesen, wenn die Sachsen eine Stellung am Main ge= nommen hätten, um dort den Kern der sich sammelnden Reichsarmee zu bilden. — Wäre dies geschehen, wie anders würden die Verhältnisse jetzt sein! Preußen hätte dann nicht blos mit den Manteuffel'schen, Beyerschen, Falken= stein'schen Armeedivisionen vorgehen und die Hannoveraner von allen Seiten einschließen — schließlich zur Capitalation zwingen können. — Es hätte im Gegentheile seine Armee theilen müssen und je mehr von derselben gegen die Bundes= truppen verwendet werden mußten, um so weniger hatte es gegen Oesterreich; und die 25,000 Mann Sachsen, die sich in Oesterreich gänzlich nutzlos schlugen, hätten sicher — richtig, am richtigen Orte verwendet, die Throne von Hannover, Hessen und Nassau aufrecht erhalten.

Und was zog denn die Sachsen nach Oesterreich, — welche politischen oder militärischen Gründe waren es denn, welche den Minister Beust zu dieser verkehrtesten aller zu ergreifenden Maßregeln bewogen? — Den Oesterreichern helfen — das war lächerlich, denn diese hatten Truppen genug, sich selbst zu schützen, wenn sie die Sache sonst ernst und richtig angefangen hätten; deren Fehler auswetzen? — dazu waren die Sachsen zu schwach und wurden nutzlos in Böhmen geopfert, wo sie am Main zum Siege Deutsch= lands beitragen konnten und es bei ihrer bekannten Tapfer= keit und Ausdauer auch gethan haben würden. Mit Er= wartung sahen wir die sächsische Reservemunition auf end= losen Wagenzügen auf dem Centralbahnhofe zu Dresden verladen, — ging sie nach Westen, so war Hoffnung vor= handen, daß die Bundesarmee, d. h. die kleinen Contingente

eine wichtige Rolle im Kriege spielen würden — als wir
aber sahen, daß sie nach Oesterreich abfuhr — da wurde
es uns unendlich traurig um das Herz, — damals schon
hielten wir die Sache für verloren, und täuschten uns
leider nicht.

Geschehenes läßt sich nicht ändern — in Unvermeid=
liches muß man sich fügen, wenn selbst das Herz darüber
zu brechen droht. — Hier ist aber ob solcher Fehler mehr
denn ein Herz gebrochen, Throne gingen darüber ver=
loren, — und die weiteren Folgen kennt Gott der Herr
allein.

Um einen klaren Einblick in die Verhältnisse zu geben,
müssen wir vorerst einen Blick auf den Kriegsschauplatz, —
dann auf die Hülfsmittel und die Stärke der sich be=
kämpfenden Mächte werfen.

Der Kriegsschauplatz hatte eine ungeheuere Ausdeh=
nung, denn er erstreckte sich von Deutschlands Küsten an
der Nord= und Ostsee bis an die Ufer des adriatischen
Meeres, vom Ausfluß der Elbe bis zu dem des Po's. —
Wir sehen daraus, das Herz Europa's war berührt da=
von. — Die Alpen — welche Deutschland von Italien
trennen — trennten demnach auch den Kriegsschauplatz in
einen nördlichen und südlichen, — ersterer war Deutsch=
land, letzterer Norditalien. Betrachten wir zuerst die Rich=
tung der Gebirge, so gehen diese im Allgemeinen von Ost
nach West — so die Alpen — das Riesen= und Erz=
gebirge, — selbst der Harz und Thüringer Wald. Aus=
läufer derselben haben eine nördliche oder südliche Rich=
tung genommen, und anders möchten wir z. B. den
Böhmischen Wald und das Mährische Gebirge nicht gern
bezeichnen. Die Höhen beherrschen die Thäler — das ist
eine alte militärische Regel, und durch ihren Besitz gelangt
man auch zu dem der Flüsse. Bei dem letzten Kriege
spielten namentlich die Elbe, Donau, im Norden der

Alpen, — der Mincio, die Etsch und Po im Süden der=
selben eine wichtige Rolle.

Deutschland ist von fahrbaren, für die Bewegung
von Truppen fast durchgängig brauchbaren Straßen nach
allen Richtungen durchschnitten, und setzt diesen fast
nirgends das Terrain große, wesentliche Hindernisse ent=
gegen. Ausgenommen sind die Gebirge, wo sie auf be=
stimmte Durchgänge beschränkt sind, denn ein solches läßt
sich nicht auf jedem beliebigen Puncte von einem Heere
überschreiten. Anders ist es mit den Flüssen — sie sind
ein viel unbedeutenderes Hinderniß, denn jedes Heer der
Neuzeit führt so viel Brückenmaterial mit sich, weiß die
vorhandenen Kähne und Fähren so zu benutzen, daß
Ströme, wie die deutschen, mit Hülfe dieser Einrichtung,
wenn nicht an allen, doch an sehr vielen Stellen mit
Leichtigkeit überschritten werden. Ausnahmen finden da
statt, wo Eisenbahnbrücken gesprengt wurden, denn deren
Wiederherstellung fordert viel Zeit und verursacht den
Truppen einen großen Aufenthalt.

Ueberhaupt sind es die Eisenbahnen, die in diesem
Kriege eine so hervorragende Rolle spielen, sodaß wir das
Schienennetz in der Hauptsache näher betrachten müssen.
Wir müssen sie in solche trennen, die von Nord nach Süd
oder von Ost nach West gehen.

Die westlichste der von Nord nach Süd laufenden
Linien ist die von Emden über Dortmund, Gießen, Frank=
furt, Darmstadt, Freiburg nach Basel, also von der
Nordsee nach den Alpen. Die Rheinbahn von Amster=
dam, Utrecht, Cöln, Coblenz, Mainz, verbindet sich mit ihr
bei Frankfurt a. M.

Die zweite Linie geht vom Ausfluß der Weser,
von Bremerhafen über Bremen nach Hannover und Hil=
desheim, wo sich die von Hamburg und Lübeck kommenden
mit ihr vereinigen. Dann läuft sie südlich über Cassel,
wo sie sich theilt, und ihr östlicher Zweig nach Eisenach

Ankunft des sächsischen Königs in Dresden.

geht, während der westliche sich bei Gießen an die Frank=
furt=Emder Bahn anschließt. Ihre nördlichen Ausläufer
gehen demnach an die Küsten der Nord= und Ostsee.

Die dritte Linie ward von der, von Rostock über
Hagenow — wo sich eine Zweigbahn von Lübeck aus an=
schließt, gebildet. — Sie überschreitet bei Wittenberge die
Elbe, wo sie sich abermals theilt und auf dem linken Ufer
des Flusses über Magdeburg, Halle, Leipzig oder auch Zeitz
nach Plauen, Eger, Schwandorf, Regensburg, wo sie
die Donau übergeht — Geiselhering erreicht. Hier nun
zweigt sie sich westlich nach München ab. Von da nach
Inspruck über den Brenner übersteigt sie die Alpen, und
geht im Etschthale über Trient nach Verona. Sie bildet
die kürzeste und wesentlichste Verbindungslinie Oesterreichs
mit Italien. Oestlich folgt sie dem Laufe der Donau bis
Passau und nach Linz. Der östliche Zweig, der von Witten=
berge auf dem rechten Ufer des Flusses geführt ist, geht
über Berlin, Dresden, Prag, Pardubitz, Trubitz, wo er
sich theilt, und westlich über Brünn, östlich über Olmütz
sich bei Nikolsburg wieder vereinigt, dann nach Gänsern=
dorf bei Wien führt. Hier trennt er sich nochmals, —
der westliche Zweig führt über Wien, Graz, Marburg,
Steinbrücken, Laibach, Triest, Görz, Udine nach Venedig
— der östliche nach Preßburg, Pesth, Szegedin nach der
Wallachei.

Die Bahnen von Stralsund, Stettin vereinigen sich
bei Angermünde und führen dann nach Berlin.

Die Bahnen von Colberg und Cöslin thun ein Glei=
ches bei Belgard, gehen dann nach Stargard und über
Kreuz — westlich Frankfurt an der Oder — Guben,
Kohlfurth, von da nach Görlitz — in östlicher Abzweigung
aber über Posen, Lissa nach Breslau und Krakau.

Die östlichste der von Nord nach Süd laufenden
Bahnen ist die von Danzig nach Thorn, von wo sie, auf

russisches Gebiet übertretend, sich mit der Krakauer Bahn vereinigt, die nach Wien führt.

Eben so wichtig als die von Norden nach Süden laufenden — ja im vorliegenden Falle vielmehr noch wichtiger, waren die Querbahnen, die von Osten nach Westen; denn wenn erstere mehr Verbindungs= und Be= förderungslinien waren, so sind letztere geradezu außer= dem Vertheidigungslinien.

Gehen wir unserem Plane getreu von Nord nach Süd, so ist die Elbbahn von Hamburg aus über Stettin, Stargard und Kreuz, bei Thorn mit der Weichselbahn verbunden. Etwas südlicher liegt die große Verbindungs= linie Amsterdam=Arnheim=Osnabrück, Hannover, Berlin, Frankfurt a. d. O., Kreuz=Thorn=Warschau. Sie führt von der Nordsee bis Moskau und Petersburg. Ab= zweigungen finden sich öfters. Die dritte Parallele ist die von Antwerpen über Cöln, Coblenz, Gießen, Frank= furt am Main, längs dieses Flusses nach Bamberg, Hof, Leipzig, wo sie sich mit der von Cassel vereinigt, dann über Dresden nach Görlitz, Breslau und Krakau führt.

Diese Bahn war von ganz besonderer militärischer Wichtigkeit, deshalb müssen wir sie näher betrachten. Es sind dies namentlich die Theile derselben, welche ein so rasches Vorgehen der Preußen auf allen Puncten ermöglichten. Vorerst ist es die Strecke von Hannover nach Frankfurt, welche Göttingen und Cassel berührt und in das Herz des Feindes führte, soweit es die vom Bunde aufgestellten Truppen des 8. Armeecorps betrifft. Frankfurt war der wichtigste Punct, nicht blos als Sitz der Bundesregierung, sondern auch als der Punct, wo sich der linke Flügel des ganzen Bundesheeres anlehnen mußte.

Der zweite wichtige Punct dieser Bahn war auch für die Preußen Cassel; bekamen sie ihn in Besitz, so konnten

sie von Erfurt aus über Eisenach nördlich gegen die Hanno=
veraner, oder in südlicher Richtung über Coburg rasch an
die Mainlinie gelangen und so die sich sammelnde Reichs=
armee und Baiern trennen. Einer der wichtigsten Knoten=
puncte war aber Leipzig, denn hier kamen die Bahnen von
Magdeburg, Nordhausen, Frankfurt=Cassel zusammen —
von hier ab ging eine Bahn südlich nach dem Main, öst=
lich nach der Elbe. — Der nächst wichtige Punct war
Riesa mit seinem Elbübergange und dem Kreuzungspuncte
der Berliner und Dresden=Leipziger Bahn. Diese Wich=
tigkeit erhöht sich noch dadurch, daß eine Bahn in süd=
licher Richtung nach Chemnitz und an die böhmische
Grenze bis Annaberg und Schwarzenberg führt, während
ein Zweig derselben, über Plauen gehend, mit der Main=
linie in Verbindung steht.

Dresden wegen seines Elbüberganges, — als Residenz
des Landes, als Knotenpunct verschiedener Eisenbahnlinien
war von der allerhöchsten militärischen Wichtigkeit. Von
hier aus laufen Bahnen nach allen Himmelsgegenden —
nach Leipzig, Berlin, Görlitz und Prag, — von Löbau aus
führt gleichfalls eine Südbahn über Zittau, Reichenberg,
Turnau nach Prag, es zweigt sich ein Ast nach Pardubitz
ab, und vereinigt sich dort mit der Prag=Wiener Eisenbahn.
Die Görlitzer Bahn schließt sich bei Kohlfurt an die Linie
Berlin=Krakau, während ein südlicher Zweig dicht an das
Riesengebirge bis Hirschberg nahe der österreichischen Grenze
führt. Der Hauptast durchschneidet Schlesien in seiner
ganzen Ausdehnung und bildet die Grundlinie des preu=
ßischen Angriffs gegen Oesterreich. Von Liegnitz geht eine
solche Zweigbahn nach Königszelt und Frankenstein, von
Breslau gleichfalls nach Königszelt, von Brieg eine eben=
solche nach Neiße; die wichtigste ist die von Oppeln über
Ratibor nach Mährisch=Ostrau, wo sie nach Mähren tritt
und sich bei Prerau südlich von Olmütz mit der Prag=
Olmütz=Wiener Bahn vereinigt. Bei Seukowa verläßt

diese Linie Deutschland, um sich in die von Krakau und Warschau zu theilen. Von Würzburg am Main geht eine weitere Parallelbahn über Nürnberg, Amberg, Fürth, Pilsen und Prag — wo sie sich an alle dort mündenden anschließt.

Die Linie Mannheim, Heilbronn, München, Linz und Wien ist die südlichste der zusammenhängenden Bahnen von Ost nach West.

Jenseit der Alpen sind die Bahnen von Mailand nach Venedig, sowie die von Verona nach Innspruck von großer Wichtigkeit.

Man würde sich sehr irren, wollte man annehmen, daß im Kriege die Eisenbahnen von den Soldaten in gleicher Weise benutzt werden können, wie von Reisenden im Frieden. Dem stellen sich sehr bedenkliche und ernste Hindernisse entgegen, — deren erstes in der großen Leichtigkeit beruht, um Bahnstrecken ungangbar zu machen. Schon ein Paar Mann können Schienen aufreißen, — größere Abtheilungen sprengen die Brücken, oder verrammeln Durchgänge, im Uebrigen wird man Sorge tragen, durch rechtzeitiges Weg= fahren der Wagen, Zerstören der Wasserleitungen, dem vor= dringenden Feinde die Benutzung der Eisenbahnen so schwer als möglich zu machen. Ihr Hauptwerth liegt darin, daß — so lange man in deren Besitz, große Truppenmassen rasch an einem bestimmten Punkt sammeln, durch ihre Hülfe mit Leichtigkeit von fern Verpflegung herbeizuziehen und endlich die Verwundeten weit vom Kampfplatze zurück und in Lazarethe bringen kann. Uebrigens will die Benutzung von Eisenbahnen sehr weise berechnet sein, — denn man muß dabei das vorhandene Material und die Arbeitskräfte der Beamten, sowie die Gelegenheiten zum Ein= und Aus= steigen — nebst der Zeit deren man dazu, sowie zur Zu= rücklegung einer gewissen Strecke bedarf, wohl erwägen.

Deutschland ist nach allen Richtungen von Telegraphen

durchschnitten, auch deren bedient man sich im Kriege, um
rasch Befehle zu ertheilen oder Meldungen zu erhalten.
Leicht zerstörbar, muß es stets ein Streben der Soldaten
sein, die feindlichen Linien zu vernichten und die eignen
zu erhalten; denn wenn eine wichtige Meldung ausbleibt,
oder ein Befehl nicht anlangt, so kann die größte Ver=
wirrung, Verzögerung entstehen, die selbst zum Verluste
von Stellungen führen kann, — und dies zu verhindern, muß
unser Bestreben ebenso sein, als diese Nachtheile dem
Feinde zuzufügen. Ihre Wichtigkeit ist vollständig erkannt
worden, weshalb man sogar Feldtelegraphien errichtet hat.
Es bestehen diese aus den Telegraphisten, welche die An=
lage der raschen Verbindung, sowie das Telegraphiren
selbst zu besorgen haben, — aus Arbeitern — gewöhnlich
Pionieren, welche die Linien herstellen, endlich aus Wagen,
auf welchen das dazu nöthige Material verladen ist und
befördert wird.

Das sind Alles indirecte Hülfsmittel zur Kriegs=
führung, — die Hauptsache bleibt immer ein guter Feld=
herr, der die Liebe und das Vertrauen seiner Untergebenen
besitzt, — denn er kann sie zum Siege, sowie in das Ver=
derben führen, — sowie tüchtige Soldaten, die ihrer Pflicht
willig und freudig Gesundheit und Leben opfern und die
Alles daran setzen, die wohlerwogenen Pläne und Befehle
ihrer Führer durchzuführen. Persönliche Tapferkeit ist
nothwendig, mehr aber noch Disciplin, — jener Gehorsam,
jenes Streben unter allen Verhältnissen gegebene Befehle
zu befolgen, — denn der Krieg ist jetzt nicht mehr ein
bloßes Aufeinanderstürzen und sich gegenseitig morden, er
wird planmäßig geführt, und die Kriegskunst und Kriegs=
wissenschaft sind wahrlich nicht leicht zu erlernen, —
ein Meister darin, der soll wohl noch geboren werden.

Betrachten wir nunmehr die sich bekämpfenden Heere
näher.

Das preußische Heer hatte unter dem großen Kur=

fürsten — unter Friedrich dem Großen, der als „alter Fritz"
in der Welt bekannt ist, großen Ruhm erworben. Die
Siege in den schlesischen Kriegen ließen es als ein wahres
Muster, als das höchste, was man in soldatischer Beziehung
erreichen kann, erscheinen, und Offiziere aller Armeen gingen
zu den großen Truppenübungen, welche er abhielt, um
zu lernen. — Es war bei den Leuten nicht Vaterlands=
liebe, die sie beseelte, — auch der Begriff von Ehre war
nicht besonders ausgebildet, — denn körperliche Züchtigung
galt nicht als Schande; es war eine strenge Disciplin, eine
bessere Bewaffnung, — vor allem das Feldherrntalent und
die eiserne Strenge des alten Fritzes selbst, das sie von
Sieg zu Siegen führte.

Als er gestorben, nahm man Verbesserungen im
Heere nicht vor, man glaubte mit dem, nach des alten
Friedrich's Ideen gebildeten Soldaten unter allen Verhält=
nissen unbesiegbar zu sein, nahm die tollsten Vagabunden
unter das Heer, warb und prügelte nach wie vor, — die
Form blieb, aber der Geist Friedrich's des Großen, der sie
einst belebt hatte, entwich nach und nach.

Die mächtige französische Revolution mit ihren welt=
erschütternden Folgen ließ neue Heere — neue Feldherren
dort entstehen. Vor Allen war es Napoleon Bonaparte
ein armer Artillerieleutnant, der Genie und Glück genug
hatte, aus dem Chaos, wo alle Leidenschaften entfesselt waren,
ein neues festes Reich zu gründen, eine Armee zu bilden,
die eben so siegreich wie die Friedrichs des Großen, —
aber nach anderen neueren Grundsätzen formirt und be=
handelt wurde. In diesem Heere gab es wohl eine strenge
Disciplin, aber die Hauptgrundlage derselben war das
Ehrgefühl, sagen wir Ehrgeiz, denn darauf waren dessen
Haupteinrichtungen gegründet. Körperliche Züchtigungen
kamen nie vor, — den Stock kannte man nicht, wohl aber
hatte jeder französische Soldat Aussicht, die höchsten Ehren=
stellen zu erreichen — und nicht blos die Aussicht, — nein

— fast alle seine Vorgesetzten hatten ja wie er einst in
Reih und Glied gestanden. Geist und Intelligenz
hatten bei dem französischen Heere die Oberhand gewonnen
und sie belebten die Formen, machten aber diese nicht zur
Hauptsache. Eine ruhmreiche Erinnerung an kürzlich er=
fochtene Siege — hohes Vertrauen in die eigne Kraft
und in die Fähigkeiten ihrer Führer, Hoffnung auf eine
glänzende Zukunft, wenn sie sich tapfer und intelligent be=
wiesen — war es denn da ein Wunder, wenn dies Heer die
in veralteten Formen eingezwängten Soldaten schlug, —
deren Führer ganz ernst glaubten, weil Friedrich der
Große die Franzosen bei Roßbach besiegt, müßten sie das
eben so leicht können! Die Zeiten hatten sich geändert, —
die Franzosen hatten keinen Prinzen Soubise, die Preußen
keinen Friedrich den Großen mehr an ihrer Spitze, das
Roßbach ward von ersteren in der Schlacht bei Jena blutig
gerächt. Das preußische Heer war zertrümmert, Preußen
bis hinter die Oder zurückgedrängt, hatte große Provinzen
verloren, der Staatsschatz war erschöpft, und wenig Aus=
sicht, daß es anders werden könnte; doch der damalige
König Friedrich Wilhelm verzweifelte in so trüber Lage
nicht, er dachte an kommende Zeiten, wo sich Preußen
wieder erheben mußte, und mit geringen Mitteln be=
gann er das Werk nicht nur der Verbesserung, sondern
auch der Vermehrung seines Heeres. Er ging dabei
von dem Grundsatze aus, daß sich der Vertheidigung
des Thrones und Vaterlandes Niemand entziehen dürfe,
der überhaupt Waffen zu tragen vermöge, — er
stellte diese Pflicht des Mannes höher als die, welche
ein solcher gegen Weib und Kind hat. Er sah in
den Männern und Jünglingen seines Volkes nur Vater=
landsvertheidiger, die dies auch vertheidigen sollten, wenn
die Pflicht sie dazu rief. Er wußte aber recht gut — die
Erfahrung hatte ihn bitter darüber belehrt — daß mit
dem Stocke sich die Soldaten nicht mehr in das Feuer

treiben ließen, — daß er zu arm sei, sich ein großes Heer. gegen Handgeld anzuwerben, — daß seine alten bezopften Generale, mit wenigen Ausnahmen, in die Zeit nicht mehr paßten. Daher schaffte er vor allen Dingen die Prügel bei den Soldaten gänzlich ab, — führte statt der Werbung die Aushebung ein, — übte sein Heer soviel er es vermochte, ließ Rekruten ausbilden soviel ihm zu Gebote standen. Da erfroren die Heerschaaren seines Drängers, des Kaisers Napoleon, in Rußland; jetzt rief er, gestützt auf russische Hülfe, sein ganzes Volk unter das Gewehr, — auch Oesterreich verband sich mit ihm, und nach dem Siege von Leipzig mußte Napoleon für immer aus Deutschland weichen — nach der Capitulation von Fontainebleau dem französischen Kaiserthrone entsagen und mit der kleinen Insel Elba als Entschädigung fürlieb nehmen. Noch einmal kehrte er aber nach Paris zurück, noch einmal schwang er sich auf den Kaiserthron; aber bei Waterloo wieder besiegt, von den Deputirten seines Volkes verlassen, begab er sich auf ein englisches Schiff in der Hoffnung, man werde ihn als politischen Flüchtling betrachten und als solchen behandeln. Dem war nicht so — man behandelte ihn als Gefangenen und führte ihn nach Helena ab — einer Insel an der Westküste Afrika's — wo er starb.

Alle europäischen Fürsten freuten sich nicht wenig, den Kaiser Napoleon beseitigt zu wissen, der, gestützt auf sein Volk, sie so sehr bedrängt und bedroht hatte. Es mußte aber nun eine neue Ordnung der Dinge hergestellt werden, darum versammelten sich die Fürsten und Staatsmänner aller europäischen Staaten zu Wien, — und diplomatische Verhandlungen wechselten mit glänzenden Festen.

Vor Allem war es Preußen, das für seine großen gebrachten Opfer entschädigt sein wollte; solchen gerechten Forderungen mußte Rechnung getragen werden. Aber wie geschah dies? —

Der damalige österreichische Staatsminister, der Fürst
Metternich, sah diese Nothwendigkeit ein, er sah aber auch
ein, daß ein großes zusammenhängendes Preußen der
Oberherrschaft Oesterreichs in Teutschland einst gefährlich
werden könnte. Es galt ihm daher Preußen möglichst viel,
womöglich getrenntes Gebiet mit sehr ausgedehnten Grenzen
zu geben, und ihm die Sympathien aller teutschen Mittel-
und Kleinstaaten zu rauben, und deren Mißtrauen gegen
jenes rege zu machen und rege zu erhalten. Dies gelang
ihm meisterlich, — denn jenen Länderzuwachs erhielt
Preußen auf Kosten anderer deutscher Fürsten, namentlich
des Königs von Sachsen. — Er spaltete ferner das Königreich Preußen in zwei vollständig getrennte Ländergruppen,
von denen die östliche an Polen, Rußland, Oesterreich,
Sachsen, die thüring'schen Staaten, Hannover und die
Ostsee — die westliche an Thüringen, Hessen, Hannover,
Holland, Belgien und Frankreich grenzte. So wurde
Preußen bis über den Rhein ausgedehnt, zur zweiten
deutschen, zur fünften europäischen Großmacht erhoben,
mit dem fast nothwendigen Streben, seiner eigenen Sicherheit wegen die erste deutsche zu werden, wodurch es den
Haß seiner kleineren Nachbarn, auf deren Kosten es schon
vergrößert worden war, so wie deren Mißtrauen im höchsten
Grade erregte, und alle Sympathien verscherzte, deren es
gleichwohl bedurfte, um Oesterreich den Rang abzulaufen.
— Das Alles war dem schlauen Metternich noch nicht
genug, er wußte wie leicht Ansichten und Interessen wechseln,
Abneigung sich in Zuneigung verwandeln kann, deßhalb
mußte Preußen eine solche Gestaltung erhalten, daß dessen
scheinbare Größe die Ursache seiner Schwäche, und demselben so fühlbar war, daß es stets streben mußte sich zu
verstärken, — was nur auf Kosten seiner Nachbarn
möglich, — es also nie im Stande war, deren wirkliche Freundschaft zu erringen, im Gegentheile stets von
ihnen beargwohnt wurde. Vergleicht man Preußen mit

einem Adler, — so kam, wenn er seine Schwingen ausbreitete, die Spitze der einen an die Grenze der Moskowiter, während die andere das Land der Franzosen jenseits des Rheines berühren mußte, wobei seine Fänge auf fremdem Grund und Boden fußten — da das in der Mitte getheilte Land andern Herrschern gehört. Zur Vertheidigung seiner lang gestreckten Meeresküste hatte er keine Kriegsflotte, nicht einmal einen Kriegshafen an der Nordsee erhalten, und wenn er in die Nothwendigkeit versetzt worden wäre, diese mit dem Schnabel zu vertheidigen, so konnten ihm die Kleinen mit oder ohne Hülfe des österreichischen Doppeladlers Federn aus den wehrlosen Flügeln und Schwanze zupfen. — In solcher Lage ist der Adler natürlich für alle Bewegungen und Erschütterungen durch Meinungsverschiedenheiten mit und zwischen ihn umgebenden Thieren sehr ausgesetzt und empfänglich, — jedes Stirnrunzeln des nordischen Bären, jedes vorzeitige Krähen des gallischen Hahnes, jeder Flug des Doppeladlers zwingt ihn, seine Fittige auszubreiten, um seinen Horst zu beschützen. Aus solchen Gründen mußte der preußische Adler ein seine finanziellen Kräfte übersteigendes Heer halten, sehr viele Festungen anlegen, da er nur schlecht geschützte natürliche Grenzen hatte, außerdem beburfte er eine Kriegsflotte, und begann eine solche zu errichten, sobald er den Jahdebusen an der Nordsee gekauft hatte.

So und nicht anders war seine Lage. Um aber immer gerüstet zu sein, bewaffnete er alle waffenfähige Männer und übte sie militärisch, ließ sie fortdienen so lange sie noch bei Kräften waren — führte ein Landwehrsystem ein, welches darin bestand, daß Jeder — und Jeder mußte

---

Anmerkung. Dem vielseitigen Wunsche der geehrten Abonnenten unserer Kriegsbilder entgegenzukommen, fühlen wir uns veranlaßt, denselben beim 12. Hefte eine große, schön colorirte Karte von Deutschland nach seiner Umgestaltung vom Jahre 1865 gegen eine kleine Vergütung von 3 Ngr zu verabreichen.

dienen, — nach vollendeter sechsjähriger Dienstzeit in der
Linie, zur Landwehr übertreten, die, außer bei den
Jägern, der Artillerie und den Pionieren, besondere Re=
gimenter bildeten, in drei Aufgebote eingetheilt war,
und nur zu Uebungen oder im Kriege zum Dienste einge=
zogen, bekleidet, bewaffnet und belöhnt wurde. Sie bildete
damals die Hälfte des Heeres, denn jede Brigade be=
stand aus einem Linien= und einem Landwehrregimente.
Diese Sache hatte dennoch ihre Nachtheile, denn Leute,
die Frau und Kind zu Hause haben, werden wenig Lust
bei Angriffskriegen zeigen — während sie zur Vertheidi=
gung des eigenen Heerdes sehr geschickt sind.
Man sah dies in Preußen ein. Als nun im Jahre
1859 bei Gelegenheit des Krieges Frankreichs und Italiens
gegen Oesterreich ganz Deutschland seine Heere mobil
machte, aber Oesterreich nicht unterstützen konnte und
wollte, weil der Kampf nur um dessen außerdeutsche Pro=
vinzen geführt wurde, und nun wieder abrüstete, nahm
Preußen die Gelegenheit wahr, um sein Heer — trotz des
Widerstandes der Kammern — zu verstärken, ja auf die
doppelte Höhe zu bringen, wodurch die Landwehr, welche
vorher die Hälfte desselben bildete, also den zweiten Rang
einnahm — in die dritte Reihe zurücktrat.
Die Landwehr gleicht einem zweischneidigen Schwerdte,
sie ist zur Vertheidigung des eignen Landes vorzüglich
geeignet, selbst bei einem glücklichen Angriffskrieg gegen
das Ausland mit Vortheil zu verwenden, man kann in
Folge dieser Einrichtung das ganze Linienmilitär, selbst
die Landwehr ersten Aufgebots, — Männer bis zum
32. Lebensjahre aus dem Lande ziehen — dem zweiten
Aufgebot die nöthigen Besetzungen in Städten und Festungen
übertragen — aber nur auf kurze Zeit, gewiß nicht auf
die Dauer. Abgesehen von dem Unglück, der Noth und
Trauer, die dieses System über die Familien der Wehr=
männer nothwendig bringen muß, wenn diese selbst in das

Feld rücken, bürdet es dem Lande durch Erhaltung des mittellosen Theiles derselben fast unerschwingliche Kosten auf und erschöpft dessen Finanzen. Auf die Dauer wird es sehr schwer sein, Landwehren zu einem Angriffskriege zu verwenden. So viel Landwehr-Leute, Verfasser dieses, während des vergangenen Krieges zu sprechen, Gelegenheit hatte, der Hauptgegenstand ihrer Gedanken war Frau und Kind, — ihre Worte drückten stets einen Hauptwunsch aus, und dieser lautete: wir haben keine Noth, — wenn wir aber nur erst wieder zu Haus wären! In Zeiten politischer Stürme, wird die Landwehr leicht unzuverlässig und folgt dem Parteigeist, der sie beseelt, — wenn er auch mitunter gegen ihre Soldatenpflicht läuft. Wir haben in den Jahren 1848 und 1849 Beispiele genug dafür.

Das preußische Heer zerfiel in 1 Garde- und 8 Provinzialarmeecorps, die, wie wir schon bemerkten, zur Hälfte aus Landwehrregimentern bestanden, — so daß z. B. ein Linien- und ein Landwehrregiment eine Brigade bildeten. Durch diese Einrichtung war man genöthigt, so wie eine solche zusammentrat, auch allemal Landwehr einzuziehen, was schwer auf letzterer lastete. Das sah man seiten der Regierungen, oder besser, man schien es einsehen und abändern zu wollen und verfuhr dabei folgendermaßen: Als im Jahre 1859 der österreichisch-italienische Krieg beendet, hatte auch Preußen, wie alle anderen deutschen Staaten, seine Truppen auf dem Kriegsfuße gestellt, als der Friede von Villafranca dies nicht mehr nöthig machte, entließ Preußen nur einen Theil der Landwehren, die Stämme derselben blieben beisammen und die Reihen wurden durch Rekruten gefüllt, man nannte diese neuformirten Regimenter nicht mehr Landwehr, sondern combinirte Infanterieregimenter. Bei der Reiterei wurde bei den meisten Regimentern ein Schwadron mehr gebildet. Als der Moment gekommen, wo diese neue Einrichtung vollendet, staunte die Welt, und die preußischen Abgeordneten wegen der so sehr erhöhten Kosten für das Militär, — letztere bewilligten sie auch nicht, was keine anderen Folgen hatte, als Zänkereien zwischen Regierung und Kammern, die allemal mit der Vertagung oder

Auflösung der letzteren endeten. Es war aber auch keine Kleinig=
keit, denn das preußische Linienmilitär, als Gegensatz zur
Landwehr, die unverändert blieb, war so um 4 Gardeinfanterie=
32 Linienregimenter, 9 Füsilierbataillone, zusammen 117 Ba=
taillone oder um 117,000 Mann vermehrt. Die Reiterei erhielt
ein neues Gardedragoner= und Gardeulanen=, ferner 4 neue
Linienbragoner= und 4 neue Linienulanenregimenter — 10 Regi=
menter zu 40 Schwadronen, — demnach 6100 Mann, über=
dem aber hatte die Hälfte der schon bestehenden Regimenter je
eine Schwadron mehr formirt — diese sollten ferner weit zu
Regimentern vereinigt werden, was sich aber nicht durchführen
ließ, weil die nöthigen Geldmittel dazu fehlten. Aus den
9 Pionierabtheilungen, deren jede zwei Compagnien hatte, machte
man Pionierbataillone zu je vier Compagnien. Bei der Ar=
tillerie, gleichfalls 9 Regimenter, jedes zu 12 Batterien, — gab
man jedem der ersteren 4 Batterien mehr, so daß sie nun
16 Batterien zählten, — vermehrt sie demnach um 36 Batterien.
Auch erhielt jedes Armeecorps zum Fortschaffen der nöthigen
Effecten ein Trainbataillon. Das Alles geschah mitten im
Frieden und erregte im Auslande wohl deshalb weniger Auf=
sehen und Besorgniß, weil, wie wir schon oben sagten, die
Ansicht eine allgemein verbreitete war, man wolle die Landwehr=
männer schonen und sie nicht bei jeder Gelegenheit in Dienst
rufen. Nach und nach veränderte aber der König Wilhelm
manches Andere, — die Artilleriebrigaden theilte er in Feld=
und Festungsregimenter, so daß, anstatt es früher deren 9 gab,
— jetzt mit einem Schlage achtzehn vorhanden waren. Es
bestand sein Heer in Linien= und Gardetruppen demnach aus
4 Garderegimentern zu Fuß, 4 Gardegrenadier= und einem
Gardefüsilierregimente, jedes 3006 Mann stark, — ferner 1 Ba=
taillon Gardejäger und 1 Bataillon Gardeschützen, 1 Garde=
pionierbataillon, jedes 1002 Mann zählend.

Ebenso viel würde jedes Linienarmeecorps gehabt haben,
jedoch fehlte bei diesen das Schützenbataillon — also 1002 Mann.
Diese Linienarmeecorps zählten von 1 bis 8 und führten neben=

bei den Namen der Provinzen, in welcher sie standen. So hieß das 1. Armeecorps das Pommersche, — das 2. das Ostpreußische, das 3. Brandenburgisches, das 4. Thüringsches, das 5. Posensches, das 6. Niederschlesisches, das 7. Westphälisches, und das 8. Rheinisches. Ein jedes solches Armeecorps zerfiel in 2 Divisionen, jede Division in 2 Brigaden, die Brigade in 2 Regimenter Infanterie, ebenso hatte es eine Reiterdivision zu 2 Regimentern, 1 Feldartillerieregiment mit 12 Fuß- und 4 reitenden Batterien, 1 Feldartillerieregiment, 1 Pionier- und 1 Trainbataillon. Dem Commandeur jedes Armeecorps ist ein besonderer Generalstab beigegeben.

Die Landwehr gehört gleichfalls zu den Armeecorps, und soll als selbstständiger Truppentheil den Brigaden beigegeben werden. Sie zählt gegenwärtig 4 Gardelandwehr=Infanterie=, 32 Landwehrregimenter und 9 selbstständige Bataillone, 2 schwere Gardelandwehrreiter=, 8 Landwehrulanen=, 4 Landwehrdragoner=, 12 Landwehrhusarenregimenter. Jäger, Artilleristen und Pioniere der Landwehr bilden keinen selbstständigen Truppenkörper, sondern wurden in die gleichnamigen der Linie eingeschoben. Die Stärke der Landwehr läßt sich kaum bestimmen, denn sie zerfällt in 3 Aufgebote und zählt eben so viele Mann, als es in Preußen ausexercirte Soldaten giebt, die allemal aus der Linie zu ihr übertreten müssen.

Der König-Wilhelm von Preußen ist Obercommandant des ganzen Heeres, und nicht blos dem Namen nach, — nein, er ist in Wirklichkeit ein tüchtiger Soldat, der die Sache ganz aus dem Grunde versteht und, wie jeder preußische Prinz alle Militärchargen durchgemacht hat. Schon als Kind hatte er Schweres zu bestehen, denn in seine Jugendjahre fällt die Dräng=periode Preußens unter Napoleons Oberherrschaft. Dem Krieg 1813 durfte er nicht beiwohnen, weil er zu schwächlich war, und sein Vater König Friedrich Wilhelm III. ihn nicht mit in das Feld nahm. Wohl aber geschah dies im Jahre 1814, wo er den Rheinübergang bei Kaub und die darauf folgenden Schlach=ten mitmachte, sich namentlich in dem Gefecht bei Montmirail

sehr auszeichnete und in Paris mit einzog, als dies von den
Alliirten besetzt wurde. Der Feldzug 1815 war durch die
Schlacht von Waterloo so rasch entschieden, daß der damalige
Prinz Wilhelm keine Gelegenheit hatte, weitere Lorbeeren zu
sammeln. Bis 1848 machte er alle Grade bis zum Generale
durch und war bei Ausbruch der Berliner Revolution Befehlshaber des Gardearmeecorps, — legte aber diese Stelle nieder und
sein Bruder, König Friedrich Wilhelm IV schickte ihn nach London, was eine eigne Bewandniß hatte. Von den Soldaten ver-
ehrt, sahen die damaligen Revolutionäre in ihm den Hauptfeind
ihrer Umsturzpläne, — und sagten ihm die niederträchtigsten
Dinge nach, um den Pöbel gegen ihn aufzuhetzen, was auch in
solcher Weise gelang, daß sein Palais von diesen Banden genommen und demolirt ward. Als der preußische Landtag 1849 zusammentrat, war er zum Abgeordneten einer pommerischen Stadt
gewählt worden, — er kehrte von London zurück und nahm seinen Sitz in demselben nur einmal ein, und ließ dann seinen
Stellvertreter einberufen, denn er war zum Oberbefehlshaber der
preußischen Truppen bestimmt, welche den Aufstand in Baden
dämpfen sollten, wohin er sich denn auch begab, die badischen
Truppen und Freischaaren schlug und der Welt bewies, daß er
auch ein guter Feldherr sei. Die darauf folgenden Jahre blieben
friedlich für Preußen, desto mehr geschah für die Verbesserung
seiner Heereseinrichtungen, namentlich wurden die Zündnadelgewehre sowohl bei der Infanterie als Reiterei eingeführt, ebenso
vorzügliche gezogene Hinterladungsgeschütze von Gußstahl. Als
aber 1859 der Prinz Wilhelm während der Krankheit seines
Bruders, König Friedrich Wilhelm IV. die Regentschaft übernahm, da führte er trotz allen Widerstandes der Kammern die
obengenannte Reorganisation durch, in Folge deren er ein Heer
erlangte, das an Zahl und Tüchtigkeit ihm erlaubte, Preußen
als Großmacht hinzustellen und Oesterreich zu demüthigen, —
überhaupt aber die Eroberungspläne durchzusetzen, die gehegt
wurden, um Preußen die erste Rolle in Deutschland zu sichern
und seine getrennten Provinzen durch Anectiren anderer Länder,

welche dazwischen lagen, zu einem geschlossenen Ganzen zu vereinigen. Wir bemerkten schon, daß der König den Oberbefehl
über sein Heer selbst führt, — das Kriegsministerium dessen Chef
General von Roon, sowie der große Generalstab, dessen Chef der
General von Moltke ist, stehen unmittelbar unter ihm. Bei Ausbruch des letzten Krieges formirte er sein Heer in 2 Armeen,
deren erste sein tapferer Neffe Prinz Friedrich Karl befehligte
und die aus dem 2. Armeecorps unter Generalleutnant von
Schmidt, dem 3. seinem eignen, und dem 4. unter General
von Schack stand. Die zweite Armee führte der Kronprinz, —
der Sohn des Königs, unter diesem der General von Bonin
das 1., von Steinmetz das 5., von Mutius das 6. sowie
Prinz August von Würtemberg das Gardearmeecorps. Das
7. Armeecorps unter General Vogel von Falkenstein, sowie das
8. unter Herwarth von Bittenfeld, blieben selbstständig. Die
Truppen, welcher unter General von Manteuffel in Schleswig-
Holstein standen, waren allen Armeecorps entnommen. Außerdem wurde noch ein besonderes Armeecorps, das 9. unter General
von der Mülbe gebildet, was fälschlicher Weise von vielen Er-
zählern dieses Krieges als 10. aufgeführt wird, — was deshalb
falsch ist, weil das Gardearmeecorps keine Nummer führt und
nur 8 Provinzialarmeecorps existirten. Dieses 9. Armeecorps
also bestand aus 12 Bataillonen Gardelandwehr-, 15 Linienba-
taillonen, 2 Landwehrdragoner-, 1 Husaren-, 1 Ulanenregiment,
dem die nöthigen Pioniere und Artillerie beigegeben war. Sowie
der Kriegsruf ertönte, mußte in Preußen die ganze Linie und
Landwehr 1. Aufgebotes, sogar ein Theil des zweiten unter
die Waffen, — Freiwilligencorps hatte man nicht nöthig zu
bilden, und that dies auch nicht. In Berlin machte zwar ein
Graf von der Recke einen kleinen Versuch, der aber sehr bald
durch die Polizei verhindert wurde. Man sah mit der gespann-
testen Erwartung auf die Erfolge, welche die preußischen Waffen
haben würden und der Sieg erschien gar nicht so unbezweifelt.
War die preußische Infanterie gut geübt und vorzüglich bewaffnet, so waren doch die letzten Feldzüge noch lange kein Beweis,

daß sie auch die Oesterreicher niederwerfen würden, denn diese
galten auch für ganz vorzügliche Soldaten. Was die Artillerie
betraf, konnte man sie ihrer Tüchtigkeit wegen sicher der österreichischen gleichstellen, doch hatte sie einen entschiedenen Vorzug
vor letzterer, in Folge ihrer vielen reitenden Batterien, deren
Oesterreich gar keine, sondern nur sogenannte Cavaleriebatterien
besitzt, von welcher wir später sprechen und mit der reitenden
vergleichen wollen, wenn von den österreichischen Truppen überhaupt die Rede sein wird. Die Preußen hegten einige Besorgniß wegen ihrer Reiterei — die österreichische galt ja für die
beste in Europa! Man glaubte, die Dienstzeit sei zu kurz gewesen, hielt die Oesterreicher für bessere Reiter, auch sollten
ihre Pferde tüchtiger, wenn auch nicht schöner sein, denn die
preußische Cavalerie ist mit weniger Ausnahme sehr gut beritten:
Was die Führer betrifft, — die Generale — so hatten sie bei aller
Tüchtigkeit doch nie eine große Schlacht geleitet und ihr höchstens einmal als junger Offizier beigewohnt, während die österreichischen Generale durch die Kämpfe in Italien viel Kriegser-
fahrung gesammelt hatten. Das waren die Bedenken, die jeder,
der die preußischen Verhältnisse näher kannte, hegen mußte und
die schwer in die Waagschale fielen. Betrachten wir jetzt die
Heerführer der Preußen selbst etwas näher und zwar zuerst den
Chef des Generalstabes, General von Molke, den eigentlichen
Schöpfer des Entwurfes der 'ganzen Campagne, — der seinen
Plan nicht nur meisterhaft aufgestellt, sondern auch militärisch
musterhaft durchzuführen wußte. General von Moltke stammt
von einer alten abligen dänischen Familie, und ist selbst ein geborener Däne, 1826 wurde er Leutnant bei der Infanterie, —
durch ernstes Studium, bedeutendes Talent gelang es ihm, als
Hauptmann im Generalstabe verwendet zu werden, dem er auch
von da an fast stets angehörte, da man seine enorm strategischen
Talente erkannt hatte, die so am besten zu verwerthen waren.
Auch zu militärischen Missionen ward er verwendet, so z. B.
1839, wo er dem Feldzuge der Türken gegen Muhamed Aly in
Syrien und Egypten als preußischer Militärbevollmächtigter bei-

wohnte. Von dort zurückgekehrt, widmete er sich auf das eifrigste seiner Pflichten als Generalstabsoffizier, sein eiserner Fleiß hat es ihm gelingen lassen, sieben Sprachen zu erlernen. Ganz vorzüglich ist aber sein rasches Auffassen von eingehenden Meldungen und seine ebenso raschen und durchdachten darauffolgenden, weiteren Bestimmungen. Daß er mit dem Kriegschauplatze nicht blos in Böhmen, sondern überall, wo Preußen fochten, von früher auf das Genaueste bekannt war, beweist die Anlage des ganzen Feldzugplanes. Man hat in diesem Feldzuge bei jeder Gelegenheit Verrath gewittert, wir glauben weniger, daß er so allgemein stattgefunden hat, sondern nehmen an, daß das Errathen des feindlichen Planes durch General Moltke, seine genaue Kenntniß der feindlichen Stellung — sein rasches Erkennen von ihren Fehlern und ebenso rasches Benutzen derselben wohl eine Hauptursache ist, warum der Krieg so traurig für die Oesterreicher und Bundestruppen endete.

Der Commandant der 1. Armee war Prinz Friedrich Karl, der im kräftigsten Mannesalter steht, er zählt 38 Jahre. Wie jeder preußische Prinz zum Soldaten erzogen, besitzt er alle Eigenschaften, um ein vorzüglicher zu werden, was ihm auch im vollen Maße gelungen ist. Im Feldzuge 1848 stand er als Rittmeister bei dem Stabe des damaligen Generals von Wrangel, dem jetzigen Feldmarschall Grafen von Wrangel und entwickelte nicht nur großen persönlichen Muth, sondern auch Scharfblick, und durch das Vorrücken des preußischen 2. Garderegimentes zu Fuß, das er selbst auf den entscheidenden Punkt führte, zwang er bei Schleswig die Dänen zum Rückzuge. Im Jahre darauf zum Major befördert, ging er mit dem Stabe des damaligen Prinzen von Preußen, — jetzigen König — nach Baden und wurde im Gefecht bei Wiesloch in den Arm geschossen, als er mit preußischen Husaren badische Infanterie angriff. Wieder hergestellt wurde er, nachdem er alle Chargen durchlaufen, 1861 General und dann Befehlshaber des 3. brandenburgischen Armeecorps, was er auch beibehielt, als er den Oberbefehl über die als „1. Armee" vereinigten drei Armeecorps übernahm.

Ganz vorzüglich aber hatte sich der Prinz im Feldzuge 1864 in Schleswig-Holstein ausgezeichnet und namentlich die so schwierigen Einnahmen der Düppler Schanzen und der Insel Alsen geleitet. — Sein Vater ist der Feldzeugmeister und Bruder des Königs, Prinz Karl, dessen oft bewährte Energie er geerbt zu haben scheint. —

Der Commandant des 2. Armeecorps, das unter seinem Befehle stand, war der Generalleutnant von Schmidt, der eine lange Dienstzeit im Frieden hinter sich hatte, aber ganz wesentlich auch im Felde 1864 in Holstein Gelegenheit fand, sich auszuzeichnen.

Der Commandant des 4. Armeecorps, General von Schack war ein alter tüchtiger Soldat, der bereits 1813 als Freiwilliger in das preußische Heer eingetreten und die Feldzüge gegen Napoleon mitgemacht und sich durch Fähigkeit und Energie bis zum Armeecorpscommandanten und General der Infanterie aufgeschwungen hatte.

Der Chef der sogenannten 2. Armee war, wie wir schon sagten, der Kronprinz Friedrich Wilhelm von Preußen, der von zartester Jugend auf zum Soldaten erzogen wurde. Als ganz kleines Kind trug er schon eine Soldatenjacke, Soldatenhöschen, Soldatenmütze, und wenn es kalt oder regnicht war, einen kleinen Soldatenmantel mit den Abzeichnungen des Königsberger Gardelandwehrbataillons. Sobald als möglich ward er der Pflege von Frauen entzogen, und an deren Stelle traten Militärgouverneure. Die Freistunden füllten militärische Spiele aus — so hatte er und Prinz Friedrich Karl sich bei dem Lustschlosse Glienike eigenhändig mit einigen Spielkameraden eine Schanze gebaut, die rund, freilich nur aus Wall und Graben bestand und deren Eingang eine Brücke, in Form eines einfachen Bretes, das über den Graben geschoben wurde, bildete. Bald wurde diese Schanze von einem der beiden Prinzen angegriffen, von dem anderen vertheidigt, wobei es mitunter etwas sehr faustrechtlich zugegangen sein soll. Aber auch in nichtmilitärischer Beziehung erhielt er die sorgsamste Erziehung, wie das bei dem präsumtiven

Thronerben nicht anders sein konnte und wenn er nicht allenthalben den Plänen seines Vaters beistimmt, hängt er doch mit voller Liebe an seiner Mutter, einer geborenen Prinzessin von Sachsen-Weimar, die selbst einen ungewöhnlichen Grad von Bildung besitzt und auf die Entwickelung des Prinzen — namentlich auf dessen Character den vortheilhaftesten Einfluß ausübt. Den Militär-dienst erlernte er in dem 1. Garderegimente zu Fuß, wo er bei der Leibcompagnie bei Gelegenheit der Enthüllung des Denkmales Friedrichs des Großen, das erste Mal als schließender Leutnant hinter derselben hermarschirte. Doch wurde seine Dienstzeit durch sein zweijähriges Studium an der Universität zu Bonn unter-brochen, — dann ging er auf Reisen, worauf seine eigentliche militärische Carrière begann. Er that seinen Dienst, wie jeder andere Offizier, mit Lust und regem Eifer — man erzählt sich noch, wie er in Potsdam, wo er in Garnison stand, einst mit ein Paar schlechtbesohlten Grenadierstiefeln in der Hand über die Straße zum Compagnieschuhmacher geeilt sei, um diesen wegen dieser nachlässigen Arbeit einen tüchtigen Rüffel zu ertheilen. Man sieht hieraus, daß er sich auch um die Kleinigkeiten des Dienstes kümmerte. Bei Gelegenheit seiner Trauung mit der Prinzeß Royal, Victoria von England im Januar 1858 wurde er zum Generalmajor ernannt, nachdem er alle übrigen Chargen der militärischen Rangesleiter durchlaufen, namentlich als Major und Oberst in Breslau gestanden hatte, dann erhielt er eine Gardebrigade und zum Generalleutnant ernannt, das 2. Armee-corps. Als solcher wohnte er dem Feldzug 1864 in Schleswig-Holstein bei, der ihm wenig Gelegenheit zur Auszeichnung bot, um so mehr aber Strapazen ertragen ließ, was er willig und gern that, und sich nie schonte. Im Feldzuge, welchen wir be-sprachen, sehen wir ihn als Chef der 2. Armee.

Man hat lange daran gezweifelt, ob er ein so leidenschaft-licher Soldat sei — wie sein Vater, oder Prinz Friedrich Karl, daß er ein sehr tüchtiger ist, hat er eben bewiesen.

Der Commandant des zu seiner Armee gehörigen 2. Armee-corps war der Generalleutnant von Bonin, der aber nicht mit dem frühern schleswig-holsteinschen General und spätern preußischen Kriegsminister zu verwechseln ist. Er trat 1819 in die Armee, war dann jahrelang Adjutant bei dem damaligen Commandanten des Gardearmeecorps, dem Herzoge Karl von Mecklenburg. Bonin erhielt dann selbst eine Gardebrigade, später eine Gardedivision. — Gefochten hat er nur in Baden gegen die Aufständischen 1849. — Vor Ausbruch des Feldzuges wurde er commandirender Generalleutnant des 1. Armeecorps.

Generalleutnant von Steinmetz commandirte das 5. Armeecorps. Es ist dieser bereits 1813 als Leutnant in das 1. Infanterieregiment eingetreten, 1817 wurde er in das 2. Garderegiment zu Fuß, dann in das Gardereserveregiment versetzt. Zum Hauptmann erster Classe ernannt, kam er von hier zum Kaiser Franz Grenadierregimente, ward 1839 Commandant des Düsseldorfer Gardelandwehrbataillons, dann kam er in gleicher Eigenschaft zum 2. Bataillon des Gardereserveregimentes nach Spandau. In der Schlacht bei Schleswig 1848 befehligte er zwei Bataillone des 2. Garderegimentes zu Fuß und zeichnete sich in derselben mit den ihm untergebenen Truppen sehr aus. Im Herbste dieses Jahres ward er nach Brandenburg befehligt, um die dort tagende preußische Nationalversammlung zu überwachen. Nachdem er dieses undankbare Geschäft vollzogen, ward er Commandeur des Cadettencorps zu Berlin, 1855 er Brigadegeneral in der Gardeinfanterie und dann commandirender Generalleutnant des 5. Armeecorps.

Generalleutnant von Mutius hat seine ganze Dienstzeit hindurch fast immer bei der Gardecavalerie gestanden, — er ist ein ebenso wissenschaftlich gebildeter Offizier, als auch ein tüchtiger Reiter, er befehligte das 6. Armeecorps.

Das Gardearmeecorps befehligte der Prinz August von Würtemberg. Er diente von jeher in der Garde und ist in dieser bis zur höchsten Stellung eines commandirenden Generals derselben aufgerückt. Er verblieb in seiner Stellung, obgleich sein Vaterland Preußen feindlich gegenüberstand.

Das 7. Armeecorps commandirte der General Vogel von

Falkenstein, ein in der Neuzeit vielgenannter Offizier. Er trat bereits 1813 als williger Jäger in das Jägerdetachement des westpreußischen Grenadierbataillons und wurde noch in demselben Jahre Offizier in demselben, ja in der Schlacht bei Montmirail 1818 führte er schon dasselbe, da dieses all' seine übrigen Offiziere durch Tod oder Wunden verloren hatte. Bei dem Congresse zu Aachen stand er bei dem Bataillone des Kaiser Franz Grenadierregiments, welches als Ehrenwache dahin gesendet worden war. Während des Barricadenkampfes in Berlin am 14. Mai 1848 wurde er leicht verwundet, wohnte aber dem in demselben Jahre stattfindenden Feldzuge in Schleswig-Holstein bei, — er befehligte damals das Gardeschützenbataillon. 1849 kam er in den Generalstab des Feldmarschall Wrangel, dann in das Kriegsministerium. Von hier aus wurde er Divisionscommandeur bei dem 3. Armeecorps und kam 1864 während des erneuten Krieges gegen die Dänen in Schleswig-Holstein wieder in den Generalstab des obengenannten Feldmarschalls. Als dieser zurückkehrte, blieb er dort, rückte er mit einer Division in Jütland ein und brachte die anfässigen Jüten durch seine Strenge bald zum Gehorsam. Nach beendetem Feldzuge wurde er zum commandirenden General des 7. Armeecorps ernannt.

General Herwarth von Bittenfeld trat 1813 in das sogenannte Normalbataillon ein, aus welchem später das 1. Bataillon des 2. Garderegimentes zu Fuß formirt wurde, ward dann Compagnieführer in demselben. Als Major kam er 1835 zu dem Gardereserveregiment, — und von hier aus erhielt er das Commando des 1. Bataillons vom 1. Garderegimente zu Fuß. 1846 befehligte er zeitweilig das Kaiser Franz Grenadierregiment, bis er 1847 Commandeur des 1. Garderegimentes zu Fuß wurde. Nun avancirte er zum Brigadier und Divisionär, später commandirenden General des 7. Armeecorps, doch wurde er 1864 in gleicher Eigenschaft zum 3. Armeecorps versetzt, das er namentlich sehr rühmlich bei dem Uebergange nach Alsen führte. Nach beendigtem Feldzuge erhielt er sein jetziges, das 8. Armeecorps.

Das neugebildete 9. Armeecorps befehligte Generalleutnant

von der Mülbe. Jedenfalls ein ebenso fähiger als character=
fester Offizier. Im Cadettenhaus zu Berlin erzogen, trat er
als Offizier in das Gardegrenadierregiment Alexander, in wel=
chem er bis zum Major avancirte. Im Jahre 1849 erhielt er
das Gardelandwehrbataillon in Magdeburg, das sich nicht zuver=
lässig gezeigt hatte und brachte es durch seine Rufe und Energie
bald in Ordnung — so daß man es im Feldzuge gegen die
badischen Insurgenten mit verwenden konnte. Nachdem er eine
Zeit lang Oberst eines Infanterieregimentes gewesen, wurde
er Commandant der Festung Minden, 1864 Commandeur
der 2. Gardeinfanteriedivision und machte als solcher den Feld=
zug in Schleswig=Holstein mit. Nach demselben ließ er sich zur
Disposition stellen, — als aber die Mobilisirung 1866 erfolgte,
meldete er sich wiederum zum Dienst und erhielt sofort den
Oberbefehl über das neugebildete 9. Armeecorps, das aus Linien=
truppen und 12 Gardelandwehrbataillonen bestand.

Aus Truppen aller Armeecorps zusammengesetzt war die
preußische Besatzung Schleswigs, Kiels und Rendsburgs unter
Befehl des Generallieutnant von Manteuffel, welcher beinahe
ein ebenso geschickter Diplomat, als energischer Soldat ist.
Lange Jahre hindurch war er der Chef des Militärcabinets des
Königs, — das sich namentlich mit allen persönlichen Verhält=
nissen des Heeres beschäftigt, von dem die Beförderungen und
Verabschiedungen aus gehen, und das vom Kriegsministerium
unabhängig die Befehle des Königs auch an dieses aus=
fertigt und zwar in Form von Cabinetsordres. General Man=
teuffel war namentlich von der liberal ,democratischen Parthei
sehr gehaßt und hatte in Folge dessen ein Duell mit dem Abge=
ordneten Twesten jener Parthei, weil ihn dieser in einer von
ihm verfaßten Flugschrift beleidigt, mindestens sehr hart ange=
griffen hatte, es war dies am 27. Mai 1861 — bei welcher
Gelegenheit er obigen Abgeordneten in die Hand schoß. Dafür
erlitt er eine kurze Festungsstrafe, nach deren Verbüßung er
wieder als Chef in das Militärcabinet eintrat. Im Feldzuge
1864 in Schleswig war er fast immer mit diplomatischen

Sendungen betraut und deshalb mehrmals in Wien, ebenso war er bei dem Abschlusse des Gasteiner Vertrags gegenwärtig, den er 1866 durch sein Einrücken in Holstein brechen mußte, — denn dieses sollte von Oesterreichern besetzt bleiben, bis Schleswig-Holsteins Schicksal endgültig entschieden, — da man sich ja noch immer über die Erbfolge am Bundestage stritt. Sein neuestes Wirken werden wir nächstens besprechen.

Dies sind die Armee- und Corpscommandanten des preußischen Heeres, — die der Divisionscommandeure und Brigadiers sowie einzelner hervorragender Offiziere müssen wir im Zusammenhange schildern, wenn von denselben die Rede sein wird. Zur kleinern Ueberstch: aber geben wir die Eintheilung des preußischen Heeres in Tabellenform, man nennt sie Ordre de bataille.

Obercommandant:
König Wilhelm von Preußen.
Chef des Generalstabes: General von Moltke.

Corps-commandant	Armeecorps	wo	
Herwarth v. Bittenfeld	8.	rechter Flügel	Elbarmee
I. Armee Prinz Friedrich Carl	2. 3. 4.	Mitte	Böhmische Armee
II. Armee Kronprinz von Preußen	Garde 1. 5. 6.	linker Flügel	
Vogel v. Falkenstein	7. und Corps Manteuffel		Mainarmee

Oesterreich — nachdem es dem preußischen Gesandten seine Pässe zugeschickt hatte, war in sehr übler Lage und täuschte sich vollständig ebensowohl, was seine Kriegsmacht als die Intelligenz von deren Führern betraf, es vertraute zu sehr auf alte geschichtliche Erinnerungen, und auf sein so oft bewährtes Glück. Es war von zwei Seiten angegriffen — im Süden stand der König Victor Emanuel von Italien vor dem Königreich Venetien, das allerdings durch das riesige Festungsviereck — Mantua, Berona, Peschiera, Legnago vollständig geschützt erschien, wir sagen, erschien, denn in Wirklichkeit stand es — trotz der dort erfochtenen Siege, doch sehr auf schwachen Füßen. Im Norden drohte Preußen mit einem Einfall, deshalb mußte gegen dieses namentlich ein starkes Heer aufgestellt werden. Es war schon ein großer Nachtheil, ja, ein strategisches Unglück, wenn wir uns dieser Aeußerung bedienen dürfen, daß es sein Heer trennen mußte, weil es im Norden und Süden gleichzeitig angegriffen wurde. Das war die Folge des Bündnisses Preußens mit Italien. Hieraus ging eine. nothwendige Theilung des österreichischen Heeres hervor, das ohne directe Verbindung dies- und jenseits der Alpen zu kämpfen hatte, jedes Heer war auf sich selbst beschränkt und hatte seinen besonderen Oberbefehlshaber.

Italien drohte im Süden, Preußen im Norden.

Zum Oberbefehlshaber gegen den sicher gefährlicheren Gegner, zum Schutze der wenigen — nur durch das Riesen- und Erzgebirge gedeckten Grenzen, erhielt der Oberbefehlshaber General Feldzeugmeister Benedek 7 Armeecorps:

das 1. befehligte Graf Clam Gallas
» 2. » Graf Thun
» 3. » Erzherzog Ernst
» 4. » Graf Festeticz
» 6. » Baron v. Ramming
» 8. » Erzherzog Leopold
» 10. » Baron v. Gablenz.

Ueberdies waren diesem Heere noch 5 Cavaleriecorps beigegeben und zwar:

1. unter von Edelsheim
2. " Prinz Turn u. Taxis
3. " Prinz Holstein
4. " Graf Conbrecourt
5. " Laitschitz.

In Venetien war Erzherzog Albrecht Obercommandant; er
hatte unter seinen Befehlen

3. Armeecorps unter Prinz Dietrich von Liechtenstein
7. " " Freiherrn Mariocie
8. " " Feldmarschalllieutnant Hartung.

Wir sagten, Oesterreich täuschte sich über seine Lage — und
wollen dies näher beleuchten:

1) Traute es seinem Heere mehr Tüchtigkeit zu, als dies den
Preußen gegenüber sich erwies. Mit theilweise aus Italienern bestehenden Truppen wollte es jene schlagen —
welche mit Italien verbündet waren, — die nothwendige
Folge war, daß diese in hellen Haufen zum Feinde
übergingen. Ebenso traten auch Ungarn — für welche auf
preußischem Boden eine Legion gebildet wurde, häufig in
deren Dienste.

2) Besaß die österreichische Armee weder Hinterladungsgewehre, noch reitende Artillerie. Ohne erstere überschätzen
zu wollen, müssen wir doch bemerken, daß die Leichtigkeit
des Ladens, in Folge dessen die Raschheit des Feuers, den
Preußen eine bedeutende Ueberlegenheit verlieh. Was den
Mangel an reitender Artillerie betrifft, so zeigt sich dieser
recht empfindlich bei allen Reitergefechten der Oesterreicher
— namentlich aber nach der Schlacht von Königgrätz —
besaßen sie eine solche, so hätten sie wahrlich nicht 150 Geschütze stehen lassen müssen, — die reitende hätte ihre Geschütze schon fortgebracht — denn sie kann länger im Feuer
stehen — und dann sehr rasch — selbst im Carriere
zurückgehen.

3) Bei der Vorzüglichkeit und Tüchtigkeit ihrer Reiterei mußten die Oesterreicher angreifen, denn nur im Angriff entwickelt Cavalerie ihre volle Stärke, nicht aber sich hinter Thälern, Höhen und Hohlwegen aufstellen, wo man sie nicht verwenden kann. In Folge dieser verkehrten Aufstellung konnte man sie nur in kleinen Massen gebrauchen.

4) Verließ es sich zu sehr auf seine Bundesgenossen — ohne auch nur etwas zu deren Unterstützung zu thun — es schützte nur sein eignes Land, die Bundesgenossen konnten sehen, wie sie wegkamen — und dadurch kamen diese schlecht weg — aber auch Oesterreich mußte seine Selbstsucht büßen.

5) Brachte es sein altes System eine Nationalität mit der anderen, beide Bewohner desselben Staates, bekämpfen zu wollen, in das Unglück.

Es kann nicht anders sein, als daß in einem Heer, das aus so verschiedenen Nationalitäten besteht, wie das österreichische, die Elemente desselben eben so verschieden sein müssen, als es jene selbst sind. Nicht einmal das gemeinsame Band der Sprache verbindet sie — nur die Commandoworte, die Dienstsprache ist die deutsche, sonst spricht jedes Regiment die, welche in dem Lande, woher es stammt, gebräuchlich ist. Aber gleicher Dienst, gleiche Pflichten lassen den Ungarn einen ebenso guten Soldaten werden, als den Slavonier, Kroaten, Böhmen, Tyroler oder Mähren — nur der Italiener in Folge der politischen Lage seines Vaterlandes, das sich stets von Oesterreich losreißen wollte, war nicht eben zuverlässig.

Wenn man die österreichische Armee näher betrachtet, so giebt es vor Allem wohl kein Offiziercorps in ganz Europa, das so aus Söhnen aller Herrn Länder bestände, als dieses, es ist noch etwas von Wallensteins Lager übrig geblieben, — wer tüchtig ist, wird Offizier — gleichviel, wie sein Vaterland heißt. Trotz dessen hat der eingeborene und fremde hohe Adel sich stets großer Berücksichtigung im Avancement zu erfreuen, und die höheren Commandostellen sind fast immer in den Händen von reichen Fürsten und Grafen, was leider Gottes auch nur zu oft zum Ruine des Heeres geführt hat. Freilich finden wir aber auch einen Wallenstein, Daun, Laudon, Erzherzog Carl, Fürst Schwarzenberg, Grafen Radetzky als rühmenswerthe Männer unter denselben, — die zu den besten Feldherren ihrer Zeit gehörten. Das Offiziercorps verknüpft ein enges Band der Kameradschaft — die Fahne ist ihre Heimath — an ihr hängen sie mit Leib, Leben und Seele.

In Oesterreich lastete die Dienstpflicht für das Heer nur auf den niederen Klassen der Bevölkerung, — die Disciplin war eine strenge, der Bildungsgrad des einzelnen Mannes kein allzu hoher, und sehr verschieden in den verschiedenen Regimentern. Man verstand es übrigens sehr gut, die Nationalitäten nach ihren Eigenthümlichkeiten als Soldaten zu verwenden, — und so wurde der Czikos, der Hirte auf den Steppen Ungarns, ein vorzüglicher leichter Reiter — ein Husar — der Pole, dessen Nationalwaffe die Lanze ist, ein ebensolcher Ulan, der Böhme und Mähre ein tüchtiger schwerer Reiter, Kürassire oder Dragoner. Vorzüglich sichere Schützen zog Oesterreich aus Tyrol und den Karpathen, auch die Infanterie war gut, vorzüglich aber die Artillerie. Es fehlten der Infanterie nur Hinterladungsgewehre, der Artillerie reitende Batterien, — wo die Bedienungsmannschaft den Geschützen zu Pferde folgt, und die in Folge dessen eine große Schnelligkeit und Ausdauer besitzen, und darin gewiß die sogenannten Cavaleriebatterien der Oesterreicher übertreffen, wo die Mannschaft theils auf dem Geschütz, theils auf sogenannten Wurstwagen nachfährt. Das österreichische Heer zählte 86 Linien und 14 Grenzinfanterieregimenter, jedes zu 4 Bataillonen, — 4000 Mann stark, ebenso 28 Jägerbataillone, nebst dem Kaiserjägerregimente mit 8 Bataillonen. Die schwere Reiterei bestand aus 8 Kürassier- und 2 Dragonerregimentern, jedes zu 6 Schwadronen, hierbei wollen wir erwähnen, daß die österreichischen Kürassiere Kürasse nicht führten, sondern diese seit Jahren ablegten, und nur noch den davon abstammenden Namen beibehielten. Die leichte Reiterei zählte 14 Ulanen- und ebenso viele Husarenregimenter, jedes zu 9 Schwadronen, und 1200 Pferde stark. Ueberdem gab es 16 Feldartillerie- und 1 Küsten-artillerieregiment, 1 Raketeurcorps, sowie 16 Bataillone Genie-truppen. Natürlich fehlte es weder an dem nöthigen Generalstabe — wenn derselbe auch bei der Nordarmee nicht gerade sich durch Genialität bewährte, noch an sanitätlichen oder anderen Anstalten, deren ein großes Heer bedarf. Von der österreichischen Flotte werden wir bei Gelegenheit des italienischen Krieges sprechen. Die Gesammtmacht ist sicher 700,000 Mann stark gewesen.

Betrachten wir die hervorragendsten Heerführer etwas näher. Generalfeldzeugmeister von Benedek, Oberbefehlshaber der österreichischen Nordarmee, ist Ungar und Protestant, seine Verdienste waren früher gewiß nicht gering, wenn er das Ver-trauen seines Kaisers in so hohem Grade zu gewinnen wußte, daß ihm dieser ein so wichtiges Commando anvertraute. Von vornherein hatte er den hohen Abel und die katholische Geistlich-keit gegen sich, — welchen traurigen Einfluß diese später auf seine Handlungen und deren Folgen ausübten, wird zu erkennen wohl erst späteren, unpartheiischer richtenden Generationen vorbehalten sein. Der Feldzeugmeister ist 1804 geboren und 1822 als Regimentscadet in das Heer eingetreten, nachdem er in der Militäracademie von Wiener-Neustadt eine so tüchtige Vorbildung erhalten hatte, als sie jenes berühmte Institut überhaupt seinen Zöglingen angedeihen läßt, — die aber leider nicht umfangreich genug ist, um alle Offiziere der kaiserlichen Armee darin erziehen zu können, sie gilt wesentlich als Pflanzschule des Generalstabes, in Oester-reich Generalquartiermeisterstab genannt. — In diesen, und zwar den in Italien stehenden, wurde er als Oberleutnant im Jahre 1831 versetzt, avancirte 1835 zum Hauptmann, 1840 zum Major, bei welcher letzten Gelegenheit er zum Generalcommando nach Galizien versetzt wurde. — Schon damals gährte es daselbst, der übermüthige polnische Abel hatte den Haß der Bauern auf sich gezogen, es galt die größte Vorsicht zu brauchen, die auch Benedek in seiner Stellung als Adjutant beim Obercommando entwickelte, dennoch brach der Aufstand der Bauern gegen deren

16*

Unterdrücker aus und war so blutig, so von Mord und Brand
bezeichnet, daß mit Truppenmacht gegen sie eingeschritten werden
mußte. Benedek selbst entwarf den Plan zur Niederwerfung des
Aufstandes, schlug die Insurgenten im Gefecht bei Gorow, und
deckte dadurch den Vormarsch des Generalfeldmarschallleutnants
Kollin gegen Krakau. Mit Besetzung dieser Stadt seiten der
Oesterreicher endete die kurze, aber blutige Rebellion, Krakau
ward dem Kaiserreiche einverleibt. Bald darauf zum Obersten
des Infanterieregimentes Graf Giulay ernannt, marschirte er
mit diesem nach Italien. Auch dort waren die Verhältnisse
für Oesterreich bedrohlicher Art, die Revolution brach 1848
aus und der Obercommandeur Graf Radetzky war genöthigt, die
Lombardei zu räumen und sich in das Festungsviereck Venetien
zurückzuziehen — mitten durch eine aufrührerische Bevölkerung. —
Die Sardinier drängten nach, römische Truppen drohten in der
Flanke, so kam es zur Schlacht bei Curtatone, die namentlich
dadurch für die Oesterreicher siegreich endete, weil Benedek nach
einem verzweifelten Kampfe die Höhen, auf welchen jener Ort
liegt, mit seinem Regimente mit dem Bajonnet erstürmte. Dafür
erhielt er den höchsten österreichischen Militärorden — den Maria-
Theresiaorden, welchen die edle Kaiserin nach der Schlacht von
Collin im siebenjährigen Kriege zur Belohnung von ganz außerordentlichen Thaten gestiftet hatte. Im Feldzuge 1849 gegen die
Sardinier, als Radetzky wieder aus seinem Festungsviereck vordrang, und es zur Entscheidungsschlacht von Novara kam, erwarb
sich Benedek bedeutende Verdienste. — In der Schlacht von
Novara hatte er mit seinem Regimente diese Stadt den Italienern
abgenommen, bereits die jenseitigen Ausgänge besetzt, als die
Nacht einbrach. Vor sich noch Piemontesen, hörte er in den
Straßen hinter sich den Anmarsch von Truppen — es ist eine
feindliche Brigade, die Novara passiren will. Benedek und sein
Regiment hätten der Uebermacht erliegen müssen — rasch entschlossen forderte er aber die Piemontesen, die ihn selbst abgeschnitten hatten, auf, sich zu ergeben — was auch seiten derselben
geschah. Das ist eine seiner Waffenthaten, sie ist aber das

Resultat persönlicher Tapferkeit und Entschlossenheit, zeigt, daß Benedek ein vorzüglicher Truppenführer sei, beweist aber noch Nichts für seine Feldherrntalente. Er ward zum Generalmajor ernannt und nach Ungarn geschickt, wo er unter Feldzeugmeister Haynau eine Brigade befehligte. Bei Gelegenheit der Schlacht von Komorn war er es, der die Ungarn, seine eigenen Landsleute, unter General Görgey zurückwarf, und den Sieg an die österreichischen Fahnen fesselte. Nach der Waffenstreckung des Letzteren bei Vilagos, nach Beendigung des ungarischen Feldzuges ward Benedek Chef des Generalquartiermeisterstabes bei dem Feldmarschall Grafen Radetzky in Italien. Seinen militärischen Ansichten zufolge, nach denen er die Einheits- und Nationalitätsbestrebungen der Italiener für nichts anderes hielt, als eine Rebellion gegen seinen kaiserlichen Herrn, die nur mit Härte und Strenge zu unterdrücken sei, hatten ihn bei den Italienern sehr verhaßt gemacht — und als man von Wien aus versuchte, deren Herzen durch Güte und Milde an sich zu fesseln, war Benedek kein unbedeutendes Hinderniß in diesem Streben, und ward ihm zum Opfer gebracht, — d. h. man versetzte ihn als Corpscommandant nach Krakau.

Als aber 1859 der Krieg gegen Frankreich und Piemont begann, da holte man ihn, den tüchtigen Soldaten, wieder nach Italien, ohne ihn so zu verwenden, wie er wohl zu Oesterreichs Segen hätte verwendet werden können. Aber damals war ein Giulay, ein reicher Graf Giulay an der Spitze des Heeres, — was brauchte dieser den Beistand des Doctorsohnes Benedek? denn, obgleich dieser bei Solferino mit seinem Heere siegreich vordrang, beschloß man doch den Rückzug, ohne dazu gezwungen zu sein. Der Krieg nahm ein trauriges Ende, Oesterreich verlor die Lombardei; er konnte aber segensreich werden, wenn man die gemachten Erfahrungen zur Verbesserung des österreichischen Heerwesens angewendet hätte. Das geschah nur theilweise.

Als man im Jahre 1866 den Krieg mit Preußen voraussah, erhielt Benedek den Oberbefehl über die Nordarmee, die er mit seltenem Unglück führte — wer und was daran schuld — das werden wir später zeigen.

Außer seinem, dem österreichischen Heere, waren in Böhmen auch noch die Truppen Sr. Majestät des Königs von Sachsen zu ihm gestoßen.

In allen Feldzügen haben sich die Sachsen, wenn sie irgend gut geführt wurden, rühmlichst ausgezeichnet, und die Treue und Anhänglichkeit an ihren Fürsten, an ihr Vaterland steht unübertroffen da. Als Friedrich der Große im siebenjährigen Kriege die sächsische Armee zum größten Theile bei Pirna gefangen nahm und nach seinem Systeme die Gefangenen unter preußische Regimenter vertheilte, hatte er wenig Nutzen davon, — denn bei jeder Gelegenheit gingen sie fort und man konnte in Polen schon nach einem Jahre aus denselben Soldaten eine neue sächsische Armee bilden sehen, deren Reiterei ihm namentlich die Niederlage in der Schlacht bei Collin beibrachte. Auch in den Kriegen gegen die französische Revolution, zeichneten sie sich rühmlichst aus, und Napoleon erkannte ihre Tapferkeit bereits nach der verlorenen Schlacht von Jena dadurch an, daß er eine Capitulation mit dem Churfürsten abschloß, die sich zu dem mit Preußen geschlossenen Frieden wie Licht zum Schatten verhielt. Die Sachsen fochten schon im Jahre 1807 gegen die Preußen, mit denen sie 1806 bei Jena geschlagen worden waren — und die Belagerung von Danzig brachte der Infanterie die Schlachten von Eilau und Friedland namentlich der Reiterei den größten Ruhm und die größte Anerkennung seiten des Kaisers Napoleon, der nach letzterer sogar dem Regimentes Garde du Corps, die jetzigen Gardereiter, den Rang der französischen Kaisergarde verlieh, und den Trompetern desselben silberne Trompeten schenkte, welche sie jetzt noch bei feierlichen Gelegenheiten führen. Im Jahre 1809 waren es namentlich die Schützen — die jetzigen Jäger — die erst neuerrichtet in der furchtbaren Schlacht bei Wagram eine Hauptursache waren, daß die Oesterreicher sich zurückziehen mußten — sie schlugen sich wie die Löwen, und fesselten den Sieg an Napoleons

Fahnen. Auch dem Feldzuge gegen Rußland 1812 wohnte das
sächsische Heer bei. In der Schlacht an der Moskowa waren es
die beiden Reiterregimenter Garde du Corps und Zastrowkürassiere,
welche durch Erstürmung der großen russischen Schanze deren
Linien durchbrachen. Es war dies kein geringes Wagestück für
Reiter, es ist eine der glänzendsten Heldenthaten, welche die
Kriegsgeschichte nachzuweisen vermag — aber ihre Verluste waren
furchtbar, nach dieser Schlacht war jedes der Regimenter von
ungefähr 300 Mann auf nicht ganz hundert zusammengeschmolzen
— und nicht fünfzig von beiden sahen nach dem unglücklichen
Rückzuge, wobei sie auch den gräßlichen Uebergang über die
Beresina mitmachen mußten, ihr Vaterland wieder. Kälte
und Hunger hatten vernichtet, was feindliche Kugeln verschont!
— Eine reitende Batterie ist gänzlich spurlos verschwunden,
man weiß nicht, und hat trotz allen Nachforschungen nie erfahren können, wo sie geblieben, man vermuthet nur, daß sie in
einem der großen Sümpfe Rußlands versunken ist.

Die Infanterie nebst den Schützen, welche letzteren sich
namentlich bei Podobna und Wolcowice auszeichneten, hatten,
wenn nicht ein ganz so hartes, doch auch nicht beneidenswerthes
Schicksal — sie geriethen zum größten Theile nach tapferer
Gegenwehr in russische Gefangenschaft und wurden nach Sibirien
transportirt, und erst nach der Schlacht von Leipzig wieder
entlassen, nachdem sie namenlose Leiden ertragen hatten. Das
Heer mußte vollständig neu gebildet werden, um als Mitglied der
Rheinbundstruppen gegen Preußen, Oesterreich, Rußland und
Schweden mit zu fechten, — es geschah dies mit möglichster Eile,
aber deßhalb nicht mit minderer Sorgfalt, wir sehen es in den
Schlachten bei Dresden, Bautzen, Jüterbogk und Dennewitz
fechten. In erster Schlacht nahmen die Kürassiere eine ganze
österreichische Infanteriebrigade gefangen, oder hieben sie zusammen, — bei Bautzen war es die reitende Batterie unter Befehl
des Hauptmann Probsthein, welche den Russen dadurch furchtbar
zusetzte, daß sie dicht an sie heranfuhr, mit Verachtung aller
zwischen liegenden Gräben und sie durch Kartätschenfeuer zum

- 248 -

Rückzuge nöthigte. Trotz aller Tapferkeit waren die Schlachten von Jüterbogk und Dennewitz unglücklich für die Sachsen.

In der Schlacht bei Leipzig verließ ein Theil der sächsischen Truppen die Reihen der Franzosen, um zu den Verbündeten überzugehen, ohne daß König Friedrich August Befehl dazu ertheilt hatte. Wenn dies auch nicht der Grund zum Verluste der Schlacht selbst war, so trifft doch gewiß die Führer, welche damals jenen Schritt ohne Einwilligung ihres Kriegsherrn thaten, ein harter Vorwurf, wenn man auch zu ihrer Entschuldigung bemerken muß, daß ihr Vaterland furchtbar unter feindlichem Drucke litt, daß die Franzosen nicht minder schrecklich darin hausten, daß ihr König in Leipzig bei Erstürmung der Stadt entweder mit Napoleon sich ganz außer Landes begeben und dies den Verbündeten überlassen — oder von ihnen gefangen genommen werden würde. Sie wollten dadurch den Alliirten das Recht nehmen, zu behaupten, sie hätten das Land erobert — oder könnten es als erobertes behandeln. — Trauriger Irrthum, denn der König ward doch gefangen genommen, und die größere Hälfte des Landes kam in Folge des Wiener Friedens an Preußen. Hiermit war auch die Theilung der sächsischen Armee verbunden, welche zu den traurigsten Scenen Veranlassung gab. Nachdem nämlich auf dem Wiener Congresse die Theilung des Heeres und Landes beschlossen, konnte Fürst Blücher, damalig preußischer Feldmarschall, das erstere nicht erwarten und befahl deren sofortige Ausführung — ehe noch der König von Sachsen die abzugebenden Soldaten ihres Eides gegen sich entbunden hatte. Das brachte eine ungeheure Aufregung bei diesen hervor, und führte schließlich zu einem Tumulte in Lüttich in Belgien, wo die Armee damals stand. Fürst Blücher hatte in jener Stadt sein Hauptquartier, und sie war von sächsischen Grenadieren besetzt. Kaum hatten diese die Kunde von jenem voreiligen Befehle des Fürsten empfangen, als sie sich beriethen, was dagegen zu thun sei, dann zusammenrotteten, — und von einem preußischen Officiere mit harten — ja mit Schimpfworten aufgefordert, auseinanderzugehen, verfolgten sie ihn der nun in die Wohnung des Fürsten flüchtete — dem bei dieser

Wilhelm 1. König v. Preussen.   Franz Joseph, Kaiser v. Oestreich.   Victor Emmanuel, König v. Jtalien.

Gelegenheit von den erbitterten Soldaten die Fenster eingeworfen wurden. Die herbeigeeilte sächsische Wache stellte, ohne ihre Waffen brauchen zu dürfen, die Ruhe bald wieder her. Fürst Blücher aber verließ Lüttich, ließ die Grenadiere nach Namur rücken, entwaffnen, sieben derselben auf der Stelle erschießen und ihre, von den Händen der Königin gestickte Fahne verbrennen — dann wurden sie als Gefangene nach preußischen Festungen gebracht. Als des Königs von Sachsen Einwilligung zur Theilung der Armee ankam, erfolgte diese widerstandslos — mit Thränen in den Augen schieden die alten Kameraden von einander — einem harten Schicksale sich beugend — ihm unterliegend.

All die geschilderten Vorgänge konnten den Preußen die Herzen der Sachsen wahrlich nicht gewinnen, indessen schien sich Alles mehr und mehr auszugleichen, namentlich als durch den segensreichen Zollverein unser Handel einen so riesigen Aufschwung nahm, und man nicht umhin konnte, Preußen als den Stifter desselben anzuerkennen. Im Jahre 1848 fochten die Sachsen unter dem preußischen General von Prittwitz in Schleswig-Holstein, und zeichneten sich namentlich das 3. und 2 Compagnien des 2. Schützenbataillons, sowie die Infanterieregimenter vac Prinz Maximilian und Prinz Georg durch die Einnahme der Düppeler Schanzen aus, die unter einem furchtbaren feindlichen Geschützfeuer erfolgte. Und in diesem furchtbaren Feuer war es, wo Kronprinz Albert von geschützter Höhe auf seinem Schimmel zu den ganz vorn am Brückenkopf liegenden Schützen ritt, die augenscheinliche Gefahr verachtend, sie mit ihnen theilte, ja sie, da er zu Pferde — noch dazu einen Schimmel reitend auf sich zog — denn bald wurde er die Zielscheibe mehrer dänischer Geschütze — und nur auf wiederholten Befehl des General von Prittwitz, bei dem er Adjutantendienste versah, kehrte er auf die Höhen zurück.

Nach siegreichem Gefechte, nach monatelangem Feldzuge kehrten die Sachsen zurück — ihr Blut war umsonst geflossen, denn Schleswig-Holstein fiel durch die Schuld preußischer Politik abermals unter das dänische Joch, nachdem im nächsten Jahre die allein gebliebenen schleswig-holsteinischen Truppen der dänischen Uebermacht erlegen waren.

Als aber im Gegentheile im Mai der Aufstand in Dresden ausgebrochen war, die wenigen im Lande zurückgebliebenen Truppen aber nicht im Stande, diesen zu bewältigen, da sendete der König Friedrich Wilhelm IV. auf Wunsch der sächsischen Regierung Preußen zur Hülfe — und mit Beistand derselben ward der Aufruhr gedämpft. Bei Gelegenheit der churhessischen Wirren im Jahre 1850 trat Sachsen auf Seiten Oesterreichs gegen Preußen, doch wurden diese damals noch auf friedlichem Wege in Folge der Dresdner und Olmützer Conferenzen beigelegt.

Das sächsische Heer bestand bei seiner Mobilisirung am 1. April 1866 aus: 1 Armeedivision, welche die erste des 9. deutschen Bundesarmeecorps bildete. Unter Befehlen des Königs steht der Kriegsminister als höchste Behörde, ihm sind alle Truppentheile untergeben. Diese Armeedivision zählt einen Generalstab, — 2 Infanterie-, 1 Reiterdivision, 1 Festartillerieregiment, 1 Brigade reitende Artillerie, 2 Pionier- und Pontoncompagnien, 1 Cadettencorps sowie ein Sanitätscorps und Magazinbeamte. Die Infanterie stand unter Sr. Königl. Hoheit dem Kronprinzen Albert, der bei dem Ausmarsche den Befehl über das ganze Heer übernahm. Sie zählte 16 Bataillone Linie, 4 Bataillone Jäger, und war in Brigaden getheilt. Regimenter gab es bei ihr nicht. Das Bataillon hatte 4 Compagnien. Die Leibbrigade und 1 Brigade Kronprinz nebst dem 1. und 4. Jägerbataillon bildeten die 2. Division unter Generalleutnant v. Stieglitz. Die 2. Brigade Prinz Friedrich August und die 3. Brigade Prinz Georg nebst dem 2. und 3. Jägerbataillon, die 1. Division unter Generalleutnant von Schimpf.

Die Reiterei bestand aus 4 Reiterregimentern, jedes zu 5 Schwadronen, und bildete 1. Division unter Generalleutnant v. Fritzsch, die in 2 Brigaden, jede zu 2 Regimentern zerfiel. Das 4. Gardereiter- und 1. Reiterregiment Kronprinz bildeten die 1. Brigade unter Befehl Sr. Königl. Hoheit des Prinzen Georg, das 2. und 3. — die zweite unter Generalmajor von Biedermann.

Jeder Infanteriebrigade war überdem 1 Batterie und 1 Schwadron Reiterei beigegeben, — die übrige Artillerie und Reiterei bildeten die Reserve. Im Uebrigen waren Depots zur Ausbildung von Rekruten errichtet worden, welche mit nach Böhmen rückten. Wie wir schon sagten, befehligte Se. Königl. Hoheit der Kronprinz Albert von Sachsen dieses Heer. Chef des Generalstabes war Generalmajor von Fabrice, Obercommandeur der Artillerie Generalmajor von Schmalz. —

Der Kronprinz ist durch und durch Soldat, ebenso tapfer als militärwissenschaftlich gebildet, hat er auch eine Erziehung genossen, in Folge deren er eine große Vorliebe für den Kriegerstand bekam. Er ist 1828 geboren, der älteste Sohn des jetzt regierenden Königs Johann. 1843 begann er seine militärische Carrière als Lentnant, ward 1846 Oberleutnant und wohnte als solcher bei der Infanterie den damaligen großen Manövern bei Pirna bei, die eben so anstrengend als lehrreich waren. Dabei ertrug er alle Strapatzen wie jeder Andere gleicher Stellung. 1847 ward er Hauptmann der reitenden Artillerie und marschirte mit nach Schleswig, wo er als Adjutant dem Stabe des commandirenden Generals von Prittwitz, eines Preußen, zugetheilt wurde. Er kam das erste Mal am 13. April 1849 in das Feuer, und zwar nachdem das damalige sächsische 3. Schützenbataillon die Düppler Schanzen umgangen hatte, bis nahe an den Brückenkopf vorgerückt — hier wehrlos einem furchtbaren dänischen Geschützfeuer, theils von der gegenüberliegenden Insel Alsen — theils von den im Alssund liegenden Kriegsschiffen ausgesetzt war. Auf der Höhe der Schanzen hielt der Generalstab — dem Feuer wenig ausgesetzt, der Prinz aber ritt nebst seinem Begleiter dem jetzigen General Senfft von Pilsach, hinab in das Feuer, und hielt auf seinem Schimmel am rechten Flügel des Bataillons — neben der vierten Compagnie, von den Leuten mit einem Hurrah empfangen, das den Kanonendonner übertäubte, und die Aufmerksamkeit der dänischen Artillerie auf das Schützenbataillon lenkte, während sie kurze Zeit vorher sich zwei aufgefahrene sächsische Batterien zum Ziele genommen hatte. Das kümmerte den Prinzen nicht, — und erst auf wiederholten Befehl des General von Prittwitz, den dieser sogar bis zur Drohung mit Arretur verschärft haben soll, wenn der Prinz nicht zurückkäme — ritt er wieder zu jenem auf die Höhe. Solches muthiges Benehmen mußte ihm natürlich die Liebe der Soldaten im hohen Grade erringen. In fernerem Verlaufe des Feldzuges wohnte er den kriegerischen Ereignissen in Jütland bei und kehrte Anfang August nach Sachsen zurück, wurde zum Major, 1850 zum Oberstleutnant ernannt und befehligte als solcher ein Infanteriebataillon in Bautzen. Ende dieses Jahres ward er Oberst und erhielt den Befehl über die dritte Infanteriebrigade Prinz Georg, in Dresden, — während der damaligen Mobilisirung des Heeres behielt er diesen, ward aber 1851 Generalmajor und Commandeur einer Infanteriedivision, 1852 Generalleutnant und 1857 General und Commandant der gesammten Infanterie.

Der Kronprinz ist Soldat im vollen Sinne des Wortes, vom Scheitel bis zur Zehe. Ob es wahr ist, wissen wir nicht, jedenfalls aber schenken wir dem gern Glauben, daß er vor Ausbruch des Krieges verlangt habe, die Armee durch Aushebung bis zur Stärke von 50,000 Mann zu bringen, und deshalb junge Leute, sowie alte gediente Soldaten einzuziehen, so viel deren immer zu haben seien. Und in der That, — hätte man sich diesem nur zu gerechtfertigten Wunsche gefügt, so würde es bei Königgrätz wohl anders gekommen sein — noch einmal so viel Sachsen dort, als wirklich da waren, konnten den Preußen den Sieg entreißen.

Die in der Gegend von Königgrätz und Josephstadt — Front nach dem Riesen- und Erzgebirge machende Armee stand in folgender ordre de bataille.

Obercommandant: Feldzeugmeister von Benedek.
Chef des Generalquartiermeisterstabes, Generalmajor Baron von
Henikstein.

Corpscommandant	Armeecorps	wo
Graf Clam-Gallas	1. — die königl. sächsischen Truppen, Brigade Kalik	rechter Flügel
Graf Thun	2.	
Erzherzog Ernst	3.	Mitte
Graf Festetics	4.	
Baron Ramming	6.	
Erzherzog Leopold	8.	linker Flügel
Baron Gablenz	10.	

Reservecavaleriecorps.

Baron Edelsheim	1.	linker Flügel
Prinz Turn und Taxis	2.	
Graf Coudenhove	4.	Mitte
Graf Zschaitschitz	5.	
Prinz Holstein	3.	rechter Flügel

Die Artillerie befehligte Erzherzog Wilhelm.

Dies waren die Truppen, welche den Preußen bei ihrem
Einrücken in Böhmen entgegenstanden, und man kann wohl mit
Recht annehmen, daß sich die Streitkräfte beider Theile der
Hauptsache nach an Zahl gleich waren.

Nachdem wir so einen kurzen Abriß der Führer und Streit=
kräfte gegeben, müssen wir die Feldzugspläne der Gegner selbst
näher betrachten. Man kann im Kriege auf zweierlei Weise
verfahren, Angriffs=und Vertheidigungsweise, wenn man
auch während des Angriffes sich oft vertheidigen, während der
Vertheidigung angreifen muß, so darf dies doch auf den Plan
keinen Eindruck machen und ist mehr Sache bei der Ausführung

deſſelben. Der Plan der Preußen war kein anderer als angriffs-
weiſe zu verfahren; ſie erhofften von einem raſchen Vorgehen den
Sieg an ihre Fahnen zu feſſeln, durch ein Einbrechen in Feindesland dem eignen die Koſten des Krieges möglichſt zu erleichtern
oder ganz zu erſparen. Die Gründe, welche für einen Angriffsplan ſprachen und wohl erwogen wurden, waren:

1) Den Feind, der, wie man wußte, noch nicht vollſtändig ge-
rüſtet war, vor ſeiner völligen Machtentwickelung und Vereinigung zu überraſchen — und dadurch das eine wie das
andere zu verhindern, — wodurch es leichter ward ihn
zu ſchlagen.

2) Wenn man ihn noch theilweiſe unvorbereitet fand und zum
Rückzuge zwingen konnte, ſo lag es klar auf der Hand,
daß ſich die einzelnen Contingente, aus welchen das deutſche
Bundesarmeecorps beſtand, trennten und jedes ſein eignes
Land möglichſt zu erreichen, zu ſchützen und zu decken
ſuchte, daß es demnach möglich war, durch Separatfrieden
mit den einzelnen Kriegsherrn Oeſterreich — ſeinen Haupt-
gegner — zu ſchwächen und zu iſoliren.

3) Entmuthigt allemal ein Einfall in das Land des Gegners
die Bewohner deſſelben, während die des eignen Staates
dadurch gerade das an Zuverſicht gewinnen, was jene
einbüßen.

4) Erſpart man dadurch Kriegskoſten. Im feindlichen Lande
verpflegt, belöhnt und bekleidet man die Truppen auf
jenes Rechnung.

5) Griff man an, ſo konnte man ſeine Heere vereinigen;
hätte man vertheidigungsweiſe verfahren wollen, ſo mußte
man ſie auf langen Strecken — von Oswiezim bis Mainz
— vereinzeln und verzetteln, und konnte leicht durchbrochen
werden — war überall ſchwach — und nirgends ſtark genug, wo der Feind mit Uebermacht andringen wollte,
denn dann hatte dieſer die Wahl der Angriffspuncte, —
und man mußte ſich nach ſeinen Wünſchen, ſeinen Plänen

da concentriren, wo er den Angriff für sich passend und für vortheilhaft hielt.

6) Hatte man durch das Zündnadelgewehr ein Uebergewicht erlangt, das man ausnutzen wollte.

7) Mußte im Falle eines glücklichen Vertheidigungsplanes Preußen doch allemal noch zum Angriffe übergehen, wollte es sein Ziel — sein Reich zu vergrößern und abzurunden, Oesterreich aus dem deutschen Bunde zu drängen — erreichen.

General Moltke entwarf also den Angriffsplan, der auch ganz in der Weise ausgeführt wurde, wie er vorgezeichnet war. Im Westen sollte General Vogel von Falkenstein mit dem 7. rheinischen Armeecorps nördlich vom Main gegen Hannover vorgehen, während General von Manteuffel von Schleswig-Holstein aus, nachdem er bei Haarburg die Elbe überschritten, dies in südlicher Richtung that. Dadurch hoffte man die Hannoveraner zu fangen und von den übrigen Bundestruppen abzuschneiden. Vorher sollte eine Armeedivision das Churfürstenthum Hessen besetzen. Nachdem dies geschehen und jene Truppen sich vereinigt, sollten sie gegen Frankfurt vorrücken, die Baiern, das 8. und die Reste des 9. Bundesarmeecorps schlagen.

Gleichzeitig sollte Sachsen vom 8. preußischen Armeecorps unter General Herwarth von Bittenfeld besetzt werden, um die Elblinie bis an das Erzgebirge und die sächsische Schweiz zu gewinnen, dann die Gebirge überschreiten, um sich als rechter Flügel mit dem Prinzen Friedrich Carl zu vereinigen, der mit der 1. Armee über Löbau, Zittau, Reichenberg marschirend, in Böhmen einrückte. Den linken Flügel sollte der Kronprinz mit der zweiten Armee formiren, die, aus der Grafschaft Glatz kommend, das Riesengebirge zu überschreiten hatte. Strahlenförmig drangen sie demnach in Böhmen ein — als Vereinigungspunct war von vornherein die Gegend zwischen Münchengrätz an der Iser und Königshof an der Elbe gegeben, so daß ersterer Fluß die rechte, letzterer die linke Seite deckte; dann sollte der weitere Vormarsch nach Pardubitz — dort ein abermaliger Elbübergang

und weitere Bewegungen nach Prag oder Olmütz erfolgen, je
nachdem der Gegner nach der einen oder anderen Richtung sich
zurückziehen würde. Daß die Preußen darauf rechnen mußten,
hier oder dort, bei oder nach dem Uebergange des Gebirges kräf=
tig angegriffen zu werden. Selbstverständlich mußte man des=
halb eine genügende Anzahl von Pionieren bei der Vorhut haben,
denn es war mehr als wahrscheinlich, daß die Oesterreicher die
Straßen abgegraben, Bäume gefällt und über diese geworfen
hatten, um einen Vormarsch über dasselbe zu verhindern. Diese
Wahrscheinlichkeit wuchs noch, als die Preußen bei ihrem Ein=
marsch in das Königreich Sachsen sahen, daß keine Truppen
mehr in demselben, wohl aber die Eisenbahnbrücken bei Riesa
und Löbau — ebenso die Elbbrücke bei Meißen — zerstört
waren. Der Pioniere bedurfte man aber, um solche Annähe=
rungshindernisse zu beseitigen, damit die Truppen ihren Marsch
möglichst ungestört fortsetzen konnten.

Daß man darauf rechnen mußte, auf die Oesterreicher zu
stoßen, versteht sich ganz von selbst — wo und wie ließ sich
schwer sagen, und nur das eine als leitender Grundsatz auf=
stellen, sie allemal mit Uebermacht anzugreifen und zu werfen,
um nur möglichst rasch jenseits des Gebirges sich vereinigen und
dann vereint kämpfen zu können. — Der Plan war kühn, sehr
kühn entworfen und wurde auch kühn ausgeführt, und dem Küh=
nen lächelt das Glück. — Er war aber auch nur zu entwerfen
und durchzuführen, wenn man vollständig kriegsbereit war, —
und das war bei den Preußen, die schon an der sächsischen und
böhmischen Grenze standen, als die Oesterreicher noch längs der
schlesischen und im Innern ihres Landes vereinzelt waren.

Blicken wir nun auf den Feldzugsplan des Feldzeugmeisters
Benedek, so hat letzterer lange Zeit geschwankt, ehe er wußte,
ob er angriffsweise die Gebirge überschreiten — oder vertheidi=
gungsweise hinter denselben sich aufstellen, die Preußen dort er=
warten — sie durch die Gebirgspässe zurückwerfen, und ihnen in
ihr eignes Land folgen sollte. Daß er letzteres im Sinne hatte,

beweist folgender Befehl, den man in den Archiven eines in der Schlacht von Königgrätz gefallenen österreichischen Generals fand: „Für den Fall, daß die k. k. Nordarmee oder einzelne Theile derselben feindliches Gebiet occupiren sollten, finde ich im Interesse der Integrität und Verpflegung der Truppenabtheilungen, die anliegende Kundmachung zu erlassen, welche die Grundsätze enthält, nach denen ich in dieser Richtung vorgegangen wissen will. Jeder Armeecorps- oder Cavaleriedivisionscommandant, jeder Herr Brigadier, Regiments- oder zeitweilig detachirter Bataillonscommandant, welcher eine größere Ortschaft oder Stadt occupirt, hat deren Gemeindevorstand, Schulzen, Bürgermeister oder dergleichen vorrufen zu lassen, und ihm eine genaue Abschrift der obenerwähnten Kundmachung mit der Weisung einzuhändigen, daß er dieselbe, und zwar in ortsüblicher Weise jedenfalls auch durch Maueranschlag unverzüglich bekanntmache, und auch deren genaue Befolgung nach Möglichkeit auswirke. Sollte in dem Orte eine Druckerei sein, so hat der Gemeindevorstand die Kundmachung in einer angemessenen Anzahl von Exemplaren in Plakatform korrekt in Druck legen und möglichst verbreiten zu lassen. Die etwa in dem Orte erscheinenden Zeitungen sind gehalten, die Kundmachung in drei auf einander folgenden Nummern an der Spitze des Blattes als ersten Artikel abzudrucken. Die Bewohner des feindlichen Gebietes, welche in Gemäßheit jener Kundmachung straffällig werden, sind unter schriftlicher Darstellung ihres Verschuldens und des Sachverhaltens (Thatbestandes) an das nächste Regiments-, beziehungsweise Armeecorps-Auditoriat einzuliefern, wo dieselben als Militärarrestanten mit Rücksicht jedoch auf ihren Stand zu verpflegen, zu bewahren, dann stets schleunigst untersuchen und aburtheilen zu lassen sind. Standrechtsfälle ausgenommen, behalte ich mir die Ratification aller auf Grund der erwähnten Kundmachung gefällten militärgerichtlichen Straferkenntnisse vor, und werde bezüglich des Strafvollzuges die erforderlichen Weisungen von Fall zu Fall erlassen. Was die nun im außergerichtlichen Wege, namentlich gegen Acte des Ungehorsams oder der Widersetzlichkeit ganzer

Kriegsbilder. Lief. 9.   17

Gemeinden oder Bezirken eventuell zu verhängenden und stets an
das Armeecommando für die Operationscasse abzuführenden Geldstrafen betrifft, so wird die Berechtigung zur Verhängung und
Eintreibung derselben auf 500 preußische Thaler beschränkt, und
sind Fälle, in welchen eine Kontribution bis zu diesem Betrage
zu gering wäre, unter Stellung eines Antrages meiner eignen
Entschließung im Wege des Armeecorps- oder Cavaleriedivisions-
Commando vorzutragen, welches seine wohlerwogene Meinung
beizufügen haben wird. Geringere, am Schlusse der Kundmachung nur im Allgemeinen mit Strafe von Ungehorsam oder
Feindseligkeiten sind von den zuständigen K. K. Commandanten
im Disciplinarwege mit **Ausschluß einer körperlichen
Züchtigung** angemessen zu ahnden. Dieser Befehl ist insbesondere auch in Gemäßheit des Armeebefehls vom 24. Mai mit
der Herbeischaffung von Verpflegungsbedarf im Requisitionswege
in Feindesland betraut werdenden Offizieren zur Wissenschaft
und eventueller Anzeige etwaiger Straffälligen genau bekannt zu
geben.   Benedek."

Die Kundmachung selbst fand man unter den Papieren des
in dem Gefechte bei Skalitz gebliebenen Generals Fragener, sie
führte keinen Datum und lautete:

„Kundmachung. Ein Theil der unter meinem Befehle
stehenden K. K. Truppen ist auf preußischem Boden. An das
Volk und die Behörden Preußens richte ich somit das Wort;
will — ehrlich und offen — daß alle wissen, was ich fordere
und erwarte, wissen woran sie mit mir und den K. K. Truppen sind.

Vor Allem ist es der Allerhöchste Wille des Kaisers, meines
erhabenen Herrn, daß das Recht gewahrt, die Gerechtigkeit geschützt, und die Last des Krieges auch dem Feindeslande möglichst
wenig drückend gemacht werde. Diesem allerhöchsten Befehle
werde ich mit Freuden nachkommen, trage im Herzen weder Haß
noch Vorurtheile gegen Preußens Volk; meine Soldatenstrenge
gilt nur Jenen, die der Kaiserlichen Armee feindlich entgegentreten. Es werden die K. K. Truppen ihre altbewährte Dis-

ciplin und Manneszucht beobachten. Niemand wird in seiner
Person oder in seinem Eigenthum gekränkt werden. Die Königl.
Justizbehörden mögen unangefochten ihren Amtspflichten obliegen,
damit zumal Privatrechte in ihrem Zuge nicht gehemmt werden,
Industrie, Handel und Gewerbe nicht ohne Noth die Drangsale
des Krieges noch schwerer empfinden. — Wer immer eine ge-
gründete Klage oder Beschwerde vorzubringen hat, wird bei mir,
oder bei meinen Unterbefehlshabern stets ehrliches und wohl-
wollendes Gehör, und die im Bereiche der Möglichkeit liegende
Abhülfe finden. Dagegen fordere ich, daß sich Jedermann ruhig
verhalte, seinen friedlichen Beschäftigungen nachgehe und sich ohne
Groll oder Widerstand der äußeren Nothwendigkeit beuge, die das
Kriegsloos verhängt. Ich werde in meinem Machtbereiche keine
Ausschweifungen dulden, mögen solche gegen die K. K. Armee
oder einzelne Personen derselben gerichtet sein.

1) Spione, Aufrührer gegen die mir von meinem kaiserlichen
Herrn anvertraute Macht, und Falschwerber werden standrechtlich
erschossen.

2) Wer an Munitions-, Nahrungs- und sonstigen Vorräthen
und Artikeln der K. K. Armee Feuer anlegt, wird mit dem Tode
durch Erschießen bestraft.

3) Wer sich mit der Streitkraft des Feindes in Einverständnisse einläßt, oder was immer für einer Handlung oder Unter-
lassung schuldig macht um der K. K. Armee oder deren Alliirten
einen Nachtheil, dem Feinde aber einen Vortheil zuzutragen,
wird mit schwerem Kerker von 10 bis 20 Jahren bestraft.

4) Wer sich einen Angriff gegen die persönliche Sicherheit
eines Individuums der K. K. Armee erlauben sollte, wer die
Verpflegung der K. K. Armee hindert, oder die anbefohlenen Lieferungen, denn sonstige Leistungen für diese Armee, oder die ihm
aufgetragene Verlautbarung der Kundmachungen der K. K. Befehlshaber unterläßt oder Gefolge des Königlich Preußischen
Heeres den K. K. Truppen nicht anzeigt, sondern heimlich

17 *

beherbergt, wird mit Kerker von 6 Monaten bis zu 5 Jahren, und nach Umständen noch strenger bestraft.

5) Bei Ausschreitung der Presse tritt jedenfalls auch die sogleiche Suspension des Erscheinens der Zeitungen ein.

Ueberhaupt warne ich hiermit Jedermann vor Ungehorsam und Feindseligkeit, welcher Art immer gegen die K. K. Truppen, ich werde stets rasch und mit eiserner Hand zu ahnden wissen, und sind die mir untergebenen K. K. Befehlshaber und Militär-gerichte vom Tage dieser Kundmachung — vorkommenden Falles mit der Untersuchung und Aburtheilung, sowie mit dem unmittel-baren Strafvollzuge beauftragt. — Möge es dazu nicht kommen, möge das Volk Preußens mit ernster Besonnenheit und edler Haltung bemüht sein, das Schicksal seines Vaterlandes nicht zu verschlimmern, und ich bekenne es laut und gern, wenn ich nicht gezwungen werde, meine Hand eisern darauf lasten zu lassen, so soll Niemand glücklicher darüber sein, als ich. Benedek."

Ein noch größerer Beweis aber dafür, daß Benedek ursprüng-lich die Absicht hatte, in Preußen einzufallen, ist unstreitig der, daß er keinen der Gebirgspässe, durch welche die Preußen kommen mußten, um in Böhmen oder Oesterreichisch-Schlesien einzufallen, in Vertheidigungsstand gesetzt — oder theilweise ungangbar ge-macht hatte, was er in kurzer Zeit und mit Leichtigkeit thun konnte. Der rasche Angriff der Preußen überraschte ihn, noch ehe seine Armee vollständig gerüstet war, — Sachsen mußte in Folge dessen von den eignen Truppen geräumt werden, und diese sich auf ihn zurückziehen,, und in Böhmen mit den Oester-reichern vereinigen, die nun von drei Seiten, vom Erzgebirge, vom Lausitzer- und vom Riesengebirge aus angegriffen wurden, und ebenso nach drei Seiten Front zu machen hatten.

Als die Königl. Sächsische Armee über die Grenze rückte, war sie folgendermaßen eingetheilt:

Obercommandant, General Kronprinz Albert,

Chef des Generalstabes, Generalmajor von Fabrice,

Commandant der Artillerie, Generalmajor Schmalz,

Souschef des Generalstabes, Major Funke,

Geniedirector, Oberst Peters,

Feldintendant, Oberst von Friesen,

Generalstabsarzt, Dr. Günther,

Oberkriegsgerichtsrath, Dietrich,

Proviantamt, Hauptmann Fellner,

Feldpostmeister, Lenk,

Feldtelegraphendirector, Pörsch,

Feldprobst Dr. Fricke nebst 2 Feldgeistlichen,

Feldkaplan, (katholischer) Hermann,

Commandant des Hauptquartiers, Major von Rex,

Commandant der Feldgensd'armerie, Rittmeister von Stammer,

Commandant der Trains, Oberst Schmalz,

Oberroßarzt Jacob,

Operationscanzlei, Hauptmann Schubert, Hauptmann Graf
    Bitzthum von Eckstädt,

Canzlei des innern Dienstes, Hauptmann von Winkler, Hauptmann
    Freiherr von Welck,

Zur Geniedirection mit Telegraphenbureau und Eisenbahntrans-
    portwesen, Ingenieuroberstleutnant Weinlich, und die Ober-
    leutnants Portlew und Rollert,

Adjutanten Sr. Königl. Hoheit des Kronprinzen, Oberst Prinz
    Schönburg, Rittmeister Senfft von Pilsach, Oberleutnant
    Freiherr von Berlepsch.

Das war der gesammte Generalstab des Hauptquartieres.
Bis dahin war an der preußischen Grenze eine Division der
Avantgarde oder Vorhut gebildet gewesen, die bei dem Marsche
nach Böhmen zur Arrièregarde oder Nachhut wurde, und die
Armee selbst gegen mögliche Angriffe auf dem Rückzuge zu decken
hatte. Der Befehlshaber derselben war der Generalleutnant der
Reiterei, Freiherr von Fritsch, seine Stabschef der Hauptmann
von Tscherschky und Bugendorf, Generalstabsofficier war Oberleutnant von der Planitz, Adjutant, Oberleutnant Freiherr von
Welck. An Truppen befehligte der General eine combinirte In-
fanterie-Brigade, unter Oberst Freiherrn von Wagner, bestehend
aus dem 12. Bataillon, Oberstleutnant von Craußhaar, dem 8.

Bataillon, Major von Elterlein, dem 3. Jägerbataillon, Oberstleutnant von der Mosel, dem 2. Jägerbataillon, Oberstleutnant
Taucher; ferner die 2. Reiterbrigade des Generalmajor Freiherrn
von Biedermann, bestehend aus der 1., 2., 3. Schwadron des
3. Reiterregiments unter Oberst von Ludwiger, dem 1. Reiterregiment unter Oberst Senfft von Pilsach, 1., 2. und 5. Schwadron.
Ferner war die Artilleriebrigade des Major Watzdorf — 2. reitende
Batterie des Hauptmann Hoch, 1. gezogene 6pfündige Batterie
des Hauptmann Heydenreich, sowie die 1. Ambulance des Oberleutnant Böhmer, und die Pioniersection des Hauptmann Richter
der Nachhut beigegeben. Das Hauptcorps oder die Division des
Heeres stand unter Generalleutnant von Stieglitz, dem als
Stabschef Oberstleutnant von Montbé, als Generalstabsoffizier
Hauptmann von Holleben-Normann, und als Adjutant, Ober-
leutnant Zeschau beigegeben war. An Truppen befehligte er 1)
die II. Infanteriedivision, bestehend aus der Leibbrigade unter
Oberst von Boxberg — 1. Jägerbataillon, Oberstleutnant von
Nehrhoff, 2. Bataillon, Major von Sandersleben, 1. Bataillon,
Major von Wagner, 4. Bataillon, Oberstleutnant von Kochlitzky,
3. Bataillon, Major Nostitz — Leibinfanteriebrigade, Oberst
Freiherr von Hausen, 14. Bataillon, Oberstleutnant von Bünau,
13. Bataillon, Major von Schmieden, 4. Jägerbataillon, Major
von Schulz, 16. Bataillon, Oberstleutnant von Friesen, 15. Bataillon, Major Hamann. Die Divisionsreiterei, d. h. diejenige,
welche man den Infanteriedivisionen beigiebt, um in deren unmittelbaren Nähe zu wirken, bestand aus der 4. Schwadron vom
3. und der 4. Schwadron des 2. Reiterregiments unter Major
von Standfest. Die Artillerie zählte die Granatkanonenbatterie
Nr. 2, des Hauptmann Hering-Göppingen, und die gezogene
6pfündige Batterie Nr. 4 des Hauptmann Richter, welche eine
Brigade unter Befehl des Oberstleutnant Grünewald bildeten.
Noch war dieser Division die Ambulance Nr. 2 des Oberleutnant
von Schlieben beigegeben.

Generalleutnant von Schimpff befehligte die Division der
Reserve, sein Stabschef war Major von Zezschwitz, General-

stabsoffizier, Oberleutnant Hübel, Adjutant, Hauptmann Bremer. An Infanterie war ihm untergeben von der 3. Infanteriebrigade Prinz Georg, Generalmajor von Carlowitz: das 11. Bataillon, Oberstleutnant von Wolfersdorf, das 10. Bataillon Major von Abendroth, das 9. Bataillon Major von Leonhardi, von der 2. Infanteriebrigade Prinz Friedrich August unter Oberst von Hake, das 7. Bataillon Major von Gablenz, das 6. Bataillon Oberstleutnant von Metzradt, das 5. Bataillon Major von Rohrscheidt. An Reiterei hatte er die 1. Reiterbrigade unter dem Prinzen Georg, bestehend aus der 2. 3. 4. 5. Schwadron des 1. Reiterregiments Kronprinz, Oberst von Beulwitz, der 1. 2. 3. 4. Schwadron des Gardereiterregimentes, welches Oberst Graf zur Lippe befehligte. Die Corpsgeschützreserve commandirte Oberst Köhler. Sie bestand aus zwei Artilleriebrigaden, jede zu drei Batterien mit 34 Geschützen — und zwar Artilleriebrigade des Major Albrecht: reitende Batterie Nr. 1 Hauptmann Zenker, Granatkanonenbatterie Nr. 4. Hauptmann Westmann (hatte blos 4 anstatt 6 Geschütze) Granatkanonenbatterie Nr. 3. Hauptmann Leynick. Artilleriebrigade des Oberstleutnant Weigel, gezogene sechspfündige Batterie Nr. 3 Hauptmann Walther, gezogene sechspfündige Batterie Nr. 2 Hauptmann Leonhardi, Granatkanonenbatterie Nr. 1 Hauptmann von der Pforbten. An Munitionscolonnen waren der Reservedivision die Nr. 2 des Oberleutnant Groß, die Nr. 1 des Oberleutnant von Löben, ebenso auch die Ambulance Nr. 3 des Oberleutnant Lommatzsch beigegeben.

Das genügt aber Alles noch nicht. — Alle Truppen verließen Sachsen, und sie waren vollständig, — Nichts zurücklassend, ausgerückt. Es folgte demnach dem Heere, oder ging ihm über die Grenze voraus der Artillerie-Hauptpark unter Oberst Freiberg, 1. Parkcolonne Hauptmann Hammer, 2. Parkcolonne Hauptmann Brüske, der Pionierpark befehligt vom Hauptmann Andree, der Pontonierpark unter Hauptmann Klemm, — beide letztere befehligte Oberstleutnant Kühnel. Das Hauptzeughaus Oberstleutnant Köhler — die Militärvorrathsanstalt Major

Schmidt. Ferner die Proviantcolonne unter Proviantcommissair Hähne, das Feld-Medizinal- und Bandagendepot Hauptmann von Döring — das 3. Feldhospital Major Schön, das 2. Hauptmann Rauchdorf 1., das 1. Hauptmann Baumann — das Pferdehospital Trainoberleutnant Hamisch.

Ueberdem waren noch Depots gebildet worden, um durch mitgenommene Rekruten oder Dienstreservisten, die bei denselben eingeübt wurden, den nöthigen Ersatz leisten zu können. Commandant desselben war der Generalmajor von der Plantz, sein Adjutant und Generalstabsoffizier der Hauptmann Schurig. Die Infanteriebrigade desselben stand unter Oberstleutnant von Hake und bestand aus 6 Depotsbataillonen — das der Leib-brigade Oberstleutnant von Löben, der 1. Kronprinz Oberstleut-nant d'Elsa, der 2. Friedrich August — Oberstleutnant von Hake — zugleich Brigadier — der 3. Prinz Georg Oberstleut-nant von Kirchbach, der Jägerbrigade Hauptmann von Haufen 1. Das Depot-Reiterregiment commandirte der Oberstleutnant von Prengel, er hatte von jedem Reiterregiment je eine Schwadron und zwar die 5. vom Garde-, die 1. vom 1. bis 3. vom 2. und die 5. vom 3. Reiterregiment erhalten. Die Artillerie nebst Trainbepot standen unter Major Oertel, — von der Fußartillerie 6 Stück sechspfündige Kanonen, Hauptmann Fellmer, 4 Stück Geschütze der reitenden, unter Oberleutnant von Türmpling. Außerdem gehörte noch das 4. Feldhospital unter Hauptmann von Metzradt, sowie ein Feldgeistlicher zum Depot. Die Cadetten- und Artillerieschüler waren per Eisenbahn erst nach Prag, dann nach Wien befördert worden. In Sachsen selbst blieb Nichts zurück, als die Besatzung der Festung Königstein, unter General-leutnant von Nostitz Drzewiedi und war diese Festung in den besten Vertheidigungszustand gesetzt worden. Man hatte die Zugänge verrammelt, das Holz an den Abhängen und auf dem Quirl niedergeschlagen, gezogene Geschütze auf die Wälle gebracht, — kurz, sie war eben kein „Frühstück" wie so mancher Preuße glaubte, und sperrte ihnen die Elbe und die Leipzig-Prager Eisenbahn vollständig.

An der Grenze bei Hellendorf angekommen, ritt König Johann in ein an der Straße gelegenes Rundtheil, betete im Stillen und sagte dann zu seiner Begleitung: „Nun vorwärts, mit Gott, meine Herrn.“ — Die die Grenze überschreitenden Truppen brachten dem letzten weißgrünen Schlagbaume ein Lebehoch — Viele sollten ihn unter ganz veränderten Verhältnissen — so Mancher gar nicht wiedersehen! Die österreichische Grenze war nur schwach von kaiserlichen Truppen besetzt, überall suchten die sächsischen Soldaten nach den Massen, von denen ihnen das Dresdner Journal und andere Zeitungen so viel erzählt hatten, — aber sie suchten vergebens, denn die Grenze war durchaus nicht so besetzt, als daß sie einem andringenden Feinde hätte Widerstand leisten können. Das erste Nachtquartier war an den böhmischen Abhängen des Erzgebirges, — namentlich waren sie in den Dörfern des Schlachtfeldes von Culm, wo im Jahre 1813 der französische Marschall Vandamee von den Russen unter Ostermann geschlagen und gefangen wurde. Am folgenden Tage ging der Marsch über Teplitz nach dem Milischauer und Lobositz. Von hier an faßten die Soldaten ihre Rationen und bereiteten sie selbst zu, die Dörfer waren arm und elend, selbst für Geld nichts zu haben. Nach einem Rasttage brach die Armee in der Nacht vom 21. zum 22. Juni nach Theresienstadt auf, um mit der Eisenbahn weiter befördert zu werden, wie es im Befehle hieß — leider war dem nicht so, und hier begann die Kette der fortwährenden Confussionen, welche den Feldzug seiten der Oesterreicher kennzeichneten, und unter welchen die Sachsen natürlich sehr zu leiden hatten. Mit dem Eisenbahntransporte war es nichts, die Wagen waren zu anderen Zwecken verwendet, die Truppen mußten durch Theresienstadt marschiren und auf einer Schiffbrücke über die Elbe gehen, und dann auf der Chaussee nach Melnik — dem Zusammenfluß der Moldau und Elbe bei einer glühenden Sonnenhitze weiter. Am 23. standen die Sachsen in der Gegend von Melnik, am 25. mußten sie einen starken Marsch bis Jung=Bunzlau machen, wo sie erst in der Nacht ankamen. Deshalb sollte am anderen Tage Rasttag sein, aber schon am Mittage wurde wieder aufgebrochen und gegen Münchengrätz marschirt und bei Trentschin Stellung genommen. Nachdem am 26. Rasttag gewesen, wurde am Abend noch bis Münchengrätz selbst marschirt und hier vereinigten sie sich nun wirklich mit dem 1. österreichischen Armeecorps unter dem Grafen Clam Gallas, — General der Cavalerie, — und erwarteten den Angriff der Preußen. Nunmehr erhielt auch das sächsische Heer eine andere Eintheilung, denn die Avantgarde-division trat in die Armee zurück, welche nun folgender Weise formirt wurde, — wobei zu erwähnen, daß das Armeecommando dasselbe blieb, wie wir es schon erwähnten.

I. Armeedivision:
Generalleutnant von Schimpf.

3. Infanteriebrigade:
Generalmajor von Carlowitz.

3. Jäger-	10.	9. Bataillon.

	12.	11. Bataillon.

2. Infanteriebrigade:
Oberst von Hake.

2. Jäger-	6.	5. Bataillon.

	8.	7. Bataillon.

Divisionsreiterei:
Major von Standfest.

4. Schwadron 3. Regiment.   4. Schwadron 2. Regiment.

Artilleriebrigade:
Oberftleutnant Weigel.

gezogene 6 Pfd.-Batterie Nr. 2:   Granatkanonen-Batterie Nr. 2:
Hauptmann Leonhardi.   Hauptmann von der Pfordten.

II. Armeedivifion:
Generalleutnant von Stieglitz.

1. Infanteriebrigade:
Oberft von Boxberg.

1. Jäger-   2.   1. Bataillon.

                  4.   3. Bataillon.

Leibinfanteriebrigade:
Oberft Freiherr von Haufen.

4. Jäger-   14.   13. Bataillon.

                  16.   15. Bataillon.

Divifionsreiterei:
Major Krug von Nidda.

3. Schwadr. 1. Reiter-Reg.   3. Schwadr. vom Gardereiter-Reg.

Artilleriebrigade:
Oberftleutnant Grünewald.

gezogene 6 Pfd.-Batterie Nr. 4:   Granatkanonen-Batterie Nr. 2:
Hauptmann Richter.   Hauptmann Hering-Göppingen.

Ambulance:
Oberleutnant von Schlieben.

Pioniere:
Hauptmann Richter.

Reiterdivision:
Generalleutnant Freiherr von Fritzsch.

II. Reiterbrigade:
Generalmajor Freiherr von Biedermann.

Oberst von Ludwiger.   Oberst Senfft von Pilsach.

1
2   3. R.-R.   1
3   2   2. R.-R.
     3

I. Reiterbrigade:
Generalmajor Prinz Georg.

Oberst von Beulwitz.   Oberst Graf zur Lippe.

2
4   1. R.-R.   1
5   2   Garde-R.-R.
     4

1. reitende Batterie:
Hauptmann Zenker.

1. Ambulance:
Oberleutnant Böhmer.

Corps-Geschütz-Reserve:
Oberst Köhler.

Artilleriebrigade:
Major Albrecht.

reitende Batterie Nr. 2:   Granatkanonen-Batterie Nr. 4:
Hauptmann Hoch.   Hauptmann Westmann.

Granatkanonen-Batterie Nr. 3:
Hauptmann Letznick.

Artilleriebrigade:
Major von Watdorf.

6 Pfd. gezogene Batterie Nr. 3: gezogene 6 Pfd.-Batterie Nr. 1:
Hauptmann Walther.   Hauptmann Heydenreich.

Munitionscolonne Nr. 2:   Munitionscolonne Nr. 1:
Oberleutnant Groh.   Oberleutnant von Löben.

Alles übrige blieb wie bisher unverändert. Auch die Depots waren in Böhmen eingerückt, und zwar nach Eger und Pilsen zu, in ein Gefecht kamen sie nicht.

Die Schlachten und Gefechte welche die Sachsen in obengegebener Formation zu bestehen hatten, sind bereits in den früheren Lieferungen der Kriegsbilder geschildert worden, und zwar die bei Münchengrätz, Seite 101 und 105, die bei Gitschin, Seite 111, 156, 157, 160 — die bei Königgrätz endlich Seite 192 und folgende.

Um das obengesagte zu verdeutlichen, legen wir eine kleine Skizze des Kriegsschauplatzes in Böhmen bei.

In solcher Formation focht die 2. Division bei Zicin, welches Gefecht im Vorstehenden näher erzählt wurde.

Die Schilderung der Schlacht von Königgrätz in unseren Kriegsbildern, waren wir, eifrig besorgt das Neueste zu geben, doch nicht im Stande sie klar und deutlich darzustellen; die Ereignisse drängten damals zu sehr, und wir können des Verständnisses wegen nicht umhin, sie nochmals detaillirt zu beschreiben wenn wir auch bisher nur einen kurzen Rückblick auf die früheren Ereignisse thun wollten. — Man weiß bereits, daß die Preußen von allen Seiten andrängen, daß der König den Oberbefehl über sein Heer selbst übernommen, daß er es den 3. Juli ruhen lassen wollte, als der Rittmeister Unger meldete, daß die Oesterreicher zahlreiche Brücken über die Elbe schlügen — was auf ein baldiges Vordringen derselben schließen ließ. Treu dem bisher befolgten Systeme der Preußen, immer anzugreifen und den Feind zu überraschen, entschloß sich der König, daß es auch diesmal geschehen sollte, — und noch in der Nacht erhielten die Corpscommandanten Befehl zum Angriff für den folgenden Morgen — der den Truppen so dringend nothwendige Rastverwandelte sich in einen Schlachttag, welcher so manchem braven Soldaten die ersehnte Ruhe für ewig brachte. — Es erscheint in der That als habe General Benedek, dessen Hauptquartier sich in der Vorstadt von Königgrätz befand, am 3. Juli angreifen wollen, — er selbst hat seinen Plan nie verrathen, also muß man ihn bei Betrachtung der Schlacht zu errathen suchen. Die Gründe für unsere Ansicht sind folgende:

1) nimmt man eine Vertheidigungsschlacht nicht gern vor einem Flusse an, weil, wenn man geschlagen wird — und diesen Fall muß auch der siegesgewisseste Feldherr im Auge behalten — der Rückzug in Folge des Flußüberganges sehr erschwert wird. Hat man aber in solchem Falle den Fluß vor sich, so bildet er für den angreifenden Gegner ein bedeutendes Annäherungshinderniß, denn in unserem Feuer muß er Brücken schlagen, um ihn passiren zu können, auch dies geschieht wieder unter ersterem und ist, wenn es überhaupt durchgeführt werden kann, doch mit gro-

Skizze des Kriegsschauplatzes in Böhmen.

Neustadt
Nachod
Josepstadt
Königgrätz
Turnowitz
Chrudim
Liebau
Trautenau
Pilnikau
Kostelez
Königshof
Soalitz
Jaromitz
Smalfch
Sadowa
Elbe
Prelautsch
Hohenelbe
Hochstadt
Sartenbach
Rosipaka
Gitschin
Ribumy
Bidscuon
Ehlsmelz
Alt-Teinitz
Kolin
REICHENBERG
Eisenbros
Türnau
Sobotka
Fürstenbruck
Kopadina
Eisenbrod
Wiener Liebenau
Hühnerwasser
Pofot
Jser
Lissa
Nimburg
Saz-See
Minkersdf
Gabel
Münchengrätz
Jung Bunzlau
Brandcis
PRAG
Grundf
Leipa
Melnik
Moldau
ZITTAU
Zwikau
Bz. m.
Ausig
Daubu
Weißwasser
Theresienstadt
Elbe
Bernstadt
Hirschfeld
Kratbitz
Kumnitz
Tetschen
Aussig
Leitmeritz
Löbau
Schlukenau
Rumbu g
Schandau
Friedland
Friedeberg
Stolpen
Wehlen
Sebnitz
Dresden
Pirna
König

ßen Verlusten verbunden. Nun erst kann er aufmarschiren, und werfen wir ihn — so kommt er genau in die Lage wie — die Oesterreicher nach der Schlacht von Königgrätz.

2) Wenn man eine Vertheidigungsschlacht annehmen will, so befestigt man seine Stellung soviel als möglich, das heißt, man wirft an wichtigen Puncten Schanzen für Infanterie und Artillerie auf, sperrt die Straßen und Wälder durch Verhaue (gefällte kreuzweise übereinandergelegte Bäume), und schneidet Schießscharten in die Mauern der Häuser, verrammelt die nach dem Feinde zu gelegenen Eingänge der Ortschaften. Das Alles war nicht geschehen; nur die Sachsen hatten den Wald vor Nechanitz durch Verhaue gesperrt, welche anzulegen sie erst am 3. Juli früh 9 Uhr Befehl erhielten, also zu einer Zeit, wo die Schlacht bereits begonnen hatte.

3) Jeder Feldherr muß darauf Rücksicht nehmen, welche Waffengattungen ihm überwiegend von Nutzen sein können. Mit Infanterie kann man sich sowohl angriffs- als vertheidigungsweise verhalten — die Seele der Reiterei ist aber der Angriff. Besitzt nun ein solcher so zahlreiche und vorzügliche Cavalerie, wie General Benedek, so muß er diese zu verwerthen suchen, was in einer Angriffsschlacht viel leichter geschieht, als wenn man sich vertheidigt. Im ersteren Falle führt sie die Entscheidung herbei, verfolgt und vernichtet den Feind, in letzterem hat sie in der Regel nur die ehrenvolle aber traurige Aufgabe den Rückzug zu decken, was hier um so schwieriger wurde, weil sie vor sich Hügel und Wälder — hinter sich einen breiten Fluß hatte, den sie nur langsam auf Schiffbrücken übergehen konnte.

4) Konnte und durfte es nicht der Zweck des Generals Benedek sein, sich in seiner Stellung nur zu vertheidigen, sondern er mußte die eingedrungenen Preußen angreifen und über die Gebirge zurückwerfen, um das eigne Land zu schützen und den Kampf auf des Gegners Gebiet und Kosten fortzusetzen.

General Benedek ist der Mann, welcher die Wichtigkeit dieser Gründe vollständig kannte und erwogen hatte, aus

Kriegsbilder s. Lef   18 ihnen geht hervor, daß er hat angreifen wollen, von den Preußen aber überrascht worden ist, ehe er seinen Plan ausführen konnte, wie dies leider im ganzen Feldzuge der Fall war.

Die Stellung des österreichischen Heeres war am Morgen des 3. Juli folgende: Auf dem linken Flügel standen in erster Linie bei und hinter Nechanitz hinter der Bistritz, Front nach der Straße von Gitschin nach Prag, die sächsischen Truppen unter dem Kronprinz Albert, rechts von diesen das 10. Armeecorps unter Feldmarschalleutnant von Gablenz, an dieses stieß das 2. Armeecorps des Feldmarschalleutnant Graf Thun, dann folgte das 4. unter Feldmarschalleutnant Graf Festetitz, und auf dem äußersten rechten Flügel stand das 7. Armeecorps unter Feldmarschalleutnant Erzherzog Ernst. In zweiter Linie standen am linken Flügel hinter den Sachsen das 1. Armeecorps des Generals der Cavalerie, Grafen Clam Gallas, neben diesem das 8. Armeecorps, welches wegen Krankheit des Erzherzogs Leopold Feldmarschalleutnant von Weber befehligte, und das 6. Armeecorps unter Feldmarschalleutnant Baron Ramming. Ueberdies stand dem General Benedek eine Reitermasse von 20,000 Mann Reserve, die, bei den Armeecorps sich befindende nicht mit gerechnet, zur Verfügung, und zwar: die 1. leichte Reiterdivision unter General Edelsheim, die 2. leichte Reiterdivision unter Generalmajor Prinz Turn und Taxis, — die 1. schwere Reiterdivision unter dem Prinzen von Holstein, die 2. schwere Reiterdivision unter Generalmajor Baron Zschaitschitz, endlich die 3. schwere Reiterdivision unter Generalmajor Graf Coudenhove. Seine Artillerie zählte 540 Geschütze.

Das Centrum bei Lipa und Chlum war vom 3. und 4. Armeecorps besetzt, und etwas zurückgezogen dahinter als Reserve für dieselben und für die Sachsen stand das 1. Corps, das also die doppelte Bestimmung hatte, nöthigenfalls die Mitte und auch den linken Flügel zu unterstützen: Das ist immer eine üble Sache; denn werden beide Puncte, wie es hier der Fall war, kräftig angegriffen, so kann nur einem tüchtig beigestanden werden, — wenn man sich nicht theilen will. Das 6. Armeecorps

bildete die Reserve des rechten — das 8. die des linken Flügels.
Doch war Kronprinz Albert klug gewesen und hatte sich aus
sächsischen Truppen noch eine eigene Reserve gebildet. Die
Schlachtlinie war zwei Stunden lang, und wegen der Festungen
Josephstadt auf dem rechten und Königgrätz auf dem linken Flügel nicht zu umgehen. Die Straße von Gitschin nach Königgrätz
ging bei Sadowa, ungefähr in der Mitte, durch dieselbe, — dort
ist auch eine Brücke über die Bistritz. —

Die Angriffsbefehle des Königs von Preußen an sein Heer
gingen darauf hinaus, daß General Herwarth von Bittenfeld mit
dem 8. Armeecorps als äußerster rechter, den österreichischen
linken Flügel (Sachsen) bei Nechanitz, Prinz Friedrich Carl mit
dem 2., 3. und 4. Armeecorps in der Mitte das österreichische
Centrum bei Sadowa, der Kronprinz mit dem 1., 5., 6. und
dem Garbearmeecorps als linker Flügel den rechten des Gegners attaquiren sollte. Wegen der großen Entfernung aber
konnte vor Mittag nicht darauf gerechnet werden, daß der Kronprinz auf dem Schlachtfelde erscheinen würde. Prinz Friedrich Carl
sollte den Angriff beginnen. Es war ein neblichter Morgen, der
die Umsicht erschwerte, oft fiel auch ein feiner Regen.

Um Mitternacht rückten die Truppen des Prinzen Friedrich
Carl in die ihnen angewiesenen Stellungen, er selbst brach mit
seinem Stabe früh halb 3 Uhr aus seinem Hauptquartiere Kam-
nitz auf. Die Hauptmasse stand bei Milowitz an der Straße
von Gitschin, Horziz nach Königgrätz. Zwischen den Dörfern
Milowitz und Sadowa geht ein Höhenzug, der bei Dub an der
Straße die größte Höhe hat; er verbarg den Oesterreichern den
Anmarsch der Preußen. Um 7 Uhr begann der Prinz den Angriff mit Cavalerie und reitender Artillerie, welche die Straße
nach Sadowa hinabtrabten, — dann schwenkten die Schwadronen
rechts ab — und um ¼ 8 Uhr begann das Feuern, zwar erst
etwas langsam, dann aber sehr rasch, da sowohl die Oesterreicher
als die Preußen Batterien heranzogen. Der König von Preußen war von Gitschin aus gefahren, stieg in Dub zu Pferde
und erschien schon um 8 Uhr auf dem Schlachtfelde. — Gene-

ral Benedek kam mit seinem Stabe um 10 Uhr auf dem Hügel
von Lipa an, von wo aus er die Schlacht beobachtete und
leitete, während ihm gegenüber auf einer Anhöhe zwischen Dub
und Sadowa König Wilhelm das Gleiche — wenn auch mit
besserem Erfolge — that. Das Feuer begann jetzt auf der ganzen Linie von Mekrowans über Dohalika, Dohalitz, Sadowa bis
Benatek sehr lebhaft zu werden. Gegen erstere drei Dörfer
schickte Prinz Friedrich Carl die 3. und 4. Division mit dem
Auftrage vor, dort einen Uebergang über die Bistritz zu er-
kämpfen und den Feind zurückzudrängen; die 8. Division (Horn)
mußte auf der Straße direct zum Sturme gegen Sadowa vorrücken. Die 7. Division (Fransecky) sollte Benatek angreifen,
die 5. und 6. behielt er als Reserve hinter dem Dorfe Dub.
Um 10 Uhr — gerade zu der Zeit, als Feldzeugmeister Benedek
mit seinem Generalstabe auf dem Hügel bei Lipa erschien, hatten
die Preußen ihre Vorbereitungen beendet und schritten zum Angriffe, — ihre Gegner, durch die Bistritz von ihnen getrennt,
waren vorerst das 10. Gablenz'sche und 2. Thun'sche österreichische
Armeecorps. Nur der preußischen 7. Division war es schon um
9 Uhr gelungen, nach einem harten Kampfe die Ruinen des
Dorfes Benatek zu erstürmen, das durch Granatfeuer in Brand
gerathen war. Trotz dessen hatten es die Oesterreicher nicht verlassen, und es kostete Ströme Blutes, ehe sie sich daraus vertreiben ließen, was nur dadurch möglich wurde, daß General
Fransecky die brennenden Gebäude umgehen ließ. Nun zogen sich
die Oesterreicher in ein hinter Benatek liegendes Holz, das
gleichfalls — aber lange erfolglos — angegriffen wurde. Im
Centrum rückte General Horn gegen Sadowa, wie wir schon
oben sagten; er griff Sadowa an, während gleichzeitig die 3. und
4. Division ebenso gegen Dohalitz und Mekrowans verfuhren.
Schon der Anmarsch kostete ihnen viele Opfer, denn die österreichische Artillerie schoß mit großer Sicherheit, während ihr die
preußische nicht viel anhaben konnte. Um es möglich zu machen,
daß die Dörfer überhaupt genommen werden konnten, mußten die
preußischen Batterien unbekümmert um die österreichischen, welche

auf den Höhen dahinter standen, ihr Feuer auf die Dörfer selbst richten, die dadurch bald in Brand geriethen. Nur langsam konnten die Preußen Fortschritte machen; ihre Wege lagen im Bereiche der feindlichen Geschütze, welche die Colonnen beschossen, während ihre Tirailleure dem vernichtenden sicheren, wenn auch langsamem Feuer der österreichischen Jäger ausgesetzt waren. Gegen 10 Uhr kam nun auch General Herwarth von Bittenfeld mit der Avantgarde des 8. Armeecorps von Smidar aus an, und schritt zum Kampfe gegen die bei Nechanitz stehenden Sachsen; diese hatten auf den Höhen hinter dem Dorfe ihre Artillerie höchst vortheilhaft aufgestellt und leisteten einen außerordentlich zähen und tüchtigen Widerstand, — sie hatten die Brücken bei Nechanitz niedergebrannt und die Ränder der in der Nähe sich befindenden Wälder mit Verhauen gesperrt. Aber auch die Preußen zogen all ihre Reserven heran; Batterie nach Batterie, Bataillon nach Bataillon kam in das Gefecht, ohne mehr thun zu können als die brennenden, in Schutthaufen verwandelten Dörfer zu besetzen, aus denen sich nunmehr die Oesterreicher und Sachsen zogen und Stellung neben ihren Batterien auf den dahinter liegenden Höhen nahmen. Jetzt ging bei dem General Benedek die Meldung ein, daß das 5. preußische Armeecorps Steinmetz in seiner rechten Flanke anrücke. Der General befahl dort nicht zu weichen, wenn dies aber sein müsse, solle es nur langsam geschehen. Die Cavaleriedivision des Prinzen Holstein rückte vor und hielt unerschüttert, gleich einem Felsen, im heftigsten feindlichen Geschützfeuer, konnte aber nicht zum Angriffe kommen, da sich der Feind überall deckte. Alles stand gut für die Oesterreicher; die von Sadowa gegen Lipa vorrückenden Preußen kamen in das Flankenfeuer einer österreichischen 8 Pfd.-Batterie, die deshalb weiter vorgerückt war, und konnten keine Fortschritte machen; auf dem österreichischen rechten Flügel strengte sich Fransecky ebenso vergeblich an die Oesterreicher aus dem Walde zu drängen, wie auf dem linken das Herwarth von Bittenfeld gegen die Sachsen that. Um 10 Uhr bat General von Gablenz, da die Munition seiner Artillerie anfing auszugehen, um Unter-

ſtützung von Batterien aus der Reſerve, — Benedek wollte anfänglich nicht darauf eingehen, verlangte überhaupt, daß die Munition mehr geſchont werde, ſendete ihm aber bald darauf 3
achtpfünder Batterien zur Hülfe, und behielt demnach noch 24
Reiterregimenter und 12 achtpfündige Batterien für entſcheidende
Augenblicke in ſeiner Hand. Jubelnd zogen die Truppen den
Preußen entgegen, die, außer daß ſie obengenannte Dörfer beſetzt,
keinen weiteren Vortheil errungen hatten. Sie ſpielten ein ge-
wagtes Spiel — denn noch waren drei Armeecorps des Kronprinzen nicht heran; ſie hatten Mühe ſich zu halten, denn die
Uebermacht der Oeſterreicher war bedeutend, aber es wurde
dieſe leider nicht rechtzeitig benutzt und voreilig vergeudet. Der
General Feſtetitz war früh am Tage verwundet worden, ſein
Nachfolger griff an und zog das 8. Armeecorps an ſich, das beſtimmt war im Centrum zu bleiben oder die Sachſen auf dem
linken Flügel mit zu unterſtützen, — dadurch fehlte es im 2.
Treffen hinter Leipa bei Chlum an Truppen — dadurch entſtand
die Lücke, die für die Oeſterreicher ſo verderblich werden ſollte.
Es iſt ein großer Fehler, wenn die Reſerve, die rein zur
Verfügung des Feldherrn bleiben muß, eigenmächtig von den Be-
fehlshabern der Schlachtlinie an ſich gezogen wird, um ihnen bei-
zuſtehen, denn dann wird erſtere zerſplittert, vorzeitig verwendet und fehlt, wenn der Feldherr ihrer bedarf. Hier war es
noch ſchlimmer, denn die Reſerven hatten das Centrum zu
decken, wurden, ohne den General Benedek davon zu benachrichtigen, von Chlum weggezogen und kamen in das Feuer. — Es
entſtand eine Lücke in der Schlachtlinie. Das Gefecht ſtand, was
man ſagt, — nirgends konnten die Preußen nach den von den
Oeſterreichern beſetzten Höhen vordringen, der Kampf um die
Wälder, welche hinter Nechanitz, Sadowa und Benatek lagen,
erlahmte ihre Kräfte, das Zündnadelgewehr war innerhalb
derſelben ohne beſondere Wirkung, denn was die Preußen raſcher,
ſchoſſen die Sachſen und Oeſterreicher um ſo ſicherer. In der
feſten Zuverſicht, daß der Kronprinz rechtzeitig eintreffen werde,
befahl nun König Wilhelm das Vorrücken der Reſerven der 1.

Armee des Prinzen Friedrich Carl, und zwar sollten diese das
Gehölz von Sadowa und die Höhen von Lipa nehmen, damit
die österreichische Mitte weichen müsse und man mit beiden Flügeln, die dann getrennt waren, leichter fertig werden könne.
Nachdem sie Tornister und Helme abgelegt hatten, rückten diese
Reserven über Sadowa bei König Wilhelm, welcher jetzt dort
hielt, jubelnd vorüber, stürzten sich in den Kampf, sobald sie den
Wald erreichten, und viele in den sicheren Tod. — Die österreichische Infanterie wich etwas zurück, ihre Artillerie überschüttete
aber nun das Gehölz mit Granaten, sie konnten nicht vorwärts,
und nach und nach ward ein Regiment — oder vielmehr die
Trümmer desselben — nach dem andern aus dem Gefechte gezogen; man sammelte die Reiterei, die mit acht Batterien die
letzte preußische Reserve bildete, wenn sie geschlagen wurden, bevor der Kronprinz mit seinem Heere heran war. Aber dieser
kam für die Preußen rechtzeitig. Trotz der schlechten Wege, trotz
dessen, daß ein Theil seines Heeres die Elbe noch passiren mußte,
trotz des beschwerlichen Marsches kam er noch eher, als er es
versprochen hatte. Das brachte die Entscheidung, denn der Kronprinz rückte mit seinen 4 Armeecorps dem Feinde direct in die
rechte Flanke. Wir müssen bitten, daß der verehrte Leser die
Güte habe einen Blick auf beiliegende Skizze des Schlachtfeldes
von Königgrätz zu werfen, damit ihm das Folgende klarer und
deutlicher werde, als es sich blos mit Worten sagen läßt. Der
Kronprinz hatte befohlen, daß das 1. Armeecorps mit der Reservecavalerie östlich von Miletin nach Groß-Burglitz, das
Gardearmeecorps von Königinhof nach Chota, das 3. Armeecorps
nach Hustenow und Nekosow gegenüber der Festung Josephstadt
vorrücken sollte, — letzteres mußte hier eine Brigade zurücklassen,
um jene zu beobachten und etwaige Ausfälle zu verhindern. Das
8. Armeecorps folgte als Reserve. Man sieht aus diesem Anmarsche, daß es der Kronprinz darauf absah den österreichischen
rechten Flügel zu werfen, auf diese Weise in den Rücken der
österreichischen Schlachtlinie zu gelangen und deren Rückzug nach
der Elbe abzuschneiden. Vorerst ließ er General Fransecky, der

im Walde bei Benatek fest saß und nicht vorwärts konnte, durch eine Division unterstützen und trieb die Oesterreicher hier zurück; dadurch bekam er Luft gegen Ratschütz vorzurücken, das er mit übermächtigen Kräften angriff und erstürmte, — im Verein mit der Division Fransecky wurde nun Mesloweb genommen und gegen Sendraschütz vorgerückt. General Benedek hatte vom Weichen seines rechten Flügels keine Kunde, eine preußische Patrouille kam unangefochten über Nebelwitz nach Chlum, von wo die Reserven weggezogen waren, meldete dies zurück, bald rückten preußische Regimenter nach, besetzten den Ort und standen so hinter den Oesterreichern, die bei Lipa vor ihnen kämpften. Gegen ¾ 3 Uhr erhielt Feldzeugmeister Benedek, der den Kampf bei Lipa eifrig beobachtete, Meldung, daß die Preußen hinter ihm ständen. Sofort ritt er mit seinem Generalstabe zurück, um sie verjagen zu lassen, — aber schon bei dieser Gelegenheit wurden viele Offiziere und Pferde des letzteren verwundet, — ein Haus, hinter dem Benedek das Weitere anordnen wollte, war von den Preußen besetzt, und Erzherzog Wilhelm ward von hier aus durch eine Kugel am Kopfe verwundet. Nun raffte Benedek alle noch disponiblen Truppen zusammen, um Chlum zu nehmen, aber es war dies nicht möglich; die Preußen wichen nicht, überall drangen sie vor, Lipa ging verloren, der rechte Flügel floh, nur-den linken, die Sachsen, konnte General Herwarth nicht zum Weichen bringen; von ihnen sowie von der österreichischen Reservereiterei hing es allein ab, ob aus dem nothwendigen Rückzuge eine regellose Flucht werden sollte. Unter allen Verhältnissen hätten jetzt die Sachsen durch das erste österreichische Armeecorps unterstützt werden sollen — aber das kam nicht; die italiänischen Regimenter, die vor und neben ihnen standen, liefen in schamlosester Weise davon oder ließen sich fangen, kurz sie standen allein dem übermächtigen Andrange des Feindes gegenüber. Sie streckten den fliehenden Oesterreichern die Bajonnets entgegen, um sie aufzuhalten oder wenigstens zu verhindern, daß sie bei deren Flucht selbst über den Haufen gerannt würden. Der Kronprinz Albert von Sachsen sah dies Alles, kühl und

Festung Königstein in Sachsen.

tapfer hielt er bei seinen Truppen aus und deckte den Rückzug, wobei namentlich die Artilleriebrigade Grünewald sich unsterbliche Lorbeern holte. Mit kaltem Blute, auf das Aeußerste vorbereitet, — den Tod vor Augen warteten sie ruhig das Herankommen der · preußischen verfolgenden Reiterei ab, — es war dies das 3. Ziethensche Husarenregiment; erst auf 300 Schritt gaben die Batterien Kartätschsalven, vor ihnen im Staube wälzten sich Mann und Roß, — und sie konnten dann unbehelligt ihren Rückzug fortsetzen. Der militairische Correspondent der Times, der sich im Lager Benedeks befand, sagt von den sächsischen Truppen — und solches Lob ist viel werth! „Die Sachsen benahmen sich im Kampfe sehr gut, — sie blieben immer unter Einfluß der Befehlshaber, und daran gewöhnt sich wieder zu sammeln, wenn ihre Reihen durchbrochen waren, geschah dies stets an der Stelle, wo es ihre Offiziere mit lauter Stimme befahlen."

Die sächsischen Truppen traten ihren Rückzug mit Ordnung in dem Augenblicke an, als die Leibbrigade und die Brigade Kronprinz die 3. Prinz Georg und die 2. Prinz Friedrich August aufnehmen wollten, und den weichenden österreichischen entgegenrückten — jetzt aber, wo sie sich durchaus nicht für besiegt hielten, kam der Befehl Kehrt zu machen. Dem ward Folge geleistet. Die Preußen verfolgten nicht hart, und es wäre gewiß Alles gut gegangen, wenn an den Elbbrücken, welchen die Truppen von allen Seiten zuströmten — Oesterreicher wie Sachsen — diese nicht selbst unter einander geriethen und so eine furchtbare Verwirrung entstanden wäre. Viele suchten jene Brücken oder die Thore der Festung Königgrätz zu erreichen, indem sie die Ueberschwemmung vor der Festung durchwateten, die nassen Wallgräben durchschwammen, und nicht wenige fanden dabei ihren Tod. Die österreichischen Reserven hatten bereits Brücken und Festung passirt; die· Oesterreicher, welche noch zuströmten, gehörten den durch die Schlacht erschütterten und gesprengten, für den Augenblick ordnungslosen Regimentern an, welche zum Theil die Tornister und Gewehre weggeworfen hatten. Einzelnen

Sachsen gelang es noch, durch die Festung zu kommen, bevor der Commandant von Theresienstadt die Thore schließen ließ, damit mit der Unzahl Flüchtiger nicht auch der nachdringende Feind in diese gelangen könne.

Die großen Verluste, welche die Oesterreicher an Geschützen erlitten, kamen daher, daß diese theils in den Sümpfen der Ueberschwemmung stecken blieben, theils vor den Brücken in einander gefahren waren, — in dieser heillosen Verwirrung suchte sich zu retten wer konnte. Die Fahrer jagten mit den Pferden davon und ließen die Geschütze stehen. Die Sachsen verloren eine einzige Kanone, die von einer Granate demontirt — d. h. unbrauchbar gemacht — worden war und nicht fortgebracht werden konnte. Jenseits der Brücken begannen sich die Sachsen wieder zu sammeln und den Rückzug fortzusetzen. Es war die erste Sorge des Generals Benedek, den Rückzug seines Heeres möglichst zu decken, zu diesem Ende hatte schon seine Reserve-cavalerie jenseits der Brücken in mehrern glänzenden Angriffen dem Nachrücken der Preußen ein Ziel gesetzt, so daß der fernere Rückmarsch in großer Ordnung hätte erfolgen können, wären die österreichischen Truppen rasch zu sammeln gewesen.

Das war aber leider nicht der Fall, — bei ihnen schien ein panischer Schrecken ausgebrochen zu sein, — nur vereinzelte Trümmer der meisten Regimenter sah man, die sich weit auf allen Straßen fortbewegten oder an denselben rasteten; es schien kein Befehl mehr Geltung zu haben. Oft sah man Haufen von 30 bis 40 Mann der verschiedensten Waffengattungen, die auf eigne Faust sich einquartierten. Dem Feldzeugmeister Benedek konnte der traurige Zustand seines Heeres nicht entgehen, er sendete deshalb den Feldmarschallleutnant von Gablenz als Parlamentair nach dem Hauptquartiere des Königs Wilhelm von Preußen, das sich in Horzitz befand. Ersterer traf diesen jedoch daselbst nicht an, da er bereits gegen Königgrätz vorgeritten war. Deshalb, und um längeren Aufenthalt zu vermeiden, wurde er dem Könige entgegengefahren, wobei man ihm jedoch nach Kriegs-gebrauch die Augen verband, — so erblickte ihn der zurück-

kehrende König, und glaubend, es sei ein verwundeter österreichischer General, hielt er an, um sich nach dessen Namen zu erkun-
digen. Als man ihm sagte es sei ein österreichischer Parlamentair,
und zwar der Feldmarschallleutnant von Gablenz, ließ er diesem
sofort das Tuch von den Augen nehmen, sprach einige Worte
mit ihm und nahm ihn mit nach Horziz. Hier nun wollte der
General einen Waffenstillstand vermitteln, der König schlug dies
jedoch aus — denn in der That hätte er dem Gegner dadurch
nur Zeit gegeben sich wieder zu sammeln, zu erholen und Verstärkung an sich zu ziehen — und Herr von Gablenz mußte
unverrichteter Sache abreisen, der Rückzug der Oesterreicher
fortgesetzt werden.

Die Verfolgung der Oesterreicher war selten der Preußen
nicht so heftig, als jene fürchteten, namentlich brach sie sich an
dem zähen Widerstande des Kronprinzen Albert und seiner sächsischen Truppen, auch war die österreichische Reservecavalerie
kaum in das Gefecht gekommen und zog sich in bester Ordnung
zurück. Die Trophäen, welche die Preußen am 3. Juli erbeuteten, verdankten sie mehr der eingerissenen Unordnung bei den
Oesterreichern als einer lebhaften Verfolgung derselben, — denn
sie, die Preußen, überschritten an diesem Tage — dem 3. Juli
nirgends die Elbe. Das hatte aber auch seine guten Gründe;
durch die der Schlacht von Königgrätz vorausgegangenen Märsche
und Kämpfe waren die preußischen Truppen etwas ermattet,
und sollte ihnen ein Rasttag gewährt werden, — dieser fiel aus,
da man am 3 sich schlug; die Ermüdung in Folge der Action
an diesem Tage hatte die Truppen erschöpft, der furchtbare
Widerstand, auf den sie trafen, sie zur letzten Anstrengung ihrer
Kräfte gezwungen; frische Reserven waren nicht da, — mithin
mußte geruht werden, was auf derselben Stelle geschah, wo die
Truppen zuletzt gefochten hatten.

Der englische Offizier im österreichischen Hauptquartier beschreibt den Rückzug der kaiserlichen Truppen in folgender Weise:
„Als ich Königgrätz gegen Abend verließ, hatte die Besatzung
alle Thore gegen den Feind zu geschlossen, und nur das, welches

nach Hohenmauth zu liegt, blieb geöffnet. Die Artilleristen standen auf den Wällen bei ihren Geschützen, und kurz nachher hörte man den Donner der schweren Kanonen auf den Bastions, sowie seitwärts eine heftige Kanonade, — es war dies die sächsische Artillerie, die mit seltener Hingebung die verfolgenden Preußen mit Hülfe der Reiterei aufhielt. Die Oesterreicher mußten die Elbe auf Pontonbrücken überschreiten, wo Reiter, Infanteristen, Wagen und Geschütze bunt durcheinander ritten, fuhren und gingen, eine Verwirrung, die noch dadurch erhöht wurde, daß hin und wieder eine Granate in die Menge schlug. Man wird noch gräßliche Geschichten von den Schrecken dieser Nacht hören — Pontons, mit Hunderten von Soldaten beladen, trieben stromabwärts, schlugen um, und jene in ihrer Montur, mit Tornister und Gewehr beladen sanken gleich Steinen unter, und bedeckten mit ihren Leichnamen den Grund des stillen Stromes. — Artillerie und Reiterei drängten sich durch die Massen der Infanterie, verdrängten sie von den Straßen in enge Seitenwege oder warfen sie von den Brücken in das Wasser — Andere, welche die Ueberschwemmung zu durchwaten suchten, versanken plötzlich an den tieferen Stellen des sumpfigen Bodens, — oder wurden vom Wasser fortgetrieben, als sie es zu durchschwimmen versuchten. Einige Zeit sah ich Nichts von der Armee als den Train und die Wagencolonnen, und ich will den Landfuhrleuten kein Unrecht zufügen, wenn ich nach dem was man schon wußte, bemerkte, daß es Nichts weniger als angenehm gewesen sein dürfte, einem dieser Herren auf einsamer Straße bei Nacht zu begegnen — ohne einen Revolver in der Hand zu haben oder in Lumpen gekleidet zu sein. Die Wagenreihen, die Heerden Schlachtvieh, die Massen von Menschen und Pferden, welche sich auf allen Straßen bewegten, waren zahllos. Soldaten aller Waffen kamen von rechts nach der Festung, und theilweise so rasch und voll Schrecken, daß der Wachtoffizier im Thore Cavelerie kommen ließ, um nur in etwas die Ordnung herzustellen. — Die Strahlen der untergehenden Sonne brachen durch die schweren Wolken und beleuchteten sie mit einer roth und golde-

nen Kante, als wollten sie die brennenden Dörfer vor ihrem
Lichte erbleichen lassen. Welch ein Anblick! Wie viele Tausende
sahen den Sonnenuntergang das letzte Mal — und erwarteten
im Todeskampfe die schreckliche Nacht, die aber doch mitleidig
genug war einen Schleier über ihre Leiden zu werfen! Uns, die
wir flohen, war dieser Anblick erspart. Es ist das Privilegium
des Siegers, zwischen den Verwundeten und Todten stehen zu
bleiben. War es Mitleid, daß der Feind uns nicht verfolgte?
Oder war es, weil er den Sieg so schwer erkämpft hatte, daß
er es nicht wagte dies zu thun, wo er einen Rückzug in eine
Flucht verwandelt haben würde? Um 3 Uhr früh am 4. Juli
erreichten wir Hohenmauth und alle Besorgniß vor der Verfolgung seiten der Preußen war geschwunden, — und obgleich
Hunderte von Geschützen, Tausende von Reitern und Zehntau-
sende von Infanteristen auf den Straßen marschirten, so zweifle
ich doch, daß sie zu dieser Zeit im Stande gewesen wären einem
unternehmenden Gegner wirksamen Widerstand zu leisten. Jetzt
aber hatte man dies nicht mehr zu fürchten. In Hohenmauth
hatte ich ein trauriges Wiedersehen mit einigen meiner Bekannten
vom Generalquartiermeisterstabe. Einer nach dem Andern langte
auf abgehetztem Rosse an — Alle hingen die Köpfe und saßen
lautlos in dem niedrigen Gastzimmer. Hier und da unterbrach
Einer oder der Andere die herrschende Stille durch einen Ausruf des Schmerzes und der Verzweiflung, — jeder Neuankom-
mende wußte von immer mehr Todten, Verwundeten und Gefangenen zu erzählen, — und mancher Freund und Camerad der
Anwesenden gehörte darunter! Dennoch tragen die Offiziere ihr
Geschick wie Männer und Soldaten. Sie beklagten ihre
Freunde — ihre Soldaten — ihr Vaterland — nicht aber sich
selbst. — Gegen Mittag waren alle östrreichischen Truppen in
und um Hohenmauth. Die Soldaten verschiedener Regimenter
marschirten ohne Ordnung durch einander, Geschütze des verschiedensten Calibers dazwischen — Cavalerie, Infanterie und Artillerie bildeten eine chaotische Masse auf der Straße nach Leutemischl, — nach und nach fand sich aber die Ordnung wieder.

Die Soldaten suchten nach und nach wieder ihre Bataillone zu formiren, diese schlossen sich zu Regimentern, die Regimenter zu Brigaden und Divisionen zusammen, und als wir in Leutemischl ankamen fand sich die Disciplin von selbst wieder, die auch in gewisser Beziehung nie verschwunden war, denn nirgends bemerkte ich Scenen wie Plündern oder Nothzucht. Ich sah die armen Croaten an den Seiten der Straße den Bauermädchen Kirschen, Brod oder Käse ablaufen — das diese herbeigeschafft hatten — dann zogen sie ihr schmales Beutelchen und bezahlten mit Kupfer oder Papierschnitzeln in derselben Weise, als seien sie in Wien selbst. Leutemischl, das wir am Abend erreichten, war von Truppen überfüllt. Von hier aus suchte ich am andern Morgen die Eisenbahnstation Zwittau zu erreichen — mußte aber noch einen Tag warten, ehe ich Erlaubniß zur Weiterreise erhielt. Am Thore nach Klein-Hostinek bemerkte ich eine kaiserliche Equipage, und diese betrachtend sah ich den Minister Graf Mensdorff-Pouilly mit besorgter Miene am Thore auf- und abwandeln. Er trug die Generals-Interimuniform, und wenn die Soldaten, welche ihn nicht kannten, salutirten, so rief er diesen oder jenen heran, legte ihm einige Fragen vor und reichte ihm eine Kleinigkeit an Geld — dann setzte er seinen einsamen Spaziergang wieder fort. Man erzählte sich, er sei als Mitglied der Militaircommission von Wien aus geschickt worden, welche die Ursachen der erlittenen Niederlagen untersuchen sollte, — mindestens wollte er sich durch eigne Anschauung ein Urtheil über den Zustand des Heeres bilden. Dann ging auch das Gerücht, Benedek habe den Oberbefehl niedergelegt, — zu ihm herrscht in der Armee eine Liebe und Verehrung, die durch das Unglück womöglich noch gesteigert worden ist. Graf Clam Gallas, der nicht die gleiche Theilnahme des Heeres besitzt, soll arretirt worden sein, ebenso der Chef des Generalquartiermeisterstabes Baron Henikstein und noch einige höhere Generale. Man erwartet, daß Kriegsgerichte und Untersuchungen über sie verhängt werden — gleichwohl ist es jetzt dringend nöthig Führer zu haben, welche das Heer wieder organisiren — Graf Mensdorf scheint zu glauben, daß ein panischer Schrecken den Oesterreichern den Sieg entriß, welchen sie schon erkämpft zu haben glaubten."

Nach und nach fand sich die Ordnung wieder, und General Benedek setzte seinen Marsch gegen Olmütz und Brünn, nach letzterer Stadt schickte er das 10. Armeecorps Gablenz und 1. Reservereiterdivision des Prinzen Holstein, in Mähren fort — das war die Hauptrichtung. Er hoffte bei Olmütz — unter dem Schutze dieser starken Festung — sein Heer wieder vollständig ordnen, um dann die Donaulinie, — namentlich Wien decken zu können.

Es konnte nicht fehlen daß man in Berlin ebenso über den erfochtenen Sieg jubelte, als man in Wien und Dresden alle Ursache hatte darüber zu klagen. In allen drei Städten sah man aber sehr bald Unmassen Verwundeter anlangen — überall waren Sammelstellen zu deren besserer Verpflegung angelegt, wo man Gaben aller Art für sie in Empfang nahm. Behörden und Privatleute, Männer und Frauen wetteiferten in deren Pflege und Verpflegung, und es geschah soviel als eben möglich war. Das Sammeln und Unterbringen der Verwundeten, das Ordnen der Truppen, die bedeutend gelitten, sowie die nöthige Zeit zum Ausruhen nahm den Preußen zwei Tage Zeit weg, während welcher die Oesterreicher bei Zwittau — zwei Tagemärsche von Königgrätz entfernt — angekommen waren.

Der König von Preußen befahl nunmehr, daß Prinz Friedrich Carl mit der I. Armee nach Brünn, General Herwarth von Bittenfeld mit dem 8. Armeecorps gegen Iglau als rechter Flügel, der Kronprinz mit der II. Armee aber als linker Flügel nach Mährisch-Trübau, und von da sich gegen Olmütz wenden sollte; das 6. Armeecorps (Mutius) blieb zur Einschließung Königgrätz und Josephstadt vor der Hand zurück. Am 5. Juli ging das preußische Heer bei Parbubitz und Przelautsch auf Pontonbrücken über die Elbe. — Noch wurde an diesem Tage ein Versuch gemacht Königgrätz zur Uebergabe zu zwingen, ein Versuch, den originell genug ein Garbehusarenoffizier vorerst auf

eigne Fauſt unternahm. Der Leutnant von Wrangel kam mit
einer Patrouille ganz in die Nähe der Feſtung; ſofort entſchloß
er ſich als Parlamentair in die Feſtung zu reiten und vom
Commandanten deren Uebergabe zu verlangen. Er fand dort
Alles über den Sieg der Preußen erſchreckt, wurde zum Commandanten geführt und trug dieſem ſeinen Auftrag — den er
freilich gar nicht erhalten hatte, vor. Der Commandant bat ſich
vier und zwanzig Stunden Bedenkzeit aus, Alles beruhigte ſich
wieder, und aus der Uebergabe ward in Folge deſſen Nichts, ſo
daß am andern Tage die Beſchießung der Feſtung Seiten der
Preußen mit Feldgeſchützen begann, was auch nur ein Einſchüch-
terungsmittel war und keinen weiteren Erfolg hatte. Wir
glauben annehmen zu dürfen, daß Herr Leutnant von Wrangel
vom Gardehuſarenregimente die Kriegsgeſchichte ſeines eignen
Vaterlandes, Preußens, ſehr genau kannte, ſich namentlich aus
dem Feldzuge 1806 die Folgen der Schlachten von Jena und
Auerſtädt gemerkt hatte, wo, nachdem das Heer geſchlagen, ein
wahres Capitulationsfieber den größern Theil der preußiſchen
Feſtungscommandanten ergriff, und dieſe ſich ergaben ſobald ein
franzöſiſcher Offizier nebſt Trompeter auf dem Platze erſchien,
und Capitulation verlangte. Wir erinnern nur an Magdeburg,
das ſich gewiß recht gut vertheidigen konnte. — Der 4. Juli
war im Allgemeinen ein für die preußiſche Armee verlorner
Tag — verfolgten ſie die Oeſterreicher, ſo waren letztere gewiß
zur Flucht gezwungen, wären vollſtändig geſprengt worden, an-
ſtatt ſich wieder ſammeln zu können, wie dies geſchah. Wenn
die Preußen ſagen wir mußten ruhen, wir konnten nicht weiter,
— ſo iſt die einfache Gegenfrage: Was wäre denn geworden,
wenn ſie unterlagen? Hätten ſie dann ihre letzten Reſerven in
das Gefechte gebracht? — Oder waren ſie nicht im Stande die
öſterreichiſche Reſervecavalerie zu ſchlagen — irgendwo liegt der
Knoten. Eine bloße Erſchöpfung laſſen wir nicht gern gelten,
denn preußiſche Truppen waren nach ſtarken Märſchen 1815 bei
Lignh geſchlagen worden, fochten trotz deſſen am andern Tage,
nachdem ſie ſich auf bodenloſen Wegen fortgeſchleppt hatten, bei

Waterloo, entriſſen Napoleon den Sieg — und was mehr
iſt, verfolgten die Franzoſen ſo energiſch, daß dieſe in der
größten Unordnung fliehen mußten, wobei ſogar des Kai-
ſers Napoleon Wagen erbeutet wurde. Als die preußiſchen
Truppen kaum mehr fortkonnten, als ſie von Wavre, wohin ſie ſich von Ligny aus zurückgezogen hatten, zur Unter-
ſtützung Wellingtons marſchirten, da hatte ihnen der alte
Feldmarſchall Blücher zugerufen: „Kinder, Ihr ſagt es geht
nicht, aber es muß gehen; ich habe es meinem Bruder Wellington
verſprochen zu kommen!" und ſiehe da, es ging. Demnach hätte
es auch hier gehen müſſen. Unſerer Anſicht nach ging es aber
nicht, weil die tüchtigen öſterreichiſchen Reſervecavaleriecorps
jedes Vordringen der Verfolger nach den Brücken ſelbſt und
jenſeit der Elbe wehrten, und man ſich dem traurigen Falle ſeine eigne
Reiterei zu guter Letzt noch geſchlagen zu ſehen, ohne bringende
Noth nicht ausſetzen wollte. Thatſache iſt, daß der preußiſche
Raſttag am 4. Juli die geſchlagene und erſchütterte, auf dem
Rückzuge ſich befindende öſterreichiſche Armee vom vollſtändigen
Untergange rettete. In Folge dieſes Säumens hatten die Preußen die Fühlung an den Oeſterreichern verloren, und mußten
ſuchen, dieſe nach dem Uebergange über die Elbe möglichſt raſch
wieder zu gewinnen und da ſie, wie wir oben ſagten, in drei Heer-
ſäulen nachrückten, mußte ihnen dies gelingen. Das Glück ſollte
ſie dabei ganz außerordentlich begünſtigen.

Die gegen Mähriſch-Trübau vorrückenden Reiterpatrouillen
der 2. Armee, die ſo raſch wie möglich an die Oeſterreicher gelangen ſollten, fingen einen öſterreichiſchen Feldpoſtwagen auf,
und unter vielen Privatbriefen fand man auch die Diſpoſitionen
Benedeks, für den Rückzug verſchiedener Corps des kaiſerlichen
Heeres. Solch wichtiger Fang ſetzte die Preußen von Allem in
Kenntniß, was der Gegner vorhatte, und konnten ſie ihre
Maaßregeln darnach ergreifen. Wie man übrigens öſterreichiſcher
Seits einer bloßen Feldpoſt ſo wichtige Befehle in Briefform
übergeben kann, das iſt wahrlich ſehr ſchwer zu begreifen! —
man hatte Reiter genug um Ordres durch ſie, und zwar mit

Bedeckung an Ort und Stelle zu befördern, aber man hat die Cavalerie weder im Einzelnen noch in Massen seit Beginn des Feldzuges richtig verwendet — zu obengenannten Umständen, wie das Abfangen jener Ordres auf der Post, den tüchtigen Spionen, welche die Preußen gut bezahlten, kommen noch die ausgezeichneten Karten, welche sie besaßen und zu verschaffen wußten, namentlich Detailkarten, die sie in den Aemtern, Klöstern, Förstereien requirirten. Mit Hülfe dieser Mittel fanden sie sich im fremden Lande ausgezeichnet gut zurecht, besser als die Oesterreicher, welche doch im eignen fochten. Aus diesem Umständen fingen Letztere an überall Verrath zu wittern, und wurden mißtrauisch gegen einen Theil ihrer Führer. Graf Clam Gallas erhielt Befehl sich sofort mit der Bahn nach Wien zu begeben; als er dort anlangte verhaftete ihn ein Offizier, und er sowohl, als der Chef des Generalquartiermeisterstabes Baron Henikstein, sowie der Chef der Operationscanzlei wurden vor Kriegsgericht gestellt, aber freigesprochen, da man ihnen keine groben Pflichtvernachlässigungen, wohl aber Unfähigkeit für so sehr verantwortliche Stellen nachweisen konnte — und so etwas läßt sich nicht bestrafen, — der Fehler lag weniger an den Generalen, als an den Leuten, welche sie dazu ernannt hatten.

Nachdem die Preußen die Elbe am 5. Juli überschritten, suchten sie nun mit doppelter Eile die Oesterreicher wieder zu erreichen, und marschirten auf den früher genannten Straßen nach ihren Zielen: Iglau, Brünn und Mährisch-Trübau. Schon am 6. hatte der König von Preußen sein Hauptquartier nach Pardubitz verlegt. Pardubitz war einer der wichtigsten Puncte für ihn, denn es geht die Prag-Wiener Bahn vorüber, und hier schließt sich die nördliche, Dresden-Löbau-Breslauer an. Nun ertheilte der König Befehl zur Besetzung Prags, von dem man wußte, daß es von den Oesterreichern geräumt sei. Prag, die Hauptstadt Böhmens, liegt an beiden Ufern der Moldau, über welche hier eine steinerne und eine Kettenbrücke führt — der Hradschin war lange Zeit das hochgelegene Residenzschloß des Kaisers Ferdinand. Schon seit 6. Juli erwartete man hier das Einrücken der Preußen, — diese brauchten aber vorerst noch alle ihre Kräfte im Felde, und warteten die Reservedivision des 8., Herwarthschen Armeecorps ab, die großentheils aus Landwehren bestehend, zur Besatzung von Städten bestimmt war. Am 8. Juli früh kam eine preußische Husarenpatrouille durch das Spittelthor in die Stadt, da sie nichts vom Feinde bemerkte, und nur Bürgerwachen sah, welche die Ordnung aufrecht erhielten, trabte sie zurück, meldete dies — und nun erfolgte der Einmarsch durch eine zahllose Menschenmenge, die furchtlos auf den Straßen dem neuen Schauspiele zusah, — sie konnte dies auch, denn es war bekannt geworden, daß die Preußen streng auf Disciplin hielten, sowie daß dem Bürgermeister und dem Fürsten Erzbischoff von Schwarzenberg, die sich einige Tage vorher zu den preußischen Vorposten begaben, von dem Commandanten derselben die Versicherung freundlicher Behandlung erhalten hatten, sobald die Stadt ruhig bliebe. Darauf war in Prag Alles zum Empfange der Preußen vorbereitet worden. Um 11 Uhr rückte eine Schwadron vom 5. Blücher-Landwehrhusarenregimente ein, dieser folgte das 1. und 2. Gardelandwehrgrenadierregiment nebst der nöthigen Artillerie und dem Train. Das Obercommando hatte General Rosenberg-Gruschynsky. Derselbe nahm sein Hauptquartier auf dem Kaiserschlosse, dem Hrabschin, das auf dem linken Ufer der Moldau auf hohem Berge liegt, und bald sah man die schwarzweiße preußische Flagge daselbst wehen. Die Truppen wurden von den Magistratspersonen nach den verschiedenen Casernen gebracht, und dort einquartiert und verpflegt. Um 12 Uhr lösten sie die Bürgerwachen auf der Altstädter- und Kleinseite, sowie auf dem Hrabschin ab, während der Wißherad und die Wachen bei den Gefängnißen von ersteren besetzt blieben. Doch wurden die Bewohner entwaffnet, und die Bürgermiliz that ihren Dienst nur noch mit Seitengewehren.

Der Oberbürgermeister Dr. Blesky hatte durch Plakate die Bewohner zur Ruhe ermahnt, was um so nothwendiger erschien, als die Bevölkerung Prags großentheils aus Czechen besteht,

19*

welche die Deutschen hassen, und diesen Haß gern geflissentlich, selbst gegen die Deutschböhmen, zur Schau tragen. Indessen rührten sie sich diesmal nicht; auf dem Hradschin waren aber auch 12 preußische Geschütze aufgepflanzt, welche bei dem mindesten Widerstande die Stadt beschießen konnten. General Rosenberg erließ in deutscher und czechischer Sprache folgende Bekanntmachung:

„Wir betraten nicht als Feinde und Eroberer, sondern mit voller Achtung für Eure historischen und nationalen Rechte Euren heimathlichen Boden. Nicht Krieg und Verheerung, sondern Frieden und Freundschaft, bieten wir allen Einwohnern ohne Unterschied des Standes, der Confession und der Nationalität. Wenn Ihr uns freundlich entgegenkommt, werdet Ihr uns als Freunde, nicht als Feinde kennen lernen. Namentlich handelt Ihr thöricht, wenn Ihr aus Euren Wohnungen flieht und dadurch dieselben der Zerstörung preisgebt. Ihr thut besser, wenn Ihr die Soldaten freundlich erwartet und mit ihnen frieblich wegen der Lebensmittel unterhandelt, welche durchaus nothwendig sind. Die Militairbefehlshaber werden dann von Euch Nichts mehr verlangen, als was durchaus nöthig ist, und Euer Eigenthum schützen, welches Ihr durch die Flucht dem Raube und der Plünderung preisgebt!"

Diese Bekanntmachung steht etwas im Widerspruche mit den sehr starken Requisitionen, welche die Preußen hier machten, und mancher Landwehrmann mochte denken: ob denn täglich 6 Cigarren z. B. zu dem durchaus „Nöthigen" gehören? bei Weib und Kind zu Haus hält es ersteres für überflüssig, wenn er täglich nur zwei Stück rauchen sollte. — General Rosenberg ließ alles Eisenbahnmaterial mit Beschlag belegen, und es geriethen 36 Locomotiven und 430 Wagen in seine Hände. Den Directoren der verschiedenen Eisenbahngesellschaften gab er auf, die Gleise sofort nach allen Richtungen hin fahrbar machen zu lassen, und versprach Dem eine Belohnung von 500 Silbergulden, der muthwillige Beschädiger von Eisenbahnen und Telegraphen anzeigte. Im Uebrigen wurden alle kaiserlichen Magazine für gute Beute erklärt und weggenommen. Es lag im Interesse der Preußen selbst, sich nicht am Privateigenthum zu vergreifen, weil sonst die Verpflegung der eignen Truppen hätte aufhören müssen, nebenbei gebietet es der vorgeschrittene Bildungsgrad, daß man den Krieg nicht mit Morden und Plündern führt, wie früher die Hunnen und Vandalen.

Aber die Preußen bedienten sich auch einiger anderer Mittel, welche wir nicht billigen können, und zwar solcher, welche das Volk selbst vom Kaiser abwendig machen sollten, wie es aus dem Aufrufe des Obercommandos hervorgeht, welchen dieses bei dem Einrücken in Böhmen erließ, und der namentlich nach der Besetzung von Prag in deutscher und böhmischer Sprache vielfach verbreitet wurde. Er lautete:

„In Folge des Krieges, zu dem uns der Kaiser von Oesterreich gezwungen hat, betreten wir das Königreich Böhmen, nicht als Feinde und Eroberer, sondern als Freunde, welche Eure nationalen und historischen Rechte achten werden. Nicht Krieg und Zerstörung, sondern Liebe und Freundschaft bieten wir Euch, — gleichviel welchen Ranges, welchen Glaubens, welcher Nationalität Ihr seid. Laßt Euch durch unsere Gegner und Feinde nicht täuschen, wenn sie uns Schuld geben einen Eroberungskrieg zu führen. Oesterreich war es, das in Verbindung mit einigen deutschen Regierungen beabsichtigte, in unseren Staat einzufallen, und uns zwang die Waffen zu ergreifen. — Nichts steht unserer Absicht ferner, als Euren gerechten Ansprüchen auf Unabhängigkeit und Selbstregierung entgegentreten zu wollen. In Betrachtung ziehend, wie hoch Ihr von Oesterreich wegen des Krieges von der österreichischen Regierung besteuert worden seid, werden wir Euch keine ferneren Lasten aufbürden, noch werden wir Euch zwingen gegen Eure Ueberzeugung zu handeln. Wir werden Eure geheiligte Religion achten und respectiren, aber Widerstand bestrafen, und gegen Verrätherei mit der äußersten Strenge verfahren. Kommt Ihr uns freundlich entgegen, so werdet Ihr in uns Freunde, aber keine Feinde finden. Einige von Euch sind so thöricht gewesen aus ihren Wohnungen zu fliehen, und sie der Willkür des ersten Besten zu überlassen — sie hätten wohl gethan zu Hause zu bleiben, unsere Soldaten zu erwarten, und diesen die nothwendigsten Lebensmittel zu verabreichen. Hätten sie so gehandelt, so würden die Befehlshaber nur das Nöthige verlangt und ihre Häuser vor Beraubung und Zerstörung geschützt haben. Wir überlassen die Folgen dieses Krieges dem Herrn der Heerschaaren. Sollte unsere gerechte Sache siegen, so werden wir vielleicht den Böhmen und Mähren Gelegenheit geben, ihren Lieblingswunsch nationaler Unabhängigkeit gleich den Ungarn zu erfüllen. Möge ihr Erblühen von einem günstigen Sterne beschützt werden!"

Eine solche Proclamation, welche darauf hinauslief, auch die alten Institutionen des Kaiserreiches zu stürzen, und indirect Revolution gegen dieselben predigte, ist nicht zu billigen, namentlich nicht in einem Lande, wo Deutsche und Böhmen in stetter Fehde liegen.

Es ist nicht zu verwundern, wenn einzelne Czechen darin den Sieg ihrer Parthei, die stets die Deutschen unterdrücken wollte, fanden — so las man denn auch in einer der ersten böhmischen Zeitungen, dem Narodny Listy, — am Tage nach der Schlacht von Königgrätz einen Leitartikel, — überschrieben „der entscheidende Schlag," in welchem es heißt:

„In Folge genaufter Nachrichten aus Zhrabista, Kofte, Jicin, Trautenau, Skalitz, Nachob waren die Oesterreicher bei allen diesen Gefechten im Nachtheile. Obgleich nun der Feind fortwährend vorrückt und die Kaiserlichen zum Zurückgehen zwang, so schilderten die offiziellen Blätter noch bis vor wenigen Tagen Alles im rosigsten Lichte. Die Wiener Zeitungen versicherten es wiederholt, die Sachen gingen bei der Nordarmee gut und nähmen den Verlauf, wie ihn General Benedek wünsche. Alles, was in dieser Beziehung gesagt wurde, schien in vollständiger Uebereinstimmung mit dem geheimen Plane des Obercommandanten zu sein, — und ein entscheidender Schlag sollte ehebaldigst erfolgen. Nun, der entscheidende Schlag ist erfolgt, und wir Alle wissen, wen er getroffen. Die preußische Armee hat die kaiserliche in Front und Rücken gleichzeitig angegriffen und letztere mußte die größten Anstrengungen machen, um ihren Rückzug bewerkstelligen zu können. Das Zurücklegen von deren Hauptquartier von Königgrätz bis Hohenmauth sagt Alles. Ein so rasches Zurückgehen sieht einer Flucht ähnlich, und man braucht kein Stratege zu sein um zu begreifen, daß die Kaiserlichen vollständig geschlagen sind. Unser einzig möglicher Trost unter solchen Umständen wäre, wenn die Regierung diese Niederlage offen anerkennen wollte. Nie war für sie die Zeit günstiger, um die Wahrheit zu bekennen. Wir haben stets so gesprochen wie wir dachten, — und schwiegen nur seit Beginn des Krieges. Die patriotischen Rücksichten, welche uns hierzu nöthigten, zwingen uns jetzt das Schweigen zu brechen. Die Zertrümmerung der österreichischen Armee ist nicht durch die preußischen Feuerwaffen hervorgebracht worden, sondern sie ist die Folge des tyrannischen, dummen, widersinnigen Systems, das die Regierung bisher in Oesterreich befolgte. Die gegenwärtige ist eine unerwartete Niederlage nicht blos des österreichischen Heeres, sondern auch der Diplomatie und Büreaukratie und des abscheulichen selbstischen Systems, welches — obgleich es seit lange nichts Gutes mehr wirken konnte — doch stark genug war Oesterreich abzuhalten ein glücklicher, ganzer Staat zu sein.

Dieses System, in Folge dessen einige Tage früher alle kaiserlichen Autoritäten in schimpflicher Flucht Prag verließen, erleidet nun einen furchtbaren Schiffbruch in den Augen von ganz Europa.

Gab es je einen Gegner dieses Systems, so war es diese Zeitung. Als der Minister der auswärtigen Angelegenheiten zuerst seine Ansichten über die zusammengesetzten Verhältnisse des deutschen Bundes aussprach, sowie über die Politik, welche er in dieser Beziehung befolgen wollte, warnten wir ihn, prophezeiten — er würde einen Tag von Philippi hervorrufen. Und nun ist ein Philippi gekommen, das unsere schlimmsten Vorstellungen übertrifft. Die Dinge haben sich mit einer fabelhaften Raschheit entwickelt. Nur zehn Tage sind vergangen seit dem Montage, wo der Gouverneur dieses Landes öffentlich ungünstigen Nachrichten widersprach — und jetzt ist Prag und das ganze Czechenland in die Hände der

Feinde gegeben. Dies sind die Folgen eines Krieges, der — gegen Verstand und Vernunft unternommen — das stützen sollte, was offiziell als die Stellung Oesterreichs in Deutschland bezeichnet wird. Es ist dies, um sich einigen süddeutschen Verbündeten artig zu zeigen, daß Oesterreich aus tausend Wunden blutet! — Es ist geschehen, um einigen Günstlingen des Hofes gefällig zu sein, welche längst vom Publicum gehaßt werden, und deren militairische Laufbahn ohne jedes Verdienst ist, daß das ganze Czechenland verwüstet wird, und Tausende unserer unglücklichen Landsleute geopfert werden. Das czechische Regiment Reischach ist vollständig vernichtet, ebenso das czechische 18. Jägerbataillon sowie das polnische Regiment Martini, — und dennoch heißt es im Manifeste des Kaisers es sei ein Krieg Deutscher gegen Deutsche. Mit Ausnahme der Wiener Bureaukraten, hatte alle Welt längst die mathematische Wahrheit entdeckt, daß ein Staat, der neben 7 Millionen deutschen auch 19 Millionen slavische Bewohner hat, die Oberhand in Deutschland nicht verlangen kann. Aber ihr Herren bei der Wiener Regierung! die Erde dreht sich und wird in ihrem Kreislaufe nicht aufgehalten durch Pulver und Blei, welches ihr dagegen anwendet. Die Erde ist in Bewegung und wird von Geist und Intelligenz, nicht aber durch Bajonette und bunte Uniformen regiert. Welcher mächtige Staat wäre aus den guten, legalen, kräftigen Völkern unter Oesterreichs Scepter zu bilden gewesen, — und wie ist Alles gesunken bei diesem bestialischen Systeme! Es ist dies hart und bitter gesprochen, aber es giebt Niemand in Europa, der mehr Recht zu solcher Sprache hätte, als wir. Vor drei Jahrhunderten ward in Uebereinstimmung mit dem Willen des Volkes die böhmische mit der österreichischen Krone — und welches Unglück war seit dieser Zeit unser Loos! — Welches Elend haben wir namentlich 1848 ertragen! Jedermann, der es wagte sich einen Czechen zu nennen, wurde verfolgt und unterdrückt. — Ueberall in unserem Lande war der Fremdling Herrscher! Der erste Gedanke volksthümlicher Selbstregierung ward in der Geburt durch die fünf Paragraphen des Militairgesetzes erstickt — und was waren die Folgen? Unser reiches Land ist vereinsamt, unsere Schulen und

Jtalienisches Militair.

öffentlichen Gesellschaften, — nein noch mehr unsere öffentlichen Einrichtungen sind bis zum Bettelstabe verarmt, — jeder Pfennig, den man uns abnehmen konnte, ward für das Heer verwendet. Und jetzt, nachdem wir alle diese Opfer gebracht, wenn man uns sogar abhielt Freiwilligencorps zu bilden und an der Vertheidigung unseres Vaterlandes Theil zu nehmen — nun ist die Armee trotz ihrer unbezweifelten Tapferkeit unfähig uns nur zehn Tage zu schützen! Vergebens sagten wir, daß unsere Grenzen stark besetzt werden müßten, vergebens suchten wir die Aufmerksamkeit der Führer auf die Gebirgspässe zu lenken, — namentlich auf den von Nachod! Aber die Militairbureaukraten, und sie sind Alle Bureaukraten, gleichviel ob sie das Schwerdt oder die Feder führen, hörten nicht auf unsere Vorstellungen.

Weil sie ihre Karten vor sich liegen hatten, hielten sie es nicht für nothwendig das Land selbst zu besichtigen. Ausgezeichnet! — Und so geschah es, daß Böhmen, an Händen und Füßen gefesselt, nach zehntägigem Feldzuge dem Feinde in die Hände fiel, daß der Rest unseres Eigenthums durch Contributionen aufgezehrt wird, Tausende unserer treuen Söhne getödtet oder zu Bettlern gemacht und unsere nordöstlichen Provinzen in eine Wüste verwandelt worden sind. Dies ist die Wahrheit, die wir aussprechen müssen. Niemand hat hierzu ein unbestreitbareres Recht als wir; wir haben die Regierung in freundlichem und vertrauensvollem Tone vor der Katastrophe gewarnt. So schrecklich auch die Wahrheit erscheinen mag, so giebt es eben Dinge, die man gegenwärtig nennen muß. Zu diesen gehören die Ursachen zu unserer Niederlage, welche General Benedek in seinen Bülletins nicht bezeichnet. So schwer auch der Schlag ist, den das Kaiserreich, namentlich unser Vaterland erlitten, so hoffen wir doch, daß es nicht unter dessen Gewicht erdrückt werden wird. Die Prüfung, die wir jetzt ertragen, wird der beste Beweis sein, ob die österreichischen Staatsmänner das militairische und bureaukratische Regierungssystem aufgeben werden, das sie so lange befolgten, und daß absolute Gewalt die nationale Stärke unterdrückt.

In seinen Völkern allein ruht Oesterreichs Zukunft. — Wir

„wollen hoffen, daß dies einzige Rettungsmittel für den Staat angenommen wird." —

Wir müssen jetzt die Truppen auf ihren Märschen verlassen und einen Blick auf die politischen Verhältnisse werfen, wie sich solche zu dieser Zeit gestalteten.

Wie wir bei Beginn dieses Werkchens schon sagten, hatte der König Victor Emanuel ein Bündniß mit dem König Wilhelm I. von Preußen zur Demüthigung des Kaisers von Oesterreich geschlossen. Dies brachte letzteren in die übelste Lage, weil er gleichzeitig dies- und jenseits der Alpen, in Front und Rücken angegriffen sein Heer theilen, und unter dem Oberbefehle des Erzherzogs Albrecht drei Armeecorps in Benetien zur Bekämpfung der Italiäner stehen lassen mußte. Wir werden auf das Nähere bei Besprechung des italiänischen Feldzuges zurückkommen, und wollen nur erwähnen, daß Victor Emanuel von den Oesterreichern bei Custozza geschlagen und zurückgetrieben worden war.

Gleichwohl waren die Preußen im Norden überall siegreich; wollte man ihrem weiteren Vorgehen ein Ziel setzen, so bedurfte man der drei in Italien stehenden Armeecorps. Kaiser Franz Joseph trat deßhalb mit Napoleon III. in Unterhandlung wegen der Abtretung Benetiens an diesen, um seine Truppen heraus- und zur Nordarmee ziehen zu können. Das war für die Preußen eine ziemlich gefährliche Sache, und um den leicht sich verstärkenden Oesterreichern ebenso stark entgegenstehen zu können, errichteten sie zu jedem Regimente ein 5. Ersatzbataillon, — von italiänischem Beistande war für sie Nichts zu hoffen, denn da Benetien Frankreich gehörte, so konnte Victor Emanuel nicht durch dasselbe marschiren und die Oesterreicher angreifen, ohne mit den Franzosen in Kampf zu kommen. Der Kaiser von Oesterreich erließ nun folgendes Manifest an seine Völker, noch ehe er Benetien an Frankreich abtrat, um dieselben darauf vorzubereiten und sich deren Beistandes zu versichern:

„An Meine Völker!

Das schwere Unglück welches Meine Nordarmee, trotz ihres

heldenmüthigen Widerstandes, betroffen hat, die zunehmenden Gefahren, welche das Vaterland bedrohen — die Schrecken des
Krieges, mit welchen Mein Mir so theures Böhmen betroffen
wird, und die auch anderen Provinzen drohen — die schrecklichen, nicht wieder zu ersetzenden Verluste tausender Familien
von Meinen Unterthanen, haben Meinem Herzen eine tiefe
Wunde geschlagen, welches treu und heiß für das Wohl Meiner
Unterthanen schlägt. Aber das Vertrauen, welches Ich in Meinem Manifeste vom 17. Juni aussprach — ein Vertrauen auf
Eure unerschütterliche und treue Hingebung, die Bereitwilligkeit
zu jedem Opfer, Vertrauen zum Muthe Meines Heeres, welches
selbst das Mißgeschick nicht mindern kann, das Vertrauen auf
Gott und Mein gutes geheiligtes Recht — das hat nicht einen
Augenblick geschwankt. Ich habe Mich an den Kaiser der Franzosen gewendet und um seine Vermittelung zu einem Waffenstillstande mit Italien gebeten. Der Kaiser entsprach nicht blos
Meinem Ersuchen, nein, in der edlen Absicht ferneres Blutvergießen zu verhindern, hat er sich aus höchsteigenem freien An-
triebe erboten auch mit Preußen wegen eines Waffenstillstandes
in Verbindung zu treten, um Friedensverhandlungen zu eröffnen.
Ich habe dieses Anerbieten angenommen. Ich bin entschlossen
auf ehrenvolle Bedingungen hin Frieden zu schließen, um dem
Blutvergießen und dem Greuel des Krieges ein Ende zu machen.
Aber nie werde Ich einen Frieden unterzeichnen, der die Grund-
pfeiler Oesterreichs als eine Großmacht erschüttern könnte. Ehe
so etwas geschieht, bin Ich entschlossen den Krieg bis zum
Aeußersten fortzuführen, und hier bin Ich der Beistimmung
Meiner Völker sicher. Alle verfügbaren Truppen sollen zusammengezogen werden, und die Lücken in Meinem Heere sollen
durch die Aushebung und durch Einstellung von Freiwilligen gefüllt werden, die der neuerwachte Patriotismus zu den Waffen
treibt. Oesterreich ist vom Mißgeschicke schwer betroffen, aber
weder gedemüthigt noch niedergebeugt. Meine Völker — habt
Vertrauen zu Eurem Kaiser — Oesterreichs Völker sind nie
größer gewesen, als im Unglück. Ich werde dem Beispiele Mei-

ner Vorfahren folgen und Euch mit Festigkeit, Vorsicht und unerschütterlichem Vertrauen auf Gott regieren. Franz Joseph. Gegeben in Meiner Burg zu Wien, am 10. Juli 1866."

Da man in Schlesien die Errichtung einer ungarischen Legion unter dem berühmten Revolutionsgeneral Klapka gestattete, um das Königreich Ungarn mit derselben gegen den Kaiser von Oesterreich zum Aufstande zu bringen, — eine Maaßregel, die vom moralischen Standpuncte aus aber nicht zu billigen ist, weil sie, wenn sie zur Ausführung kam, zu dem bestehenden politischen Kriege noch die furchtbaren Greuel eines Bürgerkrieges hinzugefügt hätte, so erließ er an die Ungarn noch dies besondere Manifest:

„An die treuen Bewohner Meines Königreichs Ungarn! Die Hand der Vorsehung liegt schwer auf uns; in dem Conflict, in welchen Ich gezogen worden bin, nicht freiwillig denselben suchend, sondern durch die Macht der Umstände dazu gezwungen, erwies sich jede menschliche Berechnung als falsch, ausgenommen das Vertrauen, das Ich in die Tapferkeit Meines braven Heeres setzte. Um so schmerzlicher sind die großen Verluste, welche diese braven Männer erlitten, und Mein väterliches Herz fühlt den ganzen Kummer mit deren Familien. Um dem ungleichen Kampfe ein Ende zu machen, um Zeit und Gelegenheit zu gewinnen die Lücken auszufüllen, welche in Folge des Krieges entstanden, und um Meine Truppen gegen die feindlichen, welche den nördlichen Theil Meines Kaiserreiches besetzt halten, zu concentriren, habe Ich mit großen Opfern in die Unterhandlungen wegen eines Waffenstillstandes gewilligt.

Und nun wende Ich Mich vertrauensvoll an die treuen Völker Meines Königreichs Ungarn, und an ihre Bereitwilligkeit Opfer zu bringen, welche sie in schweren Tagen so oft bewiesen haben. Die vereinigten Kräfte Meines ganzen Reiches müssen in Bewegung gesetzt werden, damit der Wunsch nach Frieden unter günstigen Bedingungen erfüllt werde.

Es ist Mein fester Glaube, daß die kriegerischen Söhne Ungarns, beseelt vom Gefühle der erblichen Treue, sich freiwillig

unter Mein Banner schaaren werden, zum Beistande ihrer Landsleute, zum Schutze ihres eignen Vaterlandes, was gegenwärtig
auch vom Kriege bedroht ist.

Sammelt Euch deshalb mit Macht zur Vertheidigung des
angefallenen Kaiserreiches. Seid die würdigen Söhne Eurer
tapferen Vorfahren, deren Heldenthaten nie welkende Lorbeeren
für den Ungarischen Namen sind. Wien, am 7. Juli.

Franz Joseph."

Durch Dazwischentreten Napoleons, der Venetien erhielt,
ward also Victor Emanuel zur Ruhe gebracht; Oesterreich
konnte seine Truppen von Italien weg nach Deutschland ziehen,
was auch geschah. —

Mittlerweile setzten die Preußen ihren Vormarsch fort, und
das Hauptquartier des Königs ward am 9. Juli nach Hohen-
mauth verlegt, während am 10. — ohne bisher auf irgendwelchen
Widerstand gestoßen zu sein — die 1. Armee des Prinzen Fried-
rich Carl die mährischböhmische Grenze auf ihrem Marsche nach
Brünn überschritt, und deren Avantgarde in das Städtchen
Saar kam, welches vom österreichischen Husarenregimente Hessen-
Cassel besetzt war, das sich als Arrieregarde denselben Tag nach
Brünn zurückziehen wollte. — Eine Schwadron desselben wollte
sich eben versammeln, führte die Pferde aus den Ställen und
Häusern, als die preußischen Ulanen vom 11. Regimente, welche
die Spitze der Avantgarde bildeten, in die Straßen sprengten.
Natürlich waren die Husaren überrascht, und es muß seiten
deren Vorposten eine unverantwortliche Nachlässigkeit stattgefunden
haben, weil diese die Preußen nicht rechtzeitig entdeckt, aufgehalten und die hinter ihnen einquartierten Husaren alarmirt
hatten. Der Fehler war nun einmal geschehen, — dennoch gelang es den Husaren die Ulanen aus der Stadt zu werfen, und
sie waren eben im Begriffe sich zu formiren, als die mittlerweile
verstärkten Gegner wiederum in die Stadt eindrangen. Straßenbreit galoppirten sie vorwärts, legten auf dem Markte angekommen die Lanzen ein und ritten auf die Husaren los, die ihnen
mit dem Säbel in der Faust entgegenjagten, — vergebens suchten

sie die Lanzen der Gegner wegzuschlagen, um an diese selbst zu gelangen; sie, die leichteren Reiter auf leichten Pferden, konnten dies den großen, mit langen Lanzen bewaffneten, auf starken Rossen sitzenden Ulanen gegenüber nicht erreichen, um so weniger, als sie letzteren, welche die ganze Breite des Marktplatzes einnahmen, nicht in die Flanke oder den Rücken kommen und von der Seite einhauen konnten. Die leichten Reiter mußten endlich weichen, und zwar nach blutigem Handgemenge, bei welchem sie 3 Offiziere und 30 Mann an Todten, Verwundeten und Gefangenen verloren, — die Preußen hingegen nur 1 Offizier und 8 Ulanen. — Aus der Stadt vertrieben, setzten die Husaren ihren Rückmarsch unverfolgt von den Preußen weiter fort. Der 10. Juli verging in ruhigem Vorgehen und Sichzurückziehen der Gegner, am 11. kam es jedoch abermals zu einem Reitergefecht bei Tischnowitz an der Schwarza in Mähren. Die preußische Avantgarde unter dem Herzoge von Mecklenburg hatte an ihrer Spitze das 2. Dragonerregiment, — dieses fand die Stadt von österreichischer Reiterei und Artillerie besetzt. Ueber die Schwarza führt eine Brücke, zu deren Vertheidigung eine Schwadron österreichischer Ulanen, — rechts und links daneben noch eine solche aufgestellt war. Steile Berge machten eine Umgehung unmöglich, — und als der die Spitze habende Zug Dragoner vor der Brücke ankam, mußte er sich zurückziehen. Die Ulanen folgten, — hinter einer Bodenerhebung der Straße hatten sich aber die Dragoner aufgestellt, und empfingen die Gegner mit einer wohlgezielten Salve aus dem Zündnadelcarabiner, was jene stutzen machte. Die Preußen benutzten die dadurch entstandene Pause sich weiter zurückzuziehen, als ihnen die Oesterreicher nachfolgten ebenso wie beschrieben zu verfahren, und zwar auch mit gleichem Erfolge, so daß sie dadurch Zeit gewannen bis zu ihrem heranrückenden Regimente zu gelangen. Nunmehr gingen aber die Dragoner zum Angriffe, stürzten sich auf die Ulanen, es kam zum wüthendsten Handgemenge, in Folge dessen sich letztere von den Preußen verfolgt in die Stadt zurückzogen; wo ein tüchtiger Kampf erfolgte, bei dem namentlich

ein österreichischer Ulanenoffizier von einem Dragoner gegen die
auf dem Marktplatze stehende Mariensäule mit solcher Wucht
geschleudert wurde, daß die Hirnschale brach und das Gehirn
umherspritzte. Auch hier mußten sich die Ulanen zurückziehen;
sie verließen nun die Stadt, um ihre jenseits stehende Cavalerie-
und Artilleriereserve zu erreichen, — dann zog sich das Ganze
auf der Straße nach Brünn ab, ohne ein weiteres Gefecht anzunehmen. — Aus dem Erfolge dieser beiden Cavalerieaffairen
hat man namentlich schließen wollen, daß die preußische Reiterei
der österreichischen überlegen sei, daß preußische Ulanen österreichische Husaren — also die Lanze den Säbel — und preußische
Dragoner österreichische Ulanen — umgekehrt der Säbel die
Lanze besiegt habe, daß demnach Lanze und Säbel von den
Preußen besser geführt würden, als von ihren Gegnern. — Die
Sache steht aber in Wahrheit etwas anders. Die preußischen
Ulanen gehören zur schweren Cavalerie, haben große Leute,
Pferde und lange Lanze, sie fochten in einer Stadt, wo sie
straßenbreit vorrückten, letztere vorhielten und es den Husaren —
leichte Pferde und Leute mit Säbeln bewaffnet — unmöglich
machten an sie heranzukommen, oder — was für Ulanen am
gefährlichsten ist — ihnen in die Seiten oder den Rücken zu gelangen. Mithin war das Terrain den Preußen günstig, und
der größeren Wucht derselben unterlagen die leichten Husaren.
In dem Gefechte von Tischnowitz fochten Ulanen gegen Garde-
dragoner. Die österreichischen Ulanen gehören aber zur leichten
Reiterei, haben kleine Pferde, kleine Leute mit kurzen Lanzen, —
während die preußischen Dragoner, wenn sie auch zur leichten
Cavalerie gerechnet werden, doch große Leute und Pferde haben.
Die Ulanen griffen im Freien an und mochten allerdings über
die Zündnadelsalven der Preußen erstaunt sein, da diese noch
dazu trafen, — denn bisher war immer die geltende Meinung,
daß ein Carabiner, vom Pferde abgeschossen, in seiner Wirkung
einer Knallbüchse gleich sei, ja ein berühmter General und
Schriftsteller (von Decker) behauptet sogar, daß, wer von einem
Reiter erschossen werde, habe das als eine ganz besondere Fügung

des Schicksals anzusehen, ja, er geht soweit zu sagen: was ein
Reiter todtschießt, muß nochmals todtgemacht werden. Seit Einführung der gezogenen Zündnadelcarabiner bewahrheiteten sich
obige Sätze nicht mehr, wie die Oesterreicher zu ihrem Nachtheile
bemerkten. Dann warfen sich die starken Dragoner auf die
leichten Ulanen und drängten sie zurück; bei der Verfolgung kam
es in den engen Straßen der Stadt zum Handgemenge, und da
die Dragoner schon mit den Ulanen vermischt waren, mußte der
Stärkere den Schwächeren besiegen, da namentlich im Handgemenge die Lanze allemal gegen den Säbel im Nachtheile ist.
Daß sich die österreichische Reiterei abzog, war ganz in der Ordnung — denn das ganze Heer war ja auf dem Rückzuge, mithin
mußte sie diesem folgen und nutzlose Gefechte vermeiden; sie
hatten den Gegner nur aufzuhalten wenn er heftig drängte,
selbst im Siegesfalle durften sie an eine weite Verfolgung nicht
denken, weil sie auf das preußische Hauptcorps getroffen und
durch dessen Ueberzahl erbrückt worden wären. Immerhin bleibt
aber die Tapferkeit und Führung der preußischen Reiterei eine
höchst anerkennenswerthe, und zeigt welcher Fleiß, welche Sorgfalt auf ihre Ausbildung verwendet wurde.

Nun stand dem Vormarsche der 1. Armee nach Brünn
Nichts mehr im Wege. Brünn ist die Haupt- und größte
Fabrikstadt in Mähren und liegt an der Bahn von Prag nach
Wien — die Oesterreicher hatten sich weiter zurückgezogen und
vertheidigten diese Stadt nicht — am 12. Juli früh 10 Uhr
rückte die preußische Avantgarde unter dem Prinzen Wilhelm
von Mecklenburg ein, das 2. Dragonerregiment ritt hindurch und
setzte jenseit der Stadt Vorposten aus; das Jägerbataillon, das
diesem unmittelbar folgte, besetzte die Thore, Post, Eisenbahn
und Telegraphen- sowie alle andern öffentlichen Gebäude.

Am Abend kam Prinz Friedrich Carl mit der Division
Manstein an und hielt seinen Einzug, wobei er vom Magistrat
feierlich begrüßt wurde, — noch wurden am andern Tage die
5. und 7. Division in die Stadt gezogen, die durch diese starke
Besatzung mehr einem Feldlager als einem friedlichen Fabrikorte

glich. An dem Tage des Einrückens des Prinzen in Brünn hatte der König sein Hauptquartier von Zwittau nach dem reizenden Schlosse Czernahora — zu deutsch „die schwarzen Berge" — verlegt, welches einem Grafen von Fries gehörte, — als er Nachricht erhielt, daß erstere Stadt von seinen Truppen besetzt sei, beschloß auch er sich dorthin zu begeben, und am 13. Nachmittags langte er in Mährens Hauptstadt an. Am Eingange der Stadt empfing ihn nächst dem Offiziercorps, der Erzbischof Graf Schafgotsch, der Oberbürgermeister Dr. Giskra, und die Gemeinderäthe. Als der König herankam, stieg er aus seinem Wagen, und Dr. Giskra hielt folgende Rede:

„Eure Königliche Majestät! Die Würfel des Krieges sind bis jetzt gegen Oesterreich gefallen, und Eure Majestät ziehen an der Spitze eines siegreichen Heeres in unsere Stadt, die Hauptstadt des Landes Mähren. Aber diese Würfel sind zu Gunsten eines Monarchen gefallen, von dem wir hoffen, daß angestammte Großmuth, und überdies die Familienbeziehungen zu unserem allerdurchlauchtigsten Herrscherhause einer Stadt gnädige Schonung angedeihen lassen werden, die zu den treuesten und loyalsten unseres allergnädigsten Herrn und Kaisers gehört, aber auch friedlich und ohne Feindseligkeiten den Königlichen Truppen entgegengekommen ist, unweigerlich bisher zur Verpflegung derselben mitgewirkt hat, und soweit sie kann, fernerweit nach Maaßgabe der Befehle mitzuwirken, bereit ist. Gestatten Eure Majestät, daß ich als Bürgermeister der Stadt, gemeinschaftlich mit unserem hochverehrten Seelenhirten, dem Hochwürdigen Bischof von Brünn, Graf Schafgotsch, Excellenz, und der Gemeindevertretung durch Vicebürgermeister Herith und mehrere Mitglieder des Gemeindeausschusses, Eure Majestät beim Betreten des Weichbildes unserer Stadt ehrfurchtsvoll begrüße, jener Hoffnung auf gnädige Schonung unserer Stadt ehrerbietigst Ausdruck gebe, und den tiefergebensten Wunsch ausspreche, daß sich Eure Majestät während der kürzeren oder längeren Zeit Ihres Aufenthaltes in unsern Mauern, wohlbefinden mögen!"

Diese Rede ist gewiß sehr ernst, den Verhältnissen angemessen und würdig. — Der König erwiderte auf dieselbe:
„Allerdings hat Mich der Sieg bis zu Ihnen geführt,
aber Ihr Monarch hat Mich zu diesem Kriege gezwungen. Darum führe Ich auch nicht mit den friedlichen Einwohnern seines Landes, sondern mit seinen Armeen Krieg,
der mir bisher günstig gewesen ist. Ich habe ein so zahl-
reiches Heer versammeln müssen, daß es wohl nicht verwundern könnte, wenn etwa einzelne Fälle auch zu gerechten Beschwerden Veranlassung geben. Das muß aber ertragen werden,
Im Ganzen werden Ihnen Meine braven Truppen keine Veranlassung geben, sich über mehr zu beklagen, als was der Krieg
überhaupt mit sich bringt. Allerdings bin Ich bis jetzt Sieger
gewesen, und die Tapferkeit Meiner braven Armee giebt Mir Vertrauen und Zuversicht auch für die Zukunft. Sagen Sie das
Ihren Mitbürgern!" Wenn auch der König dann einige freundliche Worte an den Erzbischof, Graf Schafgotsch und andere
richtete, so konnte seine erste Rede doch nicht viel Hoffnung er-
regen — denn wenn es ertragen werden muß, daß Einzelne zu
gerechten Beschwerden Veranlassung geben, so kann sich die
Zahl dieser Einzelnen enorm vermehren und es muß eben Alles
ertragen werden. Zum Glück gestalteten sich die Dinge besser, als
man gefürchtet hatte. Der König nahm seine Wohnung in der
kaiserlichen Statthalterei am Lazanskyplatze, wo eine Compagnie
mit Fahne und Musik als Ehrenwache aufgestellt war. Dr. Giskra that alles Mögliche, um Ruhe und Ordnung aufrecht zu erhalten, was um so schwieriger war, als die kaiserlichen Behörden mit den Kassen die Stadt verlassen, sogar die
Gensdarmerie, welche den Polizeidienst zu versehen hatte, war
fortmarschirt. Unter solchen Umständen übernahm deren Function
die preußische Feldgensdarmerie mit Hülfe einer, aus Bürgern
der Stadt gebildeten Sicherheitswache. In Folge dessen trat
bald Ordnung ein, die preußischen Truppen, welche hier den
14. Juli Rasttag hatten, gaben keine Veranlassung zu Beschwerden, — hatten aber auch durchaus keine dafür, denn sie

wurden außerordentlich verpflegt, erhielten mehr, als sie zu fordern hatten, und wie wir schon früher sagten, waren diese Forderungen ziemlich hochgestellt. So befanden sich denn die Hauptstädte Böhmens und Mährens — Prag und Brünn — in den Händen der Preußen! Bereits am 14. Juli, also am allgemeinen Rasttage hatte man doch die 8. Division des Generals Horn auf der Straße nach Lundenburg vorgeschoben, der am 15. früh erst das 35. Regiment, dann die 6. und 7. Division folgten. Die 5. Division blieb an diesem Tage noch in Brünn und hatte auf dem Glacis Feldgottesdienst, dem auch der König beiwohnte, sowie die Prinzen Carl, Friedrich Carl, der Großherzog von Mecklenburg und das gesammte Personal des Hauptquartiers.

Solcher Feldgottesdienst ist ein erhebendes Schauspiel. Die Truppen stehen in einem auf einer Seite offenen Viereck, an welcher der Feldaltar sich befindet. Schmucklos und einfach ist er aus übereinander gestellten Trommeln erbaut, rechts und links sind die flatternden Fahnen der Bataillone in die Erde gesteckt. Die Regimentsmusiker spielen einen Choral, den die Truppen mit ihrem Gesange begleiten, dann tritt der Geistliche vor den Altar, hält eine kurze den Umständen angemessene Predigt, wiederum wird dann ein Choral gesungen, mit entblößtem Haupte das Vaterunser gebetet, und der Gottesdienst ist beendet. Die Truppen rücken ab, wenn nicht befohlen wird, daß sie in Parade vor dem Höchstcommandirenden vorbeimarschiren sollen. Wie aber sieht es im Herzen der Krieger aus? Dank für glücklich überstandene Gefahren, Bitten um ferneren Schutz, steigen zum allmächtigen Gott empor, ihm, dem Lenker der Schlachten, wie des Geschickes jedes einzelnen Kriegers, und jeder weiß, daß ohne dessen Willen kein Sperling vom Dache fällt, kein Haar auf seinem Haupte gekrümmt wird. Mit solchem Gottvertrauen geht es sich gut in Kampf und Schlachten — wehe Dem, der es nicht hat, und an ein blindes Walten des Schicksals glaubt, oder der wegen früher Schuld den Augenblick scheut, wo er vor des Allmächtigen Richterstuhl treten muß. Wahrlich, ein frommer Krieger wird allemal auch ein tapferer sein, Frömmigkeit

20*

und Scheinheiligkeit stehen sich aber gegenüber, wie Tag und
Nacht. Der Soldat muß seine Rechnung mit dem Herrn
der Heerschaaren jeden Augenblick abgeschlossen haben — er·muß
denken:

> Wer Gott vertraut,
> Brav um sich haut,
> Geht nimmermehr zu Schanden!

In dieser Zeit war die Diplomatie sehr thätig. Oesterreich
hatte, wie wir oben sahen, wegen Italiens Verhandlungen
mit dem Kaiser Napoleon angeknüpft, und des letzteren Gesandter, Benedetti, kam nun nach Brünn in das Hauptquartier
des Königs.

Obgleich der Feldzug weiter ging, so kann man doch in
vielen Fällen mit Sicherheit darauf rechnen, daß, sobald Diplomaten im Feldlager erscheinen, der Krieg abnehme; das schien
aber nicht der Wille des Königs Wilhelm zu sein, und er ließ
sich in seinem Vorrücken dadurch nicht aufhalten. Das verzögert
aber die Verhandlungen bedeutend, denn es liegt in der Natur
der Sache, daß jeder Fußbreit eroberten Bodens, jedes gewon-
nene Gefecht, die Ansprüche des Siegers erhöht, und den Besiegten immer härtere Bedingungen gestellt werden — die Oesterreicher waren zwar besiegt, aber sie hatten Olmütz erreicht, und
sammelten sich unter dem Schutze dieser starken Festung.

Die Stadt Olmütz ist rings von den stärksten Festungswerken umgeben, die der sehr tüchtige Oberst des Geniecorps,
Schall, noch täglich verbesserte, und dadurch eine ganz außerordentliche Widerstandsfähigkeit erreichte. Sie liegt in einem von
der sumpfigen March durchströmten Thal, — die umliegenden
Höhen sind zu entfernt, als daß man sie von dort aus bombar-
diren, oder ein beherrschendes Feuer auf sie richten könnte. Die
befestigte Stadt selbst bildet den Kern, oder die Citadelle der umliegenden Festungswerke, die so angelegt sind, daß sie jeden An-
näherungsweg unter Kreuzfeuer bringen, es dem Feinde unmöglich machend einen Sturm zu unternehmen, bevor er nicht durch
Anlegung regelmäßiger Belagerungsarbeiten und Batterien das

Feuer ersterer zum Schweigen gebracht hat. Alle Befestigungen
bestehen aus solidem Mauerwerk, zu dessen Schutze auf der
äußern Seite Erde angeschüttet ist, sind casemattirt, d. h. in-
wendig hohl und gewölbt, um die Truppen und Geschütze aufzunehmen, und vor dem feindlichen Feuer möglichst zu sichern. Man
hat 30 solcher Forts. Hier hätte sich Benedek halten können;
hatte es wohl auch im Willen, aber Prinz Friedrich Carl war,
wie wir schon sagten, nach Brünn vorgerückt, stand in seiner
rechten Seite, und bedrohte durch den fernern Vormarsch die
Hauptstadt des Kaiserreiches, Wien, während die 2. Armee
unter dem Kronprinzen von Preußen gegen ihn im Anmarsche
war und die Möglichkeit vorlag, daß sie ihn in Olmütz festhielt,
während jener dann sich obiger Stadt bemächtigen konnte, die
zwar in aller Eile befestigt wurde, wo man aber dort nicht
Truppen genug zur Vertheidigung hatte, wenn auch die in
Italien durch die Uebergabe der Provinz Venetien an Napoleon
verwendbar gewordenen Armeecorps noch eher herankamen, als
die rasch vorrückenden Preußen, denn am 14. Juli stand die
Avantgarde des 1. Corps der 2. Armee des Kronprinzen bereits
südöstlich von Olmütz. Es galt dieselbe zurückzudrängen, um
sie von der, nach Wien führenden Eisenbahn zu entfernen. Hier
trafen alte Feinde auf einander, und zwar die sächsischen Reiter,
und das 1. preußische schwarze Leibhusarenregiment, welche
Todtenköpfe als Auszeichnung vorn an der Pelzmütze haben.
Dieses Husarenregiment hatte im siebenjährigen Kriege, in der
Schlacht bei Striegau die sächsischen Kürassiere geschlagen und
diesen die silbernen Pauken abgenommen, welche es jetzt noch bei
Paraden führt, — in der Schlacht von Collin, wo Friedrich der
Große vom Feldmarschall Daun besiegt wurde, waren es sächsische Dragoner, welche die Schlacht entschieden, und die schwar-
zen Husaren niederhauend, ausriefen: „Das ist für Striegau!"
Bei dem Gefechte, welches wir jetzt schildern, hatten nun diese
Husaren das Dorf Presnitz bei Olmütz erreicht, wollten hier bi-
rouakiren und Vorposten gegen obige Stadt aussetzen, als sich
ihnen sächsische Cavalerie näherte, die sich aber bis Krelitz zurück-

zog. Die Husaren rückten unvorsichtig nach, und in den Dorf-
gassen kam es zu einem wüthenden Reitergefecht; die Husaren
kamen in die übelste Lage, weil ihnen ein Zug sächsischer Cavalerie in den Rücken fiel, und erst als sie Verstärkung erhielten
rückten die Sachsen auf eine kleine Hochebene hinter dem Dorfe,
es waren blos 2 Schwadronen. Auf diese richteten nun die
Preußen mit überlegenen Kräften ihre Angriffe; es entstand ein
hartnäckiges Gefecht und dreimal wurden sie zurückgeworfen, —
endlich zogen sich die Sachsen in ihre Stellung bei Biscubitz
zurück; die Preußen folgten, geriethen aber in so heftiges In-
fanterie- und Artilleriefeuer, daß sie schleunigst retiriren mußten.
Nicht besser erging es an demselben Tage dem 1. schlesischen
Kürassierregimente, das nach Prerau geschickt wurde, um dort
die Eisenbahn und Telegraphen zu zerstören, — gegen 9 Uhr
traf es gleichfalls bei Biscubitz auf ein Infanteriebataillon,
griff es an, mußte aber dem Feuer weichen und konnte sich
erst außerhalb der Schußweite wieder sammeln. Nun wußten
die Preußen, daß sie so leichten Kaufes sich der Linie zwischen
Prerau und Tobitschau nicht bemächtigen konnten, daß die Oesterreicher und Sachsen durch das Unglück bei Königgrätz nicht entmuthigt waren, und mußten größere Anstrengungen machen
letztere von der Eisenbahn zu entfernen, und gegen Olmütz zurückzutreiben. Am 15. Juli sollte deshalb das ganze 1. preußische Armeecorps des Generals Bonin die Stellung angreifen,
die auch eine höchst wichtige war, da sich in Prerau die beiden
Eisenbahnen verbinden, welche von Schlesien und Prag aus nach
Wien führen, — und wenn sie sich derselben bemächtigten, so
war die Verbindung zwischen letzterer Stadt und Olmütz unterbrochen. Deshalb sollte das 4. Grenadier-, 44. Infanterieregiment nebst einer 4pfündigen gezogenen Batterie den 15. Juli
früh, unter Befehl des Generals Malotki gegen Tobitschau und
Treubel vorrücken und diese Städtchen besetzen — wenn nöthig
erstürmen — die Uebergänge über den Fluß March gleichfalls in
ihre Gewalt bringen, und mindestens so lange halten, bis ihre
Reiterei, das 10. posensche Ulanen- und 2. Landwehrhusarenregiment,

von Prerau zurück seien, die es nun heute versuchten, was gestern dem 1. Kürassierregimente nicht gelungen war, nämlich dort Eisenbahnen und Telegraphen zu zerstören. Die anderen drei Brigaden und die Artillerie des 1. Armeecorps rückten zur Unterstützung des Angriffes südlich von Presnitz vor. Im Augenblicke, als General Malotki bei dem Dorfe Hrubschitz ankam, bemerkte er eine starke feindliche Abtheilung, welche auf der Straße von Olmütz nach Kremsir marschirte, und bereits das Dorf Dub an derselben, das auf einer Anhöhe liegt, theilweise passirt hatte. Da sich bei diesen Truppen viele Wagen befanden, so schloß er daraus, daß sie sich gänzlich von Olmütz abziehen wollten.

Die österreichischen Truppen waren die Brigade des Generals von Rothkirch, vom 8. Armeecorps, bestehend aus den Infanterieregimentern Baron Mamula Nr. 25, Großherzog von Toskana Nr. 71, 1. Jägerbataillon, 1. gezogene Batterie vom 9. Feldartillerieregimente, sowie einer Schwadron des 3. Ulanenregimentes Erzherzog Carl. General von Rothkirch konnte von der Höhe von Dub aus die Preußen beobachten, welche eine Höhe zwischen dem Blattaflusse und Wallabach so besetzt hielten, daß die Infanterie auf dem rechten, die Artillerie und 4 Reiterregimenter auf dem linken Flügel standen. Die Kräfte waren nicht gleich — die Preußen an Reiterei den Oesterreichern sehr überlegen. Dennoch nahm General Rothkirch das Gefecht auf, und ließ mit seiner Batterie die Preußen beschießen, die das Feuer mit der 4pfündigen gezogenen und 2. reitenden der Cavaleriedivision beantworteten. Um zum Angriffe schreiten zu können, mußten die Preußen die Blatta überschreiten, die breit und tief nur auf den zwei Brücken passirt werden konnte, die im sogenannten Wicklitzer Hofe sich befinden. Unbegreiflicher Weise waren diese von den Oesterreichern weder ungangbar gemacht, noch besetzt worden, — sie fielen hier in denselben Fehler, der sich im ganzen Feldzuge wiederholt und ihnen so viele Niederlagen bereitete, sie ließen die Defilén — d. h. Engwege, mögen dies nun Bergpässe oder Brücken sein — offen und vertheidigten sie

nicht. Ist der Gegner auf oder in solchem Engwege, so kann
er nur mit schmaler Front kämpfen, hat man einen solchen ver-
barricabirt oder sonst befestigt und ungangbar gemacht, so ist,
wenn er vertheidigt wird, das Durchgehen derselben seiten des
Gegners nur mit den größten Opfern zu erzwingen. In den
meisten Fällen geht dies aber gar nicht, und er muß große Um-
wege machen um zu seinem Ziele zu gelangen, was im günstigsten
Falle viel Zeit erfordert und seine ganzen Pläne stört. Auch
wird er dadurch zu einer sehr gefährlichen Zersplitterung seiner
Streitkräfte genöthigt, die leicht zur Niederlage führt. Infolge
dieses Fehlers, dieses Unbesetztlassens der Brücken, rückte das
Füsilierbataillon des 44. preußischen Regiments über dieselben,
faßte jenseits festen Fuß, und traf erst dort auf zwei österreichische Compagnien, die ein bei Tobitschau gelegenes Hölzchen
besetzten, um dessen Besitz sich ein heftiger Kampf entspann, den
die Füsiliere einleiteten, und die übrigen fünf Bataillone der
beiden Regimenter, welche über die Brücken nachgefolgt waren,
fortführten. Sie kamen zwar in das Granatfeuer der österreichischen Artillerie, gingen aber trotz dessen zum Sturm gegen den
Rand des Waldes vor, drangen ein, aber innerhalb kam es zum
wüthendsten Bajonnetkampfe, der damit endigte, daß sich die Oesterreicher zurückzogen, hinter demselben in den tiefen Chausseegräben
Stellung nahmen, und dann ihrerseits wieder zum Angriffe gegen
den Wald vorrückten. Dieser scheiterte — von einem Kugelregen überschüttet, mußten sie retiriren, und nun wurden sie von
den Preußen verfolgt, die aus dem Walde herausgingen, — doch
gelang es ersteren bei Wicrowen an der Straße nach Olmütz und
dieser Festung näher, abermals Stellung zu nehmen. Die österreichische Artillerie hatte während der Zeit fortgefeuert, ohne daß
es der, der Preußen gelang, sie zum Schweigen zu bringen. Deshalb mußten jene zu einem Mittel greifen, das man auch nur
seit Einführung der gezogenen, weittragenden Gewehre anwenden
kann, man ließ nämlich eine Plänkerlinie vorgehen, welche die
Batterie in der Front beschoß, ohne von deren vernichtendem
Kartätschhagel erreicht zu werden, weil diese nicht so weit reichen,

Freih. v. d. Pfordten.
Bayern

Baron Ricasoli,
Italien

Graf Bismark,
Preussen

Freih. v. Beust.
Sachsen.

Graf Mensdorff.
Oestreich.

als die Kugeln obiger Gewehre, und gegen eine dünne Plänkerlinie mit Granaten zu schießen, nützt auch Nichts, — außerdem
umritt eine Schwadron des 5. Kürassierregimentes die österreichische Batterie, jagte von der Seite und von rückwärts hinein,
eroberte diese, weil die Truppen, welche zu ihrer Deckung bestimmt, nicht zur Stelle waren, mindestens ihre Schuldigkeit nicht
thaten, welche darin bestand, jene Kürassiere abzuwehren. Die
Oesterreicher zogen sich immer weiter gegen Olmütz zurück, jedes
Dorf hartnäckig vertheidigend, so mußten die Preußen die
Dörfer Wicrowan und Rakoban mit großen Opfern an Menschen
stürmen. Gleichzeitig mit dem oben geschilderten ersten Angriffe
gingen 2 Compagnien gegen das von ebensoviel Oesterreichern besetzte Tobitschau vor, warfen letztere hinaus, und konnten nun mit
Unterstützung zweier anderer in den Engweg gegen Treubeck
vorrücken, namentlich da letzterer Ort wieder einmal nicht besetzt
war, und sich nun gegen Prerau wenden. Ersteren Ort besetzten die Preußen sofort, und rückten die Cavalerie, reitende
Artillerie, und eine auf Wagen gesetzte Compagnie Füsiliere durch
den Engweg. — So war es Mittag geworden. Der Corpscommandant General Bonin mußte aber befürchten, daß die
Oesterreicher verstärkt aus Olmütz herausrücken, und die Brigade
Melotti zurückwerfen würden, deshalb ließ er all seinen Truppen
befehlen, heranzukommen, was auch bis um 2 Uhr geschehen war.
Zwei Brigaden hatte er nun in der Front, die übrigen bei
Biscubitz in Reserve, Cavalerie und reitende Artillerie befand sich
links, auf dem Marsche nach Prerau.

Auf, vor und neben dem erhöht liegenden Kirchhofe von
Dub fuhr jetzt österreichische Artillerie auf, und beschoß die
rechts und links der dorthin führenden Straße stehenden Preußen
mit gutem Erfolge, österreichische Infanterie rückte auf dieser
selbst vor, wurde aber von der Brigade Bornekow zurückgeschlagen,
auch ihre Artillerie mußte die Höhe von Dub verlassen, wo sie
dem preußischen Geschützfeuer zu sehr ausgesetzt war. Alles
ging auf der Straße nach Olmütz zurück. Die gegen Prerau
vorgerückte preußische Reiterei, das 2. (schwarze) Landwehrhusaren-

10. posensche Ulanenregiment und eine reitende Batterie trafen, nachdem sie die March überschritten, auf einige österreichische Bataillone, die sie ruhig erwarteten, Quarree formirten,
ihr Feuer mit größter Ruhe abgaben, aber doch Niedergeritten
wurden, weil die preußischen Granaten tiefe Lücken rissen und die
österreichische Reiterei nicht rechtzeitig zur Stelle war, um ihre
Infanterie zu schützen. Endlich erschien das Regiment Haller
Husaren, griff die preußischen an, warf sie zurück, und fing deren,
durch 8 Säbelhiebe verwundeten, sehr tapferen Obersten von
Glasenapp, der nach Prerau gebracht wurde, das in den Händen
der Oesterreicher blieb, und erst am Abend besetzt wurde, als sich
jene nach Olmütz zurückgezogen hatten, — eine Verfolgung derselben konnten die Preußen nicht wagen.

Man hat sehr mit Unrecht den Oesterreichern unter vielen
unbegründeten Vorwürfen auch den gemacht, daß sie nicht immer
ritterlich gegen ihre verwundeten Gegner verfahren seien. Der
beste Beweis dagegen ist der, daß Feldzeugmeister Benedek mit
seinem Stabe, sowie das Offiziercorps des Hallerhusarenregi-
mentes den gefangenen, verwundeten Landwehrhusaren, Obersten
von Glasenapp, besuchten, und ihm ihre Anerkennung wegen seiner
Tapferkeit aussprachen.

In Prerau zerstörten nun die Preußen die Eisenbahn, welche
nach Wien führt — und Olmütz war durch keinen Schienenweg
mehr mit jener Residenzstadt verbunden, doch geschah dies etwas
zu spät, wie man aus dem folgenden ersehen wird. Ehe wir
jedoch die weiteren Ereignisse schildern, müssen wir noch einen
Blick auf das geschilderte Gefecht werfen.

Unzweifelhaft haben die Oesterreicher den großen Fehler
gemacht, daß sie den Blattafluß und dessen Uebergänge ebensowenig hielten, als den dahinter liegenden Wald, und nirgends
Verhaue, Barricaden oder Schanzen aufgeworfen hatten, was
namentlich bei dem so wichtigen Orte Prerau hätte geschehen
müssen. Dann verloren sie zwei Batterien, die ohne Bedeckung,
mindestens ohne solche waren, die Stich hielt, und davonging
als die Kürassiere angriffen. Ueber die Verwendung der öster-

reichischen Batterie fällt ein hochgestellter, tüchtiger sächsischer Artillerieoffizier folgendes Urtheil: Die österreichischen Geschütze sind gut, namentlich die 8=Pfünder, sie sind auch vorzüglich bedient, werden aber gewöhnlich nicht richtig verwendet, indem man sie in langer Linie auffahren läßt, anstatt an wichtigen Puncten mit Massen zu wirken, wie dies Napoleon that. — Betrachten wir jetzt die Lage des Heeres selbst. Graf Nobili, ein General hielt über die Generale Graf Clam Gallas, Krismanich und Baron Henikstein, welche arretirt waren, in Wien ein Kriegsgericht ab, — Feldzeugmeister Benedek war mit der Besatzung in Olmütz zurückgeblieben, General Baumgarten sein Generalquartiermeister geworden. Die übrigen Truppen hatte er nach Wien und an die Donau nach Ungarn gesendet, sie traten unter den Oberbefehl des Erzherzogs Albrecht, der sich in Wien befindend, noch die Ankunft seiner drei Armeecorps erwartete, mit denen er gegen die Italiener siegreich gefochten hatte, sein Chef des Generalquartiermeisterstabes war Generalmajor von John. In den ganzen, von den Preußen nicht besetzten Landestheilen, fanden starke Rekrutirungen, sowie freiwillige Anwerbungen statt, um die Lücken zu füllen, welche die letzten Kämpfe in die Reihen des Heeres gerissen hatte, in den Arsenalen und Zeughäusern arbeitete man Tag und Nacht an Hinterladungsgewehren — die Geschützgießereien waren in gleicher Thätigkeit — Wien selbst ward stärker befestigt.

Die Haupt= und Residenzstadt Wien an der Donau gelegen, war früher Festung, und berühmt durch die heldenmüthige Vertheidigung gegen die Türken, welche dann von dem Polenkönig Sobiesky geschlagen, die Belagerung aufgeben mußten. Später schleifte man die Festungswerke, da die immerwachsenden Vorstädte dieselben nutzlos erscheinen ließen, nur das Arsenal ward 1849 befestigt, nachdem die Stadt als aufrührerisch, von österreichischen Truppen unter dem Fürsten Windischgrätz und dem Ban Jellacic von Croatien erstürmt worden war. Dieses Arsenal liegt südöstlich an der Stadt, und bildet eine Citadelle, welche 40,000 Mann fassen kann, und stark genug ist, einen Feind, der

in dieser Richtung herankäme, zurückzuweisen. Im Norden hat
aber die Stadt gar keinen Schutz, und gerade von dorther mußte
man die gefährlichsten Gegner, die Preußen erwarten. Die von
Westen nach Osten strömende Donau, theilt sich hier in drei Arme,
dem Donaucanale zwischen der inneren Stadt und der Leopold-
stadt, dem Kaiserwasser oder der alten Donau, und der großen
Donau. Die Brücken über diese Ströme sind von Holz, und
können im Kriegsfalle leicht abgeworfen werden, dürften aber
einen so weit vorgebrungenen Feind schwerlich am Flußübergang
hindern, wenn ersteres geschehen. Im Jahre 1809 rückte Napoleon von dieser Seite in die Stadt ein, obgleich man jenes
gethan. Deßhalb begann man bei Beginn des Feldzuges schon
diese Nordseite am linken Donauufer zu befestigen, und zwar in
einem Halbkreise von 5 bis 6 Stunden Weges. 18,000 Ar-
beiter warfen Tag und Nacht Gräben aus, und führten Wälle
auf, die theilweise ausgemauert, theilweise mit Schanzkörben und
Faschinen geschützt wurden; die Zugänge und Gräben wurden
pallisatirt. Das wichtigste Befestigungswerk ist der Brückenkopf
von Florisdorf, durch welchen die große Kaiserstraße von Brünn
nach Wien und die dortigen Brücken führt — innerhalb der
Befestigung läuft die Kaiser-Ferdinands-Nordbahn, und vereinigt
sich in Florisdorf mit den von Krakau und Brünn kommenden
Schienenwegen. Hieraus allein ergiebt sich schon die Nothwendigkeit der Befestigung von Florisdorf. Die Schanzen
waren mit dem schwersten Festungsgeschütz armirt.

Wir sagten, daß das Gefecht von Prerau und Tobitschau zu spät seiten der Preußen geliefert worden sei, wir bemerken hierzu, daß die österreichische Armee dadurch nicht mehr
von Wien abgeschnitten werden konnte, da diese Feldzeugmeister
Benedek schon mehrere Tage vorher dorthin und nach Ungarn
hatte abrücken lassen. Die Sachsen waren bei dieser Gelegenheit
sehr zerstreut worden. Man hatte mit der Eisenbahn von Olmütz nach Florisdorf bei Wien, das Corpscommando, den Stab
der 1. Armeedivision, die Infanterie derselben, mit Ausnahme
der 2. Brigade Prinz Friedrich August, die Artilleriebrigade

Weigel, sowie die Corpsgeſchützreſerve außer der Fußbatterie Walther und der reitenden, Hoch, befördert. Mit derſelben Bahn fuhren, aber nur bis Biſenz, das 7. und 8. Bataillon, dort ſtiegen ſie aus, überſchritten dann die Karpathen und marſchirten über Thyrnau nach Preßburg in Ungarn, ſie wurden in letzterem Lande ſtreckenweiſe mittelſt Vorſpannwagen transportirt. Von Olmütz über Hradiſch, Oſtrau, die Karpathen nach Thyrnau und Preßburg marſchirten die Reiterdiviſion und die beiden reitenden Batterien, welche letztere Major Albrecht befehligte, der Artilleriehauptpark, die Pioniere mit dem Pionier- und Pontonpark, 1 Munitions- und 1 Proviantcolonne. Das 3. Reiterregiment ward aber zum 2. öſterreichiſchen Armeecorps des Grafen Thun geſchickt. Ueber Prerau, Weſowitz, durch den Blarpaß, im Waagthale unten, nach Preßburg marſchirte eine zuſammengeſetzte Infanteriebrigade, beſtehend aus dem 1., 2., 3., 4., 15. und 16. Bataillon, unter Befehl des Oberſten Freiherrn von Wagner, — letztere beiden Bataillone der Leibbrigade waren aber mittelſt Eiſenbahn vorausgeſchickt worden, ferner die Munitionscolonne Nr. 2. Dieſe Truppen waren bei dem 1. öſterreichiſchen Armeecorps geblieben, welches nach der Arretur des Grafen Clam Gallas der Graf Gondrecourt befehligte. Von Olmütz über Leipnik, Weiskirchen, Meſeritzh, Watin durch den Warpaß nach Trentſchin und in das Waagthal rückten unter Befehl des Generals von Stieglitz der Stab der 2. Infanteriediviſion, das 13., 14., 5. und 6. Infanterie- ſowie das 1. und 4. Jägerbataillon, unter Oberſt Freiherr von Hauſen eine Brigade bildend, die Artilleriebrigade Grünewald mit der 2. Granatkanonenbatterie Hering-Göppingen, 3. gezogenen Walther, 4. gezogene Richter, nebſt einer Colonne Wiedergeneſener. Dieſe Diviſion war dem 6. öſterreichiſchen Armeecorps des Generals Baron Ramming, zugetheilt. Die Landmärſche wurden wegen der Nähe der Preußen mit allen Vorſichtsmaaßregeln ausgeführt, oft mußte die Nacht hindurch marſchirt werden um dieſen zu entgehen, die ihnen in der Abſicht nachrückten ſie von Preßburg und Wien abzuſchneiden. Die Hitze war drückend, die Berge,

welche überschritten werden mußten, erhöhten die Beschwerlich-
keiten des Marsches nicht wenig, und riefen unter den Truppen
viele Krankheiten hervor. Am 16. Juli waren die Sachsen von
Olmütz aufgebrochen, und die auf der Eisenbahn nach Wien be-
förderten Truppen kamen ganz vor Thorschluß durch Prerau,
noch ehe es die Preußen besetzt hatten, doch erhielten die letzten
Züge schon Gewehrfeuer von jenen, was aber keine Verluste verursachte — nur konnte die Bahn von anderen Truppen nicht
mehr benutzt werden. Wir müssen unsere Landsleute auf ihrem
Marsche nach Ungarn jetzt verlassen, und den Bewegungen der
Preußen folgen.

Wie wir schon sagten, hatten die Preußen Prerau besetzt,
und dadurch die Eisenbahnverbindung zwischen Wien und Olmütz gänzlich unterbrochen. Nun hatte Prinz Friedrich Carl, bei
seinem weiteren Vormarsch gegen erstere Stadt, Nichts mehr von
letzterer zu fürchten, er ließ das 2. Armeecorps unter General Schmidt in der Richtung nach Nicolsburg, das 3. nach Lundenburg vorgehen, während die 7. und 8. Division des 4. Armeecorps links nach der March geschickt wurden, um den, sich nach
Preßburg zurückziehenden Truppen den Weg dorthin zu verlegen;
sie standen am 16. Juli in Mährisch-Göding auf dem rechten,
und in Skalitz in Ungarn, auf dem linken Ufer des Flusses
March. General Herwarth, welcher den äußersten rechten Flügel
mit der Elbarmee bildete (8. Armeecorps), stand am 13. Juli
vor Znaim, überschritt am 15. die Grenze des Erzherzogthums
Oesterreich, und rückte nach Jetzelsdorf, am 16. nach Oberholla-
brunn, — seine rechte Seitendeckung war von Iglau aus über
Deltzsch, Datschitz, Zabrcinzs bis Weidhofen an der Thaya vorgerückt, die 2. schlesische Armee folgte dem Heere des Prinzen
Friedrich Carl über Brünn. Vor Olmütz blieb ein Beobachtungs-
corps, so daß die Preußen von Weidhofen über Nicolsburg,
Lundenburg bis Skalitz in Ungarn standen.

Der Grenzfluß Thaya zwischen Mähren und dem Erzherzogthum Oesterreich, war von den Kaiserlichen nirgends ernstlich gehalten worden, überall zogen sie sich nach wenig Schüssen zurück,

aber sie sprengten auch alle Brücken, so daß die Preußen die
Uebergänge erst herstellen mußten, bevor sie den Fluß passiren
konnten. Gegen sich hatten sie allerdings nur das Armeecorps
des Generals von Gablenz und drei Reservecavaleriecorps, diese
waren viel zu schwach ernsten Widerstand zu leisten und zogen
sich beobachtend von der Thaya nach der Donau zurück. In
Folge dessen konnte Prinz Friedrich Carl am 17. Juli seine
Truppen von Nicolsburg bis Wolfersdorf gegen Wien vorschieben, und stand nur noch 6 Meilen von dieser Stadt
entfernt.

Ehe der Vormarsch der Preußen begonnen, hatte, wie
wir schon sagten, der französische Gesandte Benedetti einen
Waffenstillstand zu vermitteln gesucht und zwar von breitägiger
Dauer, doch scheiterte dieser Versuch, weil Oesterreich nicht auf
die ihm vom König von Preußen gestellten Bedingungen einging,
welcher verlangte, daß 1) die österreichischen Truppen sofort das
zwischen ihnen und der Thaya liegende Gebiet räumen sollten —
also ganz Mähren mit Ausnahme der Festung Olmütz, 2) daß
sämmtliche Truppen, also sowohl die preußischen als österreichischen der Nord- und Südarmee, auch die Sachsen sowie alle Artillerie und Kriegszufuhren an dem Orte stehen bleiben sollten,
an welchem sie sich am Tage der Unterzeichnung der vereinbarten
Waffenruhe befanden, 3) daß die preußischen Truppen sich bis
zum Ablaufe der Waffenruhe 3 Meilen von Olmütz fern halten
würden, 4) daß die Eisenbahn zwischen Dresden und Prag für
die Proviantzufuhren des preußischen Heers offen bleibe. König
Wilhelm konnte als Sieger so etwas verlangen, Oesterreich aber
darauf nicht eingehen, denn durch Punct 2 hatten sie die im
Anmarsche aus Italien sich befindende Südarmee nicht nach Wien
ziehen können, wenigstens wäre sie nicht rechtzeitig dort eingetroffen, und hierauf beruhte seine größte, fast einzige Hoffnung
auf noch zu erringenden günstigen Erfolg, Punct 4 aber, die
Eisenbahn zwischen Prag und Dresden frei zu geben, hieß nichts
Anderes, als den Königstein neutral zu erklären, ihn wirkungs-
los zu machen, was den Preußen sehr erwünscht und vom größ-

ten Vortheil gewesen wäre. Diese Festung sperrte jene Eisenbahn und die Schifffahrt auf der Elbe, und ein Versuch, sie zu erobern, war noch nicht gemacht worden, weil sie dessen Erfolglosigkeit recht gut selbst einsahen. So waren nun die Preußen über die Thaya vor-, und in das Erzherzogthum Oesterreich selbst eingerückt. König Wilhelm I. verlegte nun sein Hauptquartier vorwärts nach Schloß Nikolsburg und sagte, bevor er Brünn verließ, dem Bürgermeister Dr. Giskra: „Ich freue mich, daß Meine Erwartungen und Ihre Zusagen bei Meiner Ankunft hier so vollständig in Erfüllung gegangen sind. Sie sind Meinen Truppen freundwilligst entgegengekommen, obgleich Ihnen das bei der großen Zahl derselben schwer geworden sein muß. Dafür danke ich der Stadt Brünn. Aber Sie werden sich auch überzeugt haben, daß Ich recht hatte, als Ich Ihnen sagte, daß Meine Truppen nichts Unbilliges fordern würden. Ich kenne Meine brave Armee. Das Nöthige aber soll und muß ihnen werden, wo es auch sei! Sagen Sie das mit Meinem Danke den Bewohnern Brünns." Am 18. Juli Abends 10 Uhr traf der König in Nikolsburg ein und erfuhr noch vor seiner Abreise die Siege der Mainarmee, unter General Vogel von Falkenstein.

Schloß Nikolsburg ist dicht an der Grenze des Erzherzogthums Oesterreich, an der sogenannten Kaiserstraße, welche von Brünn nach Wien führt, gehört aber noch zur Provinz Mähren. Die Stadt liegt an den Ausläufern eines Felsenstockes, der sich aus der Ebene erhebt und weithin sichtbar ist, in einer wohlhabenden Gegend, wo namentlich viel Wein gebaut wird. Das im 14. Jahrhundert erbaute Schloß gehört der Gemahlin des österreichischen Ministers Graf Mensdorf-Pouilly. Es ist höchst eigenthümlich gebaut, zum Theil in Felsen eingesprengt, hat aber im Laufe der Zeit so viele Veränderungen erfahren, daß es mehr eigenthümlich, als schön ist. In verschiedenen Kriegen hat es oft viel leiden müssen, zur Zeit der Reformation trat die Bevölkerung zum Protestantismus über, als aber da dieselbe besitzende Familie Koretschin im Jahre 1672 ausstarb, erhielt es die von Dietrichsteinsche zu Lehen, welche den Katholicismus wieder

SKIZZE
des KRIEGSSCHAUPLATZES
nach der SCHLACHT von KÖNIGGRÄTZ
bis
zum FRIEDEN von NIKOLSBURG

einführte; im dreißigjährigen Kriege war es oft von fremden Truppen besetzt, 1632 kamen sogar die Türken bis dahin, am 22. Februar 1742, im zweiten schlesischen Kriege, drangen die Preußen bis hierher vor und besetzten es, schrieben auch sehr bedeutende Contributionen aus. Es beherbergte aber auch in seinen Mauern den Kaiser Napoleon I., nachdem er 1805 die Oesterreicher und Russen in der Schlacht bei Austerlitz geschlagen hatte; noch zeigt man die Zimmer, welche er bewohnte. Da Niemand französisch sprach, als der Schneidermeister Richthofer, so ward dieser Dolmetscher und Civilintendant der Stadt. — Jetzt war es das Hauptquartier der siegreichen, Wien bedrohenden preußischen Armee, und durch den hier abgeschlossenen Frieden wird es eine Berühmtheit für alle Zeiten erhalten. Immer enger und enger zogen die preußischen Truppen um die Nordseite Wiens eine Kette von Vorposten, und diese stauden am 21. Juli bereits in Gänserndorf, Dunkruth, Wolkersdorf, die Elbarmee des Generals Herwarth von Bittenfeld hatte sich in westlicher Richtung bis Krems ausgedehnt. Mittlerweile ließ es der französische Gesandte Benedetti, dem gar nichts daran lag, wenn die Preußen nochmals gesiegt hätten, vielleicht gar in der alten Kaiserstadt Wien eingezogen wären, nicht an Vermittelungsvorschlägen fehlen. Es hieß allgemein, es werde am 22. Juli ein fünftägiger Waffenstillstand unter- günstigeren Bedingungen für Oesterreich abgeschlossen werden. Wir glauben uns nicht zu irren, wenn wir sagen, daß eine gewisse Nachgiebigkeit bei dem König von Preußen zu bemerken war, weil ein Feind über sein Heer kam, der weder durch die Pläne des Generals von Moltke, noch durch Zündnadelgewehr oder gezogene Kanonen zu besiegen war, und täglich unendliche Opfer forderte; es war dies die Cholera. In Folge der Strapatzen, unregelmäßiger Nahrung, schlechten Wassers trat diese verheerende Krankheit schon in Brünn bei den Preußen als ansteckende Seuche auf und Hunderte fielen ihr hier zum Opfer; sie ward immer heftiger, und was thut man selbst mit dem tüchtigsten Heere, wenn eine solche die Reihen decimirt, und mehr Opfer

verlangt als Kugel und Schwerdt? — Während der Unterhandlungen wegen eines fünfstündigen Waffenstillstandes war auch die
7. und 8. Division nebst der Reiterdivision von Horn, unter
Oberbefehl des Generals von Fransecky, von Göding und
Stalitz an der March weiter vorgerückt. Die 8. Division war
von Stalitz aus über Holic auf der Straße nach Preßburg vor-
marschirt, über die Karpathen gegangen, und stand am 21. bei
Stempfen, was zwei Meilen von letzterer Stadt in nordwestlicher
Richtung entfernt ist. Die 7. Division war von Göding am
rechten Ufer der March vorgegangen, hatte bei Marchegg den
Fluß überschritten und dann bei Bostnitz, einem Dorfe zwischen
Stempfen und Preßburg, an der Straße Stellung genommen;
von hier aus wollte General Fransecky die Gegner angreifen,
welche bei Blumenau standen.

Die Straße von Stempfen nach Preßburg läuft fast immer
in einem Thale zwischen den großen und kleinen Karpathen hin,
bei dem Dorfe Neudorf geht ein Höhenzug quer durch dieselbe,
etwas rückwärts liegt Blumenau an der Straße selbst, links vorwärts auf dem Höhenrücken aber das Dorf Kaltenborn. Diese
Stellung war von den Oesterreichern besetzt, die sich hier dem
weiteren Vorbringen der Preußen nach Preßburg entgegenstellten,
und war hierzu das 2. Armeecorps des Grafen Thun, zu welchem auch die sächsische Reiterdivision und die beiden reitenden
Batterien gehörten, sowie die Brigade Mandl des Armeecorps
von Gablenz verwendet worden. Auf dem Höhenzuge von Neudorf waren zehn Batterien aufgefahren. General Fransecky er-
kundete diese feste Position des Gegners, und wohl einsehend,
daß sie in der Front kaum zu überwältigen sein würde, beschloß
er diese mit der 15. Brigade von Bose über den Gemsberg links
zu umgehen, dann sollte letztere die Straße von St. Georg nach
Preßburg gewinnen, und auf ihr in den Rücken der Oesterreicher
marschiren. Die Front derselben griff er früh 6 Uhr vorerst
mit dem 72. Infanterie- und 10. Husarenregimente an, während
2 Brigaden und das 6. Ulanenregiment als Reserve folgten.
Eine Schwadron Husaren traf bald auf österreichische Ulanen;

die anderen Schwadronen der Ersteren eilten herbei, und die
Ulanen zogen sich auf ihre Reserven zurück, wobei es zwischen
beiden Truppen zum Handgemenge kam; da die Preußen nun
auch noch in das Feuer der österreichischen Geschütze kamen, und
ihr Führer, der Major von Hymen, blessirt worden war, so
mußten sie zurück. Nun fuhr preußische Artillerie gegen die
österreichische auf, und es entspann sich eine lebhafte Kanonade,
während welcher das 72. Regiment und eine Brigade der Reserve sich an den Waldrändern der Abhänge seiten der Straße
vorzog, um dem feindlichen Feuer nicht zu sehr ausgesetzt zu
sein. Die Preußen mußten die Reserveartillerie des 7. Armeecorps heranziehen, auch die Oesterreicher erhielten Verstärkung an
Geschützen. Neudorf brannte, und die aus demselben vorrückende
österreichische Reiterei mußte deshalb dies Vorhaben aufgeben,
ohne daß bis Mittag irgend eine Entscheidung eingetreten wäre.

General von Bose hatte während dieser Zeit auf Gebirgs-
wegen den Gemsberg überschritten, stieß jenseits auf die sogenannte eiserne Brigade der Oesterreicher, die Regimenter König
von Belgien und Großherzog von Hessen; doch mußten diese
weichen, und um 12 Uhr standen die Preußen bei der Jägermühle, dreiviertel Stunde von Preßburg, im Rücken der bei
Blumenthal kämpfenden Oesterreicher. Da trafen in diesem entscheidenden Momente Parlamentaire ein; überall ertönte das
Signal: Nicht gefeuert! Hahn in Ruh'! — Alles blieb erstaunt stehen, wo es eben war.

Die Parlamentaire hatten beiden Theilen eine in Nicolsburg
abgeschlossene Waffenruhe verkündet. Nun sollten nach den Bestimmungen des Abschlusses der Waffenruhe die Truppen dort
stehen bleiben, wo sie im Momente der Unterzeichnung sich befunden hatten, mithin hätte der im Rücken der Oesterreicher
stehende General von Bose mindestens bis hinter Blumenau zurückgehen sollen; doch mochte er seine Stellung an der Jägermühle nicht gerne aufgeben, da sie in der That eine sehr vor-
theilhafte, aber durchaus nicht für die Einnahme von Preßburg
entscheidend war; denn mit seinen geschwächten 6 Bataillonen

konnte er sehr leicht von dort aus wieder verjagt werden. In=
deſſen nahm ſich der Generalquartiermeiſter der 1. Armee, Ge=
neral von Stülpnagel, ſeines Wunſches an; General von Thun,
der öſterreichiſche Commandirende, ſah keinen Grund, dieſen auf
Eitelkeit gegründeten Wunſch zu verſagen, und ſo bivouakirte
denn Herr von Boſe bis den 23. früh an der Jägermühle und
ging dann weiter zurück.

Ehe wir zum Abſchluſſe der Waffenruhe und deren Be=
dingungen übergehen, müſſen wir jetzt öſtlich blicken, wo ſeit Be=
ginn des Krieges, wenn auch mit geringen Streitkräften, gekämpft
worden war. Es war dies am äußerſten Südoſten des König=
reichs Preußen, da, wo die Eiſenbahn von Breslau nach Krakau
ſich mit der von Wien kommenden vereinigt. General von
Moltke, der Chef des preußiſchen-Generalſtabes, wußte ganz ge=
nau, daß er hier nicht zum Angriffe vorgehen werde, da er ſo=
gleich auf die ſtarke öſterreichiſche Feſtung Krakau geſtoßen wäre.
Er hatte aber bei ſeinem Kriegsplane, in Böhmen und Hannover
einzufallen, keine Truppen übrig, um einem irgend ſtarken Ein=
falle der Oeſterreicher hier entgegenzutreten; deshalb beſchloß er
alle Brücken ſowie alle Bahnhöfe zu zerſtören, die dem Einrücken
der Gegner irgend Vorſchub leiſten konnten. General Knobels=
dorf ward deshalb mit einer Brigade nach Ratibor geſendet,
Landwehr 1. und 2. Aufgebots eingezogen und zu Zerſtörungen
obiger Art, zur Abwehr öſterreichiſcher Einfälle verwendet, wäh=
rend ſie ihrerſeits dergleichen in das Gebiet des Feindes ver=
ſuchen ſollte.

Dergleichen Unternehmungen waren namentlich dem Brigade=
commandanten Grafen Stollberg übergeben, deſſen Hauptquartier
in Pleß war, und der, außer einer Schwadron Ulanen und
einer Jägercompagnie, 22 Landwehrcompagnien 2. Aufgebotes
befehligte, welche letztere, wegen Mangels an gezogenen, nur mit
glatten Gewehren bewaffnet waren. Die herrliche Eiſenbahn=
brücke bei Oderberg über die Oder, welche die öſterreichiſche
Nordbahn mit der Krakau=Breslauer verbindet, ward ſchon am
22. Juni auf Befehl des Generals von Knobelsdorf geſprengt,

und das kaiserliche Bauwerk sank in Trümmern. Damit be-
gnügten sich aber die Preußen nicht, sondern zerstörten so viele
Eisenbahnen, Eisenbahnbrücken und Bahnhöfe, verbrannten-so
viele Wagen und Material, als sie eben auf österreichischem
Grund und Boden erreichen konnten. Der österreichische General
Trentaglia in Krakau konnte dem nicht ferner ruhig zusehen; er
schickte deshalb 2 Batterien, 1 Regiment Ulanen, 1 Infanterieregiment und 1 Jägerbataillon an die preußische Grenze, was
gerade ankam, als Graf Stollberg, der 2 Liniencompagnien und
2 Geschütze aus Ratibor erhalten hatte, von Neuberun aus über
die Weichsel gehen wollte, um den österreichischen Bahnhof
zu Oswlenzim jenseit dieses Flusses zu zerstören. Die Oesterreicher ließen die preußischen vorgeschickten Landwehrcompagnien
ruhig die Brücke überschreiten, dann aber beschossen sie diese mit
Geschütz, verbrannten jene hinter ihnen, und die Preußen mußten
durch das Wasser selbst gehen; an Verfolgung der Gegner durch
Reiterei hinderte die österreichischen Husaren das wirksame Zünd-
nadelfeuer der am jenseitigen Ufer aufgestellten beiden preußischen
Füsiliercompagnien des 62. Regimentes.

Am 4. Juli brandschatzte eine preußische Jägercompagnie
und eine halbe Schwadron Ulanen die beiden von österreichischen
Truppen nicht besetzten Städtchen Bielitz und Biala um
60,000 fl., die sie theilweise in Wechseln mitnahmen, nachdem sie
die dortigen Bahnhöfe, Wagen, Telegraphenapparate zerstört
hatten, weil sich einige Bewohner diesem Vorhaben widersetzen
wollten. Kein Wunder, daß nach solchen Vorgängen General
Trentaglia es verweigerte, verwundete und gefangene Preußen
auszuwechseln. Im Uebrigen ward an demselben Tage von Ratibor aus die österreichisch-schlesische Stadt Troppau von einer
Schwadron Ulanen, einer Compagnie Infanterie und einer Abtheilung Pioniere besetzt; man schickte letztere nach der Eisenbahnstation Schönbrunn, um die Eisenbahn zu zerstören, die von
Krakau aus über Prerau nach Wien geht. Hier sprengten sie
die Brücke und brannten sie mit Hydroglycerin bis auf den
Wasserspiegel nieder, auch zerstörten sie lange Bahnstrecken und

die Telegraphenleitung; dann rückte diese Abtheilung wieder nach Troppau.

Am 5. Juli ward auch Jägerndorf von einem preußischen Landwehrbataillone besetzt, sowie alle anderen wichtigeren Städte an der schlesischen Grenze in Oesterreich. General von Knobelsdorf führte den Oberbefehl, Civilgouverneur ward der preußische Landrath von Solchow. In einer Ansprache vom 9. Juli verlangte er von den Bewohnern Troppau's pünctliche Befolgung der von ihm ausgehenden Verordnungen, die nöthige Verpflegung für die Truppen, während General von Knobelsdorf bei Vermeidung standrechtlicher Bestrafung die Ablieferung der Waffen seiten der Bewohner binnen 24 Stunden verlangte. Am 14. Juli rückte General Knobelsdorf weiter nach Olmütz vor, und setzte seinen Marsch tiefer nach österreichisch Schlesien fort, als General Stollberg, durch Ersatzbataillone Verstärkung erhaltend, die Stadt Schwarzwasser und deren Umgegend besetzen konnte. An demselben 14. Juli aber machte auch eine halbe österreichische Compagnie einen Einfall aus der Gegend von Mislowitz nach Dischkowitz, aß und trank sich satt, und kehrte dann über die Grenze zurück. Am 16. Juli fand ein größeres Gefecht statt. 2 Compagnien österreichische Infanterie, 2 Geschütze und eine Schwadron Husaren gingen über Dzutzitz auf der Straße nach Pleß bis Gorzalkowitz vor, wo ihnen Graf Stollberg mit dem 6. Landwehrhusarenregimente und einer Jägercompagnie entgegentrat, aber Verlusten durch des Gegners Geschützfeuer ausgesetzt war, der sich nach einem kurzen Gefechte unverfolgt über die Grenze zurückzog.

Auf dem weiteren Vormarsche hatte General Knobelsdorf mit böhmischen Freischaaren zu thun, die sich in Folge des kaiserlichen Aufrufs bewaffnet hatten und ihm in die rechte Flanke fielen, so daß es bei Dobraska, an der Straße von Neustadt, am 24. Juli zu einem harten Gefechte kam, das jedoch die Kunde von abgeschlossener fünftägiger Waffenruhe gleichfalls beendete. —

Es mußte sehr überraschen, daß, obgleich der Kaiser von

Oesterreich vor wenigen Tagen die preußischen Waffenstillstandsbedingungen zurückwies, welche der französische Gesandte Benedetti vermittelte, er doch wenige Tage später eine Waffenruhe
auf 5 Tage unterzeichnete. Zuerst hatte Oesterreich verlangt,
daß die Südarmee ihre Bewegungen fortsetze, die Preußen aber
nicht weiter über die Thayalinie vorrücken sollten, als bis Lundenburg. Das waren Bedingungen, auf welche der König von
Preußen nicht eingehen konnte; denn dies hieß mit anderen
Worten, sein Heer solle so lange keine Fortschritte und Angriffe
machen, bis sich die Gegner durch Heranziehung von frischen
Truppen soweit verstärkt hätten, daß sie ihn besiegen könnten.
Nebenbei war bei diesen Waffenstillstandsbedingungen der Festung
Königstein gar nicht gedacht, und die Sachsen konnten anfangen
einzusehen, welchen Schutz ihnen Oesterreich gewähren würde, sobald dies nicht in seinem eignen Vortheile läge. — Eine Hauptbedingung der Waffenruhe, eine Grundlage zum künftigen Frieden
war die, daß Oesterreich aus dem deutschen Bunde austreten
sollte. Die Verhandlungen zum Waffenstillstande leiteten österreichischer Seits die Grafen Degenfeld und Karoly, sowie der
Graf Kufstein und Freiherr von Brenner, preußischer Seits
der General von Moltke und Graf Bismark. Die fünf-
tägige Waffenruhe ward zum Abschluß gebracht, und zwar unter
der Bedingung, daß sofort Friedensverhandlungen eingeleitet
werden mußten.

Wenn im Namen des Kaisers der Erzherzog Albrecht,
Höchstcommandirender, dem Heere erklärt hatte, der Erstere
werde den Krieg bis auf das Aeußerste führen, so fragt es sich
jetzt, welche Gründe bewogen denselben zur Unterzeichnung der
vor wenig Tagen zurückgewiesenen Waffenruhe? Höhere politische, wird man da antworten. — Es scheint uns hier an der
Zeit, überhaupt zu fragen: Was ist denn Politik? Politik ist
nichts Anderes, als die Wissenschaft, seine Macht und Größe
aufrecht zu erhalten, sich, wenn man angegriffen wird, mit Hülfe
von Verbündeten zu vertheidigen, im Falle der Angreifer stärker
als wir, wenn er schwächer ist, andere Staaten abzuhalten, dem

Gegner beizustehen, damit wir ihn schlagen können. Es handelt sich schließlich allemal um Mein und Dein. Die Träger oder Executoren der Politik nennt man Diplomaten; diese haben Bündnisse zu schließen und zu brechen, je nachdem es die Umstände verlangen. Geht dies nicht auf friedlichem Wege, so müssen die Heere herbei, müssen sich schlagen, und der Sieger kommt in das Recht, wenn er auch moralisch vollständig unrecht hätte. Die Engländer haben ein Sprichwort, das sehr wahr, aber weder von ihnen, noch von andern Mächten je durchweg befolgt worden ist; dieses heißt: „honesty is the best policy." zu Deutsch: „Ehrlichkeit ist die beste Politik." Die äußere Politik schließt Treue, Glauben, Offenheit und Wahrheit gänzlich aus, und setzt an deren Stelle Täuschung, Gewalt, Lüge und List. — Das ist sehr schlimm, aber die Welt will es einmal nicht besser. Es ist immer noch gut, wenn die innere, d. h. diejenige, welche die Regierung gegen die eignen Völker befolgt, solchen Grundsätzen nicht huldigt, und das können wir namentlich in unserem Vaterlande Sachsen sagen, seitdem wir die Constitution haben. Im Allgemeinen sind wir der Ansicht, daß Sachsen ein ganz glückliches Land sein würde, wenn man uns anstatt der Soldaten — die Advocaten genommen hätte. Es giebt rühmenswerthe Ausnahmen, aber, gleich Schmarotzerfecten, die sich vom Blute anderer Thiere, vom Safte der Pflanzen nähren, so leben die Advocaten vom Fette ihrer Mitmenschen — und nähren sich im Allgemeinen sehr gut davon.

Wir sind in Beziehung der befolgten Politik Frankreichs folgender Ansicht: Kaiser Napoleon hatte sich bei den Ereignissen 1866 vollständig verrechnet. Er selbst wußte aus eigner Erfahrung, namentlich seit dem Feldzuge 1859 in Italien, daß die Oesterreicher ausgezeichnete Truppen besitzen, und nur mit großen Schwierigkeiten zu schlagen sind. Die Schlachten von Magenta und Solferino hatten seiner — der französischen — Armee furchtbare Opfer gekostet; nur die Unfähigkeit einiger österreichischer Generale, nicht die Tapferkeit seiner Truppen, hatte sie ihm gewinnen lassen. Mit Recht durfte er annehmen, daß die Oester-

reicher aus der Vergangenheit etwas gelernt hätten, daß sie die
Unfähigen entfernen, ihre Bewaffnung und namentlich das Verpflegungswesen der Truppen verbessern würden. Das war auch
theilweise geschehen. Wenn er nun die Kriegserfahrenheit des
großen Theiles der Soldaten und Offiziere und deren lange
Dienstzeit mit der der Preußen verglich, so kam er zu folgendem
Resultate bei seiner Berechnung, die sich freilich als eine falsche
erwies: „Die Oesterreicher und Preußen mögen gleichmäßig
tapfer sein, erstere haben aber eine längere Dienstzeit als die
Letzteren; folglich sind sie soldatisch besser ausgebildet und im
Kriege deshalb auch tüchtiger. Oesterreich hat zwar keine Landwehr als Reserve; das ist aber ein Vorzug, denn die preußischen
Landwehren werden im Kriege Nichts leisten, wenn es überhaupt möglich sein sollte, sie zusammen zu bringen. Die Wehr-
leute sind fast alle verheirathet, lassen Frau und Kind daheim,
die wenigsten ihrer Offiziere sind Soldaten von Fach und mili-
tairwissenschaftlich gebildet; auch vom practischen Dienste verstehen
sie nicht zu viel; Uebung darin geht ihnen jedenfalls ab. Solche
Truppen können nicht schwer in die Wagschale fallen. Das ist bei
der Cavalerie noch schlimmer als bei der Infanterie, und es wird
Preußen schwer werden, die auf dem Papiere stehenden Landwehr-
reiterregimenter auf Pferde zu bringen und im Felde zu verwenden.
Die übrige preußische Reiterei sind nur junge Leute, die sich mit der
vorzüglich bewaffneten, ausgebildeten und berittenen österreichischen kaum werden messen können. Was die Artillerie betrifft,
so genießt die kaiserliche, trotz dessen, daß sie keine reitende besitzt,
doch eines ausgezeichneten Rufes. Im Uebrigen ist die österreichische Armee an Zahl der preußischen überlegen, und der Letzteren
Generale ermangeln aller Erfahrung in der Kriegsleitung großer
Truppenmassen, was bei den Oesterreichern nicht der Fall ist;
das Zündnadelgewehr aber kann in keinem Falle den Ausschlag
geben!‟

Italiänischer Feldzug.

Es ist bekannt, daß der Besitz der Lombardei und Venetiens für Oesterreich stets eine Quelle großer Unruhen war, und ihm fortwährend bedeutende Opfer auflegte, sowohl an Geld, wie an Menschen. Dennoch wollte es dies schöne Land nicht gut aufgeben, obgleich dessen Bewohner ergrimmte Feinde der Oesterreicher sind, — alle Versuche, sowohl der Güte, als der Strenge, scheiterten an diesem Hasse, der den Fürsten ebenso beseelte, wie den Bettler. — Italien selbst als Reich, war ebenso zersplittert, als Deutschland, ja es war dies noch mehr, denn es befand sich nicht einmal ein nationaler Bund unter diesen Staaten, wie in Deutschland der von Frankfurt.

Oesterreich, als das mächtigste Reich, suchte die Oberherrschaft in Italien zu erringen, und wohl fühlend, daß ein Aufstand der Italiäner dieser verderblich werden mußte, traf es seine Sicherheitsmaaßregeln dagegen.

Mit Besorgniß blickten die österreichischen Staatsmänner auf ihre dort stets bedrohte Herrschaft und um diese zu sichern, ließen sie Nichts unversucht, und legten unter anderen die großartigsten Festungen an, oder verbesserten die schon vorhandenen, um einen gesicherten Stützpunct in einem Lande zu gewinnen, wo sie in den Herzen der Bewohner einen solchen nicht fanden, sie waren eben darauf angewiesen, sich mit dem Schwerdte im Besitze zu erhalten, und das wußten sie recht gut. Weil sie der Treue der Regimenter nie sicher waren, deren Recruten aus Italien gebürtig waren, schickten sie diese stets in andere Provinzen, namentlich nach Ungarn, Galizien und Böhmen, und zogen treu ergebene Deutsche zur Besatzung nach Italien. Beide Nationen befanden sich herzlich schlecht dabei, sie verstanden die Sprache der Bewohner jener Länder nicht, in denen sie garnisonirten. Die Sitten waren ihnen fremd — das Klima ungewohnt. Dabei stand der heißblütige Italiener unter derselben Disciplin, wie der Ungar oder

Croat; Offiziere aus allen Ländern der Monarchie, nur kein Italiäner, befehligten sie, sie fühlten, daß man sie seitens Oesterreichs mit Mißtrauen behandelte, wußten daß Oesterreich eine schwere Herrschaft über ihnen ausübte, die ihren nationalen Interessen nicht nur entgegen war, sondern diese geradezu zu vernichten strebte; wie konnten sie da Anhänglichkeit oder Liebe zum Kaiserhause haben!?

Der unselige Wiener Frieden, der die Völker wie eine willenlose Heerde behandelte und nicht nach ihren Sitten, ihrer Volksthümlichkeit frug, wenn es darauf ankam, wem sie angehören sollten, hat auch an diesen Verhältnissen die Schuld, und der Hauptveranlasser eines solchen Verfahrens konnte jetzt sehen, wie dieses das von ihm regierte Oesterreich an den Rand des Abgrundes führte.

Blicken wir zurück auf die Ereignisse der letzten Jahre, so finden wir in Italien die Revolution im vollen Ausbruche. Pabst Pius IX. unterstützte diese von vorn herein, bis sie den heiligen Stuhl in Rom selbst zum Wanken brachte, und dessen weltlicher Macht ein Ende zu machen schien. Aber auch der König Carl Albert von Sardinien machte die nationale Sache zu der seinigen, es gelang ihm im Jahre 1848, in Verbindung mit der durchweg revolutionären Bevölkerung des österreichischen Theiles von Italien, ja mit den neapolitanischen Truppen, unter General Pepo, den tapferen Feldmarschall Radetzky bis in das Festungsviereck zurückzutreiben, zu einer Zeit, wo auch Benedig die Fahne des Aufruhrs aufgepflanzt hatte und dessen schwacher Commandant die Stadt und Flotte deren Lenkern übergab. Oesterreich schien verloren, denn auch in Ungarn und Siebenbürgen, in Böhmen war die Revolution ausgebrochen, der Kaiser von Wien geflohen, und diese Stadt selbst in den Händen der Insurgenten, oder Rebellen, wie es damals hieß.

Ohne Unterstützung weder von Oesterreich, noch von sonst welcher Seite, angegriffen, aber von allen, blieb dem Helden Graf Radetzky und seiner tapferen Armee, inmitten eines insurgirten Landes, Nichts übrig, als sich in das Festungsviereck,

Mantua, Peschiera, Verona und Legnago zurückzuziehen, der einzigen und eigentlichen Stütze der Herrschaft Oesterreichs in Italien.

Wie ist es aber nun eigentlich mit dem so berühmten, in der Welt einzig bestehenden Festungsviereck?

Im Norden durch die Alpen von Deutschland getrennt, über welche damals keine Eisenbahn führte, ging die Hauptverbindungslinie zwischen Oesterreich und Italien im Thale der Etsch über Botzen, Trient, Roveredo nach Verona, vor ihr lag südlich der Gardasee, durch den Mincio mit dem Po verbunden, der, von Ost nach West strömend, die südliche Grenze des Festungsvierecks bildet, deren westliche der Mincio, der nördliche die Alpen sind.

Hart am Ausfluß des Mincio aus dem Gardasee liegt die Festung Peschiera', und deckt den Fuß der Alpen, sowie das Etschthal und die große Straße nach Botzen in erster Linie. Schon damals befestigt, geschah dies seit 1849 in noch viel höherem Grade; sie beherrscht den Punct vollständig, wo obengenannter Fluß aus dem See tritt. Alles, was Kunst und Natur bieten, ist angewendet oder benutzt worden, um diesen höchst wichtigen Punct so stark als möglich zu machen. Die Stadt selbst ist nicht groß, zählt nur wenige tausend Einwohner. Nach neuer Art befestigt, ist die eigentliche Festung und Stadt rings von einzelnen Festungswerken umgeben, die einen Angriff auf jene nicht allein erschweren, sondern zwischen denen und ersteren auch geräumige und gesicherte Flächen genug vorhanden sind, in welchen sich ein Heer von 20,000 Mann aufstellen, und gegen einen bedeutend überlegenen Feind mit großem Vortheile zu vertheidigen vermag. Folgen wir dem Laufe des Flusses Mincio nach Süden zu, also stromabwärts, so treffen wir vier und eine halbe Meile davon entfernt auf die Festung Mantua, bis dahin aber reiht sich Befestigung an Befestigung, Schanze an Schanze. Namentlich sind die Brücken über den Fluß, sowie die Furthen stark befestigt, denn zwischen Mantua und Peschiera laufen die Hauptstraßen von Ost nach West, von Mailand nach Venedig.

auf denen ein Heer kommen muß, will es in Venetien mit Erfolg einbringen.

Mantua, mit ungefähr 30,000 Einwohnern, liegt inmitten eines vom Mincio gebildeten Sees oder von Sümpfen, denn im Sommer verwandelt sich ersterer theilweise in solche, in Folge von Austrocknung. Die dadurch bedingte und hervorgerufene Ausdünstung macht Mantua zu einem höchst ungesunden Aufenthaltsort, macht es zum Grabe vieler österreichischer Soldaten, die dieser Luft ungewohnt am Sumpffieber der Malaria hinsiechten und starben. Natürlich würde ein solches Austrocknen des Sees auch die Vertheidigungsfähigkeit der Festung zu solcher Jahreszeit bedeutend mindern, weshalb ein Schleußensystem angebracht ist, das, wenn geöffnet, die wichtigsten Angriffspuncte allemal unter Wasser setzt. Die Brücken über das Wasser liegen sämmtlich im Bereiche der Kanonen der Festung; ihre Zugänge sind durch Schanzen, sogenannte Brückenköpfe geschützt. Ein Gürtel der stärksten Schanzen, sogenannte Außenwerke, zieht sich um die Stadt und bildet ein sogenanntes befestigtes Lager zwischen dieser und ihm, sodaß 100,000 Mann hier eine gesicherte Stellung nehmen können.

Vier Meilen östlich von Mantua ist der Uebergang über die Etsch durch die kleine, aber sehr starke Festung Legnago gedeckt, ebenso die Straße von Mantua über Pobra nach Benedig. Wollte der Feind zwischen dieser und dem Po, also zwischen Legnago und Rovero, durchgehen um das Festungsviereck zu umgehen, so würde er nicht nur in ein sumpfiges, von Bächen und Flüssen vielfach durchschnittenes Terrain kommen, das nicht blos die Bewegungen hemmt, sondern auch deren Verbindung stört, sondern er würde auch von Legnago aus in seiner linken Flanke, von Mantua sogar im Rücken angegriffen und in den Po gejagt werden können. Diese Gefahr vermehrt sich noch bedeutend dadurch, daß die große Festung Verona, als Schlußsystem des ganzen Bauwerkes, nur 4 Meilen nördlich von Legnago gelegen, mit diesem durch eine Eisenbahn verbunden ist.

Verona selbst ist an den letzten Ausläufern der Alpen und der

Etsch gelegen. Natürlich sind die Festungswerke auf beiden Ufern des Flusses angelegt und von der stärksten Art, es fehlen Außenwerke nach der neuesten Art weder hier, noch sonst bei Peschiera oder Mantua, eine specielle Schilderung halten wir für überflüssig, denn es würde solche den Leser ermüden und ihm ebensowenig ein klares Bild geben, als es der Verfasser dieses selbst nicht haben kann, da genaue Pläne derselben gewiß nur in sehr vertrauten Händen sich befinden, und alle Zeichnungen, welche verschiedene Zeitschriften brachten, mehr oder weniger falsch, ja oft geradezu lächerlich sind. Was wir aber dem geehrten Leser auch ohne solche deutlich darstellen können und müssen, ist das Folgende:

Bei Verona kreuzen sich die Eisenbahnen von Mantua nach Venedig mit der aus Deutschland am Etschthale kommenden von Botzen, nach Mantua, außerdem führt noch eine Eisenbahn von Verona nach Legnago. Innerhalb des ungefähr 15☐ Meilen einnehmenden Flächenraums zwischen den Festungen kreuzen sich also die Hauptverkehrswege Norditaliens mit den Verbindungswegen aus Deutschland, mithin deckte dies nicht nur Venedig, sondern auch den Uebergang über die Alpen nach Deutschland, und in Folge dessen dieses selbst von Süden aus.

Untenstehende Skizze zeigt den Kriegsschauplatz, auf dem schon unendlich viel Blut geflossen ist; wahrlich, nicht mit Unrecht behauptet man, Italien sei das Grab der Deutschen! Möge der Verlust des Festungsvierecks einstens nicht bitter bereut werden, denn damit ist sein Bollwerk gegen Italien gefallen.

In dieses Festungsviereck hatte sich Radetzky zurückgezogen; hier hielt er sich, obgleich die Piemontesen Peschiera erobert hatten, von hier aus brach er wieder vor, und schlug die Ersteren bei Novara so gründlich auf das Haupt, daß König Carl Albert, um sein Reich zu retten, selbst abdankte, und fern von seinem Reiche, sehr bald starb. Ihm folgte sein Sohn Victor Emanuel auf den Thron! — Stets wartend auf günstige Momente, um sein Reich zu vergrößern, und ein einiges Italien herzustellen, fühlte er recht gut, daß ihm dies nur unter ganz besonderen Umständen gelingen könne, hatte aber einen Staats-

mann zur Seite, der diese heraufbeschwören mußte, und dieser
war der Graf Cavour. Vor keinem Mittel zurückschreckend,
voller Klugheit und Energie, verband er sich mit Frankreich und
England zu einer Zeit, wo diese im Kampfe gegen die Russen
begriffen waren, um die sehr wackelige Türkei nicht in letzterer
Hände fallen, um sie nicht zum Mitherrscher auf dem mittellän-
dischen Meere werden zu lassen, und England in Folge der
Kriegsereignisse in der Krimm nicht Truppen genug schaffen
konnte, um seine Macht und sein Ansehen aufrecht zu erhalten, und schickte ein Hülfscorps unter General La Mar-
mora nach der Krimm, das sich namentlich im Gefechte
an der Tschernaja sehr tapfer schlug. Hierdurch war eine
nähere Verbindung mit England und Frankreich angebahnt,
die Cavour auszubeuten verstand. Namentlich ließ er den Kaiser
Napoleon III. nicht aus dem Garne, der einst der Verbindung
Jungitaliens angehört hatte, um das Land von fremdem
Joche zu befreien. Jetzt, als Kaiser, nahm er ihn beim Worte;
derselbe hielt jene ernste Ansprache am 1. Januar 1859 an den
österreichischen Gesandten in Paris, die zum Kriege führte. Unterstützt von Franzosen, schlugen die piemontesischen Truppen die
Oesterreicher aus der Lombardei. Radetzky war todt, sein Nachfolger im Obercommando, der Graf Giulay, unfähig. Das
Heer ging bis hinter den Mincio zurück, nachdem es bei Magenta
geschlagen worden war. Nun erschien der Kaiser Franz Joseph selbst
bei demselben und ließ es wieder über diesen Fluß vorgehen. Es
kam zur Schlacht bei Solferino. Obgleich sich die Oesterreicher
zurückzogen, durften die Franzosen doch nicht behaupten, diese gewonnen zu haben; denn sie konnten jene nicht verfolgen und die Früchte
des Sieges ernten, auch bewies der rasch abgeschlossene Friede,
der Napoleons Worte für Italien: „frei bis zur Adria" —
d. h. bis zum adriatischen Meere — zur Unwahrheit machte,
daß er die Widerstandsfähigkeit jenes Festungsvierecks vollkommen erkannte, bei dessen Angriff der neu erworbene Ruhm der
französischen Armee, leicht verloren werden konnte. Daher das
Friedensanerbieten seinerseits. Die Annahme desselben lag wohl

wesentlich in den schlechten Verpflegungsverhältnissen der Oesterreicher, in dem sich zeigenden Mißtrauen der Soldaten gegen
einen Theil ihrer Führer —.d. h. die höheren Generale — was
dem Kaiser Franz Joseph nicht unbekannt blieb. Bei diesem
Frieden trat er die Lombardei an den Kaiser von Frankreich ab
— d. h. die Strecke Landes, welche zwischen dem Tessin und
Mincio liegt, und so wurden Peschiera und Mantua Grenz-
festungen.

Da der Kaiser Franz Joseph mit dem König Victor Emanuel, dem Napoleon die Lombardei schenkte, nicht Frieden schloß,
so war es selbstverständlich, daß er alles Mögliche that, um das
Festungsviereck zu verstärken, und zwar in solcher Weise, daß es
nicht blos einem Angriffe von außen erfolgreich widerstehen
konnte, sondern auch dem inneren Feinde — d. h. den Bewohnern, und ein Zwing-Uri wurde, um sie vom Aufstande gegen die
Oesterreicher zurückzuhalten.

Und die Gefahr lag nahe. — Der König von Neapel
wurde verjagt, ebenso die Herzöge von Parma, Modena und
Toscana. Alles dies war mit Hülfe des Generals Garibaldi,
der den einmal geweckten Nationalgeist richtig zu benutzen verstand, dem Könige Victor Emanuel als König von Italien zu
Füßen gelegt, und von ihm — in Befolgung der vom Minister
Cavour aufgestellten Annexionspolitik — auch richtig angenommen. So erstand neben dem kleinen, aber sehr starken Venetien,
das noch Oesterreich gehörte, aus den verschiedenen italiänischen
Staaten ein einiges Reich. Nur der Kirchenstaat, nach Verlust
einiger Provinzen, blieb noch selbstständig, geschützt durch
fremde Bajonnette, namentlich durch französische Truppen.

Daß Victor Emanuel die erste sich ihm bietende Gelegenheit
benutzen würde, sich auch Venetiens zu bemächtigen, lag bei dem
befolgten Systeme seiner Regierung, Italien in ein Reich zu
verwandeln, klar am Tage. Daraus erwuchs für Oesterreich die
Nothwendigkeit, nicht nur auf die Befestigung Venetiens die
größte Sorgfalt zu verwenden, sondern auch immer die treu-
ergebenste Armee dort zu haben, die sich von den Bewohnern —

welche zum Anschlusse an Italien mit allen Mitteln drängten — nicht verführen ließ. Diese guten, diese Kerntruppen fehlten Oesterreich im einmonatlichen Feldzuge gegen Preußen, dem es dagegen eine Unmasse widerwilliger italiänischer Truppen entgegenstellen mußte, die in den Preußen ihre natürlichen Verbündeten, nicht aber ihre Feinde erblickten, und doppelten Schaden brachten; denn, wie wir sahen, ließen sie sich massenweise gefangen nehmen, und störten dadurch die Ausführung der Plane ihrer Generale ebensowohl, als sie ihre Waffenbrüder gefährdeten, weil sie diese im Stiche ließen. Alle diese Verhältnisse kannte Victor Emanuel, und gründete einen Theil seines Kriegsplanes darauf, sowie auf den Beistand der Bewohner Italiens.

Seine Verbindung mit Preußen ist ganz unläugbar, wenn auch Documente darüber nicht zur Veröffentlichung gelangt sind. Beide Regierungen — sowohl die Preußens als Italiens — waren darüber einig, daß die Herstellung einer kräftigen deutschen wie italiänischen Nation nur dann möglich sei, wenn Oesterreichs Oberherrschaft in Deutschland sowohl, als in Italien gebrochen werde. Hierin vereinigten sich ihre Ansichten; sie steuerten auf gleiches Ziel zu, gleicher Zweck machte sie zu natürlichen Verbündeten; und Victor Emanuel hatte nun Aussicht Venetien zu erobern, wenn der stärkere Theil der österreichischen Armee jenseit der Alpen verwendet werden mußte. — Rasch entschlossen, wie er ist, Soldat durch und durch, von glühendem Hasse gegen Oesterreich beseelt, erließ er am 20. Juni die Kriegserklärung an Oesterreich, die der Chef seines Generalstabes und Oberfeldherr, General Cialdini, unterzeichnete und an den Erzherzog Albrecht, Obergeneral der Oesterreicher, übersendete.

Diese Kriegserklärung lautete:

„Das Kaiserthum Oesterreich war in den vergangenen Jahrhunderten die Haupturfache der Zersplitterung, Unterdrückung, und unberechenbarer moralischer und materieller Benachtheiligung Italiens. Nun die italiänische Nation sich vereinigt hat, erkennt sie Oesterreich nicht an, und fährt fort, eine ihrer schönsten Provinzen zu bedrücken, indem sie dieselbe in ein

großes, befestigtes Lager verwandelt, um unsere Existenz zu bedrohen. Die Bemühungen und Rathschläge befreundeter Mächte
waren vergebens, und es ward unvermeidlich, daß sich Oesterreich
und Italien abermals Auge gegen Auge, bei den europäischen
Verwickelungen entgegenstanden. Oesterreich ergriff die Initia-
tive, indem es rüstete, und die Zurückweisung gütlicher Vorschläge
befreundeter Mächte, bewies seine feindlichen Absichten. Das italiänische Volk hat sich von einem Ende der Halbinsel bis zum
anderen erhoben; und deßhalb muß der König, der Wächter für
seines Volkes Recht, und der Vertheidiger der Integrität des nationalen Länderbesitzes, dem Kaiserthum Oesterreich den Krieg erklären. Ew. Kaiserlichen Hoheit theile ich auf Befehl meines
Königs mit, daß die Feindseligkeiten binnen 3 Tagen von jetzt
ab beginnen werden. — Sollten aber Ew. Kaiserliche Hoheit
diese Frist nicht annehmen, so ersuche ich Hochdieselben, mich darüber benachrichtigen zu lassen."

Man sieht aus dieser Kriegserklärung deutlich genug, daß ein
anderes Recht als das der Eroberung Victor Emanuel nicht für sich
hatte; ein Recht oder Unrecht, dem er den Mantel der Herstellung
und Befreiung ganz Italiens umhing. Das geht noch deutlicher
aus seinem Manifeste an das italiänische Volk hervor:

„Sieben Jahre sind verflossen, seit Oesterreich Meine Staaten
angriff, weil Ich das allgemeine Wohl des Landes in den europäischen Conferenzen vertrat. Ich zog das Schwerdt, um Meinen
Thron, die Freiheit Meines Volkes, die Ehre des italiänischen
Namens zu wahren, und für die Rechte des Volkes zu kämpfen.
Die Tapferkeit des Heeres, der Beistand der Freiwilligen, die Einigkeit und Einsicht des Volkes, und der Beistand eines mächtigen
Alliirten werden die Unabhängigkeit und Freiheit des ganzen Italiens herbeiführen. Damals hinderten uns höhere Rücksichten,
dieses große und schöne Werk zu vollenden. Eine der schönsten Provinzen Italiens, deren Bevölkerung es wünscht, unter Meiner Regierung zu stehen, und die durch heldenmüthigen Widerstand und
stetes Protestiren gegen die Fremdherrschaft sich uns besonders
lieb und theuer gemacht hat, verblieb in den Händen Oesterreichs.

Mit sorgenvollem Herzen mußte Ich dies sehen, aber Ich konnte Europa nicht beunruhigen, das den Frieden wünschte.

„Meine Regierung war damit beschäftigt, die innere Organisation zu bewerkstelligen, Quellen für die allgemeine Wohlfahrt zu öffnen, die Kriegsmacht zu Wasser und zu Lande zu verstärken, auf den Augenblick wartend, wo sie ihr Werk durch die Befreiung Venetiens vollenden könne. Doch das Warten war nicht ohne Gefahr, wenn wir es nicht verstanden hätten, unsere Wünsche im Herzen verschlossen zu halten; Ich, Meine Gefühle als Italiäner und König, und Mein Volk seine so gerechtfertigte Ungeduld. Ich benutzte die Rechte des Volkes, die Würde der Krone und des Parlamentes, damit Europa sehen sollte, was Italien nothwendig ist. Plötzlich verstärkt Oesterreich seine Truppen an unseren Grenzen, und uns durch seine drohende, feindliche Stellung provocirend, stört es die friedliche Entwickelung Meines Königreichs. Ich beantworte dies durch Wiederaufnahme der Waffen, und Ihr habt der Welt das große Schauspiel gegeben, mit Schnelligkeit in die Reihen des Heeres, oder der Freiwilligencorps zu eilen.

„Trotz dessen, und als freundliche Mächte sich bemühten, die Differenzen durch einen Congreß zu schlichten, gab Ich Europa den letzten Beweis Meiner Gefühle, und beeilte Mich diesen Vorschlag anzunehmen. Oesterreich schlug dies abermals aus, dadurch einen neuen Beweis liefernd, daß es wohl auf seine Stärke, nicht aber auf sein gutes Recht pochen kann. Aber auch Ihr, Italiäner, vertraut Eurer Macht, blickt mit Stolz auf Eure tapfere Armee und starke Flotte, noch mehr aber auf die Heiligkeit Eures Rechtes — und der Sieg wird dann unzweifelhaft sein. Das Urtheil der öffentlichen Meinung Europa's und dessen Theilnahme unterstützen uns; denn es weiß, daß ein unabhängiges, in seinen Territorien geschütztes Italien eine Garantie für seine Sicherheit und seinen Frieden bietet.

„Italiäner! Ich übergebe die Staatsregierung den Händen des Prinzen von Carignan, und ergreife den Adler von Goito und Pastrengo, von Palestro und St. Martino.

Ich fühle, daß Ich den Eid erfüllen werde, den Ich am Grabe Meines hochseligen Baters leistete — und Ich werde nochmals der erste Kämpfer für Italiens Freiheit sein. Victor Emanuel."

Es ist gar nicht zu leugnen, daß in dieser Proclamation unendlich viel Wahrheit ist, daß sie sogar ganz wahr sein würde, wenn darin erwähnt wäre, daß Oesterreich seine Heere in Italien verstärken mußte, weil die Italiäner mit einem Angriffe drohten. Man sieht, Italien brauchte denselben Vorwand zum Kriege gegen Oesterreich, wie Preußen — rüstete sich mit derselben Kraft dazu — und schob dann dem Kaiser Franz Joseph in die Schuhe, daß er die Unruhen begonnen habe. Wie wir schon oben sagten, es handelte sich um nichts Anderes seiten Preußens und Italiens, als sein Territorium zu vergrößern und dadurch an Macht zu gewinnen. Der Hauptfeind dieses Strebens und der Besitzer oder Beschützer jener Länder, die sie bedurften, um das angedeutete Ziel zu erreichen, war Oesterreich — mithin mußte dieses mit Gewalt gezwungen werden, sich zu fügen. —

An die Nationalgarden seines Reiches erließ König Victor Emanuel eine Ansprache des Inhaltes:

„Ich übergebe die Regierung des Königreiches dem Prinzen Carignan, um die letzten Schlachten für die Freiheit und Unabhängigkeit Italiens zu schlagen. Während unser Heer und Flotte die Rechte unserer Nation gegen die Drohungen und Provocationen Oesterreichs schützen werden, werdet Ihr das Land im Inneren bewachen, in Ordnung halten und seine Freiheit durch Aufrechthaltung der Achtung vor dem Gesetze stärken, damit es seiner künftigen Größe würdig bleibe. Ihr seid es, welche durch ihren Willen das Volk vereint haben; haltet es durch Eure Disciplin und Waffen ruhig. Vertrauensvoll übergebe Ich Euch die Ueberwachung der öffentlichen Sicherheit und Ordnung. — Ich gehe dahin, wohin mich die Stimme Italiens ruft!"

Das war Alles recht gut; es geht aber doch daraus hervor, daß es mit der innern Sicherheit Italiens noch nicht besonders

GARDA SEE

Massi

Lonato

PESCHIERA

Sona

Carla Venzaku

Kuzzolengo

Ponty

Somma Campagna

Castiglione

Mozum bano

Custozza

Solferino

Valeggio

Pozza Villa

Cavriana

Guidozolo

Volta

Pozzolo

Novara

Cerlango

Ceresara

Goito

Roverbello

Guzzoldo

Marmirolo

Rodondesco

Hadella

S.Giorga

Curtatone

Pietole

Marcaria

MANTUA

Gino

Cazzuolo

Borgoforte

Suzzara

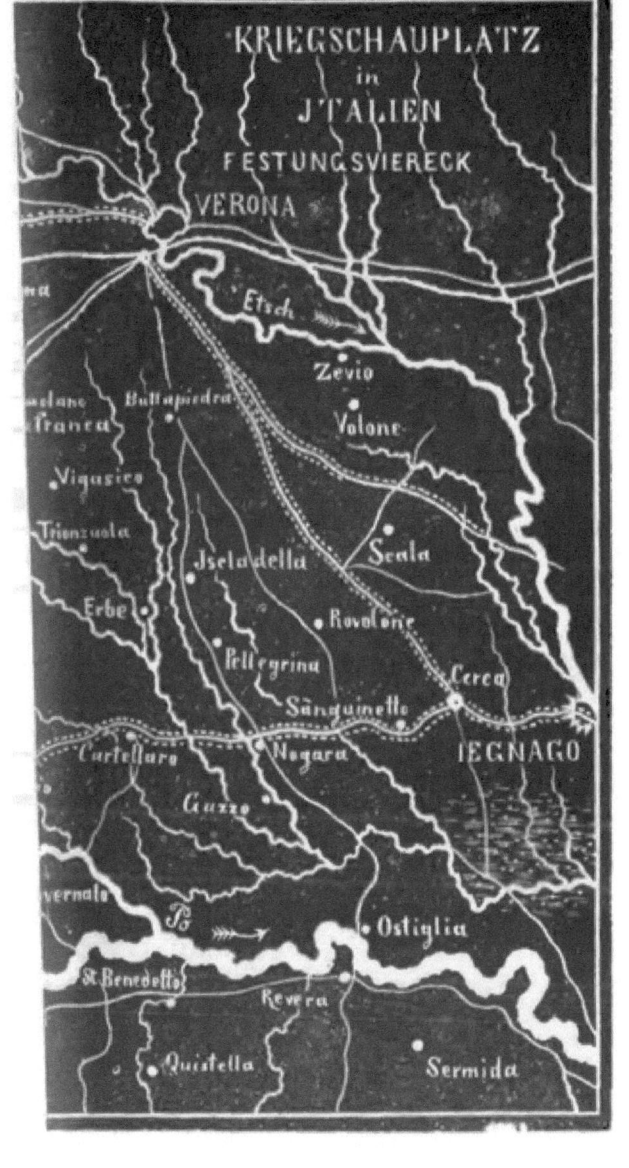

bestellt war; daß es alle seine Truppen gegen Oesterreich verwenden mußte, um nur irgend auf Erfolg rechnen zu können,
und daß es endlich ohne den Beistand Preußens, nie und nimmer Aussicht hatte, sich des Festungsvierecks zu bemächtigen, und
ohne dieses konnte es nie Herr in Venetien werden.

Leider machte sich auch noch die deutsche Bundesversammlung in den Augen der Italiäner lächerlich. — Ein Theil der
Fürsten Deutschlands hatte Victor Emanuel als König von Italien anerkannt, wie z. B. Preußen; ein anderer nicht, wie Oesterreich. Ein deutscher Bundestagsgesandter konnte demnach bei
König Victor Emanuel nicht beglaubigt sein; dennoch sendete der
Bundespräsident an den italiänischen Geschäftsführer ein Schreiben, worin er ihm mittheilte, daß der deutsche Bund auch nach
Ausscheiden Preußens fortbestehen werde — — die Antwort der
italiänischen Regierung war demüthigend genug; sie lautete:
„Da nie eine geschäftliche Verhandlung zwischen dem Bundestage
und Italien stattgefunden habe, so könnte sie auch die Erklärung,
daß der deutsche Bund noch fortbestehe — nicht annehmen."

Das Heer, über welches Victor Emanuel gebieten konnte,
bestand aus 80 Regimentern Infanterie, jedes zu 4 Bataillonen,
das Bataillon zu 4 Compagnien, 20 Jägerbataillonen, (Bersaglieri.) Auf dem Kriegsfuße zählt das Infanteriebataillon 1071,
das Jägerbataillon aber 1000 Mann. Die Reiterei zählt 19
Regimenter, und zwar 4 schwere, 1 Guiden-, 1 Husarenregiment,
sowie 13 Regimenter leichte Reiter, die den französischen Jägern
zu Pferde (Chasseur à cheval) nachgebildet sind. Jedes Regiment
zählt 6 Schwadronen mit 179 Pferden, die Guiden haben eine
Schwadron mehr, und in Folge dessen die Stärke von 790 Mann.
Artillerie und Genie bilden 10 Regimenter, von denen 5 Feld-,
die anderen Festungsregimenter sind. Die Feldartillerie zählt
:92 Geschütze, und ist nach französischem System organisirt, d. h.
sie führt gezogene 4pfündige und 8pfündige Granat-Kanonen. Das
Festungs- und Belagerungsgeschütz besteht aus 16- und 40pfün-
digem Geschütz. So verschieden der Character der Italiäner an
und für sich je nach den Provinzen, aus welchen sie stammen,

ebenso verschieden ist ihr Werth als Soldaten. Die besten Truppen sind wohl ihre Bersaglieri oder Schützen, die auch mit ganz besonderer Sorgfalt ausgebildet und behandelt werden. Die schwere Reiterei ist mit Helm, Lanze und geradem Säbel, sowie einer Pistole, die leichte mit krummem Säbel, Carabiner und Pistole bewaffnet. Die Pferde der gesammten Cavalerie sind sehr verschieden und nicht eben ausgezeichnet, auch läßt das Reiten der Mannschaften sehr viel zu wünschen übrig. Die Dienstzeit dauert 11 Jahre, wobei 5 in der Reserve, die jedoch eingezogen wird, sobald man ihrer, gleichviel ob Krieg oder Frieden, bedarf. Eingetheilt im Ganzen ist das Heer in 1 Reiter- und 20 Infanteriedivisionen. Jede Infanteriedivision besteht, ganz ähnlich wie in Preußen, aus 2 Infanteriebrigaden, jede zu 2 Regimentern, 1 Jägerbataillon, 1 Reiterabtheilung, 2 Batterien nebst den nöthigen Pionieren und Train.

Dieser Armee zur Seite steht die Nationalgarde, welche im Nothfalle mobil gemacht, d. h. auch mit in das Feld rückt, mindestens zur Besatzung und Vertheidigung von Festungen verwendet wird, wenn man des Heeres anderweit bedarf. Man berechnet, daß von derselben 210 Bataillone, jedes zu 600 Mann, in oben angegebener Weise verwendet werden können. Der Freiwilligen, der Garibaldischen Schaaren, wollen wir hier nicht erwähnen, ihre Zahl ist eine zu unbestimmte, und ihre Tüchtigkeit liegt hauptsächlich in obengenanntem Führer, der bei vielem kriegerischen Talente, es auch versteht, ungeordnete Schaaren zu enthusiasmiren, zu discipliniren, und dann — namentlich im Gebirgskriege — sehr geschickt zu verwenden.

Italien ist, außer im Norden, rings vom Meere umgeben, das mittelländische und abriatische Meer bespülen seine Küsten. In Folge dessen bedarf es einer Kriegsflotte, welche aus 105 Kriegsschiffen mit 17,000 Mann Bemannung besteht. Darunter sind 85 Dampf- und 20 Segelschiffe. Die Recruten werden aus den Uferdistricten recrutirt, und dienen 6 Jahre, freiwillig Eintretende aber bis in ihr 40. Lebensjahr.

Es war gewiß kein leichtes Unternehmen für Victor Ema-

nuel, die Oesterreicher in ihrem Festungsviereck, das wir oben
schilderten, anzugreifen, es war dies nur im Bündnisse mit
Preußen möglich, denn durch dessen Angriff mußte der größte
Theil des österreichischen Heeres diesseits der Alpen verwendet
werden, und nur drei Armeecorps, das

3. unter Prinz Dietrich von Liechtenstein,
7. unter dem Freiherrn von Mariocie,
8. unter Feldmarschalllieutnant Ramming blieben zur Vertheidigung Italiens zurück.

Der Obercommandirende, Erzherzog Albrecht Friedrich
Rudolf ist der älteste Sohn des berühmten Erzherzogs Carl, des
Siegers in der Schlacht von Aspern, welche er 1809 gegen Napoleon schlug, und diesen besiegte. Er erhielt eine eben so tüchtige
militairische, als wissenschaftliche Bildung, und ist im Jahre 1817
geboren. Während der Revolution 1848 war er bereits commandirender General in Ober- und Niederösterreich, und Salzburg; in Wien ließ er in dieser Eigenschaft auf das aufrührerische
Volk feuern, und verließ in Folge dessen die Stadt, begab sich zum
Heere des Feldmarschall Radetzky nach Italien, wo er sich den
Oberbefehl einer Armeedivision erbat, an deren Spitze er sich
außerordentlich auszeichnete. Namentlich focht er 1849 in den
Schlachten bei Novara und Mortara tapfer, und trug viel dazu
bei, daß der Sieg an die österreichischen Fahnen gefesselt wurde.
Er erhielt hierfür den Maria-Theresienorden, ward dann
Gouverneur der Bundesfestung Mainz, und später Civil- und
Militairgouverneur von Ungarn. Politische Verhältnisse machten
es ihm wünschenswerth, von einem Posten enthoben zu werden,
wo er weder seiten der Regierung, noch der von ihm verwalteten
Nation Dank erndtete, ja nicht einmal deren Zufriedenheit erlangen konnte. Nachdem er in diplomatischer Beziehung 1859
in Berlin gewesen, um Preußen zu bewegen, Sardinien den
Krieg zu erklären, was ihm bekanntlich nicht gelang, trat er bis
1860 in das Privatleben zurück. Erst später übernahm er den Oberbefehl in Venetien unter Benedek, dann den über die gesammte österreichische Armee daselbst, als jener nach Deutschland abberufen wurde.

Wenn sich auch König Victor Emanuel bei der italiänischen
Armee befand, so fiel doch die factische Oberleitung des Heeres
dem General Cialdini zu, denn ersterer ist ein sehr braver Haus-
degen, dem aber alle Eigenschaften zum Feldherrn abgehen. General Cialdini galt bis daher für einen tüchtigen Strategen, d. h.
für einen Mann, der Kriegspläne sehr gut zu entwerfen weiß,
er ist aber auch ein Taktiker, d. h. er führt seine Pläne mit
Energie, wenn auch nicht immer mit Glück, durch. In Modena
geboren, sollte er bei den Jesuiten erzogen werden; diese entließen
ihn aber bald aus ihrer Schule, weil er Witze in Form von
Gedichten auf die Patres machte, sich auch mit practischen Wissen-
schaften mehr beschäftigte, als ihnen lieb war, denn Mathematik
und Naturwissenschaften sind die schlimmsten Feinde von jener
vertrocknenden, verdummenden Weise, wie sie die ihnen anvertrauten
Knaben erziehen, damit diese möglichst unter ihrer Botmäßigkeit
bleiben, und nicht selbstständig denken lernen. Nun wollte er in
Parma Medicin studiren, daraus wurde aber nichts, und er erlernte das Graviren. Ein unruhiger Kopf, wie er war, betheil-
ligte er sich an dem Aufstande gegen die Oesterreicher, und ward
1831 bei Rimini verwundet, worauf er nach Paris flüchtete.
Später trat er in portugiesische Dienste, und zwar als Grenadier,
der berühmte Lafayette, ein Franzose, welcher in Amerika beim
Befreiungskriege gefochten, dann bei allen Staatsumwälzungen in
Frankreich betheiligt war, gab ihm ein Empfehlungsschreiben mit;
Cialdini aber verschmähte dessen Benutzung, und wollte Alles
seinen Verdiensten danken. Bald zeichnete er sich nicht nur im
Zweikampfe, sondern auch im Kriege auf dem Schlachtfelde aus,
und wurde Offizier, auch erhielt er den portugiesischen Thurm-
und Schwerdtorden. Unruhig, wie er war, ging er 1835 in
spanische Dienste, focht erst als Freiwilliger auf Seiten der
Königin Christina gegen Don Carlos, zeichnete sich beinahe in
allen Kämpfen aus, trat in die reguläre Armee, in welcher er
bereits 1843 Oberstlieutnant wurde. Als ihm in Paris 1848,
wohin er geschickt worden war, die Nachricht der Revolution in
Italien zukam, und er erfuhr, daß König Carl Albert sich an

die Spitze derselben gestellt habe, um die Oesterreicher zu vertreiben, ging er in sein Vaterland zurück, und ward piemontesischer Oberst. Als solcher ward er bei Vicenza schwer verwundet, und von den Oesterreichern gefangen, im Jahre 1849 erst, nach der für die Italiäner unglücklichen Schlacht von Novara, kehrte er genesen nach Turin zurück. Als die Italiäner sich am Krimmfeldzuge betheiligten, und eine Division nach jener Halbinsel sandten, erhielt Cialdini eine Brigade in derselben, und zeichnete sich an der Tschernaja sehr aus; er wurde darauf Generalmajor, nach seiner Rückkehr Adjutant des Königs, und Obercommandant sämmtlicher Scharfschützen oder Bersaglieri. Als der Krieg 1859 in Italien ausbrach, erhielt er den Befehl über die 4. piemontesische Division, und wurde nach der zweiten Schlacht von Palestro zum Generalleutnant befördert; im Jahre 1860 stieg sein Kriegsruhm auf das Höchste; er erhielt das 4. Armeecorps und focht nun gegen die Neapolitaner und die römischen Truppen, welche letztere der berühmte ehemalige französische General Lamorciòre befehligte; zu dieser Zeit war Garibaldi mit seinen Freischaaren sein treuer Helfer; als dieser aber auf eigne Faust Rom erobern wollte, wurde Cialdini gegen ihn gesendet, er schlug ihn bei Aspromonte, zersprengte die Freischaaren, Garibaldi erhielt einen Schuß in den Fuß, und zog sich dann auf die Insel Caprera zurück. Cialdini ist nie fester, bestimmter Character, im Benehmen bald zurückhaltend, bald zuthulich, ein Hauptzug von ihm ist aber seine Spottsucht. — Ein zweiter Führer, von dem die Welt ebenso viel Gutes als Böses sagt, der aber für Italiens Befreiung früher unendlich viel leistete, ist eben jener General Garibaldi, ein geborener Gennese. Sein Leben ist reich an Abenteuern zu Wasser und zu Lande — bald war er Schiffscapitain, bald Freischaarenführer, tummelte sich auf allen Erdtheilen und Meeren umher, diente sowohl dem Bei von Tunis, als den südamerikanischen Republiken, ist auch eigentlich Republikaner durchweg. Er machte zuerst viel von sich reden, als er im Jahre 1849 Rom gegen die Franzosen vertheidigte, und hätte man seinem Rathe gefolgt, so würden jene nicht so rasch diese Stadt haben besetzen können. Als dies erfolgte, flüchtete er mit einigen Hundert Getreuen; er entging sowohl den ihn verfolgenden Franzosen, als den Oesterreichern, trat 1859 in die Dienste des Königs Victor Emanuel von Sardinien, und zeichnete sich mit seinen Freischaaren sehr aus, indem er immer längs der Alpen vorrückte und die Oesterreicher aus ihren Stellungen am Fuße derselben vertrieb. Als der Frieden geschlossen, war er mit demselben nicht zufrieden' — er wollte ein einiges Italien, — und um dies zu begründen, wendete er sich gegen das Königreich Neapel, dessen Bewohner jedenfalls unter einem harten Drucke lebten. Der größte Theil derselben schloß sich ihm an, erhob sich gegen den König und die Regierung — die neapolitanischen Truppen fochten, mit Ausnahme der im Auslande geworbenen, schlecht; der König flüchtete nach Gaëta und wurde daselbst belagert; er mußte capituliren, Neapel hörte auf, ein selbstständiges Königreich zu sein, und ward eine Provinz des Königreichs „Italien", wie Victor Emanuel sein ganzes Land nannte. Das war aber Garibaldi nicht genug; noch gehörte Benetien Oesterreich, und in Rom war der Pabst, der von den Franzosen beschützt wurde, wenn auch ein Theil seiner Provinzen von Victor Emanuel annectirt worden war. Zum Lohne dafür that ihn der Pabst in den Kirchenbann, woraus sich der neue König von Italien eben nichts machte, und jeden Geistlichen seiner Stelle entsetzte und aus seinem Lande jagte, der sich unterstand, vor seiner Gemeinde die Bannbulle zu verlesen. Diese Zeit hielt Garibaldi für die rechte, Rom, den Sitz des Pabstes, selbst zu erobern. Das ging denn aber doch nicht; bei dieser Gelegenheit hätten die dasselbe besetzt haltenden Franzosen müssen angegriffen und vertrieben werden; und sie waren es gewesen, welche dem König Victor Emanuel die Lombardei von Oesterreich erobert hatten; er selbst hätte es, trotz Garibaldi und dessen Freischaaren, nie gekonnt. Als daher Garibaldi offen zu Werke ging, und mit letzteren auf Rom losmarschirte, ohne von seinem König und Kriegsherrn den Befehl erhalten zu haben, da schickte ihm dieser den General Cialdini mit einem

Armeecorps nach, — er setzte sich zur Wehre, — es kam zum Gefecht bei Aspromonte, die Freischaaren wurden zersprengt, Garibaldi, wie wir schon sagten, verwundet, zog sich, ohne irgend welche Strafe zu erhalten, nach der Insel Caprera zurück. Der neue Krieg 1866, rief auch ihn zu erneuter Thätigkeit — sein Name hat in Italien für alle kampflustigen Männer eine große Anziehungskraft, und sie strömten ihm schaarenweise zu, so daß man eine genaue Controlle und Revision vornehmen mußte, denn es waren nicht wenig sogenannte „Briganten" oder Räuber dabei, die man doch nicht mit Anstand gegen den Feind verwenden, ihnen aber noch weniger irgend etwas selbst anvertrauen konnte. Ein Augenzeuge schildert die Freischaaren in folgender Weise: „Obgleich es unter den Garibaldianern sehr viel junge Leute giebt, so sieht man doch nicht wenig von mittlerem Alter, und alle über 25 Jahre, haben in der Regel schon dem einen oder anderen Feldzuge zur Befreiung Italiens beigewohnt. Man sieht unter ihnen eine bedeutende Anzahl kräftiger, bärtiger Männer, deren Haltung zeigt, daß sie dereinst Soldaten waren. Sie tragen das dreifarbige Band mit den Schnallen, die Auszeichnung für frühere Feldzüge, auf der Brust — einige sogar die Krimmedaille. Man darf sicher sein, daß man aus diesen Leuten ein tüchtiges Corps bilden kann, wenn man sie einige Wochen einüben und verschmelzen könnte; es giebt aber vielen Stoff, nicht nur zum Nachdenken, sondern auch zu Schlußfolgerungen, wenn man sich überlegt, — wie wenig in obiger Beziehung für diese Freiwilligen geschehen ist — wie wenig man jetzt noch für sie thut. Man sagt zwar, daß im Kriege die Soldaten sich durch Märsche und Gefechte am besten ausbilden, ich bin dagegen der Meinung, daß eine solche Art und Weise sehr viele Menschenleben, — selbst verlorene Schlachten kostet. Begeisterung für das Vaterland ist gewiß eine sehr schöne Sache, sie gewinnt aber erst an Werth, wenn der Soldat richtig eingeübt ist. Möglicher Weise mögen bei einer Schaar von ein bis zwei tausend Gurillas, welche den Feind nur necken sollen, Exerciren und Felddienstübungen überflüssig sein, namentlich wenn es sich um einen Krieg im Gebirge handelt, — hier ist aber die Sachlage eine ganz andere, — Bataillon nach Bataillon erscheint, um den Krieg in Norditalien mit auszufechten, und Garibaldi's Freischaaren werden ohne Zweifel bald 40,000 Mann zählen, von den Viele auch nicht das Geringste vom Militairdienste kennen — Viele sind erst seit 14 Tagen bewaffnet und eingekleidet. An Reiterei und Artillerie fehlt es so ziemlich gänzlich. Sie haben 8 Geschütze anstatt 80, was bei einer so großen Zahl von Männern keineswegs zu viel wäre, und nur 200 vollständig unausgebildete Reiter, vornehme junge Leute, welche sich selbst equipirten und beritten machten, ge= wiß sehr tapfere Männer, jeden Augenblick bereit für ihr Vaterland zu sterben, — was auch sicher geschehen würde, sollten sie, bevor sie tüchtig eingeübt sind, in ein Gefecht mit gleicher Zahl öster= reichischer Reiter verwickelt werden. Auch fehlt es an genügenden Feldhospitälern, obgleich ich einige Karren sah, auf welchen „Treno Boeghese", Italiänische Freiwillige, zu lesen ist. Sicher ist es, daß die Freiwilligen viel zahlreicher kamen, als die Regierung erwartete — da man sie aber jetzt schon dem Feinde bald ent= gegenführt, so sollten mindestens alle Maaßregeln ergriffen werden, um sie von dem wahrscheinlichen Untergange zu retten. Wenn z. B. die freiwillige Infanterie in einem Gefechte ge= schlagen würde, und in Unordnung geriethe, — wo wäre die Artillerie, unter deren Feuer sie sich wieder sammeln und formiren könnte? — Im Falle des Rückzuges — wo ist die Reiterei, welche diesen deckt? Wo sind im Gefecht die Tragen — die Wagen, um die Verwundeten zurückzubringen? Dies Alles fehlt; die Garibaldianer wissen dies, werden unzufrieden über solche Vernachlässigung, und glauben, die Behörden des regulären Militairs wollen sie aufopfern, was jedoch keineswegs der Fall ist. Sie sprachen solche Befürchtungen mündlich und schriftlich aus. Ich weiß nicht, ob solche Betrachtungen das Gesicht Gari= baldi's verfinsterten, welchen ich gestern sah; er schläft einige Stunden am Tage, und wacht dafür des Nachts — ich sah ihn in der Dämmerung mit einigen Offizieren ausreiten, nachdem er eine Art Kriegsrath mit diesen abgehalten hatte. Es war der

letzte Tag, wo er im Senate verweilte; der Stab speif'te zum
letzten Male hier, das Essen war sehr gut, weil es gleich darauf
bezahlt werden mußte, was den Wirth zu Außergewöhnlichem an-
spornte. Die Freiwilligen bezahlen trotz ihrer sehr geringen
Löhnung Alles; in dieser Beziehung herrscht viel Kameradschaft
bei ihnen, der Reichere unterstützt den Armen. Viele leben wahrhaft luxuriös; Garibaldi selbst giebt aber seinen Untergebenen das
Beispiel von Mäßigkeit und Einfachheit. Als ich ihn gestern
auf der Parade sah, schien er mir wohl und munter. Als er
mich ansprach, bemerkte ich durchaus nichts, was eine Unzu-
friedenheit mit der mangelhaften Ausrüstung seines Corps hätte
bemerken lassen, er hoffte nur auf baldiges Vorwärtsgehen. —
Alle Garibaldianer, welche ich bis jetzt gesehen habe, sind ziemlich
vollständig ausgerüstet und bekleidet, einige wenige haben noch
nicht den rothen Tzacko mit grünem Bande, der bei ihnen Vorschrift ist, und tragen an Stelle derselben Schlapphüte, die in
ihrem Schnitte mehr verschieden als zierlich sind. Alle haben
rothe wollene Hemden erhalten, was bei der drückenden Hitze
schrecklich erscheint. Die Offiziere gestatten sich manche Freiheit
in ihrer Kleidung, einige tragen rothe Waffenröcke mit ihrer
Gradabzeichnung an den Aufschlägen, und Tzacko mit Goldstreifen;
viele tragen das rothe Hemd, jedoch von feinerem Stoff, wie die Mannschaften. Nächst Garibaldi ist dessen Freund und alter Gefährte,
der Oberst Cairoli sehr bemerkenswerth. Die Guiden befehligt
Oberst Missori, und unter ihnen steht Ricciotti Garibaldi.
Es sind keine fremden Offiziere hier, ausgenommen, ein amerika-
nischer Oberst, von halb italiänischer Abstammung, welcher als
Freiwilliger im Generalstabe dient. Viele haben sich um Anstellung beworben, sind aber alle zurückgewiesen worden; es scheint
als sei Garibaldi 1860 nicht recht zufrieden mit ihnen gewesen.
Jetzt will man den Garibaldianern einige Gebirgsbatterien der
regulären Armee, zutheilen, ein Beweis, daß man sie selbst im
Gebirgskriege zu verwenden gedenkt. Es würde unmöglich sein, auf
bloßen Befehl hin, aus ihren Reihen Artilleristen zu bilden, denn
das ist schwieriger, als ein rothes Hemd anzuziehen. Der Ge-

23*

birgskrieg wird auch das Günstigste für die Freischaaren sein,
denn im offenen Felde würden sie bei ihrem Mangel an Ausbildung und Disciplin sicher geschlagen werden; nach längerer Zeit
werden sie vielleicht auch in solchem nutzbar, obgleich die Erfahrung lehrt, daß dies bei so großen Massen von Freischaaren
ziemlich selten vorkommt, namentlich dann nicht, wenn ihre
militairischen Exercitien von vorn herein vernachläsfigt wurden.
Im Uebrigen haben die Garibaldianer sehr viel Selbstvertrauen,
und glauben, die Oesterreicher würden ihnen gegenüber nicht
Stand halten — und bei dem Anblicke der rothen Hemden
erschrecken! Von der Artillerie abgesehen, würden die Garibaldianer zur Verwendung im freien Felde auch einer zahlreichen Reiterei bedürfen, sie haben jetzt nur 240 Mann derselben,
„Guiden“ genannt, die bei einer Infanteriemasse von 40,000
Mann kaum zu den nothwendigen Ordonnanzendiensten ausreichen
würden. Sie sind eine Art „Elite“ (ausgezeichnete Truppe). Ich be-
daure aber, bemerken zu müssen, daß vier derselben bereits von den
Oesterreichern gefangen worden sind; sie waren auf einer Recognoscirung begriffen, saßen unvorsichtiger Weise ab, und gingen in ein
Weinhaus, in welchem sie von feindlicher Reiterei aufgehoben wurden.
Diese Freischaaren nun waren, wie wir schon sagten, zum Vorgehen
längs des Gebirges bestimmt; in demselben aber, in den Alpen
selbst, war auch seiten der Oesterreicher die sogenannte Landesbe-
waffnung aufgerufen worden, und hielt die Gebirgspässe besetzt,
welche von Italien nach Deutschland führen.

Nächst dem Kriege zu Lande stand auch ein Seekrieg bevor,
denn sowohl die Italiäner, als die Oesterreicher besaßen Kriegs-
flotten, letztere noch ein Hülfsescadre von Dampfkanonenbooten auf
dem Garbasee, welche die Aufgabe hatten, die Ufer desselben zu decken
decken und bei der Vertheidigung der Festung Peschiera mit zu wirken.
Die eigentliche Kriegsflotte lag im Hafen von Pola, um Venedig,
Istrien und Dalmatien vor Landungsversuchen der Italläner zu
schützen. Die österreichische Flotte befehligte Viceadmiral von Tegethoff, die italiänische Admiral Persano.

Es war trotz dessen, daß die Bewohner Venetiens Anschluß

an Italien und die Befreiung von der österreichischen Oberherr=
schaft wünschten, und ihren Landsleuten den größtmöglichsten
Beistand leisteten, für Victor Emanuel nichts Leichtes, in das
Festungsviereck, welches wir schon geschildert haben, einzudringen.
Der Kriegsplan, welcher entworfen wurde, war folgender: Man
wollte das Festungsviereck und die Linien, welche es verbinden,
von zwei Seiten, von Osten und Westen, durchbrechen; im
Norden sollten während dessen die Freischaaren die Alpenpässe zu
erobern suchen, um jeden Zuzug aus Deutschland zu verhindern.
Von Westen sollte bei Goito und Valeggio aus der Mincio über=
schritten werden, zwischen Verona und Legnago durchgedrungen,
bei Albaredo mit dem aus Osten kommenden Corps sich verei=
nigen, welches die Etsch — einen reißenden, tiefen Strom —
überschreiten mußte. Vom Mincio aus wollte der König selbst
vorbrechen, von der Etsch aus, General Cialdini. Der österrei=
chische Oberbefehlshaber, Erzherzog Albrecht, errieth diese Absicht;
er nahm deßhalb mit seinem Heere eine feste Stellung bei Ve=
rona, wo man ihn weder in der Front, noch in der Seite fassen
konnte, besetzte die Ufer des Mincio und der Etsch nur sehr
schwach, und allein in der Absicht, von den Bewegungen des
Feindes genaue Nachrichten zu erhalten. Die Italiäner gingen
in die Falle, obgleich Victor Emanuel die Vorsicht gebraucht
hatte, den General Durando mit einer Division gegen Peschiera
vorzuschicken, um seine linke Flanke gegen Angriffe der dort
stehenden Oesterreicher zu sichern. Am 23. Juni hatte der
König mit 10 Divisionen den Mincio überschritten, nahm in
der Nacht zum 24. Stellung bei Villafranca, Custozza, Monte
Mamaor und Monte Vento. Nun rückten die Oesterreicher auch
vor, und nahmen Stellung zwischen San Rocco di Palazuolo,
Fenilo, Costa und Oliosi; Victor Emanuel beeilte sich, alle weg=
gesendeten Truppen an sich zu ziehen. Es stand ja eine Ent=
scheidungsschlacht bevor, und da ist man gern so stark wie mög=
lich, und hält seine Armee zusammen.

Der Erfolg entsprach seinen Wünschen keineswegs; er wurde
blutig auf das Haupt geschlagen. Ueber das Wie legen wir

hier den Rapport seines Gegners, des Erzherzogs Albrecht, bei.

Rapport des Erzherzogs Albrecht über die Schlacht von
Custozza:

„Die Cavaleriebrigade des Obersten Pulz erhielt Befehl, von
Villafranca nach Verona zurückzugehen, immer in Verbindung
mit dem Feinde zu bleiben, aber jedes ernste Gefecht zu vermeiden.
Es ist bekannt, daß unser Gegner die drei Tage bis zum Ausbruche der Feindseligkeiten nicht inne hielt, welche Frist er selbst
beantragt hatte, denn schon am 21. begann er mit der Ueberbrückung
von Molina nach Bolia bei Poppelo, ohne von unserer Seite
auf Widerstand zu stoßen. Am 22. ging der Feind nicht ohne
einiges Zögern bei Goito, Pozzolo, Valegro und Mocambano über
den Fluß Mincio. Am 23. gingen die Detachements der Brigade
Pulz von Villafranca zurück, nachdem sie alle Abtheilungen an
sich gezogen, welche südlich davon gestanden hatten. Der Feind
besetzte Villafranca erst am Nachmittage 2 Uhr mit Bersaglieri's,
dann schickte er starke Reitercolonnen mit Artillerie gegen Dossu-
buono vor, wo um 4 Uhr einige Kanonenschüsse mit unserer
Reiterei gewechselt wurden, welche die Nacht bei Fort Gisela
bivouakirt hatte. Der Oberst des Quartiermeisterstabes, Baron
Rubera, der am Morgen des 23. auf Recognoscirung gesendet
worden war, meldete mir um 2 Uhr von Somma Campagna
aus, daß weder die Stadt, noch die umliegenden Häfen in deren
Nachbarschaft vom Feinde besetzt, daß aber lange Staubwolken,
südlich von Villafranca, dessen Marsch nach Osten verriethen.
Deshalb beschloß ich, im Laufe des 23. die Höhen zwischen
Somma Campagna und Sandra wieder zu besetzen. Ich schickte
die Reiterbrigade des Obersten Prinzen von Sachsen-Weimar,
der Reservereiterei nach Sandra, mit dem Befehle, Detachements
vorwärts nach Castelnuovo zu senden. Das 5. Armeecorps
marschirte noch nach Sona und stellte seine Vorposten gegen
Zarbera zu, aus In gleicher Weise nahm das 9. Armeecorps
am 23. Stellung bei Santa Lucia, und das 7. zu Massimo.

Diese Truppen standen schon während der Nacht in obigen
Stellungen, obgleich das 7. Armeecorps, bei der brennenden Hitze
während des Tages, einen sehr anstrengenden Marsch von San
Bonifacio nach Massimo zurückzulegen hatte. Am 24., früh
3 Uhr, rückte das 9. Corps in gerader Linie gegen Somma
Campagna, das 7., welches die Reserve bilden sollte, wurde
gegen Sona dirigirt. Das 5. Corps erhielt Befehl, zeitig in
St. Giorgio in Salino zu sein, und gleichzeitig Sona bis zur
Ankunft des 7. zu besetzen, ebenso eine Infanteriedivision in
Castelnuovo Stellung zu nehmen. Um die Cavaleriebrigade
Pultz zu verstärken, welche bestimmt war, am 24. Juni den
linken Flügel des 9. Armeecorps bei Custozza zu decken, wurden
dieser 8 Schwadronen der verschiedenen Reiterregimenter der drei
Armeecorps zugetheilt. Der Feind, welcher während der Nacht
Villafranca, Custozza, Monte Mamaor und Monte Bento be-
setzt, und seinen linken Flügel nach Castelnuovo vorgeschoben
hatte, mußte Kenntniß vom Abmarsche der Armee aus Verona
erhalten haben, denn schon am frühen Morgen hatte er seine
Vorposten in bedeutender Stärke auf der Linie von San Rocco
die Palazuelo, Fenilo, Costa und Oleosi vorgeschoben. Letzterer
Ort war namentlich sehr stark besetzt. Das Erscheinen der
starken Colonnen auf Monte Bento, Monte Mamaor, Monte
Goboi 2c., sowie die Massen von Reiterei bei Villafranca und
südlich von Somma Campagna, bewiesen mir, daß der Feind,
wohl wissend, er stehe der ganzen österreichischen Operations-
armee gegenüber, alle Truppen zurückgerufen, die er früher in
östlicher Richtung abgesendet hatte. Um 7 Uhr früh ward ein
lebhaftes Artilleriefeuer eröffnet, und die Reservedivision des
rechten Flügels bei Mezarelo, das 5. Corps, östlich von St.
Giorgio in Salino, und das 7. Corps, bei Somma Compagna
und Zarbora, kamen in das Gefecht.

Unser Artilleriefeuer, mit kaltem Blute ausgeführt, war in
seiner Richtigkeit bewundernswürdig und von größter Wirkung,
obgleich der Feind nach und nach eine überlegene Geschützzahl
auffuhr.

Ich befahl dem 9. Armeecorps, sich unter allen Umständen in Somma Campagna und auf den Höhen von Casa del Solo zu halten, und, wenn es möglich sei, mit größter Heftigkeit von Staffalo nach Custozza vorzubringen. Die Lücke zwischen dem 9. und 5. Corps wurde durch die Brigade des Generals Senbier vom 7. ausgefüllt. Das 5. Armeecorps und die Reservedivision erhielten Befehl, vorzugehen; das erstere gegen San Rocco di Palazuolo, die letztere gegen Oleosi. Die Truppen erfüllten ihre Aufgabe glänzend. Die Brigade Perot des 5. Corps und die Reservedivision stürmten die Ortschaft Oliosi, trotz dessen, daß diese von unserer Artillerie in Brand geschossen war, und des furchtbaren Widerstandes der Feinde, sowie des Feuers von ihren, auf dem Monte Vento aufgestellten Batterien. Die beiden andern Brigaden des 5. Corps, unter General Moriey und Oberst Bauer, nahmen die Pachthöfe von Costa und San Rocca di Palazuolo. Die Brigade Senbier marschirte nach einem dauernden und heftigen Gefechte von Zarbora nach Monte Godio. Nun rückte auch die Brigade Tuply, und etwas später die des Generals Welfersheim in die Gefechtslinie (7. Armeecorps); und nahmen an den verschiedenen Kämpfen bei Erstürmung des Monte Godio Theil. Zwischen 1 und 3 Uhr Nachmittags eroberte eine Brigade des 5. Armeecorps Monte Vento; die beiden andern besetzten nach dem hitzigsten Gefechte Santa Lucia und Monte Mamaor. Die Reservedivision war während dessen in Salionzo angekommen, und rückte gegen Valeggio vor. Trotz den größten Anstrengungen des 9. und 7. Armeecorps, war es ihnen Nachmittags 3 Uhr doch noch nicht gelungen, Custozza zu nehmen. Ich gönnte deshalb den von der Hitze und Anstrengung erschöpften Truppen eine kurze Rast, und befahl dann dem 7., durch eine Brigade des 5. verstärkten Armeecorps, einen letzten Versuch zu machen, Custozza zu stürmen, welches der Feind mit vieler Hartnäckigkeit und großer Tapferkeit vertheidigte. Bevor jedoch mein Befehl angelangt, hatte das 7. Corps, von der Artillerie des 9. unterstützt, welche zu Casa del Solo aufgefahren war, Monte Arbila und Belvedero besetzt. Nun blieb noch die sehr schwierige Aufgabe, Custozza und Monte Torre zu nehmen, und gleichzeitig die fortwährenden heftigen Angriffe des Feindes gegen das 9. Corps bei Somma Campagna und Casa del Sole, zurückzuweisen. Der Gegner, geführt von den Prinzen Humbert und Amadeus, versuchte mit seinen Elitetruppen gegen Staffalo vorzurücken und Custozza zu halten, aber das 9. Armeecorps schlug jeden Angriff tapfer zurück, und endlich gelang es dem 7., unterstützt von der Brigade des 5. Armeecorps, Custozza zu nehmen. Die Reservecavalerie unter Oberst Pulz, mit den 8 Schwadronen des Obersten Beganowich, waren von früh 4 Uhr bis zu einbrechender Nacht in eine Reihe von Kämpfen, mit wechselndem Erfolge verwickelt gewesen. Dieses, durch Tapferkeit und Gehorsam so ausgezeichnete Corps, unter seinem tüchtigen und erfahrenen Führer, erlitt, in Folge der Heftigkeit seiner Angriffe, bedeutende Verluste. Mit Anbruch der Nacht wurden diese Reiterbrigaden nach Dossabnono zurückgesendet. Bis 9 Uhr hörte man noch in der Richtung des 9. Armeecorps und der Reservecavalerie Kanonenschüsse. Der Feind hatte allen Widerstand aufgegeben, und Staubwolken bezeichneten seinen Rückzug nach dem Mincio, in der Richtung von Goito und Valeggio.

Es ist unmöglich, die Tapferkeit des Feindes nicht anzuerkennen; seine ersten Angriffe waren besonders heftig, und die Offiziere gingen ihren Soldaten mit bestem Beispiele voran. Unter den Augen des Königs und den Befehlen der Prinzen Humbert und Amadeus, welcher letztere verwundet wurde, rückten die ganzen Corps von Duranto und della Rocca, sowie, nach den Aussagen der Gefangenen, ein großer Theil des Corps von Cucciari und mehrere Reiterregimenter in die Schlachtlinie, beinahe 11 Divisionen Infanterie, ungefähr 100,000 Mann; ebenso fast ihre ganze Reserveartillerie.

Doch war es unmöglich, der geprüften und eisernen Tapferkeit der kaiserlichen Truppen zu widerstehen. Unser Verlust an Todten und Verwundeten ist, in Folge der Tapferkeit der Truppen, kein geringer. Bevor ich nicht detaillirte Berichte habe, läßt

sich die Zahl derselben nicht festfstellen. Nach ungefährer Ueber=
sicht haben wir 3000 Gefangene, darunter viele Offiziere; auch
haben wir einige Geschütze erobert, deren Anzahl sich gleichfalls
noch nicht bestimmen läßt. Ich hoffe, daß der große Sieg von
Custozza noch größere Folgen haben wird, da sich bei den, am
Abend in Custozza in großer Zahl gefangenen italiänischen Sol=
daten, ein hoher Grad von Demoralisation zeigte; sie hatten seit
48 Stunden Nichts gegessen. Ueber den Mincio zurückgegangen,
hat der Feind die schöne Brücke von Valeggio verbrannt, in
welchem Orte er 500 Verwundete zurückließ. In derselben Nacht
noch verließ er Villafranca, mit Hinterlassung einer großen
Zahl seiner Verwundeten."

Nach dieser verlorenen Schlacht blieb dem König nichts übrig,
als auf allen Puncten zurückzuweichen, und sich über den Mincio
zurückzuziehen, auch das wäre ihm wohl kaum gelungen, wenn
der österreichische General Stancowich, welcher in Mantua com=
mandirte, dem erhaltenen Befehle nachgekommen und in jenes
rechte Flanke mit seinen Truppen marschirt wäre, was er jedoch
versäumte, und deßhalb vor Kriegsrecht gestellt wurde. Den Ita=
liänern verging die Lust, nochmals anzugreifen, auch die Garibal=
bianer machten keine Fortschritte und kamen nicht weit über den
Gardasee hinaus, bei welchen Märschen sie von österreichischen
Kanonenböten beschossen wurden.

Auch die österreichische Kriegsflotte sollte einen Sieg da=
von tragen; die italiänische bedrängte Lissa heftig, Admiral
Tegethoff frug in Wien an, ob er dieselbe aus dem abriatischen
Meere vertreiben sollte, und bekam nur eine höchst ungenügende
Antwort, die ihm dies weder befahl noch verbot, jedenfalls aber
die Verantwortung ihm gänzlich überließ. Admiral Tegethoff,
ein tapferer, unerschrockener Seemann, der sich schon in den Kämpfen
gegen die Dänen 1864 sehr ausgezeichnet hatte, lief am 19.
Juli mit seiner Flotte aus dem Hafen von Pola; es bestand diese
aus zwei 2 großen, 3 mittleren und 2 kleinen Panzerschiffen,
1 Linienschiff, 6 Fregatten, 7 Kanonenböten, 2 großen Rad= und
2 Benachrichtigungsdampfern. Es war ein neblicher stürmischer

Tag, die See ging hoch, ebenso war es am Morgen des 20., wo er die italiänische Flotte vor Lissa erreichte, welche letzteres bombardirte, aber die österreichische erwartete. Die Italiäner hatten 12 schwere Panzerschiffe, darunter die von Amerika erkaufte „Affandatore," ein Monitor der stärksten Art, der in jedem seiner beiden Thürme eine 300pfündige Kanone hatte, und mit sechszölligen schmiedeeisernen Platten belegt war. Natürlich glaubte man, solch ein Schiff müsse Alles zertrümmern, und Ungeheures, nie Dagewesenes leisten.

Ferner befehligte Admiral Persano noch 3 leicht gepanzerte Schiffe, 8 Fregatten, 6 Dampfer und 3 Transportschiffe. Die Oesterreicher hatten 25, die Italiäner 32 Schiffe, erstere darunter nur 7, letztere dagegen 14 gepanzerte. Trotz dessen entschloß sich Tegethoff zum Kampfe. Er kannte die Tüchtigkeit und Tapferkeit seiner Seeleute, wenn auch seine Schiffe nicht so gut waren, als die italiänischen, da man von Wien aus die Flotte immer etwas kärglich behandelte, ja, sie lieber ganz abgeschafft hätte. Wir müssen die Seeschlacht, die einzige, welche in diesem Kriege geliefert wurde, näher beschreiben. — Als Admiral Tegethoff die italiänische Flotte erblickte, gab er das Signal: „Klar zum Gefecht!" Hierauf werden auf jedem Schiffe alle Ueberflüssigkeiten in den unteren Raum, die Munition aber aus diesem heraufgebracht, die Geschütze losgebunden und geladen, und jeder Mann hat sich nach dem, ihm für diesen Fall angewiesenen Posten zu begeben. In den Zwischendecks nimmt man die Holzwände heraus, welche diese in einzelne Cajüten theilen, und aufmerksam blickt der Capitain nach dem Admiralschiff, von wo die Befehle durch Aufziehen und Niederlassen bunter Flaggen, deren jede ihre besondere Bedeutung hat, ertheilt werden. Der erste Befehl, welchen Admiral Tegethoff nun erließ, war: „Formirt zum Angriffe in drei Linien; in der ersten Panzerschiffe, in der zweiten die schweren, in der dritten die leichten hölzernen Kriegsschiffe!" Dann sollten die Panzerschiffe gegen die feindlichen anlaufen; und so geschah es auch, unter dem tausendstimmigen Hurrah der Matrosen. Auf italiänischer Seite eröffnete das Schiff des Vice-

abmirals Bacca — „Prinz von Carignan" genannt — den
Kampf. Es entspann sich ein fürchterliches Geschützfeuer, und
die italiänischen Panzerschiffe suchten die hölzernen österreichischen
zu erreichen, und in den Grund zu bohren. Das bekam ihnen
aber schlecht, denn das österreichische Linienschiff „Kaiser Franz
Joseph" nahm den Kampf mit vier gepanzerten auf, rannte sogar gegen eines derselben an, wobei es freilich selbst den Fock-
mast verlor, der im Fallen den Schornstein der Maschine zertrümmerte, und wäre dadurch beinahe in Brand gerathen; doch
gelang es, diesen zu löschen und durch die italiänischen Schiffe
hindurch, den schützenden Hafen zu gewinnen. Die Italiäner
griffen dies Schiff deshalb so heftig an, weil sie glaubten, es
sei das Admiralschiff, während sich dieser auf dem Panzerschiffe
„Ferdinand Max" befand.

Dieses lief gegen das Panzerschiff „König von Italien,"
erbeutete dessen Flagge und rannte es in den Grund. Das war
furchtbar. Die 600 Mann starke Besatzung suchte sich zu retten,
stürzte auf das Deck, klomm die Raaen und Masten hinauf;
Alles war vergeblich, Niemand konnte helfen. Das Schiff sank,
und über dasselbe hinweg fuhr der „Ferdinand Max." Das
italiänische Panzerschiff „Don Juan d'Austria" ward in Brand
geschossen und flog in die Luft, und der „Affandatore" mußte
fliehen, nachdem ihm ein Thurm weggeschossen worden war.
Nach solchen Verlusten blieb dem Admiral Persano nichts übrig,
als das Weite zu suchen; er ward zwar bis zum „Kesselplatzen"
verfolgt, konnte aber in Folge der größeren Geschwindigkeit der
italiänischen Schiffe nicht eingeholt werden, und Admiral Teget-
hof kehrte nach dem ruhmreichen Kampfe, nach dem erfochtenen
Siege, nach Lissa zurück.

Die beiden Niederlagen, welche die Italiäner bei Custozza
zu Lande, bei Lissa zur See erlitten hatten, würden diese unter
gewöhnlichen Umständen gewiß zum Nachgeben, zum Frieden gezwungen haben. Dies war aber nicht der Fall, denn es war bekannt, daß die Preußen bei Königgrätz einen so entscheidenden
Sieg erfochten, daß ganz Böhmen und Mähren in deren Gewalt

sei, ja, daß sie gegen Wien im Vormarsche waren. Man wußte, daß in Folge dieser drohenden Gefahr die Oesterreicher genöthigt waren, ihre Truppen nach Wien zu ziehen, um dort wenigstens Halt zu haben. — Deshalb blieb Victor Emanuel in zuwartender Stellung; er konnte auch keinen Frieden ohne Preußen, seinen Verbündeten, schließen.

Erzherzog Albrecht übernahm den Befehl über das ge= sammte österreichische und sächsische Heer, das bei Wien stand, und man mußte den ernsteften Ereignissen entgegensehen.

———————

Preußen war überall siegreich gewesen, seine Heere standen vor Wien, hatten Frankfurt am Main, hatten alles Land bis an diesen Fluß besetzt, waren Herren von Schleswig=Holstein, Hannover, Churhessen, der freien Stadt Frankfurt, Nassau's, des Königreichs Sachsen, Böhmens, Mährens und Erzherzogthums Oesterreich, so weit es sich am linken Donauufer hin erstreckt, nur die Festungen Königstein, Königgrätz, Theresienstadt, Josephstadt, Olmütz, Marienberg bei Würzburg waren nicht in seine Gewalt gefallen, sogar in Ungarn war es vorgedrungen! — Sein Ver= bündeter, Italien war freilich geschlagen worden, aber durch des Ersteren Siege hatten die österreichischen Truppen zum größten Theile dort weggezogen werden müssen, Victor Emanuel hatte keinen Angriff zu fürchten, konnte sich nach Möglichkeit rüsten, endlich das Festungsviereck Peschiera, Mantua, Verona, Legnago nochmals angreifen, und einen Platz nach dem andern belagern, ohne daß eine österreichische Feldarmee dies zu verhindern ver= mochte, denn es war eben keine mehr da, sie hatte zum Schutze ihrer Residenz nach Wien gezogen werden müssen. — Die Lage der Dinge war nun so, daß Kaiser Napoleon den von ihm un= erwarteten Fortschritten der Preußen nicht länger ruhig zusehen konnte, aber ebensowenig im Stande war, mit den Waffen in der Hand einzuschreiten, denn er hätte dann gegen Italien gleich= zeitig auftreten müssen, gegen ein Land, dem er sein Wort: frei bis zur Adria," nicht gehalten hatte. Gern übernahm er daher die Vermittlerrolle, es wurde ein Waffenstillstand abgeschlossen, aus welchem der Friede hervorging; mit Oesterreich geschah dies am 23. August und zwar unter folgenden Uebereinkünften:

Art. 1.

„Es soll in Zukunft und für beständig Friede und Freundschaft zwischen Sr. Majestät dem König von Preußen und Sr. Majestät dem Kaiser von Oesterreich, sowie deren Erben und Nachkommen, und den beiderseitigen Staaten und Unterthanen herrschen."

Dieser Artikel ist eigenthümlich, er ist gewöhnlich in gleicher Fassung der erste bei jedem Friedensvertrage, oft heißt es denn sogar: für ewige Zeiten! — er enthält eine leere diplomatische Form, die nie und nimmer Stich gehalten, nie und nimmer zur Wahrheit geworden ist.

Art. 2.

„Behufs Ausführung des Artikels VI. der in Nicolsburg am 26. Juli dieses Jahres abgeschlossenen Friedenspräliminarien (vorläufige Friedensverabredungen) und nachdem Se. Majestät der Kaiser der Franzosen durch seinen bei Sr. Majestät dem König von Preußen beglaubigten Botschafter amtlich zu Nicolsburg am 29. Juli ejusdem (dieses Jahres) hat erklären lassen: Quo ce, qui concerne le Gouvernement de l'empreur, la Venetie est acquise à l'Italie pour lui être remise à la paix. (Was die Regierung des Kaisers in Venetien betrifft, so wird sie in Italien nach dem Frieden übergeben) — tritt Se. Majestät der Kaiser von Oesterreich auch Seinerseits bei, und giebt seine Zustimmung zu der Vereinigung des lombardisch-venetianischen Königreichs mit dem Königreiche Italien, ohne andere lästige Bedingungen, als die Liquidirung derjenigen Schulden, welche, als auf den abgetretenen Landestheilen haftend, anerkannt werden, in Uebereinstimmung mit dem Vorgange des Tractats von Zürich."

Hier müssen wir einige erklärende Worte beifügen.

Oesterreich besaß in Folge des Friedensvertrages vom Jahre 1815 die Lombardei und Venetien in Italien, die Bewohner

derselben hatten stets, wenn auch erfolglose Anstrengungen ge=
macht, jenes Oberherrschaft abzuwälzen. Da nahm sich der Kaiser
Napoleon III. der letzteren an, es kam 1859 zum Kriege. Mit
König Victor Emanuel verbündet, wurden die Oesterreicher zurück=
gedrängt, endlich bei Solferino in einer Hauptschlacht geschlagen.
Napoleon, recht gut wissend, daß ein weiteres Vorbringen in das
Festungsviereck sehr verderblich werden könnte, schloß höchst un=
erwartet mit dem Kaiser von Oesterreich den Frieden von Villa=
franca, dessen nähere Bestimmungen im Tractate von Zürich,
den wir oben erwähnten, fortgesetzt wurden. In Folge derselben
trat Oesterreich die Lombardei an Napoleon III. ab, welcher sie
dem König Victor Emanuel schenkte, sich dagegen aber von ihm
die Provinzen Genua und Savoyen geben ließ. Die Provinz
Venetien blieb noch bei Oesterreich, und auch diese zu erhalten,
war das Streben des Königs Victor Emanuel von Italien.
Deshalb verband er sich mit Preußen, und obgleich er und sein
Heer zu Wasser wie zu Lande geschlagen wurde, erreichte er doch
seinen Zweck, weil die Preußen vor Wien standen. Venetien
wurde an den Kaiser Napoleon abgetreten, der es nunmehr dem
Königreiche Italien einverleibte.

Art. 3.

„Die Kriegsgefangenen müssen beiderseits sofort freigegeben
werden."

Art. 4.

„Se. Majestät der Kaiser von Oesterreich erkennt die Auf=
lösung des bisherigen deutschen Bundes an, und giebt seine Zu=
stimmung zu einer neuen Gestaltung Deutschlands ohne Betheili=
ligung des österreichischen Kaiserstaates. Ebenso verspricht Se.
Majestät das engere Bundesverhältniß anzuerkennen, welches Se.
Majestät der König von Preußen nördlich von der Linie des
Mains begründen wird, und erklärt sich damit einverstanden,
daß die südlich dieser Linie gelegenen deutschen Staaten in einen
Verein zusammentreten, dessen nationale Verbindung mit dem
norddeutschen Bunde, der näheren Verständigung zwischen beiden

vorbehalten bleibt, und der eine internationale, unabhängige
Existenz haben wird."

Diese einzige Artikel machte also dem alten deutschen Bundestage mit einem Male ein Ende. Oesterreich war hinaus-
gemaaßregelt; Preußen gewann die Oberhand über Deutschland,
welche es so lange angestrebt, jetzt mit Waffengewalt erringen
hatte. Offen gesagt, bedauern wir das Zugrundegehen des deutschen Bundes in seiner alten Form nicht; er war durchaus nicht
zeitgemäß, und hat sich um das deutsche Volk nie verdient gemacht. Der Bundestag, als höchste Regierungsbehörde, war
machtlos; Einigkeit herrschte nur dann unter den Gesandten,
wenn es sich um Beschränkungen der Freiheit der Völker in
Form von Polizeibestimmungen handelte. Wie viele Jahre lang
hatte er Schleswig-Holstein im Stiche gelassen, wie schmachvoll
die Anfänge einer deutschen Flotte, welche das Volk aus seinem
Beutel, größtentheils freiwillig erbaut hatte, für seine Rechnung,
ohne dasselbe zu befragen, verauctionirt!

Wollten wir die Fehler und Sünden alle aufzeichnen, welche
er beging, theilweise in Folge seiner Organisation begehen
mußte, da könnten wir allein ein Buch darüber schreiben; seine
Verdienste aber um Volk und Vaterland würden höchstens ein
Blatt füllen. Wir wollen nur noch des großen Fehlers und Miß-
griffes erwähnen, welcher die Heeresorganisation betraf. Jedes
Land that im Uniformiren und Exerciren seiner Truppen, was es
wollte; man hatte Deutschlands Armeen zwar in Corps eingetheilt,
wo aber die Contingente zweier oder mehrerer Länder ein solches
bildeten, da herrschte die größte Verschiedenheit. An ein Zusammenwirken war kaum zu denken; und das deutlichste Beispiel dafür
sehen wir am 8. deutschen Bundesarmeecorps, während des früher
geschilderten Mainfeldzuges. Die Soldaten waren tapfer und
brav; aber die Oberleitung, das Zusammenwirken, was zu Er-
kämpfung eines Sieges unerläßlich ist, im allerhöchsten Grade
mangelhaft. Nur Oesterreich, Preußen und Baiern bildeten geschlossene Armeecorps.

Welchen kühnen Hoffnungen man sich übrigens seiten der Gegner Preußens, jenseit des Maines hingab, beweist folgendes Kriegslied des 8. deutschen Bundesarmeecorps:

Auf, lustig Ihr Brüder! wir zieh'n ins Preußenland,
Wir halten im Kampfe als wackre Deutsche Stand.
Aus Deutschland jagt die Preußen all' hinaus,
Und klopft ihnen tüchtig die Jacken aus!

Das achte Armeecorps, das schlägt sich wie ein Mann,
Denn Prinz Alexander, er führt uns muthig an.
Er führt uns gerade nach Berlin hinein,
Da fangen wir vor Allen den Bismark ein!

Dann wollen wir ihm gerben sein dickes Preußenfell,
Dann holet ihn der Teufel, und schleift ihn in die Höll'.
Und hat der erst den Bismark eingepackt,
So hilft ihm selbst kein Hoff'scher Malzextract.

Drum lustig, Ihr Brüder; mit Kolben haut hinein!
Das soll ja das Beste für Straßenräuber sein.
Reicht Euch die Hand; ein Gläschen trinket noch!
Es leb' Prinz Alexander! — Hoch, dreimal hoch!

Es ist dies eben ein Soldatenlied. Traurig genug aber, wenn in einem solchen deutsche Brüder, wenn auch preußische, damals feindliche Truppen, als Straßenräuber bezeichnet werden. Wir geben es nur, um zu zeigen, wie wenig es die deutsche Bundesmilitairverfassung verstanden hatte, selbst ein so nothwendiges Gefühl, das der gegenseitigen Camerabschaft und Achtung, unter den verschiedenen Contingenten hervorzurufen.

In Folge dieses 4. Friedensartikels zerfiel der ehemalige deutsche Bund in drei Theile, die Länder nördlich des Mains, des Erz- und Riesengebirges, unter Preußens Führung; die südlich des Mains, als Baiern, Würtemberg, Baden, ein Theil des Großherzogthums Hessen, vorläufig ohne jeden inneren Verband; und in das, aus dem deutschen Bunde, sowohl aus dem nordbeutschen, als aus Deutschland überhaupt, gänzlich ausgeschiedene Kaiserthum Oesterreich, welches früher unsere bedeutendste Macht war.

Art. 5.

„Se. Majestät der Kaiser von Oesterreich überträgt auf Se. Majestät den König von Preußen, alle seine im Wiener Frieden vom 30. October 1864 erworbenen Rechte auf die Herzogthümer Holstein und Schleswig mit der Maaßgabe, daß die Bevölkerung der nördlichen Districte von Schleswig, wenn sie durch freie Abstimmung den Wunsch zu erkennen geben, mit Dänemark vereinigt zu werden, an Dänemark abgetreten werden sollen."

Dieser Artikel klingt höchst eigenthümlich, hat aber eine nationale Begründung. Es ist gar nicht zu leugnen, daß die Nordschleswiger durchaus nicht geneigt sind, deutsch zu werden, sie haben sich unter Dänemark wohl befunden, sie sprechen der Hauptsache nach nur dänisch, und werden allerdings keine besondere Leidenschaft fühlen, die hohen preußischen Steuern zu zahlen, und nebenbei noch preußische Soldaten zu werden.

Art. 6.

„Auf den Wunsch Sr. Majestät des Kaisers von Oesterreich erklärt Sr. Majestät der König von Preußen sich bereit, bei den bevorstehenden Veränderungen in Deutschland, den gegenwärtigen Territorialbestand des Königreichs Sachsen in seinem bisherigen Umfange bestehen zu lassen, indem Er sich dagegen vorbehält, den Beitrag Sachsens zu den Kriegskosten, und die künftige Stellung Sachsens innerhalb des norddeutschen Bundes, durch einen mit Sr. Majestät, dem König von Sachsen, abzuschließenden Friedensvertrag, besonders zu regeln. Dagegen verspricht Se. Majestät der Kaiser von Oesterreich, die von Sr. Majestät, dem König von Preußen in Norddeutschland herzustellenden neuen Einrichtungen, einschließlich der Territorialveränderungen, anzuerkennen."

Es ist dies der einzige Schutz, den Oesterreich den Sachsen, welche sich für dasselbe aufgeopfert hatten, angedeihen ließ. Nur vom Territorialbestande, nur vom Erhalten desselben ist die

Rede, trotz dessen, daß Sachsen unendliche Opfer an Geld und
Blut gebracht hatte. — Schiller sagt in seinem Gedichte
Wallenstein „Dank vom Hause Oesterreich?!" — und das ist
nur zu wahr. Die Oesterreicher schlossen Frieden, Sachsen blieb
vor der Hand von den Preußen besetzt, zahlte, außer den Ein=
quartierungslasten, noch täglich 10,000 Thlr., mußte seine eignen
Truppen auf dem Kriegsfuße im Auslande erhalten, und wenn
diese auch von der Bevölkerung Oesterreichs im Allgemeinen gut
aufgenommen waren — die kaiserliche Regierung hat, außer eini=
gen Ordensverleihungen, wenig für das sächsische Heer gethan.
Aber mit diesem Artikel verlor der Herzog von Augustenburg
seine Ansprüche auf Schleswig-Holstein, der König von Hanno=
ver, Churfürst von Hessen, Herzog von Nassau Land und Krone,
der Senat von Frankfurt seine Selbstständigkeit, um welche es
freilich nicht besonders schade ist. Die Länder dieser Fürsten,
sowie letztere Stadt, wurden direct in das Königreich Preußen
einverleibt; sie wurden annectirt. Aus diesen Thatsachen geht
hervor, daß die Abschiedsworte, welche König Wilhelm an den
Prinzen Friedrich Carl gerichtet haben soll, und welche die
Coblenzer Zeitung brachte, in einem, in diesem Puncte, nicht
ganz treu sein können, wenn wir auch gern zugeben, daß in ge=
wisser Weise Preußen zum Kriege gezwungen war; sonst hätte
es seine Selbstständigkeit verloren. Der König soll bei dieser
Gelegenheit gesagt haben: „Ich bin ein alter Mann, und bald
siebenzig Jahre; wie sollte Ich jetzt noch an Krieg denken? Ich
will Nichts mehr, als Meinem Volke den Frieden lassen, wenn
Ich sterbe. Ich weiß ja auch, daß Ich es vor Gott und Mei=
nem Gewissen zu verantworten habe. Ich kann es bezeugen vor
Gott: Ich habe Alles gethan; gebeten habe Ich den Kaiser, ge=
beten, wie man nur bitten kann. Ich will ja auch keinen
Fuß breit Landes; Ich will ja Alles zugestehen, was Ich
mit der Ehre Preußens vereinen kann. Ich habe viel gebeten,
aber sie wollen ja den Krieg. Sie wollen es wieder so haben,
wie es vor dem siebenjährigen Kriege war, und das geht doch
nicht, denn dann ist Preußen Nichts mehr!"

24*

Art. 7.

„Behufs Auseinandersetzung über das bisherige Bundeseigen=
thum, wird binnen 6 Wochen nach Ratification gegenwärtigen
Vertrags eine Commission in Frankfurt am Main zusammen=
treten, bei welcher sämmtliche Forderungen und Ansprüche an
den deutschen Bund anzumelden, und binnen 6 Monaten zu li=
quidiren sind. Preußen und Oesterreich werden sich in dieser
Commission vertreten lassen, und es steht allen übrigen Bundes=
regierungen zu, ein Gleiches zu thun."

Art. 8.

„Oesterreich bleibt berechtigt, aus den Bundesfestungen das
K. K. Eigenthum, und von dem beweglichen Bundeseigenthume
seinen matricularmäßigen Antheil fortzuführen, oder sonst dar=
über zu verfügen. Dasselbe gilt von dem gesammten beweglichen
Vermögen des Bundes."

Art. 9.

„Den etatsmäßigen Dienern, Beamten und Pensionisten des
Bundes, werden die ihnen gebührenden, beziehungsweise bereits
bewilligten Pensionen pro rata der Matricel, zugesichert; jedoch
übernimmt die Königlich Preußische Regierung die bisher aus
der Bundesmatricularkasse bestrittenen Pensionen und Unter=
stützungen für Offiziere der schleswig=holsteinischen Armee, und
deren Hinterlassene."

Art. 10.

„In Bezug der von der K. K. Statthalterschaft in Holstein
ausgesetzten Pensionen, so bleiben diese den Interessenten be=
willigt. Die noch im Gewahrsam der K. K. Regierung befind=
liche Summe von 449,500 Thalern, in dänischer Reichsmünze und
4procentigen dänischen Staatsobligationen, welche den holsteinischen
Finanzen angehört, wird denselben unmittelbar nach Ratification
gegenwärtigen Vertrages zurückerstattet. Kein Angehöriger der

Herzogthümer Holstein und Schleswig, und kein Unterthan Ihrer Majestäten, des Königs von Preußen und Kaisers von Oesterreich, wird wegen seines politischen Verhaltens während der letzten Ereignisse und des Krieges verfolgt, beunruhigt in seiner Person, oder in seinem Eigenthume beanstandet werden."

Dieser letztere Satz des Friedensartikels schien dringend geboten. Jeder hatte Parthei genommen, Jeder, der überhaupt eine selbstständige Meinung hatte, diese ausgesprochen, und wer nicht, sie mindestens nachgeplappert. Im Uebrigen erscheint das Spionirsystem sich in Oesterreich sehr weit verbreitet gehabt zu haben, und man würde ohne diesen Artikel Manchen am Galgen hängen sehen, der jetzt noch vom preußischen Gelde lebt, und die Kaffeehäuser ziert.

Art. 11.

„Se. Majestät der Kaiser von Oesterreich verpflichtet sich, behufs Deckung eines Theiles der für Preußen erwachsenen Kosten, an Se. Majestät den König von Preußen die Summe von 40 Millionen preußischen Thalern zu zahlen. Von dieser Summe soll jedoch der Betrag der Kriegskosten, welche Se. Majestät der Kaiser von Oesterreich laut Artikel 8 des gedachten Wiener Friedens vom 30. October 1864, noch an die Herzogthümer Schleswig und Holstein zu fordern hat, mit 15 Millionen preußischer Thaler, und als Aequivalent der freien Verpflegung, welche die preußische Armee bis zum Friedenschlusse in den von ihr occupirten österreichischen Landestheilen haben wird, mit 5 Millionen preußischer Thaler in Abzug gebracht werden, so daß nur zwanzig Millionen preußischer Thaler baar zu zahlen bleiben. Die Hälfte dieser Summe wird gleichzeitig mit dem Austausche der Ratificationen des gegenwärtigen Vertrages, die zweite Hälfte drei Wochen später zu Oppeln berichtigt werden."

Nun, das ist gewiß eine niedliche Rechnung. Mit zwanzig baaren Millionen konnte schon den militairfeindlichen Schreiern in der Kammer zu Berlin der Mund etwas gestopft werden, wenn diese über die Höhe des Militairbudgets raisonnirten. Dieser Schade wäre vorläufig ersetzt gewesen.

Art. 12.

„Die Räumung der von den Königlich preußischen Truppen besetzten österreichischen Territorien wird innerhalb 3 Wochen, nach dem Austausche der Ratificationen des Friedensvertrags, vollzogen sein. Vom Tage des Ratificationsaustausches an werden die preußischen Generalgouvernements ihre Functionen auf den rein militairischen Wirkungskreis beschränken. Die besonderen Bestimmungen, nach welchen diese Räumung stattzufinden hat, sind in einem abgesonderten Protocolle festgestellt, welches eine Beilage zu gegenwärtigem Vertrage bildet."

Art. 13.

„Alle zwischen den hohen Vertrag schließenden Mächten vor dem Kriege abgeschlossenen Verträge und Uebereinkünfte werden, insofern dieselben nicht ihrer Natur nach durch die Auflösung der deutschen Bundesverhältnisse ihre Wirksamkeit verlieren müssen, hiermit neuerdings in Kraft gesetzt. Insbesondere wird die allgemeine Cartellconvention zwischen den deutschen Bundesstaaten vom 10. Februar 1831 sammt den dazu gehörigen Nachtragsbestimmungen, ihre Giltigkeit zwischen Oesterreich und Preußen behalten. Jedoch erklärt die k. k. Regierung, daß der am 24. Januar 1855 abgeschlossene Münzvertrag, durch die Auflösung des deutschen Bundesverhältnisses seinen wesentlichen Werth für Oesterreich verliere, und die königlich preußische Regierung erklärt sich bereit, in Verhandlungen wegen Aufhebung dieses Vertrags mit Oesterreich und den übrigen Theilnehmern an denselben zu treten. Desgleichen behalten die hohen Contrahenten sich vor, über eine Revision des Handels- und Zollvertrages vom 17. April 1865 im Sinne einer größeren Erleichterung des gegenseitigen Verkehrs sobald als möglich in Verbindung zu treten. Einstweilen soll der gedachte Vertrag mit der Maaßgabe wieder hergestellt werden, daß jedem der Contrahenten vorbehalten bleibt,

denselben nach einer Abkündigung von sechs Monaten außer Wirksamkeit treten zu lassen."

Art. 15.

„Die Ratificationen des Vertrags sollen zu Prag in einer
Frist von acht Tagen, oder wenn möglich, früher ausgewechselt
werden." —

Schon in der Nacht vom 31. Juli zum 1. August suchte
der von München kommende bairische Oberstleutnant Roth bei
dem Commandanten des preußischen 2. Reservearmeecorps, Großherzog von Mecklenburg-Schwerin, um einen Waffenstillstand
nach, worauf dieser antwortete, er wolle darauf eingehen, wenn
er erst die Städte Nürnberg und Fürth besetzt habe. Oberstleutnant Roth hatte natürlich geglaubt, daß Waffenruhe sofort eintreten müsse, da am 28. Juli in Nicolsburg, im Hauptquartiere
des Königs von Preußen, dieser einen Waffenstillstand mit
Baiern abgeschlossen hatte. Derselbe lautete im Artikel 1:
„Zwischen den Königlich preußischen und Königlich bairischen
Truppen wird vom 2. August an ein Waffenstillstand von 3
Wochen stattfinden." Hier kommen wir auf einen Punct, der nie
recht aufgeklärt worden ist, und geben erst die Erzählung des
„Soldatenfreundes," einer preußischen Militairzeitung, um dann
unsere eignen Betrachtungen daran zu knüpfen. Im Soldaten-
freunde steht zu lesen, nachdem er obigen Artikel des Nicolsburger Waffenstillstandes angeführt hat: „Hätte sich die bairische
Regierung damals die Mühe gegeben, die bei ihr über den Beginn des am 28. Juli in Nicolsburg zwischen Baiern und
Preußen abgeschlossenen Waffenstillstandes und dessen Vorgänge
herrschende Unklarheit zu lichten, so wäre den schon zu keiner
Zeit preußenfreundlichen, süddeutschen Blättern jeder Grund genommen worden, ihre gehässigen und böswilligen Verläumbungen
über angeblich gebrochenen Waffenstillstand seitens des Corps, in
die Welt zu schleudern. Der Sachverhalt war einfach folgender
(Anführung des obigen Artikels). Niemand, selbst der Be-
fangenste nicht, konnte mithin annehmen, daß das 2. Reserve-

armeecorps schon am 28. Juli in seinem Vorgehen Halt machen
würde, da dasselbe die ihm bis zum Eintritte jenes Termins gebliebenen 5 Tage dringend gebrauchte, die Positionen einzunehmen,
welche zur Fühlung mit der Mainarmee nothwendig waren.
Gegen Baiern und dessen Verbündete stand jedoch die Mainarmee, unter dem General von Manteuffel, und das 2. Reservearmeecorps, unter Sr. Königl. Hoheit, dem Großherzog von
Mecklenburg-Schwerin, im Felde. Mit Ersterem hatte der Feldmarschall Prinz Carl von Baiern, nachdem am 28. Juli der
General von der Tann den Abschluß eines Waffenstillstandes
vorbereitet, denselben am 29. Juli, und zwar bis zum Eintritte
des in Nicolsburg vereinbarten, definitiv geschlossen; dieser
Waffenstillstand hatte jedoch für das, von der Mainarmee vollständig unabhängig operirende 2. Reservearmeecorps gar keine
Bedeutung. Selbst der Prinz Carl (bairischer Obergeneral)
scheint dies gewußt zu haben, denn am 30. Juli telegraphirte er
an den Regierungspräsidenten von und zu Rhein in Würzburg:
„Gestern Abend Waffenruhe bis 2. August, mit 24stündiger
Kündigungsfrist, mit Manteuffel abgeschlossen." Er schloß mithin sogar nicht einmal aus, daß noch in den Tagen des 30.
Juli bis inclusive 1. August die Feindseligkeiten wieder eröffnet
werden könnten. Erst am 30. Juli Abends, schien man in
München zu bemerken, daß man, um mit dem 2. Reservecorps
ebenfalls Waffenruhe zu schließen, sich an den Höchstcommandirenden desselben wenden müßte, und nun erst erfolgte eben die
oben erwähnte Abschickung des Oberstleutnant Roth. Viel hatte
auch zu dem wüsten Geschrei der süddeutschen Presse die irrige
Annahme Veranlassung gegeben, daß die am 22. Juli zwischen
Preußen und Oesterreich abgeschlossene Waffenruhe, sich auch auf
die Verbündeten des Letzteren erstrecke."

Hierüber läßt sich Vieles, und leider nur Trauriges sagen.
Nicht Oesterreich und Baiern hatten als selbstständige Staaten
den Krieg an Preußen erklärt, sondern er war ihnen von jenem
angekündigt worden. Sie hielten an dem alten deutschen Bunde
fest, den König Wilhelm sprengte; sie fochten gegen diesen, wenn

auch in einer großen Ausdehnung; sie mußten sich auf einander
verlassen, wenn sie ihr Ziel erreichen wollten. Oesterreich war
aber so freundlich, alle seine Bundesgenossen zu verlassen, und
diese dem Belieben des Feindes preiszugeben, indem es nur für
sich allein Waffenstillstand mit diesem schloß. Jeder gerad
denkende, in die Geheimnisse der Politik nicht eingeweihte Mann,
muß so etwas für unmöglich nicht nur halten, sondern er denkt
überhaupt gar nicht daran, denn dieser Fall ist wirklich eine
Ungeheuerlichkeit, und kaum dürfte man es den süddeutschen
Schriftstellern als eine Verläumdung anrechnen, wenn sie eben
auch nicht anders dachten, und das weitere Vorrücken der Preußen als Waffenstillstandsbruch betrachteten. Daß dem Großherzog von Schwerin Alles daran lag, mit dem General von
Manteuffel in Verbindung zu kommen, sich namentlich Fürths
und Nürnbergs zu bemächtigen, das glauben wir gerne; daß er
deshalb die Tage bis zum Eintritte des wirklichen Waffenstillstandes benutzte, ist ganz militairisch richtig; daß man aber in
München annahm, der bairische Feldmarschall Prinz Carl, habe
mit dem ganzen, in Baiern stehenden preußischen Heere dadurch
Waffenstillstand, erscheint uns auch nicht falsch. Denn wenn
zwei Armeecorps derselben Macht auf einem Kriegstheater fechten,
so wird ein Waffenstillstand nur mit dem Höchstcommandirenden
abgeschlossen. War dies der Großherzog von Mecklenburg, oder
war er es nicht? Wir sind der Ansicht, daß die Leitung der
Operationen dem General von Manteuffel anvertraut wurde,
nachdem General Vogel von Falkenstein nach Böhmen abberufen
worden war. Nun traten auch die Baiern am 4. August
mit den Preußen in Verhandlung, und zwar kam der bairische
Generalleutnant von Hartmann im Hauptquartiere des Groß-
herzogs von Mecklenburg-Schwerin an, um jene zu führen und
vorerst einen Waffenstillstand abzuschließen. Dieser kam auch zu
Stande und lautete:

„Auf Grund einer, vom Königlich bairischen Feldmarschall,
Prinzen Carl von Baiern, Königliche Hoheit, ertheilten Voll-
macht, war heute der Königl. bairische Generalleutnant und

Commandant der 4. Infanteriedivision, Jacob Ritter von Hartmann, Excellenz, im preußischen Hauptquartiere zu Nürnberg erschienen, um über die Demarcationslinie, sowie sonstige militairische Details, während des abgeschlossenen Waffenstillstandes zu verhandeln. Nachdem zu gleichem Zwecke der Königlich preußische Oberstleutnant und Chef des Generalstabes, Veith, von Seiner Königlichen Hoheit dem Großherzog von Mecklenburg-Schwerin, General der Infanterie und Commandirender des 2. Reservecorps, bevollmächtigt war, traten die beiden Bevollmächtigten zusammen und vereinbarten Folgendes:

§ 1.

Die Demarcationslinie wird im Allgemeinen bezeichnet: Durch den Itzbach, von dessen Eintritt in Baiern bis zu dessen Einfluß in den Main; sodann der Main bis dahin, wo er die Regnitz aufnimmt; hierauf die Regnitz aufwärts als Grenze bis zur Rednitz; die Rednitz aufwärts bis Schwabach; sodann den Schwarzachbach aufwärts bis Altdorf; endlich eine Linie, welche durch die Orte Altdorf, Amberg, Hirschau, Warnberg zur österreichischen Grenze läuft. Zu beiden Seiten der Demarcationslinie bleibt ein Theil der Ortschaften unbelegt, und bildet neutrales Gebiet. Dieses neutrale Gebiet ist begrenzt längst des Itzbaches durch die, dessen Thalniederungen anschließenden Höhenzüge; längs des linken Main- und rechten Rednitz- und Regnitzufers aber, durch die anschließenden Höhenzüge. Die Orte Fürth und Schwabach bilden hierbei eine Ausnahme, und können von den Königlich preußischen Truppen belegt werden. Kronach und Plassenburg behalten ihre bisherigen bairischen Besatzungen, und sind diese Orte als neutrales Gebiet zu betrachten, weshalb auch dem Verkehr dieser Besatzungen mit der Umgegend, ein Hinderniß nicht in den Weg zu legen ist. Die Stadt Bamberg kann eine kleine bairische Garnison behalten, welche jedoch einen militairischen Einfluß auf das rechte Regnitzufer, und speciell den Bahnhof und dessen Benutzung nicht ausüben darf. Längs des südlichen Theiles der Demarcationslinie bilden die Orte Schwabach, Kornburg, Feucht, Altdorf, Traunfeld, Schwand, Götzendorf, Fuchshain, Witzelhof,

Urspring, Hirschau, Warnberg, Planstein, Waschaus, die südlich-
sten Puncte des preußischen Cantonnements. Für die bairischen
Cantonnements ist die nördliche Linie bezeichnet durch die Puncte:
Schwand, Ferrieden, Berg, Kastel, Amberg, Haselmühl, Kemnath,
Pfreima, Carnesburg und Eslarn.

§ 2.

Um den Truppen während des Waffenstillstandes die möglichste Ruhe zu gewähren, und da überdies zwischen die beiden
Demarcationslinien neutrales Gebiet gelegt worden ist, so werden
weder von Seiten der Königlich preußischen Armee, noch von
Seiten der Königlich bairischen Armee, Vorposten aufgestellt, sondern lediglich aus militairpolizeilichen Gründen in den Cantonnements die, auch im Frieden üblichen Cantonnementswachen,
etablirt.

§ 3.

Der Eisenbahn- und Postverkehr, die Benutzung und Bedienung der Telegraphen (inclusive der Ostbahnen), die Schiff-
und Flußfahrt auf den Flußlinien und dem Canale, werden von
beiden Seiten völlig frei gegeben. Werden Militairtransporte
über die Demarcationslinie hinaus beabsichtigt, so unterliegt dies
der Vereinbarung der beiden Höchstcommandirenden. Eine militairische Besetzung der Bahnhöfe findet nur insofern statt, als
es militairpolizeiliche Gründe nothwendig machen. Die Bahnhöfe Bamberg und Amberg, dürfen von keiner Seite militairisch
besetzt werden. Das bairische Eisenbahnmaterial, sowie dasjenige
der Ostbahnen, darf vor den allenfallsigen neuen Feindseligkeiten
wieder an jenen Puncten geborgen werden, von wo es zur Zeit
herkommt.

§ 4.

In den betreffenden Ortschaften sollen die Königlich preußischen Truppen nach der preußischen Vorschrift datirt Hof, am
24. Juli 1866, verpflegt werden. Hauptquartier Nürnberg, den
4. August 1866. J. von Hartmann, Königl. bairischer Generalleutnant. Beith, Oberstleutnant und Chef des 2. Reserve-
Armeecorps."

Trotz dieses abgeschlossenen Waffenstillstandes traf doch noch am 4. August, also an demselben Tage, der preußische Landrath Krupka aus Koretschin, als Civilcommissar für die vom 2. Reservearmeecorps besetzten Districte des Königreichs Baiern ein, und erließ, kraft seines auf siegreiche Bajonnette gestützten Amtes, der Großherzog folgende Bekanntmachung:

„Der von der Königlich preußischen Staatsregierung ernannte Civilcommissar für die, von Meinem Truppentheile occupirten Landestheile des Königreichs Baiern, Landrath Krupka, hat heute das Geschäft in Meinem Hauptquartiere übernommen. Sämmtliche Behörden in den occupirten Districten, welche im Uebrigen mit der Verpflichtung, Nichts gegen das Interesse der preußischen Occupation zu thun, in ihren Functionen verbleiben, werden hierdurch angewiesen, sich in allen die Occupation betreffenden Angelegenheiten an den bestellten Commissar zu wenden, demselben alle erforderliche Auskunft zu ertheilen, und allen seitens desselben, bei Ausführung seines Auftrages zu treffenden Anordnungen, bereitwilligst zu entsprechen. Friedrich Franz, Großherzog von Mecklenburg, General der Infanterie, und commandirender General des 2. Reservearmeecorps."

Auch Landrath Krupka erließ die Bekanntmachung:

„Der Umfang des occupirten Bezirkes, in welchem ich nunmehr das mir anvertraute Amt als Civilcommissar zu versehen habe, ergiebt sich aus der zur Publication gelangenden Waffenstillstandsconvention (siehe oben), und bin ich der Ueberzeugung, daß ich bei Ausführung des mir gewordenen Auftrages überall eine willfährige Unterstützung finden werde. Krupka."

Im Uebrigen muß man sagen, daß sich dieses 2, sogenannte preußische, Reservecorps gegen die Bewohner ebenso freundlich benahm, wie der Großherzog selbst.

Als letzterer am 1. August an der Spitze vom altenburgischen Infanterieregimente, einer mecklenburgischen Dragonerschwadron und 2 Geschützen in Nürnberg einrückte, erbat sich der Oberbürgermeister, Dr. von Wächter, eine Audienz bei ihm, und konnte in Folge derselben den Bewohnern Folgendes durch Placate mittheilen:

„Mitbürger! Se. Königliche Hoheit, der Großherzog von Mecklenburg-Schwerin, haben dem Unterzeichneten heute Höchstihre freundliche und wohlwollende Gesinnung gegen unsere Stadt, mit dem Beifügen ausgedrückt, daß der Stadt, außer der Verpflegung der bereits eingerückten und noch nachrückenden Truppen, keine weitere Leistung auferlegt wird. Auch haben Se. Königliche Hoheit den Unterzeichneten in Kenntniß gesetzt, daß Höchstsie Ihren Truppen bereits Waffenstillstand geboten haben, und daß heute, mit der Mitternachtsstunde, der Waffenstillstand zwischen den Königreichen Baiern und Preußen in Kraft tritt. Indem ich dieses hiermit zur allgemeinen Kenntniß bringe, spreche ich zugleich den Wunsch und die Ueberzeugung aus, daß es unsere Bürgerschaft an freundlicher Aufnahme und guter Verpflegung in keiner Weise werde fehlen lassen. Der erste rechtskundige Bürgermeister, von Wächter.“

Es ging auch Alles in Frieden und Ruhe ab, dennoch verlängerte sich der Aufenthalt des 2. Reservearmeecorps bis zum 2. September, weil sich die Friedensverhandlungen so lange hinschleppten, denn dieser ward erst am 27. August in Berlin unterzeichnet. Vor dem Abmarsche aus Baiern erließ der Großherzog folgende Proclamation:

„An die Bewohner Frankens (Provinz in Baiern)! Das unter Meinem Befehle stehende, Königlich preußische Reservearmeecorps verläßt jetzt, nach Herstellung des Friedens, das bairische Gebiet. Ich spreche es gerne öffentlich aus, daß sowohl die Königlich bairischen Behörden, als die Einwohner überall gewußt haben, die Treue gegen ihren König mit den, Meinen Truppen schuldigen Rücksichten in Einklang zu bringen. Möge das freudige Erkennen ächt deutschen Wesens, bei allen Stammesgenossen aus Nord und Süd, die sich hier begegnen, ein dauerndes Band gegenseitiger Achtung und Eintracht begründet haben. Das ist Unser Aller Abschiedsgruß! Hauptquartier Nürnberg, den 30. August 1866. Der commandirende General, Friedrich Franz, Herzog von Mecklenburg.“

Wir können diese Worte nur als ächt fürstliche bezeichnen.

Es ist gewiß nicht uninteressant, die Zusammensetzung dieses 2., sogenannten preußischen, Reservearmeecorps zu erfahren; zufallsweise ist uns diese in die Hände gefallen, und wir geben sie wieder, um zu beweisen, daß eine Menge Nichtpreußen mit der preußischen Armee fochten.

2. Reserve-Armeecorps.

Commandirender General: Se. Königliche Hoheit, Prinz Friedrich Carl von Mecklenburg-Schwerin, Königl. preußischer General der Infanterie.

Generalstab: aus preußischen und mecklenburgischen Offizieren bestehend.

1. Großherzoglich Mecklenburg-Schwerinsche Division:
Commandeur: Generalmajor von Bilgner.

Mecklenburgische Brigade.

Commandeur: Oberst von Jasmund.

1. Infanterieregiment mit 2 Bataillonen.

2. Infanterieregiment mit 2 Bataillonen.

1. Jägerbataillon mit 2 Compagnien.

2. Braunschweig-Sachsen-Altenburgische Brigade:
Commandant: Oberst von Giesewald (Braunschweiger).

2 Bataillone Braunschweiger.

Sachsen-Altenburger Füsilierregiment: 2 Bataillone.

Mecklenburgisches Dragonerregiment, Major von Kahlden: 4 Schwadronen.

Braunschweigische Husaren, Major von Strombeck: 2 Schwadronen.

2. combinirte preußische Division.

Commandeur: Generalleutnant von Horn.

combinirte Gardeinfanteriebrigade, Oberst von Treskow: 4. Garderegiment zu Fuß (3 Bataillone), combinirtes Gardeinfanterieregiment, bestehend aus den 4 Bataillonen der vier Garderegimenter zu Fuß.

combinirte pommerische Infanteriebrigade: Oberst Baron Schuler von Sanden.

combinirtes pommerisches Infanterieregiment: aus den 4. Bataillons vom 1., 2., 4., 8. pommerischen Grenadierregiment. Infanterieregiment Anhalt: 2 Bataillone. Ein Reservelandwehr-Ulanen- und ein Reservelandwehr-Husarenregiment; beide waren aber nicht mit in Baiern eingerückt.

Artillerie, unter Befehl des mecklenburgischen Obersten von Müller.

2 mecklenburg-schwerinische, ½ braunschweigische Batterien, nebst dem 2. preußischen Feldartillerieregiment. Die Pioniere waren theils Braunschweiger, theils Mecklenburger. Jedenfalls ist das 2. Reservearmeecorps von Ansehen etwas bunt gewesen, da aber die Staaten, welchen es angehörte, schon früher eine Militairconvention mit Preußen abgeschlossen hatten, so waren alle gleichmäßig ausgebildet und exercirt, und da macht sich die Sache schon.

Das achte deutsche Bundesarmeecorps hatte sich in Wohlgefallen aufgelöst; Nassau und Churhessen wurden ohne Weiteres annectirt; am 2. September kam ein Frieden mit dem Großherzogthum Hessen zu Stande, das Preußen einen Theil von Oberhessen, sowie die Grafschaft Hessen-Homburg abtrat, mit den nördlich des Maines gelegenen Provinzen in den norddeutschen Bund einzutreten versprach, und überdies noch 3 Millionen Gulden Kriegssteuern zahlte. Das Großherzogthum Hessen kam wegen seiner verwandtschaftlichen Beziehungen zum russischen und englischen Hofe noch so gnädig weg, wenn man es gnädig nennen will, daß der Gegner das Kriegsglück nicht dazu benutzt hat, oder benutzen konnte, Alles zu nehmen, was ihm gefiel. Das Königreich Würtemberg mußte laut seinem Friedensvertrag vom 13. August, 8 Millionen Gulden bezahlen, was namentlich daher kam, daß die Würtemberger in der preußischen Provinz Hohenzollern, die mitten in ihrem Lande liegt, alle Beamten fortgeschickt und diese selbst besetzt hatten; die Badenser kamen mit 6 Millionen Kriegssteuer weg, nachdem sie am 18. August Frieden geschlossen hatten. Baiern schloß am 22. August durch Minister von der Pfordten definitiv Friede, mußte das Bezirksamt Gersfeld, den Bezirk Orb und die Enclave Caulsdorf abtreten, welche bei Saalfeld, im Preußischen liegt, außerdem aber noch 30 Millionen Gulden Kriegskosten bezahlen. In Sachsen-Meiningen, wo sich der alte siebenzigjährige Großherzog nicht fügen wollte, rückten zwei preußische Bataillone ein, und der alte Herr dankte zu Gunsten seines Sohnes ab, welcher den Thron bestieg, und die Versicherung gab, dem norddeutschen Bunde beitreten zu wollen. Auch die Fürstin Caroline von Reuß ä. L. wurden noch gefälligst 60,000 Thlr. Kriegskosten aufgebürdet. Man sieht, Preußen wußte sich seine gehabten Auslagen reichlich zurückerstatten zu lassen, denn es hatte außer diesen Summen noch einen Länderzuwachs von mehr als 1200 ☐Meilen und 4 Millionen Einwohnern erhalten.

Wir müssen jetzt einen Blick auf unser eigenes Vaterland, auf das Königreich Sachsen und dessen brave Armee werfen, die nebst der Königlichen Familie bei Wien und Linz in Oesterreich stand. Nach Artikel 6. des Friedens mit dem Kaiser von Oesterreich, sollte zwar das Königreich Sachsen in seinem Territorialbestande erhalten bleiben, und nur Kriegskosten zu bezahlen haben, es war aber kein Wort davon erwähnt, ob auch die Königliche Familie ihr Land zurückerhalten sollte. Das erfüllte die Herzen aller Sachsen mit Bangigkeit. Wer Geschichte kennt, der weiß recht gut, daß ein Land scheinbar als selbstständiges fortbesteht, während dessen Fürsten, dessen angestammte Fürsten auf irgend welche Weise, durch irgendwelche Umstände vom Throne gestoßen wurden. Sind solche Staaten groß und mächtig, so können sie allenfalls noch ihre nationale Unabhängigkeit wahren, sind sie aber klein oder uneinig, so werden sie in der Regel die Beute habgieriger Nachbarn. Es giebt in der Geschichte viel Beispiele aus allen Jahrhunderten für das soeben Gesagte. Das großartigste aber ist die Eroberung Ostindiens durch die englischostindische Compagnie, die wir wegen so mancher Aehnlichkeit mit den letzten Verhältnissen etwas schildern wollen, um die Frage: wie war es denn für eine bloße Kaufmannsgesellschaft möglich, sich ein so unendlich großes Reich zu unterwerfen, besser beleuchten zu können. Die sehr gut geleitete Politik dieser Compagnie war

folgende: mit schwächeren Staaten in Indien Bündnisse abzuschließen, und deren Heere an sich zu ziehen, indem sie diese nach
englischem Muster, von englischen Offizieren einüben und befehligen ließen, wogegen ihnen diese Staaten das Geld für Unterhaltung der Truppen zahlen mußten. Natürlich verstärkte dies
die Macht der Compagnie sehr bedeutend, schwächte die einhei-
mischen Fürsten, welche in ein solches Verhältniß zu ihr getreten,
weil sie nicht mehr über die Wehrkraft ihrer Länder gebieten
konnten, und wurde wegen deren Masse und Güte Denen gefährlich, die dies nicht gethan hatten. Auf solche Weise erstarkt,
begannen sie nun mit letzteren Krieg, besiegten sie, und zwangen
sie zu dem, was sie wünschten, zur Militairconvention und Sub-
sidienzahlung, machte die Fürsten von sich abhängig, machte sie
zu Schattenkönigen. Das ist lange Jahre gegangen, aber bei
dem letzten derartigen Versuch im Jahre 1858, brach, wenn auch
nicht die englische Herrschaft,* doch die indische Compagnie den
Hals. Sie wollte nämlich das Königreich Oude zwischen dem
Himmalayagebirge und dem Ganges, westlich von Calcutta gelegen,
in gleicher Weise, nachdem es schon dasselbe von sich abhängig gemacht hatte, auch noch annectiren; darüber brach der Aufstand
der eingeborenen Soldaten, der Sapoys, aus, sie mordeten ihre
englischen Offiziere, es kam zum offenen erbitterten Kriege, und
die Kaufmannsgesellschaft war nicht im Stande, mit all' ihrem
Gelde Ruhe zu stiften; das gelang erst der britischen Armee,
aber die Königin Victoria nahm nun auch das weite Land in
unmittelbaren Besitz. Gehen wir in Europa die Geschichte durch,
so wollen wir fragen: was stürzte die Herrschaft der Römer?
Gewiß nichts Anderes, als die zu große Ausdehnung des Reiches
und das System, die Mannen der unterworfenen Nationen im
eigenen Kriegsdienste zu verwenden; in neuester Zeit hat Napoleon
die sehr traurigen Folgen davon in der Schlacht bei Leipzig und
bei Hanau gesehen, wo die mit ihm verbündeten Sachsen und
Würtemberger bei Leipzig, die Baiern vor Hanau feindlich gegen
ihn auftraten; alles alte Rheinbundstruppen, welche bis dahin ihm
wacker beigestanden hatten. Auch Rußland mußte in dieser Be-

ziehung Erfahrungen machen. Dadurch, daß es Polen sich ein=
verleibte, deſſen Armee aber bis 1831 selbstständig bestehen ließ,
kam es zu jenem Revolutions=, eigentlich Unabhängigkeitskrieg
derselben gegen die russische Herrschaft; noch vor wenigen Jahren
brach abermals eine Revolution dort aus, und keine Minute ist
es sicher, daß nicht Aehnliches geschieht. Völker in eines zu ver=
schmelzen, durch Blut zu verschmelzen, das auf dem Schlachtfelde
vergossen worden ist, ist ein sehr gefährlicher Kitt, der selten lange,
und nur dann wirklich hält, wenn Neigungen und Sympathien,
sowie die materiellen Interessen, dieselben sind. Das weiß man
in Berlin recht gut; Graf Bismark kennt dies besser als wir,
und hat es vorgezogen, aus den Sachsen, deren Haltung und Ent=
schlossenheit, sowie die Liebe zu deren Herrscherhause unzweifelhaft,
Verbündete, welche treu sind, als Unterthanen zu machen, denen
in gewissen politischen Momenten doch nicht unbedingt zu trauen
war. Das Einzige, was sich deshalb erstreben ließ, und das Beste,
war der von Preußen eingeschlagene Weg einer Militairconven=
tion. Um aber den Zusammenhang der Friedensverhandlungen
nicht zu unterbrechen, wollen wir jetzt zu den preußisch=sächsischen
übergehen, zum Schluß des Werkchens aber die Schicksale der
Sachsen im Felde noch besonders schildern.

Der Friedensvertrag, der am 21. October in Berlin zwischen
Sachsen und Preußen abgeschlossen, am 24. October 1866 rati=
ficirt wurde, also volle zwei Monate später, als der mit Oester=
reich, lautete:

Friedensvertrag zwischen Sachsen und Preußen.

Se. Majestät der König von Sachsen und Se. Majestät der
König von Preußen, von dem Wunsche geleitet, die durch den
Krieg unterbrochenen freundschaftlichen Beziehungen herzustellen
und für die Zukunft zu regeln, haben behufs Verhandlung eines
darüber abzuschließenden Friedensvertrages zu Ihren Bevollmäch=
tigten ernannt, und zwar:

Se. Majestät den König von Sachsen:
Seinen Staatsminister der Finanzen, Richard. Freiherrn von
Friesen, Großkreuz des Königl. Sächsischen Civilverdienst=

ordens u. f. w. und Seinen wirklichen geheimen Rath, Carl
Adolf Grafen von Hohenthal, Großkreuz des Königl. Sächsischen
Civilverdienstordens und des Königl. Preußischen rothen Adler-
ordens 1. Claſſe u. f. w., und

Se. Majeſtät der König von Preußen,
Seinen wirklichen Geheimen Rath, Kammerherrn und Geſandten,
Carl Friedrich von Savigny, Ritter des Königl. Preußischen
rothen Adlerordens 1. Claſſe, Großkreuz des Königl. Sächsischen
Civilverdienstordens u. f. w.,

welche nach Austausch ihrer, in guter Ordnung befundenen Voll-
machten über nachfolgende Vertragsbestimmungen übereingekommen ſind:

Art. 1.

Zwiſchen Sr. Majeſtät dem Könige von Preußen und dem
König von Sachſen, deren Erben und Nachfolgern, deren Staaten
und Unterthanen, ſoll Friede und Freundschaft auf ewige Zeiten
beſtehen.

Art. 2.

Se. Majeſtät der König von Sachſen, indem Er die Beſtimmungen des zwiſchen Preußen und Oeſterreich zu Nicolsburg
am 26. Juli 1866 abgeſchloſſenen Präliminarvertrags, ſo weit
ſie ſich auf die Zukunft Deutſchlands, insbeſondere Sachſens beziehen, anerkennt und acceptirt, tritt für Sich, Seine Erben und
Nachfolger den Artikeln 1 bis 6 des am 18. Auguſt zu Berlin
zwiſchen Sr. Majeſtät dem König von Preußen einerſeits, und
Sr. Königlichen Hoheit dem Großherzog von Weimar anderſeits,
und andern norddeutſchen Regierungen abgeſchloſſenen Bündniſſe
bei, und erklärt Sachſen verbindlich, ſowie Se. Majeſtät der
König von Preußen, die darin gegebenen Zuſagen ebenfalls auf
das Königreich Sachſen ausdehnt.

Art. 3.

Die hiernach nöthige Reorganiſation der ſächsiſchen Truppen, welche einen integrirenden Theil der norddeutſchen Bundesarmee zu bilden, und als ſolche unter den Oberbefehl des Königs

25 *

von Preußen zu treten haben werden, erfolgt, sobald die für den
norddeutschen Bund zu treffenden allgemeinen Bestimmungen,
auf der Basis der Bundesreform-Vorschläge vom 10. Juni d. J.,
festgestellt sein werden.

Art. 4.

Inzwischen treten in Beziehung auf die Besatzungsverhält-
nisse der Festung Königstein, die Rückkehr der sächsischen Truppen nach Sachsen, die nöthige Beurlaubung der Mannschaften
und die vorläufige Garnisonirung der auf den Friedensstand
zurückversetzten sächsischen Truppen, die gleichzeitig mit dem Abschlusse dieses Vertrages getroffenen, besonderen Bestimmungen
in Kraft.

Diese besonderen Bestimmungen führen wir gleich hier an;
sie betiteln sich

**Besondere Bestimmungen des Artikels 4 des Frie-
densvertrages vom 21. October 1866.**

Mit Bezug auf Artikel 4 des Friedensvertrags vom heutigen Tage, sind die unterzeichneten Bevollmächtigten über folgende
Puncte übereingekommen:

1) Se. Majestät der König wird unverzüglich und noch bevor die Ratificationen des gedachten Friedensvertrages ausgewechselt werden, die Festung Königstein Sr. Majestät dem Könige von Preußen einräumen.

2) Die Besetzung der Festung erfolgt in der Art, daß die
daselbst befindliche Königl. sächsische Infanterie durch eine Königlich preußische Infanterieabtheilung unter gegenseitiger militairischer Ehrenbezeigung abgelöst wird, und der Königlich sächsische Commandant seine Function dem, von Sr. Majestät dem
König von Preußen zu ernennenden Gouverneur, übergiebt. Die
sächsische Infanteriebesatzung marschirt mit Waffen und Gepäck
ab, um sich zunächst nach den, diesen Truppentheilen bezeichneten
Standquartieren zu begeben.

3) Alles auf der Festung befindliche, und noch dahin zu

verbringende sächsische Material an Geschützen, Waffen, Munition und Ausrüstungsstücken, Vorräthen, Lebensmitteln, und Alles sonst sich daselbst befindende Staatseigenthum, verbleiben unbestrittenes Eigenthum der Königl. sächsischen Regierung. Die Letztere behält demnach die freie und ungehinderte Verfügung über alle genannten Gegenstände, so daß sie dieselben auf dem Königsteine belassen, oder von da jederzeit zurückziehen kann.

4) Zur Bewahrung des vorgedachten Königlich sächsischen Staatseigenthums verbleibt, jedoch unter dem Oberbefehle des Königlich preußischen Gouvernements, das Königlich sächsische Artilleriedetachement als Theil der Besatzung in der Festung, mit ihm der Untercommandant, der Festungs-Ingenieur, der Adjutant, sowie alle Festungsbeamte und Handwerker. Der Königlich preußischen Besatzung der Festung steht es frei, die dortigen Vorräthe und Magazine aller Art, gegen Abrechnung zu benutzen.

5) Unmittelbar nach erfolgtem Austausche der Ratificationen des Friedensvertrages, wird Se. Majestät der König von Sachsen bei allen, von Sr. Majestät nicht zur Friedensbesatzung von Dresden bestimmten Truppentheilen, innerhalb der militärisch zulässigen Grenzen, eine Beurlaubung im ausgedehnten Maaßstabe, und zwar noch vor deren Rückkehr nach Sachsen, eintreten lassen. Die im Uebrigen noch nöthige Demobilisirung bei den einzelnen Truppencorps, erfolgt unmittelbar nach deren Rückkehr nach Sachsen. Auch tritt dann die vollständige Beurlaubung aller entbehrlichen Mannschaften ein.

6) Dresden erhält eine gemeinschaftliche Besatzung von preußischen und sächsischen Truppen. Die hierzu bestimmten Königlich sächsischen Truppen werden einen Präsenzstand von 2 bis 3000 Mann, exclusive der Chargen, nicht überschreiten.

7) In Beziehung auf die nicht für die Garnison Dresden bestimmten Königlich sächsischen Truppentheile, wird die Unterkunft ihrer Cadres, Pferde, Waffen und Ausrüstung unter Vernehmen mit dem höchstcommandirenden Königlich preußischen General in Sachsen geregelt werden. Auch wird demselben

sächsischer Seits das Marschtableau für die, aus Oesterreich zurückkehrenden Königlich sächsischen Truppen, rechtzeitig mitgetheilt
werden.

8) Sobald die einzelnen sächsischen Truppentheile auf säch-
sisches Gebiet zurückgekehrt sein werden, treten sie, bis auf weitere
Bestimmung, unter den Oberbefehl des höchstcommandirenden
Königlich preußischen Generals in Sachsen.

9) Für die Stadt Dresden und die dort angelegten Festungswerke ernennt Se. Majestät der König von Preußen den Gouverneur, Se. Majestät der König von Sachsen den Commandanten.
Das gegenseitige Verhältniß dieser Behörden zu einander und zu
den beiderseitigen Besatzungscontingenten von Dresden, wird vorläufig nach Analogie der frühern Bundesfestungen geregelt. Die
übrigen, damit verknüpften Fragen, bleiben dem weiteren Einvernehmen vorbehalten.

10) Bis die Reorganisation der sächsischen Truppen im
Wesentlichen durchgeführt, und deren Einreihung in die Armee
des norddeutschen Bundes erfolgt sein wird, fährt Preußen fort,
die für die Besatzung des Königreichs Sachsen nöthige Zahl von
Truppen seinerseits zu stellen. Die hieraus entspringenden
gegenseitigen Verpflichtungen, werden zwischen den beiden betheiligten hohen Regierungen durch besondere Vereinbarung näher
geregelt werden. Sämmtliche, für die Ausführung vorstehender
Bestimmungen sonst noch nöthige Anordnungen, bleiben einer
Verständigung zwischen der Königlich sächsischen Regierung, und
dem höchstcommandirenden Königlich preußischen General, überlassen. Vorstehende Bestimmungen sollen als mit der Ratification des Friedensvertrages ratificirt angesehen werden. Berlin, den 21. October 1866. von Friesen. Graf Hohenthal
(Sachsen), von Savigny (Preußen).

Fahren wir jetzt mit den weiteren Friedensbestimmungen fort:

Art. 5.

Auch in Beziehung auf die völkerrechtliche Vertretung Sachsens, erklärt die Königlich sächsische Regierung sich bereit, die-

felbe ihrerſeits nach den Grundſätzen zu regeln, welche für den norddeutſchen Bund im Allgemeinen maaßgebend ſein werden."

Art. 6.

Se. Majeſtät der König von Sachſen verpflichtet ſich, be= hufs Deckung eines Theiles der, für Preußen aus dem Kriege erwachſenen Koſten, und in Erledigung des im Artikel 5 des Nicolsburger Präliminarvertrages vom 26. Juli 1866 gemachten Vorbehaltes, an Se. Majeſtät den König von Preußen die Summe von zehn Millionen Thalern in drei gleichen Raten zu bezahlen. Die erſte Rate iſt fällig am 31. December d. J., die zweite am 28. Februar, die dritte am 30. April künftigen Jahres.

Art. 7.

Se. Majeſtät der König von Sachſen leiſtet für Bezahlung dieſer Summe Garantie, durch Hinterlegung von Königlich ſäch= ſiſchen 4procentigen Staatsſchulden = Caſſenſcheinen, Königlich ſächſiſchen 3procentigen Landſchaftlichen Obligationen vom Jahre 1830, oder Königlich ſächſiſchen 3½procentigen verzinslichen Landrentenbriefen, bis zum Betrage der zu garantirenden Summe. Die zu deponirenden Papiere werden zum Tages= courſe bezeichnet, und die Garantieſumme wird um 10 Pro= cent erhöht.

Art. 8.

Sr. Majeſtät dem König von Sachſen ſteht das Recht zu, obige Entſchädigung ganz oder theilweiſe, unter Abzug eines Disconto von 5 Procent für das Jahr, früher zu bezahlen.

Art. 9.

Mit erfolgtem Austauſche der Ratificationen treten, unbe= ſchadet der im Artikel 4 vorgeſchriebenen beſonderen Bedingungen, das Königlich preußiſche Militairgouvernement für Sachſen, ſo= wie das Königlich preußiſche Civilcommiſſariat in Dresden außer Wirkſamkeit; auch hört mit demſelben Zeitpuncte die an letzteres ſeither geleiſtete tägliche Zahlung von 10,000 Thalern, auf.

Art. 10.

Die Auseinandersetzung der durch den frühern deutschen Bund begründeten Eigenthumsverhältnisse bleibt besonderer Vereinbarung vorbehalten. Insbesondere behält sich Se. Majestät der König von Sachsen einen Anspruch von über 200,000 Thalern, welche Sachsen anläßlich der Bundesexecution in Holstein aufgewendet und liquidirt hat, vor.

Art. 11.

Vorbehältlich der, auf der Basis der Bundesreformvorschläge vom 10. Juni dieses Jahres in der Verfassung des norddeutschen Bundes zu treffenden Bestimmungen über Zoll- und Handelsverhältnisse, sollen einstweilen der Zollvereinsvertrag vom 16. Mai 1865 und die mit ihm in Verbindung stehenden Vereinbarungen, welche durch den Ausbruch des Krieges außer Wirksamkeit gesetzt sind, unter den hohen Contrahenten, vom Tage des Austausches der Ratificationen des gegenwärtigen Vertrags an, mit der Maaßgabe wieder in Kraft treten, daß jedem der hohen Contrahenten vorbehalten bleibt, dieselben nach einer Aufkündigung von sechs Monaten in Kraft treten zu lassen.

Art. 12.

Alle übrigen, von den hohen Vertrag schließenden Theilen vor dem Kriege abgeschlossenen Verträge und Uebereinkünfte, werden hiermit wieder in Kraft gesetzt, soweit sie nicht durch die, in Artikel 2 erwähnten Bestimmungen und den Zutritt zum norddeutschen Bunde berührt werden.

Art. 13.

Die hohen Contrahenten verpflichten sich gegenseitig, die Herstellung einer unmittelbar von Leipzig ausgehenden, und dort in directem Schienenanschluß mit der Thüringischen und der Berlin-Anhaltischen Bahn stehenden Eisenbahn, geeigneten Falles unter streckenweiser Mitbenutzung einer der beiden genannten Bahnen, über Pegau nach Zeitz zu befördern und zu gestatten.

Se. Majestät der König von Sachsen wird derjenigen Gesellschaft, welche für den im preußischen Gebiet belegenen Theil
dieser Bahn die Concession erhalten wird, diese letztere auch für
die auf sächsischem Gebiete gelegene Strecke unter denselben Bedingungen ertheilen, welche in neuerer Zeit den, in Sachsen con-
cessionirten Privat-Eisenbahngesellschaften, überhaupt gestellt worden sind. Die zur Ausführung dieser Eisenbahn erforderlichen
Einzelbestimmungen, werden durch einen besonderen Staatsvertrag
geregelt werden, zu welchem Behufe beiderseitige Bevollmächtigte
in kürzester Frist in einem, noch näher zu vereinbarenden Orte,
zusammentreten werden.

Art. 14.

Die hohen Contrahenten sind übereingekommen, daß das
Eigenthum der Königlich sächsischen Regierung, an der, auf preußischem Gebiete belegenen Strecke der Görlitz-Dresdner Eisen-
bahn, einschließlich des antheiligen Eigenthumsrechtes an den
Bahnhof in Görlitz, mit der Ratification des gegenwärtigen
Vertrages an die Königlich preußische Regierung übergehen soll.
Dagegen wird die Königlich sächsische Regierung, vorläufig bis
zum Ablaufe der im Artikel 14 des Staatsvertrages vom
24. Juli 1843 festgestellten dreißigjährigen Frist, und vorbehältlich der alsdann zu treffenden weiteren Verständigung, in der
Ausübung des Betriebes auf der Strecke von der beiderseitigen
Landesgrenze bis Görlitz, und in der unentgeldlichen Mitbenutzung
des Bahnhofs in Görlitz verbleiben. Sie wird den rechnungs-
mäßigen Reinertrag, welchen der Betrieb auf der gedachten
Strecke ergiebt, alljährlich an die Königlich preußische Regierung
abliefern. Die Königlich preußische Regierung verpflichtet sich,
bei der von ihr beabsichtigten Umgestaltung des Görlitzer Bahn-
hofes dafür Sorge zu tragen, daß der Königlich sächsischen
Bahnhofsverwaltung die, zu ungestörter Fortsetzung ihres Betriebes erforderlichen Räumlichkeiten und Bahnhofsanlagen in
dem, dem Bedürfnisse entsprechenden Maaße, auch ferner verfüg-
bar gehalten werden.

Art. 15.

Um der Königl. sächsischen Regierung die im Staatsvertrage vom 24. Juli 1843, für den Fall der späteren Abtretung ihres Eigenthums an der Eisenbahnstrecke von der Landesgrenze bis Görlitz, in Aussicht genommene Entschädigung zu gewähren, will Se. Majestät der König von Preußen von der im Artikel 6 des gegenwärtigen Vertrags festgesetzten Kriegskostenentschädigung, den Betrag von einer Million Thaler, als eine Compensation für die, von Sr. Majestät dem Könige von Sachsen in Artikel 14 des gegenwärtigen Vertrages zugestandenen Eigenthumsabtretungen, in Abrechnung bringen lassen.

Art. 16.

Da nach Artikel 6 und 10 der Reformvorschläge vom 10. Juni dieses Jahres, das Postwesen zu denjenigen Angelegenheiten gehört, welche der Gesetzgebung und Oberaufsicht der Bundesgewalt unterliegen, nun aber Se. Majestät der König von Sachsen auf Grund dieser Vorschläge dem norddeutschen Bunde beitritt, so verspricht Derselbe auch schon von jetzt an, weder durch Abschluß von Verträgen mit anderen Staaten, noch sonst etwas vornehmen zu lassen, wodurch der definitiven Ordnung des Postwesens im norddeutschen Bunde, irgendwie vorgegriffen werden könne.

Art. 17.

Die Königlich sächsische Regierung überträgt der Königlich preußischen Regierung das Recht zur Ausübung des Telegraphenwesens innerhalb des Königreichs Sachsen, in demselben Umfange, in welchem dieses Recht zur Zeit der Königlich sächsischen Regierung zusteht. Soweit die Königlich sächsische Regierung in anderen Staaten Telegraphenanstalten zu unterhalten berechtigt ist, tritt dieselbe ihre Rechte aus den hierüber bestehenden Verträgen, an die Königlich preußische Regierung ab, welcher die Verhandlungen mit den betreffenden dritten Regierungen vorbehalten bleiben. Den Depeschen Sr. Majestät des Königs von Sachsen, der Mitglieder des Königlichen Hauses, der Königlichen

Hofämter, der Ministerien und aller sonstigen öffentlichen Behörden des Königreichs Sachsen, bleiben dieselben Bevorzugungen
vorbehalten, welche den gleichartigen Königlich preußischen Depeschen zustehen. Den Eisenbahnverwaltungen im Königreich
Sachsen, bleibt selbstverständlich die Benutzung eines Betriebstele-
graphen überlassen. Zur Ausführung sämmtlicher, im gegenwärtigen Artikel enthaltenen Bestimmungen, werden unmittelbar
nach Austausch der Ratificationen des Friedensvertrages, beiderseitige Commissarien zusammentreten.

Art. 18.

Se. Majestät der König von Sachsen erklärt sich damit
einverstanden, daß das in Sachsen, sowie in der übrigen Mehrzahl der Zollvereinsstaaten bestehende Salzmonopol aufgehoben
wird, sobald die Aufhebung in Preußen erfolgt, und daß vom
Zeitpuncte dieser Aufhebung ab, die Besteuerung des Salzes für
gemeinschaftliche Rechnung sämmtlicher betheiligten Staaten bewirkt wird. Die näheren Bestimmungen bleiben weiterer Vereinbarung vorbehalten.

Art. 19.

Se. Majestät der König von Sachsen erklärt, daß keiner
seiner Unterthanen, oder wer sonst den sächsischen Gesetzen unterworfen ist, wegen eines, in Bezug auf die Verhältnisse zwischen
Preußen und Sachsen während der Dauer des Kriegszustandes
begangenen Vergehens oder Verbrechens gegen die Person Sr.
Majestät, oder wegen Hochverraths, Staatsverraths, oder sonst
wegen einer die Sicherheit des Staates gefährdenden Handlung,
oder wegen seines politischen Verhaltens während jener Zeit
überhaupt, strafrechtlich, polizeilich oder disciplinarisch zur Verantwortung gezogen, oder in seinen Ehrenrechten beeinträchtigt
werden soll. — Die etwa bereits eingeleiteten Untersuchungen
dieser Art sollen, einschließlich der Untersuchungskosten, niedergeschlagen werden.

Se. Majestät der König von Preußen erklärt sich damit
einverstanden, daß nach diesen Grundsätzen auch hinsichtlich der-

jenigen Verbrechen und Vergehen der obengedachten Art verfahren werde, welche während jener Zeit in Sachsen gegen die Person des Königs von Preußen, oder gegen den preußischen Staat etwa begangen worden sind. Die aus Sachsen entfernten oder etwa noch in preußischer Haft befindlichen Personen sollen, soweit dies nach den preußischen Gesetzen zulässig ist, aus derselben sofort entlassen werden.

Art. 20.

Se. Majestät der König von Sachsen erkennt das unumschränkte jus reformandi (Recht der Umbildung und Andersgestaltung) in Betreff der Stiften Merseburg, Naumburg und Zeitz an, willigt in die Aufhebung der bisher der Universität Leipzig zugestandenen Berechtigungen auf gewisse Canonicate in diesen Stiftern, und verzichtet auf alle Rechte und Ansprüche, welche der Königlich sächsischen Regierung, oder der Universität Leipzig aus den Statuten der Stifter, oder aus früheren Verträgen und Conventionen, deren etwa entgegenstehende Bestimmungen hiermit ausdrücklich aufgehoben werden, zustehen möchte. Die Entschädigung der Universität Leipzig, für die gänzliche Beseitigung ihrer Beziehungen zu den Stiftern, sowie der jetzigen Inhaber od dies muneris übernimmt die Königlich sächsische Regierung, und macht sich anheischig, der Königlich preußischen Regierung alle Entschädigungsansprüche der Universität, oder einzelner Facultäten oder Professoren zu vertreten.

Art. 21.

Se. Majestät der König von Sachsen willigt in die Auspfarrung 1) des bisher in die Parochie Stentzsch eingepfarrten Filials Werben, 2) des bisher in die Parochie Groß-Dölzig eingepfarrten preußischen Filials Zitzschen, 3) der bisher in die sächsische Parochie Quesitz eingepfarrten preußischen Gemeinde Döhlen, 4) der bisher in die Parochie Auligk eingepfarrten preußischen Gemeinden Körntwitz, Markwitz und Traubitz, 5) der bisher in die Parochie Püchau eingepfarrten preußischen Gemeinde

Coffen, und 6) den bisher in die sächsische Parochie Thallwitz eingepfarrten preußischen Gemeinden Cellau und Puntz; und zwar
ohne Entschädigung von preußischer Seite, dergestalt, daß die
von den genannten sächsischen Parochien zu erhebenden Entschädigungsansprüche, lediglich von der Königlich sächsischen Regierung übernommen werden.

Art. 22.

Insoweit während des Krieges weggenommene, im Staatseigenthum befindliche Gegenstände, welche nach den bestehenden
völkerrechtlichen Grundsätzen nicht als Kriegsbeute anzusehen sind,
noch nicht zurückgegeben sein sollten, werden Se. Majestät der
König von Preußen Anordnung treffen, daß deren Rückgabe alsbald erfolgt. Hierher gehören insbesondere die, auf den Staatseisenbahnen befindlichen Locomotiven, Tender, Wagen und Schienen, sowie die, auf den Königlichen Hüttenwerken bei Freiberg
weggenommenen Vorräthe an edlen Metallen und sonst verkäuf-
lichen Producten. Hinsichtlich der letzteren ist bei der erforderlichen
Auseinandersetzung davon auszugehen, daß das darunter befindliche
Werkblei der Königlich sächsischen Regierung, gegen Erstattung
des Werthes des darin enthaltenen Bleies, zurückgegeben wird.

Art. 23.

Die Requisition des gegenwärtigen Vertrags erfolgt bis
spätestens den 28. dieses Monates und Jahres.

Zu Urkund dessen haben die beiderseitigen Bevollmächtigten
diesen Vertrag in doppelten Exemplaren unterzeichnet und ihre
Siegel beigedruckt.

So geschehen Berlin, den 21. October 1866.

(LS) gez. Savigny.

(LS) gez. v. Friesen.

(LS) gez. Hohenthal.

Hierüber mußte natürlich ein Protocoll aufgenommen werden,
welches wir, ehe wir zur Besprechung der verschiedenen Artikel

— 398 —

des Friedens übergehen wollen, der Vollständigkeit wegen anführen müssen. ·

Protocoll.
Verhandelt Berlin, 21. October 1866.

Bei der heutigen Unterzeichnung des zwischen Sachsen und Preußen abgeschlossenen Friedensvertrages, erklären die Königlich sächsischen Bevollmächtigten, unter Bezugnahme auf Artikel 5 Folgendes: Die Königlich sächsische Regierung, von dem lebhaften Wunsche beseelt, die vollkommene Uebereinstimmung zu bethätigen, welche zwischen ihr und der Königlich preußischen Regierung bezüglich der von jetzt an gemeinsam zu verfolgenden, politischen Richtung besteht, ist bereit, a) sofort und bis zu dem Zeitpuncte, wo die Fragen wegen der internationalen Repräsentation des norddeutschen Bundes in definitiver Weise geordnet sein wird, ihre eigene völkerrechtliche Vertretung bezüglich derjenigen Höfe und Regierungen, bei welchen diese gegenwärtig diplomatische Agentur nicht unterhält, auf die preußischen Missionen zu übertragen und b) dasselbe Verhältniß denjenigen Höfen und Regierungen gegenüber, bei welchen dermalen sächsische Missionen bestehen, in allen Fällen temporären Vacanz auf deren Dauer eintreten zu lassen, c) auch in diesem Sinne die Königlich sächsischen Vertreter im Auslande mit entsprechenden Instructionen zu versehen, so daß sich Sachsen, im Geiste des mit Preußen abgeschlossenen Bündnisses, schon jetzt in internationaler Beziehung der preußischen Politik fest anschließt. Der Königlich preußische Bevollmächtigte erklärt seinerseits, daß seine Regierung bereit ist, die in Rede stehende Vertretung zu übernehmen, und hierbei die Interessen, sowohl der Königlich sächsischen Regierung, als auch die der Königlich sächsischen Staatsangehörigen, gleichwie ihre eigene, allenthalben zu wahren. Schließlich waren die beiderseitigen Bevollmächtigten dahin einig, daß durch vorstehende, interimistische Bestimmungen das Recht Sr. Majestät des Königs von Sachsen, in einzelnen Fällen außerordentliche Bevollmächtigte zu senden, in keiner Weise alterirt werde. Vorstehendes Protocoll soll als

mit der Ratification des Friedensvertrages ratificirt angesehen
werden.

Geschehen wie oben. v. Friesen. Hohenthal. v. Savigny.

Daß in der Welt der Stärkere das Recht hat, das sagten
wir schon früher, daß der alte deutsche Bund zusammenbrach,
der so keine Lebensfähigkeit hatte, bedauern wir in keiner Weise,
daß die Beust'sche Politik und deren unglücklicher Ausgang uns
große Opfer auferlegen würden, war beides vorauszusehen, und
wußten wir vorher. Jetzt aber ist es unsere Pflicht, den Umfang
derselben nach den §§ des Friedensschlusses näher zu betrachten.
Minister Freiherr von Friesen hat durch sein Wirken während
des Krieges, dem Lande unendliche Dienste geleistet, und große
Opfer erspart; von ihm sagte dem Verfasser dieses, der königlich
preußische Landrath und Civilcommissar für das Königreich
Sachsen von Wurmb: „Die Sachsen haben dem Herrn von Friesen
sehr viel zu danken!!" Graf Hohenthal, früher am preußischen
Hofe, kannte die dortigen Verhältnisse genau und wußte demgemäß zu handeln. Der preußische Bevollmächtigte, Herr von
Savigny, war bis vor wenigen Jahren königlich preußischer Gesandter in Dresden, und kannte nicht nur die sächsischen Bevollmächtigten, sondern auch die Verhältnisse Sachsens auf das Genaueste. Wenn im ersten Artikel steht, daß ein ewiger Friede
zwischen den Herrschern von Sachsen und Preußen bestehen soll,
so kann uns Sachsen das nur sehr lieb sein, da unsere Handels-
interessen, unsere Religion, unser Bildungsgrad, uns sicher mehr
nach Norden, nach Preußen, als nach Süden, Oesterreich, ziehen,
von dem wir durch Gebirge, Sitten und Religion getrennt sind.
Im Artikel 2 wird der Präliminarvertrag anerkannt, aus welchem
Artikel 3 die Reform des sächsischen Heeres als Contingent des
neu zu bildenden, norddeutschen hervorgehen mußte. Der Artikel 4
aber giebt viel Stoff zu Betrachtungen. Vor Allem mußte die
Festung Königstein eine preußische Besatzung aufnehmen, nur die
sächsische Behörde und die Artillerie durften daselbst verbleiben.
Der unerschrockene Commandant derselben, der General von
Nostiz Drzewiecky, erlebte dies nicht; ein mitleidiger Tod erlöste

ihn von der, für jeden Soldaten gewiß unendlich schmerzlichen
Scene, fremde Truppen den von ihm behaupteten Posten besetzt-
sehen zu müssen, wenn diese bittere Pille selbst in der Art über-
zuckert wird, wie es die besonderen Bestimmungen zu § 4, die
wir eben anführten, vorschreiben. Eine zweite, sehr harte Bestimmung für die sächsische Armee war die, daß eine Beurlaubung
in ausgedehntem Maaßstabe stattfinden sollte, noch ehe sie die
sächsische Grenze wieder überschritten hatte. Also dieselben Truppen, die in geschlossenen Bataillonen, Regimentern und Batterien,
vollständig ausgerüstet und bewaffnet waren, sollten nach einem
unglücklichen Feldzuge heimkehren dürfen, der größte Theil als
Beurlaubte, deren Waffen auf Wagen verladen, die Reiter zu
Fuß, deren Pferde von Anderen an der Hand geführt, die Geschütze ohne die nöthige Bedienung. Das war hart, sehr hart
für Soldaten, die bei Gitschin, Königgrätz, Tobitschau und bei
allen anderen Gelegenheiten so tapfer gefochten hatten; minder
hart, aber doppelt schwierig, war die Stellung derjenigen sächsischen
Truppen, welche zur Besatzung von Dresden bestimmt waren.
Ihre Casernen waren zum größten Theile von Preußen belegt,
sie kamen in Quartiere, wo jene auch schon gewesen waren, sie
mußten Wachen beziehen, die jene nicht besetzt hielten, d. h. nur
die Schloß-, sonst lauter Nebenwachen. Auch die anderen Truppen durften nur so verlegt werden, als es das preußische Militairgouvernement gestattete, in Folge dessen nur Wenige in ihre
alte Garnison zurückkehren konnten. Preußen stellte die Bedingung, so lange Sachsen besetzt zu halten, bis die Reorganisation
des sächsischen Armeecorps zum Eintritt in den norddeutschen
Bund, nicht vollendet sei. Das ging aber nun merkwürdiger
Weise unendlich rasch. Wenn es für einen alten Soldaten sehr
schwierig ist, ein neues Reglement zu erlernen, weil er, um dies
zu können, Altes vergessen muß; und wir Menschen wohl die
Fähigkeit haben, zu lernen, aber nicht die, zu vergessen, wenn es
die waren, welche sie besiegt hatten, von denen sie lernen mußten,
so war es gewiß nur in der menschlichen Natur begründet, wenn
die preußischen lehrenden Offiziere, an die sächsischen lernenden

Unteroffiziere und Soldaten mit einem gewissen Mißtrauen und Vorurtheil herantraten. Aber siehe da, die Sache machte sich besser, als man geglaubt hatte. Die Ordnung, Disciplin und Subordination der sächsischen Soldaten erleichterte das Geschäft der neuen Ausbildung unendlich; es war einmal von Sr. Majestät dem Könige von Sachsen den sächsischen Soldaten be= fohlen, das preußische Exercitium zu lernen, damit sie das 12 Armeecorps des norddeutschen Bundes bilden konnten, in dem nur ein Reglement, und zwar das preußische gilt. Die Unteroffiziere und Soldaten — die Offiziere ganz natürlich — faßten diesen Befehl auf; es ging Alles so vorzüglich, daß dies Se. Majestät der König von Preußen anerkannte, als er das sogenannte Lehrbataillon besichtigte, welches aus Unteroffizieren bestand, die das preußische Exercirreglement erlernen sollten. Diesem Fleiße der Soldaten ist es wohl wesentlich zu danken, daß die Besetzung Sachsens nur bis Anfang Juni 1867 währte, und dann die Preußen in der Hauptsache das Land verließen.

Im Artikel 5 des Friedensschlusses ist die politische, selbst= ständige Vertretung Sachsens bei auswärtigen Regierungen so gut wie aufgehoben. Wir halten dies deshalb für keinen Fehler, weil wir bei unserer sehr geringen Macht derselben nie Nachdruck verleihen konnten, die Vertreter aber, die Gesandten, bedeutende Summen kosteten.

Der 6. Artikel legt uns Sachsen eine Kriegssteuer von 10 Millionen Thalern auf; gewiß für ein so kleines Land eine sehr bedeutende Summe, für ein Land, das seit dem Einrücken bis zum Friedensschlusse täglich zehntausend Thaler an Preußen be= zahlen mußte! — Das war also der Segen der von Beust'schen Politik für uns! Und dennoch giebt es Viele, welche in Un= kenntniß dessen, was dem sächsischen Volke Noth thut, für jene schwärmen; es sind dies ganz namentlich Beamte, welche im Minister von Beust ihre Stütze fanden, und dessen dankbar ge= denken. Gegen solche Summen sind die im Artikel 10 zurückver= langten 200,000 Thaler für die Bundesexecution nach Holstein, sowie an dem Bundeseigenthume überhaupt, nur ein Schlag in das kalte Wasser, und die Steuerkraft des Volkes wird bedeutend herangezogen werden müssen, um den Ausfall zu decken und um das so zahlreiche Heer zu erhalten. Minister Bismark behielt aber andere Puncte noch im Auge, die weniger politischer Natur sind, und mehr in das Finanzfach überschlagen, ohne Contributionen zu sein. Das Erbauen einer Eisenbahn von Leipzig über Pegau nach Zeitz, ist ein langgehegter Wunsch Preußens; er wird ihm erfüllt, ebenso bekommt es die auf preußischem Gebiete gelegene Strecke der Görlitz-Dresdner Eisenbahn, für den Preis von einer Million Thaler, welche von der Kriegssteuer abgerechnet werden. Natürlich ist dieser Tract bedeutend unter seinem wirklichen Werthe verkauft worden, aber das ging nun einmal nicht anders; wir waren die Besiegten und mußten den Willen des Siegers erfüllen. Wenn im Artikel 16 der Post in Aussicht gestellt wird, daß sie einer Reform entgegengehe, daß in Postangelegenheiten die sächsische Regierung durchaus keine neuen Verträge mit andern Staaten schließen dürfe, so ist der Artikel 17 noch schlimmer; denn in Folge dessen wird das ganze Telegraphenwesen an Preußen abgetreten, und so unserer Regierung die Mittel benommen, irgend eine Depesche zu befördern, welche nicht den preußischen Beamten bekannt ist. Hierdurch ist die Selbstständigkeit der sächsischen Regierung selbst im Innern gebrochen, denn es ist ein Verkehrsmittel ihrer Controle entzogen das von der allergrößten Wichtigkeit war. Im Artikel 18 ist die Aufhebung des Salzmonopols ausgesprochen, sobald dieses in Preußen erfolgt sein würde. Man kann und darf dies als eine Wohlthat bezeichnen; die Salzsteuer — la gabelle — die allerdings in anderer Form, und zwar so berechnet wurde, daß Jeder so und so viel Salz jährlich bezahlen, wenn auch nicht verbrauchen mußte, war ein Hauptgrund zur französischen Revolution zu Ende des vorigen Jahrhunderts. Das war bei uns nicht der Fall; daß aber Salz nur an gewissen Orten, zu bestimmten Preisen verkauft werden durfte, paßte wahrlich nicht in einen constitutionellen Staat, dessen Grundsatz es sein muß, das Volk möglichst zu beglücken, nur die nöthigsten Steuern zu nehmen, es aber nicht zu drücken. Das läßt sich freilich sehr schwer vereinigen, und es dürfte hier wohl am Orte sein, vom Salze, das unentbehrlich zu beinahe allen Nahrungsmitteln, auch auf das Salz überzugehen, das im Staatsleben unentbehrlich ist.

Früher war der König oder Fürst, wie er nun auch heißen mochte, Herr seines Landes, Grund und Boden gehörten ihm; er verlieh diesen an seine Unterthanen — Vasallen — gab den Boden in Lehen. Die Zeiten schritten vorwärts, mit ihnen die Bildung der Bewohner; es kam zu politischen und Religionskriegen, endlich zu Umstürzen, sowohl der politischen als religiösen Verhältnisse. Dieselbe Fackel, welche Luther, Calvin und Zwingli anzündeten, um die Mißbräuche der katholischen Kirche zu beleuchten, dieselbe Fackel zündete auch die englische und französische politische Bewegung an, als deren Opfer, die Könige Carl I. und Ludwig XIV. fielen; gerade die Fürsten, welche am wenigsten verschuldet hatten. Die französische Revolution konnte nicht ohne Einfluß auf die andern europäischen Staaten bleiben; die Rechte, welche das Volk beanspruchte, standen denen des Herrschers entgegen; sie beraubten ihn seiner Macht. Das Alles wäre noch gegangen, hätte sich ausgleichen lassen, wenn nicht Zwischenpersonen dagewesen wären, welche sich diesem Ansinnen der Nation widersetzten; es waren dies nächst dem Adel — die Beamten. Es ist eine höchst eigenthümliche Erscheinung, daß Beamtete, vom Nachtwächter bis zum Minister, sich so oft einbilden, das Volk sei ihretwegen, nicht sie des Volkes wegen da; und noch heute denkt der letzte Schreiber in irgend einem Gericht wie Ludwig XIV. von Frankreich: l'état c'est moi! d. h. der Staat bin ich, und jeder Pastor möchte ein Pabst sein. Die Bescheidenheit, welche solche Leute zur Schau tragen, ist eine äußere, keine innere; das liegt einmal so in der Menschennatur. Diesen sogenannten Beamtendünkel kann nur ein Fürst niederhalten, welcher wirklich Gewalt hat; nimmt man ihm diese, macht man ihn zum Schattenkönig, so wächst er riesig, für das Volk bis zur Unerträglichkeit empor. Ist ein Fürst nicht mehr vollständig Herr in seinem Lande, wird ihm ein Theil seiner Macht nach dem andern genommen, oder giebt er

26*

dieselbe freiwillig auf, so bleibt ihm zuletzt nichts als der Name;
und wenn im 20. Artikel allen Majestäts- und Staatsverräthern
während des Krieges Amnestie, d. h. vollständiges Vergeben und
Vergessen ihrer Schuld, zugesichert wird, so ist dies vielleicht
durch Umstände geboten gewesen, moralisch aber durchweg verwerflich. — Wenn ich meinen König, mein Vaterland verrathe,
so ist dies das größte Verbrechen, wird aber noch verdammungs-
würdiger, wenn es in einer Zeit geschieht, wo beide in höchster
Gefahr schweben, wo es jeden Mannes Pflicht ist, für beide mit
Blut und Leben einzutreten. Verfolgungen wegen politischer und
religiöser Meinungen sind gewiß solche der furchtbarsten Art,
Bestrafungen hochverrätherischer Handlungen hingegen eine Nothwendigkeit. — Der Mann verdient gewiß Strafe, der im Frieden vielleicht seines Herrn Brod ißt, und ihn in schweren Zeiten
dann verräth und verläßt, oder durch Spionage und dergleichen
dem Feinde Nutzen, dem eignen Lande, den eignen Leuten Schaden bringt. Jedenfalls hat dieser Artikel Manchem von dieser
Sorte das Herz erleichtert; es muß doch Verräther gegeben
haben, denn wäre dies nicht gewesen, so war er im Friedensschlusse überflüssig. Der Artikel 20 greift unserer Ansicht nach
in das Privatrecht ein; denn wenn auch die sächsische Regierung
die Verbindlichkeit übernimmt, die zu Benachtheiligenden an der
Leipziger Universität zu entschädigen, so liegt doch die Frage
sehr nahe: „Womit denn?" Aus der Staatscasse. Was ist
aber die Staatscasse? Nichts anderes, als der Zusammenfluß
aller Steuern, welche direct oder indirect erhoben, direct oder indirect von den Unterthanen gegeben werden müssen. Wie kommen nun diese Unterthanen dazu, die Benachtheiligten zu entschädigen, wie aber auch die Benachtheiligten, ihr Einkommen
theilweise zu verlieren und zwar, wenn es nicht so wäre, ohne
Entschädigung? — Daß es für Preußen höchst bequem war, der
Verbindlichkeiten los und ledig zu werden, welche es im Frieden
1815 übernommen hatte, als es das halbe sächsische Königreich
erhielt, begreifen wir vollständig, daß Sachsen gezwungen war,
in Folge der Beust'schen Politik und deren Folgen nachzugeben,

ebenso, daß man aber reine Privatverhältnisse — denn solches
sind Stiftungen — in den Bereich eines Friedensschlusses zu
ziehen für gut fand, ist doch etwas schwer verständlich, wenn in
der preußischen Kriegserklärung zu lesen war, daß die Preußen
nicht gegen das Volk, sondern nur gegen die Regierung die
Waffen ergriffen hätten. Inwiefern es sich damit vereinigen
läßt, daß alte Stiftungen von Privaten aufgehoben, der Staatscasse aufgebürdet werden sollen, das, was man Einzelnen, vielleicht Reichen gethan, dem in der großen Masse armen Volke
auferlegt werden soll: das ist uns unbegreiflich. Jetzt sollen also
nach dem letzten Satze des Artikels, den wir uns hier zu wiederholen erlauben, die sämmtlichen Steuerpflichtigen die Leipziger
Universität und die betreffenden Professoren schadlos halten;
dieser Satz lautete:

„Die Entschädigung der Universität Leipzig für die gänzliche Beseitigung ihrer Beziehung zu den Stiftern, sowie der
jetzigen Inhaber (ad dies muneris), übernimmt die Königlich
sächsische Regierung und macht sich anheischig, der Königlich
preußischen Regierung, alle Entschädigungsansprüche der
Universität oder einzelner Facultäten oder Professoren an
derselben zu vertreten."

Privatstiftungen müssen also aus der Staatscasse bezahlt werden!

Nicht minder angenehm ist es, daß nach Artikel 21 die in
Sachsen eingepfarrten preußischen Dörfer ausgepfarrt werden,
und die Gebühren an die Geistlichen wieder aus der Staatscasse
bezahlt werden sollen. Soll eine Auspfarrung stattfinden, so
mag sich der Geistliche damit begnügen, daß er das von dem bekommt, was ihm blieb. Warum soll jeder Steuerpflichtige dazu
beitragen, dem Herrn sein früheres Einkommen ungeschmälert zu
erhalten? Gefällt ihm seine Stelle nicht, mag er sie aufgeben;
fürwahr, man hat im Friedenschlusse der Geistlichkeit in Beziehung auf Geld einen großen Vorzug angedeihen lassen. Daß,
wie es im Artikel 22 heißt, Alles herausgegeben werde, was
nach völkerrechtlichen Grundsätzen nicht als Kriegsbeute angesehen
werden könnte, versteht sich eigentlich von selbst.

Wenn wir nun dies Alles zusammenfassen, so ist das Resultat kein anderes, als das folgende: Sachsen bleibt ein geo-
graphischer Begriff, die Sachsen bilden ein Volk, an dessen
Spitze ein durch die Landesverfassung, die Reichstagsbeschlüsse
und den Bundesfeldherrn gegebene Befehle beschränkter König
steht. — Der norddeutsche Bund, Gott möge ihm seinen Segen
geben! ist vor der Hand durch die Gewalt der Waffen, nicht
durch die Sympathien der Völker entstanden. Und wenn wir
auch Alle einsehen, daß, wie wir schon früher sagten, Oesterreich
uns stets im Stiche ließ, daß Religion, Intelligenz, Handelsver-
bindungen, Zollverein, uns nach dem Norden, nicht nach Süden
ziehen, so liegt doch in den meisten Herzen eine Abneigung gegen
Preußen, die in der Geschichte theilweise ihre Begründung findet,
mehr aber noch in dem Benehmen einzelner Bewohner dieses
Reiches, wenn sie in das Ausland kommen. Nationalbewußtsein,
Nationalstolz ist gewiß nicht verwerflich, im Gegentheile sogar
lobenswerth; Ueberhebung aber stets falsch, und erwirbt mindestens keine Theilnahme. Rühmenswerth müssen wir anerkennen,
daß sich ein solches Ueberheben im Heere nicht kundgab, weder
unter den Soldaten, noch bei den älteren Offizieren; wenn sich
einige junge Fähnrichs so etwas zu schulden kommen ließen, so
konnte man es ihnen verzeihen, oder sie wurden bestraft. Ein ganz
eigenthümlicher Fall begegnete mir. Von einer Reise nach Leipzig
kehrte ich nach Dresden zurück, und zwar in der Nacht, ging noch zu
einem Restaurateur im Hotel de France auf der Wilsdruffer Gasse,
und trank ein Glas Bier. Mir den Rücken zugewendet, saß an einem anderen Tische ein Fähnrich der Pioniere und sprach mit mehreren Herren, welche bei ihm waren, französisch. Dann rief er
einen kleinen Kellner, ließ diesen vor sich hintreten und warf ihn
mit brennenden Streichhölzchen, ohne zu dulden, daß sich der Knabe
entferne. Empört über solches Benehmen, fragte ich einen neben
mir sitzenden Herrn, ob er dies sähe? „Ach nee, mei bester Herr,"
antwortete mir dieser Elende, „ich bin Beamter und muß gleich ver-
reisen!" ergriff seinen Hut und ging fort. Niemand hatte den
Muth, den säbelrasselnden Junker in seinem wahrhaft nichtswürdi-

gen Thun zu hemmen; er raſſelte mit dem Säbel, ich glaubte ſogar
die Worte chun saxon! — ſächſiſcher Hund zu deutſch — zu vernehmen. Das wurde mir doch zu arg, und da ich mich nicht mit einem flegelhaften Fähnrich zanken wollte, ſo verließ ich den Saal
und begab mich nach der nächſten, der Rathhauswache, um ihn verhaften zu laſſen. Dort ſtand Landwehr. Ich ſagte dem commandirenden Unteroffizier meinen Namen, theilte ihm den Vorgang mit
und bat um ſofortige Verhaftung des Fähnrichs. Da er jünger
im Range war, konnte er dieſe nicht vollziehen, wies mich nach
der Hauptwache, gab mir aber zwei Soldaten mit, welche die
Thür von Hotel de France beſetzen, und den Fähnrich nicht her-
auslaſſen durften. Nachdem dies geſchehen, ging ich nach der
Hauptwache, erzählte den Vorfall dem wachthabenden Lieutnant,
der mir ſofort eine Patrouille gab. Das Geſicht des Fähnrichs ward allerdings kreidebleich, als er in ſeiner edlen Beſchäf-
tigung, die er mittlerweile fortgetrieben hatte, durch ſeine Verhaftung geſtört wurde. Natürlich kam ich vor preußiſches
Kriegsrecht, um meine Ausſagen zu machen. Im Vorzimmer
traf ich die Herren, mit welchen jener Junker franzöſiſch geſprochen hatte; ſie waren entrüſtet darüber, daß ich denſelben an-
gezeigt hatte, und einer derſelben ſagte mir, er ſei franzöſiſcher
Marinelieutnant. „Deſto beſſer,“ entgegnete ich ihm in franzöſiſcher Sprache; „ich bin aber engliſcher Hauptmann; mithin ſind
wir beide ſehr unpartheiiſch.“ Dem Franzoſen war die Sache
doch außer dem Spaße; er ſtimmte ſeinen anfänglich hohen Ton
ſehr herab, und bat mich nur, die Sache nicht zu ſchlimm zu
machen, der Fähnrich ſei ja angetrunken geweſen. In das Ver-
hörszimmer gerufen, ſaß ein preußiſcher Landwehroffizier als
Unterſuchungsrichter, ein Ingenieuroffizier in voller Uniform als
Beiſitzer. Mein Empfang war eben kein freundlicher. „Herr
Caplan,“ redete mich der Unterſuchungsführende an. Caplan?
entgegnete ich; ich bin kein Caplan.

„Aber unter Ihrer Anzeige ſteht Caplan.“

Dann bitte ich um Entſchuldigung; ich habe nicht deutlich
geſchrieben. Ich bin durchaus kein katholiſcher Geiſtlicher, ſon-

dern der Captain — zu deutsch Hauptmann — von Trützschler, früher in englischen Diensten.

Nun änderte sich das Benehmen des preußischen Landwehr-leutnants in Etwas, seine Fragen nahmen eine artigere Form an; und wenn er mir auch sagte, dem Fähnrich werde nicht viel geschehen, so wußte ich doch, was ich davon zu denken hatte; der Grund, weshalb, war mir, als alten Soldaten, sehr lächerlich. Der Herr Landwehrleutnant führte nämlich als Entschuldigung für denselben an, er sei „angerauscht" gewesen. Nun ist es bei jedem Soldaten kein Milderungsgrund für Strafe, wenn er an-gerauscht ist, sondern das Anrauschen wird noch außerdem be-straft, weil der Soldat stets nüchtern sein soll, um seinen Dienst versehen zu können. Die Zweifel, welche jener Herr in meine Kenntniß der französischen Sprache setzte, ob ich auch die Worte chun saxon richtig verstanden hätte, mußten natürlich schwinden, als ich ihn ersuchte, mit mir französisch zu sprechen, oder mir das erste beste französische Buch zu geben, um es ihm deutsch vorzulesen. Um dem Trödel ein Ende zu machen, sagte ich, ich könne mich verhört haben, und wurde entlassen. Ein solches Be-nehmen, selbst in Feindes Lande, kann natürlich keine Sym-pathien erwecken. Desto mehr gefiel mir das Benehmen des Platzmajors, eines Leutnants. Nach dem Verhöre, das im Blockhause zu Dresden stattgefunden hatte, blickte ich in den Hof, da standen sächsische Gefangene von allen Waffengat-tungen und erhielten von jenem ihre Pässe, um in die Heimath entlassen zu werden. Einer derselben trug einen Civilhut, und hatte einen Blumenstrauß auf denselben gesteckt. Da sagte ihm der preußische Offizier: „Camerad, jetzt ist es für Euch Sach-sen nicht an der Zeit, sich mit Blumen zu schmücken; legt diese ab!" Das war echt militairisch. Man verzeihe uns diese Ab-weichung; sie wirft eben Streiflichter auf die damaligen Ver-hältnisse. Im Uebrigen muß ich, der ich stets Einquartierung von preußischen Soldaten hatte, bemerken, daß sich diese ganz vorzüglich benahmen, und ich auch nie die mindeste Klage führen durfte. So war es sehr komisch, als eines Sonnabends

Gen.Lieut.v.Schimpf.   Gen Lieut.v.Fritzsch.   Gen.Maj.Fränz.Georg.   General Kronprinz Albert.   Gen.Maj.Faerace.   Gen.Lieut.v.Staßfurtz.
Com.7.Inf.3.   Com.d.Cav.Div.   Com.d.Cav.Brig.   Ober.Comm.d.sächs.Armee.   Generalstabschef.

Gen.Maj.Schmalz.   Gen.Lieut.v.Nostitz-Drzewiecki.   G.Lieut.v.Babenhorst.
Com.d.Art.   Com.d.Festung Königstein.   k.sächs.Kriegsminister.

Abends ein Gefreiter des 20. Landwehrregimentes, der bei mir lag, in mein Zimmer trat, und mir sagte: „Herr Hauptmann, morgen kann ich nicht zu Hause sein."

Warum denn nicht? fragte ich.

„Ich komme morgen in Arrest."

Morgen? Zum Sonntag?

„Ja, Herr Hauptmann; ich habe im Gefecht bei Langensalza etwas raisonnirt, drei Tage Arrest dafür erhalten, und sitze morgen den letzten Tag ab."

Wird sich das nicht ändern lassen? Will mit Ihrem Hauptmann sprechen, denn ich kenne; vielleicht kommen Sie so weg.

Diesen Worten gemäß sprach ich mit dem Hauptmanne, einem Kreisrichter, der als Landwehroffizier schon bei Düppel und Alsen gefochten hatte; er schlug mir aber meine Bitte ab; „denn," sagte er, „wenn wir nicht strenge sein wollen, so geht es gar nicht. Die Leute kennen ihren Dienst." — In Folge dieser wenig tröstlichen Nachricht wanderte mein Gefreiter nach dem Arresthause, ließ aber Tornister, Gewehr, Patronen, seine ganze Ausrüstung bei mir zurück.

Da wir alle Waffen hatten abgeben müssen, so erschien es mir doch zu komisch, mich im Besitze einer vollen preußischen Ausrüstung zu befinden, namentlich für den Fall, daß ein rasches Ausrücken erfolgen würde, wo ich dann das Vergnügen gehabt hätte, die Sachen nachzutragen. Ich schickte deshalb nach dem Kammerunteroffizier, dem Captain d'armes, wie er in Preußen genannt wird. Dieser kam, bat mich aber, Alles zu behalten; es sei bei mir gut aufgehoben! —

Doch genug dieser Dinge; blicken wir zurück. Im Jahre 1806, wo der Krieg Sachsens und Preußens gegen Napoleon begann, der mit der Schlacht von Jena sehr rasch endete, erließ Kaiser Napoleon folgende Proclamation an die Sachsen:

„Sachsen! Die Preußen haben Euer Land überfallen. — Ich betrete dasselbe, Euch zu befreien. Sie haben gewaltsam das Band Eurer Truppen aufgelöst und ihrer Armee angeknüpft.

Ihr sollt Euer Blut vergießen, nicht nur für ein fremdes, sondern für ein Euch entgegengesetztes Interesse. — Meine Armeen waren eben im Begriffe, Deutschland zu verlassen, als Euer Gebiet verletzt wurde; sie werden nach Frankreich zurückkehren, wenn Preußen Eure Unabhängigkeit anerkannt, und den Plänen entsagt haben wird, die es gegen Euch im Schilde führt. — Sachsen! Euer Fürst hatte sich bis jetzt geweigert, solche pflichtwidrige Verbindungen einzugehen; wenn er sie seitdem eingegangen, so wurde er durch den Einfall der Preußen hierzu gezwungen. — Ich war taub gegen die eitle Herausforderung, welche Preußen gegen Mein Volk richtete, so lange taub, als es nur auf seinem Gebiete in Waffenrüstung trat; dann erst, als es Euer Gebiet verletzte, hat Mein Gesandter Berlin verlassen. — Sachsen! Euer Loos liegt in Eurer Hand. Wollt Ihr in Zweifel stehen zwischen Denen, die Euch unterjochen und Denen, die Euch schützen wollen? Meine Fortschritte werden die Existenz Eures Fürsten, Eurer Nation befestigen. Die Fortschritte der Preußen würden Euch ewige Fesseln anlegen. Heute würden sie die Lausitz, morgen die Ufer der Elbe verlangen. Doch, was sage ich? Haben sie nicht Alles verlangt? nicht schon längst versucht, Euren Beherrscher zu Anerkennung einer Oberherrschaft zu zwingen, die unmittelbar Euch aufgelegt, Euch aus der Kette der Nationen reißen würde. Eure Unabhängigkeit, Eure Verfassung, Eure Freiheit würden dann ein Gegenstand bloßer Erinnerung sein, und die Manen Eurer Vorfahren, die tapferen Sachsen, würden sich entrüsten, Euch ohne Wiederkehr von Euren Nebenbuhlern unter das Joch so lange vorbereiteter Knechtschaft gebeugt und Euer Land zu einer preußischer Provinz herabgewürdigt zu sehen. — Gegeben in unserem kaiserlichen Hauptquartier zu Ebersdorf, den 10. October 1806. Napoleon. Zur Ausfertigung der Fürst von Neuchatel und Valenzia. — Marschall Berthier."

Ein und sechzig Jahre sind vorüber, seit Napoleon I. diese Proclamation erließ, um das Bündniß zu trennen, welches Sachsen mit Preußen zu seiner Bekämpfung geschlossen hatte, und dessen Zweck kein anderer war, als die Freiheitsideen, welche die französische Revolution, wenn auch in blutigster Weise, in die Welt geschleudert hatte, niederzuhalten, und Den niederzu= werfen, welcher deren Vertreter, der vom Volke erwählte Kaiser Napoleon war. Was er hier gesagt, sah die sächsische Armee damals bald ein. Ueberall von den Preußen zurückgesetzt, war sie es, die sich bei Jena am besten schlug; und wie bei Königs= grätz, war es dort ein sächsisches Grenadierbataillon Winkel, das fest im Kampfe stand, als Alles wich. Preußische Offiziere er= klärten, es sei dies noch ein herzerhebender Anblick gewesen! Als der Regen und Nebel wich, und ein klares Erkennen der Uniformen möglich machte, da befahl der Oberstleutnant aus dem Winkel seinem braven Bataillone, die Ueberzüge von den Bärmützen abzunehmen, damit die Franzosen sehen könnten, daß sie Sachsen seien. Als die französische Cavalerie angriff, ließ er Carrée formiren, und in demselben stand der preußische — auch die Sachsen befehligende — General Prinz Hohenlohe Schutz, und commandirte selbst das Feuern. Er, der den sächsischen Of= fizieren vor dem Ausmarsche aus Dresden, bei einer Versamm= lung derselben im Hotel de Pologne gesagt hatte: „Die Herren Sachsen werden es sich gefallen lassen, zu bivouakiren," — d. h. unter freiem Himmel zu übernachten — „wenn wir Preu= ßen Quartiere beziehen." —

Nun, er dankte Gott, in einem sächsischen Carrée Schutz vor den Säbeln der französischen Dragoner zu finden, als kein preußisches Bataillon mehr fest stand. Wir erzählen diese That= sachen wahrlich nicht, um Haß zwischen Preußen und Sachsen zu säen; wir sind mit dem Erfolge der ganzen Angelegenheit soweit zufrieden, als es eben für einen Sachsen möglich ist, wir halten ein einiges Militairsystem für eine ebenso große Wohlthat, als die Einführung der allgemeinen Dienstpflicht; aber es gehört mehr als Selbstverläugnung und Selbsttäuschung dazu, wollte man sich ein= reden, daß dies nicht Alles auf anderem Wege viel billiger an Geld und Blut zu erreichen gewesen wäre. — Das Schicksal hat es so ge= wollt; was wir gelitten, was wir ertragen, haben die Diplomaten

zu verantworten, vor Allem die, welche den unseligen, so oft gebrochenen Friedensvertrag zu Wien im Jahre 1815 zu Wege
brachten. — Und wie traurig konnte es werden; man bedenke nur:
Oesterreich macht Frieden mit Preußen, während unsere, die sächsischen Truppen, fern von ihrem Vaterlande, in jenem Reiche standen,
während Sachsen, von Preußen besetzt, täglich zehntausend Thaler
Kriegssteuern zahlen muß, ohne daß die Staatscassen sich im Lande
oder überhaupt zur Disposition der sächsischen Behörden befanden.
Mittlerweile stand die sächsische Armee bei Wien und Linz und
mußte ruhig der Dinge harren, welche das Schicksal über sie ver-
hängen würde; als brave, tüchtige Soldaten harrten sie auch ernst
und männlich aus.

Staatsminister von Beust war vom König von Preußen als
Friedensunterhändler abgelehnt worden, und dies wohl die Ursache,
daß er um seine Entlassung aus königlich sächsischen Staatsdiensten
bat; sein besfallsiges, am 16. August Sr. Majestät dem König
Johann übergebenes Abschiedsgesuch lautete:

„Allerdurchlauchtigster, allergnädigster König und Herr!
Ew. Majestät geruhten, meinen alleruntertänigsten Vorschlag zu
genehmigen, daß ich an den zu Berlin zu eröffnenden Friedensverhandlungen mich persönlich betheilige. Ich hatte diese Vergünsti-
gung mit besonderem Danke zu vernehmen, da ich mir dieselbe er-
beten hatte, um keinen Zweifel darüber bestehen zu lassen, daß ich
mich den durch die Gegenwart gebotenen schweren Aufgaben in keiner Weise zu entziehen gemeint, und zugleich bereit sei, den Versuch
zu machen, im Wege unmittelbarer und offener Ansprache das, was
Seiten Ew. Majestät Regierung geschehen, in das wahre Licht zu
stellen, und durch Bekämpfung mancher unbegründeten Voraussetzungen jener Verhandlung einen besseren Boden zu verschaffen.
Es ist indeß meine Betheiligung in Berlin abgelehnt worden. Wie
Ew. Majestät Sich gnädigst erinnern, habe ich bereits am Tage der
Unterzeichnung der zwischen Oesterreich und Preußen vereinbarten
Friedenspräliminarien die Frage zur allerhöchsten Entscheidung ge-
stellt, ob, da nun eine Verständigung mit der Königlich preußischen
Regierung anzustreben sei, meine Person nicht ein Hinderniß für

diese darbieten und auf dessen Beseitigung Bedacht zu nehmen sein würde.

Die obgedachte Rückäußerung kann mich in jener Voraussetzung nur bestärken, und ich halte daher für eine Ew. Majestät und dem Lande schuldige Pflicht, meine allerunterthänigste Entlassung Ew. Majestät zu Füßen zu legen, so unendlich schmerzlich es mir gerade unter jetzigen Umständen sein muß, mich dem Dienste Ew. Majestät zu entziehen. Es ist eine mehr als siebenzehnjährige ministerielle Dienstzeit, die hiermit ihren Abschluß findet. Ihr Anfang war, gleich ihrem Ende, durch eine tiefgehende Erschütterung unserer öffentlichen Verhältnisse bezeichnet. Ich weiß mich frei von dem Vorwurfe, als habe ich die eine oder die andere verschuldet, und trage das Bewußtsein in mir, beiden gegenüber nur in Uebereinstimmung mit den Gefühlen und Grundsätzen meines Herrn und Königs, ohne Scheu das Recht vertheidigt und meine Pflicht gethan zu haben. Möchten_Ew. Majestät geruhen, mich in Gnaden zu entlassen, und der Versicherung Glauben schenken, daß ich, eingedenk des hohen Glückes, unter Ew. Majestät Leitung dem Vaterlande meine Kräfte weihen zu dürfen, auch ferner bestrebt sein werde, mich der mir zu Theil gewordenen vielfachen und unvergeßlichen Beweise von Vertrauen und Nachsicht würdig zu zeigen. Ew. Majestät allerunterthänigst gehorsamster Fd. Freiherr von Beust. Wien, den 15. August 1866."

Es war eine eigenthümliche Ansicht des Ministers von Beust, daß er unter den bestehenden Verhältnissen — wie Eingang des Schreibens zu lesen — geglaubt, er könne Sachsen nützen, wenn er die Friedensverhandlungen selbst führe. Er, der stete Gegner der Bismark'schen Politik, der dem Grafen stete Verlegenheiten bereitet hatte, dessen scharfen Geist und treffende Worte man in Berlin kannte, würde dort dem Grafen Bismark auf dem Felde der Politik nur immer eine schiefe Lage bereitet, und dadurch den Haß gegen Sachsen erhöht haben. Von Berlin aus als Friedensunterhändler abgewiesen, war seine politische Rolle in Sachsen ausgespielt; das fühlte der kluge Minister und

nahm die Gelegenheit wahr, seine Entlassung zu nehmen, und die
Leitung des im Stranden begriffenen Staatsschiffes anderen
Kräften zu überlassen. Die Antwort des Königs von Sachsen war
sehr gnädig, vom 16. August aus Schönbrunn datirt:

„Lieber Staatsminister Freiherr von Beust!
Am gestrigen Abend habe Ich Ihr Entlassungsgesuch von Ihren
bisherigen Functionen erhalten, und erkenne in den Beweggründen,
die Sie bei diesem Schritte geleitet haben, dieselben Gesinnungen
treuer Hingebung an Fürst und Vaterland, die Sie in Ihrer
ganzen dienstlichen Wirksamkeit bewährt haben. Wie schmerzlich
Mir der Gedanke einer Trennung von Ihnen ist, brauche Ich
Ihnen wohl nicht erst zu sagen. Seit Meinem Regierungsantritte
haben Sie Mir in guten und bösen Tagen treu zur Seite gestanden, und Mir täglich Gelegenheit gegeben, Ihre weise staatsmän-
nische Begabung, Ihre Thätigkeit und unerschütterliche Anhänglich-
lichkeit kennen zu lernen. Stets war Ihr Rath ein gewissenhafter
und wohlüberlegter, von der Lage der Sache, und nicht von persönlicher Neigung oder Abneigung geleiteter, und hat sich in lang-
jähriger Erfahrung vielfach als ein erfprießlicher bewährt. Unser
Einverständniß über die wichtigsten Fragen war schnell hergestellt;
und wie Ich die Ueberzeugung haben konnte, daß in den von Ihnen
geleiteten Geschäften nichts Einflußreiches ohne Mein Vorwissen
geschah, so wußte Ich auch, daß, selbst bei einer Meinungsverschiedenheit unter uns, Meinen Weisungen streng nachge-
gangen wurde.

Die Lösung eines so glücklichen, bewährten Verhältnisses,
kann Mir nicht anders als schwer werden. Wenn Ich gleichwohl Ihrem Gesuche willfahre, so geschieht dies nur in Rücksicht
auf die von Ihnen geltend gemachten wichtigen politischen Gründe,
die ein Opfer Meiner persönlichen Wünsche und Gefühle zum
Besten Meines Landes erheischen, und unter der Versicherung,
daß Meine Dankbarkeit für die Mir und Meinem verewigten
Bruder erwiesenen, wichtigen Dienste, und Meine Gesinnung innigen Wohlwollens und aufrichtiger Hochachtung für Ihre Person,
auch unter veränderten Verhältnissen unauslöschlich dieselben

bleiben werden. Mit der ausgezeichnetsten Hochachtung und der aufrichtigsten Zuneigung verharre Ich, lieber Staatsminister von Beust, Ihr ergebener Johann."

Auch der Kriegsminister von Rabenhorst trat in Wartegeld. Der König belohnte ihn mit seinem höchsten Orden — der Rautenkrone.

Zu Belohnung der Tapfersten war außer dem Militair-St.-Heinrichsorden, der goldenen und silbernen Militairverdienstmedaille, auch noch eine Kriegsdecoration zum Albrechts- und Verdienstorden gestiftet worden; ebenso verlieh der Kaiser Ehrenzeichen. Das höchste erhielt der Kronprinz Albert, und zwar den Maria-Theresienorden, den er sich durch seine Tapferkeit wahrlich ehrlich verdient hatte. Es scheint uns aber auch hier am Orte, die Offiziere, Unteroffiziere und Soldaten namentlich anzuführen, die sich besondere Auszeichnungen erworben. Den Militair-St.-Heinrichsorden erhielten die Generalleutnants von Schimpff, Schmalz, von Fabrice und Freiherr von Hausen, Generalmajor Prinz Georg, die Obersten Köhler, Nehrhoff von Holderberg, von Craushaar, Tauscher, von Beulwitz, die Oberstleutnants von Abendroth, von Elterlein und von Carlowitz, die Majore von Seydlitz, Gerstenberg, Funke, Hering-Göppingen, von Einsiedel, Bartsch, Rittmeister Freiherr von Friesen, Hauptmann Verloren II., Kemnitzer, Gutbier II., Reiher, Freiherr von Keller, Weber, die Oberleutnants Bucha, Graf Holtzendorf, Haase, der Leutnant von Könneritz, sowie die Oberstabsärzte Hennicke, Dr. Manck und Dr. Haul und Stabsarzt Dr. Klein.

Den Verdienstorden mit Kriegsdecoration 1. Classe erhielten die Generalleutnants Freiherr von Fritsch und von Schimpff, das Ritterkreuz die Obersten von Ludwiger, von Montbé, Krug von Nidda, von Bünau, von Schmieden, von Schultz, die Oberstleutnants von Leonhardi und Albrecht, Weinlig, die Majors Genthe, von Zezschwitz, Günther, Schubert, von Tschirsky-Bögendorf, die Rittmeister von Könneritz und Bodemer, Hauptmann Klug und von Petrikowsky, Oberleutnant von Stammer, Oberstabsarzt Bennwitz, Stabsarzt Dr. Leonhardy.

Der Albrechtsorden mit Kriegsdecoration ward verliehen den Majors Graf von Holtzendorf, Winkler, von Süßmilch, Hörnig I., von Lenz, von Schönberg-Pötting, Freiherr von Holleben, Freiherr von Welk, Richter, Walther, den Hauptleuten Leonhardi, von Keßinger, Schlick, Baumgarten, Rollain, von Wolf II., Zenker, von Raab III, Graf Vitzthum von Eckstädt, Rittmeister von Minkwitz, den Oberleutnants Freiherr von Kalitsch, von Einsiedel II., von Minkwitz I., von Polenz, Müller von Berneck, Liscow, Scheffel I., von Witzleben, von Treitschke II, den Leutnants Hantisch, von Heygendorf, Berger, Jäkel, Rudolph und Brückner, den Aerzten Dr. Siegel, Hubert, Bink, Dr. Benndorf, Helbig I. Es wäre wohl sehr unrecht, wollten wir nicht auch der Unteroffiziere und Soldaten erwähnen, welche Orden erhielten. Es erkämpften sich die goldne sächsische Militairverdienstmedaille Feldwebel Heinichen, Sergeant Stephan, Unteroffizier Rosenhauer, Grenadier Kandler, Soldat Röhner, Kanonier Frömmel, sowie die Reiter Radisch, Hammer und Rennert. Die silberne erhielten: der Guidenwachtmeister Ackermann, Feldwebel Jlgen, Gebert, Winkler, Pilz, Schurig, Enßlinger, Böttger, Müller, Wunderlich, Jacob, Schlenker, Bohnisch, Krebs, Knethe, Sauer, Hänsel, Pinkes, Simon, Reiher, Sammler, Schuster, Lange, Scheidhauer, Hengst, Albert, Schetter, Minkner, Schwind, Mai, Karisch, Händel, Pönisch, Zenker, Heilfurth, Pietsch, Weller, Lehm, Döring, Kühn, Volle, Richter, Wachtmeister Pfennig, Feldwebel der Artillerie Braut, Voigt, Angermann, Wachtmeister Schramm, Oberfeuerwerker Birkner, Jahn. Guide Rosenmüller, die Sergeanten, Unteroffiziere, Unterwachtmeister, Fouriere: Böhme, Thiele, Schneider, Bergmann, Winkler, Fickert, Eberlein, Heinrich, Siemark, Müller, Schaarschmidt, Raake, Löbe, Knobloch, Wärme, Böttger, Mucke, Trautner, Riedel, Hentzsche, Schuster, Lehmann, Steinert, Horn, Thoß, Backofen, Siegel, Blum, Neßberg, Werne, Schöne, Scheffler, Meißner, Heydte, Fritzsche, Großmann, Schlegel, Ziesenz, Wünsche, Walther, Meinig, Graf, Baumann, Thieme, Zimmermann, Schütze, Schumann, Mehner, Scheffler, Weber, Loose,

Bittke, Steger, Starke, Trautmann, Bohnisch, Goppisch, Lind-
ner, Wüstrich, Reichert, Lorenz, Schöniger, Friedrich, Kunzmar,
Rothe, Fischer, Wolf. — Ferner die Gefreiten, Oberkanoniere,
Signalisten, Grenadiere, Soldaten, Schützen, Jäger, Pioniere,
Kanoniere und Reiter: Neubert, Meißner, Kuniß, Pfeifer,
Berge, Haberkorn, Gierth, Pegg, Schmiedgen, Elsner, Heyden,
Rudolph, Döring, Zied, Günther, Clemens, Büttig, Thielemann,
Greif, Biebrach, Winter, Gleisberg, Kießling, Knöfel, Ulbricht,
Parthey, Helecken, Schmidt, Weigel, Schille, Schönfeld, Noak,
Schmieder, Zimmermann, Seydel, Weigandt, Preißler, Schauer,
Günther, Jacob, Serger, Hiemisch, Göpfert, Ziegenbalg,
Schulze, Schwabe, Gunald, Richter, Helmrich, Markert, Tänzler,
Göpel, Rosenlöcher, Franke, May, Steger, Ebermann, Gast,
Weigl, Schneider, Reifegerste, Sünderhauf, Rößner, Bachmann,
Weiß, Pechstein, Görschke, Mintzloff, Berger, Wagner, Michael,
Möckel, Schlecht, Voigt, Wilsenach, Kämnitz, Benedict, Franke,
Micken, Müller, Kneute, Philipp, Hädel, Neumann, Leutnant
von Götz II., Leutnant Burkhardt. — Die goldene Verdienst-
medaille erhielt der Wirthschaftssecretair des Cadettencorps,
Zernig, die silberne Unterwachtmeister Schirrmeister, Unteroffizier
Heija; die zum Orden gehörige silberne erhielten die Oberauf-
seher, Stabs- und Brigade-Wirthschafts-Commandantschafts-
fourtere Kutzsche, Fritzsche, Meißner, Lönike, Wolf, Radestock,
Göllnitz, Thalheim, ferner die Feldwebel, Wachtmeister, Feuerwerker Holter, Kimmer, Gotthardt, Trache, Lorler, Neake, und
der Soldat Meuke und Jäger Mädiger. — Diesen wohlver-
dienten Auszeichnungen gegenüber blieb Kaiser Franz Joseph
von Oesterreich nicht zurück. Er hatte auch der Tapferkeit der
Sachsen sehr viel zu danken, denn den Rückzug von Königgrätz
deckten diese namentlich durch ihr zähes Festhalten auf dem
linken Flügel, wodurch es den Oesterreichern noch allenfalls ermöglicht wurde, sich nach ihren Brücken zu begeben, und der Gefangenschaft zu entrinnen.

Es stand zuletzt noch für den Rest
Der tapfre Kronprinz Albert fest,

Mit seinen Batterien,
Mit seiner Infanterie.

Solches Benehmen wurde, wie wir schon oben sagten, zuerst dadurch belohnt, daß der Kronprinz den Maria-Theresienorden — den höchsten militairischen — erhielt, der nur ausgegeben wird, wenn der Inhaber nachweist oder ihm nachgewiesen wird, daß er mehr gethan hat, als seine Schuldigkeit und Pflicht forderte. Comthure des Leopoldsordens mit Kriegsdecoration wurden die Generale Schmalz und von Fabrice. Ritter: die Obersten von Ludwiger, von Montbé, von Schulz, Krug von Nidda, die Oberstleutnants von Grünenwald, von Sandersleben, von Carlowitz, die Majors Freiherr von Hausen, Leonhardi, Freiherr von Lindeman und von Zizschwitz. Den Orden der eisernen Krone mit Kriegsdecoration erhielt, 1. Classe: Generalleutnant Freiherr von Fritsch; 2. Classe: die Generalmajors Senfft von Pilsach und Freiherr von Biedermann; 3. Classe: die Majors Allmer I., Freiherr von Kochtitzky II., von Schimpff, von Süßmilch-Hörnig I., von Meerheimb, Schubert, Heydenreich, Vollborn, Puscher, Winkler, von Tscherschky und Bägendorf, von Götz, von Welk; die Hauptleute von Brandenstein, von Süßmilch-Hörnig, von Cerini di Monte Barchi, Freiherr von Hausen II., Schwingel, Lommatzsch, Larraß, von Minkwitz. — Das Militair-Verdienstkreuz mit Kriegsdecoration erhielten: der Generalleutnant Prinz Georg, Oberstleutnant von Miltitz, die Majors Schumann, Freiherr von Holleben genannt Normann, Genthe; ferner die Rittmeister und Hauptleute von der Pforbte, Senfft von Pilsach, von Stammer I., Graf Vitzthum von Eckstädt, von Polenz, von Kirchbach, von Schlieben, Schuster, von Lossow, von Welck, Rothmaler, von Pape, Portius, Vollert, Hübel, von Nostiz Drzewiecky, von Welk II., Freiherr von Friesen, von Stammer, Freiherr von Welck, von Amonn, Bodemer, von Könneritz, Ketzelitz; die Oberleutnants Martin, von Zeschau, von Wolf, von Einsiedel, von Mangoldt, von Bucher II., v. d. Planitz, Haberland, Jänichen, Jahn, von Craushaar, von Planitz II., von Rohrscheidt, von Armin, von Schimpff, von Stam=

mer, von Kalitsch, von Einsiedel II., v. d. Planitz. Silbernes mit
Krone, zum Franz-Josephorden gehörend: Sergeant Grüneberger,
Unteroffiziere Strauch und Möbius, Oberkanonier Fritsche; ohne
Krone: die Sergeanten Böhmer und Rausch, Oberkanonier
Winkler, Jäger Kuntzsch, Soldaten: Konrad, Rabe, Hartmann,
Ludwig, von Heyer.

Goldne, kaiserlich österreichische Tapferkeitsmedaille erhielten: Leutnant Schubert, Feldwebel Bettermann, Rappe,
Bräuer, Schmidt, Roß, Sachse, Haugk, Ritter, Wachtmeister
Jahn, Harnisch, Ludewig, Berger; Unterwachtmeister Stoppra
und Weber, Sergeanten Engemann, Dresler, Oberjäger Schim-
melrose, Unteroffizier Neider, Schütze Hamann; die silberne
1. Classe: Leutnant Roßberg-Leipnitz, Feldwebel Münch,
Seupplein, Geilhardt, Menicke, Baumann, Brückner, Wachtmeister Liebsch, Golle, Unterwachtmeister Mülbach, Stabstrom-
peter Nitzsche, Hautboist Leßner, Sergeanten: Demnitz, Haugk,
Singer, Albert, Wagner, Thomas, Roden, Unteroffiziere: Münk-
ner, Böhme, Walther, Hesselbarth, Zille, Gefreiter Lommatzsch,
Oberkanoniere Taubert und Rackoff; Schützen, Grenadiere und
Reiter: Bauer, Himlich, Rau, Diregen, genannt Hofmann,
Sparmann, Köhler, Weber, Kahl, Schönherr, Panier, Ahnert,
Müller, Nahlsch, Jentzsch. — Silberne Tapferkeitsmedaille
2. Classe: Feldwebel Schneider, Hertel, Babe, Keßler, Donath,
Buchmann, Müller, Mödel, Böhnisch, Richter, Rank. Wacht-
meister: Krug, Range, Brachlitz, Rothe, Zeeger; Feldwebel und
Feuerwerker der Artillerie: Ettig, Jhle, Helm, Albrecht, Wer-
muth, Werner; Unteroffiziere und Sergeanten: Bahner, Schön-
herr, Löser, Lange, Dittrich, Neuhaus, Ebermann, Oswald,
Müller, Lindner, Näser, Barth, Trinks, Lippmann, Glitzner,
Unger, Stark, Ettel, Voigt, Dietrich, Knetzsch, Müller, Meißner,
Oswald, Otto, Straßberger, Glausch, Hänsel, Loigner, Bret-
schneider, Burkhardt, Trunkel, Frank, Kraher, Siegel, Fischer,
Kahler, Nürnberger. Gefreite, Grenadiere, Schützen, Jäger,
Soldaten, Reiter, Kanoniere, Fahrer: Füssel, Wolf, Heydt,
Barthel, Schirm, Schmidt, Truöl, Gotthard, Micken, Paul,

Groß, Philipp, Kamann, Schumann, Kretschmer, Petters, Liebe, Ulbricht, Nanke, Richter, Förster, Vogel, Sauer, Delang, Träger, Lindner, Riebel, Gläser, Schneider, Schneller, Gerbert, Gläser, Dietzel, Franke, Busch, Zschalig, Köhler, Müller, Rüder, Scholz, Burckhardt, Hessel, Franke, Möbius, Lederer, Berger, Einsemann, Haferkorn, Perschmann, Hentzschel, Sihnert, Sprößig, Graupner, Herold, Schimpf, Wild, Koch, Friedrich, Weidner, Pietzsch, Gehre, Blüttner, Auerswald, Siegel, Backmann, Friedrich, Trommer, Mundner, Schädlich, Quandt, Jobst, Thomas, Ludwig, Espenhain, Schulze, Wahner, Taumer. — So zahlreiche Belohnungen lassen sich immer auch nur durch harten Kampf, durch schwere Verluste erringen, und zwar waren die, welche die Sachsen erlitten, sehr bedeutend; natürlich bei dem einen Truppentheile größer, wie bei dem andern, je nachdem sie mehr oder minder gedeckt standen, oder mehr oder minder hart mit den Preußen zusammentrafen. Es verlor die erste Infanteriedivision an Todten, Verwundeten, Vermißten und Gefangenen, Stab: Oberleutnant Adjutant Bremer, 1 Guiden; die zweite Infanteriebrigade, Stab: 2 Mann; 5. Bataillon: Leutnant von Wolf und 104 Mann, das 6. den Oberstleutnant von Metzradt, Major Vollborn, Hauptmann Heckel, Canzler, die Oberleutnants von Metzsch und von der Planitz, die Leutnants von Zenthier und von Zeschau, also 8 Offiziere, 156 Unteroffiziere und Soldaten; das 7. 1 Leutnant Rose und 41 Unteroffiziere und Soldaten; das 8. den Major von Elterlein, Hauptmann von der Planitz, Hauptmann Damm, Adjutant Liscow, Oberleutnant von Witzleben, Leutnant Aster I., Graf Kameke, von Römer, also 8 Offiziere, 151 Unteroffiziere und Soldaten; das der Brigade zugetheilte 2. Jägerbataillon: die Hauptleute Graf Holzendorff und Schlick, also 2 Offiziere und 87 Unteroffiziere und Jäger. Von der 3. Brigade Prinz Georg blieb vom Stab der Commandant Generalmajor von Carlowitz. Vom 9. Bataillon Hauptmann von Wolff, 1 Offizier, und hatte dasselbe 107 todte, verwundete und vermißte Soldaten und Unteroffiziere. Vom 10. Bataillon ward Oberstleutnant von Abendroth verwundet, außerdem verlor es

35 Mann; das 11. hatte 4 Offiziere: den Hauptmann von Seckendorf II., von Gutbier II., Leutnant Pape und von der Planitz, sowie 82 Mann zu beklagen. Das 12. Bataillon verlor 1 Hauptmann Verloren, und 42 Mann; das dieser Brigade zugetheilte 3. Schützenbataillon hatte aber sehr große Verluste; der Oberstleutnant v. b. Mosel, die Hauptleute von Rabke und Freiherr von Hausen II., Oberleutnant Fiebler, Leutnants Lauermann, Jäkel, von Treitschke, von Ackermann — 8 Offiziere, ein Portepeejunker von. Göß und 130 Unteroffiziere und Jäger, todt, verwundet oder vermißt. Vom Stabe der 2. Division ward der Adjutant, Hauptmann von Zeschau und 1 Mann verwundet. Vom 13. Bataillon Oberleutnant Schulze; außerdem betrug der Verlust 70 Mann. Das 14. Bataillon verlor die Oberleutnants von Zeschau und Schultz, ferner 58 Mann, das 15. Bataillon den Major Hamann, den Oberleutnant von Wolf und 61 Mann, das 16. den Oberstleutnant von Friesen und 84 Mann, das 1. Jägerbataillon 2 Offiziere, Hauptmann Vollborn, Leutnant Lohse, und 69 Unteroffiziere und Jäger. Die bedeutendsten Verluste erlitt unstreitig die 1. Infanteriebrigade Kronprinz; vom Stabe ward der Oberst von Boxberg und Adjutant von Stieglitz getödtet, Adjutant von Minkwitz verwundet und gefangen. Das 1. Bataillon hatte an Gefangenen, Verwundeten und Getödteten folgende Verluste: Hauptmann Fickelscherer, Verloren I., von Löben, die Oberleutnants Weber und Scheffel, die Leutnants Baumgarten-Crusius und Münzling — also 7 Offiziere und 144 Unteroffiziere und Soldaten; das 2. Major von Sandersleben, Hauptmann von Rex, Klette, Freiherr von Seckendorf-Gudent, die Oberleutnants von Göpphardt und von Carlowitz, der Leutnant Hermann — 7 Offiziere und 141 Unteroffiziere und Soldaten; 3. Bataillon: Oberleutnant von Ammon, 58 Mann; 4. Bataillon: die Hauptleute von Meerheimb und Sube, Oberleutnants Hoch und Bamberger, 4 Offiziere, Portepeejunker Schreiber, 163 Soldaten und Unteroffiziere; 1. Jägerbataillon: Hauptmann von Ende und von Petrikowsky, Oberleutnants von Hake, von Egidy, Leutnant

Graf Holtzendorff I. — 5 Offiziere, 152 Unteroffiziere und Jäger. Die Verluste der Reiterei und Artillerie sind verhältniß- mäßig bedeutend geringer; so verlor das Gardereiterregiment nur 14 Gardisten, das 1. Reiterregiment 30, das 2. nur 9 Reiter. Beim dritten Reiterregiment hingegen ward Oberst von Ludwiger, Rittmeister von Minkwitz, Leutnant von Könneritz verwundet, Rittmeister von Fabrice blieb; der Verlust an Unter- offizieren und Reitern betrug gerade 50 Mann. Bei der Ar- tillerie, die so tapfer focht, ward auch nicht ein Offizier getödtet oder blessirt; die Fußartillerie verlor 23, die reitende nur 5 Mann. Die Ambulancen hatten einen Gesammtverlust von 5 Soldaten. Um diese Verluste zu ersetzen, waren Leute aus den Depots herangezogen worden; es ließ sich dies auch ziemlich voll- ständig thun, namentlich, da man in den Quartieren hinter der Donau Zeit hatte, diese vollständig einzuüben. Aber auch die Preußen hatten enorme Verluste, die sich nach gleichfalls amt- lichen Quellen folgendermaßen herausstellen. Im Gefecht

bei Nachod:

		verwundet		todt		vermißt	
Offiziere	verwundet	46	todt	12	vermißt	—	
Mannschaft	„	904	„	230	„	149	

bei Trautenau:

Offiziere	verwundet	33	todt	9	vermißt	—	
Mannschaft	„	876	„	186	„	188	

bei Skalitz:

Offiziere	verwundet	34	todt	6	vermißt	—	
Mannschaft	„	857	„	191	„	132	

bei Gitschin:

Offiziere	verwundet	39	todt	16	vermißt	1	
Mannschaft	„	800	„	159	„	66	

bei Königgrätz:

Offiziere	verwundet	249	todt	75	vermißt	3	
Mannschaft	„	6455	„	1097	„	1817	

bei Langensalza:

Offiziere	verwundet	24	todt	7	vermißt	—	
Mannschaft	„	524	„	22	„	75	

bei Kiffingen:

Offiziere verwundet 18 todt 8 vermißt —
Mannschaft „ 614 „ 122 „ 74

bei Uettingen:

Offiziere verwundet 26 todt 6 vermißt —
Mannschaft „ 566 „ 103 „ 75

Rechnet man noch die, in einzelnen kleineren Gefechten Getödteten oder Verwundeten hinzu, so betrug der Gesammtverlust der Preußen 2910 Mann todt, 15,554 verwundet, 3022 vermißt. — Das österreichische Heer verlor nach dem „österreichischen Militairkalender" — der immer sehr gut unterrichtet ist — 71,267 Mann, vom Feldwebel abwärts, wovon 9671 Mann todt, 24,096 verwundet, 37,500 vermißt wurden. Von diesem Gesammtverluste kamen auf das Nordheer 62,797 Mann, und zwar 8484 Todte, 19,896 Verwundete, 30,083 Vermißte, auf das Südheer, welches in Italien focht, nebst der Flotte 8470 Mann, wovon 1187 todt, 4200 verwundet, 3083 vermißt sind. In den einzelnen Gefechten stellt sich Folgendes heraus, was, wenn man es mit obigen Angaben vergleicht, beweist, daß der Sieger allemal weniger Verluste hat, als der Besiegte. Je mehr Muth, um so weniger Blut verliert man, das ist eine alte weise Soldatenregel. Die Oesterreicher verloren

Langenbrück	1 Todte		7 Verw.			7 Verm.	
Custozza	1045	„	3981	„		2663	„
Hünerwasser	148	„	140	„	460—	798	„
Podol	23	„	182	„	50—	255	„
Nachod	14	„	91	„	248—	383	„
Bißherad	27	„	55	„	31—	113	„
Trautenau	681	„	1703	„	1250—	3590	„
Neu-Regnitz	70	„	460	„	365—	895	„
Münchengrätz	29	„	104	„	290—	423	„
Skalitz	2455	„	3360	„	5830—11646	„
Königinhof	48	„	128	„	421—	597	„

Gitschin	383 Todte	529 Verw.	1681— 2593 Verw.		
Schweine-schädel	123 „	257 „	664— 1034 „		
Königgrätz	4220 „.	12015 „	21684—37919 „		
Tobitschau und Dub	104 „	429 „	853— 1708 „		
Lissa	25 „	120 „	145 „		
Biccun	21 „	115 „	47— 183 „		
Blumenau	58 „	244 „	104— 486 „		
Jedico	6 „	8 „	122— 146 „		
Versa	28 „	55 „	77— 160 „		

Mit guter Absicht haben wir die Verluste an Mannschaften und Offizieren in diesem Werkchen nicht nach jedem Gefechte oder jeder Schlacht, sondern erst hier angegeben und zusammengestellt; es verwischt sich sonst der Eindruck, man kann sich die Zahlen nicht leicht merken, welche obige Uebersicht giebt, die aus offiziellen Quellen geschöpft ist.

Der König von Preußen verließ schon am 4. August Nicolsburg und reiste nach Berlin zurück, um seinen Landtag zu eröffnen. Das Volk jubelte ihm bei seiner Ankunft entgegen und pries ihn in jeder Weise als heimkehrenden Sieger — was würde es wohl gethan haben, wenn der Fall umgekehrt gewesen wäre? Berlin selbst bot damals einen nicht eben erheiternden Anblick; man sah eine Menge Menschen in Trauerkleidern umhergehen, der Krieg hatte so große Opfer gekostet, so viele Familien waren von ihm betroffen worden, und sowohl bei dem Heere, als in der Stadt selbst herrschte die Cholera in sehr bedenklicher Weise. An demselben Tage schon schickte die preußische Regierung ein Schreiben an die mit ihr verbündeten Regierungen, dessen Zweck kein anderer war, als den vom Grafen Bismark vorbereiteten Plan eines norddeutschen Bundes, an Stelle des alten Bundestages, möglichst bald zur Ausführung zu bringen. In dieser Note heißt es:

„Mittelst identischer Note vom 16. Juni d. J. hat die

Königliche Regierung die folgenden Staaten: Mecklenburg-Schwerin, Sachsen-Weimar-Eisenach, Mecklenburg-Strelitz, Oldenburg, Braunschweig, Sachsen-Meiningen, Sachsen-Altenburg, Sachsen-Coburg-Gotha, Anhalt, Schwarzburg-Sondershausen, Schwarzburg-Rudolstadt, Waldeck, Reuß älterer Linie, Reuß jüngerer Linie, Schaumburg-Lippe, Lippe, Lübeck, Bremen und Hamburg eingeladen, mit ihr ein Bündniß auf den Grundlagen einzugehen, welche mit einem baldigst zu berufenden Parlamente zu vereinbaren sein würden; ferner ihre Truppen ungesäumt auf den Kriegsfuß zu stellen und Sr. Majestät dem Könige zur Vertheidigung ihrer Unabhängigkeit und ihrer Rechte zur Verfügung zu halten; drittens, an der Einberufung des Parlamentes Theil zu nehmen, sobald dieselbe von Preußen erfolgt. Dagegen ist preußischer Seits die Zusage ertheilt worden, daß, im Falle dieser Einladung entsprochen würde, den genannten Staaten die Unabhängigkeit und Integrität des Gebietes, nach Maaßgabe der Grundzüge zu einer Bundesverfassung vom 10. Juni 1866, von Sr. Majestät dem Könige werde gewährleistet werden. Nur zwei der vorgenannten Staaten haben die Einladung der Königlichen Regierung abgelehnt: Sachsen-Meiningen und Reuß älterer Linie. Nachdem mit den übrigen Staaten der über die einzelnen Puncte geführte Schriftenwechsel seinen Abschluß gefunden in der zweiten Hälfte des vorigen Monates, befindet sich die Königliche Regierung nunmehr in der Lage, ihrer Zusage des abgeschlossenen Bündnisses zu entsprechen. Derselbe beschränkt sich darauf, die Voraussetzungen und Zusicherungen der identischen Note vom 16. Juni d. J. in die vertragsmäßige Form zu erheben, und die Königliche Regierung giebt sich deshalb der Erwartung hin, daß der im Interesse der Verbündeten liegende Abschluß recht bald stattfinden werde. Die besonderen Verabredungen, welche der Bündnißvertrag offen hält, und die mit einzelnen Regierungen bereits vorbereitet sind, werden nach diesseitigem Vorschlage in einem Zusatzartikel zum Vertrage mit den betreffenden Regierungen zu erwähnen sein und den Abschluß des Bündnisses nicht zu verzögern brauchen."

Man sieht, es lag Preußen sehr viel daran, die norddeutschen Staaten enger an sich zu ketten; deshalb das wiederholte Drängen nach dem Abschlusse des Vertrages, dessen Entwurf aus folgenden 7 Artikeln bestand:

Art. 1.

Die Regierungen von (kommen die Namen der Länder)
schließen ein Offensiv- und Defensivbündniß zu Erhaltung der
Unabhängigkeit und Integrität, sowie der innern und äußern
Sicherheit ihrer Staaten, und treten sofort zur gemeinschaftlichen Vertheidigung ihres Besitzstandes ein, welchen sie sich gegenseitig durch dieses Bündniß garantiren.

Art. 2.

Die Zwecke dieses Bündnisses sollen definitiv durch eine
Bundesverfassung, auf der Basis der preußischen Grundzüge
vom 10. Juni 1866, sicher gestellt werden, unter Mitwirkung
eines gemeinschaftlich zu berufenden Parlamentes.

Art. 3.

Alle zwischen den Verbündeten bestehenden Verträge und
Uebereinkünfte bleiben in Kraft, soweit sie nicht durch gegenwärtiges Bündniß ausdrücklich modificirt werden.

Art. 4.

Die Truppen stehen unter dem Oberbefehle Sr. Majestät
des Königs von Preußen. Die Leistungen während des Krieges
werden durch besondere Verabredungen geregelt.

Art. 5.

Die verbündeten Regierungen werden gleichzeitig mit Preußen die, auf Grund des Reichswahlgesetzes vom 12. April 1849
vorzunehmenden Wahlen der Abgeordneten zum Parlament anordnen, und letzteres gemeinschaftlich mit Preußen einberufen.
Zugleich werden sie Bevollmächtigte nach Berlin senden, um

nach Maaßgabe der Grundzüge vom 10. Juni d. J., den Bun=
desverfassungsentwurf festzustellen, welcher dem Parlamente zur
Berathung und Vereinbarung vorgelegt werden soll.

Art. 6.

Die Dauer des Bündnisses ist bis zum Abschlusse des
neuen Bundesverhältnisses, eventuell auf ein Jahr festgesetzt,
wenn der neue Bund nicht vor Ablauf eines Jahres geschlossen
sein sollte.

Art. 7.

Der vorstehende Bündnißvertrag soll ratificirt, und die
Ratificationsurkunden so bald als möglich, spätestens aber in=
nerhalb drei Wochen vom Datum des Abschlusses an, in Berlin
ausgewechselt werden.

Man sieht aus dem Schriftstücke, daß, wie der König im
Felde, so die Regierung in der Politik thätig war, und selbst
nach Abschluß des Waffenstillstandes mit Oesterreich Nichts ver=
nachlässigt wurde, um Preußen die Oberhand in Norddeutschland
zu verschaffen.

Betrachtet man den Bündnißvorschlag näher, so unter=
scheidet er sich schon von den alten deutschen Bundesacten sehr
rühmlich dadurch, daß im Artikel 1 gesagt ist, daß die Staaten
ein Offensiv= und Defensivbündniß abschlossen, und nicht wie bei
jenem ein bloßes Defensivbündniß, was nur zur Nichtachtung
selten des Auslandes, zum eignen Verfalle führte, und ein Zei=
chen großer Schwäche war. In Folge dieses Artikels der Bun=
desacte konnte z. B. Frankreich Deutschland auf das Aeußerste
beleidigen und kränken, ohne daß dieses zu den Waffen greifen
konnte, um seine Ehre zu wahren; es durfte dies nur in dem
Falle, daß Franzosen mit den Waffen in der Hand deutschen
Boden betreten hatten. Das ist hier anders, denn ein Offensiv=
bündniß gestattet auch einen Angriffskrieg zu führen, wenn ein
solcher nothwendig oder nützlich erscheint. Dann soll eine Bun=
desverfassung unter Mitwirkung eines, auf directe Wahlen im

weitesten Umfange gegründeten, Parlamentes berathen werden, und diese Wahlen sollten gleichzeitig in allen anderen Staaten dann erfolgen, wenn Preußen dieselben ausschreiben würde. Es konnte nicht fehlen, daß sich uns hier ein gewisses Mißtrauen bemächtigte, und zwar aus folgenden Gründen:

1) wollte Preußen die Wahlen nirgends eher ausgeschrieben haben, als es dies selbst thun würde; es war durchaus kein Zeitpunct angegeben, wenn dies erfolgen dürfte, und wäre der Frieden nicht zu Stande gekommen, Oesterreich siegreich vorgedrungen, so würde es jedenfalls gar nicht geschehen sein. Daß jeder unbescholtene Mann Wähler und wählbar sein sollte, ist ganz anerkennenswerth, aber, dem dahin in Preußen üblichen Wahlsysteme sehr entgegen, und Graf Bismarck konnte den Versuch nur wagen, wenn der Sieg an Preußens Fahnen gefesselt blieb; sonst hätte er sicher ein Parlament voller unzufriedener Demokraten bekommen, die bei Berathung der Bundesverfassung seinen Ansichten nicht immer günstig gewesen sein dürften.

2) Lag der Gedanke sehr nahe, daß das Parlament nur als Experiment zu betrachten sei; denn wollte es nicht wie Graf Bismarck — warum sollte er es denn nicht auflösen? Er, der dies mit dem eignen Abgeordnetenhause ganz ohne Umstände und wiederholt gethan, wenn sie nicht wollten wie er. Im besten Falle durfte man sich nur ein vergrößertes Preußen denken, mehr nicht; und anderes ist auch bis jetzt noch nicht aus der ganzen Sache hervorgegangen.

Am 5. August Mittag 12 Uhr eröffnete König Wilhelm den preußischen Landtag im weißen Saale des Schlosses zu Berlin. Bei seinem Erscheinen rief der Alterspräsident Graf Eberhard zu Stolberg: „Se. Majestät, unser siegreicher Herr, er lebe hoch!" welche Worte von den Ständen mit dreimaligem donnernden Hoch begleitet wurden.

Außer den Königlichen Prinzen war auch der französische Botschafter Benedetti und der italiänische Gesandte Graf Barrol anwesend; Minister Bismarck erschien in Militairkleidern. In

der Thronrede, welche der König mit fester Stimme las, gedachte er
vorerst des Krieges, in welchem Sieg auf Sieg erfochten, aber
auch viel theures Blut vergossen worden sei, bis das preußische
Heer sich in erster Linie von den Karpathen bis zum Rheine ausgedehnt habe. Auf die Finanzlage könne die Regierung mit Befriedigung blicken; es sei gelungen, die bisher erwachsenen Kosten des
gegenwärtigen Krieges aus den Staatseinnahmen und vorhandenen
Beständen zu decken, ohne das Land anders, als durch die gesetzlichen Naturalleistungen für Kriegszwecke, zu belasten. Um so zuverlässiger hoffe der König, daß die Mittel, welche zu erfolgreicher
Beendigung des Krieges, und zu Bezahlung der Naturalleistungen
erforderlich seien, vom Landtage bereitwillig würden gewährt
werden. Da über Feststellung des Staatshaushaltetats eine
Vereinbarung mit der Landesvertretung in den letzten Jahren
nicht habe herbeigeführt werden können, so entbehrten die in
dieser Zeit gemachten Staatsausgaben der gesetzlichen Grundlage,
welche der Staatshaushalt, wie der König wiederholt anerkenne,
nur durch das, nach Artikel 99 der Verfassung, alljährlich
zwischen der Regierung und den beiden Häusern des Landtages
zu vereinbarende Gesetz erhalte. Den Staatshaushalt gleichwohl
ohne diese gesetzliche Grundlage mehrere Jahre zu führen, sei zu
einer der unabwendbaren Nothwendigkeiten geworden, deren sich
die Regierung im Interesse des Landes nicht entziehen könne und
dürfe; er hege das Vertrauen, daß die jüngsten Ereignisse dazu
beigetragen haben würden, die unerläßliche Verständigung insoweit herbeizuführen, daß der Staatsregierung in Beziehung auf
die ohne Staatshaushaltgesetz geführte Verwaltung, die Indemni-
tät, um welche die Landesvertretung angegangen werden soll, bereitwillig ertheilt, und damit der bisherige Conflict für alle
Zeit um so sicherer zum Abschluß gebracht werde, als man erwarten dürfe, daß die politische Lage des Vaterlandes eine Erweiterung der Grenzen des Staates, und die Einrichtung eines
einheitlichen Bundesheeres, unter Preußens Führung, gestatten
werde, dessen Lasten von allen Genossen des Bundes gleichmäßig
getragen werden.

Aus dieser Thronrede geht deutlich genug hervor, wie es der König gehalten haben wollte, und ist auch so geworden, troß der spätern Widersprüche einzelner Parlamentsredner, wie z. B. des berühmten gelehrten, geistreichen Advocaten Schraps aus Dresden, auf den wir später zurückkommen werden. — Was König Wilhelm von einer Vergrößerung der Landesgrenzen gesagt, war in Wahrheit eigentlich schon bestehend. Der Form wegen, brachte Graf Bismark am 17. August eine Motivirung des Einverleibungsactes in die Kammern, in welcher er sagte:

„Die Regierungen des Königreichs Hannover, des Churfürstenthums Hessen, und des Herzogthums Nassau, sowie die Freistadt Frankfurt, haben sowohl die Neutralität, als das von Preußen unter dem Versprechen der Garantie ihres Territorialbestandes ihnen wiederholt, und noch in den letzten Stunden angebotene Bündniß abgelehnt, haben an dem Kriege Oesterreichs mit Preußen thätigen Antheil genommen, und die Entscheidung ist nach Gottes Rathschluß gegen sie ausgefallen. Die politische Nothwendigkeit zwingt uns, ihnen die Regierungsgewalt, deren sie durch das siegreiche Vorrücken unseres Heeres entkleidet sind, nicht wieder zu übertragen. Die genannten Länder würden, falls sie ihre Selbstständigkeit bewahrten, vermöge ihrer geographischen Lage, bei einer feindlichen oder auch nur zweifelhaften Stellung ihrer Regierungen, der preußischen Politik und militairischen Aktion Schwierigkeiten und Hemmnisse bieten können, welche weit über das Maaß ihrer thatsächlichen Macht und Bedeutung hinausgehen. Nicht in dem Verlangen nach Ländererwerb, sondern in der Pflicht, unsere ererbte Staaten vor wiederkehrenden Gefahren zu schützen, der nationalen Umgestaltung Deutschlands eine breitere und sicherere Grundlage zu geben, liegt für uns die Nothwendigkeit, das Königreich Hannover, das Churfürstenthum Hessen, das Herzogthum Nassau und die freie Stadt Frankfurt mit unserer Monarchie zu vereinigen. Wohl wissen wir, daß nur ein Theil der Bevölkerung jener Staaten mit uns die Ueberzeugung von dieser Nothwendigkeit theilt; wir achten und ehren die Gefühle der Treue und Anhänglichkeit, welche die Be-

wohner derselben an ihre bisherigen Fürstenhäuser und ihre
selbstständigen politischen Einrichtungen knüpfen; allein wir vertrauen, daß die lebendige Betheiligung an der fortschreitenden
Entwickelung des nationalen Gemeindewesens, in Verbindung
mit einer schonenden Behandlung berechtigter Eigenthümlichkeiten,
den unvermeidlichen Uebergang in die neue größere Gemeinschaft
erleichtern werden."

Das ist gewiß sehr gewandt, schön und parlamentarisch gesagt — in das gewöhnliche Deutsch übersetzt, würde diese Rede
folgendermaßen lauten:

„Die Regierungen von Hannover, Churhessen, Nassau und
Frankfurt am Main, haben sich unserem ersten Ansinnen, sich
mit uns zu verbünden und Oesterreich aus dem Bunde zu
schlagen, nicht gefügt; wir haben sie besiegt und annectiren,
d. h. behalten, ihre Länder, weil diese sehr günstig gelegen
sind, um unser jetzt zerstückeltes Reich in eine Masse zu verwandeln. Das war der zweite Hauptzweck des letzten Krieges, und
wir haben ihn erreicht."

Komisch ist es eigentlich, daß Graf Bismark seinen Kammern erzählt, er wisse wohl, daß ein Theil der Bevölkerung
jener Länder die Ueberzeugung der Annectirung an Preußen
nicht einsähe! — Nun, diese Nothwendigkeit hat wohl kein anderer Mensch, als eben ein Preuße eingesehen, und die übrigen
haben doch wohl auch Einsicht — aber eben diese Einsicht, die
Furcht vor Annectirung, ließ sie mit Oesterreich gehen, um den
preußischen Eroberungsgelüsten ein Ziel zu setzen. Durch die
Einverleibung obiger Staaten und Schleswig-Holsteins erhielt
Preußen einen Länderzuwachs von mehr als 1200 ☐ Meilen mit 4
Millionen Einwohnern, was gewiß für dieses Reich recht hübsch
war, und nicht bestätigt, Graf Bismark habe keinen „Ländererwerb gesucht." Hübscher würde die Sache noch gewesen sein,
wenn er den obengenannten Ländern noch das Königreich
Sachsen hinzufügen könnte; ja, sie wäre für Preußen sogar
höchst vortheilhaft gewesen, denn Sachsen schiebt sich wie ein
Keil zwischen Schlesien und die preußische Provinz Sachsen; die

kürzeste Verbindungslinie zwischen diesen preußischen Provinzen geht durch das Königreich Sachsen, auch hätten des Ersteren Grenzen erst durch den Besitz des Erz- und Lausitzergebirges einen richtigen Schutz in ihrer ganzen südlichen Ausdehnung erhalten. Nun, der vollständige Besitz des Königreich Sachsens blieb unerreicht, es trat nur in den norddeutschen Bund. Ob ein gleiches Verfahren gegen Churhessen, Hannover und Nassau nicht segensreicher für Preußen gewesen wäre, das muß die Zukunft lehren; setzte es die entthronten Fürsten jener Länder wieder ein, schloß mit diesen eine Militairconvention wie mit Sachsen, so würde die Dankbarkeit der Fürsten und Völker für solch edles Benehmen diese sicher zu den treusten Verbündeten Preußens gemacht haben. Wo sie Liebe und Anhänglichkeit gefunden hätten, haben sie jetzt vielfach mit Vorurtheil gegen die neuen Einrichtungen, mit dem Hasse der Bewohner, zu kämpfen, und die Hülferufe der entthronten Fürsten steigen täglich und nächtlich zum Herrn der Heerschaaren empor — vielleicht auch die Flüche vieler Annectirten. Bisher ist Alles gut gegangen, mag es auch für die Zukunft sein, mag sich das Sprüchwort nicht bewahrheiten: „Wer Wind säet, der wird Sturm ernten!" Es ist wenigstens kein Zeichen irgend welcher Sympathie für Preußen, wenn eine große Anzahl hannoverischer Offiziere es vorzieht, in einer anderen, z. B. in der sächsischen Armee zu dienen, anstatt in der eignen, die preußisch geworden, zu verbleiben. Versteht es aber Preußen, sich Liebe in ganz Norddeutschland zu erwerben, dann steht es mit und in diesem fest, und braucht den Kampf mit keiner Macht Europa's zu scheuen. So ist unsere Ansicht, eine sächsische. Ein preußischer Landwehroffizier sagt dagegen in den Schilderungen der Kriegsbegebenheiten im Jahre 1866: „Das Königreich Hannover, das Churfürstenthum Hessen, das Herzogthum Nassau, die freie Stadt Frankfurt am Main und die Herzogthümer Holstein und Schleswig sind dem preußischen Staate für immer einverleibt worden, und die Fürsten der ersteren drei Länder ihrer Throne verlustig gegangen. Preußen bedurfte dieser Staatsgebiete zur Herstellung der gesicherten Ver-

bindung seiner westlichen Provinzen mit den östlichen. Die
Fürsten dieser Länder waren von jeher die unverbesserlichsten
Gegner der preußischen Suprematie gewesen, hatten gegen die
preußische Regierung intriguirt, wo sich nur die Gelegenheit
dazu geboten, und waren in diesem Kriege, troß aller Zusicherungen der preußischen Regierung, mit ihren Truppen in das
Lager der Feinde übergegangen. Kraft des Eroberungsrechtes, sind
diese Länder zu Preußen geschlagen worden, und die preußische
Regierung hat damit den heilsamsten Weg betreten, auf welchem
sie dem Ziele der deutschen Einheit und Macht am sichersten
entgegengeht." Es ist in dieser Ansicht viel specifisch Preußisches,
was wir bei einem preußischen Offizier nicht tadeln können, daß
aber die entthronten Fürsten stets „unverbesserliche Gegner der
preußischen Suprematie" gewesen, das halten wir für sehr erklärlich, weil sie wußten und fühlten, daß sie dereinst derselben
unterliegen müßten, wenn Oesterreich sie nicht davor schütze —
und so ist es schließlich auch gekommen; ein Beweis, daß sie alle
Ursache hatten, unverbesserliche Gegner der preußischen Oberherrschaft zu sein. —

In dieser Zeit langten auch die Gesandten derjenigen anderen Staaten in Berlin an, welche mit Preußen in Krieg verwickelt gewesen waren, um den Frieden abzuschließen. Das 8.
deutsche Bundesarmeecorps hatte sich aufgelöst, und waren dessen
Truppen in ihre Länder zurückgekehrt; Prinz Alexander von
Hessen hatte den Oberbefehl niedergelegt. Das Königreich Würtemberg schickte nun die Herren von Varnbühler und von Har-
degg nach Berlin, das Königreich Baiern Minister von der
Pfordten und Graf von Braß-Steinburg, Minister von Dall-
wigk für Hessen-Darmstadt, und Minister von Freidorf und
Staatsrath Galgen für Baden.

Mittlerweile berieth das preußische Herrenhaus einen Adreß-
entwurf an den König Wilhelm. Es sprach in demselben sein
Bedauern aus, daß mit Oesterreich und anderen, früher mit
Preußen verbündeten Staaten habe Krieg geführt werden müssen,
und spricht die Hoffnung aus, daß die freundlichen Beziehungen

zu Oesterreich bald und dauernd wieder hergestellt sein möchten. Der glorreiche Krieg habe auf's Neue Zeugniß abgelegt für die wunderbar glücklichen Erfolge der vom Könige mit fester Hand angebahnten und geleiteten Heeresorganisation, sowie von der Nothwendigkeit ihrer consequenten Durchführung. — Frankreich müsse man wegen seiner Vermittelung zum Abschlusse eines Friedens nur dankbar sein. Diese Adresse endet mit den Worten: „Die Weisheit Ew. Majestät wird, darauf vertrauen wir, darauf vertraut das ganze Land, die bisher getrennten Theile der Monarchie so zu vereinigen wissen, daß Preußen · in seiner künftigen · Abgrenzung die Bürgschaft für die eigne Sicherheit und für diejenige Machtstellung erlange, welche unerläßlich ist, damit der Friede Deutschlands und Europa's unter allen Umständen ungefährdet, und die Möglichkeit ausgeschlossen bleibt, daß eine feindliche Armee sich noch einmal kriegsgerüstet in der Mitte der preußischen Staaten aufstelle. In dieser wie in jeder anderen Beziehung erwarten wir ehrfurchtsvoll Ew. Majestät Beschlüsse über die weitere Regelung, der politischen Verhältnisse des Vaterlandes und sind gewiß, daß Preußen unter dem glorreichen Scepter seines Königshauses zu Erfüllung seines deutschen Berufs auf der Bahn wachsender äußerer Macht und innerer Wohlfahrt unwandelbar fortschreiten werde." —

Den Herren des Herrenhauses ist nach dem letzten Satze Preußen demnach noch nicht mächtig genug; es wünscht ein stetes Fortschreiten, also stetes Annectiren. Nun, da können sich die etwa zu annectirenden Nachbarn freuen und auf ihrer Hut sein; solche Worte tragen wahrlich nicht dazu bei, Vertrauen auf Frieden und Ruhe zu erwecken, wenn auch für den Augenblick nichts zu befürchten ist. Im Abgeordnetenhause sagte die conservative Parthei — die rechte — in ihrer Adresse: „Mit voller Bereitwilligkeit werden wir die Mittel gewähren, welche zu Beendigung des so ruhmreich begonnenen Werkes erforderlich sind. Die innern Streitigkeiten müssen verstummen gegenüber der großen weltgeschichtlichen Aufgabe, vor welche uns die Vorsehung gestellt hat, und die Geschichte wird Jeden richten, welcher die olten Parteiklüfte in die neue Epoche hinüber zu führen versucht. Genehmigen Ew. Majestät den ehrfurchtsvollen Dank des Landes, daß Sie den ersten Schritt gethan, den langjährigen Streit über das verfassungsmäßige Budgetrecht der Landesvertretung, alles theoretischen Parteizwistes entkleidet, in seiner eignen gesetzlichen Gestalt auf den Boden der Thatsachen zu stellen, und so allen Gegensätzen die Versöhnung zu bieten, welche auf dem Gebiete des Verfassungslebens stets nur in thatsächlichen Ausgleichungen vollzieht. Auch wir vertrauen, daß der bisherige Conflict für alle Zeiten um so sicherer zum Abschluß gebracht werden wird, als nicht nur die nächste Ursache desselben für immer hinweg ge- than, sondern in der erwünschten Neugestaltung des deutschen Vaterlandes, auch die lange ersehnte Ergänzung der preußischen Heeresverfassung gefunden ist." Die Adresse der Altliberalen sprach es aus, daß sie die Idemnität gern annehmen werde, um so mehr, als der König das Recht der Selbstbestimmung des Landes anerkannt habe. Ferner heißt es darin: „Preußen, an der Spitze des, soweit zur Zeit irgend möglich, geeinigten Deutschlands, ist ein lang ersehnter Kampfpreis für die ge- brachten großen und schmerzlichen Opfer. Wir erkennen als unsere wichtigste Aufgabe, aus allen Kräften dazu mitzuwirken, daß die Früchte unserer Siege von keiner Seite verkümmert werden und sehen den Vorlagen wegen Einverleibung der mit Preußen zu vereinigenden deutschen Lande, und wegen Einbe- rufung einer Volksvertretung mit Verlangen entgegen." — Aus den Adressen dieser beiden Parteien geht klar hervor, daß, wenn sie sonst auch noch so verschieden dachten, sich noch so sehr be- kämpften, sie doch einig waren, als es hieß, das Land soll ver- größert werden, und sprachen ihre volle Unterstützung aus, wenn die gemachten Eroberungen etwa in Gefahr kämen, wieder ver- loren zu gehen. Es war hier wie überall: die preußischen Kam- mern urtheilten nach dem Erfolge. Wie oft hatten sie die Sol- datenwirthschaft bitter geschmäht, hatten die Kosten dazu nicht bewilligen wollen. Zu welch heftigem parlamentarischen Streiten war es nicht schon über die Frage gekommen: „Ob zwei= oder

dreijährige Dienstzeit?" Und jetzt vergötterten sie die Regierung, namentlich den König — weil er einen siegreichen Krieg
geführt, Preußen an die Spitze Norddeutschlands gestellt hatte.
Was würde wohl geschehen sein, wenn er besiegt, sein Heer in
Trümmern, die Kammern hätte einberufen müssen, um von
ihnen Unterstützung zu verlangen? — Sicher so viel Lobes-
erhebungen, als man jetzt ihm darbrachte, ebenso vielen Vorwürfen würde er im letzteren Falle ausgesetzt gewesen sein.

Aus den Friedensverhandlungen mit Baiern, Baden, Würtemberg und dem Großherzogthum Hessen-Darmstadt, ersah man
deutlich, daß es dem Grafen von Bismark nicht einfiel, vor der
Hand süddeutsche Staaten in den norddeutschen Bund aufzunehmen; und daran that er damals sehr wohl, weil die gesicherten Grenzen, welche derselbe jetzt hat, wo er ein abge-
rundetes Ganzes bildet, wieder eine Configuration erhalten
würden, die für einen Angriffskrieg ebenso, wie für einen zur
Vertheidigung des Landes, nachtheilig wären. Böhmen, rings
von Gebirgen umgeben, schiebt sich westlich wie eine Festung
gegen Baiern vor, das für den Fall, daß Oesterreich den norddeutschen Bund einmal angreifen würde, dann mit vertheidigt
werden müßte, und letzteren zwänge, auf zu verschiedenen Kriegs-
theatern und mit gebrochener Front zu fechten. Für einen Angriffskrieg des norddeutschen Bundes gegen Oesterreich, ist
Baiern allerdings ersterem von sehr großem Nutzen, weil man
dann von Baiern aus auch über den Böhmer Wald gegen Prag,
und gleichzeitig im Donauthale gegen Wien vorrücken könnte,
also von Westen aus, während von Norden, von Sachsen aus,
über das Erzgebirge, und von Nordost aus über das Riesengebirge gegangen werden müßte, vorausgesetzt, daß Oesterreich
die Gebirgspässe so leichten Kaufes wieder hergeben werde, als
im Kriege 1866, und sie nicht besser benutzte.

Nun, jetzt liegt der Gedanke an einen erneuten Krieg nicht
allzunahe, das schließt aber die Möglichkeit eines solchen nicht
aus; denn wenn auch aus dem Bunde gedrängt, wenn auch von
Preußen auf das Haupt geschlagen, kann es sich doch wieder er-

holen und verfuchen, Gleiches mit Gleichem zu vergelten, wenn der Augenblick günftig ift. Defterreich hat unter Leitung des Staatsminifters von Beuft, der, nachdem er, wie wir fchon fagten, feine Entlaffung aus königlich fächfifchen Dienften genommen, in kaiferliche getreten war, einen' ebenfo befähigten, als gewandten Staatslenker erhalten, der es verfteht, Uebel mit der Wurzel auszurotten, und Verbefferungen jeder Art durchzuführen.

Wenn man nun bedenkt, daß Minifter von Beuft bald die Macht in Händen haben wird, um Preußen und dem Grafen Bismark, deffen Politik er gründlich haßt, die Spitze zu bieten, fo können wir mit dem beften Willen an einen ewigen Frieden zwifchen Preußen und Defterreich nicht glauben —

Denn zu tief fchon hat der Haß gefreffen,
Unglückfel'ge Thaten find gefchehn,
Die fich nie verwifchen, nie vergeffen.

Es fragt fich wohl nur, wann dies gefchehen wird; daß es gefchieht, davon find wir feft überzeugt. Glaubte man dies nicht in Defterreich, fo würde man nicht die allgemeine Dienftpflicht eingeführt, das Loskaufen haben aufhören laffen, Verbefferungen aller Arten, fowohl was Bekleidung, Ausrüftung, Ausbildung der Truppen betrifft, als auch deren Bewaffnung. Die Werndl'fche Gewehrfabrik zu Steyer allein hat fich verbindlich gemacht, binnen 3 Jahren 600,000 Hinterladungsbüchfen zu liefern. Diefes neue, von Werndl felbft erfundene Gewehr, zeichnet fich durch Einfachheit und Solidität vortheilhaft aus. Es befteht aus dem gezogenen, von hinten zu ladenden Laufe, der, fammt dem Verfchlußftücke, von Gußftahl ift, dem Schafte, der von Weißbuche, beinahe bis zur Mündung geht, dem Schloffe mit Hahn, und Haubajonnet. Die Ladung gefchieht fo einfach und rafch, daß in der Minute 24 Schüffe gethan werden können, und eine Kugel aus diefem Gewehre foll auf 2000 Ellen noch ein vierzölliges Bret durchbohren. Man hat von der Dauerhaftigkeit diefer Waffe bedeutende Proben gefehen, Proben, welche faft unglaublich find. Nachdem man dergleichen Büchfen mit Sand und Schmutz eingefchmiert, fie in Waffer eingetaucht,

und auch noch aus dem erſten Stockwerk eines Hauſes auf ſtei-
niges Pflaſter geworfen hatte, ſchoſſen ſie genau wie vorher;
dabei ſind ſie ungewöhnlich leicht, und koſtet das Stück 31
Gulden. Vor der Hand bekommen die kaiſerlichen Feldjäger-
bataillone dieſe Waffe. —

Das ſind gewiß keine ſehr friedlichen Zeichen; gewiß aber
ſind es die rieſigen Rüſtungen des norddeutſchen Bundes, von
denen wir ſpäter ſprechen werden. Wir wollten nur ſagen, daß
wir an einen ewigen Frieden nicht glauben, und daß wir es für
beſſer halten, Norddeutſchland bewahrt ſich ſeine Südgrenzen, als
daß es dieſe, auf Koſten der Sicherheit des Bundes, ausdehnt,
und ſo an Vertheidigungskraft mehr verliert, als ihm vielleicht
an Truppenmacht zuwächſt.

Das Königreich Würtemberg, mit welchem der Friedensvertrag am 13. Auguſt zu Berlin zum Abſchluß gebracht wurde,
verlor an Territorien Nichts, wohl aber mußte es das von ihm
beſetzte Fürſtenthum Hohenzollern, nebſt der Burg gleichen Namens, die es während des Krieges beſetzt hatte, wieder herausgeben, die würtembergiſchen Geſandten mußten ſich von dort zurückziehen, und die vertriebenen preußiſchen nahmen wieder ihre früheren Stellungen ein; und endlich mußte es auch 8 Millionen Gulden
Kriegsſteuer an Preußen zahlen. Der Friedensabſchluß mit Baden
erfolgte am 18. Auguſt, und hatte dieſes 6 Millionen Gulden
zu zahlen, verlor aber weder Land, noch Leute. Baiern hingegen
ſollte größere Opfer bringen, und es bedurfte großer Mühen
und Anſtrengungen ſeiten des Miniſters von der Pfordten, nur
irgend beſſere Bedingungen zu erlangen. Als Grund hierzu,
glauben wir die ſehr ſchwankende Politik der bairiſchen Regierung, vor dem Kriege, nennen zu dürfen. Vorerſt hatte König
Wilhelm einen nord- und einen ſüddeutſchen Bund ſtiften wollen;
im norddeutſchen wollte er Bundesoberfeldherr, im ſüddeutſchen
ſollte es der König von Baiern ſein. Es wurde lange darüber
verhandelt; endlich zerſchlug ſich die Sache, und Baiern ſtimmte
nunmehr in Frankfurt mit gegen die preußiſchen Reformvor-
ſchläge, denen es vorher ein halb williges Ohr geliehen hatte.

Daher mochte es wohl auch kommen, daß es bei Ausbruch des
Krieges nicht gerüstet war, und seinen Bundesgenossen nicht so
beistand, wie diese es wohl verlangen konnten; denn es war der
mächtigste der Mittelstaaten, und konnte ohne große Opfer
100,000 Mann in das Feld stellen. Es wollte ja immer die
dritte deutsche Großmacht sein.

Es erscheint uns hier am Orte, einen kurzen Abriß der
bairischen Politik zu geben; denn diese hat Deutschland vielfach
in das Unglück gebracht. Gehen wir bis zum 30jährigen Kriege
zurück, wo Churfürst Maximilian, ein treuer Verbündeter des
Kaisers und dessen beste Stütze, diesen doch aus Eifersucht auf
Wallensteins Kriegsruhm bewog, letzteren des Dienstes zu entlassen, bis die Noth ihn zwang, den „Waldsteiner" wieder anzu-
stellen, der später ermordet wurde, statt vor Kriegsrecht gestellt
zu werden. In den verschiedenen Kämpfen zwischen Frankreich
und dem deutschen Kaiserreiche, ging es bald mit diesem, bald
mit jenem, und wechselte stets, nach Verhältniß der Umstände.
So ging es fort, bis zur Stiftung des Rheinbundes durch Napoleon I.,
welcher dessen Protector war, und es focht bis 1813 an der
Seite der Franzosen, und hatte namentlich im Feldzuge 1812 in
Rußland sehr bedeutende Verluste. Wahrhaft komisch klingt es,
wenn man auf der, den dort Gefallenen in München am Caro-
linenplatz gesetzten Denksäule, die Worte liest: „Den dreißigtausend Baiern, die im russischen Kriege den Tod fanden" —
und dann: „Auch sie starben für des Vaterlandes Befreiung."
Wie der Tod dieser dreißigtausend Baiern in Rußland, unter
Napoleons Befehl, zur Befreiung des Vaterlandes beigetragen
haben soll, das begreifen wir wahrlich nicht; denn im russischen
Kriege war weder von der Befreiung Deutschlands, noch Baierns
die Rede, sondern nur von der Niederwerfung Rußlands seitens
Napoleons, deren Zweck kein anderer war, als die Continentalsperre aufrecht zu erhalten, alle Häfen zu sperren, damit England keinen Absatz seiner Waaren nach Europa haben, und so
niedergeworfen werden sollte. Der Kaiser Alexander entzog sich
diesem Ansinnen, daher der Zug Napoleons nach Rußland,

welcher ein so trauriges Ende nahm. Die Continentalsperre lastete aber auf Deutschland furchtbar schwer, denn dessen überseeischer Handel stockte ganz — mit der Einfuhr hörte auch die Ausfuhr auf, weil englische Kreuzer alle Schiffe wegfingen. Was es nun heißen soll, daß diese Baiern für des Vaterlandes Befreiung gestorben sein sollen, begreifen wir nicht. Auch folgte Baiern den Aufforderungen der Alliirten 1813, das Joch Napoleons abzuschütteln, nicht, blieb dessen Verbündeter bis nach der Schlacht von Leipzig, wo Feldmarschall Wrede plötzlich den Spieß umdrehte und dem sich nach dem Rheine zurückziehenden Kaiser Napoleon in den Defilćen von Hanau den Weg verlegen wollte. Er wurde geschlagen, die Franzosen erzwangen ihren Weg; aber dafür warb Baiern, das nun mit den Alliirten ging und tapfer an deren Seite focht, bei dem Frieden 1815 auch nicht an Land und Leuten verkürzt. Tapfer fochten sie nach dem langen Frieden 1849 . in Schleswig-Holstein, namentlich bei Düppel. Wenn man ihnen auch keine übertriebene Schnelligkeit zutrauen darf, so haben sie doch etwas Kerniges, Solides. Das hielt aber gegen die Intelligenz der preußischen Armee und deren Schnelligkeit im Jahre 1866 nicht Stich. Jedermann in Sachsen erwartete, als die Preußen nach Böhmen vorgerückt waren, die Baiern über Hof, Altenburg, Leipzig in deren Rücken operiren zu sehen — wir selbst hielten die ersten preußischen Kanonenschüsse am 4. Juli zu Dresden, zur Siegesfeier der Schlacht von Königgrätz, für solche, zwischen Baiern und Preußen gewechselte — mittlerweile machten erstere auch nicht den mindesten Versuch, im Rücken der Preußen zu operiren, was sehr leicht möglich, oder die Hannoveraner zu unterstützen, was noch dringender geboten war. Eigentlich muß sich Preußen für diese fabelhafte Kriegsführung der Baiern bei denselben bedanken, und hätte sie dafür noch belohnen sollen, vielleicht mit einem Erinnerungskreuz. Nun, das lag doch nicht in Jener Absicht — der Friede kam am 22. August zu Stande, und Preußen erhielt 30 Millionen Gulden Kriegsentschädigung und an Land das Bezirksamt Hersfeld, einen Bezirk um Orb im Spessart, und die Enclave Caulsdorf, zwischen Saalfeld und dem preußischen Landkreise Ziegenrück. Irgend eine Verbindlichkeit, dem norddeutschen Staate sich anzuschließen, oder Militairconventionen mit ihm zu treffen, ward Baden, Würtemberg und Baiern nicht auferlegt. Ganz eigenthümlich gestalteten sich die Verhandlungen mit Hessen-Darmstadt, dessen Truppen auch gegen die Preußen gefochten hatten. Die Preußen rechneten sehr stark darauf, mindestens die Provinz Oberhessen am rechten Mainufer, von preußischen Provinzen begrenzt, annectiren zu können. Aber hier waren alle Versuche, dies zu erreichen, vergebens; denn Hessen-Darmstadt hatte, in Folge verwandtschaftlicher Beziehungen zum kaiserlich russischen und königlich großbrittanischen Hofe, mächtige Fürsprecher, wenn nicht sogar Beschützer. Das Einzige, was Graf Bismark durchzusetzen vermochte, war der Eintritt des Großherzogthums Hessen mit jener Provinz in den norddeutschen Bund, die Zahlung von drei Millionen Gulden Kriegsentschädigung, und die Abtretung der Landgraffschaft Homburg, mit dem Oberamte Meisenheim, die Kreise Biedenkopf und Vöhl, den westlichen Theil des Kreises Gießen, sowie Rädelsheim und Niederursel. Im Uebrigen erwarben sich hier die Preußen ein großes Verdienst, daß sie die in Homburg von Franzosen gegründete und gepachtete Spielhölle, wo so Mancher in das Verderben gestürzt worden war, und die zur Schande Deutschlands bestand, sofort schlossen. — Sachsen-Meiningen, der einzige herzoglich sächsische Staat, sollte auch annectirt werden, einestheils, weil sich der Großherzog nicht mit Preußen verbündet, anderntheils, weil es diesem sehr günstig gelegen ist und, was man sagt, geradezu in den Streifen paßte. Der alte Großherzog dankte aber rechtzeitig ab, sein Sohn übernahm die Regierung und trat in den norddeutschen Bund ein. Nebenbei mußte die Fürstin Caroline von Reuß älterer Linie, nachdem ihr Land von Preußen besetzt worden war, 60,000 Thaler Kriegssteuer zahlen, und dem norddeutschen Bunde beitreten.

Nachdem auch der früher besprochene Frieden mit dem Königreich Sachsen abgeschlossen war — von den Ereignissen bei

dem ſächſiſchen Heere werden wir ſpäter ſprechen — iſt allerdings ein großer norddeutſcher Bund entſtanden, der den Main,
das Fichtel-, Erz- und Rieſengebirge und die Sudeten zur Süd-,
die Oſt- und Nordſee zur Nordgrenze hat, weſtlich an Frankreich, Belgien und Holland, öſtlich an Rußland grenzt; ein
mächtiger Staat, deſſen wirkliche Machtentwickelung aber dann
erſt erfolgen kann, wenn die innere Organiſation beendet iſt,
wenn Parteien ihn nicht zerreißen, wenn ſie alle vereint dem
nachſtreben, was bisher noch nie ernſt geſchehen iſt — Deutſchlands Anſehen über Alles zu ſetzen. —

Der preußiſche Staat gewann durch Annectirung mehr denn
1200 Quadratmeilen Landes, und 4 Millionen Einwohner. Die
Geſammtzahl der Bewohner Norddeutſchlands beträgt 29,216,531
Seelen. Zu Norddeutſchland gehören

Preußen	mit 23,810,743 Einwohnern,
Sachſen	„ 2,343,994 „
Mecklenburg-Schwerin	„ 552,212 „
Oldenburg	„ 301,812 „
Braunſchweig	„ 293,338 „
Sachſen-Weimar-Eiſenach	„ 250,201 „
Hamburg	„ 229,941 „
Anhalt	„ 193,046 „
Sachſen-Meiningen	„ 178,065 „
Sachſen-Coburg-Gotha	„ 164,597 „
Sachſen-Altenburg	„ 141,839 „
Lippe-Detmold	„ 111,336 „
Bremen	„ 104,091 „
Mecklenburg-Strelitz	„ 99,066 „
Reuß jüngerer Linie	„ 86,472 „
Schwarzburg-Rudolſtadt	„ 73,752 „
Schwarzburg-Sondershauſen	„ 66,189 „
Lübeck	„ 50,614. „
Reuß älterer Linie	„ 34,924 „
Schaumburg-Lippe	„ 31,782 „

was oben angegebene Summe beträgt. —

So wäre denn die Grundlage zu einem künftigen mächtigen norddeutschen Reiche, das aber immer noch kein einiges Deutschland ist, g'legt. Wenn Turner, Sänger, Schützen sich in früheren Jahren vereinigten, große Verbrüderungsfeste feierten, die viel Geld und noch mehr Bier kosteten, und dadurch glaubten, etwas Ganzes zu Stande bringen zu können, so lächelte man darüber; denn große Umwälzungen, wie es die 1866 in Deutschland ganz unbedingt war, lassen sich auf unblutigem Wege nie durchsetzen, weil die theuersten Interessen, die heftigsten Leidenschaften dabei in das Spiel kommen, Recht und Gesetz — oder Das, was man so zu benennen beliebt — nicht mehr gilt, und nur Kraft und Macht entscheiden. Ultimo ratio regis — der letzte Grund des Königs — steht auf den preußischen Kanonen, und das ist auch wirklich so. —

Nach jahrelangem parlamentarischen und diplomatischen Würgen und Kämpfen am deutschen Bundestage zu Frankfurt am Main, wuchsen die Zöpfe der Herren Minister und Abgeordneten dort nur immer länger. Ihre Hauptbeschäftigung war Demokraten- und Demagogenriecherei und polizeiliche Verordnungen. Sie brachten weder ein gleiches Münz-, Gewichts-, Rechts-, noch Militairwesen zu Stande, ließen es gehen, wie es eben ging, und da sie im Herzen des Volkes durchaus keine Sympathie hatten, für dasselbe gar nichts thaten, so wehte der Sturm von 1848 den Bundestag aus einander, ohne daß er eigentlich von irgend Jemand ernstlich bedauert worden wäre. Nun kam der deutsche Reichstag mit dem machtlosen Reichsverweser Erzherzog Johann; innere Streitigkeiten desselben, sowie die, von einzelnen seiner Mitglieder offenbar hervorgerufenen Aufstände. Deren Niederwerfen in Wien, Berlin und Baden, machten dem ganzen Reichstagstreiben ein Ende, und der alte Bund trat in zweiter, aber durchaus nicht verbesserter Auflage, in das Leben; sein elendes Wirken bezeichnet die Aufgabe der deutschen Flotte und deren Verauctionirung, sowie das im Stiche lassen des, damals im Kriege gegen Dänemark sich befindenden Schleswig-Holsteins, am besten. — Nach vierzehn Jahren erinnerte er sich doch dieses unglücklichen Landes

und schickte Sachsen und Hannoveraner in erster, Preußen und
Oesterreicher in zweiter Linie nach Holstein, um den König von
Dänemark zu zwingen, dem Lande die versprochenen Freiheiten
zu gewähren. Welch thörichtes Beginnen! Nicht die dänische
Regierung, nein, die deutsche Bevölkerung mußte vorerst die
Kosten jener Execution tragen, und anstatt dem Lande zu helfen,
bürdete man ihm nur Lasten auf. Oesterreich und Preußen
machten diesen ohnmächtigen und schädlichen Versuchen ein Ende,
trieben die Dänen aus Schleswig und Jütland, entfernten aber
auch die Sachsen und Hannoveraner, und nahmen das Heft
allein in die Hand. Der Bund protestirte — den Erfolg
wissen wir. In 50 Jahren hat es der deutsche Bund nicht so
weit gebracht, als der norddeutsche in nicht ganz einem, das muß
Jeder zugestehen, der die Geschichte kennt, und wer sie nicht
kennt, mag es aus dem Folgenden ersehen.

Großer Jubel herrschte in Dresden, als man den Friedens-
abschluß mit Preußen erfuhr, als man hörte, daß das geliebte
Könighaus dem Lande erhalten, das Königreich Sachsen — wenn
auch in etwas veränderter Gestalt — fortbestehen werde. Am
26. October 1866, erließ der geliebte König Johann wieder
die erste Proclamation, von Teplitz aus, überschrieben:

„An Meine Sachsen!

Nach langer, schmerzlicher Trennung, nach einer verhängniß-
vollen Zeit, kehre Ich heute in Eure Mitte zurück. Ich weiß,
was Ihr erlitten und ertragen habt, und habe es mit Euch im
tiefsten Herzen gefühlt; Ich weiß aber auch, mit welcher festen
Treue Ihr unter allen Prüfungen zu Eurem angestammten
Fürsten gestanden seid. Dieser Gedanke war, nächst dem Vertrauen zu Gott, Mein bester Trost in den Stunden der Trüb-
sal, die der unerforschliche Rath der Vorsehung über Mich und
Euch geschickt hat. Er giebt Mir neuen Muth, Mein schweres
Tagewerk wieder zu beginnen. Mit der alten Liebe, welche
durch die vielen Beweise der Anhänglichkeit, die Ich erhalten,
wenn dies denkbar wäre, noch inniger geworden ist, werde Ich
die Tage, die Mir Gott noch schenkt, der Heilung der Wunden

des Landes, der Förderung seines Wohlstandes, der Handhabung
von Recht und Gerechtigkeit, und der besonnenen Fortentwickelung unserer Institutionen widmen. Ich rechne dabei auf die
Unterstützung der Landesvertreter, denen Ich mit gewohnter
Offenheit und altem Vertrauen entgegen kommen werde. Mit
derselben Treue, mit der Ich zu dem alten Bunde gestanden bin,
werde Ich an der neuen Verbindung, in die Ich jetzt getreten,
halten, und, soweit es in Meinen Kräften steht, Alles anwenden,
um dieselbe, wie für unser engeres, so auch für unser weiteres
Vaterland, möglichst segensreich werden zu lassen. Möge der All-
mächtige unsere gemeinsamen Bemühungen segnen, und Sachsen,
wie vordem, ein Land des Friedens, der Ordnung, des thätigen
Strebens, der Bildung, der Sittlichkeit und Gottesfurcht bleiben!
Teplitz, den 26. October 1866.
Johann."

Wie den Staatsminister von Beust, so mußte er auch den
Kriegsminister von Rabenhorst, den alten, treu bewährten Offi-
zier, entlassen; es geschah dies am 25. October mit den höchsten
Auszeichnungen; denn er empfing den Königlichen Orden der
Rautenkrone, den — so weit wir wissen — außer fürstlichen
Personen, nur der verstorbene Feldmarschall Graf Radetzky er-
hielt. — Er fiel, ein Opfer der Verhältnisse, nicht militairischer,
sondern politischer, und trat als Generalleutnant in Wartegeld.

Es mochte für den König nicht leicht sein, sich von ihm zu
trennen, dessen energisches Auftreten 1849 Sachsen vor der
Anarchie rettete, und in seinem Handschreiben an Herrn von
Rabenhorst, heißt es:

„Es ist Meinem Herzen Bedürfniß, Mich bei dieser Ge-
legenheit darüber auszusprechen, wie schmerzlich es Mir ist,
Mich von einem Diener trennen zu müssen, dessen Treue,
Pflichteifer und Geschäftsthätigkeit Ich in 17jährigem Zeitraume
habe kennen gelernt, und wie Ich Mich demnächst gedrängt
fühle, Ihren hohen Verdiensten um die Armee und das Land ein
Anerkenntniß angedeihen zu lassen. Als Sie Mein verewigter
Bruder in kritischer Zeit zur Leitung des Kriegsministeriums

berief, beburfte biefelbe einer feften Hand, um manchen burch bie Verhältniffe herbeigeführten Erfchütterungen entgegenzutreten. Diefe Aufgabe haben Sie nicht nur vollkommen gelöft, fonbern in bem balb barauf folgenben entfcheibenben Moment burch Ihre Feftigkeit unb Ausbauer, ber Sache bes Thrones unb ber öffentlichen Orbnung ben Sieg verfchafft. Die hierauf eingetretene treffliche Organifation bes fächfifchen Heeres, ift Ihr Werk. Nicht minber haben Sie burch mannigfache innere Einrichtungen, namentlich bei ben technifchen Waffen, bie fich in ber Praxis trefflich bewährt haben, wie burch Vollenbung ber militairifchen Gefetzgebung in allen ihren Theilen, fich bleibenbe Verbienfte erworben, fowie auch bie Thätigkeit, mit ber Sie in ber vielfach bewegten Periobe Ihrer Verwaltung bie Gefchäfte geleitet haben, eine ausgezeichnete genannt werben muß. Um Ihnen für alle biefe Verbienfte auch einen öffentlichen Beweis Meiner Dankbarkeit zu geben, verleihe Ich Ihnen bei Ihrem Austritte aus bem Minifterium ben Hausorben ber Rautenkrone. Ich fchließe mit ber Verficherung, baß bie Erinnerung an unfer ungetrübtes Zufammenwirken Mir ftets eine angenehme bleiben wirb, unb verharre, lieber Staatsminifter von Rabenhorft, Ihr
Johann."

Generalleutnant Bernharb von Rabenhorft, wegen feiner Verbienfte fchon früher in ben Abelstanb erhoben, hat bas Großkreuz ber Rautenkrone alfo, besgleichen bas bes fächfifchen Verbienftorbens, bie öfterreichifche eiferne Krone 1. Claffe, ben preußifchen rothen Ablerorben mit Schwerbtern 1. Claffe, ben niederländifchen Löwenorben, ben ruffifchen Sanct Annenorben 1. Claffe, Großkreuz bes naffauifchen Verbienftorbens, Großkreuz bes öfterreichifchen Leopolborbens, Großkreuz bes portugiefifchen Chriftusorbens, Großkreuz bes heffifchen Wilhelmorbens; er ift im Jahre 1801 in Leipzig geboren, kam 1816 in bie bamalige Militairacabemie, warb 1823 Portepeejunker bei ber Artillerie, noch in bemfelben Jahre Leutnant, in welcher Charge er 9 Jahre, bis 1832 verblieb, wo er zum Oberleutnant ernannt wurbe unb längere Jahre hinburch als Brigabeabjutant fungirte. Im

Jahre 1840 avancirte er zum Hauptmann, 1846 zum Major und wurde als Militairbevollmächtigter nach Frankfurt am Main zur Bundesversammlung geschickt. Das Jahr 1848 rief auch ihn nach Sachsen zurück, 1849 ward er Oberst und Kriegsminister und unterdrückte mit kräftiger Hand die Aufstände in Dresden und anderen Theilen des Landes; er ward auch noch in demselben Jahre Generalmajor, und im Jahre 1850 Generalleutnant. Wir sprachen schon früher von seinen Leistungen, von dem, was er für die sächsische Armee gethan, und wollen es deshalb hier nicht wiederholen, und nur bemerken, daß ein Theil seiner Schöpfungen, durch die neue Heereseinrichtung nach preußischem Systeme, vernichtet wurde. Die Armee ist und bleibt ihm aber trotz dessen zu großem Danke verpflichtet, denn es kam durch ihn ein Geist der Selbstständigkeit in diese, welchen der lange Friede und der Constitutionalismus gleichmäßig bedrohten.

Gleich nach geschlossenem Frieden mit Sachsen trafen Alle, welche seiten der Preußen von ihren Aemtern entfernt worden waren, wieder ein, und der preußische Regierungsrath von Wurmb legte seine Function nieder. Der Kreisdirector von Burgsdorf in Leipzig war an Ort und Stelle geblieben, und konnte sogleich seine Geschäfte übernehmen; Polizeidirector Schwauß, Polizeirath Picard und Regierungsrath Höpe kehrten bald nach Dresden zurück in ihre respectiven Stellungen.

Nun mußte vorerst auch die Festung Königstein preußische Besatzung mit aufnehmen, wie dies in den Friedensbestimmungen bestimmt wurde. Es ist ein Irrthum, wenn Viele glauben, es seien die ersten nichtsächsischen Truppen, welche hinauf kamen. Im Jahre 1813 stand eine Compagnie französischer Infanterie in der Festung; doch wußte sich der damalige Commandant derselben auf höchst listige Weise zu entledigen. Er ließ an verschiedenen Orten der Umgegend Wachtfeuer anbrennen, sagte dem französischen Capitain, das seien Wachtfeuer der Kosaken, und befahl ihm, diese mit seiner Compagnie anzugreifen und zu vertreiben. Die Franzosen marschirten hierauf aus der Festung in die Nacht hinein den Feuern zu, trafen dort auf keine Kosaken, und als sie am Morgen wieder in die Festung wollten, fanden sie sich ausgesperrt; denn der Commandant hatte die Thore schließen lassen, und Befehl gegeben, die Franzosen nicht wieder aufzunehmen. Jetzt aber öffneten sich diese Festungsthore den Preußen, welche mit dem Dampfwagen ankamen. Der Platzadjutant, Hauptmann Ferrario, empfing diese; es war nach den Bestimmungen nur Infanterie, und zwar eine Compagnie von 170 Mann mit den nöthigen Offizieren. Der älteste derselben meldete sich vorerst bei dem Festungscommandanten Oberst Anbrich, der diese Stellung nach dem Tode des so braven Generallieutnants von Nostitz Drzewiecky — der wenig Tage vorher gestorben war — einstweilen übernommen hatte. Nun erfolgte der Einmarsch der Preußen, geführt vom sächsischen Platzadjutanten; die Sachsen standen unter den Waffen, die Truppen begrüßten sich mit gegenseitigem Hurrah und machten sich dann die vorgeschriebenen Ehrenerweisungen, worauf der neu ernannte preußische Gouverneur der Festung, Generalmajor von Briesen, eine Rede hielt, in der er namentlich auf die Nothwendigkeit hinwies, daß die beiderseitigen Truppen sich camerabschaftlich vertragen möchten, da mit dem am 21. October geschlossenen Frieden, auch jeder Grund zu Haß und Feindschaft unter ihnen geschwunden sei; darauf brachte er ein Hoch auf die sächsische und preußische Armee. Die preußische Infanterie übernahm die bisher von den Sachsen besetzten Wachen und Posten und rückte die Infanterie aus der Festung vorerst in die Gegend von Pillnitz, um dort den Wachtdienst bei Sr. Majestät dem Könige zu übernehmen, welcher von Böhmen zuerst dorthin zurückkehren und einige Tage daselbst verweilen wollte.

So ward die Festung, doch erst nach abgeschlossenem Frieden, den Preußen geöffnet, und mancher derselben, welcher früher glaubte, die Einnahme derselben sei nur „man ein Frühstück" — ja dies sogar aussprach — hat vielleicht jetzt, bei dem auf derselben zu leistenden Wachtdienste, andere Ansichten bekommen, und hält dies wenigstens, bei näherer Betrachtung, für ein ziemlich unverdauliches.

Die sächsische Armee hatte die letzte Zeit in und um Wien, bei Mödling und selbst bis an die bairische Grenze zu, gestanden, Se. Majestät der König hatte das Schloß Schönbrunn zu seinem Aufenthaltsorte erwählt. In dieser Zeit erhielt die sächsische Infanterie sogenannte Holzmützen, wie diese bei der österreichischen üblich sind, mit Klappen zum Niederschlagen. Sie durften, außer den Wachen bei dem König, im Dienste nie getragen werden; die Offiziere legten sie selbstverständlich gar nicht an, da die österreichischen auch keine solchen tragen.

Wenn sie vorher gegen einen tüchtigen Gegner hatten kämpfen, starke Märsche machen und Strapazen aller Art ertragen müssen, wenn sie mit Recht hofften, sich in den Quartieren erholen zu können, was auch größtentheils der Fall war, so trat doch auch bei ihnen der allerschlimmste Feind der Soldaten wie der Menschheit, die Cholera auf. Es geschah Alles, was sich thun ließ, um den guten Gesundheitszustand zu erhalten; man schonte die Leute, exercirte so wenig als möglich, belehrte sie, wie sie zu leben hatten, um nicht der Krankheit zum Opfer zu fallen — das sind aber alles eben nur Palliative; wo sich diese Krankheit einmal einnistet, wüthet sie furchtbar, und das Beste gegen dieselbe ist, so fort zu leben, wie man es bisher gewohnt gewesen, und Erkältungen zu vermeiden. Alles Andere ist mehrentheils nutzlos; da die Aerzte selbst die Ursache dieses Uebels nicht kennen, wie wollen sie sichere Mittel angeben, es zu vermeiden?

Im Herbste des Jahres 1855 stand Verfasser dieses in der großen türkischen Caserne, auf der Höhe von Skutari, gegenüber von Constantinopel, am asiatischen Ufer des Bosporus. Dies Regiment (ein Jägerregiment der britisch-deutschen Legion) hatte in gutem Gesundheitszustand England verlassen; auf der fünfundzwanzigtägigen Seereise kamen bei 1000 Mann 5 Todesfälle vor: es starben 2 Offiziere und 3 Jäger. Der Eine der Letzteren zeigte allerdings Cholerasymptome; auch hatten sich

einzelne Cholerafälle mit tödtlichem Ausgange vor der Ein-
schiffung gezeigt. — In dieser großen Caserne nun, hatten wir
genügenden Raum, es fehlte weder an frischer Luft, noch gutem
Wasser, nur die Lagerstatt der Soldaten bestand aus einer
wollenen Decke unter sich — der Kopf ruhte auf dem Tornister
— und einer wollenen Decke zum Zudecken; da es kein Stroh
gab, so lagen sie auf den bloßen Dielen. Im November fing
das Wetter an sehr regnericht zu werden. In der Nacht vom
17. zum 18. hörte ich ein fortwährendes Hin- und Widerlaufen
auf den breiten, mit Steinplatten belegten Corridors; am anderen Morgen früh 6 Uhr meldete mir der Feldwebel, daß in
der Nacht bei meiner Compagnie 6 Jäger an der Cholera erkrankt seien, bei den anderen nicht weniger.

Nun wurden alle möglichen Vorsichtsmaaßregeln ergriffen,
der Genuß blühender Gemüse, der der Kartoffeln gänzlich untersagt, Spirituosen und Obst strengstens verboten, wollene Leib-
binden angelegt, möglichst wenig exercirt, die Leute vor jeder Erkältung oder Erhitzung bewahrt — das half Alles Nichts; in
Zeit von 8 Tagen lagen von 1000 Mann, welche das Bataillon
zählte, 200, an der Cholera erkrankt, im Hospitale; gegen 70
waren bereits gestorben, darunter 2 Offiziere.

Wie rasch oft diese Krankheit auftrat, davon hatte ich einen
Beweis. Mein Premierleutnant hatte beim Exerciren etwas
nicht richtig gemacht, worüber ich ihm einen Verweis gab, und
die Uebung fortsetzte. Kaum waren zehn Minuten vergangen,
als er zu mir vor die Front trat und mich bat, nach Hause
gehen zu dürfen: er sei nicht wohl. Ich gestatte dies und
dachte: „na, der Herr hat die Zurechtweisung übel genommen!“
Kaum war er aber dreißig Schritte entfernt, als er niederstürzte,
und ich ihn in sein Zimmer tragen lassen mußte. Am anderen
Morgen war er, trotz aller angewandten Hülfe, an der Cholera
verschieden, die hier zuerst mit Wadenkrämpfen aufgetreten war.
In anderen Fällen beginnt sie mit lange dauerndem Durchfall,
der aber oft auch plötzlich kommt. —

Um diesem Uebel, das uns so viele Leute kostete, zu entgehen, verließ das Regiment die Caserne, welche, weil früher ein englisches Hospital in derselben gewesen war, für inficirt gehalten wurde. Bei Wind und Wetter mußten wir ein Lager weiter östlich von Skutari, an einem Bergabhange aufschlagen, und unter Leinwandzelten wohnen. Es wurde nun verboten, reines Wasser zu trinken, es mußte dasselbe mit Rum vermischt werden, die strengste Aufsicht wurde gehandhabt, möglichst wenig exercirt — dennoch erkrankten, trotz dieses Mittels, das englische Aerzte, welche in Ostindien gedient hatten, für untrüglich erklärten, immer mehr und mehr, und das Regiment war seiner Auflösung nahe; ich hatte bei meiner Compagnie keinen Offizier mehr und von 100 Jägern noch 32 dienstfähige. Sogar der Regimentsarzt starb. Das Wetter wurde so abscheulich, der Lehmboden so ungangbar, daß die übrig Gebliebenen in die türkische Ulanencaserne von Calabo, dicht am Ufer des Bosporus verlegt, und das Lager abgebrochen werden mußte. Mit der Dauer der Krankheit hörte auch die Gefährlichkeit derselben auf, und im heißen Sommer 1856, den wir dort zubrachten, verschwand sie nach und nach gänzlich.

Ich habe die feste Ueberzeugung, daß alle Vorsichtsmaaßregeln gegen dieselbe nichts nützen, außer Erkältung und schlechte Luft zu vermeiden. Der Genuß von Obst, sobald es wirklich reif ist, befördert die Cholera gewiß auch nicht, unreifes bringt Diarrhöen hervor, aus denen die Cholera gern entsteht. Am Schlimmsten ist es für Die, welche sich vor der Krankheit fürchten, und in ihrer Furcht zu einer Masse von Mitteln ihre Zuflucht nehmen, die dem natürlichen Organismus des Körpers — namentlich der Verdauung — hinderlich werden; solche Leute sind allemal Todescandidaten. — Doch zurück zur Sache. Man that also Alles, was irgend möglich war, um die Verbreitung der Cholera unter den in Oesterreich liegenden sächsischen Truppen zu vermeiden, ohne jedoch zum Zwecke zu gelangen; viele Soldaten erlagen derselben.

Die sächsischen Truppen hatten sich bei Gitschin und Königgrätz die allerhöchste Anerkennung wegen bewiesener Tapferkeit,

bei Wien aber auch der ihrer vorzüglichen Haltung und Disciplin zu erfreuen. Ihr Benehmen in und außer Dienst war
im Allgemeinen tadellos, und erwarb ihnen die Liebe der Bewohner; Jeder sehnte sich aber doch, als der Frieden zwischen
Oesterreich und Preußen geschlossen worden war, daß es auch
Sachsen möglich sein möchte, einen recht günstigen herbeizuführen.
Wußte doch jeder Soldat, daß der Gegner sein Vaterland besetzt
hielt, daß dieser täglich bedeutende Geldopfer verlangte, welche
die Steuerpflichtigen doch aufbringen mußten, daß rings um
Dresden Schanzen aufgeworfen werden mußten. Und wenn sich
auch die Preußen im Allgemeinen sehr gut benahmen, so ver-
größerte doch das Gerücht jede Kleinigkeit bis in das Riesen-
hafte, ehe sie von Dresden bis Wien gelangte, wo sie von Mund
zu Mund getragen wurde.

Die Sehnsucht der Soldaten, in die Heimath zurückzukehren,
war eine große; aber die Preußen hatten ihre Garnisonen besetzt, sie wußten, sie würden sich, was man sagt, auf den
Winkeln herumdrücken müssen, wußten, sie würden einer gänzlich
veränderten Armeeeinrichtung entgegengehen. Doch was hilft es?
Gegen die Gewalt gab es keinen Kampf mehr, keinen Widerstand; der König, ihr Kriegsherr, war dem norddeutschen Bunde
beigetreten, folglich hatten sie nur zu gehorchen; denn Gehorsam
ist und bleibt einmal die erste und heiligste Pflicht jedes braven
Soldaten. Wie unendlich oft hatte es schon geheißen: „wir
marschiren zurück nach Sachsen," ebenso oft aber auch: „wir beziehen hier in Oesterreich Winterquartiere!" Kehrten sie heim,
so konnten sie eines warmen Empfanges seiten der Bewohner
sich versichert halten; sie hatten ja ihre Schuldigkeit als Soldaten im vollen Maaße gethan, das ward von Freund und
Feind anerkannt. Was aber hatten sie zu hoffen, wenn sie noch
länger in Oesterreich verweilen mußten, nachdem dieses mit
Preußen Frieden geschlossen hatte? Sie waren ja dann nur ge-
duldete Gäste auf fremdem Boden! Deshalb freuten sie sich,
trotz aller Demüthigungen, denen sie doch seiten der preußischen

Militairbehörden, noch mehr, durch den Friedensschluß ausgesetzt sein konnten, auf die Heimath.

Am 25. October langte der Befehl zum Rückmarsch für die Armee in ihr Vaterland an. Wir können die Gefühle der Soldaten dabei nicht besser schildern, als wenn wir hier des unsterblichen Dichter Schiller's Worte aus „Piccolomini" — gewiß eines der größten Meisterwerke — anführen:

> O schöner Tag, wenn endlich der Soldat
> Ins Leben heimkehrt, in die Menschlichkeit,
> Zum frohen Zug die Fahnen sich entfalten,
> Und heimwärts schlägt der sanfte Friedensmarsch!
> Wenn alle Hüte sich und Helme schmücken
> Mit grünem Laub, dem letzten Raub der Völker.
> Der Städte Thore gehen auf von selbst,
> Nicht die Petarde braucht sie mehr zu sprengen;
> Von Menschen sind die Wälle rings erfüllt,
> Von friedlichen, die in die Lüfte grüßen!
> Hell klingt von allen Thürmen das Geläut,
> Des blut'gen Tages frohe Vesper schlagend,
> Aus Dörfern und aus Städten wimmelnd strömt
> Ein jauchzend Volk, mit liebend emsiger
> Zudringlichkeit, des Heeres Fortzug hindernd!
> Da schüttelt, froh des noch erlebten Tags,
> Dem heimgekehrten Sohn der Greis die Hände;
> Ein Fremdling tritt er in sein Eigenthum,
> Das längst verlaßne, ein, mit breiten Aesten
> Deckt ihn der Baum bei seiner Wiederkehr,
> Der sich zur Gerte bog, als er gegangen,
> Und schamhaft tritt als Jungfrau ihm entgegen —
>
> — — — — — — — — — —
>
> O glücklich, wem dann auch sich eine Thür,
> Sich sanfte Arme, sanft umschlingend — öffnen!

Und wie mancher der Soldaten, dem Tode, Wunden, Krankheiten und Strapazen entgangen, hatte so ein liebes Herz daheim, oder Frau und Kind, oder Vater und Mutter, welche er sich sehnte wieder zu sehen und an sein braves Herz zu drücken! Wie Mancher kehrte aber gar nicht, wie Mancher als Krüppel heim! — O, die Heimkehr erpreßte mancher Wittwe, manchen Eltern, mancher Braut bittere Thränen! Wie kräftig, rüstig, fröhlich, siegesmuthig war der Sohn, der Gatte, der Bräutigam hinausgezogen in den Krieg, wie viele Gebete waren für ihn und seine Erhaltung gen Himmel gestiegen! Sie waren vom Herrn der Heerschaaren nicht erhört worden. Des Feindes Blei oder Eisen warfen ihn nieder, und in fremder Erde ruht er, ohne daß es seinen Lieben möglich war, ihm die Augen zuzudrücken, an seinem Grabe zu weinen und zu beten.

Doch vorüber, hinweg mit solchen trüben Beobachtungen! Das Leben ist einmal vergänglich; und wohl Dem, der einen ruhmreichen, raschen Tod auf dem Schlachtfelde, dem Felde der Ehre, findet in der Kraft der Jugend oder des Mannesalters, der die Leiden der Greisenjahre nicht kennen lernt, nicht fühlen muß, wie traurig es ist, wenn die Kräfte nach und nach schwinden, Gesicht und Gehör abnimmt, und er sich und seiner Umgebung nur zur Last fällt. Der Soldat thut wohl, jung zu sterben! — König Hugard sagt von sich selbst (und er war ein tapferer Krieger):

Tief fühl ich's, daß ein Kriegsmann übel thut,
Wenn er nicht stirbt, eh sich die Haare bleichen,
Er fühlt das Mark aus seinem Arm entweichen
Nur in der Brust bleibt der gewohnte Muth,
Wie Fieberhitze, die nur darum quält,
Weil ihr die Kraft sich auszulassen fehlt!
(Welten)

Die Truppen kehrten heim, und wurden auf der Eisenbahn befördert — mit welchen ganz anderen Hoffnungen waren sie ausmarschirt, wie viele trübe Erfahrungen hatten sie in Folge der Verbindung mit Oesterreich machen müssen, was konnte ihnen die Zukunft noch Alles bringen! — doch vorbei — vorbei, es ging ja der über Alles geliebten Heimath zu. Ihr Empfang war überall ein herzlicher — ein glänzender konnte es ja nicht sein, sie kehrten nur zum kleinsten Theile in ihre alten Standquartiere zurück, denn diese waren von den Preußen besetzt, es war auch keine Veranlassung da, um zu jubeln, denn der Sieg hatte ihnen den Rücken gewendet, — und die Selbstständigkeit des Vaterlandes war doch in gewissen Puncten verloren gegangen. Der Mensch fügt sich in das Unvermeidliche und es ließ sich eben Nichts mehr thun. Ueberall wurden die heimkehrenden Truppen festlich bewirthet, jeder Soldat erhielt Braten und Wein von Bürgercomitt'es, die deren Empfang feiern wollten, und am anderen Tage gab es Viele, die nicht wußten, wo sie ihr Haupt hinlegen, wo sie einen Bissen Brod hernehmen sollten, denn eine umfassende Beurlaubung trat ein. Es scheint uns hier ganz der Ort zu sein, um über das frühere sächsische Militairwesen zu sprechen und über dasselbe den Stab zu brechen. Grundsatz desselben war, möglichste Ersparniß, selbst auf Kosten der Tüchtigkeit der Truppen, welchem unseligen System erst der Kriegsminister von Rabenhorst, soweit es in seiner Macht lag, ein Ende machte. Sachsen war, und konnte kein Militairstaat sein, denn die zweite Kammer mäkelte namentlich an jedem Groschen, der für Soldaten ausgegeben wurde, und es gab Abgeordnete, die vielleicht zeitlebens mit der Feder in der Hand, als Advocaten ihr Brod verdient hatten, bei jeder auswärtigen Expedition für Fuhrwerk — das waren aber Schusters Rappen — ihre eignen Stiefel, oder Post= Eisenbahn und Botenwagen Extrapost pro Meile mit 2 Thlr. berechneten — und dann in der Kammer darüber raisonnirten, wenn der Remontepreis erhöht werden mußte, — noch besser, da es in Folge des unseligen Stellvertretungssystems wohl keinen Landtagsabgeordneten gab, der einen Sohn als „Gemeinen" im Heere hatte, so fanden diese, außer vom Ministertische aus, nur wenig Vertretung; die Herren glaubten eben genug gethan zu haben, wenn sie die nöthigsten Steuern zum nothdürftigen Unterhalt des Heeres bewilligten, und Alles zur Sprache brachten, was irgend im Einzelnen gethan, um Ehre

und Reputation der Armee herabzuziehen. Dafür könnten wir
Hunderte von Beispielen anführen. Der Advocat, der die Leute
bis auf das Blut aussaugte, sich nicht scheute, den Familienvater
von Frau und Kind wegholen zu lassen, weil er einen Wechsel
nicht zahlen konnte, der es einsah, daß auf solchem Wege jene
hungern müßten, that dies dennoch, unter dem Schutze der Gesetze, ganz ungescheut, er, der seinen jüngeren Schreibern nur so
viel gab, daß sie darben oder stehlen mußten, der also von
Nächstenliebe keine Spur hatte, derselbe hielt in den Kammern
glühende Reden über schlechte Behandlung der Soldaten seiten
ihrer Vorgesetzten, und es war ihm ein wahrer Jubel, wenn er
nachzuweisen vermochte, daß auf dem oder jenem Exercierplatze
ein Rekrut eine ungesetzliche Ohrfeige vom Unteroffizier erhalten
hatte, und letzterer seiner Ansicht nach nicht sofort gehängt worden
war! Wahrlich — Tausende von Rekruten sind das erstemal
mit Sie angeredet worden, wenn sie den bunten Rock erhalten,
denn der Bauer, — ich wollte schreiben „Landwirth oder Oeconom"
spricht seine Knechte — nennen wir sie Gehülfen, wie sich ja
die Verwalter der Güter jetzt „Inspectoren" tituliren — nur mit
Du an. Abgesehen von alledem gehen wir jetzt zu Thatsachen
über, wie sie sich durch das wirklich unglückliche Militairsystem
herausstellten, das zwar dem Staate viel Geld ersparte, dem Einzelnen aber, namentlich dem Unbemittelten, denn nur solche dienten
als Soldaten, die allerhärtesten Opfer auferlegte. Betrachten
wir dies näher. Wenn der Soldat ausgehoben war, d. h. wenn
er nicht dreihundert Thaler hatte, um seine Knochen in Sicherheit
zu bringen vor feindlichen Kugeln und Säbelhieben, und dieses
Geschäft einem Anderen überließ, so hatte er von dem Augenblicke
seiner Aushebung bis zur Einstellung in der Regel drei bis vier
Monate zu warten. Viele fanden in dieser Zeit keine Arbeit
mehr; der Meister dachte, muß der einmal fort, so siehst du dich
bei Zeiten nach einem Anderen um, lohnte ihn ab, und es blieb
ihm dann Nichts übrig, als in den Dienst zu gehen. Traf er
bei seinem Truppentheile ein, so wurde er als Arbeitsloser auch
nicht mit freundlichem Gesicht empfangen, denn er fiel seiner

Compagnie, Schwadron oder Batterie zur Last, weil diese einen Unteroffizier zu seiner Ausbildung ganz besonders commandiren mußte, dessen Dienst die Uebrigen dann mit zu verrichten hatten. Waren die Recruten ausgebildet, so wurde, in Folge des Beurlaubungssystems, nach 3 Monaten schon ein Theil derselben auf Ordres d. h. bis auf Weiteres beurlaubt und durften, gleich den alten Mannschaften, nach Hause oder dahin, wo sie Arbeit fanden, man behielt nur soviel im Dienste, als man bedurfte, im Winter nicht mehr als die Wachen zu besetzen, und die nöthigen Commandos zu geben, im Frühjahr, Sommer und Herbst mehr, theilweise um sie zu üben, schießen zu lassen oder größere Manövres auszuführen. Es war ganz natürlich, daß man mit diesen Leuten, wenn sie vom Urlaub kamen, stets von vorn zu exerciren anfangen mußte, und daß sie nie recht heimisch bei den Sachen wurden; von den sechs Dienstjahren hatte der Infanterist oft nicht zwei bei der Fahne zugebracht. Das Schlimmste aber war dabei, daß es den Soldaten viel kostete, sie erhielten zwar ein kleines, unzureichendes Wegegeld, nach Meilen berechnet, wenn sie auf Urlaub gingen, aber Nichts, wenn sie einberufen wurden, doch hatten sie ermäßigten Fahrpreis auf den Staatseisenbahnen. Im Frühjahre 1848 wurden die Mannschaften des damaligen dritten Schützenbataillons dreimal einberufen und wieder auf Urlaub geschickt. Man konnte zwar keinen Soldaten zwingen Urlaub zu nehmen, wer es aber verweigerte, wurde mehr oder weniger für einen Mann angesehen, der sein Brod nicht zu verdienen verstehe. Nun sollten nach Zusatz 5 des Friedensartikels 4 bei der Rückkehr nach Sachsen ausgedehnte Beurlaubungen bis zur Reorganisation eintreten. Jeder Soldat hätte gewiß sehr gern einige Tage in der Heimath bei den Seinigen zugebracht, aber auf Urlaub geschickt zu werden, wo er weder Löhnung noch Brod erhielt, auf seiner Hände Arbeit angewiesen zu sein, wo es in Folge des Krieges keine Arbeit gab, Handel und Wandel stockten, und darniederlagen, das war gewiß eine schlechte Belohnung für so treu geleistete Dienste. Daß die ganze Armee unter preußisches Obercommando kam, also unter

das des siegreichen Gegners, sobald sie die Grenzen des Vaterlandes überschritten hatte, war eben auch keine angenehme Aussicht,
daß sie auf preußischen Fuß eingerichtet werden sollte, auch keine
besondere Freude. — Doch in das Unvermeidliche muß man sich
zu fügen wissen, solche Gedanken trübten wohl die Freude, das
theure Vaterland wieder zu sehen, ganz zu dämpfen vermochten sie
dieselbe aber nicht. Nach Dresden kehrte vor der Hand nur die
Leibbrigade und eine Schwadron Gardereiter zurück. Dresden
hatte demnach eine gemischte Garnison; Gouverneur war der
preußische Generalleutnant von Bonin, Commandant der Königlich
sächsische Generalleutnant Freiherr von Hausen, die Preußen bezogen die Alt- und Neustädter Hauptwache und besetzten die
Schanzen, die Sachsen hingegen gaben die Schloßwachen. Bautzen,
Leipzig, Chemnitz, Meißen, Großenhain und Pirna blieben vor
der Hand von den Preußen besetzt.

Gegen Abend des 20. Octobers langte der König Johann
und dessen hohe Gemahlin in Pillnitz an, wo sich die Landescommission und viele Andere auf dem Perron des Wasserpalais
zu deren Empfang aufgestellt hatten. Um 5 Uhr verließ der
König den Eisenbahnwagen, der ihn von Teplitz hierher gebracht
hatte, bestieg seine Gondel und wurde von den am anderen Ufer
Versammelten mit lautem Freudengeschrei begrüßt, das er von
der Gondel aus durch huldvolles Winken mit der Hand beantwortete. Auf der großen Freitreppe standen die Königin Wittwe
und die Prinzessin Amalie, welche in Dresden zurückgeblieben
waren und begrüßten den König und die Königin zuerst, als
diese aus der Gondel stiegen. Eine weißgekleidete Jungfrau überreichte dem König einen Blumenstrauß zum Willkommen in der
Heimath, die Sachsenhymne erklang, und durch die dichte Menschenmenge begab sich der König in das Schloß seiner Väter. Es
konnte, bei der großen Liebe und Anhänglichkeit, welche der König
Johann im ganzen Lande genießt, nicht fehlen, daß Beglück-
wünschungsdeputationen aus den verschiedensten Corporationen sich
in den nächsten Tagen nach Pillnitz begaben — ein allgemeines
Freudenfest zu feiern, ging bei dem Ernst der Zeiten doch nicht

gut, Sachsen hatte zu viel gelitten, es waren ihm zu tiefe Wunden geschlagen worden, die jetzt kaum verbunden, vielleicht erst in Jahren geheilt sein werden. Die Anreden der Deputationen drückten die treue Liebe für den König aus, die selbst in den ernstesten Zeiten im Allgemeinen nicht geschwankt hatte. Verräther gab es unter den Sachsen wohl gar keine, nur einzelne Schwach- und Dummköpfe, welche während des Krieges, gleich Wetterfahnen den Mantel nach dem Winde gedreht hatten. Mit der Rückkehr des Königs erlosch natürlich der Auftrag der Landescommission, er ergriff die Zügel der Regierung selbst wieder, nachdem er diese aufgelöst, und deren Mitgliedern seinen Dank ausgesprochen hatte. Generallieutnant von Engel wurde von ihm zum General der Cavalerie ernannt.

Als am 3. November die Leibbrigade die Schloßwache wieder bezogen, die Stadt sich festlich geschmückt hatte, alle Bewohner sich nach den Straßen drängten, welche Ihre Majestäten passiren mußten, um nach dem Schlosse zu gelangen, da kehrten diese von Pillnitz, nach so langer Abwesenheit, wieder nach Dresden zurück. Unter dem Jubel der Bevölkerung fuhren die Majestäten im offnen Wagen durch die Pirnaische Straße, Landhausstraße, über den Neumarkt, Augustusstraße, das Georgenthor in die Haupteinfahrt des Königlichen Schlosses. — Sehr schön war die Antwort, welche der König dem ihn begrüßenden Superintendent Dr. Kohlschütter von Dresden gab; er sagte:

„Gerade zwanzig Wochen sind es heute, daß Ich diese Stadt verließ. Seitdem sind schwere Prüfungen über Mich ergangen. Das Band aber, das Mich mit Meinem lieben Sachsen verband, ist nicht nur unerschüttert geblieben, sondern durch die gegenseitig ertragene Noth ist das Band der Liebe womöglich noch inniger geworden. Und so sage Ich mit dem altbewährten Spruche: Gott hat geholfen, Gott hilft noch, Gott wird weiter helfen!"

Zwanzig Wochen — ja zwanzig schwere Wochen waren vorüber, die unendlich viel Blut und Thränen gekostet hatten,

zwanzig Wochen, in denen sich das schöne Sachsenland in der
Gewalt der Gegner befand, die siegreich bis Wien vorgebrungen
waren, zwanzig Wochen, in denen man nicht wußte, ob der
Name Sachsen gänzlich verschwinden, und das Land zur preußischen Provinz werden würde, zwanzig Wochen, in denen es
höchst ungewiß war, ob unser König je zurückkehren könne! —
Nun wohl dürfen wir ihm — wenn wir auch viel verloren
haben — aus vollem Herzen beistimmen, wenn er sagte: „Gott
hat geholfen, Gott hilft noch, Gott wird weiter helfen!"

Blicken wir jetzt auf das sächsische, mit der Eisenbahn aus
Oesterreich zurückgekommene Heer, das, in seinen neuen Garni-
sonstädten auf das Festlichste empfangen, einer gründlichen Neugestaltung unterworfen war, da es das 12. norddeutsche Bundesarmeecorps zu bilden bestimmt war, dessen Feldherrn, dem König
von Preußen, der Eid der Treue zu schwören ist. Armeecorps-
commandant blieb der Kronprinz Albert. Die vier Infanteriebrigaden blieben als solche, nur wurde jede derselben in 2 Regimenter getheilt, deren erstes allemal den Namen fortführte,
welchen die Brigade früher gehabt hatte. Die Regimenter
fangen als norddeutsche Bundestruppen mit der Nummer 100
an und hießen nunmehr und folgten sich wie nachstehend: Leib-
grenadierregiment, König Johann von Sachsen, Nr. 100; 2.
Grenadierregiment Nr. 101 — es war dies die frühere Leibbrigade, die aber, wie jede andere, um 2 Bataillone verstärkt
worden war, da jedes Regiment 3, mithin die Brigade 6 Bataillone anstatt der früheren 4 zählte; sie heißt als solche jetzt
die 1. Infanteriebrigade Nr. 45 — letztere Nummer ist die,
welche sie im norddeutschen Bundesheere führt. Die 2. Infanteriebrigade, Kronprinz, ist aus der gleichnamigen früheren
gebildet, und besteht jetzt aus dem 3. Infanterieregimente, Kronprinz, Nr. 102, und dem 4. Infanterieregimente, Nr. 103.
Die 3. Infanteriebrigade ist aus der 2., Prinz Friedrich August
— im Lande im Allgemeinen immer noch unter dem Namen
„Prinz Max" bekannt — formirt worden; zu ihr gehören: das
5. Infanterieregiment, Prinz Friedrich August, Nr. 104, und

das 6. Infanterieregiment, Nr. 105. Die 4. Infanteriebrigade, Nr. 48, wird aus dem 7. Infanterieregimente, Prinz Georg, Nr. 106, und dem 8. Infanterieregimente, Nr. 107, gebildet, und ist aus der früheren dritten Infanteriebrigade, Prinz Georg, entstanden.

Die Jägerbrigade erlitt eine andere Umwandlung: aus dem 2. und 4. Jägerbataillon wurde ein drei Bataillone starkes Schützen(Füsilier)regiment Nr. 108 gebildet, während das 1. und 3. Jägerbataillon blieben. In Folge dieser neuen Formirung wurde die Infanterie von 20 auf 29 Bataillone erhöht.

— Die Infanterie ganz auf preußischem Fuße einzurichten, wurde zuerst ein Lehrbataillon gebildet, wo unter Leitung preußischer Offiziere und Unteroffiziere, sächsische Offiziere und Unteroffiziere die preußischen Exercitien erlernten und mit dem Zündnadelgewehre ausgebildet wurden, was, an Stelle der bisher geführten, österreichischen gezogenen Gewehre, ihre Bewaffnung ward. Die preußischen Militairzeitungen sprachen sich außerordentlich günstig über die Leistungen der sächsischen Unteroffiziere aus, was aber mehr ist: der König Wilhelm von Preußen, der, was gar nicht zu leugnen, das Soldatenhandwerk aus dem Grunde versteht, war, nachdem er das Bataillon bei seiner Anwesenheit in Dresden besichtigt hatte, vollständig zufrieden gestellt. Nun ging das Bataillon auseinander; den verschiedenen Regimentern, zu welchen die Commandirten gehört hatten, lehrten sie das Erlernte, und in sehr kurzer Zeit war die gesammte Infanterie nach preußischem Muster eingeübt. War man mit einer Abtheilung fertig, so wurde eine andere zum Dienste einberufen — und so ging es, so geht es jetzt noch fort. Auch die Uniform ward vollständig verändert. Bei den Infanterieregimentern, mit Ausnahme der Schützen und Jäger, kam der Tzacko in Wegfall, und an Stelle desselben ward eine niedrige Pickelhaube eingeführt, die bei dem 1. und 2. Grenadierregimente mit einem schwarzen Roßschweife zu Paraden verziert ist. Auch die Uniform ward verändert, nur der Schnitt beibehalten. Die Waffenröcke der Linieninfanterie wurden dunkelblau mit rothem Vorstoß,

Kragen, Aufschlägen und gelben Knöpfen, auf den dunkelblauen Achselklappen entweder die Nummer des Regiments, die es im norddeutschen Bundesheere annimmt, oder der Namenszug des Inhabers in Spiegelschrift von gelber Soutage aufgenäht. Die Beinkleider wurden grau, mit rothem Vorstoß. Am Seiten-gewehrkuppel erhielt das Schloß eine silberne Krone mit der Umschrift: providentia memor — „die Vorsicht wacht." Auf den ersten Blick ist demnach ein sächsischer Infanterist von einem preußischen kaum zu unterscheiden. — Die Grababzeichen der Offiziere wurden ganz nach preußischem Muster eingerichtet; sie verloren, je nach ihrem Range, einen Stern aus den Epaulettes, da sie bisher einen mehr hatten, z. B. der sächsische Hauptmann drei, der preußische nur 2; jene wurden von silberner Treffe mit goldenem Kranze, mit Namenszug oder Nummer des Regiments in Gold, verziert. Auch erhielten sie sämmtlich silberne Feld-binden mit grüner Füllung als Dienstzeichen. Das 1. Leib-grenadierregiment Nr. 100 erhielt weiße, die Offiziere silberne Litzen an Kragen und Aufschlägen. Bei den Unteroffizieren kam die Charge der Corporale in Wegfall, und wurden diese „Unter-offiziere" genannt. Die Abzeichnung änderte sich auch. Die früheren Vicecorporale, jetzt Gefreiten, erhielten einen Wappen-knopf an jeder Seite des Kragens, die übrigen Unteroffiziere, Sergeanten und Feldwebel eine goldne Treffe um Kragen und Aufschläge, die Sergeanten und Feldwebel außerdem große Wappenknöpfe an jeder Seite des Kragens. Die Musik, Hor-nisten und Tamboure verloren die Epauletten, und erhielten an Stelle derselben sogenannte Schwalbennester.

Die Reiterei ging aber auch einer großen Umwandlung ent-gegen. Jedes Regiment commandirte vorerst Offiziere und Unteroffiziere in preußische, um das Reglement, namentlich das Lanzenexerciren zu erlernen. Als dies geschehen war, mußte jedes der 4 Reiterregimenter eine Schwadron zur Bildung von zwei sächsischen Ulanenregimentern abgeben, welche mit Lanzen bewaffnet wurden. Die Reiterei bildete nunmehr zwei Brigaden, die 1. Cavaleriebrigade Nr. 23, bestehend aus dem Garbereiter-, dem 1. Reiterregiment Kronprinz, und dem 1. Ulanenregiment Nr. 17; die 2. Cavaleriebrigade Nr. 24 wird gebildet vom 2. und 3. Reiter- und dem 2. Ulanenregiment Nr. 18. Die Uniform der alten Reiterregimenter blieb im Allgemeinen unverändert, nur daß sie einen niedrigeren Helm erhielten, welcher eine Raupe hat, wie sie bis 1849 auch getragen wurde; die Adjutanten haben keine Patrontaschen mehr, sondern tragen eine Feldbinde von der rechten Schulter nach der linken Hüfte.

Ulanen hatten wir bisher gar nicht; denn das einzige Regiment, welches 1811 errichtet worden, wurde 1820 wieder aufgelöst. Die Preußen legen aber großen Werth auf die Lanze; sie haben selbst 3 Regimenter, welche zur Garde, und 16, welche zur Linie gehören. Diese Ulanen erhielten hellblaue Waffenröcke mit weißem Vorstoß, dunkelrothem Kragen, Aufschlag und Rabatten, das erste weiße Litzen und Tzacko, das zweite beide dunkelroth. Sie tragen hellblaue Beinkleider, Mannschaften und Unteroffiziere mit breitem rothem Streifen, die Offiziere mit weißem Vorstoß, und eben solche Streifen auf beiden Seiten neben demselben. Am Tzacko befinden sich silberne, bei den Mannschaften weiße Fangschnüre, und ein weißer, bei den Trompetern, welche Schwalbennester führen — rothe hängende Roßhaarstutze. Bei der Artillerie blieb die Uniform unverändert, doch erhielt sie statt der bisherigen Tzackos, Helme mit einem Knopf anstatt der Spitze, die reitende ebensolche mit schwarzem Roßhaarbusch, — auch tragen sämmtliche Offiziere Feldbinden. Die frühere Eintheilung in Brigaden fiel weg, das Artilleriecorps zerfällt in das Feldartillerieregiment Nr. 12 und in das Festungsartillerieregiment Nr. 12. Ersteres besteht aus 3 Fuß- und 1 reitenden Abtheilung, erstere haben 14 — letztere 2 Batterien, zusammen deren 16. Die Pionierabtheilung wird in ein Bataillon zu drei Compagnien eingetheilt, behielt die bisherige Uniform bei, jedoch mit Knöpfen und Abzeichnung in Silber, die Offiziere silberne Litzen am Kragen. Auch die beiden Jägerbataillone erhielten anstatt der goldenen Knöpfe und Litzen dergleichen in Silber, und gleich dem Schützenregimente schwarze Roßhaarbüsche am Tzacko.

— Auch die Generalität trug Helme mit weißem Federbusch. So war denn aus der 1. Division des 9. deutschen Armeecorps das ganze 12. norddeutsche Armeecorps in verhältnißmäßig sehr kurzer Zeit gebildet worden; die allgemeine Wehrpflicht — und auch die Landwehr wurde eingeführt, — letztere ist natürlich erst in der Formirung begriffen, und ist Sachsen vorläufig in 4 Landwehrbezirke eingetheilt, in denen je ein Landwehrmajor befehligt. —

In Berlin hatten die Siege der preußischen Armee ihren Höhepunct mit dem Einzuge der nach dem Frieden zurückkehrenden Garde und eines Theiles des 3. Armeecorps erreicht, deren Truppen mit dem Bande des von dem König Wilhelm gestifteten Erinnerungskreuzes an den Feldzug 1866 geschmückt heimkehrten, da dieses selbst nicht fertig geworden war. Der Einzug erfolgte durch das Brandenburger Thor, die Linden hinab nach dem Schlosse, unter Zuströmen einer unzählbaren Menschenmasse. Die Truppen wurden festlich gespeist, und es hatten sich Committee's gebildet, welche für deren Vergnügen sorgten.

In Dresden berief König Johann in wenigen Tagen die Landstände beider Kammern für eine kurze Zeit ein. Es wurde diesen namentlich der Friedensschluß mit Preußen vorgelegt, die einzelnen Puncte berathen und dann der Regierung ihre Beistimmung gegeben, was auch das Einzige war, was sich thun ließ. — Günstigere Bedingungen zu erzielen, war eben unmöglich, und so mußte man sich in das Unvermeidliche fügen. Das ist gar nicht zu läugnen, daß die sächsischen Kammern viel von ihrer bisherigen Bedeutung verloren haben, da sie über das Militairbudget gar nicht mehr zu berathen — nichts mehr zu verweigern oder zu verwilligen haben, — ebensowenig über das Telegraphenwesen. Schmerzlich mochten dies viele Abgeordnete fühlen, die ihr Vergnügen darin fanden, dem Militair jeden Pfennig abzuzwacken, ja es für eine ziemlich, wenn nicht vollständig überflüssige Einrichtung hielten, die sich durch eine viel billigere Volkswehr ersetzen ließe. Diese Idee einer Volkswehr hatte sich vor dem Kriege in vieler Leute Köpfen festgesetzt. Sie glaubten, wenn

recht geturnt, Scheibe geschossen, mitunter exercirt würde, das
Volk in Bataillone eingetheilt sei, seine Offiziere, welche beson=
derer militairischer Kenntnisse nicht bedürften, ein Heer zu haben,
das allen Anforderungen schon durch seine Vaterlandsliebe ge=
nügen würde. So thörichte Ansichten hörte man oft von Leuten,
denen man es kaum zugetraut hätte, von Leuten, die in anderer
Weise auf Gesetz und Ordnung hielten, und denen hier die Dis=
ciplin, ohne welche ein Heer gar nicht bestehen kann, in ihrer
jetzigen Form als ein Unding erschien. Nun, sie haben Gelegenheit
gehabt, sich bei Gelegenheit der Durchmärsche zu überzeugen, daß
zu einem Kriegsheere Dinge gehören, die ein Volksheer schwerlich
haben kann und wird, — nächst Subordination und Disciplin,
eine gute und tüchtige Einübung der Soldaten. Im Uebrigen
ist ja, wenn auch in etwas anderem Sinne, der Herren Wunsch
in Erfüllung gegangen, denn jetzt haben wir ein wirkliches
„Volksheer“, denn Jeder muß Soldat werden, aber ordentlich,
nicht bloß zum Spaße. —

Die Abgesandten der norddeutschen Bundesländer tagten nun
in Berlin, um den Verfassungsentwurf zum künftigen Reichstage
auszuarbeiten; es war also dem Grafen Bismark wirklich
ein Ernst damit. In Sachsen wurde nun Seiten der Obrig=
keiten mit den Arbeiten begonnen, die Wahllisten aufzustellen,
welche als um so umfänglichere erscheinen mußten, als eben jeder
unbescholtene Mann von 25 Jahren darin aufzuführen war. Nun kamen
aber auch die Wahlagitationen. Hier und da traten Männer
auf, welche nach Berlin gewählt sein wollten, oder wurden von
ihrer Partei dazu vorgeschlagen. In Zeitungen legten sie ihr
politisches Glaubensbekenntniß ab, oder hielten Volksversamm=
lungen, in denen ein Gleiches geschah. Da die Wahlen ganz
unbeschränkt waren, so war es auch durchaus nicht nöthig, daß
der Gewählte aus dem Bezirke seiner Wähler sei, und so wurde
es z. B. möglich, daß der Dresdner Advocat Schraps auf den
Reichstag abgeordnet werden konnte. Zwar wäre dies von Dresden
aus nicht geschehen; doch er suchte sich seine Wähler in der Zwickauer
Gegend, und siehe da, er ward auf diese Weise Reichstagsabge=

Kriegsbilder. 15. Lief. 30

rdneter. Von seinem parlamentarischen Wirken werden wir
später sprechen. Die beiden Hauptparteien, die demokratische
und die conservative stellten jede ihren Candidaten auf, und es
kam nur darauf an, welche die stärkere war, um den einen oder
den anderen durchzubringen. Im Uebrigen kam es bei diesen
Wahlen eigentlich durchaus nicht auf solche Parteistandpuncte
an, — man wußte vorher, daß dem Reichstage die unter dem Grafen
Bismark ausgearbeitete Verfassung des norddeutschen Bundes zur
Begutachtung und Genehmigung vorgelegt werden würde, daß von
einer Aenderung der Bestimmungen derselben in wesentlichen
Dingen kaum die Rede sein würde, daß ein gänzliches Zurück-
weisen aber unbedingt die Auflösung des Reichstages selbst zur
Folge haben und dann eine Verfassung octroirt werden würde.
Daß die wenigen Sachsen, welche nach Berlin geschickt wurden,
einen entscheidenden Einfluß gar nicht, einen wesentlichen wohl
kaum ausüben würden, das ließ sich im Voraus denken. Endlich
erschien denn das Wahlmanifest — und der große Wahltag selbst.
— Alles betheiligte sich daran, die Stimmzettel waren ausgegeben
und von den Wählern ausgefüllt worden, und wurden nun in
die Urnen der Wahlcommissare gelegt, und dann ausgezählt, ein
Geschäft, das etwas Zeit wegnahm. In Sachsen konnten wir,
bis auf wenige Ausnahmen, mit den Ergebnissen der Wahlen
sehr zufrieden sein, man hatte fast nur politisch gereifte Männer,
und solche, welche die Welt kannten, gewählt.

Sonntag am 24. Februar Mittags 1 Uhr waren sämmtliche
Reichstagsabgeordnete des norddeutschen Bundes im weißen Saale
zu Berlin versammelt, wo der König Wilhelm, umgeben von
seinem Hofstaat und den Prinzen des Hauses den Reichstag mit
folgenden Worten eröffnete:

„Erlauchte, edle und geehrte Herren vom Reichstage des
norddeutschen Bundes! Es ist ein erhabener Augenblick, in
welchem Ich in Ihre Mitte trete, mächtige Ereignisse haben ihn
herbeigeführt, große Hoffnungen knüpfen sich an denselben. Daß
es Mir vergönnt ist, in Gemeinschaft mit einer Versammlung,
wie sie seit Jahrhunderten keinen deutschen Fürsten umgeben hat,

diesen Hoffnungen Ausdruck zu geben, dafür danke Ich der gött-
lichen Vorsehung, welche Deutschland dem von seinem Volke er-
sehnten Ziele auf Wegen zuführt, die wir nicht wählen oder
voraussehen konnten. Im Vertrauen auf diese Führung werden wir
jenes Ziel um so früher erreichen, je klarer wir die Ursachen,
welche uns und unsere Vorfahren davon entfernt haben, im
Rückblick auf die Geschichte Deutschlands erkennen. Einst mächtig,
groß und geehrt, weil einig und von starken Händen geleitet,
sank das deutsche Reich nicht ohne Mitschuld von Haupt und
Gliedern in Zerrissenheit und Ohnmacht. Des Gewichtes im
Rathe Europa's, des Einflusses auf die eigenen Geschicke be-
raubt, ward Deutschland zur Wahlstatt der Kämpfe fremder
Mächte, für welche es das Blut seiner Kinder, die Schlachtfelder
und die Kampfpreise hergab. Niemals aber hat die Sehnsucht
des deutschen Volkes nach seinen verlorenen Gütern aufgehört,
und die Geschichte unserer Zeit ist erfüllt von den Bestrebungen,
Deutschland und dem deutschen Volke die Größe seiner Vergangenheit wieder zu erringen. Wenn diese Bestrebungen bisher nicht
zum Ziele geführt, wenn sie die Zerrissenheit, anstatt sie zu heilen,
nur gesteigert haben, weil man sich durch Hoffnungen oder Erinnerungen über den Werth der Gegenwart, durch Ideale über
die Bedeutung der Thatsachen täuschen ließ, so erkennen wir daher
die Nothwendigkeit, die Einigung des deutschen Volkes an der
Hand der Thatsachen zu suchen, und nicht wieder das Erreichbare dem Wünschenswerthen zu opfern. In diesem Sinne haben
die verbündeten Regierungen, im Anschlusse an gewohnte frühere
Verhältnisse, sich über eine Anzahl bestimmter und begrenzter,
aber practisch bedeutsamer Einrichtungen verständigt, welche
ebenso im Bereiche der unmittelbaren Möglichkeit, als des
zweifellosen Bedürfnisses liegen. Der Ihnen vorzulegende
Verfassungsentwurf muthet der Selbstständigkeit der einzelnen
Staaten zu Gunsten der Gesammtheit nur diejenigen Opfer
zu, welche unentbehrlich sind, um den Frieden zu schützen, die
Sicherheit des Bundesgebietes und die Entwickelung der Wohlfahrt seiner Bewohner zu gewährleisten. Meinen hohen Ver-

bündeten habe Ich für die Bereitwilligkeit zu danken, mit welcher sie den Bedürfnissen des gemeinsamen Vaterlandes entgegengekommen sind. Ich spreche diesen Dank in dem Bewußtsein
aus, daß Ich zu derselben Hingebung für das Gesammtwohl
Deutschlands auch dann bereit gewesen sein würde, wenn die
Vorsehung Mich nicht an die Spitze des mächtigsten, und deshalb zur Leitung des Gemeinwesens berufenen, Bundesstaates
gestellt hätte. Als Erbe der preußischen Krone aber fühle Ich
Mich stark in dem Bewußtsein, daß alle Erfolge Preußens zugleich Stufen zur Wiederherstellung und Erhöhung der deutschen
Macht und Ehre geworden sind. Ungeachtet des allgemeinen
Entgegenkommens, und obschon die gewaltigen Ereignisse des
letzten Jahres die Unentbehrlichkeit einer Neubildung der deutschen Verfassung zu allseitiger Ueberzeugung gebracht, und die
Gemüther für die Annahme derselben empfänglicher gemacht hatten,
als sie früher waren und später vielleicht wiederum sein würden,
haben wir doch in den Verhandlungen von Neuem die Schwere
der Aufgabe empfunden, eine volle Uebereinstimmung so vieler
unabhängiger Regierungen zu erzielen, welche bei ihren Zugeständnissen obenein die Stimmungen ihrer Landstände zu beachten
haben. Je mehr Sie, Meine Herren, sich diese Schwierigkeiten
vergegenwärtigen, um so mehr werden Sie, davon bin Ich überzeugt, bei Prüfung des Verfassungsentwurfes, die schwer wie-
gende Verantwortung für die Gefahren im Auge behalten, welche
für die friedliche und gesetzmäßige Durchführung des begonnenen
Werkes entstehen könnten, wenn das für die jetzigen Vorlagen
hergestellte Einverständniß der Regierungen, für die vom Reichstage begehrten Aenderungen nicht wieder gewonnen würde. Heute
kommt es vor Allem darauf an, den günstigen Moment zur Errichtung des Gebäudes nicht zu versäumen; der vollendete Ausbau desselben kann alsdann getrost dem ferneren vereinten
Wirken der deutschen Fürsten und Volksstämme überlassen bleiben. — Die Ordnung der nationalen Beziehungen des norddeutschen Bundes zu unseren Landsleuten im Süden des Mains,
ist durch die Friedenschlüsse des vergangenen Jahres dem freien

Uebereinkommen beider Theile anheimgestellt. Zur Herbei-
führung dieses Einverständnisses wird unsere Hand den süddeutschen Brüdern offen und entgegenkommend dargereicht werden,
sobald der norddeutsche Bund in Feststellung seiner Verfassung
weit genug vorgeschritten sein wird, um zur Abschließung von
Verträgen befähigt zu sein. Die Erhaltung des Zollvereins, die
gemeinsame Pflege der Volkswirthschaft, die gemeinsame Verbürgung für die Sicherheit des deutschen Gebietes, werden Grundbedingungen der Verständigung bilden, welche voraussichtlich von
beiden Seiten angestrebt werden. Wie die Richtung des deutschen Geistes im Allgemeinen dem Frieden und seinen Arbeiten
zugewandt ist, so wird die Bundesgenossenschaft der deutschen
Staaten wesentlich einen defensiven Character tragen. Keine
feindliche Tendenz gegen unsere Nachbarn, kein Streben nach
Eroberung hat die deutsche Bewegung der letzten Jahrzehnte
getragen, sondern lediglich das Bedürfniß, den weiten Gebieten
von den Alpen bis zum Meere die Grundbedingungen des staatlichen Gedeihens zu gewähren, welche ihnen der Entwickelungs-
gang früherer Jahrhunderte verkümmert hat. Nur zur Abwehr,
nicht zum Angriff einigen sich die deutschen Stämme, und daß
ihre Verbrüderung auch von ihren Nachbarvölkern in diesem
Sinne aufgefaßt wird, beweist die wohlwollende Haltung der
mächtigsten europäischen Staaten, welche ohne Besorgniß und
ohne Mißgunst Deutschland von denselben Vortheilen eines großen Gemeinwesens Besitz ergreifen sehen, deren sie sich ihrerseits
seit Jahrhunderten erfreuen. Nur von uns, von unserer Einigkeit, von unserer Vaterlandsliebe, hängt es daher in diesem
Augenblicke ab, dem gesammten Deutschland die Bürgschaften
einer Zukunft zu sichern, in welcher es, frei von der Gefahr,
wieder in die Zerrissenheit und Ohnmacht zu verfallen, nach
eigener Selbstbestimmung seine verfassungsmäßige Entwickelung
und seine Wohlfahrt zu pflegen, und in dem Rathe der Völker
seinen friedliebenden Beruf zu erfüllen vermag.

Ich hege das Vertrauen zu Gott, daß die Nachwelt, im
Rückblick auf unsre gemeinsamen Arbeiten, nicht sagen werde,

die Erfahrungen der früher mißlungenen Versuche seien ohne Nutzen für das deutsche Volk geblieben; daß vielmehr unsre Kinder mit Dank auf diesen Reichstag, als den Begründer der deutschen Einheit, Freiheit und Macht, zurückblicken werden. Meine Herren, ganz Deutschland, auch über die Grenzen unseres Bundes hinaus, harrt der Entscheidungen, die hier getroffen werden sollen. Möge durch unser gemeinsames Werk der Traum von Jahrhunderten, das Sehnen und Ringen der jüngsten Geschlechter, der Erfüllung entgegengeführt werden!

Im Namen aller verbündeten Regierungen, im Namen Deutschlands, fordere Ich Sie vertrauensvoll auf: Helfen Sie uns die große nationale Arbeit rasch und sicher durchführen. Der Segen Gottes aber, an welchem Alles gelegen ist, begleite und fördere das nationale Werk!"

Es konnte nicht fehlen, daß diese sehr klare und deutliche Rede bei den verschiedenen Reichstagsdeputirten auch sehr verschiedene Empfindungen hervorrufen mußte. Das fühlten wohl alle, daß ein siegreicher Fürst, ein Fürst, der mit Hülfe seines Heeres soeben das mächtige Oesterreich niedergeworfen hatte, sich nicht durch schöne Reden werde von seinen einmal gefaßten Plänen abbringen lassen; ebenso fühlten sie aber auch, daß er die Zustimmung des norddeutschen Volkes zur ferneren Neugestaltung Deutschlands wünsche, und sich deshalb vertrauensvoll an die Vertreter des Volkes wende. Der Erfolg hat bisher gezeigt, daß er den richtigen Weg gegangen ist, und so manches Opfer wir Sachsen bringen müssen, so steht es doch fest, daß nur der Mächtigste im Stande ist, das Oberhaupt eines Staatenbundes zu sein, der, welcher allein ihn vor dem Verfalle zu schützen vermag. Wir haben hierfür sogar die Ansichten eines berühmten Fürsten — des Churfürsten Friedrich des Weisen — für uns. Nach dem Tode des Kaisers Max führte er die Verwaltung Deutschlands, des heiligen römischen Reichs, interimistisch. Die Fürsten desselben trugen ihm die Kaiserkrone an; er aber, wohl einsehend, daß er nicht die Macht haben würde, sie alle unter einen Hut zu bringen, schlug dies aus, und lenkte die

Wahl auf den Enkel des verstorbenen Kaisers, den König Carl von Spanien, der dann als Kaiser Carl V. den Kaiserthron bestieg.

Solche Erfahrungen, solche Beispiele sollten nie verloren gehen. Auch damals war eine bewegte Zeit, und wie jetzt Demokraten und Conservative, standen sich damals Lutheraner und Katholiken gegenüber! Auf dem Reichstage in Berlin hätte eigentlich jede Parteistellung der Abgeordneten gänzlich verschwinden sollen, dennoch geschah dies nicht; einige junge Advocaten konnten es einmal nicht lassen, Reden zu halten, die ohne Zweck waren, Nichts änderten und sie nur zum Gelächter und Gespött machten. Diese Herren denken aber auch, vor ihren Worten müßten Thatsachen verschwinden, Heere ausreißen, und was weiß ich Alles. Diesmal war dies nicht so, und wie werden im Verlaufe unserer Erzählung einige derartige, sehr lächerliche Versuche anführen, darunter leider den eines sächsischen Abgeordneten auch.

Der König von Preußen hatte bereits am 23. Februar dem Grafen Bismarck Folgendes befohlen:

„Ich beauftrage hiermit den Finanzminister, Freiherr von der Heidt, den Kriegs- und Marineminister, General der Infanterie von Roon, den Minister für Handel, Gewerbe und öffentliche Arbeiten, Graf Itzenplitz, den Minister des Innern, Graf Eulenburg, und Meinen wirklichen Geheimen Rath von Savigny, unter Ihrem Vorsitze, in Gemeinschaft mit denjenigen Vertretern, welche von Seiten der übrigen verbündeten Regierungen zu diesem Zwecke werden ernannt werden, die Verhandlungen mit dem Reichstage des norddeutschen Bundes, behufs Feststellung der Bundesverfassung, zu führen, und sehe Ihren Anträgen entgegen für den Fall, daß ein Bedürfniß der Ernennung noch anderer Commissarien eintreten sollte.“

Alterspräsident des Reichstages war der wirkliche Geheime Rath von Frankenberg-Ludwigsdorf, der für den 25. Februar die Constituirung der Versammlung festsetzte.

Schon einmal, 1848, hatten wir einen Reichstag in Frankfurt

am Main, der mehr oder weniger einen revolutionairen Character trug, und dennoch viel zu Deutschlands Größe hätte beitragen können, wenn die Deputirten nur halbwegs einig gewesen wären, oder einen Mann an der Spitze des Reichstags gehabt hätten, der mächtig genug war, ihren Zänkereien ein Ende zu machen. Sie wählten zwar den Erzherzog Johann von Oesterreich zum Reichsverweser — was konnte aber der ohne eine Armee thun, die allein von ihm abhing? Und das ist der große Unterschied zwischen der damaligen und gegenwärtigen Reichsversammlung, daß jene von einer gewissen Parthei des Volkes ins Leben gerufen wurde, während diese ein mächtiger Fürst einberief. Erstere wollte größtentheils eine phantastische deutsche Republik, dieser ein isolirtes, eigentliches norddeutsches Bundesreich. — Damals hatte die Revolution alle Bande gelockert, jetzt sie der letzte Krieg in Preußen nur inniger gemacht. Wohl aber müssen wir den Gefühlen der Churhessen, Hannoveraner, Nassauer und Frankfurter Rechnung tragen — sie sollten hier zu einem Bunde ihre Zustimmung geben, der die Selbstständigkeit ihres Vaterlandes vernichtete! War es denn ein so sehr schweres Verbrechen gewesen, daß ihre Fürsten und Obrigkeiten am alten deutschen Bunde gehangen hatten; ein so großes Verbrechen gegen Preußen, daß diese deren nationale Unabhängigkeit aufhoben und sich incorporirten? Man mag Alles gut heißen, man mag Alles vertheidigen, man mag in der Gründung des norddeutschen Bundes ein ebenso segenswerthes Werk sehen, als im Ausschluß Oesterreichs aus dem deutschen Bunde — das Vertreiben deutscher Fürsten wird man aber nie zu billigen vermögen. Wir geben gern, sehr gern zu, daß Oesterreich mit einer deutschen Bevölkerung von nur 8 Millionen Seelen als Macht in Deutschland nicht die Suprematie oder Oberherrschaft haben konnte. Wir fühlen recht gut, daß das dort herrschende Pfaffenthum uns keinen Segen bringen konnte, aber ein gänzliches Ausschließen Oesterreichs aus dem Bunde, wird für die Zukunft, unserer unmaaßgeblichen Ansicht nach, auch wenig oder gar keinen Nutzen bringen. Selbst bei jetzt so ziemlich gesicherten Grenzen des norddeutschen Bundes, müssen wir uns doch folgende Bemerkungen

Kronprinz Albert.   Johann, König von Sachsen.   Prinz Georg.

erlauben: Preußen ist für die nächsten Jahre, ehe es nicht versteht, die eroberten Provinzen oder deren Bewohner im Herzen
wirklich preußisch zu machen, nicht stärker geworden — sein
Heer wohl zahlreicher, aber nicht zuverlässiger, nicht besser, als
es vor dem Kriege war. Wir wollen in dieser Beziehung
zuerst die Annectirung Hannovers betrachten. In Besitz dieses
Königreichs zu kommen, war von jeher ein Hauptstreben der
Preußen, es ließ sich jedoch früher schwer durchführen, da der Churfürst von Hannover gleichzeitig König von England war. Wie wir
schon früher sagten, hatte im Jahre 1805, während der
Continentalsperre, Preußen dieses Land besetzt, und wollte es nicht
herausgeben, was in dem Feldzuge 1806, zu ihrer Niederlage bei
Jena führte; denn Napoleon verstand keinen Spaß, und wußte
seinen Willen durchzuführen.

Als die Königin Victoria den Thron von England bestieg,
kam der Herzog Ernst August von Cambridge zur Regierung in
Hannover, da hier das salische Gesetz, das auch den Frauen
Regierungsfähigkeit zugesteht, nicht Gültigkeit hatte. Früher lange
im preußischen Militairdienst, richtete er auch die hannöversche
Armee, die bis dahin in gleich luxuriöser Weise, wie die englische
bezahlt und bekleidet war, nach dem knappen preußischen Fuße ein.
Nach seinem Tode folgte ihm der erblindete König Georg der V.
auf den Thron, der natürlich ganz in den Händen seiner Umgebung war, — und diese hatte für Preußen gar keine Sympathien.
Das Antipreußenthum war in Hannover sehr ausgeprägt, und
wie wir jetzt gesehen haben, durchaus nicht ohne Grund. Stellt
man nun jetzt die hannöverschen Soldaten in die preußische Armee
ein, so kann es doch gar nicht fehlen, daß diese nicht mit besonderer Liebe und Anhänglichkeit Preußen dienen werden. Käme
es jetzt zu einem Kriege, so ließe sich wohl nicht unter allen Verhältnissen auf sie zählen. Etwas Anderes ist es mit den Churhessen, die mit ihrem Churfürsten größtentheils sehr unzufrieden
waren und bei dem Aufgehen in Preußen eigentlich nur den
Verlust ihres Namens zu beklagen haben. Was Nassau betrifft,
so waren dort auch immer Differenzen zwischen dem Großherzog

und seinen Kammern, und man wird über die Annectirung nicht
allzubös sein. Am schlimmsten ist sie für die Frankfurter, die mit
einem Male aus dem Althergebrachten gerissen wurden. In
Frankfurt ging es so weit, daß die Soldaten geworben wurden,
kein Bürgerssohn hätte den Waffenrock getragen; und jetzt, — jetzt
muß jeder dienen. Jetzt giebt es dort einjährige, dreijährige
Freiwillige sowie Ausgehobene, ganz nach preußischen Vorschriften.
Daß Preußen durch diese Annexionen einen sehr bedeutenden
Heereszuwachs erhält, liegt auf der Hand. Es hat drei neue
Armeecorps gebildet und ist in Verbindung mit den anderen norddeutschen Staaten jetzt wohl die größte Militairmacht Europas.
Wie wir schon sagten, ist Sachsen dem Namen nach selbstständig
geblieben, und haben wir die Umwandlungen im Heere bereits
geschildert. Kommen wir auf dieses und dessen ruhmreiche Geschichte noch einmal zurück. Die Sachsen waren von je ein
kriegerisches Volk und nähmen, ohne ein stehendes Heer zu bilden,
an allen Kriegen, bis zum dreißigjährigen Theil. Letzteres ward erst
1681 unter dem tapferen Churfürsten Johann Georg III. gegründet, der mit 12000 Mann im Jahre 1683 Wien mit entsetzte, das
von den Türken hart belagert wurde. Die damals eroberten
Trophäen sind noch in der Rüstkammer in Dresden zu sehen.
Wie es zu jener Zeit Sitte—oder eigentlich Unsitte—war, focht man
oft mit den vaterländischen Truppen in fremdem Solde, d. h. sie
wurden in Regimenter formirt und anderen Staaten zur Führung
von deren Kriegen vermiethet. So fochten in den Jahren 1685
bis 1687 dreitausend Mann Infanterie im Solde der Republik
Venedig gegen die Türken auf der Halbinsel Morea, und zeichneten
sich ganz wesentlich aus. Sechstausend Mann standen in Ungarn,
auch fochten 1693 zwölftausend Mann am Rhein. — Unter Johann Georg IV. wurden viele Verbesserungen im Heerwesen vorgenommen; am meisten geschah jedoch in dieser Beziehung unter
dem Churfürsten August dem Starken, welcher sich zum König von
Polen hatte wählen lassen, und in Folge dessen in viele Kämpfe
verwickelt wurde. Er errichtete einen Generalstab, ein Ingenieur-,
sowie ein abliches Cabettencorps, ebenso die rothe Leibgarde, welche

bis 1819 bestand. 1694 bis 1696 focht er mit 12,000 Mann gegen den damaligen Reichsfeind, die Türken, dann aber gegen Carl von Schweden, welcher einen Gegenkönig in Polen eingesetzt hatte. Der Krieg war von vornherein unglücklich, und da die Schweden sogar bis Sachsen vordrangen, legten sie dem Lande fast unerschwingliche Contributionen auf. Der Vertrag von Kötzschenbroda bei Dresden machte diesen traurigen Verhältnissen ein Ende. Auch Churfürst August gab 4 Kürassier- und 6 Infanterieregimenter in kaiserlichen Sold, welche von 1702 bis 1709 gegen Frankreich fochten. Von da ab bis 1713 focht ein sächsisches Reichscontingent unter dem Grafen von Schulenburg in den Niederlanden, während außerdem 16,000 Mann in dem neu ausgebrochenen Kriege gegen Schweden kämpften. Das Heer war zahlreich und schön. Im Jahre 1730 sammelte der Churfürst 30,000 Mann desselben im Lager bei Zeithain, und von dem jetzt noch Wunderdinge erzählt werden; und noch jetzt zeigen vier steinerne Säulen, welchen Raum dasselbe damals eingenommen gehabt. — Unter Churfürst Friedrich August II., welcher als König von Polen König August III. hieß, hatte das Heer viel zu ertragen und mit großem Mißgeschicke zu kämpfen. Es focht erst gegen die Aufständischen in Polen, dann als Reichscontingent gegen Frankreich, und endlich noch zwei Jahre gegen die Türken. Jetzt kam die Zeit, wo Friedrich der Große von Preußen Erbansprüche an Schlesien machte, und die Kriege gegen die Kaiserin Maria Theresia begannen. Die Sachsen verbanden sich mit letzterer, erlitten aber namentlich im zweiten schlesischen Kriege sehr große Verluste, so daß die vorher 51,000 Mann starke Armee nur noch 16,000 zählte. Im Jahre 1758 — also im Anfange des dritten schlesischen oder sogenannten siebenjährigen Krieges — fiel Friedrich der Große plötzlich in Sachsen ein, weil er durch den Verrath eines Kriegscanzlisten, Namens Menzel, erfuhr, daß Sachsen mit Oesterreich ein Bündniß gegen ihn geschlossen hatte, um ihm Schlesien wieder zu entreißen. Die Sachsen waren nicht gerüstet, zogen sich, 12,000 Mann stark, in ein Lager zwischen dem Lilien- und dem Königstein, und wurden dort von den Preußen eingeschlossen, ohne daß die bei Tetschen stehenden Oesterreicher, unter Feldmarschall Brown, einen Versuch machten, sie zu befreien. Es fehlte sowohl an Nahrungsmitteln, als auch an Futter für die Pferde, und schließlich mußte sich die ganze Armee ergeben. Friedrich der Große machte aber keine Kriegsgefangenen aus ihnen, sondern zwang sie ganz einfach, ihm zu dienen, ließ sie aber nicht beisammen, sondern steckte sie in preußische Regimenter. Das sollte ihm aber wenig Nutzen bringen, denn die Sachsen nahmen jede Gelegenheit wahr, um die preußischen Fahnen zu verlassen, suchten nach Ungarn zu kommen, wo bereits im Jahre 1759 sich 10,000 Mann derselben eingefunden und wieder in Regimenter formirt hatten, und fochten nun unter Prinz Xaver im französischen Solde gegen Preußen. Die Reiterei, welche bei dem Ausbruch des Krieges in Polen gestanden hatte und nicht mit gefangen worden war, focht bei den Kaiserlichen, und sie war es namentlich, welche Friedrich dem Großen die Niederlage bei Collin bereitete. Erst nach dem Hubertusburger Frieden 1763 wurde die Armee wieder vereinigt und neu organisirt.

Es mag dies als ein Beweis für das oben Gesagte in Beziehung Hannovers gelten. Versteht Preußen nicht, wie wir schon bemerkten, die Herzen der dortigen Soldaten und Bewohner an sich zu fesseln, so wird es seine Armee durch deren Zuwachs nicht verbessert haben. Bald in einen Krieg verwickelt, der vielleicht eine nur etwas nachtheilige Wendung nähme, würde Preußen wohl sehr viele der annectirten Soldaten in den Reihen des Feindes sehen. Nur ein langer Friede und die Macht der Gewohnheit, das Vernarben der geschlagenen Wunden, Vergessen und Verzeihen, dürften hierin eine Aenderung hervorbringen.

Kriegerisch waren die ersten und mittlern Regierungsjahre des Königs Friedrich August III. Nachdem 1778 der österreichische Erbfolgekrieg ausgebrochen, kämpften die Sachsen mit den Preußen gegen Oesterreich. Der Krieg nahm ein rasches Ende. — Mittlerweile bereitete sich ein welterschütterndes Ereigniß vor. Der Druck der hohen Geistlichkeit und des Adels, die Ver schwendung und der Leichtsinn des Hofes, hatten das französische Volk bis zur Verzweiflung gebracht. Es empörte sich, und die berühmte französische Revolution brach aus, die alle Fugen auseinander riß, und mit Mord und Brand blutig einherschritt. Diese Revolution zu bewältigen, rückten die deutschen Reichstruppen an den Rhein, wo mit abwechselndem Glücke gekämpft wurde, schließlich die Franzosen aber doch Sieger blieben, namentlich da die Preußen, welche einen Einfall in Frankreich selbst gemacht hatten, sich nach der Kanonade von Valmy zurückzogen, und dabei, in Folge des schlechten Wetters, große Verluste erlitten.

In Frankreich war, nebst vielen andern tüchtigen Generalen, ein Mann aufgetaucht, dessen Ruhm bald die Welt mit Furcht und Staunen erfüllte. Es war dies Napoleon Bonaparte, der sich, nach vielen Siegen über die Feinde sowohl, als über die Rebellen, zum Kaiser von Frankreich aufgeschwungen und das deutsche Reich zertheilt hatte. Vergebens stellten sich die von ihm so oft in Italien geschlagenen Oesterreicher, in Verbindung mit den Russen, ihm 1805 entgegen; und um Preußen nicht an diesem Bündnisse Theil nehmen zu lassen, gab er diesem das Königreich Hannover, welches er, da der König von England Churfürst dieses Reiches war, besetzt hatte. Nachdem er den 17. October gegen 80,000 Oesterreicher bei Ulm fast ohne Schwerdtstreich gefangen genommen hatte, rückte er die Donau abwärts, schlug bei Austerlitz die verbündeten Oesterreicher und Russen und dictirte den Frieden von Preßburg, in Folge dessen Kaiser Franz die Würde eines Kaisers von Deutschland, mit der eines Kaisers von Oesterreich vertauschte. Nun errichtete Napoleon den sogenannten Rheinbund, aus den südwestlich gelegenen Staaten Deutschlands bestehend. Neue Königreiche wurden gegründet, unter andern das von Westphalen, wozu Napoleon auch Hannover haben wollte. Das war den Preußen namentlich nicht recht; sie wollten dasselbe nicht herausgeben, verbanden sich deßhalb mit dem wirklichen Herrn desselben, König Georg III. von England, und dem Churfürsten

Friedrich August von Sachsen, um Napoleon aus Deutschland
zu verdrängen. Die Preußen waren voller Siegesgewißheit;
ihnen, den Zöglingen Friedrichs des Großen, konnte es ja gar
nicht fehlen, sie mußten ja siegen; und in ihrem Uebermuthe
verletzten sie sogar ihre Bundesgenossen, die Sachsen, auf das
Empfindlichste. Die Strafe blieb nicht aus: Die Schlacht von
Jena zertrümmerte das preußische Heer. Der Sieg der Franzosen wirkte vernichtend auf die Preußen, vernichtender, wie Königgrätz auf die Oesterreicher. Diese behielten doch ihre
Festungen, die Preußen aber übergaben sie, mit nur wenig Ausnahmen, bei der ersten Aufforderung an den Feind. Bereits am
27. October zog Napoleon als Sieger in Berlin ein, und
ein preußisches Heer existirte nicht mehr! Mit Sachsen schloß
Napoleon rasch Frieden; der Churfürst trat zu dem Rheinbunde
und sein Heer focht an der Seite der Franzosen; er stellte sofort ein
Contingent von 6000 Mann. Die Infanterie zeichnete sich
unter Oberbefehl des Marschalls Lefevre bei Gelegenheit der
Belagerung von Danzig sehr aus, die Reiterei (Leibküraffier-
Garde) aber in der Schlacht von Friedland gegen die verbündeten Russen und Preußen, in solcher Weise, daß ihr Napoleon den Rang seiner Kaisergarde verlieh, und dem Regimente
silberne Trompeten schenkte. Diese silbernen Trompeten führt
dieses — das jetzige Gardereiterregiment — bei festlichen Gelegenheiten, nach Verlauf von sechszig Jahren, heute noch. Das
Jahr 1808 ward, da es ein Friedensjahr war, zur innern Verbesserung der sächsischen Armee verwendet, welche aber schon im
folgenden, 1809, neunzehntausend Mann unter General von
Zezschwitz, mit den Franzosen nach Oesterreich marschirte, da
dieses Frankreich den Krieg erklärt hatte. Die Sachsen standen
unter dem speciellen Oberbefehl Bernadottes, des damaligen Prinzen von Ponte Carvo, späteren Königs von Schweden.

In der Schlacht bei Wagram zeichneten sich die Sachsen
außerordentlich aus, namentlich die neu formirten Schützenbataillone, zu welchen man die sogenannten „Regimentsschützen"
aller Bataillone vereinigt hatte. Es ist dies der Stamm unseres

jetzigen Schützen(Füsilier)regimentes und der beiden Jägerbataillone. Der für Oesterreich sehr nachtheilige Frieden von
Wien, welche Stadt in Napoleons Hände gefallen war, machte
dem Kriege ein Ende. Trotz diesem Allem, hatte es sich doch im Laufe
der letzten, für die Sachsen glücklichen Erfolge, in diesem Feldzuge herausgestellt, daß eine Reorganisation nothwendig, eine
andere Formirung bringend geboten war. —

Merkwürdigerweise gleicht diese beinahe vollständig der
neusten vom Jahre 1867. Aus den Schützenbataillonen wurden
zwei leichte Infanterieregimenter gebildet; die Jäger bildeten
ein Regiment für sich — jetzt haben wir 2 Jägerbataillone und
ein Schützenregiment, — die Pioniere wurden mit den Pon-
tonieren vereinigt und dem Artilleriecorps zugetheilt — wie
dies jetzt auch geschah, — die Infanterie in zwei, die Reiterei
in eine Division eingetheilt. Auch wurde 1811 das Regiment
Clemens Chevaurlegers mit Lanzen bewaffnet — demnach
Ulanen — genau wie jetzt, nur daß wir nunmehr deren zwei
haben. —

Dem großen Kriegszuge Napoleons nach Rußland mußten
sich auch die Sachsen, deren Churfürst König und Mitglied des
Rheinbundes geworden war, anschließen. 20,000 Mann, unter
Befehl des Generals Edlen von Lecoq, wurden mobil gemacht,
eine Kürassierbrigade, bestehend aus dem Regimente Garde du
Corps, Zastrow-Kürassiere und der reitenden Batterie des
Hauptmanns von Roth, stießen zur großen Armee und machten
den Zug nach Moskau mit; ebenso das Regiment Prinz Albrecht
Chevaurlegers, welches dem dritten Armeecorps zugetheilt wurde.
Das Commando über diese Truppen erhielt Generalleutnant
Thielemann. Wie ausgezeichnet sich diese geschlagen, wie sie die
waren, welche in der Schlacht von Mossaisk die große russische
Schanze stürmten — das steht mit goldnen Lettern in der
Weltgeschichte; doch nur wenige kehrten heim. Der Rückzug
durch die eisigen Felder Rußlands rieb die Reste der braven
Reiter auf, und nach dem traurigen Uebergange über die Bere-
sina, gab es keine sächsische Reiterei mehr bei der großen Armee,

auch die Batterie Roth war spurlos verschwunden. — Die Husaren, Ulanen, Schützen und Infanterie fochten auf dem rechten
Flügel unter dem Divisionsgeneral Graf Reynier. Sie schlugen
sich überall brav: bei Pobobna, Woltowiec; doch fiel ein großer
Theil in russische Gefangenschaft, ward nach Sibirien transportirt, und kehrte erst Ende 1813 und Anfang 1814 nach
Sachsen zurück. —

Dieser große Kriegszug endete unglücklich für Napoleon.
Seine guten alten Soldaten waren den Kugeln, den Anstrengungen und der eisigen Kälte erlegen; er brachte nur Trümmer des
so stolzen Heeres zurück. Die Preußen hatten schon in Tau-
roggen einen Vertrag mit den Russen geschlossen — denn auch
sie hatten an dem großen Zuge Theil nehmen müssen. — Nun
wuchs ihnen der Muth, der König Wilhelm III. erklärte, in
Verbindung mit Rußland, an Napoleon den Krieg, und diesem
schloß sich später auch Oesterreich an. Sachsen, als Verbündeter
Frankreichs, rüstete mit Macht, suchte aber eine Neutralität zu
behaupten. Einzelne Führer, wie General Thielemann, es sogar
in das Lager der Verbündeten hinüberzuziehen. Leugnen läßt
sich nicht, daß Sachsen durch den Uebermuth der Franzosen unendlich gelitten, daß die Bewohner mehr Sympathien für erstere,
als für letztere hatten; aber Friedrich August, seinem Worte
treu, treu dem Bündnisse, das er einmal geschlossen — wie König Johann es ja auch gethan — ging mit seinem Verbündeten,
dem Kaiser Napoleon.

Die erste Schlacht des Jahres 1813 — am 9. Mai bei
Lützen — fiel siegreich für die Franzosen aus, doch konnten sie
den Sieg nicht benutzen; denn bei der rasch geschaffenen, jungen
französischen Armee fehlte es an Reiterei. Nun ward Sachsen
hauptsächlich der Kriegsschauplatz. 10,000 Mann stießen zum 7.
Corps des Generals Reynier, die Küraffiere und Garde aber
zum französischen Hauptcorps, das Napoleon persönlich befehligte. Da wir schon Eingang dieses, bei Besprechung der Ursachen der Antipathien der Sachsen gegen Preußen, die folgenden
Ereignisse bis zum Jahre 1820 geschildert haben, so knüpfen wir

hier an dieses Jahr wieder an. Im Jahre 1820 ward das
Leibgrenadierregiment aufgelöst, und aus demselben die 2 Compagnien starke Gardedivision (die rothe), sowie das Leibregiment
gebildet. Um sie vollzählig zu machen, wurde ihnen das Linien-
reservebataillon und ein Theil der Armeereserve einverleibt,
deren Auflösung erfolgte. Das Jägerbataillon ward in ein
drittes Schützenbataillon umgewandelt, die Jäger aber — lauter
gelernte, mit eignen Büchsen bewaffnete Forstleute — in alle
drei der ersteren vertheilt. Einige Jahre später wurde das Kü-
rassier-, Ulanen- und Husarenregiment gleichmäßig gekleidet und
bewaffnet, und Garde-, 1. und 2. leichtes Reiterregiment benannt. Sie trugen weiße Collets mit blauem Kragen, blaue
Beinkleider, Helme, Säbel, Carabiner und Pistole, und bestehen
in dieser Form — wenn auch Schnitt und Farbe verändert
worden sind — mit Ausnahme der Ulanen, die neu errichtet
wurden, heute noch. Nur unwesentliche Veränderungen kamen
bis zum Jahre 1831 vor; doch mit Einführung der Constitution
mußte sich auch im Heerwesen manches ändern. Vor Allem
wurde ein, den Landständen verantwortliches Kriegsministerium
eingeführt, und den Ersteren das Recht eingeräumt — soweit
es mit den Bundesbestimmungen zu vereinbaren sei — die
Kosten für das Militair zu bewilligen oder zu verweigern; aber
das Commando des Heeres blieb von ihnen unabhängig und
ward einem commandirenden General anvertraut. Im Jahre
1832 ward die Uniform abermals wesentlich verändert, 1836
die Percussion bei den Infanteriegewehren, 1838 auch bei den
Schußwaffen der Reiterei eingeführt. 1862 erfolgte die Bewaffnung der ganzen Armee mit gezogenen, 1867 mit Zündnadelgewehren.

Wenn aller guten Dinge drei sind, so hat die sächsische
Armee drei Mal in und bei Wien gelegen: erst 1683, indem sie
bei dem Entsatze mitwirkte, während es die Türken belagerten,
dann 1809 als Feinde der Oesterreicher, unter Napoleon, endlich 1866. —

Es dürfte nunmehr wohl an der Zeit sein, einen Blick nach

Berlin, auf den deutschen Reichstag zu werfen, der mittlerweile seine ersten Sitzungen mit den Prüfungen der Wahlen ausgefüllt — zum Präsidenten war Dr. Simson erwählt worden — und über die neue Verfassung selbst berathen hatte. Der 1. Artikel derselben lautet:

„Das Bundesgebiet besteht aus den Staaten Preußen mit Lauenburg, Sachsen, Mecklenburg, Sachsen-Weimar, Mecklenburg-Strelitz, Oldenburg, Braunschweig, Sachsen-Coburg-Gotha, Anhalt, Schwarzburg-Rudolstadt, Schwarzburg-Sondershausen, Waldeck, Reuß älterer Linie, Reuß jüngerer Linie, Schaumburg-Lippe, Lippe, Lübeck, Bremen, Hamburg, und aus den nördlich des Maines gelegenen Theilen des Großherzogthums Hessen."

Die von den Bevollmächtigten der Staaten des norddeutschen Bundes aufgestellte Verfassung, welche dem Reichstage zur Berathung vorgelegt wurde, zerfiel in fünfzehn Abschnitte, deren erster vom Bundesgebiet, der zweite von der Bundesgesetzgebung, der dritte vom Bundesrath, der vierte vom Bundespräsidium, der fünfte vom Reichstage, der sechste vom Zoll- und Handelswesen, der siebente vom Eisenbahnwesen, der achte von Post und Telegraphen, der neunte von Marine und Schifffahrt, der zehnte vom Consulatwesen, der elfte vom Bundeskriegswesen, der zwölfte von den Bundesfinanzen, der dreizehnte von Schlichtung von Streitigkeiten und Strafbestimmungen, der vierzehnte von allgemeinen Bestimmungen, der fünfzehnte endlich von dem Verhältniß zu den süddeutschen Staaten handelt.

Wir werden der darüber entstandenen Debatten später erwähnen. Im Artikel 1 ist das Bundesgebiet festgestellt, und es besteht dasselbe aus den, von uns schon angeführten Staaten. Die Artikel 2 bis 5 behandeln die Bundesgesetzgebung, die natürlich zu sehr vielen Debatten Veranlassung gab; denn getreu dem alten deutschen Michel, hatte man schrecklich viel Rechtsgelehrte in den Reichstag gewählt, die theilweise aus Erfahrung sprachen, theilweise aber auch nur, um ihr Licht leuchten zu lassen. Der Artikel 2 sagt:

„Innerhalb dieses Bundesgebietes übt der Bund das Recht

der Gesetzgebung, nach Maaßgabe des Inhalts dieser Verfassung
und mit der Wirkung aus, daß die Bundesgesetze den Landes-
gesetzen vorgehen. Die Bundesgesetze erhalten ihre verbindliche
Kraft durch ihre Verkündigung von Bundeswegen, welche ver-
mittelst eines Bundesgesetzblattes geschieht. Sofern nicht in dem
publicirten Gesetze ein anderer Anfangstermin seiner verbind-
lichen Kraft bestimmt ist, beginnt die letztere mit dem vierzehnten
Tage nach dem Ablaufe desjenigen Tages, an welchem das betreffende Stück des Bundesgesetzblattes in Berlin ausgegeben
worden ist."

Nun, gegen diesen Artikel läßt sich nichts einwenden; die
Bundesgesetze werden veröffentlicht, sind demnach Allgemeingut,
und Jedem zugänglich. — Einen unendlichen Fortschritt enthält
Artikel 3, in dem es heißt:

„Für den ganzen Umfang des Bundesgebietes besteht ein
gemeinsames Indigenat mit der Wirkung, daß der Ange-
hörige (Unterthan, Staatsbürger) eines jeden Bundesstaats-
in jedem anderen Bundesstaate als Inländer zu behandeln, und demnach zum festen Wohnsitz, zum Gewerbebetrieb, zu
öffentlichen Aemtern, zu Erwerbung von Grundstücken, zur Er-
langung des Staatsbürgerrechtes, und zum Genusse aller sonstigen bürgerlichen Rechte, unter denselben Voraussetzungen wie der
Einheimische, zuzulassen, auch in Betreff der Rechtsverfolgung
und des Rechtsschutzes, demselben gleich zu behandeln ist. — In
der Ausübung dieser Befugniß, darf der Bundesangehörige weder
durch die Obrigkeit seiner Heimath, noch durch die Obrigkeit
eines anderen Bundesstaates beschränkt werden. — Diejenigen
Bestimmungen, welche die Armenversorgung und die Aufnahme
in den lokalen Gemeindeverband betreffen, werden durch den, im
ersten Absatz ausgesprochenen Grundsatz nicht berührt. Ebenso
bleiben bis auf Weiteres die Verträge in Kraft, welche zwischen
den einzelnen Bundesstaaten, in Beziehung auf die Uebernahme
von Auszuweisenden, die Verpflegung erkrankter, und die Beerdigung verstorbener Staatsangehörigen, bestehen. Hinsichtlich der
Erfüllung der Militairpflicht im Verhältniß zu dem Heimaths-

31*

lanbe, wirb im Wege der Bundesgesetzgebung das Nöthige ge-
orbnet werben. Dem Auslande gegenüber, haben alle Bundes-
angehörigen gleichmäßig Anspruch auf den Bundesschutz."

Es steht sehr viel, und sehr vielerlei in diesem 3. Artikel,
ja sogar Manches, was uns nicht recht klar ist. Wenn ich auf
der einen Seite vollständige Freizügigkeit innerhalb des Bundes
habe, weder von meiner alten, noch von meiner neuen Obrigkeit
an Erwerbung von Grundbesitz oder Lebensbedarf gehindert
werden soll, so soll badurch doch die Aufnahme in den lokalen
Gemeindeverband nicht berührt werden. Das scheint sich zu
widersprechen. Will ich als Ausländer ein städtisches Gewerbe,
z. B. in Dresden treiben, so muß ich Bürger daselbst werden,
und die Stadtverordneten haben eine entscheidende Stimme, ob
mir das Bürgerrecht zu ertheilen sei oder nicht; der Bürgereid
wird der Obrigkeit geleistet. Was hilft mir nun die ganze
Freizügigkeit, was diese ganze Sache, wenn es doch in den
Händen der Behörden liegt, ob sie mich in den lokalen Gemeindeverband aufnehmen wollen oder nicht, und ich ohne solche
Aufnahme z. B. kein offnes, selbstständiges Geschäft betreiben
darf? Trotz dessen ist die große Wohlthat dieses Artikels nicht
zu verkennen, und der Zopf, welcher noch daran hängt, wird
wohl bald abgeschnitten werden, wenn man in Preußen erst
wegbekommt, daß man sich im Allgemeinen in Sachsen möglichst
vor Uebersiedelung der Berliner Juden zu schützen sucht. Diese
blasen gleich in das große Horn, und lassen dann den Klabbera-
datsch das Weitere besorgen.

Artikel 4.

„Der Beaufsichtigung seiten des Bundes und der Gesetzgebung desselben unterliegen die nachstehenden Angelegenheiten:

1) Die Bestimmung über Freizügigkeit, Heimaths- und
Niederlassungsverhältnisse, Staatsbürgerrecht, Paßwesen und
Fremdenpolizei, und über den Gewerbebetrieb, einschließlich des
Versicherungswesens, soweit diese Gegenstände nicht schon durch
Artikel 3 dieser Verfassung erledigt sind, desgleichen über die
Kolonisation und die Auswanderung nach außerdeutschen Ländern.

2) „Die Handels- und Zollgesetzgebung und die für Bundeszwecke zu verwendenden Steuern."

3) „Die Ordnung des Maaß-, Münz- und Gewichtsystems,
nebst Feststellung der Grundsätze über die Emission von fundir-
tem und und unfundirtem Papiergelde."

Diese Bestimmung können wir gleichfalls nur als eine
höchst segensreiche betrachten; denn durch sie wird viel Zeit,
werden viel Kosten erspart, und so manche Lächerlichkeit vermieden, namentlich in den Augen der Ausländer, welche es kaum
zu begreifen vermochten, daß man auf einer Tour, wie die von
Kiel über Hamburg, Berlin, Anhalt, Dresden nach Prag womöglich viererlei Geldsorten haben mußte. Der Dansce Shilling
— der Hamburger Schilling und die Mark — der preußische
Silbergroschen zu 12 Pfennigen — der Dreier, den man wieder
in Sachsen nicht für voll nimmt — der sächsische Neugroschen
— nun vollends die einthälerigen Bernburger Cassenscheine,
welche von nicht bernburgischen oder cöthenschen Cassen gar nicht
genommen wurden — das war so ein recht schlagendes Bild
der deutschen Einheit. Hier war eine Meile, ja selbst eine Elle,
ein Zoll länger als dort, und man kann sich blos darüber wundern, daß man den Tag nicht in dem einen Lande in zwölf,
in dem andern in sechszehn Stunden eingetheilt hatte; darauf
war man doch noch nicht gefallen. Welche Confusionen entstehen
konnten, mag aus folgendem Vorfalle zu ersehen sein, dessen
Wahrheit wir aber nicht verbürgen können: Viele Uniformen
und die neuen Helme der sächsischen Armee sind nach hier gegebenen Maaßen in Berlin gearbeitet worden. Da nun die
Berliner Elle größer ist, als die Dresdner, so sind diese Beklei-
dungsgegenstände fast alle zu weit und zu groß für unsere Soldaten, namentlich passen wenig Helme. — Daß das Papiergeld-
wesen seiten des Bundes in die Hand genommen wird, ist
deshalb gut, weil die verschiedenen Cassenbillets der einzelnen
Länder dann auch in dem ganzen Bundesstaate Geltung haben
werden. Hoffentlich wird man dabei darauf Rücksicht nehmen.
daß nicht zu viel Papiergeld ausgegeben werde; die Unmasse

desselben ist wahrlich mit daran Schuld, daß die Preise im Allgemeinen so in die Höhe gegangen sind.

4) „Die allgemeinen Bestimmungen über das Bankwesen.

5) Die Erfindungspatente.

6) Schutz des geistigen Eigenthums.

. 7) Organisation eines gemeinsamen Schutzes des deutschen Handels im Auslande, der deutschen Schifffahrt und ihrer Flagge zur See, und Anordnung gemeinsamer consularischer Vertretung, welche vom Bunde ausgestattet wird."

Das ist gewiß ein sehr guter Anfang zum wirklichen Ansehen Norddeutschlands im Auslande; denn bisher war man Preuße, Sachse, Reuße älterer Linie u. s. w., und fand oft gar keine Vertretung; auch war diese, wo sie zu finden, sehr kostspielig. Denn anstatt eines norddeutschen Consuls oder Gesandten hielt an den großen Höfen, in den bedeutendsten Häfen wieder jedes deutsche Land einen solchen.

8) „Das Eisenbahnwesen und die Herstellung. von Land- und Wasserstraßen, im Interesse der Landesvertheidigung und des öffentlichen Verkehrs.

9) Die Flößerei und der Schifffahrtsbetrieb auf den mehreren Staaten gemeinsamen Wasserstraßen und der Zustand der letzteren, sowie die Fluß- und sonstigen Wasserzölle.

10) Das Post- und Telegraphenwesen."

Jedenfalls sind diese Bestimmungen namentlich für das industrielle und handeltreibende Publicum vom allergrößten Nutzen — Einheit macht stark — hier glauben wir sogar, wird sie reich machen; denn man weiß, was es zu bedeuten hat, wenn deutsche Handelsschiffe schutzlos auf dem Weltmeere umherschwimmen, und im Kriegsfalle mit einer Seemacht sofort aufgebracht, oder in Häfen geborgen werden müssen, wenn sie nicht sich unter fremder Flagge durchschwindeln wollen, um feindlichen Kreuzern zu entgehen.

11) „Bestimmung über die wechselseitige Vollstreckung von Civilsachen, und Erledigung von Requisitionen überhaupt.

12) Ueber die Beglaubigung von öffentlichen Urkunden.

13) Die gemeinſame Geſetzgebung über das Obligations=
recht, Strafrecht, Handels= und Wechſelrecht, und das gericht=
liche Verfahren."

In Beziehung dieſes Punctes weiſen wir darauf zurück,
was im Reichstage ſelbſt geſprochen wurde, und bitten nur, daß
durch Vereinfachung der Geſetze ein großer Theil der ſächſiſchen
Advocaten ſehr entbehrlich werden möchte.

14) „Das Militairweſen des Bundes und der Kriegs=
marine."

Auch das iſt mit Freuden zu begrüßen; die Gründe, wes=
wegen, ſind ſchon früher entwickelt worden.

15) „Maaßregeln der Medicinal= und Veterinärpolizei."

Artikel 5.

„Die Bundesgeſetzgebung wird ausgeübt durch den Bundes=
rath und den Reichstag. Die Uebereinſtimmung der Mehrheits=
beſchlüſſe beider Verſammlungen, iſt zu einem Bundesbeſchluſſe
erforderlich und ausreichend. Bei Geſetzesvorſchlägen über das
Militairweſen und die Kriegsmarine giebt, wenn im Bundes=
rathe eine Meinungsverſchiedenheit ſtattfindet, die Stimme des
Präſidiums den Ausſchlag, wenn ſie ſich für die Aufrechterhal=
tung der beſtehenden Einrichtungen ausſpricht."

Hieraus geht hervor, daß letztere dem Reichstage ſo ziemlich
gänzlich entzogen ſind. Das geht aber auch in einem Militairſtaate,
wie es Norddeutſchland iſt, nicht gut anders. Wir werden
ſpäter darauf zurückkommen.

III. Der Bundesrath.

Der Bundesrath beſteht aus den Vertretern der Mitglieder
des Bundes, unter welchen die Stimmführung ſich nach Maaß=
gabe für das Plenum des ehemaligen deutſchen Bundes vertheilt
ſo daß Preußen mit den ehemaligen Stimmen von Hannover,
Churheſſen, Holſtein und Naſſau, ſo wie Frankfurt 17 Stimmen hat.
Dagegen hat Sachſen deren 4, Heſſen (Großherzogthum) 1,
Mecklenburg=Schwerin 2, Sachſen=Weimar 1, Mecklenburg=
Strelitz 1, Oldenburg 1, Braunſchweig 2, Sachſen=Meiningen 1,
Sachſen=Altenburg 1, Sachſen=Coburg=Gotha 1, Anhalt 1,

Schwarzburg-Rudolstadt 1, Schwarzburg-Sondershausen 1, Reuß ältere und Reuß jüngere Linie je 1, Schaumburg-Lippe, Lippe, Lübeck, Bremen und Hamburg gleichfalls je eine Stimme haben, so daß die Summa derselben 43 beträgt.

Es ist wohl ganz voraussichtlich, daß es ein sehr seltener Fall sein dürfte, wenn Preußen überstimmt würde; mithin darf man annehmen, daß es seinen Willen im norddeutschen Bunde gesetzlich durchzubringen verstehen wird. Die Eifersucht der Kleinen wird es nie zu einer irgend erfolgreichen Opposition kommen lassen. —

Artikel 7.

„Jedes Mitglied des Bundes kann so viel Bevollmächtigte zum Bundesrathe ernennen, als es Stimmen hat; doch kann die Gesammtheit der zuständigen Stimmen nur einheitlich abgegeben werden. Nicht vertretene, oder nicht instruirte Stimmen werden nicht gezählt."

Dieser Punct ist sehr klug gewählt, denn kein Preuße kann anders stimmen, als die preußische Majorität; die einzelne Stimme geht sonst verloren. Daß bei gleicher Intelligenz, gleichen Kenntnissen, siebzehn Preußen, die Ein Interesse verfolgen, allemal die Oberhand über die verzettelten anderen Deputirten haben werden, versteht sich ganz von selbst.

„Jedes Bundesglied ist befugt, Vorschläge zu machen und in Vortrag zu bringen, und das Bundespräsidium ist verpflichtet, dieselben der Berathung zu übergeben. Die Beschlußfassung erfolgt mit einfacher Mehrheit. Bei Stimmengleichheit giebt die Präsidialstimme den Ausschlag."

Und diese hat Preußen! —

Artikel 8.

„Der Bundesrath bildet aus seiner Mitte dauernde Ausschüsse, 1) für das Landheer und die Festungen, 2) für das Seewesen, 3) für Zoll- und Steuerwesen, 4) für Handel und Verkehr, 5) für Eisenbahnen, Post und Telegraphen, 6) für Justizwesen, 7) für Rechnungswesen. In jedem dieser Ausschüsse werden, außer dem Präsidium, mindestens zwei Bundesstaaten vertreten sein, und führt innerhalb derselben jeder Staat nur eine Stimme. Die Mitglieder der Ausschüsse 1 und 2 werden vom Bundesfeldherrn ernannt, die der übrigen vom Bundesrathe gewählt. Die Zusammensetzung dieser Ausschüsse ist für jede Session des Bundesrathes, respective mit jedem Jahre, zu erneuern, wobei die ausscheidenden Mitglieder wieder wählbar sind. Den Ausschüssen werden die, zu ihren Arbeiten nöthigen Beamten zur Verfügung gestellt."

Aus diesem Artikel geht erstens hervor, daß das Militair- und Marinewesen rein vom Bundesoberfeldherrn abhängig ist und bleibt, daß alles Uebrige vom Bundesrath bestimmt werden soll, und der selbstständigen Entscheidung der Fürsten Nichts mehr überlassen ist — und zwar in Verbindung mit ihren Landständen — als das Schul- und Kirchenwesen, sowie die öffentlichen Bauten, insoweit sie nicht Verkehrswege betreffen.

Artikel 9.

Jedes Mitglied des Bundesrathes hat das Recht, im Reichstage zu erscheinen, und muß daselbst auf Verlangen jederzeit gehört werden, um die Ansicht seiner Regierung zu vertreten, auch dann, wenn dieselbe von der Majorität des Bundesrathes nicht adoptirt worden ist (wenn die Mehrzahl desselben sie ablehnte). Niemand kann gleichzeitig Mitglied des Reichstages und des Bundesrathes sein.

Artikel 10.

Dem Bundespräsidium liegt es ob, den Mitgliedern des Bundesrathes den üblichen diplomatischen Schutz zu gewähren.

IV. Das Bundespräsidium.

Artikel 11.

„Das Präsidium des Bundes steht der Krone Preußen zu, welche in Ausübung desselben den Bund völkerrechtlich zu vertreten, im Namen des Bundes Krieg zu erklären und Frieden zu schließen, Bündnisse und Verträge mit anderen Staaten einzugehen, Gesandte zu beglaubigen und zu empfangen berechtigt ist. Insoweit die Verträge mit fremden Staaten sich auf solche Gegenstände

beziehen, welche nach Artikel 4 in den Bereich der Bundesgesetzgebung gehören, ist zu ihrem Abschluß die Zustimmung des Bundesrathes, und zu ihrer Gültigkeit die Genehmigung des Reichstages erforderlich."

Alles schön und gut, nämlich für Preußen, das hierdurch die
politische Oberleitung Deutschlands vollständig in die Hand
nimmt; der letzte Passus wird es an selbstständigem Handeln um
so weniger hindern, als im Reichstage auch die Preußen die Oberhand haben.

Artikel 12.

„Dem Präsidium steht es zu, den Bundesrath und den
Reichstag zu berufen, zu vertagen und zu beschließen."

Dieser Artikel giebt Preußen eigentlich eine absolute Gewalt;
denn es kann mit den beiden Reichsbehörden machen, was es will,
wenn es auch in Artikel 13 heißt:

„Die Berufung des Bundesrathes und Reichstages findet alljährlich statt, und kann der Bundesrath zur Vorbereitung der Arbeiten ohne den Reichstag, letzterer aber nicht ohne den Bundesrath
berufen werden."

Artikel 14.

„Die Berufung des Bundesrathes muß erfolgen, sobald sie
von einem Drittel der Stimmenzahl verlangt wird."

Preußen braucht demnach nur noch zwei Stimmen, um dies
allemal zu können.

Artikel 15.

„Der Vorsitz im Bundesrathe und die Leitung der Geschäfte
steht dem Bundescanzler zu, welcher vom Präsidium zu ernennen ist."

Da das Präsidium Preußen hat, so hätte man ebenso wahr,
doch etwas kürzer sagen können: „kommt Preußen zu," es fällt
nur etwas hart in das Ohr, dieses immer und ewige Preußen.

„Derselbe kann sich durch jedes andere Mitglied des Bundesrathes, vermöge schriftlicher Substitution, vertreten lassen."

Artikel 16.

„Das Präsidium hat die erforderlichen Vorlagen, nach Maaßgabe der Beschlüsse des Bundesrathes an den Reichstag zu bringen, wo sie durch Mitglieder des Bundesrathes oder durch besondere, von Letzteren zu ernennende Kommissarien vertreten werden."

Artikel 17.

„Dem Präsidium steht die Ausfertigung und Verkündigung der Bundesgesetze und die Ueberwachung derselben zu. Die An- ordnungen und Verfügungen der Bundespräsidie werden im Namen des Bundes erlassen, und bedürfen zu ihrer Gültigkeit der Gegenzeichnung des Bundescanzlers, welcher dadurch die Ver- antwortung übernimmt."

Artikel 18.

„Das Präsidium ernennt die Bundesbeamten, hat dieselben für den Bund zu vereidigen, und erforderlichen Falls ihre Ent- lassung zu verfügen."

Dadurch, daß dies nicht vom Bundesrathe aus geschieht, ist Preußen wieder eine unberechenbare Gewalt eingeräumt worden; „wessen Brod ich esse, dessen Lied ich singe," bleibt ja ein fast immer wahres Wort.

Artikel 19.

„Wenn Bundesglieder ihre verfassungsmäßigen Bundespflich- ten nicht erfüllen, so können sie dazu im Wege der Execution an- gehalten werden. Diese Execution ist a) in Betreff militairischer Leistungen, wenn Gefahr im Verzuge, vom Bundesfeldherrn anzu- ordnen und zu vollziehen," — also beides vom König von Preußen, sobald er Gefahr im Verzuge findet — „oder b) in allen anderen Fällen von dem Bundesrathe zu beschließen, und von dem Bundes- feldherrn zu vollstrecken. Die Execution kann bis zur Sequestra- tion des betreffenden Landes und seiner Regierung ausgedehnt werden. In den unter a bezeichneten Fällen ist dem Bundesrathe von Anordnung der Execution, unter Darlegung der Beweggründe, ungesäumt Kenntniß zu geben."

Ganz richtig. Wenn nun aber einmal Preußen seiner Bun- despflicht nicht Genüge leisten sollte; was geschieht denn dann? Wird der Bundesfeldherr etwa Execution gegen seine eigene Regierung ober gar Sequestration aussprechen? — Dieser Artikel ist auch nur für die Kleinen gemacht; denn als diese im alten Bunde Execution wegen und gegen Preußen ausbringen wollten, trat es aus, schlug diese, und gründete den neuen Norddeutschen. Wir begreifen nicht, daß man an dies so nahe liegende Beispiel bei Abfassung des Artikels nicht dachte.

v. Reichstag.

Artikel 20.

„Der Reichstag geht aus allgemeinen und directen Wahlen mit geheimer Abstimmung hervor, welche, bis zum Erlaß eines Reichswahlgesetzes, nach Maaßgabe des Gesetzes zu erfolgen haben, auf Grund dessen der erste Reichstag des nordbeutschen Bundes gewählt worden ist."

Artikel 21.

„Beamte bedürfen keines Urlaubes zum Eintritt in den Reichstag. Wenn ein Mitglied des Reichstages in dem Bunde oder in einem Bundesstaate ein besoldetes Staatsamt annimmt, oder im Bundes- oder Staatsdienste in ein Amt eintritt, mit welchem ein höherer Gehalt verbunden ist, so verliert es Sitz und Stimme in dem Reichstage, und kann seine Stelle nur durch neue Wahl wieder erlangen."

Die Gründe und practische Nützlichkeit dieses Paragraphen kann unser beschränkter Unterthanenverstand nicht recht fassen.

Artikel 22.

„Die Verhandlungen des Reichstages sind öffentlich. Wahrheitsgetreue Berichte über Verhandlungen in den öffentlichen Sitzungen des Reichstages, bleiben von jeder Verantwortlichkeit frei."

Artikel 23.

„Der Reichstag hat das Recht, innerhalb der Competenz des Bundes Gesetze vorzuschlagen, und an ihn gerichtete Petitionen dem Bundesrathe, resp. Bundescanzler, zu überweisen."

Das ist ein sehr wesentliches Recht; man glaubte von vornherein nicht an dessen Ausführung, es hieß: dem Reichstage werden die Gesetze vorgelegt, er hat sie zu berathen; daß er aber auch selbst dergleichen vorlegen dürfe, daran glaubte, wie gesagt, Niemand. Nun, in dieser Beziehung ist es besser gekommen, als es anfänglich schien.

Artikel 24.

„Die Legislaturperiode des Reichstags dauert 3 Jahre. Zur Auflösung des Reichstages während derselben ist ein Beschluß des Bundesrathes, unter Zustimmung des Präsidiums, erforderlich."

Man hatte also auch an die möglicher Weise nothwendige Auflösung des Reichstages gedacht, für den Fall, daß mit ihm nicht zu verkommen sei. Das ist recht gut; da geht dies wenigstens auf gesetzlichem Wege, so oft es Bundespräsidium und Bundesrath für nothwendig halten.

Artikel 25.

„Im Falle der Auflösung des Reichstages, müssen innerhalb eines Zeitraums von 60 Tagen nach derselben die Wähler, und innerhalb eines Zeitraums von 90 Tagen nach der Auflösung der Reichstag versammelt werden."

Dieser Artikel ermangelt etwas der Deutlichkeit; denn die Wähler werden nicht versammelt, sondern haben nur ihre neu ausgefüllten Wahlzettel abzugeben; und nicht der Reichstag, sondern der neu gewählte Reichstag hat binnen 90 Tagen zusammenzutreten.

Artikel 26.

„Ohne Zustimmung des Reichstages darf die Vertagung desselben die Frist von 30 Tagen nicht überschreiten, und während derselben Session nicht wiederholt werden."

Artikel 27.

„Der Reichstag prüft die Legitimationen seiner Mitglieder, und entscheidet darüber. Er regelt den Geschäftsgang und seine Disciplin durch eine Geschäftsordnung, erwählt seinen Präsidenten, Vicepräsidenten und Schriftführer."

Das Prüfen der Legitimationen ist eine unbedingt nothwendige Sache, daß aber trotz dessen Wahlumtriebe vorkommen, beweisen die englischen Parlamentswahlen, beweisen eine Menge kleiner Anzeichen, welche dem denkenden Manne nicht entgehen, die aber der Reichstag übersehen will und muß. Hierzu rechnen wir Wahlversammlungen, wo der Gegencandidat herabgesetzt wird, oder ein Candidat in Gegenden als solcher auftritt, wo man ihn kaum dem Namen nach kennt. Wird er gewählt, so muß er etwas sehr Bestechendes gehabt haben. Bei directen Wahlen werden Wahlumtriebe wohl nie zu vermeiden sein.

Artikel 28.

„Der Reichstag beschließt nach absoluter Stimmenmehrheit. Zur Gültigkeit der Beschlußfassung ist die Anwesenheit der Mehrzahl der gesetzlichen Anzahl der Mitglieder nothwendig."

Artikel 29.

„Die Mitglieder des Reichstages sind Vertreter des gesammten Volkes und an Aufträge und Instructionen nicht gebunden."

Das soll wohl heißen, daß sie nicht ihre Wähler allein zu vertreten haben, sondern alle Norddeutschen, daß sie durchaus nicht nöthig haben, ersterer Wünsche als übernommene Pflichten zur Kenntniß des Reichstages zu bringen. Hieraus geht aber noch hervor, daß sie ihren Wählern für ihr Auftreten auf dem Reichstage auch nicht verantwortlich sind.

Artikel 30.

„Kein Mitglied des Reichstages darf zu irgend einer Zeit, wegen seiner Abstimmung oder wegen der in Ausübung seines Berufes gethanen Aeußerungen, gerichtlich oder disciplinarisch verfolgt, oder sonst außerhalb der Versammlung zur Verantwortung gezogen werden."

Dieser Paragraph schützt die Redefreiheit der Abgeordneten innerhalb des Reichstages; wie aber steht es dann, wenn ein solcher sich in den Versammlungen außerhalb des Sitzungshauses staatsgefährlicher Aussprüche schuldig macht? — Selbst der Artikel 31 ist hierin nicht ganz klar; er lautet:

„Ohne Genehmigung des Reichstages kann kein Mitglied desselben während der Sitzungsperiode, wegen einer mit Strafe bedrohten Handlung, zur Untersuchung gezogen oder verhaftet werden, außer, wenn es bei Ausübung der That oder im Laufe des nächstfolgenden Tages ergriffen wird. Gleiche Genehmiguug ist bei einer Verhaftung wegen Schulden erforderlich. Auf Verlangen des Reichstages wird jedes Strafverfahren gegen ein Mitglied desselben, und jede Untersuchungs- oder Civilhaft für die Dauer der Sitzungsperiode aufgehoben."

Artikel 32.

„Die Mitglieder des Reichstages dürfen als solche keine Besoldung oder Entschädigung beziehen."

Es ist dies ein Punct, für den sich beinahe ebenso viel sagen läßt, als gegen denselben. Die sogenannten Diäten, welche die Abgeordneten vieler Ständeversammlungen · erhalten, belasten die Staatscasse nicht wenig, und müssen von sämmtlichen Steuerpflichtigen getragen werden, selbst von solchen, welche nicht einmal Wähler sind. Sie sind also auch indirect gezwungen, den Abgeordneten mit zu besolden, der vielleicht ihr politischer Gegner ist und gegen ihr Interesse spricht und stimmt. Darin liegt etwas. Wie kamen z. B. 1848 die Rittergutsbesitzer in Sachsen dazu, für jene Abgeordneten Steuern zu zahlen, die alles Mögliche thaten, ihnen alt angestammte Rechte zu nehmen, wie nur beispielsweise das Jagdrecht? Es ist wohl nicht ganz unbegründet, daß durch Abgeordnete, welche täglich Diäten empfangen, die Dauer der Landtage oft sehr verlängert wird, — der Mensch bleibt Mensch — selbst der Abgeordnete ist ein solcher. Und warum soll er sich denn so sehr übereilen, wenn er durch etwas weniger Hast mindestens keinen pecuniären Schaden erleidet, und eine Zeit lang in der Residenz sorgenfrei leben kann, die er sonst vielleicht in einer kleinen Stadt oder auf dem Dorfe zubringen mußte. Wir kennen sogar einen Abgeordneten, der es verstand, von seinen täglichen drei Thalern zurückzulegen. Oefters, als man glauben sollte, hört man die Aeußerung aus dem Volksmunde: „Ja, die Deputirten haben gut reden, die bekommen auch den Tag drei Thaler dafür!" Wenigstens wird es schwer für die ungebildetere Menge, zu glauben, daß sie nur aus Liebe zum Vaterlande die schwierige Aufgabe eines Landtagsabgeordneten übernehmen. Ohne Diäten, dies hat aber auch seine Nachtheile; denn dann können nur Männer gewählt werden, welche Vermögen oder festen Gehalt haben, nicht solche, welche auf den Erwerb ihres täglichen Brodes angewiesen sind, wollen sich letztere nicht in Schulden stecken.

Man hat den Ausweg getroffen, in letzterem Falle den unbemittelten Abgeordneten Seiten der Wähler freiwillig zu unterstützen; aber auch dies ist durch obigen Paragraphen verboten. Da nun politische Fähigkeiten und Vaterlandsliebe nicht ausschließliches Eigenthum und Privilegium der Vermögenden sind, sondern eine gute Anzahl Unbemittelter in gleicher Weise ausgestattet ist, so geht deren Talent doch bei den Berathungen verloren, weil sie, wegen Mangels an Mitteln, eine auf sie fallende Wahl nicht annehmen können. Der 4. Abschnitt bestimmt über Zoll und Handelswesen Folgendes:

Artikel 33.

„Der Bund bildet ein Zoll- und Handelsgebiet, umgeben von gemeinschaftlicher Zollgrenze. Ausgeschlossen bleiben die, wegen ihrer Lage zur Einschließung in die Zollgrenze nicht geeigneten, einzelnen Gebietstheile. Alle Gegenstände, welche im freien Verkehr eines Bundesstaates befindlich sind, können in jeden anderen Bundesstaat eingeführt, und dürfen in letzterem einer Abgabe nur insoweit unterworfen werden, als daselbst gleichartige, inländische Erzeugnisse einer innern Steuer unterliegen."

Nehmen wir z. B. an, daß der in Sachsen erbaute Stötteritzer Tabak eine Steuer bezahlt, so würde dieselbe auch von dem aus Preußen kommenden erhoben werden dürfen.

Artikel 34.

„Die Hansestädte Lübeck, Hamburg und Bremen, mit einem dem Zwecke entsprechenden Bezirke ihres, oder des umliegenden Gebietes, bleiben als Freihäfen außerhalb der gemeinschaftlichen Zollgrenze, bis sie ihren Einschluß in dieselbe beantragen."

So vortheilhaft nun auch der Zollverein für uns Binnen-

länder ist, so ist es jedenfalls besser für den Handel jener See-
städte, wenn sie Freihäfen bleiben, und nie in ersteren eintreten;
sie würden bei der Theilung des Einkommens des Zollvereins
weniger herausbekommen, als ihre Steuern jetzt abwerfen.

Artikel 35.

„Der Bund ausschließlich hat die Gesetzgebung über das
gesammte Zollwesen, über die Besteurung des Verbrauches von
einheimischem Zucker, Branntwein, Salz, Bier und Tabak, sowie über die Maaßregeln, welche in den Zollausschlüssen zur
Sicherung der gemeinschaftlichen Zollgrenze nothwendig sind.‟

Wenn früher die Zollvereinsgesetzgebung auf freier Vereinbarung der verschiedenen Contrahenten beruhte, wie überhaupt
der ganze Zollverein selbst, so ist er nun ein integrirender Theil
des Bundesgesetzes, und hat nur der Bund — nicht aber die
Einzelregierung — irgend etwas zu beschließen.

Artikel 36.

„Die Erhebung und Verwaltung der Zölle und Verbrauchs-
steuern bleibt jedem Bundesstaate, soweit derselbe sie bisher ausgeübt hat, innerhalb seines Gebietes überlassen. Das Bundespräsidium überwacht die Einhaltung des gesetzlichen Verfahrens
durch Bundesbeamte, welche es den Zoll- oder Steuerämtern
und den Directivbeamten der einzelnen Staaten, nach Vernehmung des Ausschusses des Bundesrathes für Zoll- und Steuerwesen, beiordnet.‟

Bisher waren auch schon seiten der Staaten des Zollvereins
Beamte zur Controlle in den anderen commandirt, so z. B.
sächsische Obercontrolleure in Berlin, Magdeburg, Görlitz ꝛc.

Artikel 37.

„Der Bundesrath beschließt:

1) Ueber die dem Reichstage vorzulegenden oder von demselben
angenommenen, unter die Bestimmung des Artikel 35 fallenden
gesetzlichen Anordnungen, einschließlich der Handels- und Schiff-
fahrtsverträge.

2) Ueber die zur Ausführung der gemeinschaftlichen Gesetzgebung dienenden Verwaltungsvorschriften und Einrichtungen.

3) Ueber die Mängel, welche bei der Ausführung der gemein=
schaftlichen Gesetzgebung hervortreten.

4) Ueber die von seiner Rechnungsbehörde ihm vorgelegte
schließliche Feststellung der in die Bundescasse fließenden Ab=
gaben.

Jeder über die Gegenstände von 1 bis 3 von einem
Bundesstaate, oder über die Gegenstände zu 3 von einem con=
trollirenden Beamten bei dem Bundesrathe gestellte Antrag,
unterliegt der gemeinschaftlichen Beschlußnahme. Im Falle der
Meinungsverschiedenheit, giebt die Stimme des Präsidiums" bei
den zu 1 und 2 bezeichneten alsdann den Ausschlag, wenn sie
sich für Aufrechthaltung der bestehenden Vorschrift oder Einrich=
tung ausspricht; in allen übrigen Fällen entscheidet die Mehr=
heit der Stimmen, nach dem im Artikel 6 dieser Verfassung
festgestellten Stimmenverhältnisse,"

Preußen — als Bundespräsidium — wird, unserer un=
maßgeblichen Ansicht nach, auch trotz der einschränkenden Bestim=
mungen immer den Ausschlag geben, und seinen Willen durch=
setzen, weil es wohl mit Sicherheit anzunehmen ist, daß es in
streitigen Fällen zu seinen 17 noch soviel andere Stimmen be=
kommen wird, um die Majorität zu erhalten.

Artikel 38.

Der Ertrag der Zölle und der in Artikel 35 bezeichneten
Verbrauchsabgaben fließt in die Bundescasse. Dieser Ertrag be=
steht aus der gesammten, von den Zöllen und Verbrauchsabgaben
aufgekommenen Einnahme, nach Abzug 1) der auf Gesetzen oder
allgemeinen Verwaltungsvorschriften beruhenden Steuervergütun=
gen und Ermäßigungen; 2) der Erhebungs= und Verwaltungs=
kosten, und zwar a) bei den Zöllen und der Steuer von inlän=
dischem Zucker, so wie diese Kosten, nach den Verabredungen
unter den Mitgliedern des deutschen Zoll= und Handelsvereins,
der Gemeinschaft aufgerechnet werden konnten; b) bei der Steuer
von inländischem Salze, sobald solche, sowie ein Zoll von aus=
ländischem Salze, unter Aufhebung des Salzmonopols eingeführt
sein wird, mit dem Betrage der auf Salzwerken erwachsenden

Erhebungs- und Aufsichtskosten; e) bei den übrigen Steuern mit fünfzehn Procent der Gesammteinnahme. Die außerhalb der gemeinschaftlichen Zollgrenze liegenden Gebiete tragen zu den Bundesausgaben durch Zahlung eines Aversums bei.

Artikel 39.

Die von den Erhebungsbehörden der Bundesstaaten nach Ablauf jedes Vierteljahres aufzustellenden Quartalextracte, und die nach dem Jahr- und Bücherschlusse aufzustellenden Final-abschlüsse, über die im Laufe des Vierteljahres, beziehungsweise während des Rechnungsjahres, fällig gewordenen Einnahmen an Zöllen und Verbrauchsabgaben, werden von den Directivbehörden der Bundesstaaten, nach vorangegangener Prüfung, in Haupt-übersichten zusammengestellt, und diese dem Ausschusse des Bundesrathes für das Rechnungswesen eingesandt. Der Letztere stellt auf Grund dieser Uebersichten, von drei zu drei Monaten, den von der Casse jedes Bundesstaates der Bundescasse schuldigen Betrag vorläufig fest, und setzt von dieser Feststellung den Bundesrath und die Bundesstaaten in Kenntniß, legt auch alljährlich die schließliche Feststellung jener Beträge mit seinen Bemerkungen dem Bundesrathe zur Beschlußnahme vor.

Artikel 40.

„Die Bestimmungen in dem Zollvereinigungsgesetze vom 16. Mai 1865, in dem Vertrage über die gleiche Besteurung innerer Erzeugnisse vom 28. Juni 1864, in dem Vertrage über den Verkehr mit Tabak und Wein von demselben Tage, und in dem Artikel 2 des Zoll- und Anschlußvertrages vom 11. Juli 1864, desgleichen in den thüring'schen Vereinsverträgen, bleiben zwischen den, bei diesen Verträgen betheiligten Bundesstaaten in Kraft, soweit sie nicht durch die Vorschriften der gegenwärtigen Verfassung abgeändert sind' und so lange sie nicht auf dem im Artikel 37 vorgezeichneten Wege abgeändert werden. Mit diesen Beschränkungen finden die Bestimmungen des Zollvereinigungs-vertrages vom 16. Mai 1865, auch auf diejenigen Bundes-staaten und Gebietstheile Anwendung, welche dem deutschen Zoll- und Handelsvereine zur Zeit nicht angehören."

Wir enthalten uns aller Bemerkungen, weil wir glauben, daß der künftige ebenso segensreich wirken wird, als der bisherige Zollverein. Gehen wir nun zu dem nächsten, höchst wichtigen Abschnitte des Eisenbahnwesens, Nr. 7., über, der viel Neues und noch mehr Wichtiges bietet.

Artikel 41.

„Eisenbahnen, welche im Interesse der Vertheidigung des Bundesgebietes, oder im Interesse des gemeinsamen Verkehrs für nothwendig erachtet werden, können kraft eines Bundesgesetzes, auch gegen den Widerspruch der Bundesglieder, deren Gebiet die Eisenbahnen durchschneiden, unbeschadet der Landeshoheitsrechte, für Rechnung des Bundes angelegt, oder an Privatunternehmer zur Ausführung concessionirt und mit dem Expropriationsrecht ausgestattet werden. Jede bestehende Eisenbahnverwaltung ist verpflichtet, sich den Anschluß neu angelegter Eisenbahnen auf Kosten der Letzteren gefallen zu lassen. — Die gesetzlichen Bestimmungen, welche bestehenden Eisenbahnunternehmungen ein Widerspruchsrecht gegen die Anlegung von Parallel- oder Concurrenzbahnen einräumen, werden, unbeschadet bereits erworbener Rechte, für das ganze Bundesgebiet hierdurch aufgehoben. Ein solches Widerspruchsrecht kann auch in den künftig zu ertheilenden Concessionen nicht weiter verliehen werden."

Dieser Paragraph enthält viel Wichtiges, viel Unentschiedenes. Wer bestimmt denn, ob eine Eisenbahn militairisch wichtig sei oder nicht, jedenfalls der Bundesfeldherr; dieser ist König von Preußen, sollte sein Generalstab nicht auch manche Eisenbahnlinie für wichtig halten, die gut rentirenden Bahnen Schaden thut; und die, da sich alle Menschen, selbst ein Generalstab irren kann, wirkliche militärische Vortheile nicht bietet? Kann ein solcher nicht den Satz aufstellen, die vorhandenen Bahnen genügen nicht, wir müssen auf derselben Strecke Nebenbahnen haben, die müssen unweigerlich gebaut werden, da aber im Frieden diese nicht rentiren würden, benutzen wir sie zu Personen- und Gütertransporten, lassen die Züge von unseren Unteroffizieren und Soldaten führen, was sehr nothwendig ist,

weil sie dies in den Kriegen der Neuzeit können müssen, die
Weichensteller, die Bahnwärter sind gleichfalls Soldaten, die
gegen eine billige Vergütung diesen Dienst versorgen müssen, wir
bauen sogar mit Soldaten, wie das schon in Frankreich mit den
Militairstraßen geschieht; der ganze Betrieb wird dadurch ein
sehr billiger, durch das Ganze wird dem Staate viel Geld erhalten; ob ihr, die Actionaire dabei zu Grunde geht, oder Verluste habt, kümmert uns nicht, braucht uns um so weniger zu küm-
mern, als z. B. im Königreich Sachsen der Fiskus den Actionären
der Dresden-Tharandter Eisenbahn nur 50 Procent bot, als er
diese erwerben wollte, um nach Freiberg weiter zu bauen, die
Actionaire waren klug genug, darauf nicht einzugehen, jetzt steht
die Bahn vorzüglich da, und die Regierung hat alle Ursache, zu
bereuen, damals nicht mehr geboten zu haben. Wenn wir es
nun schon nicht recht zu billigen vermögen, daß es eine Landesregierung versucht, einer sich in Verlegenheit befindenden Actien-
gesellschaft eine Bahn unter dem Preise abzukaufen, welche voraussichtlich sehr bald einen hohen Ertrag geben mußte, weil
erstere immer wieder mit dem Gelde des Volkes arbeitet, und
die Actionaire auch zum Volke gehören, das deren Schutz
empfohlen ist, so wird dies noch schlimmer, wenn es durch ein
Bundesgesetz gestattet wird, Eisenbahnen zu militairischen Zwecken,
zu Vertheidigung des Bundesgebietes ohne Weiteres anlegen zu
dürfen. Es ist z. B. ein rein militairischer Zweck, mit der
Vertheidigung des Vaterlandes sogar in Verbindung zu bringen,
eine directe Eisenbahnlinie von Posen nach Cöln zu legen —
von der Weichsel nach dem Rhein, da gebe es seiten der bestehenden Bahnen also keinen Widerspruch mehr. Wenn bestimmt
wird, für die Zukunft dürfen keine Concessionen gegeben werden, welche
Concurrenzbahnen ausschließen, da ist Nichts dagegen zu sagen,
aber Gesetze auf zurückliegende Zeiten und Verträge auszudehnen,
ist nicht blos juristisch unrichtig, sondern auch gefährlich. Im
Uebrigen kann man sich nur freuen, daß es auch heißt, „die im
Interesse des gemeinsamen Verkehrs nothwendigen Bahnen," denn

dadurch wird den Sonderinteressen einzelner Städte und Provinzen ein Ziel gesteckt.

Artikel 42.

„Die Bundesregierungen verpflichten sich, die im Bundesgebiet belegenen Eisenbahnen im Interesse des allgemeinen Verkehrs wie ein einheitliches Netz verwalten, und zu diesem Behufe die neu herzustellenden Bahnen nach einheitlichen Vorschriften anlegen und ausrüsten zu lassen."

Der Zweck dieses Artikels ist gewiß ein vorzüglicher, die Durchführung wird sich regeln, freilich werden einige Bahnen pecuniäre und materielle Nachtheile erleiden.

Artikel 43.

„Es sollen demnach in thunlichster Beschleunigung übereinstimmende Betriebseinrichtungen getroffen, insbesondere gleiche Bahnpolizeireglements eingeführt werden. Der Bund hat dafür Sorge zu tragen, daß die Eisenbahnverwaltungen die Bahnen jederzeit in einem die nöthige Sicherheit gewährenden baulichen Zustande erhalten, und dieselbe mit Betriebsmaterial so ausrüsten, wie des Verkehrs Bedürfniß es erheischt."

Diese Bestimmung giebt dem Bunde eine unendliche Gewalt in die Hände, indem sie die der speciellen Landesregierungen bindet, denn nicht diese haben mehr über Bahnpolizei und Betrieb zu entscheiden, sondern der Bund.

Artikel 44.

„Die Eisenbahnverwaltungen sind verpflichtet, die für den durchgehenden Verkehr und zur Herstellung ineinandergreifender Fahrpläne nöthigen Personenzüge mit entsprechender Fahrgeschwindigkeit, desgleichen die zur Bewältigung des Güterverkehrs nöthigen Güterzüge einzuführen, auch directe Expeditionen im Personen- und Güterverkehr unter Gestattung des Ueberganges der Transportmittel von einer Bahn auf die andere, gegen die übliche Vergütung anzurichten."

Der Artikel ist sehr vortheilhaft, ebenso nützlich, wird aber zu tausenden von Reclamationen der verschiedenen, sich in den verschiedensten Händen befindenden Bahnen führen, hoffentlich hat das aber weiter Nichts zu sagen. Artikel 45 wird vielen Herrn Actionairen von Eisenbahnen etwas störend sein, namentlich Denen, welche in der Höhe des Preises, nicht in der Masse des Vertriebes ihren Nutzen sehen oder finden wollen. Engherzige Ansicht, nur die Frequenz, die Menge bereichert.

Artikel 45.

„Dem Bunde steht die Controlle über das Tarifwesen zu, derselbe wird namentlich dahin wirken, daß 1) baldigst auf den Eisenbahnen im Gebiete des Bundes, übereinstimmende Betriebs= reglements eingeführt werden, 2) daß die möglichste Gleichmäßig= keit und Herabsetzung der Tarife erzielt, insbesondere, daß bei größeren Entfernungen für den Transport von Kohlen, Koals, Erzen, Steinen, Salz, Roheisen, Düngmitteln und ähnlichen Gegenständen, ein dem Bedürfniß der Landwirthschaft und In= dustrie entsprechender ermäßigter Tarif und zwar zunächst der „Ein=Pfennig=Tarif" eingeführt werde."

Allgemein wird man dies seiten des Publikums als eine große Wohlthat anerkennen müssen, denn sowohl auf Regierungs= wie auf Privatbahnen setzte man die Preise willkürlich fest, und scheute dabei nicht den Geldbeutel, und die öffentliche Mei= nung der Staatsbürger. — Noch besser aber ist Artikel 46, welcher sagt:

„Bei eintretenden Nothständen, insbesondere bei unge= wöhnlicher Theurung der Lebensmittel, sind die Eisenbahn= verwaltungen verpflichtet, für den Transport, namentlich von Getreide, Mehl, Hülsenfrüchten und Kartoffeln zeitweise den Bedürfnissen entsprechenden, von dem Bundespräsidium auf Vor= schlag des betreffenden Bundesrathsausschusses festzustellenden, niedrigen Specialtarif einzuführen, welcher jedoch nicht unter den niedrigsten, auf der betreffenden Bahn für Rohprodukte geltenden Satz herabgehen darf."

Es ist dieser Artikel ein so wohlthätiger, so zeitgemäßer, daß man wohl kaum ein Wort zu dessen Vortheile zu sagen nöthig hat. Bei dem jetzigen raschen Verkehre, bei den vielen Eisenbahnen kann in Folge dessen eine Hungersnoth nirgends aus=

brechen. Wahre Humanität ist stets zu achten und zu preisen; mögen wir nie in die traurige Lage kommen, die Nothwendigkeit und Nützlichkeit dieses Gesetzes in Wirklichkeit zu erfahren.

Artikel 47.

„Den Anforderungen der Bundesbehörde in Betreff der Benutzung der Eisenbahnen zum Zweck der Vertheidigung des Bundesgebietes haben sämmtliche Eisenbahnverwaltungen unweigerlich Folge zu leisten. Insbesondere ist das Militair und alles Kriegsmaterial zu gleichen ermäßigten Sätzen zu befördern.

Der erste Satz versteht sich von selbst, und ist so nothwendig als der zweite, dessen Fassung aber doch etwas eigenthümlich klingt, welches sind denn die gleichmäßig ermäßigten Sätze, die im Artikel 46? also wird Militair und Material zu dem niedrigsten, nicht unter dem Rohmaterial stehenden Satze befördert? — Das klingt etwas sehr komisch — obgleich es sehr gut gemeint sein mag.

Post= und Telegraphenwesen.

Artikel 48.

Das Postwesen und das Telegraphenwesen werden für das gesammte Gebiet des norddeutschen Bundes als einheitliche Staatsverkehrsanstalten eingerichtet und verwaltet.“

Die im Artikel 4 vorgesehene Gesetzgebung des Bundes in Post= und Telegraphenangelegenheiten erstreckt sich nicht auf diejenigen Gegenstände, nach der Regelung der gegenwärtig in der preußischen Post= und Telegraphenverwaltung maßgebenden Grundsätzen, der reglementarischen Fortsetzung oder administrativen Anordnung überlassen ist. Wenn Preußen das Telegraphenwesen ganz, das Postwesen theilweise in die Hand nahm, und zwar für den Bund, so sagt die Reichsverfassung doch im Artikel 49:

„Die Einnahmen des Post= und Telegraphenwesens sind für den ganzen Bund gemeinschaftlich; die Ausgaben werden aus den gemeinschaftlichen Einnahmen bestritten, die Ueberschüsse fließen in die Bundescasse.“

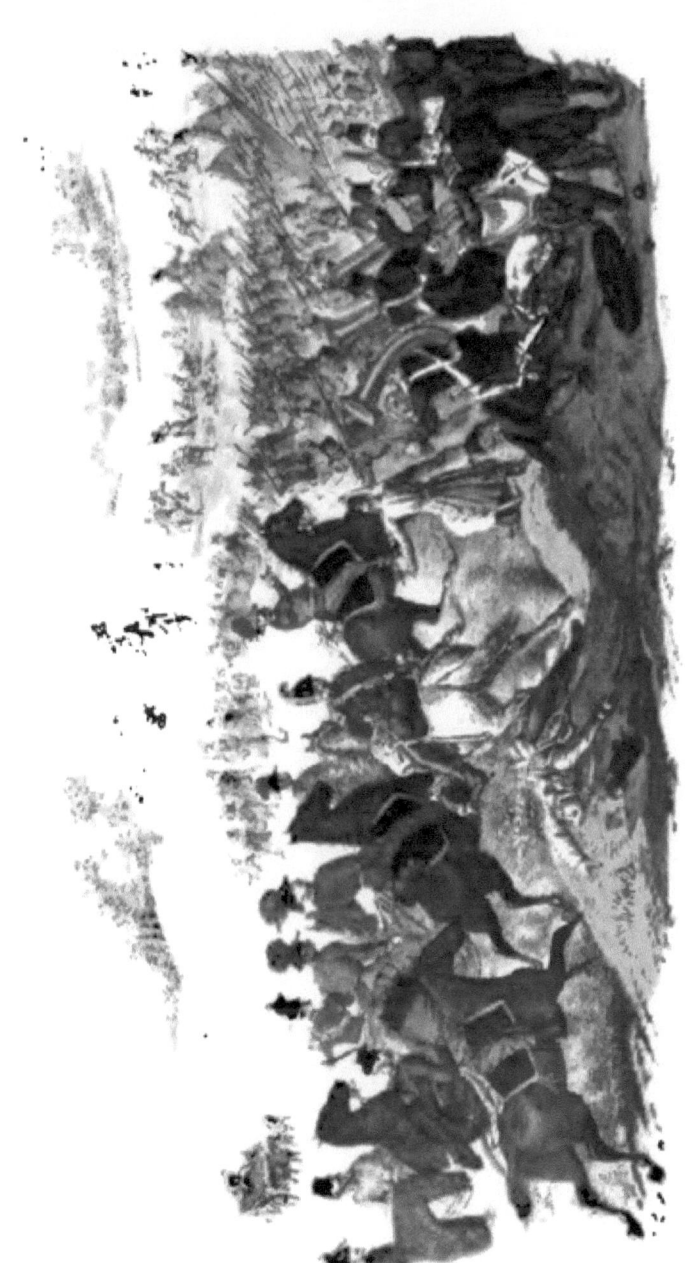

Angriff der Oestreicher unter Feldmarschalllieutenant v. Gablenz auf die Stellung der Preussen bei Trautenau.

Artikel 50.

Dem Bundespräsidium gehört die obere Leitung der Post-
und Telegraphenverwaltungen; dasselbe hat die Pflicht und das
Recht, dafür zu sorgen, daß Einheit in der Organisation der
Verwaltung, und im Betriebe des Dienstes, sowie in der Quali-
fication der Beamten hergestellt und erhalten wird." — D. h. mit
anderen Worten, Preußen als Bundespräsidium nimmt nicht nur
die Verkehrsanstalten ganz in seine Hand, sondern auch die
Beamten derselben werden vollständig von ihm abhängig und beaufsichtigt. — Ferner: „Das Präsidium hat für den Erlaß der
reglementarischen Festsetzungen und allgemeinen administrativen
Anordnungen, sowie für ausschließliche Wahrnehmung der Beziehungen zu andern deutschen oder außerdeutschen Postanstalten
und Telegraphenverwaltungen Sorge zu tragen."

Und in Folge dessen sind die nächsten und kürzesten Verkehrswege stets in den Händen Preußens, in den von Preußen ab-
hängigen Beamten. Schiller sagt einmal: „Wär der Gedanke
nicht verwünscht gescheut, man wär versucht ihn wirklich klug zu
nennen," fügen wir hinzu. Das geht noch besser aus folgendem,
anschließenden Satze hervor:

„Sämmtliche Beamte der Post- und Telegraphenverwaltung
sind verpflichtet, den Anordnungen des Bundespräsidiums — als
Preußens — Folge zu leisten, diese Verpflichtung ist in den
Diensteid aufzunehmen."

Wir glauben, daß dieser Satz unsere obige Angabe vollständig bestätigt.

„Die Anstellung der bei den Verwaltungsbehörden der
Post und Telegraphie in den verschiedenen Bezirken erforderlichen Beamten (z. B. der Directoren, Räthe, Oberinspectoren),
ferner die Anstellung der zur Wahrnehmung u. f. w. Dienstes
in den einzelnen Bezirken als Organe der erwähnten Behörden
fungirenden Post- und Telegraphenbeamten (z. B. Inspectoren,
Controlleure), geht für das ganze Gebiet des norddeutschen
Bundes von dem Präsidium aus, welchem diese Beamten den
Diensteid leisten. Den einzelnen Landesregierungen wird von

den in Rede stehenden Ernennungen, soweit dieselben ihr Gebiet betreffen, behufs der landesherrlichen Bestätigung und Publication, rechtzeitig Mittheilung gemacht werden. Die andern, bei den Verwaltungsbehörden der Post und Telegraphie erforderlichen Beamten, sowie alle, für den lokalen und technischen Betrieb bestimmten, mithin bei den eigentlichen Betriebsstellen fungirenden Beamten u. s. w. werden von den betreffenden Landesregierungen angestellt. Wo eine selbstständige Landespost-, resp. Telegraphen-Verwaltung nicht besteht, entscheiden die Bestimmungen der besonderen Verträge."

Dieser Artikel greift unendlich tief in die Selbstständigkeit der einzelnen Staaten ein; es würde dies in geringerem Maaße der Fall sein, wenn die Einzelregierungen wenigstens das Recht hätten, die höheren Beamten obiger Branchen zu ernennen, und diese dann dem Bundespräsidium den Eid der Treue leisteten. In dieser Fassung aber ist er eine Härte, und hat noch den Nachtheil daß z. B. in Sachsen lauter preußische Oberbeamte angestellt werden können und man dem Sachsen jede höhere Carrière im Post- und Eisenbahnwesen seiten des Bundespräsidiums, d. h. seiten Preußens, abschneiden kann. Man könnte sich noch für befriedigt erklären, wenn es hieße, daß jene Ernennungen vom Bunde selbst zu erfolgen hatten, denn in diesem ist jede Einzelregierung vertreten, daß dem Präsidium „Preußen" die Ausführung zustehe. Wie es aber jetzt steht, hat letzteres doch sehr des Löwen Antheil bekommen und genommen.

Artikel 51.

„Zur Beseitigung der Zersplitterung des Post- und Telegraphenwesens in den Hansestädten, wird die Verwaltung und der Betrieb der verschiedenen dort befindlichen, staatlichen Post- und Telegraphenanstalten, nach näherer Anordnung des Bundespräsidiums, welches den Senaten Gelegenheit zur Aeußerung ihrer hierauf bezüglichen Wünsche geben wird, vereinigt. Hinsichts der dort befindlichen deutschen Anstalten ist diese Vereinigung sofort auszuführen. Mit den außerdeutschen Regierungen, welche in den Hansestädten noch Postrechte besitzen oder ausüben,

werden die zu dem vorstehenden Zwecke nötbigen Vereinbarungen
getroffen werden."

Unserer unmaaßgeblichen Ansicht nach gehört dieser sehr
nützliche Artikel, der nur lokales Interesse für Hamburg, Lübeck
und Bremen hat, durchaus nicht in die „Verfassung des norddeutschen Bundes;" denn ob sie in jenen Städten eine preußische,
dänische, englische Post hatten, war zwar für den Verkehr
störend, hat aber auf die norddeutsche Reichsverfassung um so
weniger Einfluß, als nach früheren Bestimmungen die Oberleitung der Telegraphie und Post dort, wie überall, dem Bundespräsidium, also Preußen, zusteht, und das Bundespräsidium obige
Vereinigungen vornehmen konnte, ohne diesen ganzen, unserer Ansicht nach, bis auf den letzten Satz überflüssigen Artikel.

Artikel 52.

„Die Ueberweisung des Ueberschusses der Postverwaltung für
allgemeine Bundeszwecke (Artikel 49) soll, in Betracht der bisherigen Verschiedenheit der von den Landespost-Verwaltungen der
einzelnen Gebiete erzielten Rein-Einnahmen, zum Zwecke einer
entsprechenden Ausgleichung während der unten festgesetzten
Uebergangszeit, folgendes Verfahren beobachtet werden: Aus
den Postüberschüssen, welche in den einzelnen Postbezirken während der fünf Jahre von 1861 bis 1865 aufgekommen sind,
wird ein durchschnittlicher Jahresüberschuß berechnet, und der
Antheil, welchen jeder Postbezirk an dem, für das gesammte Gebiet des norddeutschen Bundes sich darnach herausstellenden Post-
überschusse gehabt hat, nach Prozenten festgestellt. Nach Maaßgabe des auf diese Weise festgestellten Verhältnisses, werden aus
den im Bunde aufkommenden Postüberschüssen während der nächsten 8 Jahre den einzelnen Staaten die sich für dieselben er-
gebenden Quoten, auf ihre sonstigen Beiträge zu Bundeszwecken,
zu Gute gerechnet. Nach Ablauf der acht Jahre hört jene
Unterscheidung auf, und fließen die Postüberschüsse in unge-
theilter Aufrechnung, nach dem in Artikel 49 enthaltenen Grundsatze, der Bundescasse zu. Von der, während der vorgedachten
acht Jahre für die Hansestädte sich herausstellenden Quote des

Postüberschusses, wird alljährlich vorweg die Hälfte dem Bundes-
präsidium zur Disposition gestellt, zu dem Zwecke, daraus die
Kosten · für die Herstellung normaler Posteinrichtungen in den
Hansestädten zu bestreiten."

Dieser Artikel überweist also, nach Verlauf von 8 Jahren,
die bedeutenden Postüberschüsse, welche wir z. B. in Sachsen
hatten, und die zu Staatszwecken mit verwendet wurden, an den
Bund; der Ausfall wird wohl durch erhöhte Steuern gedeckt
werden müssen. Alle diese Dinge sind vielleicht recht hübsch,
kommen aber dem Einzelstaate sehr theuer zu stehen. Der 9.
Abschnitt, Marine und Schifffahrt behandelnd, beginnt mit Artikel 53:

„Die Bundeskriegsmarine ist eine einheitliche unter preußischem Oberbefehl. Die Organisation und Zusammensetzung derselben liegt Sr. Majestät dem Könige von Preußen ob, welcher
die Offiziere und Beamten der Marine ernennt, und für welchen
dieselben, nebst den Mannschaften, eidlich in Pflicht zu nehmen sind."

Die Bundeskriegsmarine, welche der Bund zu erhalten hat,
steht nicht unter dem Bundesfeldherrn, sondern unter der
Krone Preußen, und hat nicht dem Bunde, sondern dem Könige
jenes Reiches den Eid der Treue zu leisten.

„Der Kieler Hafen und Jahdebusen sind Bundeskriegshäfen.
Der, zur Gründung und Erhaltung der Kriegsflotte und der
damit zusammenhängenden Anstalten erforderliche Aufwand wird
aus der Bundescasse bestritten. Die gesammte seemännische Bevölkerung des Bundes, einschließlich des Maschinenpersonales
und der Schiffshandwerker, ist vom Dienste im Landheere befreit, dagegen zum Dienste in der Bundesmarine verpflichtet.
Die Vertheilung des Ersatzbedarfes findet nach Maaßgabe der
vorhandenen seemännischen Bevölkerung statt, und die hier von
jedem Staate gestellte Quote kommt auf die Gestellung zum
Landheere in Abrechnung."

Norddeutschland, oder besser gesagt, der norddeutsche Bund,
erhält, bezahlt und bemannt eine Bundesflotte, die nicht unter

dem Bunde, sondern unter dem Könige von Preußen steht; das Land Preußen giebt Dasselbe dazu wie jeder andere Staat, seiner Größe angemessen.

Artikel 54.

„Die Kauffartheischiffe aller Bundesstaaten bilden eine einheitliche Handelsmarine."

Das ist gewiß eine sehr segensreiche Einrichtung, der man nur vollen Beifall zollen kann; denn nur dadurch kann sie sich die Achtung, das Ansehen erwerben, was ihr wirklich gebührt.

„Der Bund hat das Verfahren zur Ermittelung der Labungsfähigkeit der Seeschiffe zu bestimmen, die Ausstellung der Maßbriefe, sowie der Schiffscertificate zu regeln, und die Bedingungen festzustellen, von welchen die Bedingung eines Seeschiffes abhängig ist."

Auch das ist recht anerkennenswerth; denn bisher ging man in den verschiedenen Hafenstädten, welche verschiedene Regierungen hatten, von den allerverschiedensten Grundsätzen aus.

„In den verschiedenen Seehäfen und auf allen natürlichen und künstlichen Wasserstraßen der einzelnen Bundesstaaten werden die Kauffartheischiffe sämmtlicher Bundesstaaten gleichmäßig zugelassen und behandelt. Die Abgaben, welche in den Seehäfen von den Seeschiffen oder deren Labungen für die Benutzung der Schifffahrtsanstalten erhoben werden, dürfen die zur Unterhaltung und gewöhnlichen Herstellung dieser Anstalten erforderlichen Kosten nicht übersteigen."

Auch hier kann man nur Bravo rufen, wenn dies auch den Senaten von Hamburg, Lübeck und Bremen nicht gerade angenehm sein wird, welche trotz dessen, daß sie sich Freihäfen nannten, doch ziemlich bedeutende Stapelgebühren von anderen deutschen Schiffen nahmen. Ferner:

„Auf allen natürlichen Wasserstraßen dürfen Abgaben nur für die Benutzung besonderer Anstalten, die zur Erleichterung des Verkehrs bestimmt sind, erhoben werden. Diese Abgaben, sowie die Abgaben für die Befahrung solcher künstlicher Wasserstraßen, welche Staatseigenthum sind, dürfen die, zur Unterhaltung und Herstellung der Anstalten und Anlagen erforderlichen Kosten nicht übersteigen. Auf die Flöße findet diese Bestimmung insoweit Anwendung, als dieselbe auf schiffbaren Wasserstraßen betrieben wird."

Auch diesen Satz werden unsere, mit allerhand Zöllen bis=her belasteten Süßwasserschiffer mit Freuden begrüßen. Auf jedem großen Flusse, der verschiedene Länder durchströmte, mußten sie in jedem derselben Steuer zahlen, wenn auch daselbst durchaus Nichts zu Herstellung des Strombettes, Schutz gegen Versandung rc. geschah. Noch besser ist es aber, daß jetzt auch diese Steuer, dieser Zoll nicht eine Revenue für solche Länder sein kann, sondern nur soviel betragen darf, als eben die In=standhhaltung der Wasserstraße selbst, kostet.

„Auf fremde Schiffe oder deren Ladungen andere oder höhere Abgaben zu legen, als von den Schiffen der Bundes=staaten oder deren Ladungen zu entrichten sind, steht keinem Einzelstaate, sondern nur dem Bunde zu."

Schiffe aus Böhmen, welche elbabwärts gehen, dürfen, so=wie sie die sächsische Grenze passiren, von uns aus nur mit den Steuern belegt werden, welche jedes andere, norddeutsche Schiff zu bezahlen haben würde — wenn nicht der Bund selbst befiehlt ersterer Abgaben zu erhöhen.

Artikel 55.

„Die Flagge der Kriegs= und Handelsmarine ist Schwarz=Weiß=Roth."

Bekanntlich ist es unbedingt nothwendig, daß die Schiffe der verschiedenen Nationen auf der See Flaggen führen, um sich gegenseitig zu erkennen. Eine deutsche Handelsflagge existirte bis daher nicht, die hanseftädtischen Schiffe fuhren unter ihrer städtischen, die preußischen unter preußischer Flagge; letzterer Kriegsschiffe führten den schwarzen Adler im weißen Felde. Jetzt aber haben wir eine Flagge: schwarzweißroth; schwarzroth=gold hat man sicher im Angedenken an deren umstürzlerische Vergangenheit nicht gewählt. Schwarz befindet sich in der preu=ßischen, weiß fast in allen norddeutschen, roth in der hessischen und den hanseatischen Landesfarben; daher mag möglicher Weise die Zusammenstellung dieser Flagge kommen, der wir hier viel Glück und Segen, vor Allem aber mehr Achtung seiten des Auslandes wünschen, als es dies bisher den deutschen Seeschiffen bezeugte. Daß dergleichen Einrichtungen den Seemächten, namentlich England, nicht gleichgültig sind, daß die Britten erst mit Lächeln, dann mit Besorgniß auf dergleichen sehen, ist kein Fehler, sondern ein Vortheil; denn jene Nation respectirt das Ausland nur dann und so lange, als es Furcht vor demselben hat. Abschnitt 10 behandelt das Consularwesen, das als Vermittler zwischen auswärtigen Hafenplätzen und deutschen Handelsschiffen so ganz außerordentlich nothwendig ist. Der einzige Artikel 56 heißt:

„Das gesammte norddeutsche Consulatwesen steht unter Aufsicht des Bundespräsidiums, welches die Consuln, nach Vernehmung des Ausschusses des Bundesrathes, für Handel und Verkehr, anstellt. In dem Amtsbezirk der Bundesconsuln dürfen neue Landesconsulate nicht errichtet werden. Die Bundesconsuln üben für die, in ihrem Bezirke nicht vertretenen Bundesstaaten, die Function eines Landesconsuls aus. Die sämmtlichen bestehenden Landesconsulate werden aufgehoben, sobald die Organisation der Bundesconsulate in der Weise vollendet ist, daß die Vertretung der Einzelinteressen aller Bundesstaaten, als durch Bundesconsulate gesichert, von dem Bundesrathe anerkannt wird."

In diesem Artikel befindet sich ein seltsamer Sprachfehler — Frankreich England, Rußland — alle diese sind Länder, welche Consulate haben; will etwa Norddeutschland die derselben mit vertreten, oder aufheben? Richtig mußte es heißen: In dem Landesbezirke der Bundesconsule dürfen neue Consulate der zum norddeutschen Bunde gehörenden Länder nicht errichtet werden! — Ist denn das keinem der hohen Reichstagsmitglieder aufgefallen, nicht einmal einem Sylbenstecher, der vielleicht ein sächsischer Advocat ist? — Das Eingreifendste in alle Verhältnisse aber enthält der Abschnitt 12, über das Bundeskriegswesen das bei dem alten Bunde allerdings sehr im Argen lag, die einzelnen Contingente waren gut, aber das Ganze paßte nicht zusammen, in jedem derselben gab es andere dienstliche und factische Bestimmungen, an die für eine glückliche Kriegsführung so nothwendige Einheit dachte kein Mensch. Artikel 57 stellt den sehr richtigen Grundsatz auf: „Jeder Norddeutsche ist wehrpflichtig, und kann sich in Ausübung dieser Pflicht nicht vertreten lassen." Ganz unzweifelhaft ist die Vertheidigung von König und Vaterland eine heilige Pflicht, welche jeder kräftige Mann erfüllen muß; ob arm ob reich, die Lasten sind gleich — den Armen schmerzt die Wunde eben so sehr als den Reichen; es wird der armen Frau eben so sauer einen Knaben zu gebären, wie der reichen, es wird ihr aber bedeutend schwerer einen solchen aufzuziehen, wie jener, denn sie muß sich den Bissen abdarben und dem Kinde geben, während jene von solchen Opfern keine Idee hat, und bei ihr die Kinder eben nur eine Zugabe, eine Annehmlichkeit des ehelichen Lebens sind. Kam nun ein Sohn in das zwanzigste Jahr, war er so weit, daß er durch seiner Hände Arbeit der vielleicht verwittweten Mutter das vergelten konnte, was sie an ihm gethan, da mußte er Soldat werden, während der reiche Nachbarssohn, vornehm an ihm vorübergehend, dreihundert Thaler in der Tasche, diese auf den Tisch legte, und dadurch die höchst ehrenwerthe Freiheit erkaufte für König und Vaterland sich nicht todtschießen zu lassen, und seine Glieder im Bett hüten zu können, wo jener nicht 300 Thaler Besitzende dieselben der Kugel und dem Säbel des Feindes, mindestens der Hitze und Kälte und jeder Anstrengung im Dienste aussetzen mußte. Wir fragen einfach, konnte es denn bei armen Leuten dahin führen, daß diese eine große Anhänglichkeit an die Gesetze hatten, oder gar eine Liebe für dieselben, wenn sie sich sagten und der Augenschein es ihnen jeden Moment bewies: Willst Du Dein Recht, so kostet es Geld, denn der Advokat thut nichts für Dich ohne Kostenvorschuß, und in's Armenrecht geht man doch auch nicht gern; soll Dein Sohn nicht Soldat werden, brauchst Du wieder Geld; folglich ist das

Geld die Hauptsache, mit Geld hat man sehr große bürgerliche Vortheile, selbst im conſtitutionellen Sachſen. Wir aber ſagen hier, wir ſprechen es in voller Ueberzeugung aus, daß wir das Abſchaffen des Loskaufens vom Militairſtande, nicht blos für die Abſchaffung eines Uebelſtandes, ſondern ſogar für einen Act der Gerechtigkeit halten. Wenn die Söhne unſeres Königs Soldaten ſind, ihr Leben den Gefahren der Schlachten, den Strapaßen eines Feldzuges ausſetzen; ſo kann und muß es wahrlich jeder andere Sachſe auch.

Artikel 58.

„Die Koſten und Laſten des geſammten Kriegsweſens des Bundes, ſind von allen Bundesſtaaten und ihren Angehörigen gleichmäßig zu tragen, ſo daß weder Bevorzugungen noch Prä-prorationen einzelner Staaten oder Claſſen grundſätzlich zuläſſig ſind. Wo die gleiche Vertheilung der Laſten ſich in natura nicht herſtellen läßt, ohne die öffentliche Wohlfahrt zu ſchädigen, iſt die Ausgleichung nach den Grundſätzen der Gerechtigkeit im Wege der Geſetzgebung feſtzuſtellen.

Artikel 59.

Jeder wehrkräftige Norddeutſche gehört 7 Jahre lang, in der Regel vom vollendeten 20. bis zum beginnenden 28. Lebens-jahre dem ſtehenden Heere und zwar die erſten drei Jahre bei den Fahnen, die letzten 4 Jahre in der Reſerve, und die folgen-den 5 Lebensjahre der Landwehr an. In denjenigen Bundes-ſtaaten, in denen bisher eine längere, als zwölfjährige Dienſtzeit geſetzlich war, findet die allmälige Herabſetzung der Verpflichtung nur in dem Maaße ſtatt, als dies die Rückſicht auf die Kriegs-bereitſchaft des Bundesheeres zuläßt. In Bezug auf die Aus-wanderung der Reſerviſten ſollen lediglich diejenigen Beſtimmungen maaßgebend ſein, welche für die Auswanderung der Landwehr-männer gelten.

Artikel 60.

Die Friedenspräsenzstärke des Bundesheeres wird bis zum 31.. December 1871 auf ein Procent der Bevölkerung von 1867 normirt, und wird pro rata derſelben von den einzelnen Bundes-

Kriegsbilder. Lief. 17.   33

staaten gestellt. Für die spätere Zeit wird die Friedenspräsenz-stärke des Heeres im Wege der Bundesgesetzgebung festgestellt."

Zur Erklärung wollen wir noch hinzufügen, daß das bis-herige Beurlaubungssystem, wie es in der königl. sächs. Armee Vorschrift war, nunmehr gänzlich wegfällt, daß der Soldat be-rittener Truppen vier, der der Fußtruppen drei Jahre stets im Dienste sein muß, ersterer aber dann ein Jahr weniger in der Reserve zu dienen hat. Stellvertretung ist natürlich nicht; blos etwas lernen, um nöthigenfalls einjähriger Freiwilliger werden zu können, der als solcher, wenn mittellos, nach dem sächsischen Gesetze von der Regierung equipirt und belöhnt wird. Artikel 61 greift sehr tief in die Gesetzgebung, namentlich in die Mili-tairstrafgesetzgebung ein, er lautet:

„Nach Publication dieser Verfassung ist in dem ganzen Bundesgebiete die gesammte preußische Militairgesetzgebung unge-säumt einzuführen, sowohl die Gesetze selbst, als die zu deren Ausführung, Erläuterung und Ergänzung erlassenen Reglements, Instructionen und Rescripte, namentlich also das Militairgesetz-buch vom 3. April 1845, die Militairgerichtsordnung vom 3. April 1845, die Verordnung über die Ehrengerichte vom 20. Juli 1843, die Bestimmungen über Aushebung, Dienstzeit, Service, Verpflegungswesen, Einquartierung, Ersatz von Flurbe-schädigungen, Mobilmachungen re., für Krieg und Frieden. Die Militairkirchenordnung ist jedoch ausgeschlossen. Nach gleich-mäßiger Durchführung der Bundeskriegsorganisation wird das Bundespräsidium ein umfassendes Bundesmilitairgesetz dem Reichs-tage und dem Bundesrathe zur verfassungsmäßigen Beschluß-fassung vorlegen."

Ein neues Militairgesetz ist demnach nicht ausgeschlossen, wir bezweifeln aber recht gründlich, ob die Stellvertretung darin aufgenommen werden würde.

Artikel 62.

„Zur Bestreitung des Aufwandes für das gesammte Bundes-heer und die zu demselben gehörigen Einrichtungen sind bis zum 31. December 1871 dem Bundesfeldherrn so viel mal 225 Thaler, in Worten zweihundertfünfundzwanzig Thaler, als die Kopfzahl der Friedensstärke des Heeres nach Artikel 60 beträgt, zur Verfügung zu stellen. Die Zahlung der Beiträge beginnt mit dem ersten des Monates nach Publication der Bundesverfassung. Nach dem 21. December 1871 müssen diese Beiträge von den einzelnen Staaten des Bundes zur Bundescasse fortgezahlt werden. Zur Berechnung derselben wird die im Artikel 60 interimistisch festgesetzte Friedenspräsenzstärke so lange festgehalten, bis sie durch ein Bundesgesetz abgeändert ist. Die Vorausgebung dieser Summe für das gesammte Bundesheer und dessen Einrichtung wird durch das Etatsgesetz festgestellt. Bei der Feststellung des Militairausgabeetats wird bis auf die Grundlage dieser Verfassung gesetzlich feststehende Organisation des Bundesheeres zu Grunde gelegt."

Dieser Artikel wird denen von unseren Landtagsabgeordneten, welche gern jeden für den Soldaten auszugebenden Groschen auf einen Pfennig herabsetzten, allerdings nicht ganz angenehm sein, und Denen, welche gern am Militair in jeder Weise mäkelten, noch störender; denn sie haben über dasselbe Nichts mehr zu verfügen, sie haben Nichts mehr darüber zu sagen, und überhaupt nur zu bestimmen, wie die 225 Thaler pro Kopf aufzubringen sind. Mancher, der die sogenannte Rechtswissenschaft zu seinem Studium gemacht hat, müßte eigentlich über solche Zustände verzweifeln, wüßte er nicht, daß Gewalt eben vor Recht geht!

Artikel 63.

„Die gesammte Landmacht des Bundes wird ein einheitliches Heer bilden, welches im Kriege wie im Frieden unter Sr. Majestät des Königs von Preußen, als Bundesherrn, Befehle steht.

Die Regimenter führen fortlaufende Nummern durch die ganze Bundesarmee. Für die Bekleidung sind die Grundfarben und der Schnitt der Königlich preußischen Armee maaßgebend. Dem betreffenden Contingentsherrn bleibt es überlassen, die äußeren Abzeichen, Cocarden ꝛc., zu bestimmen."

Diese Geschichte mit den fortlaufenden Nummern ist seiten Preußens schon lange angebahnt, und daraus gehen schon die Eroberungspläne hervor, welche es seit 1859 nicht blos hegte, sondern durch die neue Heeresorganisation auch deutlich an den Tag legte. Eine gewisse historische Begründung hatte es allerdings, daß man nicht mehr sagte 20. Infanterieregiment, sondern 1. brandenburgisches Infanterieregiment Nr. 20, weil es bis nach den Befreiungskriegen so gewesen war; es ist aber eine große Voraussicht, daß man den neupreußischen Regimentern, d. h. denen, welche aus der, 1815 an Preußen abgetretenen, noch jetzt amtlich so heißenden Provinz Sachsen stammen, nicht den Namen sächsische, sondern thüringische gab. So heißt es: „thüringisches Husarenregiment Nr. 12" — und müßte heißen: „sächsisches Husarenregiment Nr. 12," denn eine Provinz „Thüringen" existirte im ganzen preußischen Staate nicht, Thüringen gehörte zur Provinz Sachsen, jedes Regiment war nach der Provinz benannt, mithin mußten die an Preußen gefallenen Sachsen auch wieder diesen Namen erhalten. Man that dies vermuthlich aus dem Grunde nicht, weil man eben auf Militairconvention mit Sachsen rechnete, und ein 4. sächsisches und 12. sächsisches Armeecorps wäre doch nicht recht gut anwendbar gewesen. —

Daß für die Bekleidung die Grundfarben der preußischen Armee maaßgebend sein sollen, dagegen ist Nichts zu sagen; den Schnitt, der bei uns in Sachsen kleidsamer ist, haben sie uns belassen, auch die Landesfarben als Cocarde. Was aber das Wort „Contingentsherr" bedeuten soll, das begreifen wir nicht. Man kennt wohl einen Kriegsherrn, und das ist allemal der angestammte, auf dem Throne sitzende Landesherr, oder in den Hansestädten ist es, soviel ich weiß, der Senat — hier kommt auch Nichts darauf an — aber ein Contingentsherr ist ein rein unerklärliches Wort. Wenn man soviel an dieser Reichsverfassung herummäkelte, warum hat man dieses Wort nicht geändert, warum nicht gesagt: bleibt dem Kriegsherrn jedes Contingentes überlassen? Denn der König von Sachsen ist und

bleibt unſer Kriegsherr, der König von Preußen nur Oberbundes-
feldherr. Ferner:

„Der Bundesfeldherr hat die Pflicht und das Recht, dafür
Sorge zu tragen, daß innerhalb des Bundesheeres alle Truppentheile vollzählig und kriegstüchtig vorhanden ſind, und daß Einheit
in der Organiſation und Formation, in Bewaffnung und Commando, in der Ausbildung der Mannſchaften, ſowie in der Quali-
fication der Offiziere hergeſtellt und erhalten wird. Zu dieſem
Behufe iſt der Bundesfeldherr berechtigt, ſich jederzeit durch Inſpectionen von der Verfaſſung der einzelnen Contingente zu überzeugen, und die Abſtellung der dabei vorgefundenen Mängel
anzuordnen.“

Das iſt nur löblich, und beſſer als die frühere Bundes-
militairverfaſſung, wornach allerdings auch Inſpectionen vorgenommen wurden, die man aber ein halbes Jahr vorher wußte,
und dabei zeigte, was man eben zeigen wollte. Wie es zuging,
da will ich nur eines Falles aus der Bundesinſpection vom Jahre
1846 hier gedenken. Prinzip war im ſächſiſchen Heere ſtets die
größte Sparſamkeit, der mitunter ſelbſt die Nothwendigkeit weichen
mußte. So iſt es gewiß nothwendig, daß der Soldat die Waffe,
von deren Gebrauch ſein Leben, in höheren Inſtanzen der Kriegsruhm — ja, das Heil des Vaterlandes — abhängt, genau kennt
und zu behandeln weiß. In Folge deſſen muß er mit ihr vertraut
ſein, ſie ſtets in Händen haben, gleich dem Reiter, der ſein
Schlachtroß auch ſelbſt füttern und putzen muß. Gute theure Gewehre fraßen aber kein Futter, das Putzen koſtet kein Geld; denn
man hat ja Soldaten genug. Alſo war es zum Prinzip geworden, die guten Gewehre auf die „Kammer“ abzugeben,
und dagegen den Mann mit einem ſogenannten Dienſtgewehre
auszuſtatten, das jeden anderen Zweck beſſer erfüllte, als den, eine
Schußwaffe zu ſein. Wehe Dem, der es losdrücken mußte!
Ein furchtbarer Stoß auf die Schulter, ein Schlag an den
Backen, daß dieſer aufſchwoll, war die unvermeidliche Folge;
für das Treffen des Gegners oder der Scheibe lag nur eine
ſehr entfernte Möglichkeit vor. Nun hatten wir damals (1846)

3 Schützenbataillone. Die besten der Schützen sollten mit gezogenen Gewehren (Büchsen) bewaffnet sein, die in ihrer äußern Gestalt sehr von den glatten Schützengewehren abwichen, ebenso sehr aber auch von den sogenannten „Carabinern," kleinen Platzbüchsen, ohne Züge, aus denen man kaum schießen konnte, welche die Jäger aber stets führten; denn nur zum Scheibenschießen erhielten sie die Dienstbüchse. Nun sollten vor der Bundescommission große Manöver sein, und in Folge der Bundesmilitairbestimmungen, mußte ein gewisser Theil der Infanterie gezogene Gewehre führen. Dem damaligen, sehr sparsamen Kriegsministerium that es doch zu leid, die schönen Jägerbüchsen vier Wochen lang, während der Manövres, den Jägern in die Hände zu geben, ebenso wenig war es aber der Bundescommission zuzumuthen, die Kammern von Leipzig und Wurzen zu inspiciren, um sich von dem Vorhandensein jener zu überzeugen. Was geschah? Man ließ für jedes Bataillon 16 Büchsen anfertigen, die in ihrer äußern Form jenen Carabinern vollständig glichen, gab sie den Oberjägern, während die Jäger keck ihre Platzbüchsen — die alten Carabiner — bei der Revision führten. Als einer der Herren Bundesgenerale eine gezogene Büchse besichtigen wollte, trat ein Oberjäger vor, überreichte sie ihm, und jener sprach sich sehr vortheilhaft über die vorzügliche Bewaffnung aus, obschon diese gezogenen Carabiner ganz miserabel schossen. — Das war auch eine Bundesinspection, solche Sachen können jetzt nicht mehr vorfallen.

„Der Bundesfeldherr bestimmt den Präsenzstand, die Gliederung und Eintheilung der Contingente der Bundesarmee, sowie die Organisation der Landwehr, und hat das Recht, innerhalb des Bundesgebietes die Garnisonen zu bestimmen, sowie die kriegsbereite Aufstellung eines jeden Theiles der Bundesarmee anzuordnen."

Der Bundesfeldherr ist demnach unbeschränkter Gebieter über Aufstellung, Verwendung, Organisation des Heeres; kein Landesfürst darf etwas darüber sagen, keine Obrigkeit sich Befatzung verbitten, wie dies in manchen Städten früher der Fall war, es giebt keine Petition mehr an den Landtag, um die Garnison los zu werden, der Landtag hat in militairischen Sachen gar Nichts mehr zu reden, ebenso wenig wie in Post- und Telegraphenwesen. Man möchte beinahe sagen, der sächsische Landtag ist gewesen, seine Wirksamkeit dürfte für die Zukunft eine äußerst geringe sein. Es geht aber auch aus obigem Satze hervor, daß der Bundesfeldherr ebenso gut sächsische Truppen nach Preußen, als preußische nach Sachsen verlegen kann; er kann in Heeresangelegenheiten unumschränkt walten, und selbst der Reichstag kann nichts dagegen haben.

„Behufs Erhaltung der unentbehrlichen Einheit in der Administration, Verpflegung, Bewaffnung und Ausrüstung aller Truppentheile des Bundesheeres, sind die bezüglichen, künftig ergehenden Anordnungen für die Preußische Armee, den Commandanten der übrigen Bundescontingente durch den, Artikel 8, Nr. 1 bezeichneten Ausschuß für das Landheer und die Festungen, zur Nachachtung in geeigneter Weise mitzutheilen.

Artikel 64.

„Alle Bundestruppen sind verpflichtet, den Befehlen des Bundesfeldherrn unbedingt Folge zu leisten. Diese Verpflichtung ist in den Fahneneid aufzunehmen."

Das ist ein Satz, über welchen sich manches ernste Wort für diejenigen Soldaten sprechen läßt, wo der Bundesfeldherr nicht gleichzeitig Kriegsherr ist, also für uns Sachsen. Setzen wir den Fall, der Kriegsherr, dem die Truppen auch den Eid der Treue schwören, will anders als der Bundesfeldherr; wem haben da die Soldaten zu gehorchen? Und brechen sie nicht allemal den Eid, wenn sie das Eine thun, das Andere lassen? Man sage ja nicht: „So etwas kann nie geschehen, das sind Thorheiten!" Gutzkow läßt seinen Ben Akiba — den alten jüdischen Geistlichen — im Schauspiel Uriel Acosta sagen:

Denn in dem Talmuth ist es ja zu lesen,
Das Alles ist schon einmal dagewesen!

Wir wollen für diesen Satz nur ein Beispiel aus der Geschichte, und zwar aus der neuesten unseres eignen Vaterlandes, anführen. Als die Furchtsamkeit der Regierungen, das Auf= treten, und zwar das, für den Augenblick sehr heftige, der soge= nannten Volkspartei, erstere zwang, Verfassung und Minister zu wechseln, da — um das Heer ganz von jener unabhängig zu machen — ließ man es den Eid auf die Verfassung schwören. So namentlich in Sachsen. Die Verfassung ward später umge= stoßen; das Heer schützte sie nicht, es folgte den gegebenen Befehlen seines Kriegsherrn, und streng genommen, hat jeder Offizier, jeder Soldat, welcher damals jenen Eid ablegen mußte, einen Meineid geschworen. Wollte man hier die Strenge des Gesetzes anwenden, so würde man aus den Casernen haben Arbeits= oder Zuchthäuser herstellen müssen; denn es steht im Artikel 221 des Strafgesetzbuches für das Königreich Sachsen:

„Wer vor einer öffentlichen Behörde, in eigenen oder frem= den Angelegenheiten, eine Aussage, von der er weiß oder über= zeugt ist, daß sie unwahr sei, eidlich erstattet, wird wegen Mein= eides mit Arbeits= oder Zuchthausstrafe bis zu zwei Jahren, und wenn die wahrheitswidrige Aussage in einem Zeugnisse zu Ungunsten eines Anderen besteht, mit Arbeitshausstrafe von acht Monaten bis zu vier Jahren, oder Zuchthaus bis zu vier Jah= ren, bestraft."

Als eine eidliche Aussage ist diejenige zu betrachten, welche mittelst Eides bekräftigt, oder unter Beziehung oder Verweisung auf einen bereits geleisteten Eid, wenn das auch nur ein allge= meiner Dienst= oder Verpflichtungseid ist, erstattet wird! — Der Auditeur, welcher uns den Eid abnahm, war eine öffent= liche Behörde; Niemand hat die, welche ihn damals geschworen, zur Verantwortung gezogen, aber auch Niemand sie der Ver= pflichtung entbunden. — Darum lernen wir daraus, daß auch Niemand zween Herren dienen kann, daß ein Heer nur auf den Bundesfeldherrn, oder auf seinen Kriegsherrn verpflichtet sein darf. Mögen jene Herrscher ein Uebereinkommen abschlie= ßen, das ist ganz gut; der Soldat aber kann und darf nur einem Herrn gehorchen. Ferner lautet Artikel 64:

Gen. v. Hutius, Chef d.4 Armeecorps. Prinz Aug. v. Würtemberg, General v. Schack, Generallieutn. v. Göben v. Falkenstein Chef d.8.Armeecorps. Chef d.4.Armeecorps. Prinz Friedrich Carl, Chef d.7. Armeecorps. Kronprinz Friedrich Wilhelm, Chef d.1. Armeecorps. Chef d.2. Armeecorps.

K. preuss. Heerführer.

Generallieutn. v. d. Mülbe, Chef d.10. Armeecorps Gen. Herwarth v. Bittenfeld, Chef d. Armeecorps.

Verlag v. H. L. Nürnberger

„Der Höchstcommandirende eines Contingentes, sowie alle Offiziere, welche Truppen mehr als eines Contingentes befehligen, und alle Festungscommandanten werden von dem Bundesfeldherrn ernannt. Die von demselben ernannten Offiziere leisten ihm den Fahneneid. Bei Generalen und Generalstellungen versehenden Offizieren des Bundescontingentes, ist die Ernennung von der jedesmaligen Zustimmung des Bundesfeldherrn abhängig zu machen."

In Folge dieses Satzes ist also der König von Sachsen ohne Bewilligung des Königs von Preußen nicht mehr im Stande einen Festungscommandanten, oder nur einen Brigadecommandanten zu ernennen; die höheren Offiziere hängen rein vom Bundesfeldherrn ab. Ferner:

„Der Bundesfeldherr ist berechtigt, behufs Versetzung mit oder ohne Beförderung für die von ihm im Bundesdienste, sei es im Preußischen Heere, oder in anderen Contingenten zu besetzenden Stellen aus den Contingenten aller Bundesheere zu wählen."

Das heißt mit anderen Worten, er kann alle Offizierstellen in Sachsen mit Preußen besetzen, er braucht, wenn er will, nie einen Sachsen General werden zu lassen, sondern kann allemal einem Preußen diese Stellen geben, ebensogut kann er aber auch alle sächsische Offiziere in preußische Regimenter versetzen — kurz der Bundesfeldherr ist unbeschränkter Oberherr über die Offiziere, und die Kriegsherrn anderer Staaten müssen sich seinem Willen unbedingt fügen.

Artikel 65.

„Das Recht, Festungen innerhalb des Bundesgebietes anzulegen, steht dem Bundesfeldherrn zu, welcher die Bewilligung der dazu erforderlichen Mittel, so weit das Ordinarium sie nicht gewährt, nach Abschnitt 12 beantragt."

Das ist richtig und gut, es fehlt aber etwas Wesentliches. Wer hat denn das Recht des Schleifens der Festungen? Es ist doch sehr nöthig, daß unnütze kostspielige Festungen zerstört werden? Wer gab Preußen das Recht, Luxemburg zu schleifen? — Was würde geschehen, wenn der König von Sachsen sagte, ich

will den Königstein niederreißen, nach der Reichstagsverfassung
hat er das Recht hierzu ebensogut, wie der König von Preußen,
denselben wieder aufzubauen. Hier befindet sich in der Verfassung
eine sehr wesentliche, sehr bedeutende Lücke.

Artikel 66.

„Wo nicht besondere Conventionen ein anderes bestimmen,
ernennen die Bundesfürsten, beziehentlich die Senate, die Offiziere
ihrer Contingente mit der Einschränkung des Artikels 64. Sie
sind Chefs Aller ihren Gebieten angehörenden Truppentheile und
genießen die damit verbundenen Ehren. Sie haben namentlich
das Recht der Inspicirung zu jeder Zeit und erhalten, außer den
regelmäßigen Rapporten und Meldungen über vorkommende Veränderungen, behufs der nöthigen landesherrlichen Publication,
rechtzeitige Mittheilung von den die betreffenden Truppentheile
berührenden Avancements und Ernennungen.“

Sie erhalten demnach Kenntniß von dem, was sie früher
selbst anordneten! Das ist doch noch eine sehr große Rücksicht,
daß man sie wenigstens davon in Kenntniß zu setzen hat, was in
dem Heere vorgeht, welches von ihren Landeskindern gebildet,
von ihren Unterthanen bezahlt wird. So sehr wir für ein einheitliches Heer sind, so sehr wir ein einiges Deutschland wünschen, so sehr wir begreifen, daß Preußen im letzten Kriege als
Sieger harte Bedingungen vorschrieb, so verstehen wir doch nicht,
wie die nichtpreußischen Abgeordneten dergleichen Bestimmungen
gutheißen und annehmen konnten! — Man kann dies wahrlich
nicht eine Wahrung der Interessen ihrer Länder nennen!

„Auch steht ihnen das Recht zu, zu polizeilichen Zwecken
nicht blos ihre eigenen Truppen zu verwenden, sondern auch alle
anderen Truppentheile, welche in ihren Ländergebieten dislocirt
sind.“

Ein Verlegen der Truppen in andere Länder steht demnach
dochwohl in Aussicht, findet ja auch jetzt noch Statt.

„Ersparnisse im Militairetat fallen unter keiner Bedingung
den einzelnen Regierungen, sondern jederzeit der Bundescasse zu.“

Also von den 225 Thalern pro Kopf ist nie auf eine Gutmachung zu rechnen, es bleibt dabei.

Artikel 68.

„Der Bundesfeldherr kann, wenn die öffentliche Sicherheit in dem Bundesgebiete bedroht ist, einen jeden Theil desselben in Kriegszustand erklären. Bis zum Erlaß eines, die Voraussetzungen, die Form der Verkündigung und die Wirkungen einer solchen Erklärung regelnden Bundesgesetzes gelten dafür die Vorschriften des Preußischen Gesetzes vom 4. Juni 1851."

Sprechen wir ein Schlußwort über die Militairgesetze, so müssen wir uns als Soldat, als Norddeutscher allenthalben mit ihnen einverstanden erklären, wenn auch nicht als Sachse, unbedingter Gehorsam, ein Oberbefehl, eine Organisation, eine Bewaffnung und Ausbildung machen erst ein kriegstüchtiges Heer. Das weiß der Bundesfeldherr, deshalb hat er dies auch verlangt und hat es erreicht. Daß er Alles nach preußischem Muster einrichten läßt, was nicht allgemein beliebt ist, kann man ihm nicht nur nicht verdenken, sondern er hat darin vollkommen Recht, denn die in seiner Armee herrschenden führten dieselben von Sieg zu Sieg. Ist die allgemeine Dienstpflicht in Preußen ausführbar, so muß sie es in ganz Norddeutschland, also auch in Sachsen sein, geht es dort mit dem Landwehrsysteme, so wird es bei uns auch gehen lernen, im Guten geht Alles, der Bundesfeldherr hat die Beistimmung des von uns gewählten Reichstages zu obigen Paragraphen erhalten; mithin müssen wir uns auch einverstanden erklären, wenn wir auch manches bedenklich fanden, wenn wir sagen, es giebt wohl noch ein norddeutsches, aber kein sächsisches Heer mehr!!!

Abschnitt XII.
Bundesfinanzen.

Zu Allem im Leben gehört Geld, dieser nervus rerum ist der Wichtigste. Wird der Mensch geboren, so muß die Hebamme bezahlt werden, wird er durch die Taufe in die heilige christliche Kirche aufgenommen, so ist der Pastor und Küster zu bezahlen, tritt er in die Gemeinschaft der erwachsenen Christen durch die Confirmation, so tritt dieser Fall das zweite, bei seiner Verheirathung das dritte Mal ein, endlich nochmals, wenn man ihn in das Grab senkt. Wenn die Kirche so viel Geld braucht, dann ist es doch wohl erklärlich, daß ein Bundesstaat dessen noch viel mehr bedarf und so beginnt denn

Artikel 69.

„Alle Einnahmen und Ausgaben des Bundes müssen für jedes Jahr veranschlagt und auf den Bundeshaushaltsetat gebracht werden. Letzterer wird vom Beginn des Etatsjahres an, nach folgenden Grundsätzen durch ein Gesetz festgestellt."

Artikel 70.

„Zur Bestreitung aller gemeinschaftlichen Ausgaben dienen zunächst die etwaigen Ueberschüsse der Vorjahre, sowie die aus den Zöllen, aus den gemeinschaftlichen Verbrauchsteuern und aus dem Post- und Telegraphenwesen fließenden gemeinschaftlichen Einnahmen. Insoweit dieselben durch diese Einnahmen nicht gedeckt werden, sind sie, so lange Bundessteuern nicht eingeführt sind, durch Beiträge der einzelnen Bundesstaaten, nach Maaßgabe ihrer Bevölkerung aufzubringen, welche bis zur Höhe des budgetmäßigen Betrages durch das Präsidium ausgeschrieben werden."

Dieser Artikel klingt recht ungefährlich, von vorn herein will man Ueberschüsse früherer Jahre verwenden, die natürlich jetzt noch gar nicht vorhanden sind oder sein können. Dann will aber, was jedenfalls auch geschehen wird, Preußen als Bundespräsidium, für den Fall des Nichtauskommens — einen sehr möglichen — andere Staaten so lange besteuern, bis ein Bundessteuergesetz da ist. Hierin liegt deshalb sehr viel, weil auch nirgends nur die Idee eines Anschlages der Bundeskosten vorliegt, und das Präsidium zu Bundeszwecken soviel liquidiren und verbrauchen kann, als es eben für nothwendig hält. Führen wir nur ein Beispiel an. Tüchtige Kriegshäfen und eine starke Kriegsflotte, die mindestens der dänischen und russischen in der Ostsee gewachsen, ist ein wirkliches Bedürfniß, und zwar ein solches, das in kurzer Zeit befriedigt sein muß. Nun ist aber nach Artikel 53 die Kriegsflotte nur, und ausschließlich, unter preußischen Oberbefehl gestellt, und dennoch müssen ihre Bedürfnisse aus der Bundescasse bestritten werden, ganz namentlich der Ausbau der Befestigungen des Jahdebusens und Kieler Hafens. Das allein erfordert Millionen. Preußen kann und wird aber auch viel mehr Kriegsschiffe verlangen, welche der Bund zu beschaffen, d. h. zu bezahlen hat; so etwas kostet wieder viele Millionen. Da werden weder Ueberschüsse, noch Ersparnisse ausreichen; man legt den Bundesstaaten deshalb Steuern auf, die eine enorme Höhe erreichen können, da durchaus kein Satz festgestellt wurde, wie viel Preußen jährlich zu solchen Zwecken allein verwenden darf. Daran hätte man denn doch um so mehr denken sollen, als es gerade Preußen war, das ohne Bewilligung seiner Kammern jahrelang ein so enorm starkes, seine finanziellen Kräfte eigentlich übersteigendes, Kriegsheer hielt. Verfuhr die Regierung im eignen Lande so, warum sollte sie es im ähnlichen Falle nicht gegen die Bundesstaaten thun?

Artikel 71.

„Die gemeinschaftlichen Ausgaben werden in der Regel für ein Jahr bewilligt, können jedoch in besonderen Fällen auch für eine längere Dauer bewilligt werden. Während der im Artikel 60 normirten Uebergangszeit ist der nach Titeln geordnete Etat über die Ausgaben für das Bundesheer dem Bundesrathe und dem Reichstage nur zur Kenntnißnahme und zur Erinnerung zu bringen.“

Das heißt mit anderen Worten: Bis zum 31. Dezember 1871 ist für den Frieden 1 Mann vom Hundert zu stellen, und für jeden Kopf sind jährlich unweigerlich 225 Thaler an Preußen zu zahlen, das dem Bundesrathe und Reichstage wohl eine Berechnung über Verwendung dieses Geldes vorlegt, es aber durchaus zurückweist, wenn jene beiden die Verwendung in anderer, als der erfolgten Weise, geordnet wissen wollen. Also haben die Bundesstaaten nur Geld und Leute zu beschaffen, aber weiter auch gar Nichts in die Militairangelegenheiten zu reden; sie dürfen weder die Gehalte zu hoch, noch zu niedrig finden, dürfen z. B. Nichts dagegen sagen, wenn, wie es der Fall ist, für preußische Garderegimenter noch einmal soviel verausgabt wird, wie ·für ein gleich starkes und gleich tüchtiges Linien- regiment.

Artikel 72.

„Ueber die Verwendung aller Einnahmen des Bundes ist von dem Präsidium dem Bundesrathe und dem Reichstage zur Entlastung jährlich Rechnung abzulegen."

Das klingt recht schön; voraussichtlich sind aber die Aus- gaben für das Militair die höchsten. Was soll denn eine Rech- nungsablegung nützen, wenn weder Reichstag, noch Bundesrath etwas gegen die Verwendung dieser Gelder sagen dürfen, wie aus dem vorhergehenden Artikel klar hervorgeht?

Artikel 73.

„In Fällen eines außerordentlichen Bedürfnisses kann im Wege der Bundesgesetzgebung die Aufnahme einer Anleihe, sowie die Uebernahme einer Garantie zu Lasten des Bundes erfolgen."

Da nun die Bundesgesetzgebung aus dem Präsidium, Bun- desrathe und Reichstage besteht, so läßt sich dagegen gar Nichts sagen, nur muß, bevor eine solche Anleihe erfolgen kann, stets der Reichstag einberufen und um seine Einwilligung befragt werden. Es hat aber das Ganze den Nachtheil, daß wir mög- licher Weise außer den eignen Staats- auch noch Bundesschulden zu verzinsen und zu bezahlen haben werden, eine Zugabe, um welche uns kein Mensch beneiden wird.

Abschnitt XIII.
Schlichtung von Streitigkeiten und Strafbestim-
mungen.

Artikel 74.

„Jede Unternehmung gegen die Existenz, die Integrität, die Sicherheit oder die Verfassung des Norddeutschen Bundes, end- lich die Beleidigung des Bundesrathes, des Reichstages, eines

Mitgliedes des Bundesrathes oder des Reichstages, einer Behörde oder eines öffentlichen Beamten des Bundes, während
dieselben in Ausübung ihres Berufes begriffen sind, oder in
Beziehung auf ihren Beruf durch Wort, Schrift, Druck, Zeichen, bildliche oder andere Darstellungen, werden in den einzelnen Bundesstaaten beurtheilt und bestraft nach Maaßgabe der
in den letzteren bestehenden, oder künftig in Wirksamkeit tretenden Gesetze, nach welchen eine gleiche, gegen den einzelnen
Bundesstaat, seine Verfassung, seine Kammern oder Stände,
seine Kammer- oder Ständemitglieder, seine Behörden und
Beamten begangene Handlung zu richten wäre."

Wir wollen hier nur hervorheben, daß in solchen Fällen
ein gleiches Gesetz sehr nothwendig wäre, weil sonst in demselben Bundesstaate, bei gleichem Verbrechen, aber der sehr verschiedenen Gesetzgebung, die verschiedenste Strafe ausgesprochen
würde. Im Uebrigen ist zu bemerken, daß die Deckung der
Reichstagsabgeordneten eine sehr gerechtfertigte ist; denn sie sind
in ein öffentliches Amt gewählt, einzelne derselben haben aber
durchaus nicht die Gabe, diese auszufüllen; ihre Wähler werden
unwillig, und anstatt sich und ihre Wahl für unrecht zu halten,
schieben sie die Schuld auf den armen Reichstagsabgeordneten,
der sich in Berlin mühte und plagte, um eine Rede zusammen
zu stellen, die nur halbwegs Klang hatte; denn einmal muß er
doch reden, damit das in die Zeitung kommt. Steht aber eine
solche Rede in den Zeitungen, so ist und muß es jedem Norddeutschen gestattet sein, sein Urtheil darüber auszusprechen —
natürlich ohne persönlich beleidigend zu werden, — das ist um
so dringender geboten, weil nach der Reichsverfassung der Abgeordnete nicht als solcher seiner Wähler, sondern für ganz
Norddeutschland zu betrachten ist, er mithin auch nicht die Interessen dieser, sondern die des gesammten Bundesstaates zu
wahren hat; denn der Artikel 29 sagt ausdrücklich: „Die Mitglieder des Reichstages sind Vertreter des ganzen Volkes und an
Aufträge und Instruction nicht gebunden." Da nun ohnedieß
kein Reichstagsabgeordneter wegen seiner vielleicht revolutionairen

ober unſittlichen, ober ungeſchickten Worte in dem Reichstage irgend belangt werden, der Präſident ihm höchſtens das Wort entziehen kann, ſo iſt es um ſo bringender geboten, daß ihre Haltung, ihre Reden von der Preſſe beleuchtet werden; denn da
Jeber zum allgemeinen Reichstage wählt, gewiß aber nicht Jeder
die Perſönlichkeit kannte, welche er diesmal wählte, ſo kann nur
eine ſcharfe Kritik ben Abgeordneten vor den nächſten Fehlwahlen
wahren, und dergleichen ſind unzweifelhaft vorgekommen. Es
beſteht aber ein Unterſchied zwiſchen Beurtheilung und Beleibigung; man beurtheilt eine lächerliche Rede, ohne den Redner zu
beleidigen, wenn dies auch letzterem nicht angenehm iſt. Will
uns aber dieſer Artikel das Recht hierzu entziehen, ſo wäre uns
eine furchtbare Feſſel angelegt, und es wäre beſſer, wir hätten
gar keine Reichsverfaſſung. Man denke, wie im freien England
die Preſſe ſich über Reden und Redner ausſpricht; und das iſt
recht; denn nimmt Jemand ein öffentliches Amt an, ſo muß er
ſich auch dem öffentlichen Urtheile ausſtellen. Vermag er erſteres
nicht auszufüllen, ſo war es ſeine eigne Schuld, daß er aus-
gelacht wurde; denn dann durfte er ſich nicht in den Reichstag
wählen laſſen. Der Menſch, der ſich nicht ſelbſt kennt, ſich
ſelbſt überſchätzt, wie will der ſeine Nebenmenſchen und deren
Bedürfniſſe richtig beurtheilen? — Alſo ſcharfe Kritik, aber
keine Beleibigung! —

Artikel 75.

„Für biejenigen im Artikel 74 bezeichneten Unternehmungen
gegen den norbdeutſchen Bund, welche, wenn gegen einen der einzelnen Bundesſtaaten gerichtet, als Hochverrath oder Landes-
verrath zu qualificiren wären, iſt das gemeinſchaftliche Ober-
appellationsgericht der drei freien und Hanſeſtädte in Lübeck die
zuſtändige Spruchbehörde in erſter und letzter Inſtanz. Die
näheren Beſtimmungen über die Zuſtändigkeit und das Verfahren
des Oberappellationsgerichtes erfolgen im Wege der Bundes-
Geſetzgebung. Bis zum Erlaſſe eines Bundesgeſetzes bewendet
es bei der ſeitherigen Zuſtändigkeit der Gerichte in den einzelnen

Bundesstaaten und den auf das Verfahren dieser Gerichte sich beziehenden Bestimmungen."

Da es nun der Zweck dieses Buches ist, über die Verhältnisse aufklärend zu sprechen, nicht aber im sogenannten Juristenlatein, welches Viele und ich selbst nicht verstehe, so halte ich es für gut, hier die Bestimmungen des sächsischen Strafgesetzbuches nach dieser Richtung hin, anzuführen; dann weiß ein Jeder, wie weit er in politischer Beziehung gehen darf, was er zu vermeiden hat, wenn er nicht in Strafe verfallen will. Unserer Ansicht nach sollte das Strafgesetzbuch in Jedermanns Händen sein; denn was die Bibel für die Seele, ist dieses für den Körper; es wären 1848 und 1849 gewiß nicht so viele politische, sogenannte Verbrechen begangen worden, wenn man die sehr ernsten gesetzlichen Folgen derselben bedacht hätte. Daß in der Politik allemal die Gewalt das Recht vertritt, versteht sich. Wir sehen dies in der englischen Revolution, in der französischen; beide waren siegreich und ließen nicht nach Recht, sondern in Folge der Gewalt den König Karl 1. und Ludwig XVI. hinrichten, wir sehen dies in neuester Zeit, wo Kaiser Maximilian von Mexico standrechtlich erschossen wurde. — Also das gegenwärtige Gesetz, welches im Königreich Sachsen Gültigkeit hat, lautet wie folgt:

Zweiter Theil.
Vom Hochverrathe, Staatsverrathe und anderen, die Sicherheit des Staates gefährdenden Handlungen.

Artikel 116. Vom Hochverrath.

„Wer die Sicherheit des Staatsoberhauptes, durch ein gegen dessen Leben, Gesundheit oder Freiheit gerichtetes Unternehmen verletzt, ingleichen wer 1) gegen Regierungsrechte des Staatsoberhauptes, 2) gegen die Selbstständigkeit des Staates, um das ganze Königreich einem fremden Staate einzuverleiben oder auch nur einen Theil seines Gebietes von dem anderen loszureißen, oder 3) gegen die Staatsverfassung, in der Absicht, dieselbe in ihren hauptsächlichen Bestandtheilen aufzuheben, einen gewalt-

Kriegsbilder. .7. Lief. -   34

famen Angriff unternimmt, ist als Hochverräther mit dem Tode zu bestrafen."

Dieser Artikel beginnt mit Wer, demzufolge ist mindestens Graf Bismark-Schönhausen — wir bitten ihn deshalb um Entschuldigung — nach sächsischem Gesetze mit dem Tode zu bestrafen; der Herr Ministerpräsident, Excellenz, wird aber gleich uns an die Worte denken: „Die Nürnberger hängen Keinen, sie hätten ihn bevor!"

Versuch des Hochverrathes.

„Die Eingehung von Verbindungen zu einem hochverrätherischen Unternehmen, die Erlassung öffentlicher Aufforderungen zu einem solchen, die Anschaffung, Annahme oder Austheilung von Waffen oder anderen Angriffsmitteln (Vertheidigungsmittel sind demnach erlaubt) und die Anwerbung oder Einübung von Mannschaften zu diesem Zwecke, ingleichen die Erregung von Volksaufläufen oder Zusammenrottungen irgend einer Art, um solche zu einem hochverrätherischen Angriffe zu benutzen, ist nicht blos als Vorbereitung, sondern als Versuch des Hochverrathes zu bestrafen. Der Versuch ist als vollendet zu achten, wenn es in letzterem Falle, ohne daß jedoch bereits ein Angriff der im Artikel 116 bezeichneten Art unternommen worden, zu einem Einschreiten der Behörde gekommen ist, in anderen Fällen, wenn der Zeitpunct der Ausführung des Unternehmens festgesetzt ist. Auch bei einem nicht beendigten Versuche ist jedoch auf keine geringere Strafe, als drei Monate Gefängniß zu erkennen."

Artikel 188.

„Hat der Verbrecher die Ausführung der That, ohne durch äußere Umstände gehindert zu sein, gänzlich wieder aufgegeben, so kommt ihm sowohl bei der Vorbereitung des Hochverrathes (Art. 118), als bei dem nicht beendigten Versuche desselben (Art. 117) die im Artikel 44 zugesicherte Straflosigkeit zu Statten. Enthält das, was er gethan hat, zugleich eine Verbindung oder Anstiftung zum Hochverrathe, so sind die in Artikel 58. 59, 64 getroffenen Bestimmungen anzuwenden. Der beendigte Versuch ist unter den, im Eingange dieses Artikels gemachten Voraussetzungen, soweit nicht nach Artikel 59 und 64 Straflosigkeit eintritt, wie ein nicht beendigter zu betrachten."

Artikel 120.

„Die im Artikel 116 bis mit 119 angebrohten Strafen sind unter gleichen Verhältnissen auch auf gewaltsame Angriffe gegen die Selbstständigkeit und Verfassung des deutschen Bundes anzuwenden."

Wenden wir sie also, diese Artikel des sächsischen Gesetzbuches, auf den Bundespräsidenten Grafen Bismark und seine Gehülfen in der königlich preußischen Armee an, so werden wir einfach finden, daß dergleichen Artikel in Gesetzbüchern ein Unsinn sind. Oder wollen vielleicht die Herren Verfasser gegen die Attentäter des deutschen Bundes einschreiten? Glauben etwa die sächsischen Rechtsgelehrten, daß die Welt blos mit Buchstaben zu regieren sei? Thatsachen sind mehr; Flinten- und Kanonenkugeln, Säbel- und Lanzenstiche haben von je mehr gethan, als blose Worte. Der Paragraph 120 des Strafgesetzbuches sollte von Rechtswegen mit Abschluß des Friedens, mit Gründung des norddeutschen Bundes, gestrichen und dessen Streichung öffentlich bekannt gemacht worden sein.

Artikel 121. Staatsverrath.

„Wer mit Verletzung seiner Unterthanen- oder Dienstpflicht oder der Verpflichtung für den, während seines zeitlichen Aufenthaltes im Lande gewährten Rechtsschutz eine auswärtige Regierung zu nachtheiligen Unternehmungen gegen das Königreich Sachsen oder den deutschen Bund veranlaßt, oder in solchen unterstützt, macht sich des Staatsverrathes schuldig."

Nach diesem Artikel hat sich Oberbürgermeister Pfotenhauer zu Dresden, begnadigt durch den Frieden, des Staatsverrathes schuldig gemacht; denn er forderte in der früher angegebenen Bekanntmachung Erdarbeiter gegen Bezahlung, noch vor der Schlacht von Königgräß, zum Schanzbau — also gegen die eignen Landsleute, gegen den König und die sächsischen Truppen — auf, ohne dabei nur die ganz gewöhnliche Vorsicht zu gebrauchen, und zu sagen, daß dies auf Befehl der preußischen Militair-

behörden, welche damals Herren in Dresden waren, geschehen
sei. Wenn auch in Folge des Friedens jedes politische Verbrechen verschwinden mußte, möglicher Weise sogar als verdienst-
lich ausgelegt wurde, so glauben wir doch, diesen Fall nochmals
berühren zu müssen.

Aus den angeführten Artikeln mag hervorgehen, daß sich
Verbrechen gegen den Norddeutschen Bund unendlich schwierig
nach sächsischem Gesetze bestrafen lassen werden, da sich dieses
auf den früheren deutschen Bund gründet, und Jeden bestraft,
der wider denselben mit Wort oder That auftrat. Also mag
der norddeutsche Bund ein klares, allgemein faßliches Gesetzbuch
herausgeben, sonst wissen wir Sachsen mit unserem beschränkten
Unterthanenverstande nicht, was wir thun sollen.

Artikel 76 der Norddeutschen Bundesverfassung.

„Streitigkeiten zwischen verschiedenen Bundesstaaten, sofern
dieselben nicht privatrechtlicher Natur und daher von den com-
petenten Gerichtsbehörden zu entscheiden sind, werden auf
Anrufen des einen Theils von dem Bundesrathe erledigt. Ver-
fassungsstreitigkeiten in solchen Bundesstaaten, in deren Verfassung nicht eine Behörde zur Entscheidung solcher Streitigkeiten bestimmt ist, hat auf Anrufen eines Theiles der Bundesrath gütlich auszugleichen, wenn das nicht gelingt, im Wege der
Bundesgesetzgebung zur Erledigung zu bringen!“

Ja, wenn dies möglich wäre! Dann hätte der Feldzug
1866 gar nicht stattfinden können. Unserer Ansicht nach müßte
es heißen: Der Schwächere hat sich in Bezug auf Politik ein
für allemal, selbst im norddeutschen Bunde, dem Stärkeren zu
fügen, und dessen Aussprüche zu vollführen, will er nicht mit
Gewalt dazu gezwungen sein, was sehr bedeutende Geldkosten
macht, wie das Jahr 1866 uns zur Genüge lehrte.

Artikel 77.

„Wenn in einem Bundesstaate der Fall einer Justizver-
weigerung eintritt, und auf gesetzlichem Wege ausreichende Hülfe
nicht erlangt werden kann, so liegt dem Bundesrathe ob, er-
wiesene, nach der Verfassung und den bestehenden Gesetzen des

betreffenden Bundesstaates zu beurtheilende Beschwerden über
verweigerte oder gehemmte Rechtspflege anzunehmen, und darauf
die gerichtliche Hülfe bei der Bundesregierung, die zu der Beschwerde Anlaß gegeben hat, zu bewirken."

Dieser Satz ist ein ganz vorzüglicher — nur Schade, daß
die Kosten, welche er den sich Beschwerenden auflegt, auch nicht
annähernd angegeben sind. Jedenfalls ist dies nur für reiche
Leute; denn wenn der Unbemittelte nach sächsischer Advocatentaxe
bezahlen sollte, so würde er vollends zum Bettler. Und wenn
ein guter Freund, der vielleicht ein ganz gescheidter Mann ist,
aber nicht das Glück gehabt hat, das Recht zu studiren, ihm
helfen will, da kommt das sächsische, auf den deutschen Bund
gegründete, Gesetzbuch und sagt:

Artikel 339.

„Wer ohne gesetzliche Befugniß für Andere Schriften fertigt, welche zur Einreichung bei einer Behörde bestimmt sind
und deren zweckmäßige Abfassung Rechtskenntnisse voraussetzt, ist
mit Geldbuße bis zu Einhundert und fünfzig Thalern oder mit
Gefängniß bis zu 6 Wochen zu bestrafen. Ist solches gegen
Entgelt geschehen, so tritt Gefängnißstrafe von einem bis zu vier
Monaten ein."

Wenn dieses Gesetz in einem Staate, wo Gewerbefreiheit
herrscht, genau in die Categorie des Art. 120 gehört, so müssen
wir dann doch bemerken, daß Rechtskenntnisse allgemeines Eigenthum sein müssen, wie Lesen, Rechnen und Schreiben, und vielleicht
von der künftigen Bundestagsgesetzgebung dieser, von sächsischen
Juristen bearbeitete Artikel, zu denen des Hexenhammers gelegt
werden dürfte.

XIV. Allgemeine Bestimmung.
Artikel 78.

„Veränderungen der Verfassung erfolgen im Wege der Gesetzgebung, jedoch ist zu denselben im Bundesrathe eine Mehrheit
von zwei Drittheilen der vertretenen Stimmen erforderlich."

XV. Verhältniß zu den süddeutschen Staaten.

Artikel 79.

„Die Beziehungen des Bundes zu den süddeutschen Staaten werden sofort nach Feststellung der Verfassung des Norddeutschen Bundes, durch besondere, dem Reichstage zur Genehmigung vorzulegende, Verträge geregelt werden. Der Eintritt der süddeutschen Staaten oder eines derselben in den Bund, erfolgt auf den Vorschlag des Bundespräsidiums im Wege der Bundesgesetzgebung. Berlin, 16. April 1867.“

Nachdem wir, ohne Reichstagsabgeordneter gewesen zu sein, als Reichsunterthan, und zwar als sächsischer, die Reichsverfassung besprochen, überlassen wir natürlich jedem Leser, sich ein Urtheil darüber zu bilden. Daß den einzelnen Bundesstaaten die freie Entwickelung gänzlich genommen, scheint uns unzweifelhaft. Nehmen wir z. B. unsere Landesverfassung — über was hat sie eigentlich noch zu entscheiden? — Ueber Steuern? sie werden für das Kriegswesen von Preußen decretirt. Ueber Post- und Telegraphenwesen? das ist vollständig an Preußen übergegangen. Ueber Gründung von Garnisonen? Nichts; Preußen befiehlt, wir gehorchen. Ueber Anlegung oder Betrieb von Eisenbahnen? Auch Nichts; wird von Berlin aus decretirt. Es würde kein großer Fehler sein, wenn man den sächsischen Landtag nur für die kürzesten Fristen einberief; denn entscheiden kann er doch nur über die Vertheilung der Steuern und die Benutzung des fiscalischen Eigenthumes. So und nicht anders stehen die Sachen; in solch abhängige Lage — denn vor der Hand ist sie dies — hat uns die Beustes-Politik gebracht!

Wir wollen gar nicht läugnen, nein, wir erkennen es gern an, daß die neue Bundesverfassung unendlich viel Vorzüge vor der alten hat, daß man das Erreichbare dem Wünschenswerthen vorziehen mußte, daß der Schöpfer derselben, Graf Bismark, nicht nur ein genialer, sondern ein characterfester, energischer Staatsmann ist. Trotz dessen schmerzt es uns, als Sachsen, in solcher Weise, wie es geschehen ist, in die Hände der Preußen gegeben zu sein, wenn wir auch den Bruch mit Oesterreich nicht zu bedauern vermögen. — Aber ach, das Vertrauen wird erst spät, sehr spät kommen!

Denn zu tief schon hat der Haß gefressen,
Unglückfel'ge Thaten sind geschehn,
Die sich nie verwinden und vergessen!

Nur im Aufgeben des specifischen Preußenthums liegt der Keim für ein glückliches, großes, mächtiges deutsches Reich. — Namentlich widersprachen die polnischen Abgeordneten, sowie die Nordschleswig'schen, welche nicht zum norddeutschen Bunde gehören, sondern erstere ihre Nationalität gewahrt, letztere dänisch werden wollten, natürlich ohne allen Erfolg. Mitten in die Debatten platzt aber der sächsische Advocat Schraps auf eine wahrhaft komische Weise, und bringt Dinge zur Sprache, welche noch gar nicht hierher gehören, wir können uns nicht entbrechen, seine so drollige Jungfernrede hier anzuführen. Herr Schraps sagte: „Einige Worte zunächst zu meiner Legitimation, für mein Erscheinen an dieser Stelle. Graf Bismark und Dr. Rée meinten, in dieser Versammlung säße kein Gegner des norddeutschen Verfassungsentwurfes. Dem gegenüber constatire ich, daß ich meinen Wählern ausdrücklich erklärt habe, daß ich hierher nur komme, um mich gegen diese Verfassung zu erklären, und darauf hin haben sie mich hierher geschickt." — Man kann sich denken, daß diese Worte Entrüstung, oder bei den Vernünftigeren ein Lächeln des Mitleids hervorriefen, traurig ist es, wenn es in Wahrheit begründet wäre, daß die 8000 Sachsen, welche Herrn Schraps wählten, ohne ihn näher zu kennen, denn in Dresden advocatirt er und in Zwickau trat er als Candidat auf, derselben Ansicht gewesen wären, und Jemand zum zu Stande bringen eines Verfassungswerkes nach Berlin geschickt hätten, damit er dasselbe zu zerstören suche, und machtlos gegen den Strom schwimme. Weiter fährt Herr Schraps fort: „Ich halte jetzt noch für rechtsbeständig die Fortdauer des Parlaments, das mit Zustimmung aller deutschen Bundesregierungen zusammentrat, 1848." Diese

Worte trugen dem Herrn Advocaten ein allgemeines Gelächter ein, und verdienen dies auch vollkommen. Das war ihm aber bei seiner seltenen Bescheidenheit noch nicht genug; er setzte seine Rede fort: „Ich bin deshalb nur in diesem Saale erschienen, weil es sich nur um eine berathende und keine beschließende Versammlung handelt, von der es dahin steht, ob mein Rath befolgt wird!" — Endlich etwas Erkenntniß der Verhältnisse: Herr Schraps vermuthet, es stehe dahin, ob die Versammlung seinen Rath befolgen werde. — Was zu toll ist, das ist zu toll, ein junger, höchstens 30jähriger Dresdner Advocat, will einer Versammlung Rath ertheilen, in der die größten Staatsmänner, die tüchtigsten Generäle zu Rathe sitzen! Der Zweck seines Hierseins war, eine Verfassung aufzubauen, nicht aber, sie niederzureißen; er nahm aber den Fall, wie leider so mancher Advocat, der anstatt eines mageren Vergleiches, lieber einen fetten Prozeß führt, und zwar so lange als er immer Geld einträgt. Die Reichstagsabgeordneten 1848 waren unbeschränkte Herren, konnten reden, was sie wollten, und in der weiland freien Reichsstadt Frankfurt am Main ihr Geld verzehren, die jetzt in Berlin erhielten keine Diäten, und Alles ging knapper, der Revolutionsschwindel hatte einem strengen Säbelregimente Platz gemacht. Auch Graf Bismark war der Mann, der selbst der größten Advocateneitelkeit und Beredtsamkeit in jeder Weise schlagfertig entgegenzutreten vermochte! Herr Schraps fuhr mit einem sehr wahren, glücklichen Gedanken fort: „Zur Verfassung selbst bemerke ich, daß ich gleich im Eingange an der Ewigkeit des Bestehens derselben zweifeln muß." Wir glauben, daß gleiche Zweifel in der Brust jedes Abgeordneten schlummerten, welche nunmehr die gewichtigen Worte des Herrn Schraps aus Dresden wachriefen; denn Alles ist vergänglich auf dieser Welt! Nun aber hatte er einen noch glücklicheren Einfall: er wollte die Versammlung, welche den norddeutschen Bund zu Stande bringen sollte, wegen der Luxemburger und Limburger Frage in Verlegenheit setzen, beide Districte gehörten dem König von Holland, waren nicht bei der norddeutschen Frage begriffen. Luxemburg nun insofern, als es eine ehemalige deutsche Bundesfestung war, und Preußen das Besatzungsrecht derselben ausschließlich erhielt, als sich Belgien 1830 von Holland losriß, und letzteres aller seiner Truppen bedurfte, um jene zu bekämpfen, es war für den König von Holland damals eine Wohlthat, daß Preußen die Besatzung Luxemburgs übernahm, und er seine Truppen heraus ziehen und anderweit verwenden konnte. Nun fängt also Herr Schraps an, seine historischen Kenntnisse zu entwickeln und sagt: „Zu meinem Bedauern aber muß ich etwas zur Sprache bringen," schon der Eingang enthält eine Unwahrheit, denn der Herr Schraps freut sich, daß er es zur Sprache bringen kann, „wovon bisher nichts verlautet hat: das Verhältniß von Luxemburg und Limburg. Dieselbe Politik, die zu den Zeiten des römischen Reichs die Schweiz von uns getrieben, die Elsasser zu eingefleischten Franzosen gemacht hat, die Luxemburg nicht hat zur Entwickelung kommen lassen, hat auch jetzt Limburg von uns hinweggetrieben. Im vorigen Frühjahre wurde uns versichert, die preußische Regierung stehe auf so gutem Fuße mit der französischen, daß uns von dort keine Gefahr drohe. Ich würde sehr beruhigt sein, wenn dieselbe Erklärung auch heute noch gegeben werden könnte." Richtig, es liegt in der großen Politik unendlich viel daran, wenn der im 18. sächsischen Wahlbezirk gewählte Advocat Schraps auf dem norddeutschen Reichstage in Berlin, sich für sehr beruhigt erklärt; es wäre auch zu schrecklich für das Land, wenn er nicht „beruhigt" sein sollte. — „Ich fürchte aber, sie wird uns nicht gegeben," nun wohl, fürchten Sie sich, Herr Schraps. „In anderer Beziehung habe ich noch zu bedauern, daß ein Verbündeter, der stets zu Deutschland gehört hat, Holland, abtrünnig geworden ist, daß es Gründe zur Besorgniß hat und jetzt dem Feinde in die Arme getrieben wird." Nun, da möchten wir denn doch zu den historischen Kenntnissen des Herrn Schraps Einiges bemerken. Wenn er nur die Geschichten dieses Jahrhunderts etwas studirt hätte, so müßte er z. B. wissen, daß der Major von Schill, als er 1809 den Aufstandsversuch gegen Napoleon machte, in Stralsund von holländischen Soldaten nicht nur erschossen, sondern ihm auch noch

der Kopf abgeschnitten, und in Spiritus gesetzt wurde; er müßte
wissen, daß 1814 Holland von den Preußen unter General von
Bülow erobert, und seinem rechtmäßigen Herrscher zurückgegeben
wurde; er müßte wissen, daß die holländische Bevölkerung sich damals ziemlich feindselig gegen die Deutschen benahm. Ferner:
„Ich glaube, die Rheinlande verdienen eine solche Behandlung
nicht" — welche Rheinlande denn? das ist doch höchst unklar;
man kann doch Holland ohne gründliche Verwirrung aller
geographischen Begriffe nicht Rheinlande nennen! „Es wird mir
zwar eingehalten werden, daß Preußen das Besatzungsrecht in
Luxemburg habe, mir scheint das nicht genügend!" Traurig genug, daß einem sächsischen Advocaten, Schraps, das Recht eines
Großstaates nicht genügend erscheint! „Wohin hat das Besatzungsrecht feindlicher Truppen im fremden Lande geführt? Wohin hat
das Besatzungsrecht Oesterreichs in Ferrara und Modena? Zu
Solferino und Königgrätz; ich will nicht wünschen, daß uns
gleiches bevorsteht." Hierauf entstand in der Kammer ein großer
Tumult, und wir wundern uns nur darüber, daß man nicht so-
fort nach einem Arzt schickte, um den Gesundheitszustand des
Herrn Schraps untersuchen zu lassen. Er sagt: Wohin hat das
Besatzungsrecht feindlicher Truppen im fremden Lande geführt?
Nun, waren denn die preußischen Truppen in der deutschen
Bundesfestung Luxemburg etwa feindliche? Die Feindschaft tritt
nach militairischen Begriffen erst nach erfolgter Kriegserklärung
auf, und so weit war man doch lange noch nicht. Graf Bismark verfehlte natürlich nicht, Herrn Schraps, Advocat in
Dresden, über seine Besorgnisse zu beruhigen, und antwortete,
ihn lächerlich machend: „Ich freue mich, daß mir der Vorredner
Gelegenheit giebt, von dieser Stelle aus, den absurden Verdächtigungen unserer Beziehungen zu Holland in der Presse entgegen
zu treten (d. h., Herr Schraps, Ihre Weisheit stammt nur aus
Zeitungen.). Ich weiß nicht, wer ein Interesse dabei gehabt hat,
die Ansicht zu verbreiten, als ob Holland oder ein Theil des
holländischen Gebietes von Deutschland oder Preußen bedroht sei,
als ob ein preußischer Staatsmann daran gedacht hätte, das

Befitzthum Hollands zu beneiden oder zu beeinträchtigen. Vielleicht hat die darüber entstandene Befürchtung, daß für die königlich niederländische Regierung erfreuliche Resultat gehabt, bei der
Abstimmung über das dortige Militairbudget die Abgeordneten
geneigter zu machen; aber dieser Rücksicht kann ich doch nicht
allein den Ursprung dieser Gerüchte zuschreiben, als ob wir
Holland bedroht hätten, die so vollständig aus der Luft gegriffen
sind, daß nicht mit einem Buchstaben jemals der mindeste Anlaß
gegeben worden ist. Wir haben mit Holland, oder richtiger gesagt, mit den Niederlanden, bei Gelegenheit des Ausbruches des
Krieges über Luxemburg eine kurze Auseinandersetzung gehabt.
Die Großherzoglich luxemburgische Regierung folgte nicht, sich
vom damaligen deutschen Bunde zu trennen, nachdem die Kriegserklärung vom · 16. Juni erfolgt war. Sie blieb in der Versammlung des Bundes, sie associirte sich also gewissermaßen der
Corporation, die mit uns im Kriege war. Ich habe in diesem
Puncte eine Auseinandersetzung mit dem Königlich niederländischen
Gesandten gehabt, der, obschon er kein directes strenges Mandat
dazu hatte, doch seine Regierung hier mit vertrat. Wir waren
darüber einig, daß wir uns eigentlich juristisch im Kriege befänden mit Luxemburg, daß wir aber beiderseits kein Interesse
hätten, diesen Krieg zu führen, und wir glaubten es uns auf's
Wort, daß wir nicht aufeinander schießen würden. Daß hierin
eine Bestechung für die Niederlande liegen sollte, kann ich nicht
annehmen, das sind vorübergegangene Dinge. Bekannt ist, daß
die niederländische Regierung wünscht, das Band, das einen Theil
ihres unmittelbaren Gebietes, einen Theil der Provinz Limburg,
seit einer Reihe von Jahren an Deutschland fesselt, gelöst zu
sehen; sie hat darüber bestimmte Anträge gestellt. Wir haben in
der That die Ueberzeugung, daß, wenn wir mit Entschiedenheit
darauf bestanden hätten, die Niederlande sollten mit Limburg
dem Bunde beitreten, wir dadurch den Niederlanden selbst einen
Anlaß zu einer Besorgniß gegeben haben würden. Wir haben
diese Zumuthung nicht gestellt. Ebensowenig ist uns in Beziehung auf Luxemburg jemals ein Wunsch des dortigen Souverains,

der dortigen Regierung, der dortigen Einwohnerschaft ausgesprochen worden, für dieses Großherzogthum dem norddeutschen Bunde anzugehören. Man könnte im ganzen strengen Wortsinn annehmen, daß nach der Analogie unserer Friedensschlüsse mit Meiningen und Reuß vielleicht noch gar ein Friedensschluß mit Luxemburg nothwendig wäre, denn für diese hat die involvirte Kriegserklärung, die in dem Verbleiben im Bunde lag, keine Folgen in der Kriegsführung gehabt. Unsererseits ist auf diese Zugehörigkeit Limburgs und Luxemburgs weder verzichtet, noch ein Rechtsgrundsatz ausgesprochen worden. Wir können den Souverainen, welche dem Bunde nicht beitreten wollen, keine Gewalt und keinen Zwang anthun. Wenn einer der Souveraine, mit denen wir uns jetzt im Bunde befinden, sich nachhaltig und entschieden geweigert hätte, dem norddeutschen Bunde beizutreten, ich glaube doch, die geographische Situation eines solchen Staates müßte sehr zwingnd ihrer Natur nach auf uns gewirkt haben, wenn wir nur hätten einen Druck auf eine solche Regierung ausüben wollen, um in dieser Lage der europäischen Verhältnisse, wo die anderen europäischen Mächte den Zunder, der den Frieden Europa's in Brand stecken könnte, zu vermehren, das Interesse denselben unsererseits zu vermehren. Ich kann nur constatiren, von Seiten Luxemburgs ist uns niemals der Wunsch ausgesprochen worden, dem deutschen Bunde beizutreten, von Seiten Limburgs ist uns der Wunsch ausgesprochen worden, in dieser Beziehung nicht belästigt zu werden." —

So hat denn der berühmte Advocat Schraps in Dresden das Verdienst, die Luxemburger Frage angeregt, und sich selbst gründlich lächerlich gemacht zu haben. Wir aber fragen seine Wähler: Was wollt Ihr mit solchem Manne auf dem Reichstage, der sich auf einen längst überwundenen Standpunct stellt, und nicht allein sich, sondern auch die zum Gespötte macht, welche ihn gewählt haben? —

Um solchen nutzlosen Redensarten zu entgehen, wie es die des Advocaten Schraps waren, wurde nunmehr im Staatsanzeiger ein bis dahin geheimes Bündniß zu Schutz und Trutz zwischen Baiern, Baden und Preußen veröffentlicht. Es lautete dieses:

Artikel 1.

Zwischen Sr. Majestät dem Könige von Preußen und Sr. Majestät dem Könige von Baiern, Sr. Königlichen Hoheit dem Großherzog von Baden, wird hiermit ein Schutz- und Trutz- bündniß geschlossen. Es garantiren sich die hohen Contrahenten gegenseitig die Integrität des Gebietes Ihrer bezüglichen Länder, und verpflichten sich, im Falle eines Krieges, Ihre volle Kriegs- macht zu diesem Zwecke einander zur Verfügung zu stellen.

Artikel 2.

Se. Majestät der König von Baiern, Se. Königliche Hoheit der Großherzog von Baden überträgt für diesen Fall den Ober- befehl über seine Truppen Sr. Majestät dem Könige von Preußen.

Artikel 3.

Die hohen Contrahenten verpflichten sich, diesen Vertrag vor- erst geheim zu halten.

Artikel 4.

Die Ratification vorstehenden Vertrags erfolgt gleichzeitig mit der Ratification des unter dem heutigen Tage abgeschlossenen Friedensvertrages."

Diese Artikel waren preußischer Seits vom Grafen Bis- mark und Geheimenrath von Savigny, bairischer Seits vom Minister von der Pfordten und Grafen Bray-Steinburg am 17. August und Ersteren und dem badischen Minister von Frei- dorf abgeschlossen worden; es ging demnach außer dem Königreiche Würtemberg der Südwesten Deutschlands mit Preußen. Man veröffentlichte dieses geheime Bündniß erst jetzt, und wohl nament- lich aus dem Grunde, um den Abgeordneten, welche noch auf Hülfe Oesterreichs in Verbindung mit den südbeutschen Staaten hofften, recht gründlich den Staar zu stechen; denn in Baiern und Baden hatte man eingesehen, was von Oesterreich zu er- warten sei. Oesterreich erklärte, daß es aus diesem geheimen Vertrage keinen Kriegsfall machen, und dem so lange ruhig zu-

sehen werde, als Baiern und Baden nicht factisch in den norddeutschen Bund eintreten würden, dann hielte es sich an den
Prager Frieden auch nicht mehr gebunden. Man sieht hieraus,
daß an einen langen, dauernden Frieden kaum, an einen ewigen
gar nicht zu glauben ist. Dagegen sprach man sich in Berlin in
officiellen Blättern folgendermaßen über das Bündniß aus:
„Nachdem nunmehr die Gründe der vorläufigen Geheimhaltung
dieser Verträge geschwunden sind, werden alle deutschen Herzen
aus den offen vorliegenden Bestimmungen des Bündnisses die
freudige Beruhigung schöpfen, daß eine Besorgniß wegen einer
Spaltung und Zerrissenheit Deutschlands dem Auslande gegenüber keinen thatsächlichen Grund mehr hat, daß die preußische
Regierung vielmehr, indem sie als Grenzlinie für den norddeutschen Bund die Mainlinie annahm, doch alsbald vollen Ernst
damit machte, das nationale Band mit Süddeutschland, wie es
im Friedensvertrage mit Oesterreich vorbehalten war, durch besondere Verträge wieder anzuknüpfen. Man kann jetzt klar erkennen, daß unsere Regierung (die preußische) schon bei den
Friedensschlüssen mit den süddeutschen Staaten vor Allem von
dem Gesichtspuncte geleitet wurde, an die Stelle der vorhergehenden Zerwürfnisse alsbald ein Band aufrichtiger und inniger
Bundesfreundschaft treten zu lassen. Als eine immittelbare Folge
der Bündnißverträge, durch welche dem Könige von Preußen für
den Fall des Krieges der Oberbefehl über die Truppen seiner
süddeutschen Verbündeten übertragen wird, ist die jüngst ge-
troffene militairische Vereinbarung der süddeutschen Staaten anzusehen, nach welcher die Heereseinrichtungen Süddeutschlands
in wesentlicher Uebereinstimmung mit denen Preußens und des
norddeutschen Bundes geordnet werden sollen. So ist denn schon
jetzt volle Gewißheit vorhanden, daß die Mainlinie, welche die
Grenzlinie des norddeutschen Bundes bezeichnet, doch keine Grenz-
scheide für die nationale Einigung sein soll, daß vielmehr die gemeinsame nationale Kraft fortan auf festeren Grundlagen ruhen
wird, als je zuvor. In dieser nationalen Kraft werden Deutsch-

land und Europa vor Allem die feste Grundlage eines dauernden Friedens erkennen."

Wir sind nicht vermögend, uns mit diesen hier ausgesprochenen Ansichten allenthalben einverstanden zu erklären. Das Bündniß mit Baiern und Baden ward Seitens Preußens, unserer Ansicht nach, in der eben gegebenen Form namentlich deshalb geschlossen, um Oesterreich keine Hülfe mehr in Deutschland zu lassen, um es zu verhindern, wie Preußen ein norddeutsches, ebenso ein süd- deutsches Reich zu gründen, — ein Plan, der sehr nahe lag — nun wäre das süddeutsche an Land und Leuten dem norddeutschen bedeutend überlegen gewesen, und diese Gefahr wollte man ver- meiden. Wenn aber für den Kriegsfall Baiern und Baden seine Truppen unter den Oberbefehl des Königs von Preußen stellen, sie möglichst nach preußischem Muster einrichten muß, dann sind diese Staaten schlimmer daran wie Sachsen, das wenigstens das Recht hatte, am Reichstage in Berlin mit zu rathen. Doch kehren wir zum Reichstage zurück, und führen wir namentlich die Rede des Dr. Wächter, eines Sachsen, an, welcher auf eine ge- meinsame Gesetzgebung dringt, eine Rede, die wir für tadellos, für aus dem Herzen jedes Deutschen gesprochen, halten. Nach dem Eingange sagt er: „Wir müssen endlich einen Keim zu einer gemeinsamen deutschen Gesetzgebung, oder wenigstens die Möglichkeit zu einem solchen, legen. Abgeordneter Unquel hat ganz Recht, wenn er sagt, wir müßten uns das Ziel möglichst hoch und möglichst weit stellen. Allerdings werden noch viele Jahre vergehen, ehe wir nur theilweise dieses Ziel erreichen, aber warum sollen wir uns in irgend einer Beziehung beschränken, als in derjenigen, in welcher es etwas ganz Unmögliches sein würde? Warum sollten wir nicht dem künftigen Parlamente die Befugniß geben, in Vereinigung mit der vollziehenden Gewalt ein gemein- sames Civilrecht, Strafrecht, und einen gemeinsamen Civil- und Strafprozeß zusammenzustellen? Ich will Nichts darüber sagen, wie unendlich wichtig die Gemeinsamkeit des Rechtes in jeder Beziehung ist. Vielleicht Jeder von uns hat bei den Berührungen der vielen deutschen Staaten mit einander, das unendlich Lästige und Unheimliche gefühlt, daß, wenn er ein Paar Stunden auf der Eisenbahn durch die verschiedensten Rechtskreise fährt, er eigentlich ein halbes Dutzend Gesetzbücher bei sich führen müsse. Welche Wichtigkeit die Gemeinsamkeit des Rechtes hat, möchte ich eigentlich die preußischen Politiker fragen. Haben dieselben nicht oft den großen Uebelstand gefühlt, daß in den Rheinlanden ein anderes Recht im Civilrecht und Prozesse gilt, als in den anderen preußischen Ländern, und daß es sogar noch ein Paar Gebiete im Preußischen giebt, wo wieder ein anderes Recht herrscht, so daß das wahre Gut der Gemeinsamkeit selbst in dem preußischen Einheitsstaate bis jetzt noch nicht erreicht ist?

Wie unendlich wichtig wäre es für die Praxis und das Leben, wenn alle norddeutschen Staaten ein und dasselbe Gesetzbuch hätten, in welchem die ganze geistige und theoretische Kraft der Theoretiker und Praktiker aller dieser Staaten sich concentrirte, daß dann etwas Gutes und Tüchtiges geschaffen würde, während jetzt unsere Kraft und die praktische Ausbildung unseres Rechts sich in den verschiedensten Legislationen zersplittert und zum Theil versumpft. Man sagt zwar, gewisse Gegenstände des Civilrechtes, und noch mehr des Criminalrechtes, ließen sich nicht codificiren. Ich nehme das Criminalrecht. Muß es nicht auf das Rechtsgefühl unserer Völker auf das Nachtheiligste einwirken, daß in einem Staate nach seinem Gesetzbuch eine Handlung mit dem Tode, in einem andern Lande mit einigen Monaten Gefängniß-, höchstens mit einigen Jahren Freiheitsstrafe bestraft wird? Sie schütteln dort mit den Köpfen, meine Herren, als ob ich kein Beispiel für diese Behauptung aufstellen könnte? Wer einen Andern mit seiner Einwilligung, und auf sein Verlangen tödtet, wird von den preußischen Gerichten mit dem Tode bestraft, und in den letzten Jahren sind diese Todesurtheile mehrfach ausgesprochen worden, ob sie vollzogen wurden, weiß ich nicht. Und dieselbe Handlung wird in Sachsen höchstens mit 5 Jahren Freiheitsstrafe bedroht, nicht einmal mit Zuchthaus, und im Minimum mit einer ganz kurzen Gefängnißstrafe. Wie soll nun das Rechtsgefühl des Sachsen und des Preußen Das bezeichnen, wenn man drei Schritte über die Grenze geht und hier die Handlung als eine todeswürdige behandelt wird? Dann, was das Civilrecht betrifft, so ist das Minimum, was wir seiner Zeit codificiren müssen, das Obligationenrecht. Wir haben mit dem Wechselrecht, mit dem Handelsrechte angefangen. Das ist schon eine große Errungenschaft, und die Praktiker werden mir sagen, wie unendlich segensreich diese wirkt. Diese Erfahrungen sollten zu der Ueberzeugung führen, daß man nicht ein Stück Civilrecht codificiren kann, ohne auch das Andere zu codificiren. Wenn wir uns über die allgemeinen Grundsätze des Obligationsrechtes vereinigten, das wäre schon ein ungeheurer Gewinn für das ganze Leben. Ich gehe aber noch weiter. Wir könnten es als eine zulässige Aufgabe der Zukunft hinstellen, überhaupt den Gedanken zu fassen, ein gemeinsames bürgerliches Gesetzbuch für den ganzen Norddeutschen Bund und hoffentlich für ganz Deutschland, zu verfassen. Ich befürworte es allerdings, daß Manches für die Particularrechte übrig bleiben muß, man wird den ehelichen Güterverhältnissen und Grundeigenthumsverhältnissen für die particularen Rechte größeren Spielraum geben müssen, warum soll man sich aber nicht für Prinzipien zu einem allgemeinen Codex vereinigen können? Ich bitte Sie also, streichen Sie dies nicht aus den Bestrebungen der Zukunft des Norddeutschen Bundes heraus. Wir kommen so nicht in den nächsten Jahren dazu, wir haben viele andere Dinge zu thun, lassen Sie es aber als ein erstrebungswürdiges Ziel der Zukunft in unserer Verfassung stehen, und lassen Sie sich nicht durch die möglichen Schwierigkeiten abschrecken. Noch eins, meine Herren! erwägen Sie, daß wir durch das gemeinsame Wechsel- und Handelsrecht, wohl ein gemeinsames Recht für Deutschland bekommen haben, aber kein gemeines Recht, weil wir bis jetzt keine gemeinsame gesetzgebende Gewalt hatten. Der Norddeutsche Bund mit seiner Centralgewalt und dem Parlamente bildet jetzt eine solche gesetzgebende Gewalt. Was durch dieselbe festgesetzt wird, bildet ein wahrhaft juristisches, gemeinfames Recht. Bieten Sie dazu Ihre Hand, nicht blos in einer Beziehung, sondern in allen Beziehungen, so weit unsere Kräfte reichen!" —

Diese Rede ward von lebhaftem Beifall begrüßt, alle Partheien lobten sie, wir finden sie untadelhaft, wenn wir auch hier wie der Blinde von der Farbe sprechen, aber nur vom juristischen, oder besser gesagt und deutsch, rechtsgelehrten Standpuncte aus. Vom rein menschlichen läßt sich doch Einiges entgegnen. — Die Menschen sind nicht wegen der Gesetze, sondern die Gesetze der Menschen wegen da, gerade so, wie die Obrigkeit der Unterthanen wegen, nicht diese der Obrigkeit wegen da sind. Nun liegt es in der Menschennatur, daß sich einer gern über den anderen erhebt und ihn beherrscht, der Mann die Frau oder die Frau den Mann, und so geht es fort bis in die Unendlichkeit. Soll bei solchem Streben nicht Mord und Todschlag entstehen, so müssen eben Gesetze nicht blos aufgestellt, sondern auch durchgeführt werden, in Folge deren Ordnung, Ruhe und Sicherheit im Kleinen erhalten wird; wir sagen im Kleinen, im Großen ist das nicht möglich. Es stand früher auf den preußischen Kanonen: ultimo ratio regis — das letzte Wort des Königs — also wo das Gesetz nicht ausreicht, tritt eben die Kanone ein. Da wir nun aber als Bürger kleine Menschen sind, nicht mit Geschützen auffahren können, um unser Recht zu verlangen oder zu wahren, müssen wir Gesetze haben, welche den Gang der Gesellschaft regeln. Diese Gesetze wurden von der Obrigkeit und Geistlichkeit, seit Anfang dieses Jahrhunderts auch von Volksdeputirten aufgestellt. Sie mögen so gut oder schlecht sein, wie sie wollen, befolgt müssen sie werden. Wir sagten, so gut oder so schlecht, und das beruht in Wahrheit. Man mag bedenken, daß man früher sogenannte „Hexen" verbrannte, und ein großer, damals sehr gefeierter Rechtsgelehrter sogar ein Buch schrieb, um diese Unglücklichen zum Geständniß zu bringen, welches er selbst den „Hexenhammer" nannte. Die grassesten, die furchtbarsten Schmerzen für Menschen hatten sich die Geistlichkeit und die Rechtsgelehrten ausgedacht; wir wollen hier nur der früheren

Folter erwähnen, wo körperliche Qualen den Angeklagten zum Geständnisse bringen sollten, wollen nur erwähnen, daß wir noch vor wenigen Tagen in Dresden hörten, wie ein Referendar einem des Diebstahls Bezüchtigten sagte: „Gestehe, daß Du es gewesen bist, es ist unläugbar, sonst sitzest Du so lange, bis Du gestanden hast!" — ist das nicht auch eine Folter? Wenn der Herr Referendar wußte, daß Jener wirklich schuldig sei — warum überführte er ihn nicht? Entweder er log, oder er wollte sich eines Schreckmittels bedienen, was sittlich nie statthaft ist. Nun ein Zweites. — Es betrifft einen Krebsschaden unserer Zeit, und dieser ist das allgemeine Wechselrecht. Der Wechsel ist ursprünglich nichts Anderes, als ein Ausgleichungsmittel zwischen Kaufleuten, welche Firmen haben, empfangen und gegeben für Waaren. Aus diesem Verhältnisse hat man gefolgert, daß Jeder einen Wechsel ausstellen könne, der überhaupt selbstständig sei. — Diese Ansicht hat zweierlei hervorgebracht: das eine für die Advocaten ein sehr lucratives müheloses Geschäft, das andere: sich leicht Geld zu verschaffen. Wir halten das allgemeine Wechselrecht, ebenso wie die Wucherfreiheit, für einen wahren Ruin der Menschheit; wir glauben, daß es uns in einem Volksbuche, wie es dieses sein soll, hoffentlich erlaubt sein wird, näher darüber auszusprechen.

Das allgemeine Wechselrecht ist eine Geldquelle für die Advocaten, welche überhaupt am Marke des Volkes saugen, weil unsere Gesetze leider Gottes so beschaffen sind, daß sich ein Mensch, mit gesundem Menschenverstande allein ausgerüstet, nicht in denselben fortfinden, noch weniger sie zu seinem Schutze oder zur Abwehr ungerechter Angriffe anwenden kann. Der große Dichter Göthe sagt sehr richtig:

> Es erben sich Gesetz und Rechte
> Wie eine arge Krankheit fort! —
>
> ————————————
>
> Vernunft wird Unsinn, Wohlthat Plage,
> Weh Dir, daß Du ein Enkel bist! —

Vom Rechte, das mit uns geboren ist,
Von dem ist leider nie die Frage!

Das Wechselrecht also ist Nichts, als für eine Zahl Menschen sich mit Leichtigkeit Geld zu verschaffen. Es hat die große
Grausamkeit, Denjenigen, der einen Wechsel ausgestellt, oder mit
unterschrieben hat, wenn er nicht Zahlung leisten kann, seiner
persönlichen Freiheit, auf Antrag des Gläubigers, zu berauben.
Das von Herrn Dr. von Wächter so gerühmte Wechselrecht besteht darin, daß — unabhängig davon, ob die geschriebene
Summe wirklich empfangen und gezahlt worden ist, oder nicht
— der Unterzeichner eines solchen Papieres, oder die Giranten,
sofort in Personalarrest gebracht werden können, wenn sie nicht
zahlen; außerdem wird aber noch in neuerer Zeit auch von
ihrem Eigenthum soviel genommen, als die Schuld beträgt. —
Das ist nun für die Behörden im höchsten Grade bequem. Vor
dem Handelsgerichte ist einfach die Unterschrift anzuerkennen, und
der Arrest wird befohlen.

Noch hübscher ist es aber für die Herren Advocaten. Sie
protestiren zuerst den Wechsel, wenn er nicht bezahlt wird,
klagen ihn dann mit wenig Worten ein, und ziehen ihr schönes
Geld davon. Es ist Thatsache, daß in Dresden eine große
Anzahl derselben nur von solchen Geschäften lebt. Wenn man
aber bedenkt, daß man einen Mann, der Wechselschulden hat,
durch den Personalarrest aus seinem Geschäfte reißt, von seiner
Familie nimmt, und von ihm verlangt, er soll nicht nur die
Schuld, sondern auch die enormen Kosten bezahlen, so ist dies
ein wahrer Unsinn. Es gemahnt uns dies Verfahren in vielen
Fällen lebhaft an die alten Hexenprozesse; da gestanden die Angeklagten auf der Folter auch Bündnisse mit dem Teufel und
dergleichen Unsinn ein; jetzt, um aus der theuern Wechselhaft
loszukommen, versprechen sie tausend Dinge, welche sie nicht halten können, die sie an den Rand des Abgrundes schleudern,
wenn nicht in diesen selbst. Nun hat dieses unselige allgemeine Wechselrecht noch andere Nachtheile gehabt, es hat nicht

nur die Reellität untergraben, nein, es hat auch eine Sorte von Menschen hervorgerufen, die rein vom Nichtsthun, und nur von wenig Gelde höchst luxuriös leben, namentlich in Folge der Aufhebung der Wuchergesetze. Es ist namentlich für eine Menge reich, oder nur vermögend gewordener Müller, Bäcker und Bauern vom Dorfe ein höchst müheloses und gewinnreiches Geschäft, in die Stadt zu ziehen, um mit ihren Paar Thalern die Bürger auszuziehen, indem sie diese gegen enorme Zinsen an Bedürftige verborgen. So steht es in der Praxis, — und inwiefern Herr Dr. Wächter die Einführung des allgemeinen Wechselrechtes als einen Fortschritt, als eine Wohlthat zu bezeichnen vermag, ist vielleicht vom rechtsgelehrten Standpuncte aus gut, vom menschlichen aber ganz gewiß nicht. Daß ein allgemeines deutsches — auf menschliche, nicht auf sogenannte juristische Anschauung gegründetes, einfaches und für das Volk faßliches Gesetzbuch eine wahre Wohlthat wäre, das sieht wohl jeder Vernünftige ein, wird wohl auch noch einmal soweit kommen, ob wir es aber erleben, das steht mehr als im Zweifel. Hat man mit Gewalt alle Schranken durchbrochen, um ein einiges norddeutsches Reich herzustellen, nun wahrlich, dann kann man auch den Muth haben, ein faßliches, allgemeines deutsches Gesetzbuch zu verfassen, und der Advocatenherrschaft, namentlich in Sachsen, ein Ende zu machen. Wie weit deren Unverschämtheit mitunter zu gehen pflegt, dafür mag Folgendes ein Beleg sein. Der oben viel genannte berühmte Parlamentsredner Herr Advocat Schraps in Dresden gab eine Zeitung heraus, die sich erst Communalblatt, dann Reform nannte. Kurz vor Ausbruch des Krieges schrieb Verfasser dieses einen Artikel in die constitutionelle Zeitung, um auf die Gefahr aufmerksam zu machen, welche Sachsen seiten Preußens drohte. Der Redacteur derselben war so freundlich, diese den Sachsen drohende Gefahr in eine Nothwendigkeit für Preußen umzuwandeln, und nur das Militairwissenschaftliche unverändert zu drucken. Herr Advocat Schraps, einer anderen politischen Richtung angehörend, war eben unverschämt genug, mir zu schreiben und von mir geradezu Rechenschaft wegen meiner

Ansichten zu verlangen!!! — Und solche Leute schickt man auf den Reichstag. — Doch genug hiervon, es gehört nur in die Zeit, es sind dies Characterbilder. — Wir dürfen aber die Rede des Abgeordneten Salzmann aus Weida nicht unerwähnt lassen, müssen aber vorherschicken, daß die Carolina ein altes Criminalgesetzbuch ist, das nach Kaiser Karl V. benannt wurde, daß die Fürstin von Reuß älterer Linie aber auch Carolina heißt. Herr Salzmann sagte: „Wenn ich aus dem Fürstenthume Reuß älterer Linie bin, so darf ich wohl annehmen, daß Sie mit diesem 6 Q.-M.-Ländchen wohl bekannt sind. Im vorigen Jahre wurde es mit der Krone Preußen in Krieg verwickelt, aber geschossen wurde nicht. Ich hoffe nicht, daß Sie unsere Eigenthümlichkeiten erhalten werden, wenngleich seit Jahr und Tag mehr davon gesprochen worden ist, als eigentlich wünschenswerth ist. Auf den Laskerschen (einen Antrag der allgemeinen Gesetzgebung) eingehend, bemerke ich, daß erst im Jahre 1862 bei uns die Carolina abgeschafft wurde. Man spricht seitdem von einem mobificirten Rechte. Ich will es dahin gestellt sein lassen, in wie weit noch heute die Carolina gilt. Es hat nun gestern Abgeordneter Dr. Schwarze (Generalstaatsanwalt in Dresden) ein warmes und beredtes Wort für die mögliche Individualisirung des Strafrechtes und gegen seine Uniformirung ausgesprochen. So dankbar ich diesen Wink annehme, so hat doch auch diese Theorie ihre Schattenseiten. Es ist ein tief empfundener Uebelstand für ein Land, wenn das Recht durch fremde Gesetzgebung eingeführt wird, und die Legislatur sich begnügt, Gypsabdrücke von fremden Gesetzbüchern zu machen. Das Strafgesetzbuch von Reuß älterer Linie ist ein schwacher Gypsabdruck des Königl. sächsischen Strafgesetzbuches — (Unterbrechung.) Bei uns muß noch der Inculpat so lange sitzen, bis er gesteht. Manches könnte bei uns anders sein, wenn eine Constitution gegeben wäre, aber Sie werden schwerlich eine Vorstellung haben von dem Entwickelungsgange des öffentlichen Lebens im Fürstenthume Reuß „älterer Linie“. Im Jahre 1848 wurde ein Landtag einberufen zur Berathung einer Verfassung, dieser ist vorige Woche aufgelöst worden. Ich nehme keinen Anstand, eine landläufige Redensart hier zu wiederholen: Wenn Das nichts hilft, wenn das nicht anders wird, wenn alle Stricke reißen, dann gehen wir zu Bismark! Die Sicherheit des Rechtsgefühls ist in gewissen Kreisen so geschwunden, daß man über alle Instanzen hinaus im Grafen Bismark die unentbehrliche Cassationsinstanz findet. Es geht ein Nothschrei durch das ganze Land: Helfen Sie! Es ist das Fürstenthum Reuß ältere Linie etwas zu sehr individualisirt 2c. — Das sind komisch klingende, aber in Wahrheit sehr traurige Worte, welche die Zerfahrenheit der früheren deutschen Zustände schlagend zeigen. — Auch wir Sachsen könnten einiges Derartiges aufweisen, denn auch bei uns hing der Zopf bedeutend hinten. Wir haben eine Constitution, wir haben eine sehr theure Landesvertretung, in welcher jedes Mitglied für den angenehmen Aufenthalt in Dresden, und tägliche, kaum vierstündige Arbeit drei Thaler erhält, eine Verfassung, die in vieler Beziehung höchst segensreich gewirkt hat, von Manchen nicht zu Rechte bestehend angesehen wird, aber an Schattenseiten fehlt es wahrlich auch nicht. Mit dem System der Centralisirung, wo die Regierung sich in Alles mischen, von Allem Kenntniß haben will, ist ein Klatschgeist in das Ganze gekommen, der nicht immer erfreulich wirkt. In so kleinen Ländern ist ein Wahlsystem, das sich auf die Höhe der zu leistenden Steuern basirt, eben nicht vortheilhaft; wir sehen, bei dem Reichstage in Berlin hat man darauf keine Rücksicht genommen, warum nicht auch bei unserem Landtage? Warum soll der Vermögende den Armen besteuern, warum er die Gesetze berathen, nach welchen jener gerichtet wird? Liegt denn die Klugheit und Erfahrung im Geldbeutel, in dem Groschen, den man dem Staate als Steuer zahlt? — Wäre es nicht besser — wie jetzt bei dem Reichstage, wenn ein Jeder wählte, ein Jeder seinen Stimmzettel abgäbe — dann könnte sich Niemand über die Gesetze beschweren. Man glaube ja nicht, daß in Sachsen eine vollständige Zufriedenheit besteht, nein, es existirt in vieler Beziehung eine tiefe Mißstimmung. Es giebt kein Land, nach statistischen Nachrichten, in welchem so viele

Selbstmorde vorkommen, als im Königreiche Sachsen, kein Land,
wo die Zucht- und Arbeitshäuser so überfüllt sind, als hier, aber
auch kein Land, wo die Advocaten so blühen und so reich werden,
als es hier der Fall ist, weil sie sich eben in Alles mengen —
in Allem ihre Hände haben. Sie sind Agenten, Geldverleiher,
Rechtsanwalte, Güterhändler — Alles, was man will, jedenfalls
aber nicht durchweg Leute, auf denen der Segen des Volkes ruht. Ein
fernerer, ein furchtbarer Uebelstand ist das schrecklich hohe Kosten-
berechnen der Advocaten; sie nennen das „Liquidiren." Gern geben
wir zu, daß das Studiren Geld kostet; der große Theil derselben
aber ist armer Leute Kind, und war froh, wenn er in Leipzig
Stipendien bekam, und im Conflict essen durfte. So etwas ver-
gißt sich aber sehr rasch; als Herr Advocat wird er ein großer
Mann, verlangt womöglich für eine Besprechung einen halben
Thaler, für einen Brief nebst Abschrift desgleichen, die oft jedes
Schulkind machen könnte. Damit nun der „Nichtgelehrte" — sie
nennen sich „Gelehrte" obgleich sie nie eine Locomotive, nie
einen Telegraphen erfunden haben, und Jene, welche dies thaten,
nur mit dem Namen „Techniker" beehren, schreiben sie ihre Rech-
nungen — Liquidationen — im Latein, das gleiche thut öfters
sogar das Gericht. Nun erlaube ich mir doch die Frage: wird
denn in unseren Volksschulen Latein gelehrt? — Sind wir etwa
Römer? oder wollen wir unser Recht von römischen Richtern
haben, oder aus Gesetzbüchern beurtheilt sein, und nach Gesetzen
gerichtet, die zu einer Zeit passend sein mochten, wo die Verhältnisse sich alle ungleich einfacher gestalteten, als jetzt? — Aber gerade das Fremde, das dem Volke Unverständliche suchen die
Rechtsgelehrten heraus, denn da läßt sich etwas thun.

> Mit Worten läßt sich prächtig streiten,
> Mit Worten ein System bereiten,
> An Worte läßt sich trefflich glauben,
> Von einem Wort kein Jota rauben!

Doch brechen wir hiervon ab, es ist ein zu unerquickliches
Thema, und hoffentlich kommt dereinst die Zeit, wo die Volks-
bildung auf eine Stufe gelangt, wo nächst dem geistlichen Schul-

Die Sachsen bei Königgrätz.

rathe, auch ein juristisch gebildeter die Erziehung mit beaufsichtigt, wo nächst dem Katechismus das Gesetzbuch mit gelehrt wird; es thut wahrlich Noth! — Die Hauptdebatten mußten namentlich über das Militair- und Marinewesen entstehen; denn das ließ sich gar nicht läugnen, Norddeutschland mußte ein Militairstaat ersten Ranges werden. Es ist nicht leicht, in anderen Ländern ein solches Militärsystem, wie das preußische ist, einzuführen, weil es unendlich tief in alle bürgerlichen Verhältnisse eingreift, es ist noch schwieriger, Truppen, welche den eigenen gegenübergestanden haben, auf gleichen Fuß zu organisiren, als jene es sind, noch schwieriger aber ist es, wenn der Soldatenrock, von dessen Zwang man sich losmachen konnte, wenn man 300 Thaler zahlte, auch die Schultern des Sohnes reicher Eltern bedeckt, weil es eben heißt, die Vertheilung der Lasten soll gleichmäßig erfolgen. Sehr lebhafte Debatten entspannen sich über die sogenannte „Minister- verantwortlichkeit". Es ist dies eine Sache, welche sehr ihre zwei Seiten hat. Als Muster wird für alle constitutionellen Staaten fast immer England hingestellt, wo diese dem Parlamente gegen- über in soweit besteht, als ein Minister mit dem, was er befür- wortet, steht, oder von seiner Stelle abtritt, wenn jenes die Zu- stimmung der Majorität der Abgeordneten nicht erhält. Wenn es nun für die Minister höchst angenehm ist, auf der einen Seite dem Regenten ihre Unterschrift zu verweigern, wenn dieser nicht nach ihrem Willen handelt, — und dann ist jede Verordnung des Ersteren ungültig, so ist es ebenso unangenehm für sie, wenn sie von den Volksabgeordneten zur Rechenschaft gezogen werden können. Hier stößt man auf ein reines Partheigetriebe; in Eng- land und Amerika nämlich stellt allemal die herrschende Parthei die Minister aus ihrer Mitte, stürzt sie, so fallen jene mit. Nun handelt es sich wesentlich darum, ob die unverantwortlichen Mi- nister zu verantwortlichen gemacht werden sollten, und darüber entspannen sich die lebhaftesten Debatten. Es war dies am 23. März. Der Abgeordnete Sybel bemerkte hierüber: „Wir stehen vor dem wichtigsten und characteristischsten Theile unserer Arbeit, es handelt sich um die Organisation der Bundesgewalt, vielleicht das schwerste Problem, das im Laufe eines Jahrhunderts einem Staatsmann entgegengetreten ist; denn es handelt sich um die Versöhnung der particularen Gewalten mit einer stärkeren Centralgewalt, die Versöhnung der stärkeren Regierung mit der starken persönlichen Freiheit. Der 1848. Entwurf stand auf der Grundlage der constitutionellen Monarchie; der jetzige ist weder dies, noch ein Bundesstaat. Die Urheber desselben haben im Chaos der vorjährigen deutschen Zustände, die existirenden vielen Kräfte aufgesucht und nach Zahl und Maaß derselben gesetzliche Formen zu finden gestrebt, sie haben für sie einen gesetzlichen Boden bemessen, und die allgemeine Richtung der Conferenzen und Wirkung dieser Organe definirt. Diese Kräfte finde ich an dem starken und siegreichen Preußen, sowohl nach seiner Vergangenheit, als nach seiner gewaltigen Zukunft, ferner in den kleinen Particularstaaten, die theils gegen Preußen, theils mit Preußen gegangen waren, und eine zähe Lebenskraft documentiren, die sich eines starken Schutzes erfreut, und die reellen Sympathien ihrer Bevölkerung besitzt, ich finde diese Kraft endlich in der öffentlichen Meinung, welche ihre Macht am Meisten dadurch bewährte, daß die aus dem Kriege siegreich zurückkehrende Regierung Frieden schloß mit der liberalen Parthei. — Der Entwurf giebt jeder dieser Kraft ein Organ, der Krone Preußens das Bundespräsidium, den kleinen Staaten den Bundesrath, der öffentlichen Meinung den Reichstag; der Entwurf stattet sie verschieden aus. Den Löwenantheil erhält der Natur der Dinge nach, die Krone Preußen, eine sehr anständige und in mancher Beziehung zu weit geschrittene Competenz, der Bundesrath der Particularstaaten, am dürftigsten ist der Reichstag ausgestattet. Jedenfalls findet man aber in dem Entwurfe nicht eine constitutionelle Monarchie. Nun haben wir in letzter Zeit, namentlich aus dem Munde des hessischen Abgeordneten, Warnungen gehört vor einer allzugroßen Beschneidung der particularistischen Selbstständigkeit. Die nicht minder beredten Mitglieder aus Sachsen haben dies in demselben Tone, mit noch größerer Eindringlichkeit, wiederholt. Betrachten wir doch aber einmal die Kehrseite diesen Klagen gegenüber. Enthielt wirklich der Entwurf für Preußen nur Gewinn, und für die kleinen Staaten zwar patriotisch gebrachte, aber immerhin schmerzliche Opfer? Die Krone Preußen erhielt zwar viel, sie mediatisirt die kleinen Fürsten aber nicht vollständig. Es ist ebenso gut möglich, daß die 226 Thlr. jährlich den kleinen Regierungen das Militairwesen aus der Hand nehmen, aber eben so möglich, daß die ihnen gelaffenen Befugnisse, wie das Recht der Ernennung der Offiziere, eine entschiedene Schwächung der Centralgewalt herbeiführen. Ich sehe freilich keine Degredation des Hauses Hohenzollern darin, daß es sich mit dem bürgerlichen Titel Bundespräsidium ausstatten läßt; dieser Titel ist sogar besser, als der in Frankfurt gewählte Kaisertitel. Ich muß auf diesen Gegenstand nur mit ein Paar Worten eingehen, weil es nicht unmöglich ist, daß man bei der späteren Berathung den Versuch machen wird, auf diesen Kaisertitel zurückzukommen. Das Unheil Deutschlands stammt nach einem Worte des Grafen von Bismark aus dem Abfall der Welfen und Ultramontanen. Die Ultramontansten der Ultramontanen aber waren die römischen Kaiser, jene Heinrich's und Otto's, die nach Rom zogen, um dort die ausländische römische Kaiserkrone zu suchen. Daran ist unser nationaler Staat zu Grunde gegangen. Der Titel ist bei großen politischen Einrichtungen nicht gleichgiltig. Der Kaisertitel ist aber, so lange er existirt, stets nur das Signal zu Catastrophen und tragischen Niederlagen gewesen, er war nur ein plötzliches momentanes Aufraffen und ein definitives Zugrundegehen. Auf der ganzen civilisirten Erde giebt es jetzt kein Beispiel, welches einen gesunden Politiker den Kaisertitel als rühmens- und erstrebenswerth erscheinen lassen könnte. Es giebt einige mächtige Kaiser, ich zweifle aber, daß der künftige Präsident des norddeutschen Bundes dieselben um die Sollbität und Sicherheit ihrer Position beneiden möchte, — es giebt auch diesseits und jenseits des Oceans Kaiser, deren Dauerhaftigkeit sehr zweifelhaft ist. Der alte Titel: Deutscher König, ist besser, als die alte römische Cäsarenkrone. Komme ich nun zur Hauptsache zurück, so muß man anerkennen, daß die deutsche.: Fürsten sehr reichlich im Gebiete der

Bundesgesetzgebung durch den Bundesrath ausgestattet sind. Im Bundesrathe hat die Krone Preußen keine Sonderstellung, ihr Botum wiegt schwerer, aber der König von Preußen ist nur der erste unter seinen Peers, und hier scheint mir der dominirende characteristische Zug im Entwurfe zu Ungunsten Preußens zu fehlen. Das ist der Punct, wonach der Entwurf nicht als constitutioneller Entwurf betrachtet werden kann. Der Inhaber der executiven Gewalt ist ohne jedes Prädicat, er ist der hervorragendste Lord, nichts anderes. Unverständlich sind mir daher die Anführungen Günthers aus Sachsen, wonach die Uebertragung der Militairhoheiten an die Krone Preußen, welche wir nach dem Amandement Tweftens beschlossen haben, der Tod alles constitutionellen Lebens sein soll. Wenn es im Entwurfe ein Stück Constitutionalismus giebt, so ist es dieses, sowie der Passus über die Zollgesetzgebung. Ich verkenne nicht, daß Abgeordneter Günther von seinem Standpuncte aus Recht hat, aber sein Standpunct stellt die ganze Welt auf den Kopf, wenn er dieses Amandement das Grab der nationalen Politik nennt. Bis auf diese beiden Puncte aber befindet sich die Krone Preußen im Nachtheile gegenüber den übrigen Staaten im Bundesrathe. Denn wenn Sie sich die Möglichkeit vorstellen, daß ein aus directen und allgemeinen Wahlen hervorgegangener Reichstag in seiner Majorität mit den bestehenden Einrichtungen unzufrieden wäre, daß die Majorität des Bundesrathes sich aus momentanen Zweckmäßigkeitsgründen mit diesem Reichstage verbündet gegen Preußen, so finden Sie, daß der Entwurf der preußischen Regierung gar kein Mittel giebt, um die Gesetzgebung, die möglicherweise lange anhält, im antipreußischen Sinne zu verhindern. Die Thatsache steht jedenfalls fest, daß mit dem Entwurfe jetzt die Krone Preußen eine Gewalt fortgiebt, die nach leichter Möglichkeit der preußischen Regierung auf das Tieffste die Adern unterbindet, und das Gegentheil von dem thut, was die preußische Regierung als ihr Interesse ansieht. Wenn man daher nicht zu den vielen Kräften der Gegenwart ein größeres Vertrauen hätte, als zum Inhalte der Verfassungsparagraphen, so müßte jeder patriotische Preuße gerade diesem Uebelstande möglichst bald Abhülfe verschaffen. Ich komme zu den Amandements, welche von Zachariä und Ausfeld zu Gunsten der Ministerverantwortlichkeit gestellt worden sind. Ministerverantwortlichkeit galt bisher immer als ein unentbehrliches Attribut einer constitutionellen Monarchie. Da aber eine solche durch den Entwurf nicht hergestellt werden soll, so kann auch von einer Ministerverantwortlichkeit beim Entwurfe nicht die Rede sein. Es ist höchstens eine moralische, aber keine gerichtliche Verantwortlichkeit, wie jene Herren wollen, möglich. Zunächst müßte man verfügen, daß der König von Preußen, der Quell und der Inhaber der gesetzgebenden Gewalt, diese nur in Uebereinstimmung mit dem Entwurfe ausübe. Das ist aber nicht möglich ohne schwere Schädigung der Krone Preußen, ohne deren Mediatisirung unter den Bundesrath. Wenn man eine solche Verantwortung schaffen wollte, würden die Bevollmächtigten der verbündeten Regierungen die Unterthanen der Krone Preußen, und dazu sind sie jetzt nicht geneigt. Es kann sein, daß die Entwickelung der Dinge einmal dahin führt, dann wollen wir auch ein Oberhaus einrichten; denn dann haben wir die Lords, die das Oberhaus füllen. Jetzt wissen wir nur, daß die künftigen Lords gar keine Lust haben, diese Würde auf sich zu nehmen. Haben wir doch erst neulich aus Mecklenburg gehört, daß man dort vorzieht, im kleineren Lande der Erste, als im großen Lande der Zweite zu sein. Ich denke daher, wir verfahren wie die Urheber des Entwurfes, wir handeln mit realen Kräften, und sehen, wie weit wir damit kommen. Will man aber gar eine Ministerverantwortlichkeit wie diejenige, die in der preußischen Verfassung steht, so scheint mir letzteres das berühmte Messer ohne Heft, ohne Klinge, ohne Scheide zu sein."

Wenn wir diese Rede beurtheilen, so müssen wir vor Allem darüber staunen, wie ein Deutscher im Stande ist, seine Muttersprache in jeder Zeile mit einem Fremdworte zu schmücken; vielleicht um diese dem weniger gebildeteren Theile des Publikums unverständlich, wo nicht ungenießbar zu machen, wie sie es überhaupt ist. Dem Herrn von Sybel als Reichstagsabgeordneten, der für das ganze deutsche — d. h. Norddeutsche — Volk zu sprechen hatte, nicht blos für seine Wähler (siehe Reichsverfassung), kommt es wohl nicht zu, die nichtpreußischen Staaten Secularstaaten zu nennen, die nichtpreußischen Interessen hintenanzustellen! — das ist in einem deutschen Parlamente ein Fehler, der sich noch dadurch vergrößert, daß man die souverainen deutschen Bundesfürsten mit englischen Lords vergleicht! — Freilich möchte sie eine gewisse Parthei gern bis dahin, womöglich noch tiefer, herabdrücken. Wenn Herr von Sybel findet, daß etwas auf den Titel ankommt, dann kann ihm auch der eines Bundespräsidiums für Preußen nicht genügen; ob aber der Titel eines Kaisers von Deutschland deshalb zu verwerfen ist, weil die Kaiser viel Unglück gehabt, das scheint uns ein eigenthümlicher Beweggrund, eine Ursache, die an den Aberglauben streift. —

Der Abgeordnete Wagner aus Stettin sagt wegen der Ministerverantwortlichkeit, daß diese nur ein angenehmes Spielzeug für die constitutionelle Parthei sei, — und eine Waffe der Minister gegen das Königthum. Er fährt fort: „Einer starken Regierung gegenüber bleibt die Verantwortlichkeit auf dem Papiere, und einer schwachen gegenüber hat man andere, drastischer wirkende Mittel." — Nun kommt aber wieder ein Satz, aus dem Deutsche sehen können, wie wohl sie thun, Gelehrte in ein norddeutsches Parlament zu wählen, die mit nichtdeutschen Worten deren Interessen vertreten. Dieser Satz lautet: „An der Rede Sybels table ich, daß sie bei all' ihrem Widerspruche gegen die constitutionelle Schablone doch wieder den Maßstab der Abstraction an ein Product legt, welches nur der Niederschlag geschichtlicher Entwickelung ist. Ich behaupte, daß der Entwurf ein Compromiß zwischen denjenigen lebensfähigen Factoren ist, die überhaupt auf das Zustandekommen der Verfassung einen Einfluß geübt haben" — so undeutlich geht die Rede weiter, noch erwähnt er, daß die Kräfte auf jeden Theil der Bundesgewalt vertheilt habe in jedem derselben, dem Präsidium, Bundesrath und Reichstag gleichzeitig liege. Abgeordneter Minkwitz aus Sachsen

scheint aber den Nagel auf den Kopf getroffen zu haben, wenn
er sagt: „Es ist richtig, daß die Bundesgewalt zu dem vorge-
legten Entwurfe nicht definirt ist. Anscheinend sollte sie aus den
drei Factoren, Bundespräsidium, Bundesrath und Reichstag gebildet werden. An Stelle dessen ist ein anderer Factor gekommen,
der Bundesfeldherr. Man hat gesagt, man könne die Verfassung
nicht unter eine Schablone bringen; ich bemerke, daß mir das
Muster, welches der Verfassung zu Grunde liegt, sofort beim
ersten Durchlesen eingefallen ist — es ist der Cäsarismus! —
Sie werden mir Recht geben, wenn Sie dasjenige, was der
Entwurf enthält, für den Bundesfeldherrn in Erwägung ziehen
und mir zugestehen, daß der Name „Tochter des Regimentes“
nicht sowohl auf die öffentliche Meinung paßt, als vielmehr auf
den Entwurf. Der Entwurf stellt dem Bundesoberfeldherrn die
Mittel unumschränkt zu Gebote, giebt ihm das Recht der Execution gegen die einzelnen Staaten in einem weiten Umfange, und
ohne daß irgend eine Verantwortlichkeit hierbei in Frage kommt,
das Recht, sämmtliche Theile des Bundesgebietes in Belagerungs-
zustand zu erklären nach eigenem freien Ermessen. Nach diesem
Muster hat der hochbegabte Staatsmann, welcher an der Spitze
der Bundescommissare steht, sein Vorbild nicht blos in practischer,
sondern auch in theoretischer Beziehung übertroffen. Ich glaube
nicht, daß diesem eine so absolute militairische Macht zu Gebote
steht, als der Entwurf dem Bundesoberfeldherrn giebt. Bei so
unumschränkter Militairherrschaft brauchen wir nicht zu streiten
um Annexion, um Einheitsstaat, um Mediatisirung, die Militairherrschaft steht vollständig über den einzelnen Staaten und über
dem Ganzen. Wir brauchen dann nicht zu besorgen, Preußen
zweiter Classe zu werden, ich glaube, wir sind es schon. Es
kann uns wenig Trost gewähren, daß die Preußen erster Classe
nothwendig in die zweite versetzt werden. Ich stehe auf dem
Standpuncte des berechtigten Particularismus. Ich liebe mein
engeres Vaterland mit all' seinen Mängeln und Vorzügen, ich
rühme mich, ein guter Sachse zu sein. Ich liebe aber auch mein
großes deutsches Vaterland, und will ein guter Deutscher sein,

und gebe Herrn von Carlowitz Recht, der vor einigen Jahren Herrn von Beust zurief, wenn er nicht ein guter Deutscher wäre, könne er auch nicht ein guter Sachse sein. — Wir fordern nur den Schatz staatsbürgerlicher Freiheit. — Wenn wir den Entwurf unverändert annehmen, werden wir nicht eine Schöpfung ausführen, wie sie früher noch nicht dagewesen ist, sondern ein Begräbniß vollziehen, wie es noch nie Todtengräber vollzogen haben. Das Parlament würde sich selbst begraben, und ich will keine Todtengräberdienste leisten bei solch' einem Begräbniß. Wir werden niemals lernen, der gegenwärtigen Regierung abgöttische Opfer darzubringen und sie anzubeten! — Wir wollen Wahrung der Rechte des Volkes." Wie wir schon sagten, traf diese Rede den Nagel auf den Kopf, denn in der That übt der Bundesfeldherr eine Macht aus, die gänzlich unumschränkt ist, wie wir dies schon früher bewiesen. Lassen wir noch einen liberalen Staatsmann, den Minister von Watzdorf aus Weimar, über dieselbe Angelegenheit sprechen: „Ich gehöre zu den lebendigsten Freunden einer constitutionellen Monarchie, die allerdings von dem parlamentarischen Regimente sehr verschieden ist, ich glaube auch, daß der Staat und die Einzelnen im Staate, ihre Aufgabe nicht erreichen können, ohne ein vernünftiges Maß von bürgerlicher Freiheit. Nach diesen langjährigen Grundsätzen meines Lebens, hatte ich, als der Entwurf in der Sitzung der Bundescommissaire uns vorgelegt wurde, etwas ganz anderes erwartet. Nach sorgfältiger Erwägung habe ich aber die Ueberzeugung gewonnen, daß wir allen Grund haben, uns mit dem Entwurfe zu befreunden. Warum scheiterten frühere Entwürfe? Weil wir schneller, als das Maaß politischer Entwickelung es rechtfertigte, zu Zuständen übergehen wollten, die wir für die richtigen hielten. Nicht die Fürsten haben das Scheitern der Entwürfe von 1848, 1849, 1850 verursacht, sie hätten sie niemals zum Scheitern bringen können, wenn die Bevölkerung ihnen nicht zur Seite gestanden hätte. Beweis dessen sind die Dresdner Conferenzen 1851. Das dort vorgelegte Project wollte das Gegentheil von dem, was die deutsche Nation wollte. Deutschland kann es den kleinen Staaten danken, daß wir, als die Vertreter derselben, ausschließlich den Grund an dem Scheitern des Werkes trugen. Der jetzige Entwurf ist aber zu beurtheilen von dem Standpuncte bis zum Jahre 1866, und er enthält einen unläugbaren Fortschritt, der, wenn er vor einem Jahre versucht worden wäre, von der Nation mit großem Danke angenommen worden wäre. Wir müssen uns zunächst hüten Vorschläge zu machen, welche den Zutritt der süddeutschen Regierungen erschweren. Ich hebe ganz besonders die Nothwendigkeit hervor, aus einem zur Zeit rechtlichen Zustande unserer öffentlichen Verhältnisse in einen Rechtszustand überzugehen. Den Maaßstab meiner politischen Vergangenheit in den Entwurf legend, bekenne ich, daß ich die Erwartung einer Fortentwickelung in demselben begründet finde, daß die Conservativen ein größeres Opfer bringen als die Liberalen. Bald wird die Zeit kommen, wo wir auch in den Particular-Staaten uns über einzelne Puncte vollständig befriedigt finden werden, das wird aber nur geschehen, wenn der Geist der Versöhnung, der uns Alle beseelen sollte, die Herrschaft behält. Man wird sich bald in den kleinen Bundesstaaten freuen, große Aufgaben in Gemeinsamkeit lösen, und besser lösen zu können als bisher. Man wird sich davon überzeugen, daß die einzelnen Staaten niemals zu einer gesunden Entwickelung kommen konnten, so lange die Macht, die unser Gesammtvaterland nöthig hat, noch nicht geschaffen war, und daß wir Particularisten, wie man uns nennt, die Opfer gern bringen. Ein anderer Vorwurf richtet sich auf den Mangel an Freiheit. Ich müßte ein sehr geringes Vertrauen zur deutschen Nation haben, wenn ich nicht annehmen wollte, daß sie an der Hand des Entwurfes ihre berechtigten Forderungen erwerben könnte. Wir haben drei Bestimmungen in demselben, von denen einen tiefgehenden und erziehenden Einfluß haben — die Concentration der materiellen Interessen in der Hand der Bundesgewalt — die allgemeine Wehrpflicht, und selbst das Stimmrecht. Im Besitz dieser drei Bestimmungen kann man der Zukunft getrost entgegengehen. Ich halte nun zwar die Vermuthung nicht für gerechtfertigt, als ob die einzelnen Staaten Preußen jemals nach diesem Entwurfe majorisiren würden, ich freue mich aber, daß der Entwurf nur das den einzelnen Staaten genommen hat, was sie nicht vollständig entwickeln konnten. Ich freue mich aber, daß der Entwurf ihnen das gelassen hat, was sie selbst zu ent- wickeln im Stande sind. Ich komme auf die Bemerkung Wagners, wegen der Stellung der deutschen Fürsten, wenn sie ihre Interessen und Rechte höher stelle.: würden als ihre Pflichten, so würden sie wohlthun, sich mediatisiren zu lassen, wenn sie aber, wie ich überzeugt bin, in erster Linie ihre Pflichten stellen, die ihnen von Gott · anvertraut sind, dann würde es unsere deutsche Nation selbst im Tiefsten beklagen, wenn dies. geschähe. Ich kenne aus meiner langjährigen Erfahrung als weimarischer Staatsminister den Einfluß, den ein wohlwollender, pflichtgetreuer Fürst auf seine Unterthanen und folgeweise auf das ganze deutsche Volk ausübt, wir würden uns nicht rühmen können unserer hohen Culturstufe und der Weltstellung Deutschlands, wenn wir nicht in der Vergangenheit in dieser Beziehung vor- zugsweise gute Erfahrungen gemacht hätten. Ich würde es, und das sage ich auch den Preußen, für Preußen als ein schweres Unglück betrachten, wenn die Mediatisirung erfolgte. Preußen würde nicht Preußen bleiben in dem Augenblicke, wo die einzelnen Staaten in Deutschland zu Grunde gehen. Der Antrag auf Ministerverantwortlichkeit ist ungerechtfertigt, das Bundespräsidium kann unmöglich verantwortlich gemacht werden, und die Minister- verantwortlichkeit ist blos eine Form. Ich bin in meinem Amte eine Reihe von Jahren ohne Ministerverantwortlichkeit gewesen, und habe dann eine Reihe von Jahren unter der Herrschaft der Ministerverantwortlichkeit gestanden, und habe einen Unterschied zwischen früher und später nicht gefunden. Bedenken Sie, daß die Gesetzparagraphen es nicht machen, selbst die bürgerliche Freiheit hat keinen Werth, wenn nicht die Selbstständigkeit des Individuums durch sich selbst und durch seine Thätigkeit festge- stellt ist. Die Aeußerung des Abgeordneten Minckwitz, daß der Cäsarismus diese. Verfassung sei, ist mir unverständlich. Bisher waren wir in einer noch viel schlimmeren Situation. Die einzelnen Staaten hatten zwar das Budgetrecht, aber nicht in der Weise, wie behauptet worden ist. Von 1815 bis 1866 wurde jederzeit das Quantum am Budget für Militärbedürfnisse von seiten des deutschen Bundes vorgeschrieben. Die einzelnen Landtage mußten diese Vorschrift des Bundes ausführen, wie es auch in Zukunft sein wird. Wir haben also da gar keine anderen Zustände zu erwarten. Die Hauptsache ist, daß das Volk auch in Zukunft seine Schuldigkeit thut. Thut es diese nicht, so kommen wir auf ganz andere Zustände als diejenigen, welche zunächst nach diesem Entwurfe geschaffen worden." — So die gewiß nicht zu verwerfenden sehr vernünftigen Ansichten des Ministers von Watzdorf. Man sieht wie verschiedene Ansichten über ein und dieselbe Sache Männer von verschiedenem Stande haben und aussprechen, und wenn wir sagten, es erschien uns, als habe Minckwitz den Nagel auf den Kopf getroffen, so ist doch auch dem Herrn von Watzdorf nicht ganz unrecht zu geben. Einem pflichtgetreuen Minister gegenüber ist die Verantwortlichkeit kaum nöthig, kann man denn aber behaupten, daß jeder Minister in Wirklichkeit pflichtgetreu sei oder es stets sein werde? —

Wir können nicht umhin, eines zweiten, sehr wichtigen Punctes zu erwähnen, welcher im Reichstage viele lebhafte Debatten hervorrief: Das sind die allgemeinen directen Wahlen, die unserer Ansicht nach zu gestatten, jede Regierung die Verpflichtung hat, welche allgemeine Wehrpflicht verlangt. Der Bundescanzler, Minister Bismark-Schönhausen, sagte in dieser Beziehung auf dem Reichstage:

„Das allgemeine Stimmrecht ist uns gewissermaßen als ein Erbtheil der Entwickelung der deutschen Einheitsbestrebungen überkommen; wie haben es in der Reichsverfassung, wie sie in Frankfurt entworfen wurde (1818). Wir haben es im Jahre 1863 den damaligen Bestrebungen Oesterreichs in Frankfurt entgegengesetzt, und ich kann nur einfach sagen: „Ich kenne wenigstens kein besseres Wahlgesetz. Es hat ja gewiß eine große Anzahl von Mängeln, die es bewirken, daß auch

36*

dieses Wahlgesetz die wirkliche, besonnene, berechtigte öffentliche Meinung eines Volkes nicht vollständig photographirt, en miniature (im kleinsten Maaßstabe) wiedergiebt. Die verbündeten Regierungen bestehen nicht auf dem Wahlgesetze in dem Maaße, daß sie nicht jedes Andere, dessen Vorzüge nachgewiesen werden können, annehmen würden; bis jetzt ist aber nicht ein einziger Versuch dieser Nachweisung gemacht, ich habe nicht einmal im Laufe der Reden curforisch (zusammenhängend) ein anderes Wahlgesetz rühmen hören. Ich will nur erwähnen, daß die gewissermaßen republikanische Spitze, die in den Worten „verbündete Regierungen" liegt, die Annahme ausschließt, daß ein tiefangelegtes Complot gegen die Freiheit der Bourgeoisie (Mittelstand) etwa in Verbindung mit den Massen und die Errichtung eines cäsarischen Elements bestehe. Wir haben einfach genommen, was vorlag, Etwas, von dem wir glaubten, daß es am leichtesten annehmbar sein würde, und haben dabei keine anderen Bedenken gehabt. Was wollen denn die Herren, die dieses anfechten, mit der Beschleunigung, deren wir bedürfen, an dessen Stelle setzen? Etwa das preußische Dreiclassensystem? Nun, meine Herren, wie auch die Constellationen des Landes immer sein mögen, das muß ich aber sagen, ein widersinnigeres, elenderes Wahlgesetz, als dieses Dreiclassensystem geschaffen, kenne ich nicht. Ein Wahlgesetz, welches alles Zusammengehörige aus einander reißt, und Leute zusammensetzt, die Nichts mit einander zu thun haben, ein Gesetz, das jede Commun des Landes mit einem anderen Maaße mißt, Leute, die weit hinausragen in einer Commun über die andere, werden in der anderen aus der ersten Classe der Wahlen in die dritte Classe der Wähler geworfen. Wenn sich die Erfinder dieses Wahlges.tzes all die unpractischen Folgen vergegenwärtigt hätten, ich glaube, sie hätten es nicht gemacht. Eine Willkürlichkeit und eine Härte liegt zugleich in dem Census, die am fühlbarsten wird, wo der Census abreißt, wo die Ausschließung anfängt.

Wir können es dem Ausgeschlossenen gegenüber doch schwer motiviren, daß er deshalb, weil er nicht die gleiche Steuerquote wie sein Nachbar zahlt — er würde sie gern zahlen, er kann es aber noch nicht, weil er noch nicht ein größeres Vermögen erworben hat, — plötzlich politisch todt im Staatswesen sein soll. Diese Argumentie findet aber überall an der Stelle Anwendung, wo eben die Reihe derer, welche politisch berechtigt sein sollen, abgebrochen wird. Auf ständische Wahlrechte zurückzugreifen, hat noch Niemand vorgeschlagen. Ich möchte dabei nur die Richtigkeit einer hier vorhin ausgesprochenen Meinung bestätigen, daß ich glaube, daß jedes Wahlgesetz unter denselben äußeren Umständen und Einflüssen ein ziemlich gleiches Resultat ergiebt. Ich glaube, wenn wir heute auf der Basis des vereinigten Landtags mit einem zehnjährigen Grundbesitz stehen würden, wir würden ungefähr dieselbe Vertretung hier haben, und der Gesammtbestand der Vertretung in Deutschland hat seit meiner parlamentarischen Laufbahn nicht sehr erheblich gewechselt;' ich habe immer dieselben alten, zum Theil lieben, zum Theil kampfbereiten Gesichter hier gesehen. Ich gestehe daher offen, weist mir Jemand überzeugend nach, daß ein anderes Wahlgesetz besser ist, als das vorgelegte, so ist die Frage besprechenswerth. Aber ich glaube auch, wenn wir uns in die Berathschlagung vertiefen, wir würden eben ganze Bibliotheken, die über diese Frage in den letzten 30 Jahren geschrieben worden sind, durchzugehen haben, und uns doch schwer einigen. Ein Vorwurf ist dem Wahlgesetz aus dem Grunde gemacht worden, weil es directe und nicht indirecte Wahlen hat. Meiner Ansicht nach bilden aber die indirecten Wahlen, eine Fälschung der Wahlen, eine Fälschung der Meinung der Nation. Es läßt sich dies schon aus dem einfachen Rechenexempel darthun, was ich schon vor zwanzig Jahren aufgestellt habe, das seitdem oft aufgestellt worden ist und das ich wiederhole. Wenn man annimmt, daß die Majorität in jeder Stufe der Wahlen nur eins über die Hälfte zu sein braucht, so repräsentirt der Wahlmann nur einen Urwähler mehr als die Hälfte; der Abgeordnete repräsentirt also, wie mit mathematischer Sicherheit nachzuweisen, nur etwas über $\frac{1}{4}$ der Wähler, und die Majorität der Abgeordneten nur etwas über ¼. des Ganzen. Aus diesen Halbirungsgründen scheiden wir mit dem jetzigen Verfahren gänzlich aus, und wir haben mehr den Gesammtwillen des Volkes. Ich appellire hierbei an die Erscheinungen, die ziemlich allgemein sind. Ich weiß nicht, ob Alle die Meinung theilen, aber ich habe den Eindruck, daß wir bei directem Wahlrecht bedeutendere Capacitäten in das Haus bringen, als bei dem indirecten. Um direct gewählt zu werden, muß man einen bekannteren Namen, ein bedeutenderes Gewicht haben, weil die localen Agitationen und Gevatterschaften hierbei nicht so in Geltung kommen, als bei den ausgewählten Kreisen. Ich hoffe, das Haus wird für die indirecte Schmeichelei, die ich hiermit ausspreche, empfänglich sein.“

Schwerlich dürfte es möglich sein, das System der allgemeinen directen Wahlen besser und geschickter zu vertheidigen, als es hier seiten des Grafen Bismark geschah. In Sachsen haben wir noch zu den Landtagen indirecte Wahlen nach dem Census, sind ganz in der Lage mit dem Bundescanzler einverstanden, welcher sagt und beweist, wie wir es oben gesehen haben, daß indirecte Wahlen ebenso eine Fälschung der Wahlen, als eine Fälschung der Meinung der Nation seien. Die zweite Sache, welche er ebenso klar bespricht, ist das Thema über das Zweikammersystem auf dem Reichstage, wie es in Sachsen auch noch auf dem Landtage zu Rechte besteht, obgleich es 1848 abzuschaffen auf kurze Zeit gelang, was aber üble Folgen genug hatte. Der Ministerpräsident sagte in dieser Beziehung:

„Was ferner den Antrag auf Errichtung eines Oberhauses (1. Kammer) betrifft, so kann dies im Prinzip einem Conservativen gewiß jederzeit willkommen sein. Es ist dies ein Hemmschuh, der an der Staatsmaschine angebracht wird, um das Ausgleiten nach dem Abhange zu bei abschüssigen Stellen zu vermeiden. Es ist eine größere Betheiligung Derjenigen, welche etwas zu verlieren haben, welche nicht auf Kosten des Staates spielen wollen, da ihr eigner Einsatz zu groß ist. Es ist eine Uebertragung, eine der wesentlichen Vorzüge der englischen Einrichtungen, den ich darin suche, daß es in England eine große

Anzahl annähernd Königlicher Existenzen giebt. Ich will gleich erläutern, was ich darunter verstehe. Ich meine solche desinteressirte Existenzen, die eigentlich nichts Erhebliches zu wünschen haben, was sie verleiten könnte, -anders, als nach ihrer wohlbedachten und ruhigen Ueberzeugung, vom Besten des Staates zu urtheilen; ich will lieber sagen, solche selbstgenügsame Existenzen auf dem Gebiete des socialen und politischen Strebens. Man experimentirt dort nicht so leicht, weil Diejenigen, welche experimentiren wollten, einen gewaltig hohen Einsatz von Vermögen repräsentiren. Deßwegen haben wir nicht geglaubt, die schon etwas zusammengesetzte Maschine der Verfassung, welche wir Ihnen vorlegen, durch Einschiebung eines dritten, oder, wenn Sie wollen, eines vierten Gliedes, noch schwerfälliger zu machen. Es ist mir nicht leicht, ein deutsches Oberhaus zu denken, welches man etwa einschieben könnte zwischen dem Bundespräsidium, dem Bundesrathe und diesem Reichstage, ein Mittelglied zwischen ihnen, welches dem Reichstage in seiner Bedeutung auf der Stufenleiter der Aristokratie insoweit überlegen wäre, und dem Bundesrathe und dessen Vollmachtsgebern hinreichend nachstände, um diese Classification zu rechtfertigen. Wir würden in dem ersten nicht souveräne Peers zu Mitgliedern haben, die ihrerseits geneigt sind, mit den mindestmächtigen Souverainen in ihrer Stellung zu rivalisiren. Der Bundesrath repräsentirt bis zu einem gewissen Puncte ein Oberhaus, in welchem Se. Majestät der König von Preußen primus inter pares ist, in welchem derjenige Theil des hohen deutschen Adels, welcher seine Landessouverainität gewahrt hat, seinen Platz findet. Dieses Oberhaus zu vervollständigen dadurch, daß man ihnen nicht souveraine Mitglieder beifügt, halte ich praktisch zu schwierig, um die Ausführung zu versuchen. Dieses Oberhaus außerhalb seines Präsidiums soweit unterzubringen, daß es einer Peerskammer ähnlich sehe, die von unten her vervollständigt werden könnte, halte ich für vollständig unmöglich. Das werde ich niemals wagen, einem Herrn, wie Sr. Majestät dem Könige von Sachsen gegenüber, anzubieten. Das ist der hauptsächlichste Grund, warum wir keine Theilung des Reichstages in 2 Häuser vorgeschlagen haben. Die Gesetzgebung des Bundes kann schon durch den Widerspruch zwischen Bundesrath und Reichstag zum Stillstand gebracht werden, aber bei einem gewissen Dreikammersystem, wenn ich augenblicklich den Bundesrath als Kammer betrachten darf, würde die Möglichkeit und Wahrscheinlichkeit des Stillstandes noch näher liegen."

So viel Wahres in den Worten liegt, so müssen wir doch hierzu bemerken, daß unserer Ansicht nach der Bundesrath aus einer Versammlung besteht, in welcher die Souveraine sich durch ihre Gesandten vertreten lassen. Wenn man nun bedenkt, daß Jeder derselben das Recht hat, Vorschläge anzubringen, daß er besondere Ausschüsse für Landheer und Festungen, Seewesen, Zoll, Steuer, Handel, Verkehr, Eisenbahnen, Post- und Telegraphen, die Justiz und das Rechnungswesen bildet, so steht er gewiß ganz in der Stellung eines Oberhauses zum Reichstage. Was die Peerskammer betrifft, so will Graf Bismark eine solche damit bezeichnen, wo der Regent — also hier das Bundespräsidium Preußen — einzelne hervorragende Mitglieder zu Peers ernennt, welche dann Sitz und Stimme neben den Gesandten im Bundesrathe haben — also mit den Fürsten des norddeutschen Bundes, welche in ihren Ländern Souveraine sind, dort auf gleicher Stufe leben würden. — Es ist aber noch etwas, das die Rede des Herrn Grafen von Bismark berührt, und das wir hier ganz unmöglich mit Stillschweigen übergehen können; es betrifft dies die Wählbarkeit der Beamten in den Reichstag. Schon vielfach ist die Frage aufgeworfen worde., können Staatsbeamte, welche also im Solde des Staates stehen, die Nation vertreten, da sie sehr leicht in die Lage kommen können, gegen ihre Vorgesetzten, welchen sie Gehorsam schuldig sind, bei den Verhandlungen zu opponiren. Auch im Reichstage zu Berlin kam die Sache zur Sprache, und Graf Bismark bemerkte hierzu:

„Die Bestimmung des Ausschlusses der Beamten hat ihre Quelle in den mannichfachen Uebelständen, die mit der Betheiligung der Beamten in den öffentlichen Verhandlungen zweifelsohne verbunden sind, und die man von der Rednertribüne aus schon berührte. Als einen, der besonders maaßgebend ist, bezeichne ich die Besorgniß, daß Beamte zu sehr geneigt sein möchten, den paticularistischen Neigungen der Bundesregierungen zu dienen, und ihnen in dieser Versammlung Ausdruck zu geben. Die anderen Gründe sind mehr allgemeiner Natur, für mich ist der Hauptgrund die Lockerung der Disciplin im Beamtenstande. Je mächtiger die parlamentarischen Einflüsse auf das Staatsleben zurückwirken, desto nothwendiger ist meines Erachtens nach eine sträffere Disciplin des Beamtenstandes. Wir haben in Preußen, wenn ich so sagen darf, gewissermaßen zwei Verfassungen, die nebeneinander laufen. Wir haben die alte Constitution des Absolutismus, die ihren Schutz in der Unabsetzbarkeit der Beamten findet, und wir haben die moderne constitutionelle Verfassung, mit welcher diese Unabsetzbarkeit der Beamten unverträglich ist. Eine Regierung, welche handeln will, fühlt sich dadurch nach allen Richtungen gehemmt. Sie kann nicht einmal einen Beamten, der zwar formel ihren Anordnungen gehorcht, aber nicht in seinem Geiste darauf eingeht, absetzen. Dies hat seine großen Vorzüge; ich möchte das Ansehen der preußischen Beamten, das Gefühl der Würde, was bei manchen unzulänglichen Besoldungen über viele Versuchungen hinweghilft, um keinen Preis aufgeben. Aber wir bedürfen auch aller Mittel, die geeignet sind, eine strenge Disciplin aufrecht zu erhalten, und scheuen uns vor Allem, was geeignet ist, diese Disciplin zu lockern. Ich kann nicht glauben, daß es im Lande einen günstigen Eindruck macht, ich glaube, daß das Gefühl, daß etwas krank sein muß im Staate, allgemein ist, wenn man erlebt, daß in der Oeffentlichkeit ein Beamter seinem höchsten Chef gegenüber tritt, und ihm gegenüber über ihn eine Sprache führt, die derselbe Beamte jedenfalls zu wohlerzogen ist, um diese Sprache zu Hause gegenüber seinem Diener zu führen. Ich kann das nicht als eine nützliche Einrichtung ansehen.

„Ich gebe zu, daß sich dies Bedenken heben würde, hätte man nicht vom Zwangsurlaub gesprochen, daß eine Regierung

durch die Verfassung genöthigt ist, demjenigen Beamten, von dem
sie voraussetzt, er werde sie mit Heftigkeit angreifen, hierzu ausdrücklich den Urlaub zu bewilligen. Ich bin als Minister sehr
gern bereit, mir die stärksten Vorstellungen von einem Beamten,
der von seinem Pflichtgefühle geleitet wird, in einem Schriftstück
gefallen zu lassen, aber es würde mir sehr schwer fallen, Minister
zu bleiben, wenn ich fortwährend in meinem Ressort einen Beamten beschäftigen müßte, der mir öffentlich die Achtung versagte,
auf die ich Anspruch habe. Wenn Sie, meine Herren, diesem
Uebelstande nicht vollständig Abhülfe verschaffen können, so würden
die Regierungen für jede partielle Abhülfe dieses Uebelstandes
durch einen Beschluß des Parlamentes immer noch dankbar sein.
— — — Ich glaube der Ausschluß richterlicher Beamten existirt
in mehreren Bundesverfassungen. Daß die Betheiligung an den
Partheikämpfen auf die Richter einigermaßen mehr zurückwirkt,
als wie mit der unpartheilichen richterlichen Stellung verträglich
ist, davon habe ich selbst vielfache Beispiele gehabt. Ich will nur
eins anführen: Ich bin in den ersten Jahren meiner Amtsführung
unendlich oft in der Lage gewesen, daß mir Erkenntnisse, die ohne
mein Wissen und Anregen gefaßt waren, wegen Beleidigung des
preußischen Ministerpräsidenten zur Ansicht geschickt wurden, mit
der Anfrage, ob ich sie veröffentlichen wollte. Ich habe manche
dieser Beleidigungen ignorirt. Im Durchschnitte fand ich, daß
dieselben Beleidigungen, die ein ehrbarer Handwerksmeister über
einen anderen seines Gleichen ausspricht, eine schwerere Strafe,
wenn er sie öffentlich und vor Zeugen aussprach, Gefängniß- oder
höhere Geldstrafen nach sich zogen, als eine Beleidigung des
preußischen Ministerpräsidenten, welche mit 10 Thaler Geldstrafe
belegt wurde. Für 10 Thaler Geldstrafe hatte jeder das Recht
und die Freiheit, mir die schwersten Injurien zu sagen. Dieser
Eindruck, daß mit einem Maaße gemessen würde, welches von
politischem Einflusse nicht ganz frei war, wurde noch verstärkt
dadurch, daß ich in den einzelnen Motivirungen gelesen habe, es
lägen mildernde Umstände vor, denn dieses Ministerium taugt
wirklich Nichts. Nun frage ich, kann man mit einem solchen

Raisonnement eines erkennenden Richters der Eindruck der Würde, des Ansehens, der Unpartheilichkeit auf die Dauer aufrecht erhalten werden? Kann dadurch die richterliche Stellung befördert werden?"

Dies sind die Ansichten des Grafen Bismark, mit denen er jedoch nicht durchdrang, denn ein Ausschluß der Wahlfähigkeit der Beamten fand trotz dessen nicht statt. — Nachdem wir so die Begründung der unserer Ansicht nach wichtigsten parlamentarischen Puncte mit den Reden des Ministerpräsidenten belegt haben, müssen wir unsere Blicke nach einer anderen Richtung wenden, und zwar nach Westen, wo schwere politische Wetterwolken sich zusammenzogen.

Durch die Sprengung des alten deutschen Bundes war namentlich eine Schwierigkeit entstanden, und das war die Frage wegen der Bundesfestungen, welche auf Kosten des Bundes erbaut, erhalten, und in der Regel von Bundestruppen verschiedener Contingente besetzt waren. Auch Frankreich hatte zu denselben nach dem Wiener Frieden viele Millionen zahlen müssen; denn zum Schutze gegen dasselbe, das unsere Rheingrenze so oft verletzt hatte, waren sie angelegt. Nun war es im alten deutschen Bunde ein sehr großer Uebelstand, daß Bundesländer außerdeutschen Monarchen gehörten, so das Großherzogthum Luxemburg und Limburg dem Könige der Niederlande. —

Die Festung Luxemburg war eine sehr starke Bundesfestung, die, gleich einem vorgeschobenen Posten, das Vordringen der Franzosen gegen den Rhein unendlich erschwert hätte; Preußen hatte das Besatzungsrecht in derselben. Nun war aber der Bund gesprengt, folglich gehörte die Festung wieder dem Könige der Niederlande; die Preußen hätten herausgehen müssen, was sie jedoch nicht gewillt waren, obgleich Luxemburg und Limburg nicht in den norddeutschen Bund eingetreten war. Mit einem Male ging das beunruhigende Gerücht, der König der Niederlande habe die, von den Preußen noch besetzte, Bundesfestung Luxemburg an den Kaiser Napoleon von Frank-

reich verkauft. Es gewann immer mehr und mehr Wahrscheinlichkeit und es wurden ganz gerechtfertigte Besorgnisse wegen eines abermaligen Krieges laut, die den kaum wieder auf-
blühenden Handel und Gewerbe auf's Neue erschütterten und
tiefe Wunden schlugen. Aus diesem Grunde interpellirte am
1. April eine Anzahl Reichstagsmitglieder den Minister Grafen
fen Bismark, indem sie frugen:

1) Hat die Königlich preußische Regierung Kenntniß davon
erhalten, ob die in verstärktem Maaßstabe täglich auftretenden
Gerüchte über Verhandlung der Regierung Frankreichs mit
den Niederlanden, wegen Abtretung des Großherzogthums
Luxemburg begründet seien?

2) Ist die Königlich preußische Regierung in der Lage,
dem Reichstage, in welchem alle Partheien einig zusammenstehen werden in der kräftigen Unterstützung zur Abwehr eines
jeden Versuches, ein altes deutsches Land von dem Gesammtvaterlande loszureißen, Mittheilung darüber zu machen, daß
sie, im Verein mit ihren Bundesgenossen, entschlossen ist, die
Verbindung des Großherzogthums Luxemburg mit dem übrigen
Deutschland, insbesondere das preußische Besatzungsrecht in der
Festung Luxemburg, auf jede Gefahr hin, dauernd sicher zu
stellen?

Die Begründung dieser Interpellation übernahm der Vicepräsident von Bennigsen, und sagte:

„Seit mehreren Tagen mehren sich von allen Seiten die
Nachrichten von Verhandlungen zwischen der niederländischen
und französischen Regierung, wegen Abtretung Luxemburgs, ja, es
tritt selbst mit großer Bestimmtheit die Behauptung auf, daß ein
solcher Cessionsvertrag bereits geschlossen sei. Ein Fürst deutschen
Stammes wäre demnach uneingedenk der stolzen Erinnerungen seines
Hauses, aus welchem selbst ein Mitglied, Adolf von Nassau,
die deutsche Kaiserkrone getragen, einen Handel eingegangen über
ein Land, welches keine Provinz von Holland bildet, sondern
welches zu allen Zeiten ein deutsches Land gewesen ist, welches
nur bei Gelegenheit der Gründung des deutschen Bundes dem

regierenden Haufe der Niederländer zugetheilt wurde, als Austausch für andere Länder, die das Haus in Deutschland befessen
hatte. Luxemburg, ein deutsches Land, welches stets als Theil
des burgundischen Kreises zum deutschen Reiche gehört hat,
Luxemburg, aus deffen Fürstenhause Kaifer hervorgegangen find
für Deutschland und Machtträger derjenigen Provinz, in welcher
jetzt der Reichstag verfammelt ist, foll durch einen folchen Handel für Deutschland verloren gehen?

Es ist eine dringende Aufforderung für den Reichstag, in
einer folchen Lage fich flar darüber zu werden, was die verbündeten deutfchen Regierungen, und was die Vertreter der
deutfchen Nation, einer folchen Gefahr gegenüber, zu thun gewillt find. Wir haben in dem Grenzlande Luxemburg nicht blos
einen Theil des deutfchen Bodens zu fchützen, wir haben auch
zu fchützen eine wichtige militairifche Pofition, die, wenn fie
aufgehoben werden, wenn diefes Land an Frankreich kommen
follte, mit Belgien zugleich die deutfchen Rheinprovinzen ftets
unmittelbar bedrohen würde. Wir follen ein Land aufgeben,
in welchem eine Feftung, aufgebaut mit den Entfchädigungs-
geldern, die in dem Feldzuge 1814 und 1815 von Frankreich
erlegt worden find, zum Schutze Deutfchlands gegen Frankreich,
als Bundesfeftung angelegt ist, in welchem die preußifche Regierung nicht blos auf Grund der Verträge von Wien — die
Wiener Congreßacte — fondern auch auf Grund befonderen
Abkommens zwifchen der preußifchen und niederländifchen Regierung aus den Jahren 1816 und 1817, wertvolle Rechte
der Befatzung und das Recht der Ernennung eines Gouver-
neurs befitzt. Es ist Gefahr vorhanden, daß ein folches deut-
fches Grenzland verloren geht, in welchem die Bevölkerung
im Wefentlichen deutfch ist und nicht daran denkt, franzöfifch
zu werden, wo allerdings vielleicht eine Abneigung vorhanden
ist, fich den fchweren Militairforderungen jetzt fchon zu fügen,
welche an die Mitglieder des norddeutfchen Bundes geftellt
werden, in welchem man aber deutfch ist und deutfch bleiben
will. Wenn die Verfammlung es hier geftattet, will ich einen

Nothschrei aus Luxemburg, der in einem Schreiben von dort an ein Reichstagsmitglied gerichtet ist, mittheilen, aus dem hervorgehen wird, wie deutsch gesinnt man in Luxemburg ist, und wie wenig man Neigung hat, von Deutschland getrennt zu werden. Es lautet:

„Wüßten die Herren im Reichstage, wie die 200,000 Luxemburger in Sprache und Sitte doch immer noch ein ganz deutscher Volksstamm sind, wüßten sie, wie im gegenwärtigen Augenblicke überall, in Stadt und Land, Alles so gebeugt und muthlos ist, jetzt, wo starke Gerüchte von Annexion an Frank- reich cursiren, wie sehnsüchtig allgemein die Blicke sich wenden nach jenen Männern, die doch eben nur des zu einigenden und zu festigenden deutschen Vaterlandes wegen, in Berlin tagen, so müßten doch Alle sich erheben und im Namen so vieler deut- scher und deutsch bleiben wollender Stammesbrüder die Stimme draußen erheben, daß jede Cession von obenher beinahe unmög- lich, und jedenfalls als schreiender Mißton im Einigungswerke, ja, als moralischer Todschlag angesehen werden müßte. Sagte man sich nicht allzu laut, wir seien im geheimen Einverständ- nisse von Preußen längst aufgegeben, Sie könnten sicher sein, daß es an eclatanter Offenbarung der Gesinnungen nicht fehlen würde. Käme es nur zu einer allgemeinen Abstimmung, so ge- nügte eine etwas bestimmte Aussicht auf einen irgend annehm- baren Vertrag mit Preußen, um das Votum überall in deut- schem Sinne zu sichern. — Unser Wunsch geht dahin, es möchte doch in irgend einer Weise den Herren des Reichstages bekannt werden, wie wir Luxemburger nicht blos ein halb-, oder nur viertelfranzösisches Volk mit französischer und wallonischer Sprache, sondern immer noch ein ganz deutsches Volk mit ganz deutscher Sprache sind und bleiben wollen. Unter den 200,000 sind höchstens 100, die nicht deutsch verstehen und sprechen können."

Meine Herren! Unsere Interpellation ist ausgegangen von den Liberalen des Reichstages; sie ist absichtlich gerade von uns ausgegangen, weil wir vor Allem ein Bedürfniß gefühlt haben, daß in solchen Fällen der auswärtigen Politik, wo es gilt, deutschen Boden zu vertheidigen gegen ungerechte Gelüste des Auslandes, keine Partheien hier im Hause existiren dürfen, daß die Schwierigkeiten, welche in den letzten Wochen bei einzelnen Puncten des innern Ausbaues unserer Verfassung sich gezeigt haben, nicht den geringsten Einfluß äußern werden auf die Haltung des Reichstages, wo es gilt, einmüthig und entschlossen dem Auslande gegenüber zu treten, und die kräftige Politik, welche die preußische Regierung und der Ministerpräsident bislang geführt hat, auf das Entschiedenste zu unterstützen. Sie haben aus dem Schreiben, aus anderen brieflichen Mittheilungen und aus der Presse vernommen, mit welcher Sorge man gerade in Luxemburg dem Ausgange des Handels entgegensieht. Ich finde es auch begreiflich, daß in Luxemburg dieses Gefühl der Besorgniß und des Gedrücktseins sich nicht in offenen Kundgebungen zeigen kann, denn so lange man sich in Luxemburg verlassen fühlt, so lange man die Besorgniß haben kann, daß in dem Momente der Neubildung von Deutschland vielleicht die Eingriffe des Auslandes nicht mit der nöthigen Energie zurückgewiesen werden, ist es erklärlich, daß ein so kleines Land nicht wagt, mit der Entschiedenheit derartigen französischen Gelüsten entgegenzutreten, wie man es unter anderen Umständen von allen anderen deutschen Volksstämmen erwarten dürfte. Um so mehr ist an uns die Pflicht herangetreten, um in Luxemburg, im Auslande, und auch in Deutschland keinen Zweifel darüber zu lassen, daß wir diese Position, diesen Theil Deutschlands, vertheidigen wollen. Es ist keine geringe Versuchung für das Ausland vorhanden, die Auflösung des deutschen Bundes zu benutzen, die Zeit zu benutzen, wo eine neue deutsche Staatenordnung noch nicht fertig ist, wo Kämpfe der innern Politik ausgebrochen sind in Deutschland, um nun ihre Machtstellung auf Kosten desselben zu verstärken. Wenn wir nicht dem ersten derartigen Versuche entgegentreten, dann werden Versuche der Art sich stets wiederholen, und die jetzige Neubildung wird in Deutschland nicht zur Gründung eines starken Staates, sondern zur Fortdauer der alten Zerrissenheit dienen. Wenn wir Vertrauen haben zur kräftigen Leitung der auswärtigen Politik, die sich im vorigen und den vorhergehenden Jahren bei der preußischen Regierung gezeigt hat, so wird dieses Vertrauen allerdings eine Bewährung erhalten in einer schweren Zeit, wo wir den Frieden erhalten können, wenn wir stark und entschlossen sind dem Auslande gegenüber, wo wir aber auch zeigen müssen, daß wir den Krieg nicht scheuen, wo es sich um gerechte Angriffe, um gerechte Abwehr handelt. Wir wissen ja, daß in Frankreich die Erinnerung an die alte schwache Stellung Deutschlands, an die Uebermacht Frankreichs gegen Deutschland, jetzt auch wieder die Reste der alten Partheien und deren glitzernde Führer die Leidenschaften im Volke und in der Armee aufzureizen suchen, vielleicht nicht blos aus dem Grunde, Frankreich vergrößern zu wollen, sondern vielleicht auch aus dem, der jetzigen französischen Regierung Schwierigkeiten zu bereiten. Geben wir rasch und entschlossen die rechte Antwort auf solche Absichten, und wir werden sie im Keime ersticken können. Welchen Eindruck müßte es in Deutschland machen, wenn in dem Augenblicke, wo die Nation versammelt ist, um eine Verfassung zu gründen, in demselben Augenblicke, wo die Vertreter der Regierungen und die Vertreter des Volkes, der preußischen Krone und der preußischen Staatsregierung die Leitung der auswärtigen Politik des norddeutschen Bundes übertragen wollen, wie leider in früheren schwachen Zeiten, Deutschlands Grenzprovinzen von letzterem losgerissen würden? Würde das nicht ein Fleck sein, der schwer abzuwaschen wäre von der deutschen Ehre? Würde es nicht den Stempel undeutscher Schwäche der Leitung der auswärtigen Politik aufdrücken, wenn im ersten Augenblicke, wo wir wieder eine deutsche, nicht blos eine preußische Politik haben wollen, nicht das Aeußerste aufgeboten würde, um eine solche Schwächung, eine solche Eroberung einer Provinz zu verhindern? Sie erinnern sich des patriotischen Ausspruches, den vor mehreren Jahren der König von Preußen gethan hat: Kein Dorf soll vom deutschen Boden mit seiner Zu-

stimmung losgeriſſen werden? Dieſe Worte haben in
Deutſchland einen lebhaften Widerhall gefunden, ſie ſind in
dankbarer Erinnerung von der deutſchen Nation aufbewahrt.
Jetzt, wo die Vertreter des norddeutſchen Bundes um Se.
Majeſtät, ten König Wilhelm, hier in Berlin verſammelt ſind,
da möge er das deutſche Volk aufrufen. Er wird in demſelben
keine Partheien finden, wo es gilt, ſich gegen das Ausland zu
vertheidigen; er wird nur eine einige, entſchloſſene Nation
finden. Wenn wir hier Schwierigkeiten gehabt haben, in wenig
Wochen das Verfaſſungswerk zuſammen zu bringen, ſo konnte
gerade dieſe Gefahr der Einmiſchung des Auslandes in unſere
Angelegenheiten, die Gefahr, daß wir jetzt an unſerer Grenze
ein Stück Land verlieren ſollen, wenn wir uns nicht ſchnell ver-
ſtändigen, das Bedürfniß der Verſtändigungen bei den Regierungen und bei den Vertretern der deutſchen Nation nur ſtei-
gern. Wir können ſehr raſch zur Annäherung kommen, die wir
ohnehin in wenig Wochen erreicht haben würden, und das
Werk, das nach unſerer Anſicht vielleicht erſt zu Oſtern erreicht
werden könnte, dürfte dann vielleicht in ebenſo viel Tagen, als
es ſonſt Wochen bedürft haben würde, abgeſchloſſen ſein. Wir
wiſſen ſehr wohl, was auf dem Spiele ſteht. Wenn es nicht
gelingt, noch im Anfange der franzöſiſchen Nation die Ueberzeugung beizubringen, daß ſie es jetzt nicht mehr mit einem
ſchwachen, zerriſſenen, uneinigen Deutſchland zu thun hat, ſondern mit einem Volke, das mit kräftigem Aufſchwung ſich eine
Verfaſſung und Anſehen in Europa erringen will, dann werden
wir allerdings ſehr ſchweren Ereigniſſen entgegengehen. Wir
ſuchen den Krieg nicht. Bricht Krieg aus, ſo wird Frankreich
die Verantwortung treffen. Wir wiſſen ſehr wohl, welch ſchwere
Folgen der Krieg haben wird, gleichviel, wer als Sieger daraus
hervorgeht. Die franzöſiſche und deutſche Nation, ſo reich aus-
geſtattet, um der Entfaltung ihrer Kräfte den größten Spielraum einzuräumen, können in Friede und Freundſchaft neben
einander wohnen in gegenſeitiger Achtung, in Förderung gemein-
ſamer Intereſſen der Geſittung und Cultur Europa's. · Jeder

Kriegsbilder. 19. Lief.   37

Krieg, der zwischen diesen Nationen geführt wird, wird dem Fortschritte des Wohlstandes und der Cultur tiefe Wunden schlagen. Niemand ist davon so durchdrungen, als wir, die Vertreter der deutschen Nation, die wir jetzt beschäftigt sind, eine Verfassung des Friedens für Deutschland zu Stande zu bringen. Wenn aber das Ausland uns stören will in unserem Werke, wenn es den Umstand, daß sie noch nicht abgeschlossen ist, zu Abreißung einer Provinz benutzen will, so wird es auf eine Nation stoßen, und, wie wir nicht zweifeln, auf Regierungen, die allen derartigen Versuchen mit der äußersten Entschlossenheit entgegentreten. Wir wollen uns hierüber im Reichstage gar keine Zweifel lassen, daß wir hier vereinigt sind, alle Partheien, daß das deutsche Volk einig sein wird, und jede kräftige Politik der Regierung auf jede Gefahr hin unterstützen wird, diesen und allen späteren Versuchen des Auslandes gegenüber."

Diese echt männliche Rede war für die bestehenden Verhältnisse höchst passend. Es ließ sich gar nicht leugnen, daß eine sehr große Gefahr für das Zustandekommen des norddeutschen Bundes, für die Suprematie oder Oberherrschaft Preußens darin lag, wenn jetzt ein Krieg gegen Frankreich ausbrach. Es lag nicht allzu ferne, daß bei einem raschen Vorgehen der Franzosen sich doch in Deutschland Elemente gefunden hätten, welche, noch blutend von Preußens letzten Schlägen, sich gewiß gern gegen dasselbe gewendet, um Rache zu nehmen; es lag gar nicht ferne, daß viele Steuerpflichtige die Millionen gern wiedergeholt hätten, welche sich Preußen als Contribution ausbat. Geld und Blut von anderen Völkern zu verlangen, ist kein vorzügliches Mittel, um deren Sympathien zu erwerben. Ein Staatsmann spricht anders, denkt auch anders, als der gewöhnliche Mensch, er sieht auch weiter; aber daß damals noch der beschränkte Unterthanenverstand in vielen Fällen eine Hoffnung auf Wiederherstellung des engeren Vaterlandes, einem norddeutschen Bunde, in welchem er nur ein vergrößertes Preußen sieht und sehen konnte, vorzog, das ist wohl so ziemlich zu begreifen. Vor dieser Gefahr für

den norddeutschen Bund, oder vielmehr das Nichtzustandekommen
desselben, warnt Herr von Beningsen, und nicht mit Unrecht;
denn wir würden im ungünstigsten Kriegsfalle Provinzen verloren, und die preußische, wenigstens eine deutsche, mit der französischen Ober-, ja vielleicht Willkührherrschaft, vertauscht haben.
Der Aufruf, als Deutsche einig zu sein gegen Ansprüche und
Angriffe, ist deshalb ein ganz gerechtfertigter; denn wie wir Sä-
cularisten — wie man die Kleinstaaten zu nennen beliebte —
auch denken, Deutschland zerstückeln wollen wir doch nicht lassen,
wenn wir auch mit dem Aufbau des norddeutschen Bundes nicht
allenthalben einverstanden sind, aber auch in dieser Beziehung nicht
so weit zu gehen vermögen, als der berühmte Dresdner Herr
Advocat Schraps, der sich, wie wir schon sagten, wählen ließ,
um die norddeutsche Bundesverfassung nicht zu Stande kommen
zu lassen. Andere, ebenso verständige, aber nicht so berühmte
Sachsen, als jener, enthielten sich in solchem Falle sehr einfach
der Ausübung der Wahl, wozu man um so mehr berechtigt war,
als die Preußen das Königreich Sachsen noch besetzt hielten, und
nur eine freie Wahl Werth hat. — Graf Bismark beantwortete
die Rede des Abgeordneten von Beningsen dahin:

„Die hohe Versammlung wird es natürlich finden, wenn ich
mich in der Frage von der Tragweite, welche die vorliegende
gewonnen hat, in diesem Augenblicke darauf beschränke, die Interpellation mit einer Darstellung des thatsächlichen Sachverhält-
nisses, soweit es der Königlichen Regierung und ihren Bundesgenossen bekannt ist, zu beantworten. Ich muß dazu zurück-
greifen auf die Ursachen, die es veranlaßt haben, daß das
Großherzogthum Luxemburg nicht Mitglied des norddeutschen
Bundes ist. Bei Auflösung und durch Auflösung des früheren
deutschen Bundes, gewann jeder der an demselben betheiligten
Staaten seine volle Souverainität wieder, so, wie er sie vor
Stiftung des Bundes (1815) besessen, aber durch die Verpflichtungen, die er im Bundesvertrage freiwillig eingegangen war,
beschränkt hatte. Nach Auflösung des Bundes genoß das Großherzogthum Luxemburg und sein Großherzog dieselbe Souverai-

nität europäischen Characters, wie das Königreich der Niederlande und sein König. Der große Theil der früheren Bundesgenossen, gleich Preußen, benutzte seine Freiheit, um sofort auf
dem nationalen Boden einen neuen Bund, behufs gegenseitiger
Unterstützung und nationaler Interessen, zu schließen. Das
Großherzogthum Luxemburg fand es seinen Interessen nicht ent-
sprechend, denselben Weg einzuschlagen. Durch die Organe,
welche uns innerhalb des Großherzogthums und an seinen
Grenzen zu Gebote stehen, waren wir davon in Kenntniß gesetzt,
daß eine entschiedene Abneigung, dem norddeutschen Bunde beizutreten, in allen Schichten der Gesellschaft heimisch war. In
den höhern, namentlich in den höchsten, war sie getragen von
einer deutlich ausgesprochenen Mißstimmung gegen Preußen und
dessen Erfolge, in den untern getragen von einer Abneigung
gegen die Uebernahme der Lasten, die eine ernsthafte Landesvertheidigung mit sich führt."

Wir hören hier mit Erstaunen, daß der Ministerpräsident
sich über die Luxemburger Zustände ganz anders ausspricht, als
in dem Briefe zu lesen sind, welchen Herr von Beningsen als
einen „Schmerzensschrei aus Luxemburg" anführt. Jedenfalls
sind aber auch die Nachrichten, welche Graf Bismark erhalten,
keine unwahren. Wir bewundern nur die Zartheit, mit welcher
er es berücksichtigte, daß die Regierung und Bevölkerung Luxemburgs keine Sympathien für den norddeutschen Bund gehabt;
nun, Herr Graf Bismark weiß ebenso gut, daß Sachsen, Churhessen, Hannover, Nassau, Frankfurt, der Mehrzahl ihrer Bevölkerung nach, dieselbe Ansicht hatten. Mit diesen wurden
aber weniger Umstände gemacht, trotz aller entschiedenen Abneigung, unter preußische Oberherrschaft zu kommen, wie dies
viele, leider verlorene Schlachten, blutig genug beweisen! Der
Ministerpräsident fährt in seiner Rede fort:

„Die Stimmung der Luxemburgischen Regierung fand Ausdruck in einer Depesche, die im October an uns gerichtet wurde,
und in welcher sie uns nachzuweisen suchte, daß wir kein Recht
mehr hätten, in Luxemburg Garnison zu halten. Die König-

liche Regierung und die Bundesgenossen mußten sich die Frage
stellen, unter diesen Umständen eine Einwirkung oder einen
Druck dahin zu üben, daß das Großherzogthum, welches dem
Zollvereine angehört, auch dem norddeutschen Bunde beiträte.
Sie hat sich nach gründlicher Ueberlegung diese Frage verneint.
Sie mußte es einmal als einen zweifelhaften Vortheil betrachten,
in einem Bunde von dieser Intimität in dem Großherzog von
Luxemburg ein Mitglied zu haben, welches in seiner Eigenschaft
als König der Niederlande seinen Schwerpunct außerhalb des
Bundes hat, und vielfach möglicher Weise mit dem Bunde
haben könnte. Die Erfahrungen, welche wir in dieser Beziehung
in dem früheren deutschen Bunde gehabt haben, waren lehrreich
genug, um uns abzuhalten, eine ähnliche Einrichtung in vollem
Maaße auf die neue Institution zu übertragen.“

Das ist sehr richtig; wir haben es im Laufe der Schilderung mehrfach wiederholt, daß es ein Hauptunglück, ein Haupt-
fehler des alten deutschen Bundes war, daß außerdeutsche Fürsten Bundesmitglieder wegen einer Provinz wurden, und deutsche
Fürsten außerdeutsche Länder besaßen, wie z. B. Preußen und
Oesterreich. Ganz ist dieser Fehler aber doch nicht vermieden
worden, wenn er auch ziemlich unschädlich erscheinen mag; denn
das Großherzogthum Hessen-Darmstadt gehört nur mit seiner
nördlich des Mains gelegenen Provinz in den norddeutschen
Bund, mit den südlich dieses Flusses gelegenen aber nicht. —
Weiter:

„Die Königliche Regierung hat sich ferner gesagt, daß vermöge seiner geographischen Lage und der eigenthümlichen Verhältnisse gerade des Großherzogthums Luxemburg, die Behandlung insbesondere dieser Frage, einen höhern Grad von Vorsicht
erfordert. Man erweist der preußischen Politik nur Gerechtigkeit, wenn an einer hervorragenden Stelle ausgesprochen worden
ist, die preußische Politik suche die Empfindlichkeit der französischen Nation — natürlich, soweit es mit der eignen Ehre verträglich ist — zu schonen. Die preußische Politik findet und
fand zu einer solchen Politik Anlaß in der gerechten Würdigung

der Bedeutung, welche die freundlichen Beziehungeu zu einem
mächtigen und freund=nachbarlichen Volke für die friedliche Entwickelung der deutschen Frage haben mußten. Aus derselben
Rücksicht, die ich hiermit characterisirt habe, will ich mich enthalten, auf den zweiten Theil der Interpellation mit „Ja" oder
„Nein" zu antworten. Der Wortlaut dieses zweiten Theiles
(s. o.) ist ein solcher, wie er einer Volksvertretung, die auf-dem
nationalen Boden steht, wohl anstehen mag; er gehört aber nicht
der Sprache der Diplomaten an, wie sie in Behandlung internationaler Beziehungen, so lange dieselben im friedlichen Wege
erhalten werden können, geführt zu werden pflegt."

Graf Bismark findet es also undiplomatisch, zu deutsch un-
höflich, mit der Thür in das Haus gefallen, wenn der Reichstag fragt: „Ist die Königlich preußische Regierung in der
Lage, dem Reichstage, in welchem alle Partheien einig zusammenstehen werden, in der kräftigsten Abwehr eines jeden Ver-
suchs, ein altes deutsches Land von dem Gesammtvaterlande
loszureißen, Mittheilung darüber zu machen, daß sie im Verein
mit ihren Bundesgenossen entschlossen ist, die Verbindung des
Großherzogthums Luxemburg mit dem übrigen Deutschland, insbesondere das preußische Besatzungsrecht in der Festung Luxemburg, auf jede Gefahr hin festzustellen?" — Man kann dem
Grafen Bismark, der preußischer Staatsminister ist, wirklich
nicht ganz unrecht geben, daß er diese Frage unbeantwortet ließ,
weil sie eben nicht diplomatisch war, dagegen beantwortete er
die 1.: ob die Königlich preußische Regierung Kenntniß wegen
der Abtretung Luxemburgs habe? dahin:

„Was den ersten Theil der Interpellation betrifft, so will
ich das Sachverhältniß, soweit es zur Kenntniß der Königlichen
Regierung gekommen ist, darlegen. Die Königliche Regierung
hat keinen Anlaß, anzunehmen, daß ein Abschluß über das
künftige Schicksal des Großherzogthums Luxemburg bereits erfolgt sei; sie kann das Gegentheil natürlich nicht mit Bestimmtheit versichern, sie kann auch nicht mit Bestimmtheit wissen, ob,
wenn er noch nicht erfolgt wäre, er unmittelbar bevorstände.

Die einzigen Vorgänge, durch welche die Königliche Regierung veranlaßt gewesen ist, geschäftlich Kenntniß von dieser Frage zu nehmen, ist folgende: Vor wenigen Tagen hat Se. Majestät, der König der Niederlande, den im Haag (Residenz des Regenten) accreditirten (beglaubigten) Königlich preußischen Gesandten mündlich in die Lage gesetzt, sich darüber zu äußern, wie die preußische Regierung es auffassen würde, wenn Se. Niederländische Majestät sich der Souverainitätsrechte über das Großherzogthum Luxemburg entäußerte. Der Graf Perponcher, unser Gesandter im Haag, ist angewiesen worden, darauf zu antworten, daß die Königliche Regierung und ihre Bundesgenossen im Augenblicke überhaupt keinen Beruf hätten, sich über diese Frage zu äußern, daß sie Sr. Majestät die Verantwortlichkeit für die eignen Handlungen selbst überlassen müßten, und daß die Königliche Regierung, bevor sie sich über die Frage äußern würde, wenn sie genöthigt wäre, es zu thun, sich jedenfalls vorher versichern würde, wie die Frage von ihren deutschen Bundesgenossen, wie sie von den Mitunterzeichnern der Verträge von 1837, wie sie von der öffentlichen Meinung in Deutschland, welche gerade im gegenwärtigen Augenblicke in dieser hohen Versammlung ein angemessenes Organ besitze, aufgefaßt werden würde. Die zweite Thatsache war diejenige, daß die Königlich niederländische Regierung durch ihren Gesandten uns ihre guten Dienste, behufs der von ihr vorausgesetzten Verhandlung Preußens mit Frankreich, über das Großherzogthum Luxemburg, anbot. Wir haben darauf geantwortet, daß wir nicht in der Lage wären, von diesen guten Diensten Gebrauch zu machen, weil Verhandlungen dieser Art nicht schwebten. — In dieser Lage befindet sich, soviel der Königlichen Regierung bekannt ist, die Sache noch in dieser Stunde. Ich betone, soviel ihr bekannt ist, und beziehe mich auf das zurück, was ich kurz vorher über die Möglichkeit eines Abschlusses gesagt habe. Sie werden nicht von mir verlangen, daß ich in diesem Augenblicke — ähnlich, wie es einem Volksvertreter in einer Volksvertretung gestattet ist — über die

Absichten und Entschlüsse der Regierung und ihrer Bundesgenossen in diesem und in jenem Falle in der Oeffentlichkeit Erklärungen abgeben sollte. Die verbündeten Regenten glauben, daß keine fremde Macht zweifellose Rechte deutscher Staaten und deutscher Bevölkerung beeinträchtigen werde, sie hoffen im Stande zu sein, solche Rechte zu wahren und zu schützen auf dem Wege friedlicher Verhandlungen, und ohne Gefährdung der freundschaftlichen Beziehungen, in welchen sich Deutschland bisher, zur Genugthuung der verbündeten Regierungen, mit seinen Nachbarn befindet. Sie werden sich diesen Hoffnungen um so sicherer hingeben können, je mehr das eintrifft, was Herr von Beningsen vorher zu meiner Freude andeutete, daß nur durch unsere Berathungen das unerschütterliche Vertrauen den unzertrennlichen Zusammenhang des deutschen Volkes mit seinen Regierungen und unter seinen Regierungen bethätigen werde."

Der Reichstag schien mit dieser Antwort zufrieden; wie aber stand die Sache in Wirklichkeit? — Jedenfalls waren Verhandlungen zwischen den Niederlanden und Frankreich gepflogen worden, damit letzteres eine Festung, eine Provinz erhalte, die ihm militairisch sehr gelegen, den Holländern, von denen sie getrennt, um so weniger nutzte, als deren Hauptstadt Luxemburg von Preußen besetzt war. Irgend ein Kaufpreis ist geboten worden seiten Frankreichs an die Niederlande; die Frage des Königs der Niederlande an den preußischen Gesandten zeigt auch nicht für große Sympathien an Norddeutschland, sonst hätte er sich gewiß dem norddeutschen Bunde angeschlossen. — Daß hier ein Länderhandel, das Verhandeln eines deutschen Landes an Frankreich seiten der Niederlande stattfinden sollte, ist wohl ziemlich außer allem Zweifel. Wie könnte auch Frankreich billiger zu der für dasselbe so wichtigen, den Niederländern gar Nichts nützenden Mosellinie gelangen, als wenn es sie diesen zu einer Zeit abkaufte, wo nach einem inneren Kriege Deutschland, in zwei Hälften gespalten, eben damit beschäftigt war, sich als Reich zu organisiren, wenigstens die eine Hälfte desselben. Nach früheren Verträgen hätte Luxemburg, das nicht erobert war,

selbstständiger bleiben können, als Baiern, Baden oder Würtem=
berg, es könnte sich ganz nach Gefallen einem Süd= oder Nord=
deutschen Bunde anschließen, ganz gewiß durfte es aber nicht
seiten der Niederlande an Frankreich verhandelt werden, denn
es gehörte zu Deutschland. Wir sagten, es müsse so etwas im
Werke gewesen sein; denn wie wäre sonst der niederländische
Gesandte in Berlin dazu gekommen, seinen guten Willen — zu
deutsch, Vermittelung — zwischen Frankreich und Preußen anzu=
bieten, die doch auf dem besten Fuße standen? Frankreich und
die Niederlande handelten um eine, zu Deutschland gehörende
Provinz; Deutschland — Nord und Süd — mußte sich dem
widersetzen, so gehörte es sich. Oder glaubte vielleicht Frank=
reich, weil es neutral dem Kriege zwischen Oesterreich und
Preußen zugesehen, sich als Lohn für diese Neutralität eine
deutsche Provinz kaufen zu können? Da hatte es sich doch, wie
bei der ganzen Angelegenheit, etwas verrechnet, und Graf Bis=
mark hat jedenfalls den Kaiser Napoleon überlistet, aber mit
einer Energie und einem Erfolge gehandelt, der Jenem Staunen
und Vorsicht gebot. Als nun vollends der Reichstag sich so
energisch gegen das Abtreten irgend einer Provinz aussprach,
als das Ausland sah, daß alle Partheien dort sich sogleich
einigten, sowie es sich um Vertheidigung deutschen Grund und
Bodens handelte, so war jenem die größte Vorsicht geboten.
Vorsichtig war aber auch des Grafen von Bismark Auftreten
in der Kammer; er bereitete vor, was kommen konnte, und gab
zu, daß die Luxemburger durchaus keine deutschen Sympathien
hätten, er wußte, daß dort französische Agenten thätig waren,
um im Sinne Frankreichs das Luxemburger Volk an sich zu
ziehen. In Paris mußte am 8. April der Minister des Aus=
wärtigen, Marquis de Moustier, im gesetzgebenden Körper
folgende Erklärung, im Namen des Kaisers Napoleon, abgeben:

„Se. Majestät der Kaiser befiehlt mir, die Lage bezüglich
der Luxemburger Frage auseinander zu setzen. Die kaiserliche
Regierung ist überzeugt, daß die wahren, dauernden Interessen
Frankreichs in der Aufrechthaltung des Friedens Europa's liegen.

Frankreich ist bei seinen internationalen Beziehungen nur von
dem Gedanken der Beschwichtigung geleitet, hat also nicht frei=
willig die Frage von Luxemburg aufgeworfen. Die unbe=
stimmte Stellung Luxemburgs und Limburgs veranlaßte die
Niederlande' zur ersten Mittheilung an Frankreich. Beide Sou=
veraine wurden dadurch zu einem Gedankenaustausch über den
Besitz Luxemburgs veranlaßt. Diese Vorbesprechungen waren
noch nicht offiziell, als die preußische Regierung die Stipula=
tion der Verträge von 1839 anrief. Treu unserem leitenden
Principe, verstanden wir die Möglichkeit dieser Gebiets=
erweiterung nur unter drei Bedingungen: Freie Zustim=
mung des Herrschers von Luxemburg, legale Prüfung der In=
teressen der Großmächte, und Wunsch der Bevölkerung, geoffen=
bart durch allgemeine Abstimmung. Wir sind daher, bereit,
mit den anderen Regierungen die Verträge von 1839 zu prü=
fen. Wir bringen zu dieser Prüfung den vollen Geist der Ver=
söhnung mit, und glauben fest, daß der Friede Europa's durch
diesen Indicensfall nicht getrübt zu werden vermöchte."

Hier in dieser Mittheilung offenbart sich des Kaisers Na=
poleon ganze politische Klugheit, in Folge deren er glaubte,
daß ihm Luxemburg nicht entgehen könne; denn der freien Zu=
stimmung des Herrschers von Luxemburg, eben des Königs der
Niederlande, war er ja schon gewiß, also die erste Bedingung
erfüllt; die legale Zustimmung der Großmächte wäre aller=
bings etwas zweifelhaft gewesen, die Wahl: ob preußisch oder
französisch? aber gewiß von dem größten Theile der Luxem=
burger mit französisch beantwortet worden.

Aber auch das englische Parlament war von der Frage
lebhaft berührt, und auf eine Interpellation eines Mitgliedes
des Unterhauses, war Lord Stanley genöthigt, eine Erklä=
rung zu geben, die recht deutlich zeugt, wie geheim die An=
gelegenheit Luxemburgs seiten der Cabinette betrieben worden
war; denn weder in Berlin, Paris, noch im Haag vermochte
ein Minister den darob fragenden Reichstagsdeputirten auch

nur eine besfallsige Depesche vorzulegen. Der Lord Stanley, Minister des Aeußern von Großbritanien, sagte also:

„Es ist ziemlich allgemein bekannt, daß die französische Regierung Luxemburg zu besitzen wünschte, daß der König von Holland bereit war, die Rechte, welche er an dasselbe hatte, aufzugeben. Ich muß das Haus daran erinnern, daß dies mehr die Sache des Königs von Holland, als der holländischen Regierung ist; denn das Gebiet Luxemburg ist nur durch einen gemeinsamen Regenten mit Holland verbunden. Im Interesse der Wahrheit muß ich hinzufügen, daß sowohl die holländische Regierung, als das holländische Volk diesem abseits liegenden Gebiet keine große Bedeutung beilegen, noch auch ein besonderes Element der Stärke, Wohlfahrt und Sicherheit des Landes darin erblicken. Die Sache liegt jedoch nicht so, als ob der König von Holland je bereit gewesen wäre, das Gebiet ohne Bedingungen abzugeben. Wie ich vernehme, schlug er verschiedene Stipulationen vor, als unumgängliche Bedingungen für die Abtretung, wenn sie je stattfinden sollte. Eine derselben lautete dahin, daß er eine gewisse Entschädigung erhalten sollte; darüber aber, ob diese Entschädigung eine direct pecuniäre Form annehmen werde, habe ich keine Mittheilung erhalten. Eine zweite Bedingung des Königs von Holland war die, daß die Wünsche des Luxemburger Volkes zu befragen seien; die dritte und praktisch wichtigste schrieb vor, daß die Einwilligung der Großmächte, und speciell Preußens zu erlangen sei."

Wir machen hier darauf aufmerksam, daß Kaiser Napoleon bei seiner Auseinandersetzung derselben Angelegenheit, wie wir sie oben anführten, Preußen nicht besonders anführen, auch diese dritte und Hauptbedingung als zweite hinstellen ließ. Lord Stanley sagte ferner:

„Es ist bekannt, daß Preußen das Besatzungsrecht in der Festung Luxemburgs besitzt, und zwar kraft speciellen Vertrags zu besitzen beansprucht, jetzt namentlich, als Nachbarstaat und als Haupt der deutschen Bundesstaaten, hat es ein tieferes

und näheres Interesse an der Sache. Als die Angelegenheit
zur Kenntniß der preußischen Regierung kam, ließ diese eine
Mittheilung an die anderen Mächte ergehen, welche den Vertrag vom April 1839, welcher die Beziehungen zwischen Belgien
und Holland regelt und Luxemburg dem Letzteren garantirt,
unterzeichnet haben. Ich glaube aber nicht, daß die Verträge
von 1839 auf den jetzigen Fall angewendet werden können. Die
darin gebotene Garantie erfolgte unbedingt zu dem Zwecke, den
König von Holland in seiner Eigenschaft als Großherzog von
Luxemburg zu schützen, und die Integrität dieses Gebietes zu
wahren. Wenn jedoch der König von Holland von seinem
Rechte an Luxemburg freiwillig abstehe und den getroffenen
Arrangements seine Zustimmung gebe, so käme sein Recht oder
Interesse fortan nicht mehr in Frage, und die Sache liegt dann
durchaus anders, indem sie zwischen Deutschland einerseits, und
Frankreich andrerseits schwebe. Weder damals, noch zu irgend
einer andern Zeit, haben wir eine Verpflichtung übernommen,
die Integrität des deutschen Reiches zu wahren. Deutschland,
geeinigt, wie es jetzt ist — und worüber ich mich freue — geeinigt in einer Weise, wie sie nie vorher gesehen wurde, ist recht
wohl im Stande, für seine eigene Vertheidigung zu sorgen, und
ich glaube nicht, daß es die Pflicht Englands sei, sich einzumischen, um eine Transaction zu verhindern, die eine kleine Ge-
bietserweiterung für Frankreich zur Folge haben könnte, während
doch das Volk und die britische Regierung mit schweigender
Zustimmung auf die ungeheure Vergrößerung hinsah, welche
Deutschland, oder vielmehr Preußen, als dem Haupte der
deutschen Staaten, durch den vorjährigen Krieg zu Theil wurde.
Was die Frage betrifft, ob wir dem Könige von Holland ab-
rathen sollten, mit seinen Unterhandlungen fortzufahren, so war
meine Antwort die, daß, wie mir kund geworden, die Einwilligung des Königs von Holland von vorn herein durch die Zustimmung Preußens, und in gleicher Weise durch die Zustim-
nung des Luxemburger Volkes, bedingt worden sei. Wie die
Luxemburger denken mögen, bin ich außer Stande, zu sagen,

was aber Preußen angeht, so war vom Anfang an, meine Ansicht die, daß es nun und nimmermehr seine Zustimmung geben
werde. Ich sagte also, es sei festgestellt gewesen, daß, wenn diese
Bedingungen nicht erfüllt würden, auch die ganzen Verhandlungen aufhören müßten, und daß, wenn die Luxemburger keinen
Widerstand erheben, und wenn Preußen, die meist interessirte
Macht, seine Einwilligung gebe, nicht entfernt davon die Rede
sein könne, als habe sich England einzumischen."

Da mittlerweile die Nachricht eingegangen war, der König
von Holland habe den ganzen Verkaufsplan Luxemburgs an
Frankreich — denn ein anderer war es von seinem Standpuncte aus nicht — fallen lassen, so fügte Lord Stanley seiner
Rede noch hinzu:

„Was die Frage betrifft, ob die Abtretung Luxemburgs in
Folge einer Vorstellung seiten der britischen Regierung aufgegeben worden sei, glaube ich gesagt zu haben, daß ich, indem
ich die von dem König der Niederlande vorgeschlagene Cession
als von der Einwilligung des Volkes und Preußens abhängig,
und diese Einwilligung Preußens als noch nicht gegeben, und
als durchaus unwahrscheinlich ansah, mich weiter nicht verpflichtet fühlte, im Namen der brittischen Regierung solche Vorstellungen zu machen, und das Aufgeben des Planes, wenn man
ihn hat fallen lassen, ist daher keineswegs den Bemühungen der
englischen Regierung zuzuschreiben. Aber auch im Haag, in
Holland beruhigte man sich nicht, und die Regierung ward in
der Deputirtenkammer, dem dortigen Landtage, befragt, ob in
der Luxemburger Angelegenheit Holland Preußen seine guten
Dienste angeboten habe? Der Minister der äußern Angelegenheiten erwiderte darauf: „Es hätten eigentlich keine Unterhandlungen bezüglich Luxemburgs stattgefunden, sondern nur Be-
sprechungen; Preußen sei unbestreitbar bei der Frage interessirt.
Indem Holland seine Vermittelung anbot, habe es keine Verantwortlichkeit übernehmen wollen. — — Auf eine Anfrage habe
ihn Graf von Bismark zu der Erklärung ermächtigt, daß die
preußische Regierung j e d e s   p o l i t i s c h e Band zwischen Lim-

burg und Deutschland als gelöst betrachte und geneigt sei, dies durch einen förmlichen Act zu constatiren, wenngleich sie dies nach den von ihr bei den Reichstagsverhandlungen abgegebenen Erklärungen für überflüssig erachte." Nun wir haben die Erklärung des Grafen Bismark angeführt, und wenn man die militairgeographische Lage der Festung Luxemburg bedenkt, so müssen es allerdings mehr als gewichtige Gründe gewesen sein, welche den Grafen von Bismark endlich zum Aufgeben jener Festung bestimmten.

Noch war die Luxemburger Frage offen, noch wurde sie verhandelt, als der Reichstag in Berlin seine Berathungen beendet hatte. Am .16. April ward den Reichstagsmitgliedern Folgendes bekannt gemacht:

„Wir, Wilhelm, von Gottes Gnaden König von Preußen ꝛc., thun kund und fügen hiermit zu wissen, daß Wir beabsichtigen, die Sitzungen des Reichstages des deutschen Bundes am Mittwoch, den 17. d. M., im Namen der verbündeten Regierungen zu schließen. Wir fordern demnach den Reichstag des norddeutschen Bundes auf, zu diesem Zwecke an gedachten Tage um 12 Uhr Mittags im weißen Saale Unseres Residenzschlosses in Berlin zusammen zu treffen. — Gegeben Berlin, am 16. April 1867. gez. Wilhelm. gegengez. von Bismark."

Diese Verordnung wurde vom Grafen Bismark in der Reichstagssitzung dem Präsidenten der Versammlung, Dr. Simson, überreicht, welcher folgende denkwürdige Worte entgegnete:

„Ich empfange das Protocoll der Bevollmächtigten der Bundesregierungen über die Annahme des Norddeutschen Bundes, in Ihrem Namen und in Ihrer Vertretung, meine Herren, unter dem Ausdruck unserer tiefen Befriedigung, meine Herren, daß unsere Arbeiten endlich zu vollem, lebenskräftigem Einverständniß mit den verbündeten Regierungen geführt haben, daß die Verfassung des Norddeutschen Bundes fortan Wesen und Wahrheit für unser Volk gewonnen hat, und in der Zuversicht, daß, was mit so entgegenkommendem Willen und solcher Zustimmung vollbracht worden, auch in seiner weitern Fortentwickelung Heil und Gedeihen verbreiten wird über den heiligen Boden unseres Vaterlandes."

Es ist ein sehr ernster Augenblick der deutschen Geschichte, einer der wichtigsten, an dem wir jetzt stehen. Aus einem kurzen, aber furchtbaren Kriege, der manchem Fürsten den Thron kostete, entwickelt sich ein Bundesstaat, der seine Gesetze von einem aus directen Wahlen hervorgegangenen Reichstage in kurzer Zeit beräth und annimmt; an der Spitze des Reiches steht der König von Preußen, als mächtigster Fürst, als Bundesoberfeldherr. Er nun schloß den Reichstag, und zwar, wie er ihn eröffnet, umgeben von den Prinzen und Großwürdenträgern. Der König bestieg den Thron und sagte:

„Erlauchte, edle und geehrte Herren vom Reichstage des Norddeutschen Bundes!

Mit dem Gefühle aufrichtiger Genugthuung sehe Ich Sie am Schlusse Ihrer wichtigen Thätigkeit wiederum um Mich versammelt. Die Hoffnungen, die Ich jüngst an dieser Stelle, zugleich im Namen der verbündeten Regierungen, ausgesprochen habe, sind seitdem durch Sie in Erfüllung gebracht. Mit patriotischem Ernste haben Sie die Größe Ihrer Aufgabe erfaßt, mit freier Selbstbeherrschung die gemeinsamen Ziele im Auge behalten. Darum ist es uns gelungen, auf sicherem Grunde ein Verfassungswerk aufzurichten, dessen weitere Entwickelung wir mit Zuversicht der Zukunft überlassen können. Die Bundesgewalt ist mit den Befugnissen ausgestattet, welche für die Wohlfahrt und Macht des Bundes unentbehrlich, aber auch ausreichend sind. Den Einzelstaaten ist durch Verbürgung ihrer Zukunft, durch die Gesammtheit des Bundes die freie Bewegung auf allen Gebieten geblieben, auf welchen die Mannichfaltigkeit und die Selbstständigkeit der Entwickelung zulässig und ersprießlich ist. Der Volksvertretung ist diejenige Mitwirkung an der Verwirklichung der großen nationalen Aufgabe gesichert, welche dem Geiste der bestehenden Landesverfassungen und dem Bedürfnisse der Regierung entspricht, ihre Thätigkeit von dem Einverständnisse des deutschen Volkes getragen zu sehen. Wir Alle, die wir am Zustandekommen des nationalen Werkes mitgewirkt, die verbündeten Regierungen ebenso wohl, wie die Volksvertretung, haben bereitwillig Opfer unserer Ansichten, unserer Wünsche gebracht. Wir durften es in der Ueberzeugung thun, daß diese Opfer für Deutschland bestimmt sind, und daß unsere Einigung derselben werth war. In diesem allseitigen Entgegenkommen, in der Ausgleichung und Ueberwindung der Gegensätze, ist zugleich die Bürgschaft für die weitere fruchtbringende Entwicklung des Bundes gewonnen, mit dessen Abschluß auch die Hoffnungen, welche uns und unseren Brüdern in Süddeutschland gemeinsam sind, ihrer Erfüllung näher gerückt werden. Die Zeit ist herbeigekommen, wo unser deutsches Vaterland durch seine Gesammtkraft seinen Frieden, sein Recht und seine Würde zu vertreten im Stande ist. Das nationale Selbstbewußtsein, welches im Reichstag zu erhebendem Ausdruck gelangt ist, hat in allen Gauen des deutschen Vaterlandes kräftigen Widerhall gefunden. Nicht minder aber ist ganz Deutschland, in seinen Regierungen und in seinen Völkern, darüber einig, daß die wiedergewonnene nationale Macht vor Allem ihre Bedeutung in der Sicherstellung der Segnungen des Friedens zu bewähren hat. Geehrte Herren! das große Werk, an welchem mitzuwirken wir von der Vorsehung gewürdigt sind, geht seiner Vollendung entgegen. Die Volksvertretungen der einzelnen Staaten werden dem, was Sie in Gemeinschaft mit den Regierungen geschaffen haben, ihre verfassungsmäßige Anerkennung nicht versagen. Derselbe Geist, welcher die Aufgabe hier gelingen ließ, wird auch dort die Berathungen leiten. So darf denn der erste Reichstag des Norddeutschen Bundes von seiner Thätigkeit mit dem erhebenden Bewußtsein scheiden, daß der Dank des Vaterlandes ihn begleitet, und daß das Werk, welches er aufgerichtet hat, sich unter Gottes Beistand Segen bringend entwickeln wird, für uns, wie für künftige Geschlechter. Gott aber wolle uns und unser theures Vaterland segnen."

Nach dieser Thronrede brachte der Königlich sächsische Staatsminister Freiherr von Friesen, Mitglied des Bundesrathes, ein
dreimaliges Hoch auf den König von Preußen aus, in welches die
Anwesenden einstimmten; ungewiß ist es, ob dies der berühmte
Dresdner Advocat Schraps auch gethan, der nebst Abgeordneter
Becker die einzigen Mitglieder der Linken waren, welche der
Feierlichkeit beiwohnten. Um folgerecht zu handeln, durfte eigentlich Herr Schraps˙ nicht einstimmen; denn Se. Majestät,
der König, hatte ja einem norddeutschen Bunde den Rechtsboden
gegründet, und Herr Schraps in Dresden hatte als Reichstagsmitglied gesagt, er wünsche keinen norddeutschen Bund. Da
nun aber seiten Sr. Majestät und vieler anderen, im Bundesrathe vertretenen, deutschen Fürsten, im Reichstage vertretenen
Deutschen ein solcher beschlossen worden, ohne Herr Schrapsens
weisen Reden dagegen Folge zu leisten, so war ihm dies wohl
unangenehm, aber doch nicht störend genug, als daß er nicht
hätte der Thronrede des Königs von Preußen beiwohnen sollen.
Es ist nicht zu leugnen, daß man ihn mit Erstaunen im weißen
Saale des Schlosses zu Berlin bemerkte; und hätte ihn seine
Stellung als Reichstagsmitglied, noch mehr aber das Taktgefühl
seiner Herren Collegen, der anderen Reichstagsmitglieder, nicht
geschützt, vielleicht hätte er einige unangenehme Worte zu hören
bekommen. Möglicher Weise war auch das Sprüchwort vom
Pech angreifen und sich besudeln, ein Talisman für ihn. Doch
genug davon; ich denke bei den nächsten Reichstagswahlen wird
man nicht wieder Männer schicken, die, statt aufzubauen, zerstören wollen, und denen es nur an Macht und Geschick dazu
fehlt. —

Nach Beendigung der Thronrede des Königs von Preußen
erklärte der Bundescanzler, Graf Bismark, im Auftrage der
Bundesregierungen, den Reichstag für geschlossen. Ein Rechtsboden war gewonnen, und ein nationales, wenn auch noch theilweise ungewohntes Band um die norddeutschen Völker geschlungen
worden, so daß das gesammte Norddeutschland den Kampf mit
jeder europäischen Großmacht aufzunehmen vermag.

Nachdem der Reichstag aufgelöst, trat die Luxemburger Frage wieder in den Vordergrund. Hier zeigte sich nun schon ein Vortheil des norddeutschen Bundes; da die auswärtige Politik desselben nicht in den Händen der einzelnen Staaten, sondern nur in denen des Bundespräsidiums liegt, also in Preußen, so konnte dies, fest auf jene gestützt, auch selbstständiger verfahren, als wenn sich Gesandte aller Staaten hineingemischt hätten. Leugnen läßt sich nicht, daß Preußen am Besitze von Luxemburg vielleicht etwas zu wenig gelegen war, daß Frankreich sehr bedeutend rüstete, und man wohl auf einen Krieg gefaßt sein konnte. Die Befürchtungen eines solchen hatten natürlich auf den wieder blühenden Handel und Wandel in Deutschland die nachtheiligsten Folgen. Am übelsten waren die Bewohner Luxemburgs selbst daran, die nicht wußten, ob sie holländisch, norddeutsch oder französisch werden würden, und die eine andere Lesart, sie würden wegen ihrer geographischen Lage gar an Belgien überwiesen werden, in die allergrößte Aufregung versetzte. Vom Haag aus, dem Sitze der niederländischen Regierung, kamen seiten derselben immer Nichts sagende Telegramme; es hieß, es stehe Alles gut, der Frieden werde erhalten, während gleichzeitig die niederländischen Gesandten in Berlin und Paris Auftrag erhielten, sich aller Verhandlungen und Vertretungen wegen Luxemburgs zu enthalten. Das Land schien vogelfrei; Holland konnte es nicht vertheidigen, Preußen hielt es besetzt; und das französische Volk wollte diese heraus und seine Truppen hinein haben. Die französischen Agenten in Luxemburg trieben ihre Wühlereien immer ungescheuter, ohne von der Regierung nur irgend daran gehindert zu werden, die jetzt, um ihre Rechte nur etwas zu wahren, selbstständig Gesandte nach Paris und Berlin schickte. Die Rüstungen der Franzosen nahmen einen großartigen Maaßstab an; die Reserven wurden einberufen, die Truppen, welche die sogenannte Rheinarmee bilden sollten, waren bezeichnet, die Festungen Metz, Thionville und Straßburg waren verstärkt und armirt, und am großen Arsenal der Letzteren wurde mit großem Eifer gearbeitet, auch hatte man Zwiebackbäckereien errichtet. Das stehende Lager von Chalons, an der Ostgrenze Frankreichs gegen Deutschland, ward vollständig mit Truppen belegt. Trotz aller dieser Rüstungen sprachen die Pariser Regierungsjournale stets vom Frieden, nur die der Provinzen riefen nach Krieg, sowie das französische Heer selbst, das mindestens etwas eifersüchtig auf die Erfolge der Preußen im letzten Kriege gegen die Oesterreicher war, da sie recht gut, vom Jahre 1859 her, wußten, daß diese nicht so leicht zu schlagen seien. Aus diesem Wirrwarr war schwer ein friedlicher Ausweg möglich, wenn ihn nicht die Großmächte selbst suchten, welche die Verträge von 1839 geschlossen hatten. Auch die phlegmatischen Holländer entwickelten ein lebhaftes militairisches Leben, rüsteten und recrutirten; kurz, der Himmel des Friedens schien von schweren Gewitterwolken bedroht. Gesandte reisten hin und her, die Zeitungen, welche deren Aufträge durchaus nicht kannten, gaben sich den Anschein, als sei dies der Fall, und trieben eine Politik, welche die öffentliche Meinung nur noch mehr irre führte, und die Unruhe steigerte. Bei alledem blieb Preußen ruhig und rüstete scheinbar ebenso wenig, als es dies vor dem Kriege 1866 gethan haben wollte, hatte es auch eigentlich nicht nöthig, da es in Folge seiner Armeeeinrichtung in kürzester Zeit kriegsfertig dasteht, wie wir, leider zu unserem Schaden, gesehen haben. Wenn die ganze Angelegenheit schließlich auf friedlichem Wege beigelegt wurde, so glauben wir doch nicht, daß die Friedensliebe des französischen Volkes die Ursache dazu war; nein, es gab zwei andere, sehr gewichtige militairische, und einen, wir möchten sagen, mercantilen Grund, der dem Losschlagen nicht günstig zu sein schien. Die militairischen waren die, daß sich die preußische Armee im Feldzuge gegen Oesterreich so siegreich geschlagen, eine Kriegsgewandtheit besitze, und eine Kriegsgewohnheit errungen habe, wie sie dieselbe bei Waterloo gezeigt hatte. Daß namentlich die preußische die österreichische Reiterei so oft überwunden hatte, die als eine der vorzüglichsten in Europa galt, machte die Franzosen, deren Cavalerie immer nur zu einer mittelmäßigen gezählt werden kann,

38*

da sie nicht gut beritten ist, etwas besorgt; noch mehr aber war
es die Ueberlegenheit des Zündnabelgewehres; denn es waren im
französischen Heere noch keine Hinterladungsgewehre eingeführt.
Ehe also nicht eine Waffe in letzterer Händen war, die jener
die Waage hielt, war der Sieg, bei aller Gewandtheit der
Franzosen, ein sehr unsicherer für sie. Ein dritter Grund lag
in der Nähe der Weltausstellung zu Paris. Sollte ein Unternehmen, was so enorme Kosten, so enorme Erfolge nicht blos in
pecuniärer, sondern auch in intellectueller Beziehung versprach,
an der Möglichkeit eines Krieges um ein Stückchen Land scheitern, dessen Besitz Frankreich keinen Nutzen, Norddeutschland nur
insofern Schaden bringen konnte, daß es die Rheinlinie in
besserer Weise noch befestigte?

Trotz allem kriegerischen Lärmens in Frankreich, aller Hetze-
reien in Luxemburg, kamen die Großmächte Europa's überein,
ehe es zum Losschlagen käme, eine Conferenz in London abzuhalten, und dort über die mögliche friedliche Lösung der Frage
zu berathen. Beinahe wären die Conferenzen daran gescheitert,
daß Frankreich verlangt haben soll, Preußen möge vor Beginn
derselben Luxemburg räumen, worauf Preußen natürlich nicht
einging, weil dies erst in Folge der Beschlüsse der Conferenzen geschehen könnte. Am 11. Mai wurden die Conferenzen
geschlossen, in Folge deren Luxemburg im Besitze des gegenwärtigen Herrscherhauses — also des Königlich niederländischen —
verblieb; es wurde aber zu einem neutralen Staate erklärt,
unter dem Schutze aller Großmächte. Im Kriege darf kein
Soldat irgend einer Armee Luxemburgs Grenzen überschreiten.
Die Stadt Luxemburg hört auf, eine Festung zu sein, und
der Großherzog wird künftig dort nur so viele Truppen halten, als zur Aufrechthaltung der Ruhe erforderlich sind. Der
König von Preußen hat in Folge dessen erklärt, daß die preußischen Truppen die Festung räumen werden, und mit Fortschaffung des sehr bedeutenden Artilleriematerials begonnen; der
Großherzog von Luxemburg aber hat die Festungswerke zu schleifen, da die Stadt für die Zukunft eine offne sein soll.

So war denn der Knoten gelöst, in fünf Tagen von geschickten Diplomaten gelöst worden, der Europa's Frieden sehr ernstlich bedrohte, freilich nicht zu Aller Zufriedenheit; namentlich machten die Franzosen ziemlich enttäuschte Gesichter dazu, ja, sie raisonnirten · sogar recht gehörig. Nur ein Journal, das berühmte Revue de deux mondes, sprach sich sehr gut über die Verhältnisse aus, und wir können uns nicht entbrechen, dessen Worte zum Schlusse der Luxemburger Angelegenheit anzuführen:

„Man wird künftig nicht mehr über die Diplomatie spotten, wenn sie rasch und ehrlich ihre Aufgaben erfüllt, wie sie es in der Luxemburger Angelegenheit gethan hat. Welchen Contrast bildet die heutige Lage mit der vor vier Wochen, als ein Krieg zwischen Frankreich und dem preußischen Deutschland drohte! Aus den gemachten Erfahrungen haben wir Franzosen nun eine Lehre zu ziehen. Die Aussicht auf einen plötzlichen Conflict mit Deutschland hat uns in eine Aufregung versetzt, die wir nicht vergessen dürfen; die schlimmen Folgen einer solchen Ueberraschung sind uns noch im frischen Angedenken. Der Handel stockte, jede Unternehmungslust war verschwunden, jeder Besitz sofort entwerthet, die Nation einem fieberhaften Fatalismus verfallen. Solchen Zufälligkeiten dürfen die Interessen und die Gefühle der Menschen in unserem Zeitalter nicht ausgesetzt bleiben; nach allen Aengsten, die wir ausgestanden, wäre es unverantwortlich, wenn wir aus Faulheit, aus Nachlässigkeit oder Vorurtheil uns Aehnlichem noch einmal aussetzen wollten und unempfindlich dafür blieben, in welcher Weise unsere auswärtige Politik geleitet wird. . . Der Luxemburger Zwischenfall hatte auch seine komische Seite. Mit hartnäckiger Stupidität erklärten viele Leute den Krieg für unvermeidlich, als wenn sie vom Schicksale Kunde darüber empfangen hätten; nach ihrer Meinung wollte Preußen, wie Frankreich den Krieg. Die französischen Rüstungen, welche auch unter den friedlichsten Verhältnissen hätten vorgenommen werden müssen, wurden übertrieben geschildert. Die liberale öffentliche Meinung machte Demonstrationen

für den Frieden, und auch bei der Regierung machte sich dieselbe Absicht geltend. Die kläglichste Figur spielten diejenigen
Zeitungen, welche voriges Jahr für die Politik Bismarks
schwärmten; sie wurden nun plötzlich seine kriegslustigen Gegner.
Doch wie das Gute oft aus dem Schlimmen entsteht, so hat
auch die Luxemburger Frage das glückliche Resultat geliefert,
daß eine Conferenz wieder einmal etwas Glückliches bewirkt,
England sich wieder in fremde Angelegenheiten gemischt hat,
Oesterreich und Italien eine bedeutende Rolle dabei gespielt
haben; Beust, dem Bismark nach Königgrätz eine Zusammen-
kunft versagte, hat sich in edler Weise dafür gerächt, und auch
Rußland hat thätige Theilnahme gezeigt. Es giebt wieder eine
collective Autorität in Europa, welche einen Zusammenstoß zu
verhindern vermag."

Ganz richtig; Herrn von Beust's sehr kluges Auftreten ver-
mied hier einen Krieg zwischen Frankreich und Preußen, und er
brachte dabei letzterem Lande die Demüthigung bei, daß es sein
Besatzungsrecht in Luxemburg aufgeben mußte, daß das Herzogthum nicht an Norddeutschland kam, sondern für neutral erklärt
wurde. Das ist der erste wirkliche Schlag, den Baron von
Beust, der österreichische, gegen den Grafen Bismark, den preußischen Premierminister, ausführte. Wir zweifeln sehr, daß es
der letzte sein wird!!! —

Die Annahme der norddeutschen Reichsverfassung im Königreiche Sachsen.

Wie wir sahen, war die Reichsverfassung in Berlin fix
und fertig gemacht und die Reichsversammlung mit derselben
nach Hause geschickt worden; es handelte sich nun darum, daß
diese auch von den verschiedenen Landtagen der neuen, norddeutsch werden sollenden Länder angenommen werde. In Sachsen konnte eigentlich darüber gar kein Zweifel sein, denn der
König hatte sich bei dem Friedensschlusse für den Eintritt in den
norddeutschen Bund erklärt, und das Land war noch von Preußen

besetzt, die alle wichtigen Puncte desselben in ihren Händen hatten. Dennoch mußte der Form Genüge geleistet, und die Reichsverfassung den beiden Kammern des sächsischen Landtages zur Begutachtung und Annahme vorgelegt werden. Ehe wir zu den wichtigsten Puncten der Berathungen übergehen, die für uns Sachsen von ebenso geschichtlicher, wenn auch nicht so blutiger, Erinnerung sind, wie die Tage von Gitschin und Königgrätz, müssen wir des Königlichen Decrets an die, Ende April versammelten Landstände, Erwähnung thun, dabei bemerkend, daß Minister Freiherr von Friesen, der Bundesabgeordnete, Ministerpräsident in Sachsen, an Stelle des Baron von Beust, geworden war. Das Königliche Decret sagte:

„Nachdem die Ständeversammlung mittelst ständischer Schrift vom 4. December vorigen Jahres zu dem, am 20. October vorigen Jahres zwischen Sachsen und Preußen abgeschlossenen Friedensvertrage, und damit auch zu dem Beitritt Sachsens zu dem norddeutschen Bunde, auf Grund des Reformvorschlages vom 14. Juni vorigen Jahres, nachträglich die ständische Zustimmung erklärt, demnächst aber auch mittelst ständiger Schrift den Entwurf eines Wahlgesetzes für den Reichstag des norddeutschen Bundes genehmigt hat, so haben die Wahlen zum Reichstage am 12. Februar dieses Jahres im gesammten Bereiche des norddeutschen Bundes stattgefunden, und ist der Reichstag sodann, am 24. Februar dieses Jahres, in Berlin feierlichst eröffnet worden. Der Entwurf der Verfassungsurkunde ist von den Vertretern der verbündeten Regierungen in mehrfachen Conferenzen, welche in der Zeit vom 15. December vorigen Jahres bis zum 9. Februar dieses Jahres in Berlin stattgefunden, berathen, festgestellt und dem Reichstage sofort nach seiner Constituirung vorgelegt worden. Letzterer hat denselben in eingehende Berathung gezogen und in der Schlußabstimmung vom 16. April dieses Jahres, unter mehrfacher Abänderung seiner ursprünglichen Fassung, mit 239 gegen 53 Stimmen angenommen, worauf die Vertreter der verbündeten Regierungen auch ihrerseits die Annahme der, von dem Reichstage beschlossenen Abänderungen, am 17. April dieses Jahres erklärt haben, und der förmliche Schluß des Reichstages an demselben Tage erfolgt ist. Se. Königl. Majestät lassen hierauf den getreuen Ständen die Verfassung in der Gestalt, wie sie durch den Reichstag angenommen worden ist, zur Berathung und verfassungsmäßigen Zustimmung, unter Beifügung eines Exemplars der gedruckten Reichstagsverhandlungen, anstatt besonderer Motivirung, anbei zugehen, und sehen bei Erklärung getreuer Stände hierauf, sowie einer Ermächtigung zur Ausführung in der Verfassung enthaltener Bestimmungen, soweit es einer solchen bedarf, in Huld und Gnaden entgegen. Dresden, am 29. April 1867.

Johann.   Richard, Freiherr von Friesen."

Als die zweite Kammer durch deren Präsidenten Haberkorn eröffnet wurde, hatte dieser die Lage, in der wir Sachsen zu einem Frieden, ja, sogar zu einem engen Bündniß, durch den traurigen Erfolg des letzten Feldzuges gezwungen waren, sehr wohl begriffen. Er wußte recht gut, daß viele Kammermitglieder, im Nichterkennen einer eisernen, überwältigenden Nothwendigkeit, einen solchen versuchen würden, da sie, in Folge ihrer Unverletzlichkeit als Abgeordnete, eine Gefahr durchaus nicht riskirten; denn keine Macht der Erde kann sie nach den Gesetzen zur Rechenschaft ziehen für Das, was sie innerhalb der Kammern sagen. Haberkorn sagte bei der Eröffnung der zweiten Kammer:

„Meine Herren:
Der bis jetzt vertagt gewesene ordentliche Landtag ist auf kurze Zeit zusammenberufen worden, und heiße ich Sie zunächst in diesem Saale willkommen. Unsere diesmalige Aufgabe besteht vorzugsweise darin, die Verfassung des norddeutschen Bundes unsrer verfassungsmäßigen Cognition (Berathung) zu unterziehen. Meiner Ansicht nach ist es jetzt für die Vertreter der einzelnen Bundesstaaten eine unvermeidliche Nothwendigkeit, welche sie zwingt, alle Bedenken, so erheblich sie sein mögen, gegen diese Verfassung schwinden zu lassen, nach-

Gefecht bei Nachod.

dem dieselbe durch den Reichstag, und zwar durch die überwiegende Mehrzahl desselben, der aus directen Wahlen des Volkes hervorgegangenen Vertreter des Volkes, festgestellt und genehmigt, und von allen verbündeten Regierungen, darunter die unsrige, angenommen worden ist. Laffen Sie uns daher, im Interesse unseres engeren Vaterlandes, diese unsere Aufgabe rasch erledigen, und dadurch, wenigstens nach dieser Richtung hin, das Unsrige zu der Befestigung der derzeitigen unsicheren, ja man kann sagen, „unheimlichen" Zustände, beitragen. Das sächsische Volk, an welches gleichzeitig auch die Anforderung erhöhter Steuerlast tritt, wird kein Opfer scheuen, um den gegebenen Thatsachen gerecht zu werden. Möge nur, um dieses Opfer erschwingen und tragen zu können, recht bald das Vertrauen auf dauernde Friedenszustände zurückkehren, und dadurch der schwere Druck, welcher schon jetzt auf Handel, Industrie und Gewerbe lastet, recht schnell von ihm genommen werden. In der Hoffnung auf Erfüllung dieses Wunsches, laffen Sie uns sofort an das Werk gehen."

Wir dürfen wohl sagen, daß wir nie so passende Worte am rechten Orte gehört haben, als die des Präsidenten Haberkorn. Er räth zur möglichst raschen Annahme der in Berlin vereinbarten Reichsverfaffung, wie sie auch das Königliche Decret zu wünschen scheint; Alle, die dagegen sprachen, strengten nutlos ihre Lungen an, zu ändern war Nichts mehr. Gott sei Dank bestritten sie eben, den Thatsachen nachgebend, nur einzelne Puncte der Reichsverfaffung, und zwar von ihrem Standpuncte als sächsische Landtagsdeputirte aus, während der berühmte Reichstagsabgeordnete, Herr Advocat Schraps in Berlin, wie wir es schon öfters erwähnten und nicht oft genug erwähnen können, die ganzen Thatsachen des trüben Jahres 1866 nicht anerkennen wollte, deren Folge der Berliner Reichstag war, auf welchen er sich gleichwohl wieder wählen ließ, um zu erklären, daß er käme, um gegen denselben zu sprechen. Herr Präsident Haberkorn sah sehr richtig ein, daß sich gegen die Gewalt der Umstände nicht ankämpfen läßt; Herr Schraps, mit herkulischem Muthe, versuchte es wenigstens, natürlich auch vollständig ohne Erfolg, vollständig straflos. Man ließ ihn eben

„papeln," was man in Sachsen sagt; einen Einfluß auf das Ge=
schick Sachsens oder Norddeutschlands vermochte er nicht auszu=
üben, und selbst die gegen das preußische Postwesen ausge=
sprochenen Verdächtigungen, daß dasselbe die Briefe erbreche,
wurden genügend zurückgewiesen. Er fiel eben ab, und in unseren
Landtag ist er noch gar nicht gekommen, hatte also bei dieser Ge=
legenheit nicht mitzureden. Der Herr Vicepräsident Oehmichen,
nebst 44 seiner Gesinnungsgenossen, von der Unabwendbarkeit der
Reichsverfassung durchdrungen, wohl wissend, daß eine lange Be=
rathung nutzlos nur Zeit und Geld kosten würde, brachte sofort
einen Antrag, der von der Kammer sehr lebhaft unterstützt wurde,
und lautete:

„Die Kammer wolle unter einzuholender Zustimmung der
Staatsregierung beschließen, ohne vorherige Berichterstat=
tung, nach einer allgemeinen Debatte über die Vor=
lage, die Verfassung des norddeutschen Bundes betref=
fend, über unveränderte Annahme oder völlige Ableh=
nung der Vorlage Beschluß zu fassen."

Das war auch das einzig Mögliche; denn „Nein" sagen
konnten sie nicht, und einzelne Paragraphen abwerfen ging ebenso
wenig, es mochten solche für uns so günstig oder ungünstig wie
möglich sein. In Folge der frühern Politik mußten wir uns als
Besiegte in Alles fügen, je rascher, je besser. Es wurde in der 2.
Kammer in der Sitzung vom 3. Mai vom Präsidenten nun fol=
gende Frage gestellt:

„Nimmt die Kammer die Verfassung des Norddeutschen Bun=
des, wie solche ihr mittelst Königlichen Decrets vom 29. April
vorgelegt ist, unverändert an, und ermächtigt sie die Staats=
regierung zur Ausführung der in der Verfassung enthaltenen
Bestimmungen, soweit es einer solchen Ermächtigung bedarf?"
welche Frage von 67 Anwesenden mit „Ja," von 6 aber mit
„Nein" beantwortet wurde; mithin war durch überwiegende Stim=
menmehrheit die Annahme in der zweiten Kammer entschieden.
Bemerkenswerth war namentlich die Rede des Vicepräsidenten
Oehmichen, der nachwies, weshalb er auf dem Reichstage, wo er

Abgeordneter war, gegen, hier aber für Annahme der Reichsverfassung stimme. Er sagt, daß der jetzige norddeutsche Bund nichts
Anderes sei, als das Zusammenstehen einer Anzahl Staaten unter
Führung Preußens, und unter einer Verfassung, welche dem Einheitsstaate zustrebe. Einverstanden sei er damit, daß Preußen die
überwiegende Stimme im Bundesrathe zugestanden worden sei;
denn eine gleiche Berechtigung auch der mindermächtigen Staaten,
könne nimmermehr zum Ziele führen. Es sei nothwendig gewesen,
daß die einzelnen Staaten, welchen nicht dieselbe Macht zu Gebote
gestanden, einen Theil ihrer Souverainität, die, wegen Mangels
an Macht, doch mehr eine scheinbare gewesen sei, zu Gunsten des
großen Ganzen abträten; nicht aber könne er sich einverstanden erklären damit, daß die völkerrechtliche Stellung dieser Staaten so
weit herabgedrückt würde, daß dieselben nur noch als tributaire
des großen Staates Preußen erschienen. Nach einem Rückblick auf
die Reichsverfassung 1849, fährt er fort:

„Hätte man (seiten Preußens) nach dem Siege ganz Deutschland zu einem Reiche vereinigt, wie dies seiner Zeit zu Frankfurt
angestrebt worden sei, so würde Jedermann freudig zugestimmt
haben. Preußen hat dies jedoch nicht gethan. Die Motive dieser
Handlungsweise seien genugsam bekannt, und halte er es nicht am
Platze, hier näher darauf einzugehen. Die Macht dazu, die norddeutschen Staaten zu zwingen, habe Preußen damals gehabt. Sachsen habe es sich gefallen lassen müssen, in diejenige politische Lage
gedrängt zu werden, in der es sich gegenwärtig befinde. Es sei als
ein Glück anzusehen, daß es noch seine selbstständige Verwaltung
behalten habe; in Preußens Hand habe es gelegen, es ebenso zu
annectiren, wie Hessen und Hannover ꝛc. Das in Nicolsburg gegebene Versprechen würde leicht zu umgehen gewesen sein, und
Sachsen würde nirgends Schutz gefunden haben, am wenigsten von
Oesterreich. Denn wenn dieses Sachsen für seine Treue einen Lohn
hätte geben wollen, so würde es sich in Nicolsburg nicht nur die
Integrität, sondern auch dessen Selbstständigkeit haben garantiren
lassen. Wir müssen uns den neuen Verhältnissen fügen. — —
Die neue Verfassung entzieht der sächsischen Ständeversammlung

ganz wesentliche constitutionelle Rechte. Damit würde er nun ganz einverstanden sein, wenn dieselben dem Reichstage überwiesen würden, dies sei aber nicht der Fall. Diese Schädigung unserer Verfassung sei für ihn bei seiner Abstimmung in Berlin der wesentlichste Punct gewesen, in dem Bewußtsein des von ihm geleisteten Eides, die Verfassung treu zu bewahren. Es sei ihm nicht gelungen, über diesen Scrupel wegzukommen, doch wolle er damit Denen, die anders gestimmt hätten, keinen Vorwurf machen, was er auch gar nicht könne, da er ja heute selbst für die Verfassung stimmen wolle."

Die Rede besagt eigentlich bis hierher nichts Anderes, als: „Wasch' mir den Pelz und mach' ihn nicht naß!" Herr Oehmichen hatte in Berlin aus Nützlichkeitsgründen für die Reichsverfassung gestimmt; warum? da sogar sein Eid habe ihm Scrupel bereitet. War dies der Fall, so hatte er, unbeschadet aller anderen Rücksichten, selbst auf das Wohl seines Vaterlandes, dagegen zu stimmen. Politische Eide sind überhaupt sehr traurige Zwangsmaaßregeln; es ist mit demselben beinahe so, wie mit der Ministerverantwortlichkeit: wer sich durch sein Gewissen gebunden hält, wird mit oder ohne Eid, mit oder ohne Verantwortung, das Rechte thun, das Unrechte vermeiden, und wer dies nicht thut, den binden weder Eid, noch Verantwortlichkeit. Fragen wir übrigens: woher stammt denn der ganze Constitutionalismus in Sachsen? so müssen wir uns sagen, daß er von den Regenten des Landes ziemlich gewaltsam erpreßt worden ist; wie er deren Macht beschränkte, so wird der sächsische Landtag jetzt durch den Reichstag beschränkt, der Mächtigere hat einmal das Recht auf der Welt, und wir wären wirklich neugierig, zu wissen, wie es geworden wäre, wenn der Reichstag dem König von Preußen und dem Bundesrathe hätte Gesetze vorlegen dürfen. Sehr vermuthlich hätten wir eine zweite Auflage von 1848 und 1849 erlebt, mindestens wäre etwas Ganzes in so kurzer Zeit nicht zusammen gekommen. Wenn sich Herr Oehmichen darüber beklagt, daß ihm und in Folge dessen dem Lande so viele constitutionelle Rechte entzogen

worden seien, hat er Recht; wie viel Rechte hat aber der Constitutionalismus Anderen entzogen? Haben sie nicht den Fürsten
wesentliche Rechte genommen, können sie sich wundern, wenn
jene, zur Macht gelangt, ein gleiches thun? Glauben denn die
Constitutionellen, daß sie die allein Berechtigten sind? Freilich
ist es schlimm für einen sächsischen Landtagsabgeordneten, wenn
er nach der Reichsverfassung in der Besteurung nicht mehr so
viel zu reden hat, wie früher, wenn das Militairwesen gänzlich
seiner Machtvollkommenheit entrückt ist, wenn er endlich keine
Diäten mehr erhält, d. h. nicht pro Tag 3 Thaler für sein
Wirken für das Vaterland. Hierüber sagt Herr Oehmichen:
„Durch den Wegfall der Diäten sei das allgemeine directe
Wahlrecht, welches allerdings auf demokratischer Grundlage be-
ruhe, vollständig illusorisch gemacht, wenn es nicht gelingt, geeignete Abgeordnete in anderer Weise schadlos zu halten." Nun,
man sollte doch denken, daß es Patrioten unter den Wählern
gäbe, die dies insofern thun würden, als sie ihm leihweise das
Nöthige als Vorschuß geben, und nach vollendeter Session
quittiren.

Die Wahl nach dem Census, wie in Sachsen, ist viel
schlimmer. Bei der allgemeinen Wahl ist ein armer Talent-
voller möglicherweise, nach dem sächsischen Wahlsysteme aber
ein- für allemal ausgeschlossen. Ganz eigenthümlich aber klingen
folgende Worte: „Es werde nicht so leicht sein, in Sachsen 23
Männer zu finden, welche erstens ohne Nachtheil für ihre Pri-
vat- und pecuniären Verhältnisse nach Berlin gehen, zweitens
den guten Willen, drittens das Zeug dazu hätten, und viertens
dem Vertrauen der Wähler entsprächen. Dem stehen unsere Ansichten nun vollständig entgegen; wir wollen nur einen Fall anführen. In Dresden lebt Herr Advocat Schraps und practicirt
daselbst; in weiten Kreisen bekannt, hat er das Vertrauen seiner
Wähler — ich glaube, in oder um Zwickau — in so hohem
Grade, daß sie ihn nach Berlin entsenden, um sich dort gegen
die Reichsverfassung zu erklären. Daß dies von Erfolg sein
würde, nahmen Wähler und Gewählter gleichmäßig für sicher

an, wenigstens gab sich letzterer den Schein; doch glauben wir
dies um so weniger, als wir ihn für einen Mann von hohem
Selbstvertrauen halten. Dieser Herr ging umsonst nach Berlin,
obgleich seine advocatorische Praxis in Dresden bedeutend darunter
litt. Glaubt Herr Oehmichen etwa, daß es unter uns Sachsen
nicht wieder 100 Schrapfe giebt? Nicht Hunderte von Männern, die gleicher Opfer fähig sind, mit gleichem Muthe wohl
dem Tode, aber nicht dem Lächerlichsein in das Auge sehen?
Was verlangt, was kann man denn eigentlich von einem Landtagsabgeordneten mehr verlangen, als daß er treu und brav die
Interessen seiner Wähler mit dem Wohle des Allgemeinen, mit
der Wohlfahrt des Königshauses zu vereinigen verstehe, daß er
ein reges Gerechtigkeitsgefühl und Lebenserfahrung besitze und
kein Schwätzer sei, der um einer schönen Rede willen dem
Lande Kosten aufbürdet; denn Zeit ist Geld, die Rede kostet
Zeit, die Zeit Diäten, vnd mit wenigen Worten ist oft mehr
gesagt, als mit langen Tiraden, auf welche schließlich Niemand
mehr hört. Solche Leute, die mit offenem Muthe und wenig
Ansprüchen, treuem Patriotismus und ohne Eitelkeit in die
Ständeversammlungen treten, das sind wahre Volksvertreter.

Aus Gründen der Nothwendigkeit unterdrückt Herr Oehmichen, der übrigens ein ganz tüchtiger Volksvertreter ist, seine
constitutionellen Bedenken, weist auf die Macht der Centralgewalt hin, auf den allgemeinen Nothstand, den nur Friede und
Ruhe heben könnte, und leicht möglich könne das Volk Denen
Vorwürfe machen, welche gegen die Annahme stimmten, wenn
sich in Folge dessen der Nothstand noch vermehre.

Die Hauptgründe, welche andere Redner auch allemal vorbrachten, nicht, um gegen die Reichsverfassung absolut zu stimmen, sondern nur, um deren Mängel an das Licht zu stellen,
waren allemal die Militairbestimmungen und das Nichtbewilligen
von Diäten. Erstere werden unabwendbar sein, das Geschrei
nach Diäten hätte wohl vermieden werden können, es klingt auf
die Dauer gar so geldhungrig, gar so liquidationsmäßig. In
England herrscht gewiß echter Constitutionalismus, directe

Wahlen bis zur Prügelei, die bei denselben gar nichts Unge-
wöhnliches ist, sondern, wenn auch nicht zur Tages-, doch zur
Abendordnung gehört, aber Diäten giebt es in keiner Weise; die
Parlamentsmitglieder genießen nur Portofreiheit, freie Fahrt auf
Postwagen, Schiffen und Eisenbahnen, und freien Imbiß im
Büffet des Parlamentes. Daß die Militairmacht, unter dem
Bundesfeldherrn stehend, der Freiheit, der politischen Freiheit,
der constitutionellen Freiheit der Mittel- und Kleinstaaten sehr
gefährlich werden kann, das ist unseres Wissens von keinem Redner erwähnt worden, und dennoch ist dies ein Hauptpunct. Wir
glauben, daß die Zeit nicht allzufern liegt, wo Staatsangelegen-
heiten jeder Art nur im Reichstage verhandelt, die Landtage der
einzelnen Bundesstaaten zu jenem in dasselbe Verhältniß treten
werden, wie jetzt die Stadträthe und Stadtverordnetenversamm-
lungen zu letzterem. Auch werden diese Landtage im Laufe der
Zeit sehr wesentliche Veränderungen erleiden, es werden sich
seiten derselben ebenso wenig die indirecten Wahlen nach dem
Census, wo nur der Steuerzahlende nach einer gewissen Höhe
seiner Steuern Wähler und wählbar ist, noch die Diäten für
die Abgeordneten aufrecht erhalten lassen. Dem Großen wird
das Kleine nachahmen müssen; denn es liegt die Frage doch
sehr nahe: „Wenn ich in meiner Eigenschaft als Sachse mit
dem 25. Jahre wählen und gewählt werden kann, um das
Vaterland im Reichstage in Berlin zu vertreten, wie verträgt
sich das damit, daß ich im eignen Vaterlande nicht direct gewählt oder Wähler sein darf, bevor ich nicht so und so viel
Steuern zahle?“ Vor diesen einfachen Gründen wird wohl endlich die Weisheit aller der Abgeordneten sich beugen müssen,
welche jetzt noch in indirecten Wahlen nach dem Census das
Heil einer lebensfähigen Constitution suchen. Wir halten diese
Einrichtung jetzt schon für nicht mehr zeitgemäß, für veraltet. —
Ob es im Uebrigen gerechtfertigt erscheint, daß in der zweiten
Kammer einige Abgeordneten die Reichstagsdeputirten wegen
ihres Benehmens in Berlin fast zur Rede stellen wollten,
glauben wir nicht; denn diese Reichstagsdeputirten waren nicht

von den Kammermitgliedern, sondern vom Volke gewählt, das
in seiner Mehrzahl nach sächsischem Wahlgesetze in den Landtag
keinen Abgeordneten zu wählen hat; sie waren für ihr Verhalten
nicht den Kammern, sondern dem Volke, welches sie gewählt,
verantwortlich, und es war nur ein zufälliges Zusammentreffen,
wenn ein sächsischer Landtagsabgeordneter gleichzeitig Reichstags-
deputirter war.

Der Staatsminister Freiherr von Friesen, war von Sr.
Majestät dem König von Sachsen als Bundesrath nach Berlin
gesendet worden; er hatte die Vorlagen mit zu berathen. Da
erscheint es nun doppelt merkwürdig, wie ihn ein Mitglied der
zweiten Kammer für sein Verhalten dort verantwortlich machen
will; denn verantwortlich war er in solcher Stellung nur Sr.
Majestät dem König. Dem Landtage lag nur die Annahme oder
die Abweisung der Reichsverfassung ob, nicht mehr und nicht
weniger; die Beurtheilung des Benehmens der Deputirten ist
Sache des gesammten Volkes, das sie gewählt, nicht des
Landtages, der sie nicht zu wählen hatte. So tadelte ein Redner das Verhalten des Ministers Freiherrn von Friesen, welcher
im Widerspruche mit der sächsischen Regierung bei Berathung
des Wahlgesetzes in der Kammer abgegebenen Erklärungen, in
Berlin ein Vorkämpfer der Verweigerung der Diäten gewesen
sei. Die Drohung mit Demissionsgesuch des Ministerpräsidenten
Grafen von Bismark heiße weiter Nichts, als: Wir werden
einen anderweitigen Versuch der Vereinbarung mit dem Volke
nicht machen; wenn uns nicht der Wille gethan wird, so ist es
uns ganz gleichgültig, ob eine deutsche Verfassung zu Stande
kommt, oder nicht, wir überlassen dieselbe dann ihrem Schicksale.
Er halte es übrigens für sehr gefährlich, den Organismus eines
Staates dergestalt mit einer einzelnen Person zu identificiren,
daß deren Beseitigung als eine Tabnität für das Land erscheine.
Der Minister Freiherr von Friesen, der sich den größten Dank
des Landes in so schwerer Zeit verdient hatte, wies die gegen
ihn vorgebrachten Anschuldigungen in sehr würdiger Rede zurück.
Er sagte:

„Ich werde mir erlauben, dem Abgeordneten sofort auf das
zu antworten, was er gegen mich persönlich vorgebracht hat.
Er hat mir den doppelten Vorwurf gemacht, daß ich einmal in
Berlin Etwas vertheidigt habe, was den Beschlüssen der hiesigen
Kammer nicht entspräche, und zweitens, daß ich überhaupt den
Wegfall der Diäten in Berlin vertreten habe. Was den ersten
Punct anlangt, so muß ich daran erinnern, daß, als sich die geehrte Kammer damals für die Diäten aussprach, und die Regierung auf diesen Wunsch einging und erklärte, daß sie auch
Diäten gewähren wolle, es sich nur um ein, in einem einzelnen
Falle zu gebendes Gesetz handelte, und daß keine allgemeine Bestimmung vorlag, welche es der Regierung unmöglich machte,
auf den Wunsch der Kammer einzugehen. Die Verhältnisse bei
den Berathungen in Berlin lagen aber ganz anders. Dort befanden wir uns in der Lage, eine Verfassungsbestimmung zu berathen und dem Reichstage vorzuschlagen, die als eine dauernde
Einrichtung des norddeutschen Bundes die Basis für die parla-
mentarische Vertretung innerhalb desselben bilden sollte. Dadurch
gewann die Frage offenbar eine ganz andere Tragweite, ganz
andere Bedeutung. Ich gewann auch sofort nach ganz kurzer Zeit
die Ueberzeugung, die ja auch die geehrten Abgeordneten, die in
Berlin waren, selbst gewonnen haben; wie uns einer derselben
vorhin ausführlich auseinandergesetzt hat, daß der Wegfall der
Diäten ein Punct war, auf dem unbedingt bestanden wurde,
dessen Nichtannahme das Scheitern des ganzen Verfassungswerkes, wenigstens des jetzigen und diesem Reichstage gegenüber,
zur Folge haben würde. Es kommt aber hinzu, daß auch für
mich persönlich und nach meiner Ueberzeugung die Frage: ob
Diäten oder nicht? eine ganz andere Bedeutung hat, je nachdem
sie mit diesem oder jenem Wahlgesetze verbunden ist, je nachdem
sie für einen einzelnen Fall, oder zum Zwecke einer dauernden
Einrichtung eines Staates beantwortet werden soll. Ich scheue
mich nicht, hier dasselbe auszusprechen, was ich in Berlin ausgesprochen habe. Ich glaube, daß das allgemeine active, nicht passive Wahlrecht, in allgemeiner und kurzer Fassung, also der

Kriegsbilder. Lief. 20.   39

Satz: Es kann Jedermann, der so und so alt ist, wählen, und Jeder, der so und so alt ist, gewählt werden! für unsere jetzigen Verhältnisse, für den Standpunct der socialen Verhältnisse, auf dem wir uns jetzt befinden, nicht geeignet ist, das dauernde Wohl eines Staates, sei es eines Einzelstaates oder eines Bundesstaates, zu begründen. Das ist meine feste Ueberzeugung, die ich in Berlin ausgesprochen habe, und hier wiederhole. Die Gefahren, die im Schooße dieses Prinzips schlummern, sind nahe liegend und allgemein anerkannt, ich brauche sie hier nicht weiter auseinander zu setzen. Man hat daher auch überall versucht, in das Wahlrecht durch das eine oder andere Correctiv eine Beschränkung hineinzubringen, sei es durch Beschränkung des activen, oder durch die Beschränkung des passiven Wahlrechtes. Ich will zugeben, daß es vielleicht an sich richtiger ist, das active Wahlrecht zu beschränken, und dann für das passive eine um so größere Freiheit zu geben. Auf diesen Standpunct konnten wir aber in Berlin nicht zurückgehen. Nach Allem, was in den letzten Jahren vorgegangen ist, war es für die preußische Regierung — und sie selbst hat dies öffentlich ausgesprochen — eine Unmöglichkeit, gegenwärtig den Vorschlag einer Beschränkung des directen Wahlrechts zu machen. Es konnte sich daher nur darum handeln, das passive Wahlrecht einigermaßen zu beschränken, und zu diesem Zwecke gab es zwei Mittel, entweder einen Census, oder Wegfall der Diäten. Der Census für das passive Wahlrecht hat jedenfalls, wenn er nicht zu niedrig gegriffen wird, in welchem Falle er eben keine Beschränkung mehr ist, den Nachtheil, daß er absolut beschränkt, und gewisse Classen, mag auch der Einzelne noch so bereit sein, Opfer zu bringen, unbedingt ausschließt, während es bei dem Wegfall der Diäten in der Hand jedes Einzelnen liegt, mit sich zu Rathe zu gehen, ob er im Stande ist dem Vertrauen, welches seine Wähler ihm schenken, mit einigen persönlichen Opfern zu entsprechen, oder nicht. Ich habe mich übrigens für den Wegfall der Diäten ausgesprochen, weil nach meiner Ansicht die beiden Artikel 32 und 20 unbedingt zusammenhängen (s. d. in der Reichsverfassung), für mich ein Ganzes bilden, und ich für Artikel 20 nur in der Voraussetzung gestimmt, daß auch Artikel 32 stehen bleibe. Ich habe aber auch in Berlin gesagt, daß die Befürchtungen, welche man von einigen Seiten gehegt, und die man an den Wegfall der Diäten knüpft, ich in diesem Umfange nicht theilen kann. Namentlich kann ich die Ansicht nicht theilen, daß dann die Versammlung, die gebildet werden wird, lediglich aus einer politischen Parthei bestehen werde, oder wie man sich (Abgeordneter Schreck) ausdrückte, ein vierfacher Extract von Conservatismus sein würde. Ich weiß nicht, was den geehrten Abgeordneten zu dieser Vermuthung bringt. Wir haben unter den Conservativen und Liberalen reiche und arme Leute, und ich bin überzeugt, daß die wenigen Bemittelten, welche conservativ, dies mit ebenso fester Ueberzeugung sind, wie diejenigen reichen Leute, welche sich liberalen Partheien anschließen. Ich habe auch keine Gründe, anzunehmen, daß in einer Parthei eine geringere Opferfreudigkeit vorhanden sei, als in der anderen, und ich bin fest überzeugt, daß sich auch in der liberalen Männer finden werden, die gern bereit sind, der Sache, welche sie vertreten, einige Opfer dadurch zu bringen, daß sie sich einige Zeit lang in dem Versammlungsorte des Reichstages ohne Diäten aufhalten, ebenso, wie sich solche Vertreter auch in der conservativen Parthei finden werden. Von meinem Standpuncte würde ich mir nie erlaubt haben, eine solche Vermuthung auszusprechen, daß sich in der einen Parthei Niemand finden werde, der ein solches Opfer bringen wolle, und daß daher die Mehrheit blos einer andern Parthei angehören würde. Ich glaube, daß man eine solche Befürchtung nicht daran knüpfen kann. Es ist allerdings zuzugeben, daß dadurch vielleicht in allen Partheien Leute ausgeschlossen werden können, die nützliche und sehr erwünschte Mitglieder der Versammlung gewesen wären; das würde aber durch einen Census auch geschehen können. Schließlich habe ich in Berlin noch ausdrücklich gesagt, daß man ja bei der Leichtigkeit, mit der die Verfassung überhaupt abgeändert werden kann (denn es gehören dazu nur ⅔ im Bundesrathe und eine einfache Majorität im Reichstage) dann, wenn sich wirklich so bedeutende Uebelstände daran knüpfen, und es sich zeigen sollte daß die Uebelstände wirklich so groß wären, man immer noch dazu gelangen könnte, noch nachträglich Diäten zu bewilligen, während man im umgekehrten Falle schwerlich jemals dahin kommen könnte, die Diäten wieder zu beseitig Ich j.omiagbe alfo, wenn ich in Berlin, wo es sich darum handelte, etwas Dauer= haftes zu begründen, und neue Vorschläge für eine künftige blei= bende Gesetzgebung zu machen, eine andere Ansicht vertheidigt habe, als die war, die kurz vorher für einen einzelnen Fall hier angenommen worden ist, so wird man mir, wenn ich auch weit davon entfernt bin, eine Anerkennung von Denen zu verlangen gegen deren Ansicht ich gehandelt habe, doch nicht den Vorwurf machen können, daß ich damit einem sächsischen Kammerbeschlusse widersprochen hätte. Auch muß ich fortwährend daran festhalten, daß irgend eine derartige Beschränkung nothwendig ist, und daß die Befürchtungen, die man daran knüpft, nicht so be= gründet sind."

Wir müssen es als wirklich beklagenswerth bezeichnen, daß gerade zwei Puncte, die allgemeine Wehrpflicht und das Nicht= gewilligen von Diäten beim Reichstage in Berlin, in der zweiten sächsischen Kammer von einzelnen Mitgliedern so bedeutend angegriffen wurden. Wir möchten in Beziehung des letzteren Punctes er= wähnen, daß es da sicher einen Ausweg gäbe, wenn man den Deputirten, welche nachweisen, daß sie einer Bezahlung bedürfen, um ihre Stellung als solche annehmen zu können, diese gewährt, aber eben nur solchen, die notarisch unvermögend sind, in anderem Falle der auf sie gefallenen Wahl als Abgeordnete Genüge zu leisten. Ob es zu rechtfertigen ist, wenn jeder Deputirte Diäten empfängt, sich also für ein Ehrenamt bezahlen läßt, wenn er es nicht nöthig hat, lassen wir dahingestellt sein, daß aber das vom Reichstage angenommene System des Nichtzahlens der Diäten früher oder später auch bei unserém Landtage Eingang finden wird, daran zweifeln wir durchaus nicht.

Wie wir schon sagten, nahm trotz aller Gegenreden die zweite Kammer die Reichsverfassung an. In der sächsischen

Schlacht von Langensalza.

erſten Kammer ging die Angelegenheit bedeutend raſcher, denn die
Mitglieder derſelben legten auf die Diätenfrage in ſolcher großen
Frage den Werth, welcher ihr zukommt, nämlich gar keinen!

Am 4. Mai kam, in Gegenwart ſämmtlicher Staatsminiſter,
auch in der erſten Kammer die Berathung und Beſchlußfaſſung
über die Verfaſſung des norddeutſchen Bundes an die Tagesord-
nung, nachdem ſie von der zweiten, wie dies der Geſchäftsgang
erfordert, angenommen worden war. Der von uns früher gegebene Oehmich'ſche Antrag ward zu Grunde gelegt; es traten
demſelben die Regierung, wie die Kammer ſelbſt, ganz ohne Debatte bei. Der Präſident derſelben, Freiherr von Frieſen, ſchlug
vor, die allgemeine Berathung ſofort eintreten zu laſſen, unter
Darlegung der Gründe, welche es wünſchenswerth machten, die
ganze Angelegenheit ſo ſchnell wie möglich zu erledigen. Der Inhalt der Verfaſſung ſei genügend bekannt, die Regierung habe
überdem dem Verfaſſungsentwurfe für Norddeutſchland bereits
ihre Zuſtimmung gegeben, und von dieſer könne man ſicher überzeugt ſein, daß ſie nur unſer Beſtes wolle, das Vortheilhafteſte
für uns wähle. Die Vorlage ſei ein Uebereinkommen, zu welchem das Königreich Sachſen nicht durch innere, ſondern durch
äußere Gründe gedrängt worden ſei. — Deßhalb, weil uns das
Gebotene nicht in allen Dingen genüge, dürfe man es dennoch
nicht in Frage ſtellen. Man würde dadurch kaum etwas erreichen; dagegen werde eine Ablehnung uns ſicher nicht zum Ziele
führen, ſondern nur in Wirren und Verlegenheiten ſtürzen. So
gewichtig die Bedenken, und ſo groß die Opfer auch ſein möchten,
die Fortdauer der Ungewißheit wäre ſicher noch ein größeres Uebel.
Nur durch Einigkeit der Regierung und Kammern nach allen
Seiten hin, könne ein Zuſtand erreicht werden, der nach und
nach zum wahren Wohle Deutſchlands führe. Sowohl die äußere,
als die innere Lage des Vaterlandes fordere dazu auf, die Reichsverfaſſung anzuerkennen. Man möge dem erhabenen Beiſpiele
folgen, das vom Throne gegeben worden ſei, und nach erfolgter
Zuſtimmung getreulich allen übernommenen Pflichten nachkommen,

wie man ebenso nur durch die Zustimmung die Erfüllung des uns Versprochenen erreichen könne. — Die Kammer beschloß, die Berathung sofort eintreten, die Debatte beginnen zu lassen; es erfolgte eine solche aber nicht, und nachdem das Königliche Decret vorgelesen worden war, das wir schon vor der Berathung in der zweiten Kammer wörtlich anführten, warb seiten der Mitglieder der Kammer die Frage des Präsidenten:

„Nimmt die Kammer die Verfassung des norddeutschen Bundes, wie solche ihr mittelst Königlichen Decrets vom 29. April vorgelegt ist, unverändert an, und ermächtigt sie die Staatsregierung zur Ausführung' der, in der Verfassung enthaltenen Bestimmungen, soweit es einer solchen Ermächtigung bedarf?"

einstimmig bejaht. Durch diesen Beschluß waren alle Bedingungen erfüllt, welche die Anerkennung der Reichsverfassung für das Königreich rechtsgültig machten.

Und nun — was haben wir verloren? Was haben wir erreicht? Diese Fragen treten gewiß ernst bei Beendigung eines Buches an den Verfasser heran, der sich ehrlich mühte, Thatsachen richtig, ja, oft actenmäßig, darzustellen. Sein Urtheil kann und wird nicht das aller Leser sein, aber diese müssen schon die Güte haben, es als das seinige anzuhören. — Als er das Buch zu schreiben begann, war vom Einberufen des Reichstags wohl die Rede, doch dieses noch nicht erfolgt. Die später kommenden politischen Verhältnisse, die für die künftige Neugestaltung Deutschlands von derselben Wichtigkeit sind, wie vielleicht die Reformation, wie für Frankreich die Revolution, rissen den Verfasser hin, auch die politischen Verhältnisse volksthümlich zu schildern, und er hatte aus guten Quellen geschöpft. — Das ganze Buch ist ja nicht zur Befriedigung der Neugierde, sondern zur Erkenntniß der Wahrheit geschrieben, und da die Wahrheit nicht immer süß ist, so mag der Leser das Bittere mit hinnehmen, was dem Verfasser, sagen zu müssen, gewiß noch bitterer war.

Fragen wir nochmals: Was verlangte Preußen, allerdings

ohne jede Berechtigung, nur auf das Recht des Stärkeren pochend von uns? Die sächsischen Truppen sofort auf den Friedensstand zu stellen, während es kriegsgerüstet an unseren Landesgrenzen stand. Beistimmung zu Einberufung eines deutschen Parlamentes, sobald Preußen die Wahlen ausschriebe. Das Erstere konnte damals unmöglich geschehen; denn wenn es in der Nachbarn Palästen brennt, so schafft man Wasser in die kleine Hütte, welche zwischen diesen steht, erstens, um sich zu retten, und zweitens, um nicht den Vorwurf zu erhalten, man habe nicht die nöthigen Vorsichts- maaßregeln gebraucht, die kleine Hütte zu erhalten. Freilich muß man sein Mobiliar retten, will man nicht, daß es der einstürzende Palast zertrümmere; aber der Hüttenverwalter darf auch nicht das Holz herzutragen helfen, um einen derselben niederzubrennen, mindestens darf er sich dann nicht beklagen, wenn herabfallende Steine ihn zertrümmern. Ist er aber ein gewandter Kletterer, und versteht es, sich aus der halb verschütteten, durch seine Schuld verschütteten Hütte, auf die Firsten des zwar schwankenden, aber immer noch stehenden Nebenpalastes zu retten, und von oben, von diesem erhabenen Standpuncte aus, den Verfall seiner früheren Wohnung anzusehen, sich darein zu fügen, statt in einer Hütte, in einem Palaste zu wohnen, so ist er eben ein Mann, der sich in die Verhältnisse nicht blos zu schicken, sondern sie sogar zu be- nutzen weiß. So that Herr Staatsminister von Beust, und hatte im ersten Falle recht, was Sachsen, im zweiten, was seine eigne werthe Person betraf.

Bei dem Brande ist es aber eine Nothwendigkeit, zu wissen, woher der Wind weht, woher die Gefahr droht, und eher die Gefahr zu fürchten und ihr entgegenzutreten mit einigen Wasser- töpfen, die man auf das Dach der Hütte gießt, als sich auf eine Feuerwehr zu verlassen, die lange noch nicht herankommen kann. Das Schlimmste aber ist, wenn der Hüttenverwalter selbst davon läuft, um jene herbeizuholen, und während dieser Zeit die Woh- nung dem Brande preisgiebt! Es kam der Brand über die Hütte zwischen den Palästen, über Sachsen zwischen Oesterreich und Preußen, den vergleichsmäßigen Palästen, und der Hausmann

irrte sich, ging den falschen Weg, weil er sich mit des Nachbars
Hausmann nie vertragen konnte — — doch lassen wir dieses
Gleichniß, das ebenso bitter, als wahr ist. —

Man war in Sachsen zu weit gegangen, hatte sich zu tie
mit Oesterreich eingelassen, als daß man auch die zweite Forderung hätte erfüllen können. Nebenbei war es ganz gegen die Bestimmungen des alten Bundes, ein auf directe Wahlen gegründetes
Parlament neben sich zu haben; denn das wäre sein sicherer Un-
gang gewesen. Ueberdies glaubte aber auch Niemand an die
wirkliche Erfüllung dieser Forderung; denn welcher Nichtpreuße
hätte es dem Grafen Bismark zugetraut, daß dieser einen Reichstag, hervorgegangen aus freien Wahlen, über den Gesetzentwurf
für den norddeutschen Bund werde berathen lassen, welchen er
und die Gesandten seiner Verbündeten entworfen hatte? Wer
konnte dem Manne ein so kühnes Experiment zutrauen, oder
glaubte, er werde nicht bei der geringsten Gelegenheit des Wider-
spruches ein solches Parlament heimschicken, wie er ja die preußischen Kammern wiederholt aufgelöst hatte? —

Man glaubte eben Preußens Forderungen aus Rücksicht
gegen den alten Bund nicht annehmen zu können, und was man
ihm abgeschlagen, das und noch mehr erzwang es nach dem
siegreichen Feldzuge. Wir Sachsen hatten nur die Wahl, den
Druck des norddeutschen Bundes auf uns zu nehmen, oder, gleich
Hannover und anderen, eine rein preußische Provinz zu werden.
Viel, unendlich viel an Geld und Blut kostet uns diese ganze
Umwälzung; sie kostet uns eben jetzt und für immer unsere staat-
liche Selbstständigkeit. Denn eine solche ist nur noch scheinbar
vorhanden, wenn dem Landesherrn die bewaffnete Gewalt, das
Heer, genommen ist, und dieses einem andern Fürsten auch Gehorsam geschworen hat, der viel mächtiger, und nebenbei Bundesfeldherr ist. Scheinbar ist nur noch die Selbstständigkeit, wenn
jener Bundesfeldherr das Recht hat, jederzeit Truppen anderer
Bundescontingente nach Sachsen zu verlegen, wenn jetzt noch
preußische Truppen die einzige Festung des Landes, Königstein,
mit besetzen, diese Festung, der letzte Zufluchtsort für unsere

Schätze, für unsere Königliche Familie, unter preußischem Commando steht. Wer die Macht mir nimmt, der nimmt mir auch die Freiheit des Handelns, und besser ist es, in einer kleinen Hütte als Eigenthümer wohnen, als im Palaste als Miethsmann.

Wir haben dem norddeutschen Bunde nur Geld und Soldaten zu stellen; und wenn dies auch der Macht desselben unentbehrlich ist, so schwächt es uns Sachsen um so mehr, als unserem Land:sherrn und Landesvater die Macht über beides genommen ist. — Dieses ungeheure Opfer seiten desselben kann nur durch die Bedeutung, welche Norddeutschland im europäischen Völkerverbande jetzt einnimmt, einigermaßen ausgeglichen werden. Denn Norddeutschland ist jetzt ein reiner Militairstaat, und die Träume von Volks= heer, welche unwissende Demokraten dem Volke vorprebigten, und ihm in Gestalt von Turn=, Wehr= und Schützenfesten, als die besten Recepte zu einem solchen, anpriesen, sind in Erfüllung gegangen, wenn auch in ganz anderer Weise, als es diese wünschten. Volks= heer, ja, das ist das Norddeutsche in jeder Beziehung; denn jeder Mann muß dienen, freilich ernst und fest im geregelten Heere, unter strenger Disciplin und Subordination, nicht das Soldatenhandwerk so nebenbei betreiben. Dabei ist es politischen Wühlereien und Agi= tationen vollständig entzogen, und ist ebenso furchtbarer Gegner innerer Umwälzungen, als äußerer Feinde. Wenn man bedeukt, daß das norddeutsche Bundesheer 13 Armeecorps zählt, deren jedes aus 2 Infanteriedivisionen, 4 Brigaden, 8 Regimentern, 24 Ba= taillonen, jedes zu 1002 Mann, besteht, also nebst einem ebenso starken Jägerbataillone — in Sachsen bei dem 12. sind sogar 2 — mithin 25,015 Mann Infanterie zählt, ferner 1 Reiterdivision mit 2 Brigaden, jede Brigade zu 3 Regimentern, das Regiment zu 5 Schwadronen à 150 Mann, also 4500 Mann Cavalerie, überdem eine Artilleriebrigade mit 96 Feldgeschützen — wir sagen, jedes dieser 13 Armeecorps, ohne den Anschluß der südbeutschen Staaten, so wird es einer anderen Großmacht allein nicht möglich sein, mit nur dem geringsten Aussicht auf Erfolg die äußerste Sicherheit des norddeutschen Bundes zu bedrohen. Der Landwehr haben wir hierbei noch gar nicht gedacht.

Daß aber ein so starkes Heer enorme Kosten verursacht, daß es dem Volke viel Arbeitskräfte entzieht, ist ganz unzweifelhaft, und um den Kammern der einzelnen Länder jedes Bewilligungs-, ja Besprechungsrecht, ein- für allemal zu nehmen, haben sie von 100 Mann der Bevölkerung 1 zu stellen und für den Kopf — nicht für den Mann — jährlich 225 Thaler zu zahlen. So besagt es die Reichsverfassung. Hierdurch ist den Abgeordneten der einzelnen Staaten bei ihren Landtagen ein weites Feld abgeschnitten, auf welchem viele derselben gewöhnt waren, ihre Beredsamkeit zu zeigen, um in das Militairwesen hineinzureden, von dem sie sehr oft soviel als Nichts verstanden. Die Soldaten werden sich im Allgemeinen darüber freuen, daß sie solcher Oberaufsicht nicht mehr unterworfen sind. —

Wir sagten, die Selbstständigkeit Sachsens sei der Hauptsache nach verloren gegangen; als zweiten Grund hierfür führen wir die Uebergabe der Staatstelegraphen an Preußen, sowie die Oberaufsicht über die Posten an. Was dem einzelnen Menschen die Sprache, das ist im modernen Staatsleben Post- und Telegraphenwesen. Ein Stummer wird unter allen Verhältnissen kein selbstständiger Mensch sein, ebenso wenig kann es der Staat sein, dem man die nothwendigsten, raschesten Verbindungsmittel nimmt. — Jede abgesonderte Depesche unterliegt jetzt in Sachsen der Aufsicht preußischer Beamten, und unsere, mit so großen Kosten hergestellten Telegraphenanstalten, sind preußisches Regel geworden. Bei der Post haben wir etwas weniger, wenn auch immer genug, verloren; denn ein Anschluß oder Abschluß mit einem anderen Staate kann nicht mehr von uns, er kann nur von Berlin aus erfolgen. —

Was den Punct betrifft, daß Preußen die gesammte politische Vertretung, sowie die äußere Politik der norddeutschen Bundesstaaten übernommen hat, so ist dies für den norddeutschen Bund selbst sehr segensreich, dem einzelnen Staate aber ist jede politische Verbindung nach Außen abgeschnitten, und er in dieser Beziehung vollständig auf Preußen angewiesen. Aber auch viele Keime des Guten trägt die neue Reichsverfassung in sich; denn endlich wird, bei kräftiger, einheitlicher Leitung, bei gutem Willen der Einzelnen, Deutschland eine Macht werden, welche eine entscheidende Stimme im Rathe der Staaten Europa's sprechen wird, was es wohl früher immer beanspruchen, aber nie ausführen konnte. —

Werfen wir noch im Scheiden einen Blick auf Oesterreich, wo der frühere Staatsminister des Königreichs Sachsen die Staatsmaschine leitet, der Herr Baron von Beust, so wünschen wir ihm ebenso viel Glück dazu, als er Geschick und Talente hat. Herr von Beust ist ein Segen für ein großes Reich, war zuletzt ein Unglück für uns Sachsen, weil er die Verhältnisse doch nicht klar genug kannte, und sein Entgegentreten gegen Preußen bei aller und jeder Gelegenheit doch zu auffällig war. Ob, wenn an der Stelle des Grafen von Bismark, er nicht ähnlich gehandelt haben würde, lassen wir dahingestellt, um so mehr, als man bedenken muß, daß die Neigungen des Herrn von Beust gegen Jenen sich immer und bei jeder Gelegenheit wiederholten. Herr von Beust hat die große und schwere Aufgabe, ein einiges Oesterreich zu gründen, den Haß der verschiedenen Nationen, welche den Kaiserstaat bilden, auszugleichen, die Geistlichkeit, die katholische, in die ihr gebührenden Schranken zurückzuweisen, den Ansprüchen des hohen Adels entgegenzutreten, und sehr üble Geldverhältnisse zu ordnen. Als Fremdling in einem Lande, dessen Staatsreligion er nicht einmal angehört, wo er es sich gefallen lassen muß, daß ihn jeder Katholik, seiner Lehre nach, als der ewigen Verdammniß verfallen, betrachten muß, ist seine Aufgabe gewiß eine beinahe übermenschliche; doch die Uebernahme derselben zeigt, daß Herr von Beust vor dem Schwierigsten nicht zurückbebt. Möge die Zukunft seine Mühen belohnen, möge er ein kräftiges, durch und durch gesundes Oesterreich stiften und begründen! Es fehlt ja in dessen Ländern nicht am Material dazu, sondern rein nur an der richtigen Verwendung desselben.

Wenn auch jetzt getrennt, so kann doch einst eine Stunde schlagen, wo ein mächtiges Band alle deutschen Völker umschlingt. So große Bewegungen, wie die des Jahres 1866, haben nie mit einem Jahre abgeschlossen, und die Geschichte lehrt nur zu oft, daß die Nachwehen nicht ausblieben. Jetzt sind wir Norddeutschen ein bis an die Zähne wohlgerüsteter Militairstaat; unsere constitutionellen Versammlungen haben, strenge genommen, über Nichts mehr zu bestimmen, als darüber, wie die nothwendigen, vom Bunde verlangten Steuern aufzubringen sind; ob diese geboten sind oder nicht, darüber müssen sie schweigen. Der Reichstag wird ihnen nach und nach gleiche Rechtspflege, gleiche Münzen, Gewichte und Längenmaaße vorschreiben, kurz, die goldene Zeit der Abgeordneten der Mittel- und Kleinstaaten scheint uns ein- für allemal verloren zu sein.

Möchten sie dies selbst erkennen, möchten sie selbst den Census, sowie die indirecten Wahlen und die Diäten oder Tagegelder abschaffen, früher oder später dürften sie doch dazu gezwungen sein. Gott gebe uns vor Allem ein einfaches, klares Gesetzbuch für ganz Deutschland, in Folge dessen man nicht bei Verfolgung seines Rechtes so großen Kosten, so vielen sogenannten Rechtsmitteln der Advocaten ausgesetzt ist! Er lasse in ganz Norddeutschland nicht mehr derselben bestehen, als in Preußen normalmäßig sind; und wenn Graf Bismark das durchsetzt, so kann man dafür stehen, daß er sich in den Herzen der Sachsen ein großes Andenken sichert, daß er uns eine Wohlthat erweist, die nie vergolten werden kann. Wenn man uns die Soldaten, die Telegraphen nahm, warum nicht auch zwei Drittheile unserer Advocaten, deren wir wirklich recht gut entbehren können?! —

Doch Gott mag Sachsen ferner schützen! Und als Schluß setzen wir die Devise, welche Se. Majestät der König Johann angenommen:

Providentiae memor!